Gracia, Fe y Santidad

GRACIA, FE Y SANTIDAD

Una Teología Sistemática Wesleyana

H. Ray Dunning

cnp

Casa Nazarena de Publicaciones

Copyright © 2018
Beacon Hill Press of Kansas City

ISBN 978-1-56344-878-2

Título de esta obra en inglés:
    Grace, Faith & Holiness
    By H. Ray Dunning
    Copyright© 1988

    Published by Beacon Hill Press of Kansas City
    A division of Nazarene Publishing House
    Kansas City, Missouri 64109 USA

Esta edición se publicó mediante un acuerdo con Nazarene Publishing House, Kansas City, Missouri EUA.

Traducción:
Grupo de Traductores de la CNP

Revisión y Estilo:
Grupo Editorial de MINISTERIOS SINERGIA
Juan R. Vázquez Pla, Director

Se reconoce, con agradecimiento, el permiso para citar en este libro las siguientes versiones de la Biblia:

Dios Habla Hoy (DHH) ®, © Sociedades Bíblicas Unidas, 1966, 1970, 1979, 1983, 1996.

La Santa Biblia, Nueva Traducción Viviente (NTV) © Tyndale House Foundation, 2010. Todos los derechos reservados.

La Santa Biblia, Nueva Versión Internacional (NVI)® Copyright © 1986, 1999, 2015 by Biblica, Inc.® Used by permission. All rights reserved worldwide.

Reina-Valera de 1960. (A menos que se indique de otra manera, las citas bíblicas han sido tomadas de esta versión.) Copyright © 1960, Sociedades Bíblicas en América Latina. Renovado © 1988, Sociedades Bíblicas Unidas.

Version Reina Valera Actualizada (RVA 2015), Copyright © 2015 by Editorial Mundo Hispano

Traducción en lenguaje actual (TLA), Copyright © 2000 by United Bible Societies

Índice de Contenido

Preámbulo

Aquellos que critican la iglesia a veces se burlan diciendo que "está dando sus últimos pataleos". Aunque un señalamiento así pretenda ser negativo, no deja de ser la declaración precisa de un hecho: con cada generación la iglesia está obligada a transmitir el evangelio que se le ha confiado, la vitalidad espiritual que ha experimentado, la gracia transformadora que ha recibido, el poder de adoración que ha disfrutado y el entendimiento teológico que ha heredado.

La iglesia, por supuesto, pertenece a Cristo, y la promesa de Él es: "...edificaré mi iglesia" (Mateo 16:18). Sólo Él puede traer perdón al pecador penitente, vida nueva a los muertos en sus delitos y pecados, limpieza de corazón a los que se entreguen completamente a su voluntad, y poder a todos los que busquen servir en su nombre. La iglesia, pues, por medio de la evangelización, la mayordomía, la adoración y la instrucción, todavía es capaz de ser un instrumento para la extensión del reino de Dios.

Ahora bien, el entendimiento y la percepción teológicos son necesarios para el discipulado fiel y el servicio eficaz. La fe de la iglesia deberá conocerse y articularse continuamente dentro de los contextos contemporáneos, y este libro persigue ese fin. La monumental obra de teología sistemática en tres tomos de H. Orton Wiley titulada *Teología Cristiana* ha servido a la iglesia y a la más amplia comunidad wesleyana arminiana durante medio siglo, y seguirá haciéndolo. Sin embargo, la expresión teológica sistemática que aquí presentamos toma en cuenta desarrollos más recientes en el pensamiento cristiano y en el conocimiento bíblico, fortaleciendo así el testimonio de la santidad.

Las Escrituras propiamente interpretadas constituyen la información a partir de la cual la iglesia construye su entendimiento teológico. Es cierto que la historia y la experiencia cristiana han enriquecido y refinado las formulaciones de la iglesia bajo la guía y dirección del Espíritu, pero el cuerpo de afirmaciones doctrinales que viene como secuela deberá ser cotejado constantemente a través de unas enseñanzas que sean claramente bíblicas.

Si la vida de la iglesia ha de poderse nutrir y sustentar, será imperativo que sus expresiones teológicas se enuncien en el lenguaje y las formas de pensamiento de cada nueva generación. Las verdades cristianas permanecen constantes, pero el modo de presentarlas varía y los medios de comprenderlas deberán ser actuales a fin de ser relevantes. Esta es la tarea principal de cualquier obra teológica de la iglesia.

Con esto en mente, el comité de libros que sirve a la Casa Nazarena de Publicaciones, con la aprobación de la Junta de Superintendentes Generales, comisionó al catedrático H. Ray Dunning para que produjera una teología sistemática en la tradición wesleyana que fuera fiel a los esquemas doctrinales de la Iglesia del Nazareno pero que a la vez estuviera consciente y en diálogo con el pensamiento teológico, filosófico, sicológico y cultural contemporáneo.

El profesor Dunning está bien preparado para esta asignación de peso. No es nazareno de ahora; ha sido por mucho tiempo hombre de iglesia, presbítero, pastor, predicador de la Palabra, escritor y diestro en los estudios teológicos. Es egresado del Nazarene Theological Seminary y obtuvo su título de doctor en religión de la Vanderbilt University con especialidad en teología y una subespecialización en filosofía. Al momento de publicarse esta obra, sirve como jefe del Departamento de Religión y Filosofía del Trevecca Nazarene College, en donde por más de 20 años ha podido afinar sus destrezas teológicas enseñando estas materias. La calidad espiritual de su vida complementa su competencia teológica.

La Iglesia del Nazareno tiene el compromiso de declarar la vida de santidad y la doctrina y experiencia de la entera santificación predicándolas, enseñándolas y viviéndolas diariamente. Este libro ha sido preparado en actitud de oración con ese compromiso en mente. El proyecto ha sido supervisado por un comité consultor cuyos miembros están calificados para la tarea gracias a sus especializaciones individuales, sus años de estudio y de servicio a la iglesia, y su compromiso cristiano.

En una obra de la magnitud de *Gracia, Fe y Santidad* no se solicita el acuerdo total de cada lector con cada aseveración. No obstante, sus declaraciones fundamentales de la fe son bíblicas y doctrinalmente sanas, y consistentes con la tradición wesleyana. Las palabras de Phineas F. Bresee son, pues, útiles en este punto: "En lo esencial, unidad; en lo no esencial, libertad; en todas las cosas amor".

Con gran regocijo encomendamos esta teología sistemática a nuestros avisados lectores, orando que traiga alabanza a Aquel que nos ha dado gratuitamente a su Hijo para nuestra salvación y que ha enviado a su Espíritu para guiarnos a toda verdad.

—Junta de Superintendentes Generales

Prefacio

La teología tiene como intención proveer una formulación racional de nuestras creencias cristianas. Lamentablemente, muchos cristianos sinceros creen que la teología es un lujo del que se puede prescindir fácilmente. Empero, lejos de ser un lujo, es una tarea ineludible de la cual nadie, ministro o laico, está exento. Tan pronto como uno pasa más allá de la recitación de las palabras de las Escrituras, ya está participando en hacer teología. Incluso, en el acto de escoger cierta traducción de la Biblia estamos reflejando una tarea teológica, puesto que toda traducción incluye una interpretación. Ningún idioma puede ser vertido literalmente a otro. La selección de qué pasaje leer, o el orden en el que los textos son leídos, son también decisiones que reflejan una suma mínima de juicios teológicos. El asunto nunca es "teología sí o no", sino más bien teología buena o mala, adecuada o inadecuada. Dado que enfrentamos esa inevitabilidad, demostraremos buen sentido cada vez que pongamos todo nuestro empeño en acometer esta tarea de forma responsable.

El hacer teología es tan importante como ineludible para la vida de la iglesia. La iglesia es más que una institución; cuando menos eso esperamos. Así, sus decisiones deben ser hechas sobre la base de una comprensión teológica más que sobre bases pragmáticas o de acuerdo con valores seculares prevalentes. Las declaraciones de la iglesia a través de su clase ministerial deben ser teológicamente sanas tanto como sea posible. El ministro que declara, "Tal vez lo que voy a decir no sea buena teología, pero lo voy a decir de todos modos", está violando la amonestación bíblica de predicar la sana doctrina.

Sin la guía de la teología, la religión puede degenerar en un "sentimiento cálido y extraño" sin contenido definible ni implicación moral alguna. La tarea de la iglesia es la proclamación, pero si esa tarea carece del diálogo constante entre el púlpito y el atril, la proclamación puede perder su carácter distintivo y esencial. Por lo tanto, la tarea de la teología deberá ser el quehacer de toda la iglesia y no solamente de unos cuantos eruditos a los que se les mantenga confiadamente aislados de la vida verdadera del mundo exterior.

Una objeción principal que se le presenta a la teología es que a muchos les parece que todo lo que ella hace es ofuscar el sencillo evangelio. Según los menos versados, el vocabulario técnico que emplean los teólogos lo que hace es simplemente oscurecer el mensaje para la persona promedio. La falacia que entraña esta clase de razonamiento la ejemplifica una anécdota que solía contar R. C. Sproul acerca de la reunión entre un teólogo y un astrónomo. Este último le dijo al primero: "Yo no entiendo por qué ustedes los teólogos arman un alboroto tan grande sobre asuntos como la predestinación y el supralapsarianismo, y acerca de los atributos comunicables e incomunicables de Dios, o de la gracia imputada y la gracia impartida. Para mí el cristianismo es sencillo; es la regla de oro, 'Traten a los demás como les gustaría que ellos los trataran a ustedes'". A esto el teólogo contestó: "Me parece que veo lo que usted quiere decir. Yo también me confundo al oírlos a ustedes hablar de novas que explotan, de universos en expansión, de teorías de la entropía y de perturbaciones astronómicas. Para mí la astronomía es sencilla. Se reduce a 'brilla, estrellita, brilla'".[1]

El pensador Jack Rogers nos ha ofrecido una intuición extraordinariamente perceptiva en cuanto a la naturaleza de las Escrituras y su relación con la persona que busca la verdad sin tener entrenamiento para ello. Rogers nos sugiere que hay dos niveles de materiales en la Biblia. El primer nivel es el mensaje central y salvador del evangelio. A ese nivel pueden entrar todos los que puedan leer o que quieran escuchar la sencilla historia de la buena creación de Dios, la caída del ser humano en el pecado, y la vida, muerte y resurrección, llenas de gracia, de Cristo para nuestra salvación. La aproximación a ese mensaje sencillo y central es a través de la fe. Sin embargo, alrededor de ese centro hay un material que lo apoya, pero que es más difícil de dilucidar y sujeto a diversas interpretaciones. Este material necesita ser abordado con la ayuda de eruditos bíblicos y exégetas entrenados.[2]

Los cristianos conservadores plantean a menudo serias preguntas al momento de tener que replantear su teología. Entender la naturaleza de la teología tal y como se describe en el primer capítulo de esta obra debería disipar la concepción errónea que informa esa preocupación. El carácter dinámico de la historia, la naturaleza cambiante del lenguaje, lo cambiante de la escena cultural y el desarrollo del trabajo filosófico hacen imperativo que cada generación lidie con el significado contemporáneo de su fe. Karl Barth dijo que, "En la ciencia de la dogmática la iglesia elabora sus fórmulas de acuerdo con el estado de su conocimiento en diferentes épocas",[3] y en años recientes ha ocurrido un verdadero renacimiento teológico que ha llevado al mundo a una nueva era teológica. Además, el método aquí propuesto es considerablemente diferente de la manera en la que la teología sistemática ha sido desarrollada en la tradición wesleyana y donde los esfuerzos identificados con este género teológico generalmente han aparecido sólo en forma de compendios.

Durante los 45 años previos, la obra teológica dominante en el contexto denominacional del que esta obra emana fue la que escribió H. Orton Wiley, en tres volúmenes, intitulada *Teología Cristiana*. Wiley ha sido un punto de referencia para los teólogos de la Iglesia del Nazareno, así como para los de los otros grupos wesleyanos, en una forma no igualada por ninguna otra teología. Pero, Wiley mismo, insertó implícitamente en el programa teológico de la iglesia la necesidad de una búsqueda continua de la verdad cuando, al escribir su prefacio, explicó por qué le había tomado 20 años completar su asignación. Dijo: "Estuve constantemente descubriendo verdad nueva".[4] Además, Wiley explicó que su propósito era "hacer un repaso del campo de la teología". Pero, como dijimos antes, los últimos 45 años han estado llenos de una vigorosa actividad teológica que los teólogos de la iglesia deben considerar de forma responsable.

La teología es un diálogo. La fe cristiana incluye muchas tradiciones; el esfuerzo de comprender la fe verdadera debe proceder con el teólogo dialogando, no sólo con su propia tradición, sino también con las otras. El hecho es que, con toda probabilidad, cada denominación refleja varias tradiciones diferentes que concuerdan en ciertos compromisos centrales, aunque generalmente haya diversidad en varios puntos significativos.[5] Negarnos a oír lo que otros tienen que decir no es meramente exclusivista sino oscurantista. Así lo expresó W. T. Purkiser en un editorial en la revista *Herald of Holiness* [El Heraldo de Santidad] al referirse a este asunto: "El oscurantismo no es ortodoxia".[6] Uno puede citar a un pensador sin tener que estar de acuerdo con todo lo que él piensa. En esta vena, por nuestra parte, estaremos siendo socios del diálogo con hombres como Karl Barth, Reinhold Niebuhr, Paul Tillich, Helmut Thielicke, G. C. Berkouwer, y muchos otros representantes recientes de un siglo que probablemente ha tenido (o tiene) más eruditos competentes en las ciencias teológicas que ningún otro período similar en la historia. Toda persona que esté comprometida con Aquel que dijo, "Yo soy la verdad" (Juan 14:6), no tiene razón para dejar de abrazar la verdad en cualquier lugar donde la encuentre. Sólo siguiendo este procedimiento podemos evitar no sólo volvernos estrechos de miras en lo teológico sino la posibilidad de permitir que nuestras presuposiciones teológicas se vuelvan prejuicios, con la resultante pérdida de viabilidad o credibilidad.

En nuestros días, numerosas personas del movimiento wesleyano están leyendo y recibiendo la influencia de escritos religiosos populares que reflejan divergencias con algunas de las posiciones teológicas básicas del movimiento de santidad. Siendo, pues, que hay una necesidad urgente de proveerle a este segmento de la cristiandad un tratamiento sistemático de su propia perspectiva teológica, a ese fin hemos dedicado esta obra.

Sería apropiado decir unas cuantas palabras acerca del título que se ha escogido para esta teología y su intención y propósito wesleyano. Juan Wesley proponía que hay tres doctrinas fundamentales que pueden verse como informadoras del *ordo salutis,* el cual es el foco de toda su obra teológica, y son las siguientes: (1) el pecado original, (2) la justificación por la fe, y (3) la santificación.[7] El carácter penetrante del pecado original que infecta a toda la existencia humana es contrarrestado por el carácter penetrante de la gracia preveniente —y, de ahí, "gracia" en nuestro título. La base de la relación de uno con Dios, que es la esencia de la salvación, es la justificación por la fe solamente, y no por obras —y, de ahí, "fe". El resultado que Dios desea de su obra salvadora es la santificación. La justificación es la raíz de la religión y la santidad es el fruto, "la religión misma" —y, de ahí, "santidad". La gracia, la fe y la santidad abarcan el ámbito total del *ordo salutis* wesleyano, y por ende toda la extensión de la teología wesleyana, y debe verse que son los tres elementos que informan esta obra en cada punto.

La organización de una teología sistemática es un asunto teológico. Nosotros hemos adoptado la estructura trinitaria tradicional no sólo porque tiene una larga historia de aceptabilidad sino también porque parece ser teológicamente solvente —dada nuestra comprensión de la naturaleza de la teología (véase el capítulo 1)— para estructurar las varias doctrinas de acuerdo con el modo de la automanifestación de Dios a la que están más apropiadamente relacionadas. La ubicación de doctrinas particulares es también un asunto de juicio teológico y, sin duda alguna, sería imposible agradar a cada teólogo en cada punto, pero nosotros trataremos de dar una justificación amplia en cada punto que consideremos causa de debate.

Es necesario hacer un comentario especial acerca de dos doctrinas: la escatología y la doctrina del hombre. El método tradicional de manejar la doctrina de las últimas cosas es fijarla al final como algo poco más que un apéndice. Los avances en ambos campos, la teología bíblica y las teologías sistemáticas, han demostrado que la escatología no es una adición a la teología sino una verdad que se trenza a sí misma a través del tejido de todo el sistema; casi cada doctrina principal tiene un aspecto escatológico. En respuesta a esta comprensión evitaremos tener una sección separada sobre la escatología bíblica (no especulativa), recalcando en vez de ello la dimensión escatológica en toda la extensión del sistema. Esto también puede implicar algunas decisiones que no satisfagan a algunos de los lectores. El movimiento de santidad tradicionalmente se ha alejado de la escatología especulativa, pero eso es algo diferente al punto anterior. Los Artículos de Fe de la Iglesia del Nazareno no contienen ni un ápice de compromiso con ideas especulativas acerca de las últimas cosas. En consonancia con esta disposición muy wesleyana, restringiremos nuestra discusión de la escatología especulativa a un apéndice, sin pretender que tenga carácter normativo alguno. Será mayormente descriptiva, aunque basada en juicios críticos (y personales). La ambigüedad de esta aproximación parece justificable teológica y bíblicamente.

Trataremos con la crucial visión cristiana del ser humano en una manera muy parecida a la que usaremos para la escatología. Si estamos haciendo teología, es impropio que desarrollemos una antropología que no sea una "antropología teológica". La visión cristiana del ser humano es un componente esencial de doctrinas tales como la revelación, el pecado, y la salvación. Será, pues, elaborada extensamente en conexión con éstas.

Una teología sistemática, como lo elaboraremos en nuestra discusión de metodología, debe hacer uso de modelos filosóficos como vehículo de expresión. Puesto que éstos vienen y van en el sentido de que algunos se vuelven obsoletos cuando son reemplazados por modelos más adecuados, el teólogo sistemático responsable debe utilizar las más adecuadas herramientas filosóficas y conceptuales que le estén disponibles. Tratando de mostrar responsabilidad en ese respecto, este escritor ha adoptado el modelo relacional de ontología en contraste a los modos substanciales de pensamiento que nos quedan de la metafísica de Aristóteles que hacía una distinción entre la substancia (aquello que sostiene o es subyacente a las cualidades) y el accidente. La metafísica antigua daba por sentado que una substancia es "una entidad idéntica consigo misma y duradera, que no cambia en sí misma pero que posee propiedades o atributos cambiantes. Es independiente —es autónoma. Es subsistente en sí misma".[8] Así, fue natural, por ejemplo, que Descartes concluyera, dado su autoconciencia de pensamiento, que él tenía que ser "una cosa que piensa". La razón por la que este modo de pensamiento persiste con tal tenacidad es porque parece congeniar bien con el sentido común, y porque el lenguaje que usamos está lleno del pensamiento substancial. Bertrand Russell lo expresa así: "La 'substancia', en una palabra, es un error metafísico, porque transfiere a la estructura del mundo la estructura de oraciones compuestas de un sujeto y un verbo".[9]

Pero, como señala W. T. Jones: "Cualquier intento de interpretar la realidad substancialmente se topa con dilemas sin solución. Por ejemplo, ¿hay una substancia o varias? Ninguna de las dos contestaciones es satisfactoria. Si hay sólo una substancia, es imposible explicar la diversidad experimentada. Si hay muchas substancias, parece imposible que puedan estar relacionadas de manera significativa alguna".[10]

Además, es imposible explicar el cambio real usando el modelo conceptual de substancia. El significado del término inevitablemente hace que el cambio sea sólo accidental y así, finalmente, sin consecuencias.

Con el ascenso de la filosofía moderna y su orientación hacia la experiencia, se volvió aparente (por ejemplo, Hume y Kant) que la substancia no era un objeto de la experiencia y, por lo tanto, cayó bajo sospecha si no en un rechazo completo. Muchos filósofos han llegado a creer que la función que había sido servida por el concepto de substancia es mejor servida por el concepto de relación. El yo, por ejemplo, es "consciencia del yo" en el contexto de una relación al no yo. El ser y el objeto no son entidades distintas e inmutables que se vean las caras desde un abismo físico y epistemológico; el ser y el objeto son estructuras que emanan dentro de la experiencia. No hay objeto sin el ser, y no hay ser sin el objeto".[11]

Los términos relación, relacional y relaciones, cuando son usados en un sentido ontológico como se hará en este libro son, sin embargo, términos ambiguos que necesitan ser clarificados. En el lenguaje de la lógica contemporánea hay "relaciones internas" y "relaciones externas".[12] En las primeras, las relaciones son inseparables de la esencia de una cosa. Si las propiedades que participan del carácter de las relaciones internas están ausentes, la cosa ya no es lo que era; se vuelve algo más. En el caso de las relaciones externas, sus propiedades son accidentales a que la cosa sea lo que es. Un buen ejemplo de esto es el de dos ladrillos puestos lado a lado. Si uno es quitado, el otro sigue siendo un ladrillo. Su presencia no es esencial para que el otro ladrillo sea un ladrillo. En nuestra discusión en este libro estamos dando por sentado que la esencia del ser humano está constituida por su relación con Dios, o sea, por una relación interna. Pero si la relación fuera sólo externa, el ser humano seguiría siendo un ser humano en independencia de Dios y su carácter religioso sólo sería accidental a su ser, lo cual es algo que la historia del pensamiento cristiano generalmente ha negado, excepto en unos cuantos casos extremos.

La ambigüedad de los términos aparece, teológicamente, en las discusiones de la justificación y la santificación. La justificación es un cambio de relación en el sentido externo (la persona no es cambiada por la relación), mientras que la santificación incluye un cambio de relación en el sentido interno (la persona es verdaderamente cambiada por esta relación). Si bien se usa el mismo lenguaje, el significado es muy diferente. Si no se observa la distinción entre las relaciones externas e internas, será del todo fácil concluir que la ontología relacional es pelagiana y que no deja lugar alguno para una santificación real, cuando de hecho sí lo hace y de una manera filosóficamente acertada que usa modos más contemporáneos de pensamiento.

Como hemos notado con anterioridad, el lenguaje humano tiende a sonar substancial. Esto es cierto especialmente cuando se usan metáforas, las cuales abundan en las Escrituras. Sin embargo, es "un error de categoría" interpretar estas figuras del lenguaje de una manera literalista/substancial. La lectura cuidadosa de los modos bíblicos de expresión delata una manera relacional irreducible de pensamiento. Al explicar la razón por la cual Martín Lutero abandonó los modos substanciales de pensamiento de la teología católica romana, Douglas John Hall argumenta que la "explicación más plausible" para que hubiera sido "movido de forma fundamental por el carácter relacional de todo el testimonio bíblico" era que "intuitivamente... había captado el hecho de que las categorías primarias de la creencia hebraica-cristiana son todas relacionales".[13]

Como la teología llegó a ver posteriormente (por ejemplo, véase el capítulo 7 sobre la Trinidad), las designaciones trinitarias son términos relacionales: Padre, Hijo y Espíritu Santo (con frecuencia Espíritu de), y deben todas ellas ser entendidas como que reflejan relaciones internas dentro de la Deidad. Los grandes términos teológicos que se refieren a la relación divino-humana son siempre vistos de esa manera: por ejemplo, Señor, discípulo, pacto, gracia, expiación, amor, elección, fe, pecado, justificación, esperanza, juicio, y así por el estilo. Es interesante que el uso del término carnal, ampliamente usado en el movimiento de santidad, siempre es un adjetivo en el Nuevo Testamento. Así, carnalidad como un substantivo que describa una substancia es evitado cuidadosamente en favor de carnal como algo que describa acciones, personas, disposiciones —una relación que evitar.

A la luz de las distinciones filosóficas que hemos observado entre la relación interna y la relación externa, W. T. Purkiser escribe: "En un verdadero teísmo, cualquier relación entre Dios y las personas humanas —una relación 'Yo-tú'— es una 'relación interna'; o sea, las ramas en la Vid, los miembros en el Cuerpo. Es precisamente esa relación de las ramas en la Vid y de los miembros en el Cuerpo que los hace ser lo que son, lo que les da su carácter moral/espiritual distintivo. Cámbiese esa relación y el carácter cambia, como sucede en el cambio de la alienación a la reconciliación. ¿Cómo puede alguien suponer que la reconciliación con Dios no altere radicalmente a la persona reconciliada?"[14]

Algunos escritores del movimiento de santidad usan el término substancia con una connotación diferente a la de su uso filosófico clásico. La entienden como refiriéndose básicamente a la "esencia" de las cosas, por ejemplo, a la "substancia" del argumento, sin que el término porte idea alguna de "cosismo". En este sentido, alguien podría argumentar que el contraste que queremos establecer entre la idea de lo substancial y la idea de lo relacional sea una dicotomía falsa.[15] Pero, dado que usar el término substancia como sinónimo de esencia es una adaptación y no lo estándar, no acompañarlo con las debidas cualificaciones puede provocar todo tipo de imágenes estáticas. Por consiguiente, mi sentir es que debemos abandonar dicha terminología a fin de distanciarnos completamente de las implicaciones que la misma conlleva para el lector moderno.

Reconocimientos

Ahora queda expresar nuestro aprecio a unas cuantas de las personas que me han ayudado en una forma especial en este masivo proyecto. En primer lugar, quiero reconocer públicamente la generosidad de Trevecca Nazarene College [ahora Trevecca Nazarene University], cuyos administradores me ofrecieron su apoyo de una manera excepcional al proporcionarme un ambiente propicio y tiempo libre para llevar a cabo una tarea que, de otra manera, hubiera sido imposible lograr. Estoy especialmente endeudado con el fenecido superintendente general William M. Greathouse, quien fue mi socio en un diálogo teológico por muchos años, así como mi mentor y amigo. De él recibí ayuda valiosísima para resolver asuntos delicados, y también me ayudó a ver casos en los que mi trabajo no había considerado todas las posibilidades. No cesé de maravillarme por su capacidad de acoplar la vida llena de demandas de un superintendente general con el estudio constante que es requerido para mantener la integridad teológica.

Mis colegas del Departamento de Religión y Filosofía, de Trevecca, han sido una gran fuente de estímulo y ayuda. Hal A. Cauthron, me ha ayudado en el área de los idiomas bíblicos, en la que mi competencia es limitada, así como en el campo de la teología bíblica. Craig Keen, cuyo entrenamiento teológico ha sido de orientación diferente, me ayudó a agudizar mis proposiciones gracias a sus observaciones. Don Dunnington y Joe Bowers, con sus intereses prácticos, han procurado conservar mis pies en la tierra. La amistad y el apoyo de estos hombres como colegas han sido una fuente continua de fortaleza.

Les doy las gracias a los miembros del comité que la iglesia nombró para leer el manuscrito y hacer observaciones: los doctores John A. Knight, W. T. Purkiser, A. Elwood Sanner y Richard S. Taylor. Estos hombres han trabajado intensamente con el manuscrito. Nuestras discusiones han resultado en declaraciones mucho más vigorosas y claras que las que hubieran sido posible de otra manera, si bien ellos no son responsables del contenido del libro.

Varios de mis colegas que enseñan en instituciones educativas nazarenas han leído los segmentos del manuscrito pertenecientes a su área de especialización y han provisto sugerencias positivas. Después de todo, son ellos los que harán el mayor uso del libro si éste ha de hacer una contribución significativa a la iglesia. Asumo que ellos deben creer que el libro tiene valor para ser presentado a sus estudiantes. Algunos pensadores fuera del movimiento de santidad, también han demostrado considerable interés en el trabajo de estas páginas. Confío que el libro ensanchará la perspectiva wesleyana hacia un mundo teológico más amplio, el cual en años recientes ha demostrado interesarse en nosotros.

Asimismo, tengo una profunda deuda de gratitud con el Comité de Libros de la Iglesia del Nazareno, por la confianza demostrada al asignarme escribir esta obra, y a la Casa Nazarena de Publicaciones por su apoyo.

Mas que vencido es el tiempo de haber expresado mi aprecio a mi esposa y a mi familia, quienes han soportado largamente mi participación en este proceso. Muchas veces, aun cuando estaba presente físicamente con ellos, mi mente estaba tan sumergida en reflexión teológica que en realidad me encontraba "muy, muy lejos".

Sobre todo, imposible es pagar mi deuda al Dios que me encontró y me guio a ser parte de su reino.

Nota al Lector

Hacer teología en la situación presente requiere que el teólogo identifique sin ambages la metodología que está usando para arribar a los contenidos substanciales de su teología. Así, y a tales fines, toda teología contemporánea presenta un prolegómeno, el cual es un componente esencial para el estudiante de teología técnica. Pero, y sin que ello cause daño irreparable alguno, el lector que sólo tenga interés en el contenido de la fe cristiana sin darle atención al proceso mediante el cual el escritor ha llegado a sus conclusiones, puede pasar directamente a la parte III de esta teología y empezar su lectura con las doctrinas de Dios el Soberano.

PARTE I

Prolegómenos

CAPÍTULO 1

La Naturaleza y el Alcance de la Teología

En este capítulo nos proponemos establecer algunas definiciones y consideraciones metodológicas preliminares. Nuestra intención es presentar con claridad desde el principio qué es precisamente lo que proyectamos hacer. Con esta declaración programática lo que deseamos es proveer las normas que se seguirán en cada parte de la obra, informándole al lector o a la lectora qué puede esperar en cuanto a método y presuposiciones. Al mismo tiempo le proveeremos un marco lógico dentro del cual pueda participar en diálogo crítico con nuestros argumentos en los casos en los cuales, en su opinión, éstos se extravíen de los límites que se fijan aquí.[1]

¿Qué Es la Teología?

En el nivel más elemental, el significado lingüístico de teología es *"logos* de *teos",* palabras acerca de Dios. Marianne Micks ha refinado en cierta manera esta sencilla declaración al definir la teología como "el pensar disciplinadamente acerca de Dios".[2] En el pensar puede haber una consciencia no cognoscitiva y una emoción no cognoscitiva, y tal vez hasta experiencias religiosas que trasciendan las palabras, pero cuando está presente una dimensión cognoscitiva, como lo es en el caso de la teología, el pensamiento involucra categorías y conceptos que son simbolizados mediante palabras. Como mínimo, ninguna comunicación de contenido cognoscitivo es posible sin palabras.[3] El budismo zen rechaza enteramente la validez de las palabras y, por consiguiente, busca sólo transmitir una experiencia *satori* que está más allá de las palabras. La comunicación de esa experiencia de un maestro a un alumno es como el traslado de la llama de una vela a la otra.

Pero el carácter encarnacional de la fe cristiana resulta en un concepto diferente tanto de Dios como de la comunicación. Como en cualquier uso del lenguaje, la precisión y la adecuación requieren que se les dé atención cuidadosa a los símbolos lingüísticos usados, a fin de estar seguros de que representan la realidad tan exactamente como sea posible dentro de las limitaciones del lenguaje humano. Así pues, se puede definir la naturaleza de la teología como el estudio y refinamiento de las palabras acerca de Dios, y del ser humano delante de Dios *(coram Deo)*. Aquí se le da énfasis al sujeto del lenguaje teológico: Dios y sus conceptos relacionados.

Algunas veces, se hace la distinción entre el uso más amplio y el más limitado del término, este último aludiendo a la doctrina de Dios como un aspecto específico de la teología. Esto supone que hay aspectos de la teología en el sentido más amplio que no se relacionan con Dios, pero ello sugiere una contradicción de términos. Una proposición que no tenga una referencia a Dios no puede reclamar ser una declaración teológica. Por ende, la disciplina teológica es definida más limitada o estrictamente que lo que con frecuencia se piensa.

Esta comprensión excluye ciertas clases de conversaciones que no son exclusivamente "conversaciones sobre Dios". Excluye la historia en cuanto historia, la ciencia en cuanto ciencia, la psicología en cuanto psicología, etc. La historia puede ser un tema correcto de discusión teológica en tanto sea discutida como la arena de la actividad divina. La ciencia puede ser incluida en tanto que uno esté hablando del mundo como la actividad creadora de Dios. O la psicología, en tanto que uno hable de la naturaleza del hombre en relación con su Creador.

Esta restricción implica que, como teólogo, uno no puede en esa capacidad perjudicar el resultado de la investigación histórica en nombre de la teología. El teólogo no puede decirle al científico cuál debe ser el resultado de sus experimentos. Tampoco puede, excepto en el grado en que tengan connotaciones teológicas, influir sobre los juicios de cualquier disciplina a menos que se haga sobre las bases de los cánones de verdad oriundos a esa disciplina. Además, como lo exploraremos más adelante, esta es una limitación implícita acerca de la naturaleza de la revelación.

Como ya hemos notado, la teología incluye no sólo palabras acerca de Dios, sino también palabras acerca del ser humano en relación con Dios. Esta comprensión fue recalcada particularmente en la obra teológica de los reformadores protestantes Martín Lutero y Juan Calvino, quienes, en sus escritos, insistieron en que la teología tiene un tema doble: Dios y el ser humano. Ninguno de los dos puede conocerse en sí y por sí mismo excepto en relación con el otro.[4] Esto sugiere que un análisis no teológico de la realidad humana jamás puede ser completamente adecuado desde una perspectiva teológica, porque ni el psicólogo ni el antropólogo ni el sociólogo jamás pueden tratar con el género humano en su naturaleza caída a menos que inserten la relación del ser humano con Dios, o sea, a menos que se vuelvan teólogos.[5]

Este carácter cuidadosamente restringido de la teología se puede ilustrar aludiendo a la creencia central de la fe cristiana: la resurrección de Cristo. "Jesucristo se levantó de los muertos" no es, estrictamente hablando, una declaración teológica. Es una proposición histórica sujeta a los métodos de crítica histórica. Tanto como cualquier evento histórico pueda serlo, la proposición está sujeta a verificación o falsificación. Esto no significa que no sea pertinente para la teología, sino que en sí misma, no es propiamente una aseveración teológica. Resulta interesante que el Nuevo Testamento mismo sea normalmente cuidadoso en aclarar que su reclamo único consiste en que "Dios levantó a Jesús de los muertos", y que esto es una proposición teológica.[6]

Tomemos Génesis 1:1 como un ejemplo adicional. Este texto no es tanto una declaración cosmológica acerca del principio del mundo cuanto una afirmación teológica de que "Dios creó el mundo en el principio". Además, esta comprensión recalca el hecho de que la Biblia es un libro teológico de principio a fin. Más adelante veremos que esta es la clave hermenéutica para una exégesis correcta del texto bíblico.[7]

Tal y como han sido definidas aquí, las proposiciones teológicas son incapaces de verificación o falsificación empíricas.[8] Esta desconcertante verdad ha sido traída a luz con suma intensidad por la filosofía lingüística, una disciplina contemporánea. Mediante su análisis del lenguaje y sus usos, esta aproximación al quehacer filosófico nos ha forzado a ser más cuidadosos en el uso que hacemos del idioma, área en la cual hemos sido muy descuidados con frecuencia, y a aceptar la manera en la que el lenguaje teológico en realidad funciona. Uno no tiene que estar de acuerdo con las conclusiones de algunos filósofos lingüísticos acerca del lenguaje religioso para reconocer que su argumento fundamental acerca de la naturaleza del lenguaje es básicamente correcto. Así, las proposiciones teológicas, las que tratan con los significados últimos, no pueden estar sujeta a los métodos normales de validación científica.[9]

Sin embargo, hay un sentido en el que es posible falsear ciertas proposiciones teológicas, no en sí mismas, sino porque son proposiciones que involucran interpretaciones de eventos históricos. Es decir, si puede demostrarse de manera concluyente que un evento revelador significativo, digamos la resurrección, nunca ocurrió, ello contaría decisivamente en contra de la validez del significado teológico de ese evento tal como está representado en los juicios teológicos.[10] La posición que nosotros sugerimos aquí descansa entre dos extremos. Uno, es el pensamiento de personas como Rudolf Bultmann, quien cree que lo único crucial es la fe encarnada en la interpretación de un evento supuestamente histórico.[11] En el otro extremo, está la tendencia fundamentalista a creer que el haber establecido la historicidad de un evento revelador es haber probado su verdad teológica.[12] En el primer caso, no causa diferencia significativa el que Jesús jamás haya vivido. La segunda aproximación no reconoce la naturaleza esencial de la teología y su objeto y, por lo tanto, refleja una teoría racionalista del conocimiento, o si no, reduce la teología a la historia. De nuevo, la verdad yace entre estos dos polos. Causa toda la diferencia del mundo el que haya habido una resurrección, pero el demostrar mediante la historiografía que hubo una resurrección no equivale necesariamente a la validación de la verdad teológica de por medio, a saber, que Dios estaba obrando en ese evento.

Aquí, empero, se suscitan ciertas preguntas que preocupan a gran parte de la teología contemporánea. ¿Cuál es la relación precisa entre la historia y la verdad teológica? ¿Qué hay acerca de un evento histórico que lo distinga como revelador? ¿Por qué hay ciertos eventos de los cuales los escritores bíblicos afirman que son especialmente reveladores, aunque otros no lo sean en un sentido especial? ¿Cuál es el principio de distinción entre la historia sagrada y la secular? O, más sucintamente, ¿cuál es la relación entre la revelación y la historia?

La manera en que podamos contestar estas preguntas no es lo crucial para los asuntos preliminares bajo discusión. Nosotros sencillamente estamos tratando de presentar con claridad el significado de la disciplina de la teología. Si hemos de hacer teología en una manera racional, debemos estar conscientes de lo que hacemos. Así, el primer principio que afirmamos es esta sencilla pero estrictamente definida comprensión de lo que es la teología. Su tema propio de estudio es Dios, y otros temas en el grado en que estén relacionados con Dios. Será, pues, la responsabilidad del escritor mantenerse dentro de los linderos designados, y la del lector que ha de entrar en diálogo con él guiarse por las mismas directrices. De otra manera, la conversación que es la teología no puede llevarse a cabo fructíferamente. Esto habrá que tenerlo presente en todos los casos en que se exploren temas que se encuentren cerca del lindero entre la teología y otras disciplinas.

En este punto necesitamos intentar hacer una distinción entre la teología y la filosofía de la religión. Esta es una tarea difícil por dos razones: (1) la filosofía de la religión es una disciplina que ha sido entendida y estudiada en múltiples formas;[13] y (2) la distinción debe ser hecha principalmente de otra manera que no sea en términos del objeto de estudio porque, como la teología, la filosofía de la religión habla directamente de Dios (o cuando menos de la idea de Dios) como una parte adecuada de su tema junto a muchas otras afirmaciones teológicas.

La definición de la filosofía de la religión hecha por Vergilius Ferm indica algunas percepciones pertinentes: "(Es) una investigación del tema general de la religión desde el punto de vista filosófico, o sea, una exploración que emplea las herramientas aceptadas del análisis y la evaluación críticos sin una predisposición a defender o rechazar los reclamos de cualquier religión en particular".[14]

Esto sugiere que, mientras que el teólogo opera dentro de lo que Paul Tillich llama el "círculo teológico", dando expresión a una fe particular con la cual está comprometido, el filósofo, en contraste, está comprometido sólo con la investigación libre en lo que toca a cualquier religión, y con el análisis de los predicados teológicos que tengan que ver con la realidad última, con la base del conocimiento religioso y con asuntos similares, en términos de su relación con la adecuación filosófica. El compromiso del filósofo emana del intento de pensar comprensivamente, y ese esfuerzo aplica a la tarea las herramientas críticas de la investigación filosófica sobre los asuntos particulares que se manejan en la tarea teológica.

Visto superficialmente, esto parece sugerir que la distinción entre las dos áreas yace simplemente en la objetividad versus la subjetividad, pero esa idea necesita ser matizada. El filósofo puede ser relativamente objetivo acerca de los postulados religiosos que está examinando, pero todo análisis filosófico opera en términos de una perspectiva que el filósofo siente que es "crucialmente importante en cuanto a significado".[15] Cada filósofo de la religión funciona, por tanto, en términos de un criterio de verdad o de perspectiva sobre lo que constituye conocimiento válido, o de una proposición significativa o aseveraciones válidas acerca de los objetos religiosos de la fe. En ese sentido, es tan subjetivamente parcializado como el teólogo comprometido mismo.[16]

Un teólogo puede funcionar como filósofo de la religión y en cierto sentido está obligado a hacerlo. Conforme trata de probar sus propias aseveraciones, puede (y debería) examinarlas a la luz de un criterio racional. Pero su fe está basada, en última instancia, no en las conclusiones racionales, sino en la integridad existencial.[17] De ahí que, en su postura de completa honestidad, el teólogo tal vez se vea en la necesidad de modificar algunos de los aspectos de sus opiniones teológicas cuando descubra que no pueden salir airosas de la clase de pruebas racionales que en su sentir (como filósofo) sean válidas.[18]

La teología también debe ser distinguida de la religión aun cuando no haya una dislocación completa entre ambas. La religión es primordialmente existencial, y la teología es primordialmente intelectual, pero lo intelectual no está ausente de la experiencia religiosa, ni viceversa. J. B. Chapman definió el cristianismo como (1) un credo que debe ser creído, (2) una vida que debe ser vivida, y (3) una experiencia que debe ser disfrutada.[19] La religión incluye un elemento emotivo, un elemento volitivo y un elemento intelectual.

No estamos hablando que la religión por necesidad incluya "pensar correctamente", sino que incluye cierto contenido intelectual pues, de otra manera, no podría ser identificado como que es religioso a diferencia, por ejemplo, de una experiencia estética. Juan Wesley lo expresó de esta manera:

> Lo que sea que la generalidad de las personas piense, lo que sí es cierto es que la opinión no es religión. No, ni siquiera la opinión correcta, el asentimiento a una o a diez mil verdades. Hay una enorme diferencia entre ellas: incluso la opinión correcta dista de la religión como el oriente dista del occidente. Las personas pueden estar demasiado correctas en sus opiniones, pero no tener religión alguna; y, por el otro lado, puede haber personas verdaderamente religiosas que tengan muchas opiniones erróneas.[20]

Afortunadamente para miles de personas, así es. La religión auténtica no debe ser equiparada con el razonar correctamente. Sin embargo, de esta conclusión no se sigue que razonar correctamente carezca de importancia. De hecho, el que la religión incluya un elemento intelectual que inevitablemente informe sus otras dimensiones hace que la teología correcta sea importante.

Jack Rogers sugiere una distinción clara y útil entre la teología y la fe:

> La teología no es fe. La fe es un compromiso confiado de toda la persona a Cristo. La teología es nuestro pensamiento cuidadoso y ordenado acerca de la revelación en la Escritura del Dios en quien tenemos fe. La teología y la fe van de la mano. Uno no puede realmente tener una sin la otra. Pero cada una tiene su función distintiva. La fe es primaria. La teología es el siguiente y necesario paso.[21]

Es asunto sujeto a constante debate lo de la prioridad de la comprensión sobre la experiencia, o viceversa. El liberalismo clásico tendió a darle prioridad a la religión, pero parece acercarse más a la verdad el reconocer que la comprensión previa de uno influye hasta cierto grado en el encuentro existencial que uno tenga con lo divino. Esto tiene cierto apoyo sicológico, puesto que algunos sicólogos arguyen que la conducta expresiva es influida por las expectativas de uno acerca de la experiencia que ha tenido, más que por la experiencia misma.[22] Más adelante en nuestro estudio tendremos ocasión de notar cómo esta verdad puede ayudar a explicar algunos problemas muy difíciles en la Biblia, incluyendo lo de arrojar valiosa luz sobre la idea en desarrollo del Espíritu Santo tal como se da en la Escritura. La manera más adecuada de responder al asunto es señalando que la religión es ontológicamente anterior, mientras que la teología (cualquiera que sea el grado en que se considere adecuada) es sicológica (o epistemológicamente) precedente pero ontológicamente secundaria.

El término teología es neutral en el sentido de que puede ser musulmana, judía o de cualquier otra religión. Como es obvio, nuestro estudio se enfoca en la teología cristiana. Esto no significa necesariamente que otras teologías se relacionan a un Dios diferente, puesto que nosotros creemos que hay un solo Dios. Lo que sí implica es que el nuestro es un estudio del Dios cuyo carácter se ha definido decisivamente por su acción en Jesucristo. También afirmamos con Martín Lutero que no hay ningún otro Dios excepto el Padre de nuestro

Señor. Lo que distingue la teología cristiana de otras teologías es su fuente de sabiduría.

Esta verdad necesita ser considerada con seriedad, puesto que es este foco teocéntrico de carácter Cristo-normativo lo que protege la unidad de la disciplina que estamos persiguiendo. No se puede permitir que ninguna comprensión teológica que sea inconsistente con la revelación en Cristo se adentre a una teología así, ya que sería una intrusa. Para que las diversas comprensiones sean candidatas a la inclusión deberán ser juzgadas críticamente por este criterio.

¿Qué Es la Teología Sistemática?

La teología sistemática es una disciplina específica y con sus propias características, las cuales le son únicas; de ahí que deba ser distinguida de otras áreas de estudio teológico. Una de éstas es la teología bíblica, la cual se da a la tarea de explicar, en sus propios términos, la teología que encuentra expresión en el texto bíblico. Muy frecuentemente el término es aplicado a una teología que ostensiblemente es bíblica en carácter, aunque esto sea usarlo como adjetivo más que como sustantivo.[23]

Como disciplina, la teología bíblica es un fenómeno relativamente reciente, pero tiene raíces profundas en la Reforma Protestante. "Sólo entre los seguidores de la Reforma podía haberse acuñado en forma alguna el concepto de 'teología bíblica'" (Ebeling). La insistencia de los reformadores en el principio de la *sola scriptura* hizo del desarrollo de la teología bíblica una necesidad. En tanto que la autoridad bíblica estuvo subyugada a la tradición, como en el catolicismo romano, los estudios bíblicos eran de importancia secundaria, pero cuando la Escritura se volvió la corte primaria de apelación, el cuadro cambió. No obstante, pasarían 100 años antes de que el término fuera, en efecto, acuñado y usado en el título de un libro,[24] y más tiempo aún antes de que surgiera como una disciplina independiente.

En sus formas más tempranas, la teología bíblica fue concebida como el uso de textos bíblicos de comprobación tomados indiscriminadamente de ambos Testamentos para apoyar los sistemas tradicionales de doctrina de la ortodoxia protestante de la primera época. La obra que se yergue en el punto de transición entre el viejo interés dogmático en el método de textos de comprobación y la ciencia de la teología bíblica que estaba en el proceso de nacer fue aquella en cuatro volúmenes por B. T. Zachariae (1771-1775). Este autor abandonó deliberadamente el método de estudiar textos de comprobación aislados en favor de un intento de estudiar la enseñanza de la Biblia como un todo. En el arreglo del material para tal proyecto, Zachariae insistió en que se siguiera un plan derivado de la naturaleza de la Biblia, y no uno basado en cierto "método de clasificación teológica usado en otros lugares por los sistemas y los compendios". Previamente, los trabajos que se habían llamado teologías bíblicas habían usado las clasificaciones de la teología sistemática, mayormente la organización triple de teología, antropología y soteriología.

Pero esto era sólo la mitad del camino, ya que el centro de interés todavía estaba en el sistema teológico que Zachariae había esperado purificar, y no en la Biblia por su propia causa. El hombre cuyo nombre está asociado con que la teología bíblica se liberara cabalmente de la dogmática y se estableciera como una disciplina puramente histórica fue Johann Philipp Gabler (1753-1826). Aunque en realidad nunca escribió una teología bíblica, el discurso inaugural de Gabler en la Universidad de Altdorf el 30 de marzo de 1787, fue la proclamación decisiva de este tipo de teología. Su famosa declaración reza:

> La teología bíblica posee un carácter histórico al transmitir lo que los escritores sagrados pensaron acerca de los asuntos divinos; la teología dogmática, en contraste, posee un carácter didáctico al enseñar lo que un teólogo particular postula en forma filosófica sobre asuntos divinos de acuerdo con su capacidad, tiempo, edad, lugar, secta o escuela y otras consideraciones similares.

Gabler propuso una aproximación inductiva, histórica y descriptiva para la teología bíblica, forjando una distinción aguda entre ella y la teología dogmática, la cual, aunque se basa en materiales que extrae de la teología bíblica, también hace uso de la filosofía y de las ideas emanadas del desarrollo posterior de la iglesia cristiana. Así, la proposición de Gabler fijaría la dirección de la teología bíblica para el futuro.

La meta de una teología bíblica estrictamente histórica fue lograda por vez primera por G. L. Baur (1740-1806). A él también se le adjudica el haber publicado la primera teología del Antiguo Testamento (1796). Con Baur, entonces, la teología bíblica quedaba separada en teología del Antiguo Testamento y teología del Nuevo Testamento.

Desafortunadamente, la mayor parte de los primeros trabajos de teología bíblica se hicieron basados en presuposiciones racionalistas y después bajo la influencia de la filosofía de G. W. F. Hegel, lo que trajo como consecuencia una reacción conservadora ejemplificada en la famosa obra de E. W. Hengstenberg titulada *Christology of the Old Testament* (Cristología del Antiguo Testamento) (1829-1835). La obra de Hengstenberg, sin embargo, negó la validez de la aproximación histórico-crítica a la Biblia e hizo poca distinción entre los dos testamentos, lo que lo llevó a rechazar toda idea significativa de progreso con relación a las profecías del Antiguo Testamento y casi pasar por alto toda consideración a su referencia original.

Numerosos otros eruditos conservadores fueron más equilibrados que Hengstenberg. El ejemplo más significativo fue el de G. F. Oehler, quien publicó una obra masiva en alemán que fue traducida al inglés como *Theology of the Old Testament* (Teología del Antiguo Testamento). Esta es la atmósfera de la que sale la "escuela de la historia de la salvación" *(Heilgeschichte)* y que fue ejemplificada especialmente por J. C. Hofmann. Esta escuela considera la Biblia primordialmente, no como una colección de textos de comprobación, ni como un depósito de doctrina, sino como un testigo de la actividad de Dios en la historia.

En esta etapa, la teología del Antiguo Testamento virtualmente desapareció, habiendo sido expulsada de la escena de la erudición por otra aproximación denominada la "historia de la religión" *(Religionsgeschichte),* que trataba con la historia de la religión de Israel más que con la teología. El año 1878 marca el triunfo de esta aproximación con la publicación de *Prolegomena to the History of Israel* (Prolegómenos de la Historia de Israel), por Julius Wellhausen.

Por más de 40 años la teología bíblica fue eclipsada por la aproximación de la *Religionsgeschichte*. En las décadas que siguieron a la Primera Guerra Mundial, varios factores resultaron en un renacimiento de la teología bíblica. R. C. Dentan sugiere entre los factores principales, los siguientes tres: (1) una pérdida general de fe en el naturalismo evolucionista; (2) una reacción en contra de la convicción de que la verdad histórica puede ser alcanzada mediante una objetividad puramente científica, o de que tal objetividad es en efecto posible; y (3) la tendencia a un retorno a la idea de la revelación en la teología dialéctica (neortodoxa).[25] La edad de oro de la teología bíblica empezó en la década de 1930 y continúa hasta el presente. No ha sido, pues, sino hasta muy recientemente que la teología bíblica ha sido reconocida como una disciplina histórica que interpreta lo que el texto significó y que, antes que importarlas de las categorías de la teología sistemática, explique la teología que llega a su expresión en el texto bíblico en términos de las rúbricas que se hallan dentro de la Escritura misma.[26]

La teología sistemática también debe ser distinguida de la teología histórica, la cual es principalmente el estudio del pensamiento cristiano o de la tradición cristiana. Como la teología bíblica, la teología histórica es una disciplina descriptiva, excepto que traza el desarrollo del pensamiento teológico a través de los siglos desde que el canon del Nuevo Testamento quedó cerrado. La historia que entraña esta clase de teología es un fenómeno complejo con muchas tradiciones diferentes y abigarradas que se entretejen en la trama principal del pensamiento cristiano y que también incluye los movimientos heréticos y la cristalización de ciertos debates teológicos en credos y símbolos.

La teología histórica es una fuente importante para la teología sistemática, pero, como se discutirá más adelante, no debe ser considerada normativa en sentido final alguno. En este particular, es definitivamente diferente de la teología bíblica. Es cierto que, bajo ciertas condiciones, una tradición particular podría consagrar su propia historia y hacerla absoluta y, por consiguiente, tratarla como normativa. Sin embargo, el "principio protestante" (Tillich) va a prohibir hacer absoluta toda autoridad humana, ya sea que se trate de una interpretación bíblica particular o de un credo denominacional. Dios mismo es el solo Absoluto.

Es cierto que la teología sistemática va a echar mano de todas las disciplinas anteriores, pero deberá ser distinguida cuidadosamente de ellas. Por tanto, trataremos ahora de definir la disciplina cuyo estudio perseguimos.

Una definición se basa explícitamente en la comprensión de la teología recalcada en la última sección: "La teología sistemática es un análisis constructivo de la estructura y la terminología del lenguaje cristiano".[27] Pero, la siguiente declaración, va más allá de la anterior en lo que incluye y representa una comprensión más adecuada: "La teología sistemática se ocupa con ciertas creencias (las de Dios y creencias afines) en una elucidación ordenada y en su relación al pensamiento y a la vida contemporáneos: 'contemporánea' a cada edad, la tarea de la teología es hecha de continuo a medida que la perspectiva intelectual y el significado de las palabras sufren cambios".[28] Esta declaración más completa enuncia dos elementos que son básicos para la teología sistemática.

Veremos primero el elemento de contemporaneidad, lo que implica que la teología sistemática es diferente de las dos disciplinas teológicas previamente discutidas en que no es una aproximación únicamente histórica. Más bien, su tarea es traer la fe cristiana en contacto con la situación moderna o contemporánea.

Esto también implica que la teología sistemática es una empresa constructiva y no meramente la repetición acrítica de la tradición. Su función es interpretar las creencias cristianas de manera holística y en fidelidad tanto a la tradición como a la generación presente. Este aspecto de la teología es lo que demanda que cada generación haga teología por sí misma para que diga lo que la fe significa en su propia situación histórica y para ella. También, es la razón por la cual la tarea teológica jamás puede ser concluida.

Esta característica crea cierto dilema, puesto que sugiere que la teología sistemática debe operar entre dos polos: uno, es el polo de la situación y, el otro, es el polo de lo que podríamos llamar la norma o tradición histórica. Los teólogos tienden a ser atraídos hacia uno u otro de los polos, sin embargo, lo que le corresponde hacer a la teología sistemática es erguirse en tensión dinámica entre ambos. Si uno sucumbe a la presión de cualquiera de las dos direcciones, el resultado es la perversión. Si uno se mueve hacia el polo de la situación con el fin de volverse más pertinente, pero pierde contacto con la norma histórica, sencillamente se vuelve relativo. Siempre que esto ocurre, generalmente es el resultado de un proceso sutil.[29] Por el otro lado, cuando alguien tienda a obsesionarse con alguna expresión histórica particular de la norma y pierda contacto con su situación, se volverá irrelevante y hasta obscurantista.[30] Una persona así, tenderá a velar las cenizas más que a avivar la llama, como lo dijo Helmut Thielicke en su feliz frase.[31] Usando los términos libremente en este punto, el primer peligro es la trampa potencial del liberal, en tanto que el conservador generalmente se inclina hacia el segundo. Ambos representan contestaciones inadecuadas a la tarea teológica, la cual no puede ser evadida por falta de valor.

Thielicke, habla de la misma tensión, pero usa los términos "actualización" y "acomodación". Lo que él quiere recalcar es que la Palabra de Dios debe dirigirse a los humanos en el punto donde estén. Debe volverse actualizada en la situación presente. Usando categorías que

Arnold Toynbee hizo prominentes, Thielicke sugiere que una nueva situación histórica plantea un desafío al que la teología debe responder, lo que equivale decir que la teología busca contestar las preguntas que están siendo planteadas en una edad dada y aplicar la Palabra de Dios al *ethos* de esa generación. Esto es lo que Thielicke quiere decir con "actualización", la aplicación de la Palabra a la escena presente: "La actualización siempre consiste en una nueva interpretación de la verdad, en un replantearla, por así decirlo. La verdad misma permanece intacta, lo cual significa que el oyente es convocado y llamado 'bajo la verdad' por su propio nombre y situación".

La "acomodación" ocurre cuando la pregunta o el que pregunta se vuelve la norma para la verdad: la verdad se me somete a mí. Thielicke da como ilustración de la acomodación el caso de los "cristianos alemanes" del Tercer Reich de Hitler, quienes "trataban de hacer del cristianismo una religión específica, hecha a la medida, que no ejerciera presión alguna ni causara ofensa de ninguna clase. Aquí, en efecto, el contemporáneo se hizo a sí mismo la medida de todas las cosas, incluso de la verdad, de acuerdo con su propia comprensión de sí mismo".[32]

Pero también existe el peligro (aunque de diferente clase) de quedarse en el medio del camino manteniendo un equilibrio conveniente entre estos dos polos, ya que el que lo hace se vuelve vulnerable al ataque de ambos lados. El liberal culpa a esta posición de ser fundamentalista, y el fundamentalista la ataca por ser liberal. Una teología wesleyana consistente y su tendencia autóctona hacia la *via media* está capacitada para ocupar esta posición mediadora, pero es una posición precaria que trae presiones sobre el teólogo que quiere mantenerla debido a que deberá defenderse en dos frentes. Esto ha traído como resultado que la auténtica teología wesleyana haya sucumbido con demasiada frecuencia a las presiones y escapado a la seguridad de uno de los dos extremos, perdiendo de esa manera su carácter distintivo.

La segunda característica de la teología sistemática está representada en esas palabras de la definición citada que hablan de una "elucidación ordenada", que es lo que se implica específicamente con la palabra sistemática y que podríamos llamar coherencia. Lo sistemático es significativamente más que un "arreglo ordenado de doctrinas o de agrupaciones de doctrinas de acuerdo con cierta perspectiva particular". Es más que un arreglo lógico de las proposiciones teológicas que se cree encontrar en las Escrituras. Es mucho más profundo que una solución de un rompecabezas intelectual, que una cierta manera de ordenar las piezas que nos han sido dadas fuera de orden. En realidad, la Biblia, en lo fundamental, no contiene proposiciones teológicas. Aunque "muchas declaraciones en la Biblia representan, en efecto, afirmaciones teológicas de primer orden... la Biblia misma no es teología".[33]

La declaración de Gustaf Aulén es muy adecuada en este sentido:

> Cuando la teología sistemática persigue investigar el significado de la fe cristiana, no trata meramente con una multitud de doctrinas dispares las cuales, como en la llamada *Loci Theologici* (Lugares Teológicos), aparecen como declaraciones sin relación entre sí. Más bien, en todo lo que constituya el objeto de la teología sistemática, habrá una homogeneidad orgánica interior.[34]

En una teología sistemática auténtica hay una interrelación que caracteriza cada doctrina en particular al punto que cada una implique lógicamente las otras. Cualquiera que sea el punto en que uno comience, llegará lógicamente a cada uno de los otros aspectos del sistema; de hecho, todos ellos serían requeridos para la expresión completa del sistema. Los diversos aspectos coexistirán sin contradicción alguna. Lo que uno crea acerca de la creación influirá sobre la doctrina de la encarnación; lo que uno crea acerca de estos dos influirá directamente sobre su doctrina del género humano. Las contradicciones son aceptables en una aproximación ecléctica, pero no en una teología sistemática y coherente; aquí todas las piezas deben encajar.

Si estas dos características son tomadas juntas, conducen a otro aspecto importante de la teología sistemática, a saber, lo comprehensivo de ella. Con este término queremos sugerir, no que la teología sistemática trate con cada problema o asunto concebible, sino que se interesa con un cuadro mayor que el que abarcan los intereses soteriológicos, aunque, como veremos más adelante, en una teología wesleyana, la soteriología sea el punto último de enfoque y el árbitro final de lo que es adecuado y válido.

La teología también se interesa en desarrollar y clarificar los aspectos ontológicos y epistemológicos de la fe cristiana. A menos que uno esté dispuesto a quedar satisfecho con la noción medieval de una verdad doble, la teología cristiana siempre presupondrá una visión del mundo de proporciones cósmicas.[35] Esto equivale a tomar la posición, contraria a la famosa declaración de Pascal, que el Dios de los filósofos es el Dios de Abraham, de Isaac y de Jacob. Hay una diferencia considerable entre el lenguaje de la religión y el lenguaje de la filosofía. El primero es existencial o personal, el último es abstracto. Sin embargo, siendo que es la misma realidad de la que ambos hablan, los dos ámbitos del discurso no deberían contradecirse entre sí.

Lo anterior significa que la teología es una tarea filosófica, pero también exegética e histórica.[36] Hay quienes tienen reservas sobre este particular, especialmente en cuanto a los análisis ontológicos que involucra. Una objeción que se presenta es que la descripción ontológica de Dios es estática e impersonal, en tanto que Dios es dinámico y personal, y de ahí que la comprensión religiosa sería pervertida por la descripción ontológica. Pero esta objeción sería válida sólo si una ontología, por ejemplo, la platónica o la aristotélica, es impuesta sobre el teólogo. La falacia, pues, en un razonamiento así es la de asumir que uno tenga necesariamente que importar una ontología extraña, en vez de desarrollar una visión de la realidad que contenga ambas cosas: que emane de la fe bíblica y que congenie con ella. De hecho, la demanda de la revelación implica tal desarrollo.[37]

Las primerísimas etapas de la empresa teológica demuestran la verdad de nuestras aseveraciones. Las luchas dogmáticas de los padres de la iglesia fueron, en realidad, intentos de desarrollar una teología sistemática adecuada. Hubo varios esfuerzos, el primero de los cuales fue el propuesto por los gnósticos. Sin embargo, la estructura ontológica de su sistema demostró ser inadecuada como un vehículo para ubicar la fe cristiana en un marco más amplio. La premisa básica del gnosticismo era un dualismo metafísico basado en consideraciones éticas. Era un dualismo de materia y espíritu que llevaba a una comprensión de la salvación en términos de un escape de la carne, lo cual era contrario al compromiso cristiano básico.[38]

El intento de crear un marco intelectual más amplio para el cristianismo tuvo éxito sólo cuando fue desarrollado a la luz de la concepción que el Antiguo Testamento tiene de Dios, lo cual explica, en parte, por qué la lucha por el Antiguo Testamento en los primeros días fue un asunto tan decisivo. Si el cristianismo se hubiese declarado como completamente independiente de la fe judía, en vez de afirmar una relación de realización, se hubiera desarrollado en una dirección completamente diferente en cuanto a lo teológico.[39] Este es un hecho que va a recalcar el significado crucial del Antiguo Testamento en la tarea teológica.[40]

Las demandas de la tarea de una teología sistemática son abrumadoras. En último análisis, sólo Dios puede ser un teólogo sistemático completamente competente. Los seres humanos, quienes viven bajo las condiciones de su existencia, tienen que contentarse con perspectivas parciales, y de ahí que la mayoría de los eruditos se hayan entregado a hacer ensayos sobre asuntos particulares. Dada, pues, la inmensidad del material en cuestión, cualquier persona que intente una tarea sobremanera comprensiva deberá necesariamente depender de las investigaciones de sus colegas en aquellas áreas especializadas que afectan la disciplina teológica. Así, lo más que se puede esperar que la persona logre es asirse firmemente a la perspectiva desde la cual una teología sistemática deba ser hecha, y, echando mano de una percepción lógica, incorporar los resultados en el grado en que coincidan con la perspectiva adoptada.

Ahí yace el significado de la siguiente declaración de Gordon Kaufman:

> Es importante distinguir entre la perspectiva que informa una teología sistemática, y el análisis detallado de las doctrinas teológicas. La perspectiva de un teólogo afecta tanto la manera en que estructura las preguntas como las contestaciones que les da, y moldea los juicios fundamentales tanto respecto a lo que es teológicamente importante como a la manera de resolver los asuntos, es decir, opera en cada nivel de su manera de pensar. ... Su perspectiva es, en pocas palabras, la determinante más importante de su razonamiento, aunque frecuentemente yace escondida y desconocida, incluso para el teólogo mismo.[41]

O, como dice Paul Tillich sobre de la teología sistemática: "La perspectiva es lo crucial".[42]

A simple vista, esto parece un método puramente deductivo, pero, en la práctica, cada parte del todo ejerce su juicio sobre lo adecuado del punto total de vista y es capaz de crear una alternancia en la perspectiva. De esa manera, lo adecuado de la perspectiva será continuamente puesto a prueba, lo que hace que sea el método inductivo lo que opere de principio a fin. En realidad, el punto de vista que informa todo el trabajo deberá ser el resultado de un extenso estudio inductivo. En vez de principiar con una perspectiva que uno saque de la nada, después de lo cual cada doctrina sea forzada a conformarse a ella, la perspectiva emanará de un estudio y de unas experiencias específicas, para después fluir de regreso a los detalles.

Tenemos que estar de acuerdo con Gustaf Aulén en su proposición de que estas características de la teología sistemática no implican que sea un sistema que se complete racionalmente,[43] con lo cual él quiere decir que la unidad de la teología no consiste en que sea "un sistema cerrado de razonamiento, sino más bien una unidad caracterizada por una tensión interna". O sea, que, aunque no haya contradicciones lógicas involucradas, hay elementos paradójicos involucrados que no pueden ser reducidos mediante transigencia racional. Este elemento paradójico está presente porque es el Dios viviente con lo que la teología tiene que ver, y no un objeto finito.[44]

Sin embargo, lo anterior va a implicar que la teología sistemática es una empresa racional, y para producir esta clase de resultado la aproximación crítica del filósofo será esencial. Esto explica el que H. Orton Wiley incluyera la filosofía entre las disciplinas requeridas para hacer teología (*TC* 1:30). Así, las siguientes tres clases de racionalidad, todas las cuales dependen del razonamiento filosófico, deberán hallarse funcionando en una teología sistemática.

1. La racionalidad semántica. Esta primera cualidad de lo racional tiene que ver con las palabras e incluye "la demanda de que todas las connotaciones de una palabra deberían estar conscientemente relacionadas entre sí y tener su centro en un significado controlador". Los términos deben ser usados con significados consistentes, y el comunicador no debe ser ambiguo al proponer sus argumentos. Esto no implica una rígida artificialidad, ya que, en diferentes contextos, las palabras pueden legítimamente ser vehículos de sesgos diferentes de significado. Lo que sí exige es el tipo de coherencia semántica que evite las ambigüedades lógicas.

2. La racionalidad lógica. Nunca se espera que la teología acepte combinaciones de palabras sin sentido, vale decir, auténticos disparates. Juan Wesley creía que la fe cristiana puede ser suprarracional, pero no irracional. La razón, pues, deberá examinar todas las creencias propuestas con el fin de que se indaguen sus elementos antirracionales. En esta vena Wesley escribió: "Para nosotros es principio fundamental que renunciar a la razón es renunciar a la religión, que la religión y la razón van de la mano, y que toda religión irracional es una religión falsa".[45] La religión permite la paradoja, como ya se notó antes, pero la paradoja no es una contradicción lógica, sino que más bien "representa un movimiento de la realidad que trasciende la razón finita, pero que no la violenta". La confusión surge cuando alguien rebaja las paradojas al nivel de auténticas contradicciones lógicas y luego les pide a las personas que sacrifiquen la razón aceptando como sabiduría divina combinaciones de palabras carentes de sentido.

3. La racionalidad metodológica. Esta clase de racionalidad implica que la teología sigue una manera definida de derivar y declarar sus proposiciones. Se demanda del escritor que enuncie el método que propone usar y que lo siga en cada punto.[46] Esto es precisamente lo que estamos tratando de hacer en la primera parte de esta obra.

La Norma de la Teología Sistemática

Nuestra discusión previa ha implicado que, para que la teología sistemática se vuelva realidad, tiene que haber una norma (o creencia control) que informe la manera en la que cada aspecto del sistema es formulado. Tal como Tillich muy correctamente señala, "Las fuentes y el medio pueden producir un sistema teológico sólo si su uso es guiado por una norma".[47] Esto es lo mismo que decir que hay una perspectiva desde la cual la teología total es desarrollada. Si va a haber consistencia y coherencia de principio a fin, esta perspectiva deberá ser implantada en cada punto.

Ahora bien, ¿cómo se deriva la norma? ¿De qué fuente proviene? Una vez más, Tillich sugiere correctamente que emana de la vida espiritual de la iglesia a medida que ella se topa con el mensaje cristiano. O, expresado de otra manera, surge de la experiencia de la iglesia en su encuentro con la Biblia en términos de la necesidad que la iglesia sienta.

Un repaso de la historia de la teología demostrará la validez de este análisis. Durante los diferentes momentos en la vida de la iglesia han surgido normas diversas a partir del encuentro espiritual entre el *ethos* de la era y el mensaje bíblico. Esto significa que la selección de una norma no es una decisión arbitraria. Más bien, emana de la experiencia, y, en cierto sentido, se impone a sí misma sobre la consciencia de la iglesia; en una palabra, se aferra a la comunidad de fe.

En la primera era de la historia teológica cristiana, generalmente llamada el período patrístico, la norma emanó de la necesidad sentida que prevalecía en su marco cultural. La necesidad más grande del ser humano se percibía en términos de una inmortalidad que venciera a su más grande enemigo, la muerte. Siendo que el don de Dios era la vida, y siendo que se hablaba de este tema de manera muy prominente en la literatura juanina, sería ese el material bíblico que serviría de mayor recurso para la materia teológica prima de la época. Teólogos como Atanasio e Ireneo desarrollarían su pensamiento siguiendo tales temas.[48]

Principiando con el pensamiento de Agustín, y aparentemente provocada por el trauma causado por el declive y la caída del Imperio Romano, la teología empezó a manejar el problema de la culpa. La situación cultural era tal que sirvió para crear un sentido de alienación que la experiencia misma de Agustín personificó, y que lo llevó a desarrollar una teología completa en esos términos. Como resultado, Agustín introduciría los escritos de Pablo en la corriente principal de la obra teológica ya que utilizaban las categorías más apropiadas al énfasis dominante del momento.

A partir de la Reforma Protestante, la norma de "justificación por la fe" llegó a ser prominente debido al encuentro que Lutero tuvo con el mensaje bíblico dentro del molde de su propia experiencia. Una razón principal por la que las protestas de Lutero crearon reacciones tan ampliamente difundidas fue que su experiencia no era sino el reflejo de las de multitudes de personas. El sistema católico había producido el programa de una así llamada salvación que creaba gran ansiedad. Por ende, la teología protestante se desarrolló a la luz de una gran verdad central gracias a la cual, Lutero, había encontrado libertad del sentido de ansiedad. Lutero llegó a ir tan lejos que hasta pasó juicio sobre ciertos pasajes bíblicos que, en su opinión, no apoyaban adecuadamente la sola fe como el medio de salvación. Esto fue ir un poco demasiado lejos, pero el punto aquí es que hubo una norma que proveyó la posibilidad de una teología sistemática, un principio alrededor del cual se podía organizar la enseñanza bíblica y a cuya luz el material bíblico fue leído e interpretado.

En este punto, alguien podría presentar la objeción de que, la Biblia en su totalidad, debería ser considerada la norma, lo cual plantea un asunto sumamente importante que necesita ser considerado. Históricamente, hay que reconocer que la Biblia en su totalidad nunca ha sido la norma de la teología sistemática (cuando menos en la práctica), pero esto no elimina la posibilidad de que convenga serlo. Nosotros, sin embargo, no tomamos esa ruta, y tenemos nuestras razones.

En primer lugar, es necesario decir que no es porque la Biblia misma no tenga unidad (norma). Es cierto que hay mucha diversidad en ella, tanto así que muchos han propuesto que sólo haya teologías bíblicas, no teología bíblica, pero nosotros estamos comprometidos con la convicción de que, a pesar de la diversidad, que es real, hay una coherencia acerca del mensaje de la Escritura total que la hace ser un libro. Una tarea principal de la teología bíblica es tratar de identificar ese centro y demostrar cómo las diversas hebras del material bíblico lo conforman.[49]

Sin embargo, identificar la norma unificadora de la Biblia, o de cada Testamento tomado separadamente, es permanecer dentro de las formas de pensamiento y conceptos de la situación histórica, o de las situaciones históricas de las cuales el material emanó, lo cual no es la tarea de la teología sistemática. Nuestra tarea es convertirlo todo en modelos conceptuales contemporáneos y, para hacerlo, la teología sistemática debe tener un vehículo que le sirva como puente para salvar la distancia hermenéutica entre el entonces y el ahora. Teóricamente, uno podría intentar sencillamente recitar pasajes bíblicos pero, en la práctica, nadie vive de acuerdo con ese principio. Como Helmut Thielicke dice, "Hasta los fundamentalistas rígidos están tratando de ser más elásticos cuando menos en las técnicas de presentación homilética al mundo contemporáneo".[50]

Maurice Wiles recalca la necesidad de este aspecto de la tarea interpretadora de la teología con las siguientes palabras:

> Los escritores bíblicos comparten varias presuposiciones y características culturales del mundo de la antigüedad que son ajenas casi a cualquier cosmovisión [contemporánea]... Esto pide alguna forma de interpretación, y aquí volvemos a notar que los criterios o normas para esa tarea interpretativa no son provistos por la Biblia misma. La teología tiene que incluir algo más que sencillamente estudiar los documentos antiguos. Para reconocer cuán importante es que "algo más" sea sacado completamente a la vista como un elemento explícito de trabajo teológico crítico, uno no tiene sino que recordar las opiniones inmensamente diversas y erráticas propuestas por diferentes sectas, todas las cuales presumen basarse sólo en la enseñanza de la Biblia.[51]

Además de esta razón, está la necesidad de un principio de selectividad, ya que nadie considera toda la Escritura como algo que sea igualmente significativo, a pesar de aquellos que aleguen lo contrario. J. Philip Hyatt indica, tal vez un poco sarcásticamente, que cada persona tiene un canon dentro del canon: "Esto puede verificarse examinando la Biblia de la persona para ver las páginas de qué libro o pasaje están desgastadas por tanto haber sido leídas y estudiadas, y cuáles todavía están limpias".[52]

Desde su principio, la iglesia tuvo que reconciliarse con el hecho de que la Biblia necesitaba ser interpretada, y que era susceptible a diferentes interpretaciones, incluso interpretaciones contrarias a la fe de la iglesia cristiana en su expresión céntrica. Fue a partir de esa trastornadora realidad que, al principio, emanaron los credos, y que después se identificara a la jerarquía como el intérprete oficial de la fe. Alguien podría sugerir que, si la Biblia pudiese ser aproximada con objetividad total o a partir de una mente completamente abierta, una verdadera interpretación resultaría de tal encuentro. Desafortunadamente, sin embargo, es imposible verificar una posibilidad así debido a que es una situación que nunca ha existido ni nunca existirá. No hay tal cosa como una objetividad completa; todos los humanos se aproximan a la Biblia con algún grado de comprensión previa. El problema más bien yace en evitar que esta comprensión previa controle a tal grado la interpretación que la misma resulte en una perversión de la verdad.

Todo lo anterior nos deja con la necesidad de proveer una norma adecuada que nos guíe en el uso del material bíblico. Así, como ya hemos sugerido, conviene conceder que tal norma deba emanar de la Escritura misma conforme permitimos que la Escritura se dirija a nuestra situación existencial, y que no debe adoptarse ninguna norma que acabe en contradicción irresoluble con la teología bíblica en punto alguno.

La norma que, de manera concienzuda, hemos adoptado en esta teología es la que nace de un encuentro de las personas del movimiento de santidad con el mensaje bíblico. El nombre con el cual la designamos es wesleyana. Aunque este nombre proviene de Juan Wesley como personaje histórico, no estamos diciendo que el nuestro sea un estudio histórico. Nuestra intención no es reproducir la teología de Wesley del siglo XVIII. Esto sería un proyecto perfectamente útil, pero hacer del trabajo de Wesley la palabra final sería caer en la trampa que ya hemos discutido en este capítulo. Con wesleyana, pues, lo que queremos afirmar es que los impulsos espirituales que se originaron con el fundador del metodismo fueron tanto el resultado como la causa de una intuición o perspectiva teológica particular, y que estos impulsos espirituales todavía son opciones válidas y vigentes entre muchos miembros del segmento de la cristiandad del cual esta obra es parte. Nuestro propósito es tratar de identificar en qué consiste esta perspectiva, y usarla como la norma que nos ayude a desarrollar una teología sistemática para el presente, haciéndola así una verdadera teología sistemática en términos de las características enunciadas en la sección anterior. La consecuencia práctica es que dicha norma podría ser usada para criticar y corregir al mismo Wesley en aquellos casos en que haya favorecido formulaciones contrarias a lo que era su propio compromiso teológico central.

Necesita añadirse que esto no sugiere en forma alguna el sectarismo o el exclusivismo. Tampoco elimina el diálogo con otras tradiciones dentro del cuerpo de Cristo; es definitivo que no excluimos estas otras perspectivas en forma prejuiciada. Lo que sí afirmamos es que, dentro de la tradición cristiana más amplia, un cierto énfasis bíblico central ha escogido a algunos para que seamos sus testigos especiales, y con ese testimonio esperamos poder hacer una contribución a la experiencia cristiana total.

Proponemos que la norma para nuestra teología sistemática sea la justificación/santificación por la fe[53] vista en el contexto de la gracia preveniente.[54] A Martín Lutero se le acredita haber redescubierto en el siglo XVI la verdad de la justificación por la fe, pero debido a su preocupación con el problema de la justicia por las obras, Lutero no proveyó en su teología una base sólida para la santificación. Ni Lutero ni Calvino, tampoco, fueron capaces de poseer una doctrina viable de santificación debido a su compromiso con la posición de Agustín sobre la predestinación y la elección.[55] Wesley, no titubeó en lo más mínimo en su compromiso con la enseñanza completa de la Reforma sobre la justificación por la fe pero, por haber rechazado la doctrina calvinista de los decretos, pudo dar lugar a una doctrina vital de santificación. En este punto, la observación de George Croft Cell es apropiada, ya que interpreta el criterio de Wesley como una síntesis de la ética protestante de la gracia y la ética católica de la santidad.[56]

Estas dos doctrinas, la de la justificación y la de la santificación, se pueden visualizar como los dos focos de una elipse.[57] Si se piensa en cualquiera de las dos como el centro de un círculo, el resultado es pervertidor. Cuando la justificación es puesta en el centro, la tendencia es hacia el antinomianismo; cuando la santificación ocupa el centro, la tendencia es hacia el legalismo o el moralismo.[58] Wesley, al igual que el apóstol Pablo, trató de mantener el equilibrio adecuado, lo cual se encarna en la fórmula de Pablo que Wesley adoptó como su propio lema: "la fe que obra por el amor", derivada de Gálatas 5:6.

Poner estos conceptos en el corazón de nuestra perspectiva es recalcar la centralidad de la soteriología en la teología wesleyana. La tarea de hacer teología no es la de desarrollar un edificio de pensamiento que tenga consistencia interior pero que no sea otra cosa que un sistema abstracto, una torre de marfil. El foco ardiente de todo trabajo teológico es la obra salvadora o redentora de Dios. Toda doctrina debe ser traída finalmente a la sujeción a este punto, y a que contribuya al mismo.[52]

Wesley evitó "por un pelo" el pantano del calvinismo, para usar sus propias palabras. Pero ese "pelo" fue suficiente para erguirse como la cordillera que divide un continente, haciendo que las dos teologías (perspectivas) se encuentren a kilómetros de distancia cuando llegan a sus expresiones cabalmente desarrolladas. La verdad que las separa apenas por un pelo en el punto divisorio es la doctrina de la gracia previniente. Podría incluso argüirse que esta enseñanza fue el aspecto más trascendental y dominante del pensamiento de Wesley. Como veremos más adelante, la gracia previniente es la llave que abre la cerradura de muchos problemas teológicos, y seguir sus implicaciones hasta una conclusión lógica revelará que la teología wesleyana tiene una aproximación distintiva a muchos asuntos, la cual no es ni fundamentalista ni liberal.

Es habitual que los wesleyanos desarrollen la idea de la gracia previniente en términos de consideraciones soteriológicas exclusivamente, y, como ya hemos observado, en última instancia, es ahí donde hay que enfocarse. Pero, Wesley mismo trató la gracia previniente en una forma más amplia, por lo que, en nuestro análisis, estamos proponiendo usarla como un principio tanto ontológico como epistemológico de interpretación. Así, se volverá el aspecto más dominante de la norma que hemos sugerido, y será el elemento crucial en varias doctrinas, incluyendo la doctrina de la revelación. Más aún, la gracia previniente necesita ser puesta en la misma estructura en que se encuentra presente en otras doctrinas wesleyanas. Cada doctrina tiene ambos: un aspecto objetivo y otro subjetivo. De nuevo, esta estructura se explica de manera general en lo que se relaciona a la preocupación soteriológica en un sentido estrecho, pero es tan distintivamente wesleyana que se puede aplicar provechosamente a todas las doctrinas, si bien no todas han sido elucidadas de esta manera por gran parte de la teología wesleyana popular.

El primer proyecto de una teología sistemática wesleyana fue sin duda el trabajo de John Fletcher.[60] Aunque, de acuerdo con las normas de nuestro día, su obra carece mucho del carácter que se le requiere a tal clase de proyecto, el mismo tiene mucho significado para nosotros por haber usado la idea de la gracia preveniente como su piedra de cimiento y su tema controlador.[61]

Pero aquí hemos llegado a un punto en el que debemos refinar un poco más la norma que hemos propuesto y darle una definición más precisa. Wesley explícitamente arraigó la gracia preveniente en la cristología. No sólo enseñó que la gracia se otorga gratuitamente sobre todos los seres humanos, por causa de Cristo, removiendo la culpa del pecado original, sino también que el conocimiento de Dios hay que interpretarlo como la consecuencia de la gracia de Cristo. Una teología wesleyana será peculiarmente cristológica en su énfasis: la justificación, la santificación y la gracia preveniente en todas sus numerosas ramificaciones deben ser interpretadas desde este punto de vista. Puesto que la obra del Espíritu Santo y la gracia preveniente son virtualmente conceptos sinónimos, la primera es vista por Wesley como cristológica en naturaleza. A estos efectos, John Deschner dice: "Se le ha dado mucha atención al poder del Espíritu Santo en la doctrina de la santificación de Wesley. Debe ser más claramente reconocido que el Espíritu santificador es el Espíritu del Cristo victorioso tanto como el del Cristo sufriente".[62] Demostraremos, pues, que la base cristológica de cada doctrina es el carácter saturador de la norma que ha de ser usada en nuestra teología sistemática.[63]

Hay un punto más que necesita ser postulado en la explicación de la importancia de una norma, y es que ella provee las bases para una discusión significativa dentro de un contexto dado. Este escritor opina que es posible tener una conversación siguiendo pautas de perspectiva, pero su valor reside principalmente en discutir lo relativamente adecuado de las perspectivas divergentes. Aunque tal vez no sea posible probar que una perspectiva sea correcta y la otra equivocada en un sentido científico, definitivamente es posible demostrar que una de ellas está más en armonía con los datos pertinentes, y que es más adecuada en términos de coherencia total que otra. Pero, una vez que se está en el interior de una perspectiva, es un asunto mucho más concreto discutir la consistencia lógica de una posición particular en relación con la perspectiva escogida.

En su obra intitulada *Language, Truth and Logic* (Lenguaje, verdad y lógica), que es uno de los ataques iniciales más devastadores de la filosofía lingüística contra las declaraciones valorativas (lo que incluye las proposiciones teológicas), A. J. Ayer razona que, puesto que tales declaraciones son no empíricas en naturaleza, no son importantes para el significado; son meras expresiones de emoción. Sobre estas bases, Ayer va aún más allá al argumentar que, en realidad, es imposible disputar sobre tales asuntos, puesto que no pueden ser decididos sobre bases empíricas. Sin embargo, en este contexto, él va a dejar lugar para la posibilidad de un argumento genuino si "cierto sistema de valores es presupuesto".[64] Si se puede llegar a un acuerdo acerca de un contexto, o punto de referencia, un debate significativo puede tomar lugar. Aunque no tenemos necesariamente que estar de acuerdo con todas las opiniones de Ayer (él mismo admitirá más tarde que los asuntos son más complejos de lo que primero concedió), sí podemos reconocer el valor que le da a la norma (perspectiva) como escenario para el diálogo.

De similar manera, H. Orton Wiley va a razonar que la teología es una ciencia. Después de llamar la atención al principio empírico básico elucidado de manera tan consistente y radical por David Hume, Wiley señala que la ciencia (aludiendo a las ciencias naturales) se basa en la fe más que en el conocimiento: "Da por sentado tales verdades metafísicas como el espacio y el tiempo, la substancia y los atributos, la causa y el efecto, y también asume lo fidedigno de la mente en sus investigaciones" (*TC* 1:61). Hay una correlación entre la teología y las ciencias naturales en el sentido de que ambas, mediante un acto de fe, aceptan una perspectiva que no puede ser probada y llevan a cabo sus empresas respectivas dentro del círculo definido por su propia perspectiva. Sin embargo, esta correspondencia existe sólo en lo que corresponde al paso inicial de fe, ya que más allá de este punto hay una considerable diferencia tanto en el método como en la verificación. Con todo, lo que hay que reconocer aquí es la importancia de la norma como el elemento crucial en la teología sistemática.

Tomar esta aproximación con seriedad significa que los sistemas teológicos son similares a las hipótesis científicas: son modelos experimentales. Dejar de reconocer este hecho explica por qué la historia está repleta de científicos excesivamente dogmáticos al igual que de teólogos excesivamente dogmáticos. Jack Rogers tiene palabras sabias que decir acerca de esta manera de entender la tarea teológica:

> El hombre de ciencia construye modelos de la realidad. Un modelo no es lo mismo que la cosa real, pero nos ayuda a entender la realidad. El modelo toma las piezas esenciales de la cosa real y las reduce al punto de que podamos entenderlas. Hablamos de Dios por medio de analogías, que son modelos de la vida. Decimos que Dios es nuestro Padre para querer decir que vemos en sus acciones algunas de las mejores características de ciertos padres que conocemos. Cuando olvidamos que estamos haciendo modelos y hablando mediante analogías corremos el peligro de caer en la idolatría. La idolatría consiste en adorar al modelo creado en vez de apuntar al creador que representa. No debemos apegarnos demasiado a nuestras formas de pensamiento, a nuestras finas distinciones de lenguaje, a nuestro embalaje cultural.[65]

El gran científico es humilde ante sus datos. Lo mismo es cierto del teólogo: reconoce que su teología es secundaria a su fe. Si bien es cierto que su fe no es negociable,[66] él mismo está dispuesto a aprender de cualquier persona que esté atareada en la misma búsqueda de entendimiento.

Una Nota Acerca de la Legitimidad

No todos los teólogos estarían de acuerdo con que la teología sistemática sea una empresa legítima. Karl Barth, quien sin duda fue el teólogo más influyente del siglo XX, habló en su contra. Barth insistía en que el teólogo no puede operar a base de un concepto básico (o norma) porque él o ella no está en posición de hacer tal decisión. Teóricamente, la Biblia entera debe ser la norma de la tarea teológica.

Barth mismo escribió acerca de un crítico suyo que observaba que, "por el momento, sólo los ángeles del cielo saben adónde nos llevará el camino de su obra *Church Dogmatics*" (Dogmática Eclesial) y Barth estaba completamente de acuerdo con esa apreciación. Lo que Barth se propuso hacer fue aproximarse a cada doctrina como si lo hiciera por vez primera para "escuchar el testimonio de la Escritura con tan pocas reservas como fuese posible".[67] A diferencia del teólogo sistemático, pensaba Barth, si uno sigue esa aproximación no puede predecir en términos de un compromiso central cómo se verá cada nueva doctrina. Esto implica que es imposible predecir al teólogo, y que éste está en libertad hasta de contradecirse a sí mismo si eso es lo que escucha en la Escritura.

Acerca de un argumento así, es necesario hacer dos observaciones: (1) Barth, en la realidad, desarrolló una teología sistemática a la luz de un principio controlador; y (2) debe ponerse seriamente en tela de duda dar por sentado que la Escritura pueda producir posiciones contradictorias a quien la oiga con una mente abierta (y esta es una opción que previamente hemos cuestionado).

Al tratar de justificar la legitimidad de una teología sistemática, Wiley cita y aprueba las siguientes palabras de Charles Hodge:

> Esta, evidentemente, es la voluntad de Dios. Él no les enseña a los hombres astronomía ni química, sino que les da los datos con los cuales esas ciencias son construidas. Tampoco nos enseña teología sistemática, pero nos da en la Biblia la verdad, la cual, debidamente entendida y arreglada, constituye la ciencia de la teología. Tal como los datos de la naturaleza están todos relacionados y determinados por leyes físicas, igualmente los datos de la Biblia están todos relacionados y determinados por la naturaleza de Dios y sus criaturas; y así como su voluntad es que los hombres estudien sus obras y descubran la maravillosa relación orgánica y combinación armoniosa entre ellas, asimismo es su voluntad que nosotros estudiemos su Palabra, y aprendamos que, como las estrellas, sus verdades no son puntos aislados, sino sistemas, ciclos y epiciclos que se dan en una grandeza y armonía sin fin. Además de todo esto, aunque las Escrituras no contengan un sistema de teología como un todo, tenemos en las epístolas del Nuevo Testamento porciones del sistema que nuestras manos ya tienen disponibles. Ellas son nuestra autoridad y guía.[68]

Esta analogía con la ciencia sugiere algunas implicaciones sugestivas en cuanto a la posibilidad de diferentes normas para una teología sistemática. Al tratar con el fenómeno de la luz, los científicos han propuesto dos diferentes teorías en donde tanto una como la otra hace sentido como desprendidas de los hechos y como explicación adecuada de los mismos. Esto establece una distinción entre el conocimiento y la opinión, cosa que ha sido reconocida por los teólogos de los tiempos antiguos y que fue particularmente puesta de relieve por Juan Wesley. La teología participa del carácter de la opinión. La fe corresponde de una manera más cercana a la categoría del conocimiento, según el punto de vista bíblico, y ocurre principalmente, sino exclusivamente, en las relaciones personales. A esto es a lo que

Wiley señala en su merecidamente famosa declaración de que "la verdad en su naturaleza última es personal. Nuestro Señor lo hizo claro cuando dijo, 'Yo soy la verdad'; Él toca a la puerta del corazón de los seres humanos, no como una proposición que deba percibirse, sino como una Persona que ha de recibirse y amarse" (*TC* 1:38). Esta distinción trasfiere una vez más nuestras mentes a la importancia de una norma existencialmente eficaz que requiera una respuesta de la persona como un todo.

Wiley ofrece, como sigue, algunas sugerencias adicionales en defensa de la teología sistemática: (1) la constitución de la mente humana; (2) el desarrollo del carácter cristiano en el sentido de que la verdad estructurada es asimilada más fácilmente —para apoyar este punto Wiley señala que "el testimonio uniforme de la iglesia es que los cristianos más fuertes de cada era son aquellos que poseen un asimiento firme de los grandes fundamentos de la fe cristiana"—; y (3) la presentación de la verdad, lo cual es el reverso del punto previo —la comunicación de la verdad depende de que la misma se comprenda como un todo orgánico— (*TC* 1:54-55). Nosotros, por nuestra parte, pensamos que acometer la tarea de la teología sistemática no es algo solamente legítimo sino necesario.

CAPÍTULO 2

Fuentes de la Teología: La Biblia

Dios no ha escogido comunicar un sistema de dogmas que comprenda declaraciones terminadas acerca de todo el ámbito de la verdad cristiana para que sólo sea necesario memorizarlo. Él viene al ser humano como la Presencia redentora y el Actor divino en el escenario de la historia. Los diversos vehículos que median el conocimiento de esta actividad, así como sus implicaciones para la vida humana, le proporcionan al intelecto humano la materia prima a partir de la cual las personas pueden construir los sistemas doctrinales. Es a estos vehículos mediadores a los que nos referimos cuando hablamos de las fuentes para la tarea teológica.

Tradicionalmente, las diversas fuentes de la teología han sido divididas en dos grupos principales: (1) la fuente autorizada, que es la Biblia; y (2) las fuentes subsidiarias, que incluyen la experiencia, los credos y las confesiones, la filosofía y la naturaleza. Esta clasificación es sabia porque hace de la Escritura la fuente primordial para forjar teología. Sin embargo, nosotros quisiéramos modificar un poco la selección de las fuentes secundarias mediante la eliminación de la naturaleza debido a que los desarrollos contemporáneos en la teología y la filosofía han convertido a la naturaleza en algo demasiado problemático para que sirva como una fuente teológica. Además, desde la perspectiva bíblica, la naturaleza nunca fue una fuente de conocimiento del carácter de Dios, aun cuando ciertas expresiones de la naturaleza hayan servido con validez como ilustraciones de algunos aspectos del poder y la sabiduría de Dios.[1]

La cuestión de las fuentes suscita la cuestión de la autoridad, tanto en lo que toca a la naturaleza de la autoridad que ha de ser atribuida a las fuentes como al grado relativo de autoridad entre ellas. Trataremos el segundo punto durante la discusión en su totalidad. En cuanto al primer asunto, puede declararse sumariamente que todas las fuentes portan sólo autoridad derivada, con lo cual significamos que son autoritativas en el grado en que adecuadamente den testimonio de la revelación primaria, la cual porta autoridad final. Desde la perspectiva cristiana, la revelación primaria es el evento Cristo, y, a la luz de este, los eventos de salvación del Antiguo Testamento, del cual el evento de Cristo es el cumplimiento. H. Orton Wiley describe este evento, por cierto muy atinadamente, como sigue: "Cristo fue Él mismo la revelación plena y perfecta del Padre —el fulgor de su gloria y la imagen expresa o exacta de su Persona. Su testimonio es el espíritu de la profecía— la palabra final de toda la revelación objetiva" (*TC* 1:137); y añade en otro lugar: "Cristo el Verbo personal fue Él mismo la revelación plena y final del Padre. Él solo es el verdadero revelador" (138-139).

La discusión siguiente presupone muchas de las conclusiones sustantivas que se van a desarrollar en el capítulo 5, pero, el orden lógico nos lleva a discutir los asuntos metodológicos primero, aunque debe admitirse que es el contenido de la teología lo que informa su método. Uno realmente hace primero su trabajo teológico, y luego identifica el método que emana de ese trabajo. Sin embargo, aunque el método es primero lógicamente, y no una parte de la teología como tal, está implícito en ella. La conclusión principal a la que nos estamos refiriendo es la idea de la revelación, la cual interpreta la autorrevelación de Dios como que ocurre primordialmente a través de eventos, y siempre de manera oportuna. Esta manera de expresarlo no agota el significado pleno de revelación, como lo aclarará una discusión subsecuente. Lo que sí apunta es a un aspecto principal del término, el cual se ha vuelto moneda común en los estudios teológicos contemporáneos.

Como todos los eventos históricos, aquellos que la fe bíblica considera reveladores contienen dos elementos: (1) factibilidad y (2) significado. Lo factual u objetivo del evento está en principio sujeto a verificación científica, o falsificación, de acuerdo con los métodos aceptados de la historiografía. Sin embargo, un hecho escueto a solas no hace historia. Los eventos deben ser interpretados en términos de su significado con relación a los eventos que los preceden, los sucesos contemporáneos y las consecuencias futuras. Es su ubicación en este complejo de contextos lo que les da significado y los convierte de crónicas de tipo estadístico en la historia. Aun la ambigüedad que reside en la palabra historia comunica esta connotación doble: historia puede significar un curso de eventos, o puede significar el registro de esos eventos en una narrativa programada.

La interpretación de los eventos es un programa que se lleva a cabo en términos de un punto de vista, o perspectiva. Cada evento histórico es susceptible de tener más de una interpretación, y esto es cierto especialmente cuando la dimensión teológica se inyecta en la interpretación.

Obviamente, el conocimiento que uno tiene de la historia depende de una de dos fuentes: (1) haber sido testigo ocular de lo que ocurrió, o (2) los informes de tales testigos. No es necesariamente cierto que los testigos oculares sean los intérpretes más competentes de la historia. Sin embargo, si el evento da evidencia de portar en sí mismo la clave de su propio significado, eso aumentaría la probabilidad de que los participantes primarios del evento hayan experimentado el acceso más directo a su significado correcto. Si el evento se vuelve revelador cuando es experimentado como un acto de salvación (o juicio), entonces sólo un participante que por fe haya actualizado el valor salvador (o de juicio) en su propia experiencia personal (o corporativa) podría estar calificado para transmitir el significado de un evento tal que, al ser trasmitido, pudiera llegar a ser similarmente revelador para quien lo escuche (o lea). Así, sólo creyentes escriben documentos bíblicos, y lo hacen generalmente en el contexto de la comunidad de creyentes.

Estas consideraciones dan lugar a la prioridad de las Escrituras como una fuente de teología, puesto que contienen el historial primario y también una interpretación fiel de la historia de salvación. Por esta razón, Wiley afirma que, "El primer tema en cualquier discusión de la revelación cristiana debe ser por necesidad el Libro Cristiano, ya que que sólo ahí pueden ser hallados los registros documentales" (*TC* 1:138).

La erudición contemporánea ha logrado un alto grado de unanimidad al hablar acerca de la Biblia como "el Libro de los Hechos de Dios".[2] Si bien hay unas pocas voces en desacuerdo con lo exclusivo de esta manera de ver la Biblia, casi nadie pone en tela de duda la naturaleza histórica de la revelación bíblica.[3] Luego, "la Biblia... es la fuente básica de la teología sistemática porque es el documento original acerca de los eventos sobre los cuales está fundada la iglesia cristiana".[4]

Todo teólogo evangélico y conservador acepta la autoridad de la Biblia. La cuestión que se discute se relaciona con la naturaleza y la forma de esa autoridad, que son asuntos importantes, pero, como abogaremos más adelante, no son finalmente los asuntos más decisivos acerca de la Biblia. Luego, no entraremos aquí en esos asuntos elaborada o detalladamente, puesto que ya ha sido hecho muchas veces, sino que trataremos de reflejar una posición característicamente wesleyana.

La Gracia Preveniente y la Autoridad Bíblica

Al manejar el asunto de la autoridad bíblica, hay demasiados escritores que no se ponen de acuerdo en cuanto a la naturaleza de la autoridad y, por ende, existe una considerable ambigüedad cuando se reclama la autoridad de las Escrituras. Necesitamos, pues, explorar, aunque de manera relativamente sencilla, algunas distinciones importantes involucradas en este asunto.

Toda autoridad a nivel humano es autoridad derivada y se arraiga en el poder tanto penúltima como últimamente. El poder que sirve de base a la autoridad no tiene que ser necesariamente físico; puede ser moral o académico, y posiblemente de otra clase. Uno de los paradigmas más populares de la autoridad es el de un policía, el cual nos sirve bien para ilustrar algunos de los aspectos cruciales de la cuestión de la autoridad. Su placa, o su uniforme, es el símbolo de su autoridad, la cual se deriva del gobierno que él o ella representa. O sea que, como individuo o persona, no tiene autoridad (o poder) inherente para detener el tránsito o hacer un arresto. Un arresto es cualitativamente diferente a la coerción física. La autoridad para hacerlo se deriva del gobierno que lo comisionó y, desde la perspectiva cristiana, la autoridad del gobierno se deriva finalmente de Dios (Romanos 13:1-7). Un gobierno puede llegar a ser tan anticristo (como el Tercer Reich de Hitler) que uno podría negarle legítimamente el derecho de apelar a la autorización divina. En tal caso, ese tipo de gobierno tiene que depender de la imposición de su voluntad mediante el uso de la fuerza bruta. Por otro lado, cuando el temor de Dios decae en la población, también parece haber un aumento en la anarquía, lo cual acarrea la necesidad de aumentar el control del gobierno.

Esto apunta a una dimensión adicional de la autoridad: como no sea que uno esté bajo la coerción de la fuerza física bruta, tiene que hacer una decisión personal (y tal vez moral) de reconocer cualquier autoridad, y todas ellas, y someterse a sus exigencias. Es imposible identificar todos los móviles posibles que precipitan tales decisiones. Tal vez sea el temor, la reverencia, el amor u otra, o una combinación de varias de estas. Pero sea cual fuere el móvil particular, o móviles, de la decisión a someterse, finalmente es una decisión de naturaleza personal. El ciudadano que se guía por la ley ha hecho una decisión personal de reconocer y obedecer la autoridad de su gobierno, mientras que el criminal ha hecho una decisión de pasar por alto y rechazar la autoridad, escogiendo de ese modo someterse a alguna otra autoridad, probablemente la voluntad del individuo mismo, o a la de una contracultura. ¿Qué causa una y la otra decisión? No puede ser exclusivamente el carácter objetivo de las leyes o del gobierno; de otra manera no habría rechazo de la autoridad. ¿Pudiera ser que se deba a la herencia o a la estructura genética, o a otros factores más allá del control de la persona que está tomando las decisiones? Si así fuera, no habría posibilidad de una responsabilidad moral, sólo legal. Debe, pues, finalmente reconocerse como un misterio que encuentra su punto en las profundidades escondidas de la personalidad.

Los principios que informan esta sencilla ilustración también tienen aplicación directa al asunto de la autoridad en la esfera teológica. Desde la perspectiva cristiana, la autoridad está investida en Dios porque Él es la realidad última, y todos los seres que existen dependen de su actividad creadora. El conocimiento que tenemos de Dios nos llega mediado, es decir, a través de diversos medios, y el medio que posee la mayor autoridad es la Escritura. La Escritura, como el policía, no porta autoridad en sí misma, sino que tiene sus raíces en una fuente anterior. De la misma manera, la aceptación de la autoridad de la Escritura no es el resultado de la coerción, sino que es de naturaleza personal.

Hay una cuestión principal que debe manejarse en toda discusión sobre la autoridad bíblica, y es la que tiene que ver con las bases sobre las cuales uno acepta que la Escritura tenga autoridad, es decir, la naturaleza de su autoridad existencial. Si es recibida sobre la base de alguna otra autoridad, digamos la de la iglesia, entonces la iglesia se vuelve una autoridad más final que la Escritura. Tradicionalmente, y para evitar ese dilema, los teólogos procuran establecer dentro de la Escritura misma la base objetiva para su autoridad. Esto incluye la formulación de bases racionales que han sido juzgadas como suficientes para convencer a la mente de que se someta a la Biblia como la Palabra de Dios.

Una de esas bases racionales sugiere aceptar el testimonio de la Biblia respecto a su propia autenticidad. Pero, además de que se hace difícil establecer que la Biblia haga referencia holística alguna de sí misma, esta aproximación encierra lógicamente la conclusión de que el argumento tendría validez sólo dentro del contexto de una aceptación previa de la autoridad bíblica sobre alguna otra base; y, en sí misma, dicha conclusión le quitaría al argumento cualquier significado apologético que pudiera tener. Si el argumento es enunciado como un razonamiento de primera línea, no provee principio alguno para limitar su aplicación a las Escrituras hebreo-cristianas. El Libro de Mormón, por ejemplo, también se ufana de ser la Palabra de Dios. Por ende, este es un argumento que se derrota a sí mismo, volviéndose un ejemplo clásico de la falacia lógica de petición de principio.[5]

Uno de los argumentos más prominentes entre los evangélicos, y que también es usado por algunos wesleyanos, ha sido basar la autoridad de la Biblia en su inerrancia. Los que abogan por lo inerrable de la Biblia propugnan dos puntos principales a los que es necesario dar atención a fin de entender la lógica de su posición. En primer lugar, su conclusión generalmente se deduce de la doctrina de Dios. La premisa es que el infalible Dios de la verdad no guiaría a sus instrumentos humanos, ni podría hacerlo, a escribir cosa alguna que fuese falsa aun en sus detalles más diminutos.[6] Así, el razonamiento se mueve de Dios a las Escrituras, negando la posibilidad de que haya error en el texto antes de examinarlo en sí mismo.

La segunda parte del argumento asevera que una inerrancia así está confinada a los autógrafos originales, de los cuales ninguno ha sobrevivido.[7] Esta aproximación también elimina la posibilidad del descubrimiento de errores y, por lo tanto, coloca lo que se alega más allá de la validación o de la falsificación empírica, ya que termina como un juicio teológico a priori que le cede demostrar su viabilidad a alguna otra autoridad además de la Escritura misma, o sea, a la persona que declare que los autógrafos son sin error. Se podría citar al mismo Juan Wesley en apoyo de esta idea de inerrancia que con frecuencia se plantea siguiendo una especie de teoría de dominó, tal como se refleja en su siguiente argumento: "Ahora bien, si hay algunos errores en la Biblia, es igual a que haya mil. Si hay una falsedad en ese libro, no vino del Dios de la verdad".[8]

Otros evangélicos, incluyendo muchos wesleyanos, todos igualmente comprometidos con la autoridad de la Escritura en asuntos de fe y de vida, no encuentran que sea eficaz apelar a una Biblia sin errores de la manera arriba descrita. A. M. Hills, erudito sumamente respetado del movimiento de santidad y autor de la muy popular obra en su día titulada *Fundamental Christian Theology* (Teología Cristiana Fundamental), toma toda precaución para evitar la aproximación de la inerrancia. Incorporando declaraciones de otros, Hills escribe:

> Se ha dicho con verdad que "el hombre que ligue la causa del cristianismo a la de la exactitud literal de la Biblia no es un amigo del cristianismo, porque con el rechazo de esa teoría viene con demasiada frecuencia el rechazo de la Biblia misma y la fe queda hecha pedazos". Los que sostienen que debemos aceptar toda declaración de la Biblia o no aceptar ninguna deberían considerar que ninguna otra doctrina hace escépticos con una mayor seguridad. "Parece", dice el teólogo Stearns, "algo muy bueno y piadoso declarar que la Biblia es absolutamente libre de error. Pero nada que sea contrario a los hechos puede ser bueno o piadoso".[9]

Clark H. Pinnock, erudito evangélico establecido, y contemporáneo de nuestro escrito, presenta su argumento así:

> Decir que, a menos que cada punto pueda ser establecido, todo el edificio se derrumbará, parece mostrar la existencia de una mentalidad tipo fortín en una ortodoxia en declinación. Cuando la consciencia de que Dios habla poderosamente a través de las Escrituras empieza a menguar, se hace necesario aferrarse a argumentos racionalistas a fin de defender la Biblia, y ahí nace la ortodoxia escolástica. Definitivamente es difícil entender por qué Dios, si consideró que la ausencia de error era epistemológicamente tan crucial, no tomó mayores precauciones para preservar el texto sin errores, y cómo las biblias con errores que los cristianos siempre han tenido que usar han sido tan eficaces durante milenios.[10]

La aproximación clásica al asunto de la autoridad existencial de la Escritura ha apuntado a un factor que trasciende los argumentos racionales como última corte de apelación y ha encontrado tales defensas racionalistas poco menos que convincentes. Hablando de tales esfuerzos defensivos, Juan Calvino escribe:

En vano sería fortalecida la autoridad de la Escritura por argumentos, o apoyada por el consentimiento de la iglesia, o confirmada por otras ayudas cualesquiera, si no viniera acompañada por una seguridad más alta y más fuerte que la que el juicio humano puede encontrar. Hasta que este cimiento mejor haya sido puesto, la autoridad de la Escritura permanece en suspenso. … Porque la verdad es vindicada en oposición a cualquier duda cuando, sin ser apoyada por ayuda extraña, tiene su sola suficiencia en sí misma.[11]

Al referirse al mismo tipo de esfuerzo de defensa racionalista de la Biblia, Wiley dice:

Dependía de la lógica más que de la vida. Hombres y mujeres espirituales, los que han sido llenos con el Espíritu Santo, no se preocupan demasiado con la crítica alta o baja. No descansan meramente en la letra, la cual tiene que ser defendida mediante argumentos. Tienen una base más amplia y substancial para su fe, la cual descansa en su Señor resucitado, el Cristo glorificado (*TC* 1:43).

Estos teólogos están apelando a la posición conocida como *testimonium internum Spiritus Sancti,* el testimonio interno del Espíritu Santo. Esta posición ha sido identificada como la enseñanza de la Reforma, y a ella se suscriben Martín Lutero y Juan Wesley. En un estudio documentado y de mucha amplitud sobre estos asuntos, Larry Shelton escribe:

La base primordial para la autoridad de la Escritura y el factor que autentica lo inspirado de ella, (para Wesley) es "el testimonio interno del Espíritu Santo". Dice Wesley: "Entonces, un cristiano no puede dudar en forma alguna de que es un hijo de Dios. Tiene tan completa seguridad de esta proposición previa como la que tiene de que las Escrituras son de Dios". … Así, para Wesley, la base autenticadora para la autoridad bíblica se convierte en un elemento del uso que él le da a la experiencia como base para la autoridad".[12]

Wiley le da todo su apoyo a esta posición (*TC* 1:35-37 et al.). Aun la Confesión de Westminster reconoce la obra del Espíritu en la autenticación de la autoridad de la Escritura. Después de ofrecer una lista de las varias características externas que causan impresión en nuestras mentes, la Confesión reza: "Sin embargo, y pese a todo ello, nuestra cabal persuasión y seguridad de la infalible verdad, y su divina autoridad, procede de la obra interior del Espíritu Santo, que da testimonio mediante y con la Palabra en nuestros corazones".[13]

¿Por qué la obra del Espíritu no convence a todos los seres humanos a aceptar la autoridad de la Escritura y someterse a ella? ¿Podemos concluir que la obra del Espíritu en este particular sea selectiva? En este punto podemos trazar un paralelo con la doctrina wesleyana de la gracia preveniente y, de hecho, aseverar que la doctrina del *testimonium internum Spiritus Sancti* no es sino un caso especial de gracia preveniente. Es extendida a todos los hombres por igual, en este caso, a todos los que hayan conocido el contenido de la Escritura. La razón por la que algunos responden es un misterio escondido, no en los consejos secretos de Dios, sino en los misterios igualmente impenetrables de la personalidad humana.

Richard S. Taylor apunta implícitamente a la prioridad del asunto de la autoridad existencial, con arreglo a todos los demás asuntos de autoridad, al expresarse así en las palabras finales de su obra *Biblical Authority and Christian Faith* (Autoridad bíblica y fe cristiana): "Para que el concepto de autoridad bíblica nos sea útil, tendremos que resolver nuestro propio problema personal de autoridad". El mismo autor también propone en los siguientes términos la más cercana solución teórica a la que podemos llegar para resolver el problema mencionado en el párrafo anterior: "Mientras que dentro de nosotros exista hostilidad hacia Dios como la suprema autoridad, habrá inevitablemente resistencia a las autoridades menores. Pero este es un problema de pecado, no un problema intelectual".[14] Esta solución de Taylor es un reflejo de la solución que el Cristo juanino le dio al asunto de su propia autoridad con relación a los judíos.

Además de la clase de autoridad que hemos designado existencialista (por cuanto involucra una decisión personal que transforma la vida), hay otra clase de autoridad que también debe ser manejada en el contexto de la discusión de la autoridad bíblica. A esta clase de autoridad la llamamos cognoscitiva, porque se relaciona con el contenido cognoscitivo de la Escritura. Si el testimonio interno del Espíritu Santo da testimonio de la autenticidad (autoridad divina) de la Palabra escrita, no lo hace aparte del contenido de la Escritura.

Este punto recalca la interdependencia de las dos clases de autoridad. La conexión es inseparable, aunque es delicadamente equilibrada y no debe permitirse que se vuelva desequilibrada. Soren Kierkegaard, al declarar que, "si la generación contemporánea no hubiese dejado tras de ella nada sino estas palabras: Creemos que en tal y tal año Dios se apareció entre nosotros en la humilde figura de un siervo, que vivió y enseñó en nuestra comunidad, y finalmente murió, eso sería más que suficiente ... y la más voluminosa narración no podrá, en toda la eternidad, hacer más", inclina la balanza en una dirección.[15] Quien equipare la religión con el razonamiento correcto la inclina en la otra.

Un principio de interpretación sumamente importante para la comprensión de la experiencia religiosa es que la experiencia que uno tiene de Dios es informada por su comprensión del objeto del conocimiento y la naturaleza del encuentro divino-humano, y también por lo que resulta de ambos (lo emotivo, lo ético, etc.). La doctrina de las dispensaciones de John Fletcher, la cual describe facetas del conocimiento de Dios, reconoce este principio. Cada dispensación tiene tanto un aspecto externo como uno interno. El primero es cognoscitivo, y depende de la información específica o contenido acerca de Dios que le sea concedida al ser humano. El segundo es personal, y se relaciona con el compromiso de uno con lo que le ha sido revelado cognoscitivamente.[16]

Lo que acabamos de señalar reconoce la validez de una experiencia de Dios aparte de un conocimiento completo de todas las implicaciones teológicas de la fe cristiana, pero deja lugar para el crecimiento de esa experiencia personal conforme vaya aumentando el conocimiento propio de la persona: "Antes bien, creced en la gracia y el conocimiento de nuestro Señor y Salvador Jesucristo" (2 Pedro 3:18). Este principio se aplica tanto a la historia individual como a la de la raza humana.

El reconocimiento de la dimensión cognoscitiva de la autoridad suscita una pregunta importante: ¿Cuál aspecto del contenido cognoscitivo de la Biblia es autoritativo? Esto conduce lógicamente a la cuestión de la inspiración de la Escritura, puesto que la solución de esta cuestión define los parámetros que le establezcamos a la contestación de dicha pregunta. Por ello, exploraremos el tema de la inspiración de la Escritura como una manera de seguir elaborando el asunto de la autoridad cognoscitiva.

La Inspiración de la Escritura

Hay tres asuntos que salen a la superficie en conexión con este tema tan discutido: (1) el hecho de la inspiración, (2) el modo de la inspiración, y (3) el alcance de la inspiración.

El Hecho de la Inspiración

La idea de "lo inspirado" de la Escritura es una verdad bíblica. Dos pasajes (2 Timoteo 3:16-17 y 2 Pedro 1:20-21) se refieren explícitamente a la idea. Sin embargo, hay algo de anacronismo en el uso de estos pasajes para hacer referencia a la Biblia como un todo, siendo que es muy claro que se refieren explícitamente sólo a las Escrituras del Antiguo Testamento. Empero, si uno puede derivar un principio de esas referencias, no sería entonces impropio derivar de ellas una teoría de inspiración que pueda ser aplicada a la totalidad de las Escrituras hebreo-cristianas. Con todo, el problema consiste en que no se nos ha dado más que la declaración de que la Escritura es "inspirada por Dios", y casi ningún indicio acerca del método o la extensión o el carácter de la actividad inspiradora de Dios, siendo precisamente estos los asuntos que se han debatido en los períodos en que se ha desafiado el concepto de la autoridad bíblica.

Tal vez se pueda obtener un indicio de estos asuntos al explorar la fuente posible de la palabra *theopneustos* empleada en 2 Timoteo 3:16, la cual se traduce con el vocablo "inspirada" en la mayoría de las versiones. El término mismo se deriva del griego clásico para denotar una experiencia extática en la cual la persona inspirada es poseída al punto de no tener consciencia ni voluntad propias. En tal estado, la persona puede llegar a ser el vehículo pasivo a través del cual los oráculos son pronunciados. Pero toda la evidencia va en la dirección de que el término, derivado del mundo de las convulsiones extáticas, se usa en el pasaje del Nuevo Testamento para señalar un concepto del Antiguo Testamento, o sea, la idea del Espíritu de Dios: el aliento de Dios es visto como la fuente de vida. El ser humano, que de otra manera es un cadáver, se volvió "un ser viviente" cuando Dios sopló (inspiró) en su nariz el aliento de vida (Génesis 2:7).[17]

A partir de este contexto, es muy posible que Pablo estuviera sencillamente tratando de transmitir la idea de que el Espíritu de Dios sopló vida en lo que de otra manera hubiese sólo sido un texto muerto del Antiguo Testamento, haciéndolo de esa manera útil para enseñar, redargüir, corregir e instruir. Así lo entendió Juan Wesley, quien dice lo siguiente: "El Espíritu de Dios no sólo inspiró una vez a quienes la escribieron, sino que también inspira continuamente, asiste sobrenaturalmente, a quienes la leen con oración ferviente".[18] De ahí que 2 Timoteo 3:16-17 pueda ser traducido como sigue: "Cada escritura inspirada tiene su uso para enseñar la verdad y refutar el error, o para la reforma de la conducta y la disciplina en la vida recta, a fin de que el hombre que pertenece a Dios pueda ser eficiente y equipado para buenas obras de todo tipo". El contexto, de manera clara e incuestionable, se refiere al uso que se le pueda dar a la Escritura, y no primordialmente a su producción original, aun cuando, aparentemente, esto último es asumido. Y si este es el caso, cuando menos incluye el aspecto existencial de la autoridad que hemos discutido previamente.

La otra cara de la moneda (lo que hemos llamado la autoridad cognoscitiva) se refleja más claramente en 2 Pedro 1:20-21. Aquí el escritor está considerando la profecía. A la luz del contexto más amplio de toda la epístola, el asunto parece ser el cumplimiento de la Palabra profética, sea la del Antiguo Testamento en cuanto a la primera venida de Jesús, o la profecía cristiana acerca de la segunda venida del Señor. El hecho de que la primera venida transcendía la palabra literal del profeta (véase Apéndice 2), significaba que su cumplimiento necesitaba una verificación, la anticipación de lo cual Pedro y sus colegas habían, en efecto, recibido en el monte de la Transfiguración: "Tenemos también la palabra profética más segura" (2 Pedro 1:19a). En forma paralela, la segunda venida no necesitaba incluir un cumplimiento dentro de la estructura de tiempo demandada por los seres humanos, ya que "para con el Señor, un día es como mil años, y mil años son como un día" (2 Pedro 3:8). Esto implica que los profetas declararon más de lo que se dieron cuenta, vale decir, que cuando se cumplió la profecía, su significado trascendió la situación históricamente condicionada a la que ellos pertenecían. La única forma de explicarlo es en términos de que su mensaje no era "de interpretación privada" (2 Pedro 1:20), sino más bien que le fue "traído", y que ellos fueron "inspirados por el Espíritu Santo" (v. 21).

Por otro lado, hay que añadir que esto no señala metodología específica alguna más allá de la sola afirmación de que el Espíritu Santo estaba obrando en la producción de "la palabra profética" tanto como en la lectura de ella. Si uno acepta la autoridad de la Escritura como un acto de decisión personal bajo la influencia del Espíritu

Santo (tal como se discutió arriba), incluido en ello está el hecho de que la Escritura hace algunas referencias ella misma a su propio carácter inspirado. Pero esto no compromete a cierto modo particular de inspiración al cristiano que cree en la Biblia. El parecer que uno tenga del modo depende de lo que, en su percepción, sea adecuado teológicamente, y fiel a los datos de la Escritura. Desafortunadamente, existen numerosas teorías que pueden sostenerse a sí mismas sólo merced a rehusarse a tomar ciertos hechos en consideración. Nuestra discusión intenta muy seriamente evitar esa falla.

El Modo de la Inspiración

Las diversas teorías del modo de la inspiración pueden ser visualizadas como posiciones diferentes en una línea continua; su lugar en ella depende de la manera en la cual cada teoría relaciona los elementos divinos y humanos en la producción del Libro Sagrado. Se ha hecho con frecuencia la observación de que, en este sentido, hay un paralelo con los debates cristológicos, los cuales reproducen la misma pauta.[19] En ambos casos, la diferencia entre teorías parece ser el resultado del grado en el cual la historia ha sido tomada con seriedad. Las perspectivas extremas (el docetismo y el ebionismo, en términos cristológicos) son inadecuadas, pero llegar a una teoría satisfactoria ha sido sumamente difícil. Parece ser que la solución final en ambos casos es quedar satisfechos con una relación paradójica a la que sea imposible darle solución completa en términos completamente racionales. Esto sería lo más cercano posible a la aproximación wesleyana auténtica, puesto que en tales asuntos Wesley siempre insistió sólo en que se creyera en el hecho, pero no en las explicaciones teóricas.

Un examen de las diferentes opciones servirá para demostrar la dificultad del problema, así como la necesidad probable de conformarse con una contestación paradójica.[20] Cuanto más uno se acerque al punto izquierdo de la línea —el extremo humano— mayor es el énfasis que tiende a darle a la continuidad. La Biblia en este extremo es entendida como que está en la misma categoría y es susceptible a los mismos principios de interpretación que afectan a otras obras literarias, por lo que no requiere una hermenéutica especial. Además, esta tendencia recalca el carácter histórico del documento bíblico, tanto en términos de su origen como en el dar énfasis al carácter históricamente condicionado de su mensaje, tendencia que da la apariencia de que se está depreciando el aspecto divino de la Escritura y que explica, parcialmente, la violenta reacción de muchos cristianos conservadores ante el surgimiento de la crítica histórica en el siglo XIX.[21]

En el otro extremo del *continuum* encontramos la tendencia a eliminar el elemento humano. Esta posición, de forma simplista, pone énfasis a tal grado en el aspecto sobrenatural que termina desplazando la personalidad del escritor. Wiley cita un representante de esta posición extrema, quien afirma: "Ellos [los escritores bíblicos] no hablaron ni escribieron palabra alguna de sí mismos, sino que las pronunciaron, sílaba tras sílaba, tal como el Espíritu las ponía en sus bocas".[22] A alguien le sería difícil encontrar un representante de tal teoría en el campo de la erudición contemporánea, puesto que virtualmente todos los eruditos modernos han optado por una comprensión histórica (relacionada al tiempo) de la Biblia, y están de acuerdo en que este es el modo correcto de interpretación. Sin embargo, algunos evangélicos han sido reticentes a aceptar las implicaciones plenas de este hecho para el carácter históricamente condicionado de los escritos bíblicos, aun cuando negar la inmersión de ellos en la historia sea trastornar el equilibrio entre los elementos divino y humano involucrados en su producción.

Siguiendo a John Miley y a muchos otros teólogos metodistas, Wiley propone lo que denomina la teoría dinámica en un intento de mediar entre los dos extremos y, al mismo tiempo, conservar el equilibrio debido, aunque paradójico, de los factores divino y humano en la inspiración de las Escrituras. Basándose en 2 Pedro 1:21, Wiley insiste en que la inspiración se ubica en las personas de los escritores, más bien que en los escritos (*TC* 1:174), con todo y que no haga esfuerzo alguno para desgranar las implicaciones de esta teoría más allá de meramente aseverar su carácter mediador.

En el período moderno, el antecedente histórico de esta posición parece encontrarse en William Sanday, cuyas Conferencias Bampton de 1893 señalaron un avance definitivo en el debate acerca de la inspiración. Alan Richardson hace un resumen de la posición de Sanday diciendo: "No son las palabras de la Biblia lo que es inspirado, sino los escritores de los libros bíblicos. La acción de Dios es personal, no mecánica; procura iluminar las mentes de sus siervos a fin de que ellos puedan pensar la verdad por sí mismos y hacerla suya".[23] Con esta interpretación queda rechazada la teoría mecánica o de dictado de la inspiración.

Algo que algunas personas parecen no tomar en consideración es el hecho de que la Biblia es un fenómeno tan complejo y abigarrado que es imposible abarcarlo con una sola o sencilla fórmula. No sólo hay en ella numerosas formas literarias, sino también diversos tipos de material, los cuales van desde la literatura de la Sabiduría hasta los documentos del Templo. Si bien es cierto que muchos tratamientos contemporáneos ponen su foco exclusivamente en el modelo de revelación de "los actos de Dios", algo que sin duda es claramente central para la fe bíblica, la erudición reciente nos ha llamado la atención a otras dimensiones además de los eventos que efectúan liberación o salvación. Así, está también el estado de salvación, que incluye igualmente la actividad de Dios, algo sobre lo cual la Biblia tiene mucho que decir en ambos Testamentos. A esta faceta del material bíblico se le ha subsumido bajo la rúbrica de "bendición".[24]

También es legítimo ver una "teología de la creación", la cual es reflejada centralmente en la literatura sapiencial tanto como en otras partes.

¿Cómo explica uno todo esto mediante con alguna teoría tradicional? En última instancia, al igual que en el caso de los asuntos cristológicos, tenemos que confesar que hay una relación paradójica entre la palabra humana y la Palabra Divina, relación que se resiste a cualquier solución racional que sea completamente satisfactoria. Los intentos para formular una explicación así siempre parecen resolver la paradoja hacia el interior de una o la otra verdad, tendiendo a perder la verdad con la que no se está de acuerdo. (Véase la discusión de la paradoja en los capítulos 1 y 4).

Al enunciar su teoría dinámica, H. Orton Wiley fue sabio con no intentar dar una explicación de la interpenetración de los elementos divino y humano. Sin embargo, su posición sí incluye una forma particular de exégesis que es muy importante para una interpretación bíblica adecuada. Esta implicación necesita ser explorada como un trasfondo para el propósito principal de este capítulo, el cual todavía está por señalarse.

Con la transformación del escenario de la inspiración de los escritos a los escritores, la teoría dinámica va a implicar el carácter histórico del lenguaje bíblico. En este particular, la teoría dinámica es significativamente diferente de los modos mecánicos o de dictado de la inspiración, ya que, en estos últimos, las palabras son dadas directamente a los escritores de modo que las palabras sean de Dios y no del ser humano. En la teoría dinámica, si los escritores mismos son inspirados, hay palabras involucradas, pero en un sentido diferente. Puesto que los pensamientos son necesariamente conceptualizados en función del lenguaje, o de las palabras (véase la discusión sobre la relación que hay entre el lenguaje y el pensamiento en el capítulo 1, nota 3), es cierto que, en este contexto, hay un sentido muy real en el cual uno puede hablar de inspiración verbal.[25] Sin embargo, la diferencia crucial estriba en que las palabras son las palabras de seres humanos que tienen su propia comprensión de lo que significan las palabras que ellos usan; es decir, que las palabras son condicionadas históricamente por el ambiente intelectual, cultural y social del escritor. Las palabras del escritor están incluso limitadas por su conocimiento factual o porque carezca del mismo. No obstante, nada de esto le es esencial a la autenticidad de los pensamientos. Lo que la cuestión exige es determinar, con la utilización de métodos exegéticos cuidadosos, la intención del escritor a través del análisis de su contexto histórico y lingüístico. La atención escrupulosa que los eruditos bíblicos le dan al estudio de las palabras intenta precisamente descubrir la intención o comprensión original del escritor a fin de que la verdad que él estaba tratando de comunicar sea fielmente rescatada, determinando de esa manera el significado del texto.

En una palabra, la teoría dinámica de la inspiración conlleva un método gramático-histórico de interpretación bíblica. En una forma opuesta, la teoría del dictado lleva casi inevitablemente al método alegórico de interpretación y, finalmente, a la pérdida completa del significado.[26] Si el significado es controlado por el intérprete, como sin duda lo es en el caso de toda forma de exégesis alegórica, en vez de serlo por el escritor original, cuya propia comprensión de su intención provee el criterio objetivo para discernir el significado, entonces no hay manera alguna de afirmar que un significado es más correcto que el otro y, por consiguiente, no hay significado objetivo.

El Alcance de la Inspiración

El asunto del modo de la inspiración nos trae directamente a otro, que es lo que hemos dado en llamar la autoridad cognoscitiva de la Biblia. Algunos evangélicos afirman que la inspiración y, por ende, la autoridad, se extiende a todo aquello de lo cual los escritores de la Biblia hablan, incluyendo la cronología, los informes que dan de algunos discursos, los datos estadísticos y cosas por el estilo. Esta posición es un corolario lógico de la teoría del dictado (o mecánica) de la inspiración, siendo que una parte de ella asume un nivel de conocimiento que normalmente no está disponible para los individuos históricos o finitos. Otros evangélicos, tan comprometidos con la autoridad de la Escritura como los primeros, han sostenido que la eficacia de la inspiración se extiende a las áreas de la verdad que tienen que ver con la salvación o, más ampliamente, al contenido teológico de la Escritura.

El fallo definitivo sobre esta cuestión depende en gran parte de la manera en que uno interprete el significado del término plenaria, que es la palabra tradicional que los evangélicos han usado para calificar la idea de la inspiración. La propia palabra significa "que no le falta nada", pero en sí misma o por sí misma es muy imprecisa, lo cual deja el camino abierto para una variedad de maneras de comprenderla. A este respecto, el artículo de fe del *Manual de la Iglesia del Nazareno (2013-2017)* reza así:

> Creemos en la inspiración plenaria de las Sagradas Escrituras, por las cuales aceptamos los 66 libros del Antiguo y Nuevo Testamentos dados por inspiración divina, revelando infaliblemente la voluntad de Dios respecto a nosotros en todo *lo necesario para nuestra salvación,* de manera que no se debe imponer como Artículo de Fe ninguna enseñanza que no esté en ellas [las cursivas son mías].

Algunos nazarenos interpretan que esta declaración implica una autoridad plena en su sentido más amplio, tal y como la hemos descrito arriba. Otras fuentes nazarenas permiten una interpretación más restringida, por lo que la definen como refiriéndose a todo el canon y, en lo que toca al contenido de la Escritura, a los aspectos soteriológicos de la Biblia; es decir, que es una interpretación que sostiene que el camino de salvación declarado en la Escritura es completamente fidedigno y confiable.

Un escrito contemporáneo de importancia define "plenaria" de la siguiente manera:

> Por inspiración plenaria queremos decir que la totalidad, y cada parte, ha sido traída a la existencia bajo una dirección específica, y que, como resultado de esa inspiración, estos escritos son "la final y autorizada regla de fe en la iglesia".[27]

Esta definición repite, para todos los efectos, la declaración de Wiley:

> Por inspiración plenaria queremos decir que el todo y cada parte son divinamente inspirados. Esto no presupone necesariamente la teoría mecánica de la inspiración, como algunos abogan, ni ningún otro método particular; sólo presupone que los resultados de esa inspiración nos dan las Santas Escrituras como la regla de fe final y autorizada en la iglesia (*TC* 1:184).

La manera en la que Wiley califica el uso del término hace ver que hay mucho lugar, dentro de esta declaración sumamente amplia, para una variedad significativa de interpretación, dejando así en libertad a los teólogos nazarenos para concordar con el criterio de la teología protestante clásica (véase lo que sigue inmediatamente), la cual se enfoca en lo soteriológico y/o lo teológico como aquella dimensión especial dentro de la Escritura que lleva el sello de inspiración única (autoridad). La interpretación que Colin Williams hace de Juan Wesley implica que este último también descansaba en la autoridad soteriológica de la Escritura: "Al decir *homo unius libri*, Wesley significaba su dependencia en el camino de la salvación dado en la Escritura".[28]

Sin embargo, en el análisis final, el asunto decisivo no tiene que ver con la teoría que alguien tenga acerca de la naturaleza de la autoridad bíblica, sino con la manera en que usa la Biblia. Por ejemplo, varias sectas, como los Testigos de Jehová, los mormones, los cristadelfianos y los pentecostales unitarios ("Jesus Only" [Solo Jesús]), afirman su creencia de que la Biblia no tiene errores. Los evangélicos, quienes han llegado a un consenso bastante bien establecido en cuanto a la teoría de la autoridad e inspiración bíblicas, mantienen por su parte divergencias significativas en su interpretación de la Escritura.[29] Esto nos dice que el asunto de por medio en toda la discusión acerca de la Biblia es de carácter hermenéutico. Por ende, nuestra tarea más definitiva es la de desarrollar un método de interpretación bíblica que le permita a la Biblia hablar por sí misma, lo que pondrá en libertad un mensaje que se autentique a sí mismo, que es la esencia de la autoridad bíblica. Al mismo tiempo, llegaremos a un acuerdo sobre la manera en la que la Biblia debería ser usada como una fuente de la teología. Pasamos, así, a dirigirnos brevemente a estos asuntos.

Usemos Bien la Palabra de Verdad

En un volumen programático publicado en 1945, el erudito H. Cunliffe-Jones apeló a sus colegas cristianos para que desarrollaran un método de interpretación de la Escritura que tomara adecuadamente en consideración tanto el estudio histórico como el teológico de la Biblia. Cuando Cunliffe-Jones le hizo esta apelación a la erudición evangélica, por muchos años el estudio histórico de la Biblia había absorbido casi completamente la atención de los eruditos, mientras que el aspecto teológico había sido suprimido por lo que ese escritor llamó "la letra sin el espíritu". Lo teológico (alegórico) había dominado en las primeras etapas de la era cristiana, sin embargo, la dimensión histórica de la Escritura no había sido reconocida: "el espíritu sin la letra". De ahí que Cunliffe-Jones propusiera que la validez del estudio histórico de la Biblia necesitaba ser reconocida "porque el principio encarnacional yace en el corazón del cristianismo, y porque no honramos la gran revelación de la que la Biblia da testimonio al no tomar seriamente los detalles más modestos del origen y la compilación del testimonio".[30]

Pero, siendo que esto tiene que ser aunado con la meta de lo teológico a fin de que la Escritura se vuelva contemporánea, Cunliffe-Jones sugirió que la clave para lograrlo era entender la interpretación que el Nuevo Testamento hace del Antiguo Testamento, "porque éste, aunque pueda ser objeto de un estudio estrictamente científico, tiene importancia central para la exposición teológica de la Biblia como el testimonio de la revelación cristiana".[31] Este último punto es una penetración de agudeza poco común, y lo aceptamos completamente porque en él podemos ver en acción el principio neotestamentario de interpretación bíblica. También, ilustra un poco mejor la relación debida entre los tipos existencial y cognoscitivo de autoridad. En resumen, la manera en la que el Nuevo Testamento interpreta al Antiguo puede darnos una llave para la apropiada interpretación de toda la Biblia desde la perspectiva de la Biblia misma.[32]

Este es un asunto que ha ocupado las mejores mentes de la iglesia desde el principio. El problema primero aparece en las páginas del Nuevo Testamento, donde los seguidores de Jesús lidian con la identidad del Señor. Se habían convencido por revelación divina de que Él era el Mesías de la esperanza de Israel (Mateo 16:16), pero estaban perplejos por la falta de correspondencia entre el contorno de esa esperanza, tal como ellos la entendían, y la imagen de Jesús proyectada por su vida y ministerio. La manera en la que los escritores del Nuevo Testamento llegaron finalmente a relacionar a Jesús con el Antiguo Testamento fue muy sutil, y en algunos casos parecía violentar los textos del Antiguo Testamento, por lo que claramente no los estaban apropiando en un sentido artificial o literal.

A través de las edades y desde entonces, la iglesia ha luchado con el asunto en términos de una hermenéutica de la profecía. En cada punto crítico, los pensadores cristianos reconocían que demandar una correspondencia literal entre profecía y cumplimiento era, o bien excluir el Antiguo Testamento de las Escrituras cristianas, o bien negar relación alguna entre Jesús de Nazaret y la fe hebrea, pero ambas alternativas resultaron inaceptables. Los esfuerzos más tempranos de encontrar otra alternativa, con todo y sus problemas inherentes, consistieron en recurrir a un uso alegórico de la Escritura, apelando a él una y otra vez como la manera de resolver el dilema.

En tiempos modernos, el surgimiento del estudio histórico de la Escritura ha hecho de la aproximación alegórica algo imposible e irresponsable. Pero, el método histórico simplemente ha intensificado la dificultad, puesto que ha hecho que la apelación tradicional a la profecía como una apología de la fe se vuelva altamente problemática por su dependencia de la alegorización del texto del Antiguo Testamento. Así, los eruditos, con suma atención, han continuado buscando una llave para resolver el misterio.

Apropiándose de los estudios de varios eruditos competentes, este escritor ha arribado a la posición de que la clave para descifrar el enigma es una hermenéutica teológica. Dicho en forma breve, lo que el Nuevo Testamento reclama puede explicarse en términos de que declare que la teología que informó los pasajes del Antiguo Testamento se colma por completo de contenido cristiano (se cumple) mediante la persona y la obra de Jesús y del nuevo Israel, la iglesia.

Si extrapolamos de esto una hermenéutica general, podemos afirmar que el contenido teológico de la Escritura es lo que representa su dimensión autorizada, y que el paso más crítico en la interpretación bíblica es traer a su expresión la estructura teológica que informa el texto. En la Biblia no hay textos no teológicos. Con frecuencia, bloques grandes de material, especialmente en el Antiguo Testamento, son necesarios para traer un solo punto teológico a su expresión, lo que hace que uno no deba preocuparse demasiado con la clase de miopía exegética que intenta exprimir significado revelador de cada versículo bíblico. Tal miopía fue lo que nos condujo a la alegorización en primer lugar, siendo la parábola un caso literario en cuestión que nos sirve para ilustrar este principio.

La comprensión teológica se expresa con frecuencia en formas altamente provincianas, como cuando Pablo maneja el asunto de comer carne ofrecida a los ídolos en 1 Corintios 8. Es una comprensión que, en definitiva, está más cercana a la superficie en algunos textos que en otros. Frecuentemente, es sinónima de la palabra literal, lo que hace que la excavación exegética requerida sea mínima.

Parte de la preparación para la tarea de exégesis teológica es lograr cierto conocimiento de la estructura de la teología bíblica en su unidad coherente (véase en el capítulo 1 lo que se dice de la disciplina de la teología bíblica). Debería ser un paso relativamente sencillo determinar el grado en el que esa teología halla expresión en un pasaje específico. Puesto que ciertos pasajes más que otros dan una expresión más cabal y completa de la teología informadora, algunos son más valiosos que otros, aunque todos los textos sean válidos porque todos son informados por alguna comprensión teológica, por mínima que sea.

La verdad de esta aseveración cobra nuevas fuerzas cuando uno compara las actividades cúlticas de Israel con las de sus vecinos, en las que a menudo hay mucho en común. ¿Qué constituye la característica distintiva del culto ofrecido por Israel? ¿Se apropian meramente los israelitas de cierta práctica pagana, como la del sacrificio? La contestación a estas preguntas yace en la teología que informa la práctica cúltica. Tal vez el tiempo durante el año en que se practicaba la ceremonia, y aun ésta misma, y la forma que tomaba, y otros aspectos, no son diferentes, pero el significado teológico es radicalmente transformado. Ese es el caso, por ejemplo, cuando un festival originalmente agrícola es transformado en la celebración de un evento histórico y salvador, como ocurrió con la Fiesta de Pentecostés.

En su discusión de la manera en la que la arqueología ha arrojado luz sobre "la profunda deuda que Israel tiene con el ritual y la mitología de sus vecinos", Bernhard Anderson escribe acerca del paralelo entre la adoración, los ritos y todo lo demás, de los israelitas, y la de los cananeos: "Israel no le dijo un no cortante de desaprobación a la avanzada cultura en la cual se había adentrado, sino más bien le dijo un no y un sí. La fe en Yahvé, el Dios de Israel, demandaba alejarse de otros 'dioses' y, consecuentemente, desafiar las presuposiciones teológicas de las religiones de ese medio ambiente".[33] Por consiguiente, fue en el contexto de la cultura existente donde ocurrió la revelación, la comprensión divinamente dada de la razón para la observancia de estas actividades cúlticas. Puesto que lo teológico es la dimensión divinamente revelada de esas prácticas, es lo teológico lo que porta lo distintivo, y lo que tiene significado permanente, aun cuando las ceremonias se puedan volver un asunto puramente de interés en la antigüedad, como lo fue para el creyente neotestamentario.

Al usar la Biblia como una fuente de la teología, aun cuando algunas veces use categorías no bíblicas para dirigirse a la situación contemporánea, el teólogo sistemático debe proceder primero con la tarea de exégesis teológica, para luego utilizar sus descubrimientos con el propósito de darle dirección a su trabajo en la construcción de un sistema orgánico y homogéneo de teología. Esta es la fuente normativa por la cual todas las demás fuentes de la teología deben ser evaluadas y probadas.

Fuentes de la Teología: La Tradición, la Razón y la Experiencia

Al guiarse por Juan Wesley, la teología wesleyana siempre ha edificado su quehacer teológico sobre cuatro piedras de cimiento a las que comúnmente se alude como el cuadrilátero wesleyano. Además de las Escrituras, incluye la tradición, la razón y la experiencia. Sin embargo, la autoridad que tienen los cuatro no es igual. Lo que es más, las tres fuentes auxiliares correctamente entendidas deberán apoyarán de manera directa la prioridad de la autoridad bíblica. La siguiente exposición debería hacer patente tal relación.

La Tradición

Es difícil definir la tradición y, a menudo, lleva consigo ciertas connotaciones desfavorables, pero debemos intentar alcanzar una aprehensión clara de su naturaleza teológica a fin de entender correctamente su función. El término se deriva del griego *paradosis,* que sugiere aquello que es entregado, y de la palabra latina *traditio,* que significa aquello que es transmitido. Un repaso de la manera en que la tradición ha funcionado en la fe hebreo-cristiana revelará que ambas dimensiones son importantes y deben ser incluidas en la definición.

Definir correctamente la tradición requiere que se nos recuerde la naturaleza de la revelación tal como se bosquejó brevemente en el capítulo anterior. La revelación ocurre principal, aunque, como hemos advertido, no exclusivamente, a través de eventos históricos que deben ser interpretados. Por lo tanto, las narraciones de los eventos (el hecho) así como su interpretación (el significado) deben ser transmitidas, y siendo que el evento y su interpretación son inseparables, estamos sugiriendo que el complejo definido como tradición se designe, o se aluda a él, en su etapa preliminar, como el evento/interpretación que es transmitido.

De la Tradición Oral a la Escrita

Cuando la tradición es entendida de esta manera, se hace claro que las Escrituras, tanto las del Antiguo como las del Nuevo Testamento, son tradición "fijada" (H. Berkhof). Mucho antes de que la tradición que trata con la autorrevelación de Dios y sus promesas a Abraham, Isaac y Jacob fuera escrita, fue transmitida de generación a generación en forma de tradición oral.

Obviamente, lo mismo sucedió con la revelación del Nuevo Testamento en Jesucristo y a través de Él. Aquellos a quienes la revelación original fue entregada (los testigos oculares), la transmitieron a otros en una forma que los padres primitivos denominaron la tradición apostólica. Con el correr del tiempo, ésta fue incorporada en documentos que después se volverían Escritura. El proceso de coleccionar los documentos autorizados fue acelerado por causa del canon de Marción, el cual reflejaba una tradición diferente a la que la fe cristiana clásica se aferraba.[1]

Previa a su fijación en la Escritura, esta tradición apostólica fue transmitida de diferentes formas. Por lo menos, las siguientes cuatro pueden ser identificadas con cierto grado de certidumbre: (1) la instrucción catequística, la cual puede estar reflejada en el kerigma (C. H. Dodd) de la Iglesia Primitiva e incorporada en muestras de sermones en los Hechos. Pablo se refiere explícitamente a esta clase de quehacer en 1 Corintios 15:1-3, donde escribe: "Además os declaro, hermanos, el evangelio que os he predicado, el cual también recibisteis, en el cual también perseveráis; por el cual asimismo, si retenéis la palabra que os he predicado, sois salvos, si no creísteis en vano. Porque primeramente os he enseñado lo que asimismo recibí: Que Cristo murió por nuestros pecados, conforme a las Escrituras"; (2) los himnos, dos de los cuales parecen ser Filipenses 2:6-11 y 1 Timoteo 3:16; (3) la liturgia; y (4) los sacramentos.

En la correspondencia corintiana, Pablo parece estar usando la frase "del Señor" como un término técnico con el que aludiría a una tradición que emanaría de Jesús mismo. En 1 Corintios 7, el Apóstol se encuentra en una situación en que se le pide que suplemente esta tradición con una suya propia, basado en su autoridad apostólica, debido a que la tradición dominical no tenía una palabra específica para un nuevo juego de problemas.

La Tradición como Texto Interpretado

Cuando la tradición oral fue transcrita a un documento escrito, la naturaleza de la tradición varió en cierta manera. En vez de ser la transmisión del complejo evento/interpretación, se convirtió en una tradición interpretadora con relación al texto transcrito. La presencia de varias tradiciones en los días de Jesús testifica de la realidad de este proceso. Por ejemplo, la ley era algo dado, pero la necesidad de su interpretación (para ilustrar: cómo debe ser definido el trabajo en su vínculo con el cuarto mandamiento) suscitó el nacimiento de varias escuelas de pensamiento. En adición a los fariseos y los saduceos, estaban las escuelas rabínicas de Shamai y de Hilel, todas las cuales interpretaban la ley estrictamente en diversos grados. Jesús condenó el judaísmo de su día por haber pervertido con las tradiciones de los ancianos la religión pura del Antiguo Testamento. Tal vez esto no implique necesariamente que toda tradición sea mala, sino más bien que podría tener esa función, la de pervertir.

Muy temprano en la historia del pensamiento cristiano, los padres de la iglesia hablaron de la tradición apostólica como aquello que le daba catolicidad a la fe cristiana, es decir, a las enseñanzas sostenidas por la iglesia alrededor del mundo. El surgimiento de esta tradición como interpretación autoritativa de la Biblia escrita (el Nuevo Testamento) ocurrió en respuesta a la amenaza del gnosticismo. Los maestros gnósticos podían apelar a las Escrituras en apoyo de sus posiciones, y de ahí que el asunto se volviera una cuestión de interpretación. Ireneo, en particular, apeló a la tradición apostólica como la única interpretación con autoridad. Cualquier otra tradición caía fuera del palio de la enseñanza cristiana auténtica. La apelación de los gnósticos a una tradición supuestamente secreta forzó a Ireneo a poner de relieve la superioridad de la tradición pública de la iglesia.

> A lo que apuntaba toda su enseñanza era, en efecto, que la Escritura, y la tradición no escrita de la iglesia, eran idénticas en contenido, por lo que ambas eran vehículos de la revelación. Si la tradición es ... una guía más fidedigna, no se debe a que incluya verdades adicionales a las que están reveladas en la Escritura, sino

a que el verdadero tenor del mensaje apostólico está declarado en la tradición sin ambigüedad alguna.[2]

En un repaso detallado de la literatura del cuarto siglo, J. N. D. Kelly muestra que la idea de la tradición apostólica conservó la prioridad de la Escritura. Aunque era la interpretación lo que estaba de por medio, la tradición no fue entendida como que tuviera condición independiente alguna. La "autoridad de los padres de la iglesia consistió precisamente en que habían postulado en extremo fiel y cabalmente la verdadera intención de los escritores de la Biblia".[3]

La Tradición como Credo

Los credos de la iglesia ecuménica (indivisa) pueden ser vistos como la cristalización de la doctrina cristiana acerca de ciertas doctrinas para las cuales la Escritura provee la materia prima, pero que no están presentadas de manera teológica formal. Estos credos son intentos de especificar las implicaciones teológicas (a menudo ontológicas) del mensaje bíblico, o cuando menos, de evitar aquellas interpretaciones que no encarnen verdaderamente la fe bíblica. De ese modo, los credos clásicos son un aspecto de la tradición que sigue la misma pauta encontrada en los primeros años, ya que son interpretaciones de la Biblia. Los credos más importantes pueden identificarse así: el Credo de los Apóstoles, el Credo Niceno, el Credo de Atanasio *(Quicumque Vult)*, y el Credo de Calcedonia.

La fuerza de estos credos yace principalmente en su carácter negativo. Surgieron de la controversia, y fueron formulados primordialmente para rechazar ciertas enseñanzas heréticas; por lo tanto, su precisión se encuentra exactamente en ese punto. No obstante, hay muchos casos en que los credos nos proveen una definición positiva de la doctrina que está bajo discusión y, de ese modo, sirven como indicadores para lo que constituye una interpretación válida. Son "hitos que apuntan a los peligros para el mensaje cristiano que en un tiempo pasado fueron vencidos por tales decisiones",[4] aunque también indican los compromisos teológicos de la comunidad de fe.

Sin embargo, la controversia con el gnosticismo preparó el camino para una perversión posterior de la función de la tradición. Contrario a la apelación de los gnósticos a una tradición secreta, los padres habían apelado a la voz universal de la iglesia. Empero, surgieron ciertas prácticas que no podían ser defendidas sobre las bases del principio interpretativo, como serían los siete sacramentos, etc., y fue de ese modo que la Iglesia Católica Romana en el período medieval posterior retrocedió a la temprana posición gnóstica, suponiendo una tradición oral separada que había sido entregada a los apóstoles, y quienes a su vez la transmitieron a sus sucesores. Esa sucesión apostólica garantizaba la validez de la segunda, ahora separada, fuente de doctrina. Ahora había "dos fuentes", la segunda de las cuales estaba contenida "en la tradición no escrita que los apóstoles recibieron de Cristo mismo, o que fue pasada desde los apóstoles, como de mano a mano, bajo la inspiración del Espíritu Santo, llegando así hasta nosotros".[5] El Primer Concilio Vaticano (1870) declaró que sólo el Papa puede determinar infaliblemente el contenido de esta tradición oral.

Martín Lutero y los otros reformadores protestantes rechazaron esta fuente separada de doctrina mediante el principio de *sola scriptura*. Sobre esta base, la teología protestante mantiene la posibilidad de que los padres de la iglesia, los concilios y los credos hayan caído en error, y lo hace con la misma firmeza que la iglesia romana mantiene exactamente lo opuesto con su doctrina de la infalibilidad papal.[6] Esto, sin embargo, no elimina la contribución positiva de la tradición en su función interpretativa.

La Importancia de la Tradición

La importancia de la tradición en este punto es reforzada por tres consideraciones mayores:

1. La Biblia, aunque se reconoce como la autoridad documental para la teología cristiana, tiene la necesidad de que se le interprete (véase el capítulo 2). La experiencia de la iglesia primitiva en su lucha con la herejía verifica este hecho y, lo que es más, los problemas hermenéuticos contemporáneos del fundamentalismo evangélico lo acentúan.

(2) Es imposible leer la Biblia separadamente de alguna comprensión previa de ella (véase el capítulo 1). Tillich expresa esta verdad elocuente y correctamente cuando dice:

> Nadie es capaz de saltar sobre dos mil años de historia de la iglesia, y volverse contemporáneo con los escritores del Nuevo Testamento, excepto en el sentido espiritual de aceptar a Jesús como el Cristo. Cada persona que enfrenta un texto bíblico es guiada en su comprensión religiosa del mismo por la comprensión de todas las generaciones previas.[7]

(3) La naturaleza de la teología cristiana. Previamente, hemos desarrollado el concepto de que una de las características esenciales de

la teología es interpretar la fe en términos contemporáneos. "Lo que está de por medio no es meramente una reproducción del mensaje bíblico", y de ahí que la teología "no puede actuar como si hubiese un vacío entre las Escrituras y nuestro día".[8] La historia de esta tarea contemporizadora es llamada por Aulén "el testimonio viviente de la iglesia". Así, la tradición es entendida, no como algo separado de la Escritura, sino como la tarea en curso de reinterpretar el mensaje bíblico, y podría incluso ser reconocida como la actividad constante del Espíritu Santo (Juan 16:13-14). Entendida de esta manera, la "tradición vela contra las interpretaciones irresponsables de la Biblia" (Aulén).

Parecería que esta función tendría mayor fuerza en una situación en la que hubiera una sola tradición, indivisa, de interpretación, como los primeros padres de la iglesia lo supusieron. Pero en el protestantismo posterior a la Reforma, con su multiplicidad de denominaciones que reflejan una variedad abrumadora de tradiciones, y en donde todas reclaman tener el apoyo de la Biblia, ¿qué clase de validez tiene una función así?

En el contexto del compromiso protestante básico con el principio de la *sola scriptura,* el cual reconoce que ninguna tradición tiene autoridad normativa final, la diversidad de la tradición no tiene necesariamente que conducir al abandono de una apelación autoconsciente a la propia tradición de uno. Dentro de ciertas limitaciones, el caso es, sin duda, que cada tradición da testimonio de algún aspecto importante del mensaje bíblico, y que todas juntas dan testimonio de las riquezas inagotables de su verdad. Esta es una cuestión que se ha hecho especialmente aguda en la erudición teológica contemporánea que se ha involucrado en el asunto del ecumenismo.

Si el teólogo reconoce que su tradición cae dentro de los parámetros generales de la fe cristiana, —y el wesleyano podría sugerir que tales parámetros son trazados por los concilios y credos de la iglesia indivisa—, podría, sin incomodidad alguna, echar mano de los recursos de esa tradición para desarrollar su propia teología sistemática distintiva. Por lo tanto, como dice Tillich: "La tradición denominacional es una fuente decisiva para el teólogo sistemático, no importa cuán ecuménicamente la utilice".[9]

Para el teólogo wesleyano, esta tradición incluiría, en adición a los credos ecuménicos, en orden histórico inverso, declaraciones de credos de su propia denominación, los 25 Artículos de Fe del

Metodismo, y los 39 Artículos de Fe de la Iglesia de Inglaterra. También incluiría el trabajo teológico hecho en el movimiento wesleyano, pero no excluiría trabajo adecuado y erudito que se haya hecho fuera de esa tradición. El espíritu católico de Wesley amerita esta apelación amplia.

Hay un peligro principal que enfrenta cualquier persona o grupo de personas que reconozca tal deuda con la tradición. Nos referimos al peligro de santificar o canonizar cualquier expresión histórica particular de la fe bíblica. De ahí que todas las interpretaciones o reinterpretaciones de la fe deben ser traídas tan repetida y abiertamente como sea posible ante el tribunal de la palabra bíblica, y juzgadas a la luz de ella tal como es interpretada por la mejor erudición bíblica disponible.

La Razón[10]

Si se ve con relación al mundo creado, la unicidad del ser humano yace en sus poderes de pensamiento, y de ahí la definición clásica del ser humano como un "animal racional". Pero el humano también es un "animal religioso", y estos dos aspectos de su esencia (vistos desde dos perspectivas diferentes) no pueden ser conservados en compartimientos separados. La relación entre ambos se ve de forma más patente en la tarea de hacer teología, puesto que es una empresa racional aplicada a las creencias religiosas del ser humano. El asunto que se debe explorar aquí es, pues, la función de la razón en dicha tarea, o la razón como una fuente de la teología. Tal vez en parte porque vivió en el siglo XVIII, la Edad de la Razón, Juan Wesley le dio atención considerable a este asunto, insistiendo en que quien rechazaba la razón rechazaba también la religión.[11]

Las Limitaciones de la Razón

Debemos afirmar primero que, para la teología, la razón no puede funcionar como una fuente independiente. Con esto estamos rechazando una aproximación a la teología que recibió su expresión clásica de Tomás de Aquino, y que la mayor parte de la teología sistemática ha seguido desde ese tiempo hasta el siglo XIX. Esta metodología ve la razón como aquello que provee el cimiento racional o punto de inicio sobre el cual se construye una superestructura de teología revelada. Este cimiento incluye una sección que contiene pruebas de la existencia de Dios. Habiendo demostrado la existencia de Dios mediante argumentos racionales, la teología natural da paso a la revelación, la cual entonces elabora una naturaleza de Dios que no puede ser descubierta por la razón humana por sí sola.

Desde el tiempo de David Hume y Emanuel Kant, se ha reconocido generalmente que esta aproximación es inadecuada. Ambos, Hume y Kant, analizaron las capacidades epistemológicas de la mente finita y encontraron, en lo que tiene que ver con el conocimiento científico, que estaba limitada a la experiencia. Juan Wesley argumentó el mismo punto al decir que "los sentidos naturales" son "completamente incapaces de discernir objetos de tipo espiritual".[12] Siendo que Dios no es un objeto de experiencia empírica, la teología natural es una contradicción de términos.

Más aún, para que la razón demuestre las verdades del cristianismo, debe demostrar que son verdades necesarias, pero, por definición, las verdades necesarias están limitadas a proposiciones que involucran constructos artificiales como las tautologías o las fórmulas matemáticas. Sin embargo, la razón sí podría ser capaz de demostrar que las verdades religiosas son inteligibles, y de esa manera contribuir a que sean comprendidas. Aunque la fe precede a la comprensión (Agustín), el movimiento de la fe al entendimiento "salva al creyente de asentir a una fe que no sea sino la aceptación de una autoridad no mediada y opaca".[13]

Claro que esto no elimina la posibilidad de que la razón tenga algunas funciones preliminares que conduzcan a la fe. Es del todo imposible creer en algo acerca de lo cual no hay comprensión. Si yo le preguntara al lector: "¿Cree usted que todos los murciélagos son marsupiales?", no creo que podría darme una respuesta inteligible de fe. Agustín, el expositor clásico del principio de *credo ut intelligam* dice: "Si es racional que la fe preceda a la razón en el caso de algunos grandes asuntos que no puedan ser comprendidos, no puede haber menor duda que la razón que nos persuade de este precepto —de que la fe precede a la razón— precede ella misma a la fe".[14] Así que, si bien es cierto que la razón no puede funcionar como una fuente independiente de la revelación, sí recibe y capta con cierto grado de comprensión lo que es ofrecido a la fe.

Una razón adicional por la que la razón no puede ser una fuente independiente de teología es la naturaleza de la revelación, asunto que ya hemos tratado al principio del capítulo y en otros lugares. Si Dios se da a conocer a sí mismo a través de eventos históricos, tales medios no están abiertos a la razón para su descubrimiento. Esto explica por qué las personas del siglo de la Ilustración (el XVIII) quisieron identificar la verdad religiosa con las verdades eternas (intemporales) de la razón, y por qué vieron con menosprecio el postulado cristiano acerca de la revelación histórica. El famoso "foso feo" de Theodor Lessing representa esta perspectiva: "Las verdades incidentales de la historia jamás pueden volverse la prueba de las verdades necesarias de la razón".

En oposición a la filosofía clásica, que creía que el conocimiento era posible sólo cuando era el conocimiento de los universales, la fe cristiana afirma que la verdad, la Verdad final, viene al hombre a través de actos particulares y específicos en la historia. "Y aquel [Logos] se hizo carne y habitó entre nosotros" (Juan 1:14).

La Función de la Razón

Por el lado positivo, la razón tiene tanto una función estructuradora como interpretativa. Colin Williams hace un resumen de la posición de Wesley sobre este punto en relación con el anterior:

> La importancia de la razón no yace en que provea otra fuente de revelación, sino en que es una facultad lógica que nos capacita para ordenar la evidencia de la revelación, y en que, con la tradición, nos provee las armas necesarias para protegernos de los peligros de la interpretación desenfrenada de la Escritura.[15]

Precisamente, esta es la función de la razón (filosofía) que Wiley recalca, la de estructurar. Dice: "Su aserto [el de la filosofía] como una fuente subsidiaria de teología consiste solamente en que tiene el poder de sistematizar y racionalizar la verdad a fin de que pueda ser presentada a la mente en forma debida para su asimilación".[16] En una palabra, esto es la lógica.

La importancia de la lógica para Wesley es aparente en todas sus obras. La usa para presentar sus propios argumentos razonados. Aboga por su uso como una disciplina indispensable en el entrenamiento de ministros, superada sólo por el estudio de la Biblia. El último tomo de la versión original en inglés de sus *Obras* incluyó un libro de texto de lógica. Parece que, en la mente de Wesley, la importancia principal de esta disciplina consistía en su función interpretativa. La razón sirve para proteger de la interpretación privada desenfrenada e ilógica de las Escrituras. De ahí que la comprensión wesleyana del uso de la razón apoye el principio de *sola scriptura* y apunte hacia la importancia de la exégesis correcta.

En adición a sus funciones estructuradora e interpretativa, la razón (de la cual la filosofía es el producto conceptual) provee los vehículos conceptuales con los cuales se expresan las ideas teológicas.[17]

Esto no significa necesariamente que un teólogo necesite estar comprometido con un sistema particular de filosofía, aun cuando esto sea lo que se haya hecho muchas veces. Agustín hizo extenso uso del neoplatonismo, y Tomás de Aquino utilizó la filosofía de Aristóteles como la base de su famosa síntesis medieval. Un número de teólogos contemporáneos han intentado apropiarse de la filosofía del proceso de Alfred North Whitehead como vehículo para expresar la fe cristiana conceptualmente. Otros han querido hacer lo mismo con el pensamiento de Martín Heidegger, o con otras versiones del pensamiento existencial. Uno de los problemas mayores en este punto sería el de encontrar una filosofía comprehensiva que explique adecuadamente todas las facetas de la realidad. Puesto que tal filosofía aspiraría a la coherencia racional y, (1) las mentes finitas encuentran casi imposible ser suficientemente abarcadoras para esa tarea, y, (2) la realidad es tan compleja que se resiste a una formulación racional total, una filosofía así es casi una quimera, razón por la cual el intento de desarrollarla casi ha sido abandonado en tiempos recientes. Sin embargo, si el logro de esa clase de filosofía se materializara, serviría con éxito como vehículo conceptual adecuado para los aspectos teóricos de la fe cristiana, ya que, en ambos casos, se estaría hablando de la misma realidad.

La naturaleza misma de la teología sistemática requiere el uso de la filosofía, puesto que el lenguaje filosófico es el que provee la mayor precisión de expresión. Es enteramente obvio que, para satisfacer sus requisitos de ser contemporánea, (véase el capítulo 1), la teología debe usar lenguaje filosófico vigente.[18] Si bien es cierto que Jesucristo nos advirtió en contra de poner vino nuevo en odres viejos, muchas veces se vuelve necesario y útil poner vino viejo en odres nuevos.

Hay que conceder que siempre hay la posibilidad inminente de distorsión, pero, a pesar de este peligro, ningún teólogo jamás ha expresado o podría expresar la fe cristiana con un conjunto de ideas que sea completamente de origen bíblico, y enteramente libre de contenido derivado, no sólo de la filosofía, sino también de otras formas de pensamiento secular.[19] La historia comprueba que este postulado es válido. Todos los credos y confesiones utilizan conceptos filosóficos prevalentes al intentar abordar los asuntos particulares bajo debate.[20] Puede que el uso teológico del lenguaje le inyecte una dimensión que trascienda el contenido puramente filosófico, pero exactamente cómo puede hacerlo queda por verse en una discusión posterior del lenguaje religioso.

La Experiencia

En la tradición anglicana en la que Juan Wesley creció, los teólogos acostumbraban apelar a la fuente triple de la Escritura, la razón y la tradición.[21] A éstas Wesley añadió la experiencia, lo cual, en la opinión de muchos, es una reflexión de sus asociaciones pietistas. Sin embargo, él no fue el único en hacer tal cosa; hay otros que se han referido a la experiencia como un ingrediente importante en el trabajo de la teología. La teología liberal, siguiendo a Friedrich Schleiermacher, elevó la experiencia a una función primordial, casi haciéndola la fuente definitiva de la teología. En reacción a este énfasis exagerado, muchos teólogos contemporáneos han rechazado la experiencia, aduciendo que no tiene parte alguna en la tarea teológica.

El Significado de la Experiencia

El primer problema que se enfrenta al intentar encontrar la función legítima de la experiencia es determinar el significado del término, ya que es muy difícil definirlo. En particular, una comprensión especial de la experiencia que emana del empirismo británico clásico ha dominado gran parte del pensamiento moderno y casi ha llegado a ser sinónimo del concepto de la experiencia.

Los empíricos británicos (Locke, Berkeley y Hume) restringieron la experiencia al área de los sentidos y, por ende, la distinguieron de la razón o pensamiento. Con los empíricos, la experiencia fue limitada a los datos que podían ser transmitidos a la mente por la vía de los cinco sentidos. Todas las ideas podían rastrearse a alguna impresión de ese tipo (Hume), y por lo tanto, no había ideas que tuvieran su fuente en ningún otro estímulo. El corolario de esta teoría, en cuanto a la fuente de las ideas, fue que las ideas en la mente eran imágenes mentales privadas que no podían necesariamente rastrearse hasta una realidad objetiva fuera de la mente. Es obvio que, si se mantiene esta comprensión de la experiencia, no puede haber experiencia válida alguna de una realidad supersensorial tal como Dios.

Sin embargo, este concepto limitado es muy inadecuado como definición de la experiencia. Esta es mucho más adecuadamente vista como un encuentro multidimensional entre una persona concreta y lo que sea que ha de ser encontrado, y que abarca una variedad de niveles de experiencia, incluyendo las dimensiones moral, estética, científica y religiosa.[22]

Si usamos esta definición más rica de la experiencia, podremos proponerle un rol más positivo. Cuando Wiley habla de la experiencia como una "fuente" de la teología, desea limitarla a un tipo específico de experiencia: "No queremos decir... meramente la experiencia humana de personas no regeneradas, sino la experiencia cristiana, en el sentido de impartición de vida espiritual a través de la verdad tal como es vitalizada por el Espíritu Santo" (*TC* 1:38). Wiley claramente asume la perspectiva más amplia de la experiencia, refiriéndose a una de sus facetas.

Hay que pedir, sin embargo, una delineación más precisa de esta faceta de la experiencia. ¿Qué caracteriza una experiencia religiosa? Se le pueden identificar dos elementos: (1) percatarse de un Otro que impacta la consciencia de uno —esto es lo que Rudolf Otto llama el "numen", o sentido de lo santo—, y (2) incluir una orientación o reorientación básica de la vida y ser de uno. La narración del profeta Isaías en su experiencia del templo (Isaías 6), y el encuentro de Pablo en el camino a Damasco, exhiben ambos elementos. En una experiencia religiosa distintivamente cristiana, su contenido sería informado por el carácter y la obra de Cristo.

La Experiencia como Medio de Revelación

Es mucho más apropiado hablar de la experiencia como medio que como fuente. En realidad, esta fue la manera en la que Wesley lo entendió. Colin William apunta en esta dirección con el siguiente comentario acerca del punto de vista de Wesley sobre la autoridad: "La experiencia es por lo tanto la apropiación de la autoridad, no la fuente de la autoridad."[23]

Todas las doctrinas cristianas emanaron originalmente de la experiencia en el sentido de que fueron dadas en la experiencia de alguien o para la experiencia de alguien. La naturaleza de la revelación requiere esto: si la revelación ocurre en grado alguno, tiene que haber un lado que da y uno que recibe. Si una comunicación, cualquiera que sea su naturaleza, se da pero no se recibe, no ocurre revelación alguna. Es casi como el acertijo de un árbol que cae en un bosque donde no hay nadie. Uno puede discutir sin parar acerca de la objetividad del árbol caído, pero a menos que una persona con capacidad auditiva haya estado presente para experimentarlo, no tiene significado la pretensión de que se hizo un ruido. Por ende, como Tillich dice con tanta precisión:

> El evento en el cual el cristianismo está basado no es derivado de la experiencia; es dado en la historia. La experiencia no es la fuente de la que son tomados los contenidos de la teología sistemática, sino el medio a través del cual esos contenidos son existencialmente recibidos.[24]

Un examen de los eventos reveladores de la Biblia, los que sean que se mencionen,[25] demostrará que todos fueron eventos que los seres humanos experimentaron. Esto explica, cuando menos en parte, por qué ninguna lista de los poderosos actos de Dios en la Escritura, o en ningún otro lugar, incluye la creación. Tal vez haya sido la demostración más imponente de todas del poder de Dios, pero no hubo seres humanos presentes que la experimentaran como reveladora.

En su obra titulada *Creeds in the Making* (Credos en Ciernes), Alan Richardson recalca el hecho de que todas las doctrinas cristianas tempranas se originaron en alguna forma de experiencia. Por ejemplo, los cristianos primitivos experimentaron a Dios en una forma triple: lo encontraron siempre y en todos lados (el Padre); lo encontraron allí y entonces (en Jesucristo); y lo encontraron aquí y ahora (el Espíritu Santo). Esta experiencia fue lo que dio lugar a la doctrina de la Trinidad. Los contemporáneos de Jesús que creyeron, lo experimentaron como un hombre entre los hombres pero, de la misma forma, encontraron a Dios en Jesús de alguna manera misteriosa. El intento de explicar esta experiencia paradójica fue la fuente de las controversias cristológicas de los primeros siglos.

La Experiencia como Fuente Confirmadora

Después que la experiencia cristiana temprana fuera formalmente estructurada en las Escrituras,[26] ella ha continuado funcionando como un medio en su sentido de fuente confirmadora. Es en este sentido que la limitación que Wiley hace de la experiencia se vuelve crucial. Si cierta aseveración epistemológica es hecha, y una persona quiere verificarla por sí misma, lo puede hacer al satisfacer la condición necesaria para tener la experiencia cognoscitiva. A nivel elemental, esto involucra el abrir los ojos y uno ponerse a sí mismo en la posición física para ver el fenómeno de que se trate. De la misma manera, hay ciertas aseveraciones teológicas que son hechas en la Escritura, o que se puede interpretar como que son hechas, que uno puede confirmarlas satisfaciendo las condiciones espirituales requeridas para verlas por sí mismo. "Prueben y vean que el Señor es bueno" (Salmos 34:8, NIV).

En la medida en que la verificación sea entendida en términos del criterio angosto de la experiencia que nos han legado los empiristas británicos, sólo las proposiciones científicas pueden ser vistas como verificables objetivamente a través de los experimentos repetidos. Pero las proposiciones teológicas, obviamente, no están sujetas a esta comprensión angosta de verificación experimental. Con la comprensión más amplia y más adecuada con la cual estamos trabajando, la verificación puede ser aceptada como que ocurra dentro del proceso mismo de la vida, es decir, una verificación a través de la experiencia. "Las experiencias verificadoras de naturaleza no sujeta a la experimentación son más veraces a la vida, aunque menos exactas y definidas. Por mucho, la mayor parte de toda verificación cognoscitiva es a través de la experiencia".[27]

Que Juan Wesley entendió que esta era la función de la experiencia se refleja en su contestación a una pregunta en su libro, *A Plain Account of Christian Perfection* (Una Clara Explicación de la Perfección Cristiana):

> Si yo estuviese convencido que nadie en Inglaterra hubiera alcanzado lo que tan clara y fuertemente ha sido predicado por un buen número de predicadores, en tantos lugares y por tanto tiempo, sería motivo para creer que todos habíamos interpretado mal el sentido de esas Escrituras; y en vista de eso, en lo adelante, yo también tendría que enseñar que "el pecado permanece hasta la muerte".[28]

Fue el intento de Lutero (y de Calvino, en un grado menos obvio) de validar la enseñanza de la Iglesia Católica Romana acerca de la salvación lo que llevó a la Reforma. Podría, pues, decirse legítimamente que ese gran momento de cambio emanó de la experiencia de Lutero. El debate no fue primero acerca de la interpretación correcta de textos bíblicos y de autoridades, sino acerca de haberse descubierto que el sistema de méritos no podía resolver el problema de la culpa.

Ni Lutero ni Calvino pudieron encontrar dentro de sí mismos una experiencia de aceptación divina a través de la absolución institucional. Se requería algo más, algo que pudiese transcender la gracia mediada por el sistema y al mismo tiempo lograr entrada a sus propias vidas.[29]

Podría decirse lo mismo acerca de la búsqueda de Agustín tal como está descrita en sus *Confesiones*. Si bien hubo un elemento intelectual involucrado en su búsqueda que le conducía de una filosofía a otra, fue el elemento de eficacia existencial lo que le hizo abandonarlas a todas hasta que encontró la solución de su problema moral en la gracia transformadora de Cristo.

Todos ellos, Agustín, Lutero y Calvino, se pusieron bajo la dirección de sistemas que ofrecían soluciones a las necesidades que sentían. Pero cuando los resultados no fueron lo que ellos esperaban, buscaron soluciones más adecuadas. Esta misma clase de verificación se podría identificar con la experiencia que Wesley tuvo de un "corazón ardiente", en Aldersgate, quien había buscado en vano la aceptación divina, pero que ahora esa aceptación venía en el momento de la fe. De ahí que esa experiencia se convirtiera en un cambio de rumbo en su vida.

Aquí necesitamos asentar una limitación significativa, a saber, que la comunidad asegura el valor confirmador de la experiencia. La experiencia privada no es suficiente, en sí misma y por sí misma, para validar la verdad teológica. En el caso de Martín Lutero, la aceptación abrumadora que recibió su mensaje fue un testimonio del hecho de que no estaba solo en cuanto a haber puesto en práctica el sistema de penitencias y haberlo encontrado deficiente.

Cuando se trata de decidir lo que es sicológicamente normal, la diferencia entre alucinaciones y lo que se ve que es real la determina el carácter público de la visión. Asimismo, las experiencias individuales sólo sirven en sentido limitado como confirmación de la creencia religiosa. El énfasis que la Biblia le da a la comunidad o "cuerpo" es una barrera que detiene las perversiones individualistas que ocurren con frecuencia. Sin duda, esta es una de las consideraciones que llevó a Pablo a realzar el carácter público de las apariciones del Jesús resucitado (compárese con 1 Corintios 15).

La experiencia, además, puede servir como el medio para el entendimiento. Todo aquello que no tenga punto de contacto con nuestra experiencia carece completamente de significado para nosotros, por lo que entenderlo involucra poder relacionarlo a lo que ya es sabido. Por ende, lo que es aceptado en fe se va a entender en términos de analogías que proceden de nuestra experiencia.

Este dato provee una clave para el significado del lenguaje religioso.[30] Históricamente, se ha hecho muchas veces la sugerencia de que el lenguaje acerca de Dios es de naturaleza analógica, es decir, que si lo que se dice de Dios ha de incluir contenido significativo alguno, debemos poder relacionarlo a alguna faceta de nuestra experiencia finita. Si no hay correlación entre el amor de Dios y el amor humano, no tendremos comprensión alguna de lo que pueda significar el amor de Dios. Es cierto que este amor trasciende (aunque no infinitamente) el amor humano, y que no estamos diciendo exactamente lo mismo acerca de ambos, pero hay una relación proporcional que es la base para que lo comprendamos.

Empero, debemos ir un paso más allá en la delineación de una perspectiva distintivamente wesleyana de la experiencia para notar que, en ciertas maneras limitadas, la experiencia tiene utilidad como una fuente para hacer teología. Wesley derivó de la Escritura su comprensión de la substancia (contenido) de su doctrina distintiva de la perfección cristiana, pero su comprensión de la estructura (circunstancia) de la experiencia la derivó de la experiencia misma, ya que no halló una pauta estructural claramente delineada en la Biblia.[31] Esto explica parcialmente su carácter no dogmático al tratar con esos asuntos. Wesley descubrió, de la experiencia, que podía hablar de cómo Dios generalmente trataba con las personas, pero no de cómo él tenía que tratar con ellas. En su misma obra *A Plain Account of Christian Perfection* (La Perfección Cristiana), se refiere así a su búsqueda de una comprensión más profunda de la cuestión: "Examinándola bajo todo punto de vista, y comparándola una y otra vez con la Palabra de Dios, por un lado, y la experiencia de sus hijos por otro, tuvimos una visión más clara de la naturaleza y las propiedades de la perfección cristiana."[32]

La Palabra y el Espíritu

Puesto que el tema de la experiencia se refiere, en términos teológicos, a la obra del Espíritu Santo, necesitamos considerar aquí la relación entre la Palabra y el Espíritu. Esta relación crea un problema en conexión con los grupos que le dan énfasis a la actividad continúa del Espíritu, especialmente en lo que toca a la revelación. Con frecuencia, un énfasis válido llega a pervertirse, como fue el caso con ciertos segmentos de los grupos radicales de la Reforma. Los "profetas de Zwickau", que vinieron a Wittenberg insistiendo en que Dios les había hablado directamente a través de su Espíritu, y que la Biblia era innecesaria, fue uno de los casos más extremos. No pocas veces, esta clase de postura resulta en desviaciones éticas, y en otros casos en corrupción doctrinal.[33]

Tanto Lutero como Calvino insistieron muy correctamente en que la obra del Espíritu Santo (experiencia) siempre era verificada y guiada por la Palabra. El Espíritu obra en la Escritura y a través de ella, pero nunca contrario a ella; su dirección siempre funciona dentro de los parámetros de la revelación de Dios en Jesucristo.

Aunque a Juan Wesley se le acusó con frecuencia de entusiasmo (fanatismo) precisamente en esta área, se pudo mantener firme dentro de la tradición de la Reforma. Repetidas veces afirmó que las Escrituras eran la autoridad final y, a fin de evitar la acusación que tan falsamente se hacía contra él, siempre protegió con criterios bíblicos sus enseñanzas acerca de la obra del Espíritu Santo en el creyente. Lycurgus Starkey hace el siguiente atinado resumen de la relación del Espíritu con la Palabra en el pensamiento de Wesley: "La dirección del Espíritu, aunque actúe independientemente del leer o escuchar la Escritura, siempre estará de acuerdo con la regla de la Escritura. El Espíritu es probado por la Escritura para ver si es de Dios".[34]

Resumen

El propósito primordial de la discusión precedente sobre las fuentes de la teología ha sido proveer conocimiento acerca de la metodología de trabajo que se está empleando para la elaboración de la presente teología. Expresado en forma resumida y breve, sería algo así: en cada punto la primera consideración es la enseñanza bíblica. Así pues, la presentación de cada tema normalmente principiará con una sección exegética que tiene como finalidad identificar tan exactamente como sea posible la teología expresada en los pasajes bíblicos relevantes. La presentación será desarrollada en mayor medida al referirnos a la interpretación histórica en ciertas expresiones clásicas seleccionadas, especialmente en los casos en los que los asuntos han sido examinados en los credos ecuménicos (la tradición).

Con relación a cada doctrina, se hará un esfuerzo distintivo para identificar la manera en la que la formulación wesleyana podría influenciar la forma de la doctrina. Esta perspectiva servirá de función controladora, pero sólo como un principio de interpretación, y siempre sujeta a ser corregida por las percepciones derivadas de la teología bíblica.

Las dimensiones filosóficas de cada doctrina no pueden ser evitadas. Por lo tanto, procuraremos explorar el significado de categorías filosóficas específicas en términos de cuán adecuadas sean para elucidar la doctrina bajo consideración desde un punto de vista contemporáneo. Algunas veces esto involucrará la crítica de ciertas formas filosóficas tradicionales que han sido usadas en el pasado, o que incluso se usan en el presente, pero que resultan ser vehículos insatisfactorios para portar el peso de la teología bíblica.

El propósito final será proveer una declaración tan adecuada como sea posible de la forma singularmente wesleyana de las principales doctrinas cristianas.

PARTE II

Nuestro Conocimiento de Dios

Capítulo 4

La Revelación: Su Significado y Su Necesidad

La fe cristiana se entiende a sí misma como la respuesta a una autorrevelación divina. Afirma que Dios se ha hecho conocer de una manera preliminar en la historia recogida en los escritos sagrados conocidos como el Antiguo Testamento, y de una manera final y decisiva en la persona y obra de Jesús de Nazaret. La revelación, la doctrina de esta autorrevelación divina, es la categoría metodológica central de la teología cristiana.

Las aproximaciones liberales tradicionales a la teología empezaban con el fenómeno de la religión como una experiencia peculiarmente humana. Partiendo de un análisis de la universalidad de la religión y las características en común de sus varias manifestaciones, el argumento procedía a la afirmación de que el cristianismo era la forma más elevada de religión.[1] Siguiendo la dirección impartida por Karl Barth, el teólogo suizo, la teología contemporánea generalmente ha estado de acuerdo en rechazar esa aproximación y en restaurar, correctamente, la revelación como primaria desde el punto de vista cristiano. Si se define la religión como la búsqueda que el ser humano hace de Dios, Barth iba a negar que el cristianismo fuera una religión. Lo singular de la fe cristiana, dijo este teólogo, consiste en su afirmación de que Dios ha tomado la iniciativa y se ha revelado a sí mismo.

Hay tres razones principales por las cuales es necesario que Dios se dé a conocer, o, inversamente, por qué el conocimiento que el ser humano tiene de Dios no puede depender de un descubrimiento que descanse completamente en la iniciativa humana: (1) la trascendencia de Dios, con su corolario de la finitud humana; (2) la naturaleza de

Dios como personal;[2] y (3) lo caído de la humanidad.[3] En el presente capítulo trataremos estos tres temas bajo los siguientes encabezados: (1) revelación y trascendencia; (2) revelación y conocimiento; y (3) revelación y razón.

La idea de revelación siempre ha ocupado un lugar céntrico en el trabajo teológico, sin embargo, es una idea que no ha sido uniformemente entendida. Hay una historia de la revelación en el mismo sentido de que hay una historia de la teología. En parte como una forma de responder a la situación dentro de los marcos cultural e intelectual de los tiempos, los teólogos han formulado de diversas maneras su comprensión de cómo ocurre la revelación. Nuevos descubrimientos, así como percepciones más profundas en cuanto a la fe misma, han causado el abandono de ciertas explicaciones inadecuadas e intentos subsecuentes de proveer maneras más apropiadas de hablar de la revelación.[4] El método de este capítulo estriba en explorar los diversos elementos que entran en una comprensión de la doctrina de la revelación desde una perspectiva histórica. Esto incluirá plantear las cuestiones filosóficas, ilustrarlas y dilucidarlas a partir de la historia de la teoría de la revelación, dentro de la estructura que previamente nosotros hemos bosquejado. La tarea se llevará a cabo contra el fondo de la perspectiva de la teología bíblica siempre y cuando el material bíblico diga algo acerca de los asuntos bajo investigación. Así pues, cada sección empezará con un intento de dar cuidadosa atención exegética al texto de la Escritura. Esto servirá al doble propósito de familiarizar al lector con la historia de la teoría de la revelación y con los asuntos que deben ser manejados al formular una declaración wesleyana adecuada.[5]

Hay tres asuntos preliminares que deben ser reforzados, aunque ya han sido mencionados implícitamente. Primero, que, si bien el problema de la revelación frecuentemente es tratado como parte de un prolegómeno, debería advertirse que propiamente le pertenece a la doctrina de Dios. Aunque la revelación sea un asunto que contemple consideraciones epistemológicas, es, o debería ser reconocido que el conocimiento se correlaciona con lo conocido. Puesto que Dios es el Conocido en la discusión revelacional, esta no puede proceder con éxito alguno si no toma en cuenta el Sujeto de la búsqueda, o sea esa Realidad Final que la religión designa como Dios. Esta es la razón por la que el presente capítulo explorará, cuando menos en forma preliminar, un número de aspectos de la doctrina de Dios.

Si la revelación es tratada como un mero prolegómeno, o bien su doctrina es subrepticiamente informada por la doctrina de Dios, o bien es formulada en términos de categorías o criterios derivados de fuentes extrateológicas, en cuyo caso uno tal vez no obtenga un cuadro veraz del fenómeno bajo investigación.

Segundo, que debería notarse que no hay una doctrina de la revelación enunciada en la Escritura, cuando menos no en el sentido moderno de ese término. Los escritores bíblicos estaban mucho más interesados en la realidad y en las demandas de su encuentro con Dios, que con la explicación de alguna manera teórica de cómo ocurrió, y mucho menos con defender la posibilidad de que tal encuentro hubiese ocurrido. Sin embargo, esto no significa que no haya ciertos indicios acerca de la manera en la cual tal fenómeno pueda ser explicado filosóficamente.

F. G. Downing ha señalado que ciertas palabras hebreas claves que uno podría haber esperado que se usaran para hablar de la revelación en contextos donde la revelación podía lógicamente haber sido mencionada, en efecto no fueron usadas. Estas palabras aparecen en otros contextos, pero no en el de revelar a Dios. Los escritores del Antiguo Testamento "nunca la usan [una de esas palabras claves] acerca de Dios haciendo posible 'un conocimiento de sí mismo', ni de Dios 'revelándose a sí mismo'. No edifican alrededor de ella concepto alguno de revelación".[6]

Pero hay que añadir que esto no excluye la posibilidad de que ocurra una comprensión bastante definida de una autorrevelación divina, aun cuando no se usen los términos específicos para describirla. El hecho es que Downing indica la manera más apropiada de manejar el asunto al sugerirnos que la Escritura no habla tanto de Dios como actuando "reveladoramente", sino "salvadoramente". En otras palabras, la mejor manera de describir lo que Dios está haciendo es mediante el término "salvación".[7] Después estaremos en posición de ver que "salvación" y "revelación", correctamente entendidos, son términos virtualmente sinónimos en la fe bíblica, pero, mientras tanto, Downing procede a llamarnos la atención a la importante verdad de que la "revelación salvífica" va a ser vislumbrada en el Nuevo Testamento como una realidad escatológica (1 Corintios 13:12).

Tercero, la idea de la revelación como un problema teórico data de tiempos relativamente recientes.[8] La historia del pensamiento cristiano muestra un modelo que se ajusta a la hipótesis de Arnold Toynbee de que la historia de las civilizaciones refleja una estructura de "desafío-respuesta". Conforme los desafíos se presentaron a los pensadores cristianos, fuese desde adentro o desde fuera de la iglesia, ellos los abordaron. Por ejemplo, el desafío de Marción hizo que la iglesia se allegara al asunto del Antiguo Testamento; el desafío del monarquismo demandó un estudio a fondo de la Trinidad; y así por el estilo. Parece que el desafío a la autoridad que se originó durante el Iluminismo es lo que dio lugar, en el siglo XVIII, a una preocupación central con la doctrina de la revelación, y las evidencias señalan que seguirá ocupando el pensamiento de la iglesia todavía por algún tiempo.[9]

Revelación y Trascendencia

La trascendencia es una metáfora espacial que denota distancia. Cuando es aplicada a Dios, habla de lo separado que Él está del mundo. El término que se presenta en oposición a trascendencia es inmanencia, el cual sugiere cercanía o interioridad. Ambas son palabras filosóficas más que bíblicas, y generalmente son manejadas con tonos metafísicos. Los escritores bíblicos fundamentalmente no se ocupan, ni con la otridad ni con la cercanía metafísicas, sino que tienden a hablar de Dios como el Santo Otro en vez de como el Enteramente Otro. Empero, la Biblia tiene su propia manera de hablar del asunto, como lo discutiremos aquí con el fin de proveer un trasfondo, a partir de la teología bíblica, para nuestro análisis histórico y sistemático.

Antecedente Bíblico

El concepto bíblico de "otridad", y su relación con la autorrevelación divina, encuentra expresión como conectada al término "gloria", que en el Antiguo Testamento es una traducción de la palabra *kabod*, y, en el Nuevo Testamento, de *doxa*. El uso de *kabod* en el Antiguo Testamento es crucial como base, puesto que le va a producir al término gloria en el Nuevo, una completa transformación del significado que tenía *doxa* en el griego clásico. *Kabod* originalmente significó "peso" y lleva la connotación de algo sólido o pesado. Frecuentemente se usa acerca de algo que es asombroso, tal como la riqueza o el honor (por ejemplo, Salmos 49:16-20; Isaías 66:11-22). También llegó a sugerir la idea de "luminosidad" o "resplandor".

Cuando se usa con relación a Dios, *kabod* implica aquello que hace que Dios sea asombroso para el ser humano, es decir, la forma de su automanifestación. La "gloria de Dios" es, en efecto, el término que se usa para expresar lo que el humano puede aprehender, originalmente por la vista, de la presencia de Dios en la tierra. No se refiere a Dios en su naturaleza esencial, sino a la manifestación luminosa de su Persona, su revelación gloriosa de sí mismo. Característicamente, está ligado con el ver (Éxodo 16:7; 33:18; Isaías 40:5) y con el aparecer (Éxodo 16:10; Deuteronomio 5:24; Isaías 60:1). La gloria puede ser reconocida en la creación (Salmos 19:1; 148:13; Isaías 6:3), pero sobre todo se expresa a sí misma en la salvación, es decir, en los grandes actos de Dios (Éxodo 14:17-18; Salmos 96:3). "Tarde o temprano", escribe A. M. Ramsey, "el *kabod* aparece en la literatura del Antiguo Testamento con el significado del carácter de Jehová tal como es revelado mediante sus actos en la historia".[10]

Las fuentes mayores que dan expresión a la "gloria" en su aspecto revelador de la presencia de Dios son Éxodo, Isaías y Ezequiel. En Éxodo, la gloria es principalmente interpretada en circunstancias cúlticas, la que aparece en el monte Sinaí y se cierne sobre el Tabernáculo. En Ezequiel, el elemento de luminosidad es añadido al significado fundamental.

El predicado teológico subyacente en el *kabod* del Antiguo Testamento, el cual se da por asumido, es la invisibilidad (transcendencia) de Yahvé. La gloria es la manifestación visible del ser de Dios. Hubo algunas ocasiones raras en las cuales la gloria fue visible directamente, pero otras veces fue velada por una nube que oscilaba encima de la tienda como significado visible de la presencia de Yahvé; la Presencia misma era velada por la nube. A. M. Ramsey declara: "La gloria es la unión de la soberanía y la justicia, lo cual es la esencia del carácter divino".[11]

H. Orton Wiley describía la gloria diciendo que era similar a la reflexión del sol sobre un estanque de agua.[12] El sol en sí es tan brillante que nadie puede verlo directamente a simple vista, sin embargo, la verdadera naturaleza del sol puede verse mediante la imagen en el estanque, su "gloria" reflejada. De la misma manera, Dios es ambos, visto y no visto; no se revela a sí mismo, pero se da a conocer. Si esto parece paradójico, lo es. La revelación no puede ser definida desde este punto de vista como "el hacer claro", sino más bien como algo que incluye ambigüedad. Podemos decir que hay un equilibrio de transcendencia e inmanencia, o que Dios es representado al mismo tiempo en ambas maneras, como escondido y revelado. El locus clásico para esta verdad es Éxodo 33:18-23:

[Moisés] entonces dijo: Te ruego que me muestres tu gloria. Y le respondió: Yo haré pasar todo mi bien delante de tu rostro, y proclamaré el nombre de Jehová delante de ti; y tendré misericordia del que tendré misericordia, y seré clemente para con el que seré clemente. Dijo más: No podrás ver mi rostro; porque no me verá hombre, y vivirá. Y dijo aún Jehová: He aquí un lugar junto a mí, y tú estarás sobre la peña; y cuando pase mi gloria, yo te pondré en una hendidura de la peña, y te cubriré con mi mano hasta que haya pasado. Después apartaré mi mano, y verás mis espaldas; mas no se verá mi rostro.

Este evento es parte de lo que aconteció después de la apostasía del becerro de oro cuando, por la intercesión de Moisés, Dios prometió que su presencia personal iría con el pueblo en su viaje a la Tierra Prometida. Pero Moisés, como su líder, pidió que se le concediera un conocimiento más profundo del Dios a quien conocía sólo "por... nombre" (v. 12): "Te ruego que me muestres tu gloria" (v. 18). Esta es una oración que pidió ver a Dios tal como era en sí mismo. Pero Moisés había pedido algo que no era posible para la persona mortal. En términos muy antropomórficos, aquí se nos enseña la profunda verdad teológica de que, aunque los seres humanos podamos saber algo de los modos de Dios con nosotros en nuestro mundo, el misterio último de la naturaleza de Dios nos es velado a los humanos. Usando el vívido lenguaje pictórico de "el rostro" de Dios, y su "mano" y sus "espaldas", nuestro pasaje sugiere que los humanos pueden sólo ver por donde Dios ha pasado, y de esa manera conocerlo a través de sus acciones y actos pasados. Dios, tal como es en sí mismo, no puede ser conocido ni comprendido. Como el rabí Hirsch sugiere, el propósito de la declaración de Yahvé puede ser expresado así: "Tú no me puedes ver obrando, pero las huellas de mi trabajo, tú puedes verlas y las debes ver".

Notemos que es el "bien" de Dios lo que pasa delante de Moisés. Esto ha de ser interpretado como la actitud generosa de Dios hacia el hombre: "Yo... tendré misericordia del que tendré misericordia, y seré clemente para con el que seré clemente" (v. 19). Es mediante el conocimiento de las maneras de actuar de Dios, y también de sus demandas, que Moisés conoce a Dios, ese que es conocido en sus tratos con el ser humano, en su carácter moral. Las implicaciones teológicas de este gran pasaje apuntan a que la naturaleza de la revelación es algo que ocurre en el plano de la historia, y que es esta revelación "encarnada" todo lo que puede ser conocido de Dios.[13] Con el paso del tiempo la gloria llegó a ser concebida como un elemento en la venidera edad mesiánica, y, por lo tanto, llegó a ser un concepto escatológico. En Isaías 60:1-3, NVI, encontramos una expresión típica de esto:

> ¡Levántate y resplandece, que tu luz ha llegado!
>
> ¡La gloria del Señor brilla sobre ti!
>
> Mira, las tinieblas cubren la tierra,
>
> y una densa oscuridad se cierne sobre los pueblos.
>
> Pero la aurora del Señor brillará sobre ti;
>
> ¡sobre ti se manifestará su gloria!
>
> Las naciones serán guiadas por tu luz,
>
> y los reyes, por tu amanecer esplendoroso.

En el Nuevo Testamento, el principio de la gloria de Dios (y el término) son retenidos como la autorrevelación de Dios, pero ahora su locus está en la persona de Jesucristo. En 2 Corintios 4:6 la gloria *(doxa)* de Dios es dada en la faz de Jesucristo, y, de ese modo, la gloria de Dios es encarnada en forma humana (compárese con Filipenses 4:19). Así como la gloria de Dios solía manifestarse en Israel en la Presencia del Tabernáculo (Romanos 9:4), ahora se manifiesta en Cristo. De igual modo, en la historia de la transfiguración, la nube (compárese con Marcos 9:7) representa la nube que se posaba sobre "el tabernáculo de reunión" cuando la gloria de Dios llenaba el Tabernáculo (Éxodo 40:34). En Hebreos, Cristo refleja, o es la Revelación, o el Resplandor de la divina gloria (1:3).

El Cuarto Evangelio considera toda la vida de Jesús como una encarnación de la gloria de Dios (compárese con Juan 1:14), aunque la gloria es revelada sólo a los discípulos que creen, y no al mundo. Esta verdad recalca el doble aspecto de la gloria de Dios que encontramos en el Antiguo Testamento, a saber, la ambigüedad de que, al mismo tiempo, es revelada y velada. Jesús es "Dios de incógnito". Su deidad no es necesariamente aparente; es posible dejar de verla o no reconocerla.

La "gloria" tiene también una dimensión escatológica en el Nuevo Testamento. Es parcialmente una realidad cumplida y una expectativa futura a la cual entramos como por grados (2 Corintios 3:18; compárese con Romanos 9:23; 2 Tesalonicenses 2:14). Hay varios pasajes que hablan del estado celestial en términos de "gloria" (p. ej. Romanos 5:2; 8:18; 2 Corintios 4:17; Colosenses 3:4). Alan Richardson presenta un resumen de la perspectiva completa del Nuevo Testamento sobre este asunto:

> Todo el Nuevo Testamento considera al Señor encarnado como la primera entrega, por así decirlo, del develar de la *doxa* en los finales días... Durante su vida terrenal la *doxa* estuvo efectivamente presente, aunque de manera escatológica; le estaba velada a los hombres sin fe. El Señor encarnado tenía que entrar a su *doxa* mediante el sufrimiento y la muerte, tal como Jesús mismo les había enseñado, aunque con considerable dificultad, a sus discípulos.[14]

La develación del enigmático nombre Yahvé a Moisés recalca aún más el misterio que acompaña a la revelación en el Antiguo Testamento. Los nombres de Dios son comúnmente considerados como manifestaciones de la naturaleza de Dios, pero el nombre central y personal es ambos, un revelar y un velar. Los eruditos han explorado el significado del tetragrámaton sin lograr una completa unanimidad. El pensamiento hebreo prohíbe interpretarlo como que se refiera a la naturaleza eterna e inmutable de Dios, siendo que es mucho más dinámico que eso. La traducción más plausible es: "Yo seré lo que seré", lo que sugiere que la actividad de Dios en la historia de la salvación dará evidencia de su naturaleza, o carácter, o propósito, algo que sin duda apunta, en particular, a los portentosos eventos del Éxodo.

Dimensiones Filosóficas

Siendo que la revelación es más un problema filosófico que bíblico, la comprensión que alguien tenga de ella es afectada directamente por su visión filosófica de la transcendencia de Dios. Esta es una investigación que la teología sistemática no puede evitar porque, como Wiley afirma: "En la proporción en la que el pensamiento del hombre se aproxima a la madurez, sus conceptos religiosos y filosóficos de Dios tienden a volverse más y más identificados" (*TC* 1:220). Mientras más radicalmente distinto sea Dios del mundo, más crítica es la necesidad de que se revele a sí mismo. En cambio, si la perspectiva filosófica de uno tiende hacia una comprensión de inmanencia de la relación entre Dios y el mundo, la necesidad de la revelación es menos crítica. De ahí que, una visión adecuada de la revelación dependerá de la forma en la que uno conceptualice la relación entre Dios y el mundo. Aquí, pues, haremos un repaso de varios ejemplos históricos para ilustrar esta correlación entre la visión que uno tiene de la relación Dios-mundo y la revelación.

Los primeros teólogos, conocidos como los padres de la iglesia o patrísticos, trabajaron en una era dominada por la filosofía helenista, especialmente la fase conocida como el platonismo medio, cuya aproximación particular a la especulación fue dualista, recalcando la distancia entre Dios y el mundo. Si bien esto tuvo consecuencias significativas cuando se le permitió informar la doctrina de la creación, también fue influyente en moldear la percepción de los filósofos en cuanto a cómo la realidad última podía ser conocida, si es que podía serlo. Los primeros padres cristianos que sufrieron la saturadora influencia de esta filosofía, como lo fueron Justino Mártir, Clemente de Alejandría y Orígenes, reflejaron el énfasis sobre la transcendencia tanto en su cosmología como en sus declaraciones acerca de nuestro conocimiento de Dios. Pero Ireneo (quien fue guiado más por el pensamiento bíblico), al igual que Tertuliano (quien negó el valor de la filosofía), expresaron esta misma clase de comprensión, reflejando sin duda la influencia omnipresente de las ideas filosóficas prevalentes sobre el pensamiento de la persona, aun cuando sean abiertamente rechazadas.

La filosofía helenista surgió como una expresión religiosa del platonismo. Se desarrolló a partir del período previo, el cual se ocupó principalmente con la ética. La razón de la transición en la filosofía helenista de la perspectiva ética a la religiosa, fue que la filosofía ética había fracasado, ya que no había alcanzado sus metas. La filosofía clásica había tenido una meta triple: conocer, ser virtuoso y ser feliz. Ninguna de las tres había sido efectivamente realizada, lo que culminó con el fracaso de la ética filosófica. Por lo tanto, había la disposición de aceptar ayuda de algo más allá que la mano extendida del hombre sabio, y esto era la religión.

Una de las características primordiales de la religión, y tal vez la más distintiva, era un dualismo entre Dios y el mundo básicamente ético en su naturaleza. Fue precisamente este dualismo, que oponía el mundo terrenal de lo perecedero a un mundo supersensual de lo divino, lo que demostró en última instancia ser la expresión correcta de la discordia interior que atravesaba la vida completa del envejecido mundo griego y romano. La razón por la que el desarrollo religioso del platonismo se vuelve el carácter fundamental de este período es que el pensamiento de Platón congeniaba con tal dualismo.

La primera expresión del nuevo sentimiento religioso fue el neopitagorismo, lo que es fácil de comprender, siendo que el ímpetu original del pitagorismo fue religioso, por estar estrechamente asociado a los misterios. Este tipo de pitagorismo había desaparecido casi completamente durante los días de apogeo de Platón y Aristóteles, pero revivió bajo el empuje que buscaba una nueva orientación religiosa.

Otros que dieron expresión a los aspectos característicos de este período, especialmente incluyendo el énfasis en la transcendencia divina, fueron Plutarco, Filón el Judío y los gnósticos, todos los cuales terminaron en el neoplatonismo de Plotino. "El neoplatonismo es, pues, como el mar hacia el cual fluyen en su contribución los diversos ríos y a cuyas aguas a lo largo se unen".[15] El centro de este desarrollo filosófico fue Alejandría, en Egipto, y de ahí que algunas veces se aluda al neoplatonismo como la filosofía alejandrina.[16]

Al dar énfasis a la transcendencia de Dios, hay dos conceptos que se hacen presentes en la filosofía alejandrina: (1) Dios es interpretado como "más allá del ser" y, por lo tanto, incognoscible, y lo es porque está por encima de toda diferenciación y determinación. A partir de Filón, y radicalmente expresado en el neoplatonismo, se enfatiza que Dios es carente de cualidades. "Puesto que Dios es exaltado sobre todo, se puede decir de Él que no tiene ninguno de los predicados finitos conocidos a la inteligencia humana; ningún nombre le nombra".[17] Este es un tipo de pensamiento que llegó a ser conocido como "teología negativa" y que encontró expresión en muchos pensadores cristianos. (2) Ya que el *ethos* religioso del período buscaba la salvación a través de la superación del abismo entre lo finito y lo infinito, el énfasis estaba puesto en seres intermedios que proveyeran el enlace entre ambos. "El dualismo de Dios y el mundo, al igual que el del espíritu y la materia, no es sino el punto de partida... y la presuposición de la filosofía alejandrina, su meta en todo momento, es, teórica como prácticamente, vencer ese dualismo".[18]

Para el pensamiento cristiano, tiene especial interés la especulación de Filón, el judío de Alejandría. Su insistencia en la elevación de Dios sobre el mundo condujo a una concepción de seres mediadores que salvaran el golfo entre Dios en sí mismo y el cosmos material. El más elevado de estos seres intermedios era el Logos o nous, quien es el primogénito de Dios. También, y por proceder de su herencia judía, Filón habló de los ángeles y de las "potencias" como seres mediadores. Si bien Dios es incognoscible en sí mismo, de acuerdo con

Filón, el Logos es conocible. Fue, pues, en términos de la doctrina del Logos que se abría el camino para vencer el dualismo radical que había hecho imposible el conocimiento de Dios. Varias formas de la misma idea estuvieron presentes en Plutarco, en el gnosticismo y en el neoplatonismo. Por todo lo anterior, se torna aparente en la filosofía helenista cómo conocer a Dios era imposible debido a su perspectiva radical de la transcendencia, a menos que se conociera por o a través de un ser que procediera de Dios, que fuera menos que Dios.

Como se ha sugerido, estas ideas ejercieron una influencia significativa sobre los padres de la iglesia, o los patrísticos. Justino Mártir habla de Dios como transcendente, inmutable e indescriptible, porque Dios es *sui generis*. No puede estar en relación con el mundo porque no puede cambiar; si está en relación con un mundo cambiante, Él mismo estaría cambiando y, por lo tanto, por definición, no sería Dios. Al explicar las referencias bíblicas que nos hablan de que Dios "descendió" entre los humanos, Justino escribe: "Ustedes no deben imaginar que el Dios no engendrado en sí mismo descendió o ascendió a lugar alguno, puesto que el inefable Padre y Señor de todos, ni llega a lugar alguno, ni camina, ni duerme, ni se levanta".[19]

Esta manera de entender la naturaleza de Dios resulta en que Dios sea esencialmente incognoscible. Justino presenta esta idea de manera muy peculiar al decir:

> El Padre de todos no tiene nombre que se le haya dado, puesto que es increado; un ser que tiene un nombre que se le haya impuesto tiene alguien mayor que le ha dado tal nombre. "Padre", y, "Dios", "Creador", "Señor", "Maestro" no son nombres sino apelativos derivados de sus beneficios y obras ... el título "Dios" no es un nombre, sino que representa la idea ... de una realidad inexpresable.[20]

Clemente de Alejandría fue también un representante de la visión helenística típica de Dios. Para Clemente, Dios es el Absoluto, la fuente de todas las cosas; está más allá del mundo y la finitud, y más allá del entendimiento. El lenguaje es inadecuado para describirlo. Términos tales como "bueno" y "existente" son todos ellos aplicables sólo a seres finitos. Ninguna categoría se aplica a Dios porque Él está más allá del ser, y del número y la relación; por lo tanto, Dios no es conocido en sí mismo. En su obra *Stromateis*, Clemente dice: "Dios es indemostrable y, por lo tanto, no es objeto de conocimiento".

Al igual que Justino, Clemente niega que el lenguaje humano sea adecuado para hablar de Dios:

> Pues, ¿cómo puede decirse algo de aquello que no es geno, diferencia, especie, individuo, número, accidente, sujeto de accidente? ... Aunque le adscribimos nombres, no han de ser tomados en su significado estricto; cuando le llamamos Uno, Bueno, Mente, Existencia, Padre, Dios, Creador, Señor, no le estamos confiriendo un nombre. No pudiendo hacer más, usamos estos apelativos de honor a fin de que nuestro pensamiento pueda tener algo en qué descansar, y no vagar al azar.[21]

Aquellos padres de la iglesia que experimentaron una mayor influencia del pensamiento bíblico, no se adhirieron a una idea tan radical de la transcendencia. Aunque reconocieron la otridad de Dios, no lo percibían como que fuera completamente incognoscible. Orígenes era un filósofo helenístico, pero también fue un erudito bíblico influyente. Describe a Dios como la fuente del ser, y quien transciende el tiempo y la temporalidad, pero Él no está más allá de todas las cualidades. Más como Platón que como el pensamiento helenístico, Orígenes ve a Dios como la perfección de todo ser, y de ahí que haya la posibilidad de conocer a Dios en algún sentido. Dios es incomprensible en sí mismo, pero no es irracional. Aunque no podemos entender completamente la perfección de un ser espiritual tal como Dios, la conoceremos en la eternidad. Aquí y ahora, Él transciende nuestros conceptos finitos, pero los conceptos que tenemos no son inexactos. Orígenes lo expresa con estas palabras: "Nuestra mente no puede contemplar a Dios como Él es en sí mismo, por lo tanto, forma su concepto del Creador del universo partiendo de la belleza de sus obras y la hermosura de sus criaturas"; y "hay una afinidad entre la mente humana y Dios; y es que la mente es en sí una imagen de Dios y, por lo tanto, puede tener algún concepto de la naturaleza divina, especialmente mientras más purificada y más removida de la materia sea".

Ireneo, influenciado aún más por el pensamiento hebreo que por el helenístico, afirmaba que Dios no es inescrutable, ni absolutamente más allá de nuestro hablar, aunque sea trascedente a su creación. Consecuentemente, no podemos entenderle porque somos finitos, sin embargo, Él es racional, "completamente inteligible", comprensible en sí mismo. Conectado a esto, Ireneo recalca como sigue las características éticas de Dios más que las metafísicas: "A través de su amor y su infinita bondad, Dios se ubica dentro del alcance del conocimiento del hombre. Pero este conocimiento no se da respecto a su grandeza, ni a su verdadero ser, ya que nadie lo ha medido ni lo ha comprendido".[22]

Aun Tertuliano, el padre de la iglesia menos conscientemente influenciado por la filosofía helenística, reconoce las dimensiones incognoscibles de la naturaleza de Dios: "Es la infinitud de Dios lo que nos da el concepto del Dios inconcebible, pues su abrumadora majestad lo presenta al hombre al mismo tiempo como conocido que desconocido"[23] Al igual que Justino Mártir, Tertuliano afirma que aquellas referencias a Dios que aparecen en la esfera de la historia humana, deben ser interpretadas alegóricamente. Así pues, se pregunta: "¿Cómo puede ser que el Dios invisible y omnipotente, a quien ningún hombre ha visto ni puede ver, quien habita en luz inaccesible, quien no mora en templos hechos de mano... haya caminado por las tardes en el paraíso buscando a Adán [y en otras apariciones similares en el ámbito de espacio/tiempo]?", su respuesta es negativa.

El énfasis casi uniforme en la transcendencia, con su corolario de lo incognoscible de Dios, condujo a una solución uniforme del problema de salvar el abismo entre el Dios incognoscible y la comprensión humana, y la revelación fue interpretada en términos del Logos, un tema filosófico prevalente que ganó apoyo bíblico del Cuarto Evangelio. La idea del Logos, usada primero por los apologistas, "pronto llegó a ser generalmente reconocida como parte esencial de la teología cristiana".[24] El término Logos tiene dos significados, razón y palabra, el Logos que mora y el Logos que se emite, lo cual lo adecúa especialmente para mediar entre Dios en sí mismo, y Dios en su relación con el mundo y con los hombres.

Al Logos se le interpretó como que era la razón de Dios, el cual, por tanto, encarnaba la naturaleza de Dios. Especialmente para los filósofos griegos, el Logos como razón universal se volvió el medio por el cual un conocimiento universal de Dios era diseminado, y, como encarnado, la revelación más definitiva de Dios en el mundo.[25]

Así, para algunos de los padres de la iglesia, el Logos se volvió el principio de explicación de la manera en que el Dios eterno pudo hacer su aparición en el tiempo, por lo que aquellos pasajes del Antiguo Testamento que hablan de Dios en la historia humana, realmente se estaban refiriendo al Logos. Hablando, pues, del Logos, Ireneo dice: "Es Él mismo quien le dice a Moisés: 'Bien he visto la aflicción de mi pueblo que está en Egipto, y he oído su clamor a causa de sus exactores; pues he conocido sus angustias, y he descendido para librarlos'. Desde el principio estaba acostumbrado, como la Palabra de Dios, a descender y ascender para la salvación de aquellos que estaban en angustia".[26]

Perspectivas de la Reforma

Los reformadores protestantes, bajo la decisiva influencia de la perspectiva bíblica, pusieron considerable énfasis en ambos aspectos: lo escondido y lo revelado de Dios. Uno de los principios básicos de la teología de la Reforma era que "no conocemos a Dios como Él es en sí mismo, sino sólo como Él se da a conocer a sí mismo".[27] Martín Lutero elaboró esta verdad en términos de su distinción entre la *theologia gloria* y la *theologia crucis;* o en términos de *Deus absconditus* y *Deus revelatus.*[28]

Con la frase *theologia gloria* Lutero significaba el intento de aprehender a Dios en su transcendencia desnuda, o majestad. Tal conocimiento, razona Lutero, no salvaría ni podría salvar, sino que más bien aterrorizaría y destruiría. La *theologia crucis* es el conocimiento velado de Dios que nos es dado en Cristo, particularmente en los sufrimientos de cruz, y sus aspectos noéticos se reflejan en las siguientes palabras del Reformador: "Dios... no se manifiesta a sí mismo excepto a través de sus obras y palabra, ya que, en alguna medida, su significado es comprendido. Cualquier otra cosa que pertenezca esencialmente a la Divinidad, no puede ser captada ni entendida".[29]

A fin de que el hombre finito "capte" al Santo, éste debe descender a presentarse a sí mismo en forma velada o cubierta *(Deus velatus)*, lo que equivale a decir que Dios debe personificarse a sí mismo. Lutero escribe lo siguiente acerca del Espíritu Santo: "El Espíritu Santo está ahora verdaderamente presente entre nosotros, y trabaja en nosotros a través de la palabra y los sacramentos. Se ha cubierto a sí mismo con velos y ropaje a fin de que nuestra naturaleza débil, enferma y leprosa pueda captarle y conocerle".[30]

Cuando Lutero habló del Dios escondido, no estaba sugiriendo que el Dios que no era conocido antes de Cristo (que estaba escondido), había en ese tiempo llegado a ser conocido (revelado). Más bien, se refería a que la revelación de Dios en Cristo conlleva un sentido de lo escondido, o de misterio, que nunca se ausenta de la autorrevelación de Dios. En otras palabras, la revelación y lo escondido son conceptos correlativos e inseparables; en las propias palabras de Lutero, "Esto es claro, que quien no conoce a Cristo, no conoce al Dios escondido en su sufrimiento".

Empero, la afirmación de Lutero todavía es que la esencia de Dios es dada a conocer en la cruz *(theologia crucis)*, con lo cual intenta sugerir que el verdadero carácter de Dios es dado a conocer, pero, en una forma velada que está abierta sólo a la fe. Esta es la base para la insistencia de Gustav Aulén de que la afirmación de la fe acerca de Dios difiere de toda metafísica racional. "Dios es, fielmente, así como se manifiesta en el acto de Cristo. No hay otro Dios [la frase de Lutero]. Todos las demás 'concepciones' de Dios quedan eliminadas; en lo que concierne a la fe cristiana, no son sino caricaturas".[31] Lutero lo expresó así en las proposiciones 19 y 20 de las Disputas de Heidelberg: "No que es legítimamente llamada teología aquella que tome sus obras como veraz, ni que entienda la esencia invisible de Dios a través de ellas, sino que teología es aquella que capta que la esencia de Dios ha llegado a ser visible y entregada al mundo tal como es expresada en el sufrimiento y la cruz".[32]

Calvino concuerda con Lutero al reconocer que, si el ser humano ha de conocer a Dios, Dios tendrá que acomodarse a sí mismo a la comprensión finita del hombre. En sus comentarios sobre 1 Corintios 2:7, Calvino escribe: "Él se acomoda a nuestra capacidad". Esto se debe a que "la naturaleza de Dios es espiritual, y no permite que se imagine acerca de Él cosa alguna terrena o crasa; ni tampoco permite su inmensidad que su ser sea confinado a un lugar".[33] Así, cualquier intento de definir a Dios mediante conceptos humanos aparte de la acomodación que Él mismo ha hecho, es fútil. En su comentario sobre Éxodo 3:2, Calvino dice:

> Fue necesario que Él asumiera una forma visible a fin de que pudiera ser visto por Moisés, no tal como era en su esencia, sino en una forma que la mente, en su debilidad, pudiera comprender. Por eso creemos que Dios, tan frecuentemente como se les apareció en la antigüedad a los santos patriarcas, descendió en cierta manera de sus alturas sublimes a fin de que pudiera revelarse a sí mismo tanto como fuese útil y en el grado en que la comprensión de ellos lo admitiera.

Calvino también encuentra en la teología escolástica de la Iglesia Romana una especulación acerca de Dios que está disociada de la revelación, y la critica así:

Todo pensamiento acerca de Dios que no proceda del hecho de Cristo es un abismo sin fondo que absorbe completamente nuestras facultades. Un claro ejemplo de esto es provisto, no sólo por los turcos y los judíos, quienes bajo el nombre de Dios adoran sus fantasías, sino también por los papistas. El principio de sus escuelas teológicas, de que Dios en sí mismo es el objeto de la fe, es generalmente conocido. A partir de esto filosofan prolongadamente, y con mucha sutileza, acerca de la majestad escondida de Dios, al mismo tiempo que pasan por alto el hecho de Cristo. Mas, ¿con qué resultado? Se enmarañan en ideas curiosas y engañosas, de modo que su error no tiene límite.[34]

Tanto Lutero como Calvino resistieron vigorosamente toda especulación acerca de Dios más allá de lo que es revelado. Ambos cuentan, con grandísima seriedad, la misma anécdota de alguien que planteó la pregunta sobre qué estaba haciendo Dios antes de crear el mundo. La contestación: estaba creando el infierno para las personas curiosas. Pero, también para ambos, de mucha más importancia son las verdades acerca de Dios por las que somos afectados, específicamente las que se relacionan con su actitud hacia nosotros. Calvino escribe: "Frías y frívolas... son las especulaciones de aquellos que se ocupan en disquisiciones acerca de la esencia de Dios, cuando sería mucho más interesante para nosotros lograr familiarizarnos con su carácter, y saber lo que es agradable a su naturaleza"[35]

Ajustes Modernos en la Transcendencia y la Inmanencia

En los años después de la Reforma, diversos movimientos redujeron la brecha entre Dios y el ser humano, pero cada uno a su propia manera. El deísmo, o la religión racional, estaba dispuesta a aceptar sólo aquellas creencias religiosas que se conformaran a los cánones de la razón, lo cual era equivalente a rechazar la revelación. El escolasticismo protestante, en nombre de la revelación, perdió igualmente el sentido de transcendencia al afirmar de forma presuntuosa que se podía conceptualizar toda la verdad de Dios para fines de una creencia. Los seguidores de ese escolasticismo "acostumbradamente sabían demasiado acerca de las complejidades de la manera de obrar de Dios como para permitir un misterio genuino, o lo escondido, como parte de su herencia. ... Representaban un cuadro autoconstruido de la mente de Dios en contraste rígido con la mente del hombre".[36]

El siglo XIX ha sido caracterizado como la Edad de la Inmanencia. Filosóficamente, fue dominado por el pensamiento de Spinoza y Hegel y, teológicamente, por el trabajo de Schleiermacher y Ritschl. El monismo filosófico de Spinoza y Hegel afirmó la continuidad entre la mente finita y la Mente Infinita. En las teologías de Schleiermacher y de Ritschl, Dios ha de ser ubicado en la experiencia religiosa. Schleiermacher declara:

> El concepto usual de Dios como un ser solo fuera del mundo y detrás del mundo no es esencial para la religión... La verdadera esencia de la religión no es ni esta idea ni ninguna otra, sino la consciencia inmediata de la Deidad a medida lo encontramos a Él en nosotros mismos tanto como en el mundo.[37]

A. C. McGiffert, al comentar acerca de la influencia de la Edad de la Inmanencia sobre la idea de la revelación, dice:

> Como Dios es inmanente en la vida del hombre, la revelación divina viene del interior, no de afuera. El hombre religioso busca al interior de su propia experiencia para la revelación de la verdad divina, y si también se torna a las páginas de un libro sagrado, es sencillamente porque se trata de un registro de la experiencia religiosa de otros hombres que han encontrado a Dios en sus propias almas, y allí han aprendido de Él.[38]

Esta aproximación elimina la necesidad de revelación especial alguna, o de agentes de la revelación, ya que la totalidad de la naturaleza y la vida es el lugar de Dios.

Estudios de las Conferencias Gifford hasta el año de 1920 revelan que la inmanencia siguió siendo el tema dominante en Inglaterra, y que continuó siéndolo hasta los años 30. No obstante, algunos acontecimientos del siglo XIX desafiaron lo adecuado de la inmanencia, y pusieron la base para un cambio de clima en el siglo XX que regresó a un énfasis sobre la transcendencia de Dios y, por lo tanto, a lo decisivo de la revelación.

La voz profética que clamó en el desierto fue la del teólogo/filósofo danés Soren Kierkegaard. Al recalcar la infinita distinción cualitativa entre el tiempo y la eternidad, el danés demandó que hubiera una visión de la verdad religiosa que requiriera un salto de fe, ya que la verdad eterna, como verdad aparente, no era fácilmente aproximable mediante la razón. La forma que esta polémica tomó fue la de un ataque en contra el idealismo de Hegel. Es un idealismo que "nulifica la infinita diferencia cualitativa entre Dios y el hombre, pierde de vista la paradoja inevitable de la encarnación, y termina en… la ridícula identificación del pensamiento del filósofo con la mente de Dios".[39]

Los énfasis de Kierkegaard florecieron en las teologías neoortodoxas de Karl Barth y Emil Brunner. En la introducción de su comentario "de campanazo" sobre Romanos (*Der Romerbrief*), Barth declaró que, si él tenía un "sistema, estaba limitado a un reconocimiento de lo que Kierkegaard había llamado la 'infinita distinción cualitativa' entre el tiempo y la eternidad". Y así, la teología contemporánea ha sido traída de regreso a un énfasis central en la idea de revelación.

Transcendencia e Inmanencia – Mantengamos el Equilibrio

Este breve repaso ha demostrado lo que podría considerarse un péndulo que oscila de un extremo a otro entre los énfasis sobre transcendencia e inmanencia y el sentido de la importancia de la revelación, bajo la influencia de cuál de los dos esté en ascenso. Sin embargo, el cuadro bíblico que fue explorado al principio de este capítulo ha reflejado una visión equilibrada entre los dos, apuntándonos hacia una idea de la revelación que presenta a Dios en ambas formas, como escondido y como revelado, en un mismo momento. Aparentemente, los principales teólogos de la Reforma fueron los que más claramente captaron esta verdad.

Una doctrina correcta de la revelación deberá sostener la insistencia en el misterio de Dios o, como ha sido frecuentemente designado, la naturaleza abismal de Dios.[40] Esta fue la dimensión a la que Rudolf Otto señaló con su clásica exposición de lo "numinoso", o el *"mysterium tremendum"*, en su obra *The Idea of the Holy* (La Idea de lo Santo).[41]

Aquí hay que distinguir entre un misterio y un problema. Cuando un problema ha sido resuelto, su verdad se ha revelado, y el misterio desaparece. Sin embargo, con un misterio, lo misterioso no puede ser eliminado aun cuando ocurra una revelación. Paul Tillich lo describe adecuadamente de esta manera: "La revelación de lo que es esencial y necesariamente misterioso significa la manifestación de algo dentro del contexto de la experiencia ordinaria que transcienda el contexto ordinario de la experiencia".[42] O como Karl Rahner lo expresa: "La revelación no es traer lo que una vez fue desconocido a la región de lo que es conocido, perspicuo y manejable: es el alba y la aproximación del misterio como tal".[43]

Un Dios que sea el Completamente Otro, que sea completamente transcendente, no tendría relación alguna con el ser humano y, por ende, sería ambas cosas: incognoscible e irrelevante para nosotros. En cambio, si Dios fuese completamente inmanente, dejaría de ser lo que nosotros significamos cuando decimos Dios, aunque fuese lúcidamente conocible. Por lo tanto, el pensamiento cristiano no puede permitirse perder ninguno de los dos aspectos de su comprensión de Dios.

Esta relación de tensión apunta a la naturaleza de la revelación, si en efecto una revelación de Dios ha de ocurrir en grado alguno. Siendo que Dios, en su "majestad desnuda" (Lutero), transciende el ámbito de la experiencia ordinaria, sólo se le puede conocer cuando entra en el mundo de la experiencia. Esto implica que Él no puede ser descubierto, sino que debe descubrirse a sí mismo. La afirmación cristiana central, en este punto, es que Dios, en efecto, ha descendido a nuestro ámbito mediante sus actos salvadores en la historia, los cuales culminaron en el evento en el que lo Divino adoptó las condiciones de existencia finita y "puso su carpa" (Juan 1:14, NVI, nota al calce) entre nosotros y, al hacerlo, se volvió conocible y visible para nosotros.

> De esta manera, el golfo entre el Creador y la criatura finita ha sido salvado por la revelación, y el misterio absoluto de esa fuente transcendente de la cual venimos ha sido iluminado para nuestros espíritus y ha sido hecho parcialmente inteligible para nuestras mentes. Por lo tanto, para los cristianos, la transcendencia de Dios implica y requiere los actos reveladores de Dios, y por esa razón, la teología cristiana siente, y de manera correcta, que todo lo que válidamente pueda decir acerca del Dios transcendente debe ser basado en la revelación que Dios ha dado de sí mismo, y guiado por ella.[44]

El Lenguaje Religioso

Lo escondido de Dios en su autorrevelación demanda que el lenguaje teológico sea entendido de una manera especial. Uno no puede hablar de la realidad transcendente de la misma manera en la que habla de objetos finitos tales como mesas y sillas. Emanuel Kant llamó la atención a este hecho en su análisis crítico de los poderes de la mente humana, y sugirió el término "transcendental" para referirse a realidades de las que se puede pensar (tales como Dios, el ser y el cosmos), pero que no pueden ser descritas en términos de las categorías de la mente que se refieren sólo a la realidad fenomenológica, es decir, a lo perceptiblemente múltiple que se presenta a sí mismo ante los sentidos. Son realidades que no corresponden a objeto alguno de nuestra experiencia, sino que, más bien, son ideas transcendentales.

Esto nos conduce necesariamente a una discusión de la naturaleza del lenguaje religioso, o como se dice en el argot popular, a "hablar de Dios". Esto no es problema nuevo en ninguna manera, pero ha sido movido al centro de la discusión teológica por los desarrollos comparativamente recientes de la filosofía. Aquí también nos ayudará de una manera considerable repasar las diversas sugerencias que los teólogos han hecho en siglos pasados, culminando con un breve análisis de los asuntos de por medio en términos de desarrollos recientes.

Antes de empezar el repaso, señalaremos la consideración básica de que la naturaleza trascedente de Dios requiere que muchos de los asertos teológicos acerca de Dios sean de naturaleza paradójica. Los racionalistas se quejan de la paradoja como si fuese una apelación a la irracionalidad, sin embargo, la doctrina cristiana de Dios lo que va a afirmar es una dimensión suprarracional, no irracional, de nuestro conocimiento de lo Último. Tomás de Aquino dijo: "Sólo el intelecto divino es, en su capacidad, igual a su substancia [esencia], y por lo tanto... entiende cabalmente lo que es, incluyendo todos sus atributos inteligibles".[45]

Algunos han sugerido que el término más apropiado es antinomia antes que paradoja, un término usado por Kant para expresar la resistencia de las ideas transcendentales (véase arriba) a una formulación racional completa. La razón dada es que la antinomia sugiere una cualidad irreducible, mientras que la paradoja lo es sólo en sentido limitado. Si bien no está claro que podamos dar por sentado, a partir de las Escrituras, que todas las paradojas sean finalmente resueltas para nuestra comprensión, o si nuestra finitud por toda la eternidad resultará en que las paradojas divinas estén para siempre más allá de nuestra comprensión total, nosotros seguiremos usando este término tradicional, ya que es más común y conlleva más adecuadamente la intención de la discusión desde nuestro presente punto de vista.

El significado de paradoja es ser "contrario a las expectativas, a la opinión común, a lo que parece ser", de ahí que deba distinguirse de la contradicción lógica. La distinción entre una paradoja y una contradicción tiene que ver con el grado de complejidad del tema acerca del cual las aserciones han sido hechas. Una contradicción ocurre cuando dos declaraciones opuestas o diferentes son hechas acerca de una realidad especificada, donde esta realidad es insuficientemente diversa para apoyar dentro de sí misma los predicados discordantes.

Si, por ejemplo, aseveramos que Juan es al mismo tiempo viejo y joven, estamos implicados en una contradicción, si nuestra intención es que ambos predicados se refieran a la edad cronológica. Sin embargo, si queremos significar que Juan es viejo en cuerpo, pero joven de espíritu, no hay contradicción sino sólo en apariencia; hay una paradoja. Juan es una realidad suficientemente compleja como para permitir tales predicados opuestos, y suficientemente disponible a nuestra investigación como para que tengamos acceso al centro unificador de la paradoja.

La sencillez de esta ilustración, y de muchas otras, tales como la del dicho paradójico de Jesús de que "todo el que quiera salvar su vida, la perderá" (Mateo 16:25; Marcos 8:35; Lucas 9:24), depende de la accesibilidad del objeto de las aserciones paradójicas. O sea, estamos tratando con una realidad finita cuya unidad no está más allá del alcance de nuestra comprensión. Si, por el otro lado, la "unidad escondida de estas características experimentadas está más allá de nuestra comprensión, cuando, para decirlo de otra manera, encontramos algo individual, único o transcendente y, por lo tanto, no para ser completamente analizado por nuestras mentes", no está dentro de nuestra capacidad resolver en una explicación clara las características aparentemente en conflicto; o sea, la paradoja se usará de manera necesaria.[46]

Pero aquí sería legítima la siguiente pregunta: si no podemos ganar acceso a la unidad escondida del objeto, ¿cómo, en efecto, hemos de determinar la diferencia entre paradoja y contradicción? La respuesta a la pregunta revelará una intuición acerca de la naturaleza de nuestro conocimiento de Dios, el cual ha de resultar de un encuentro personal en el que tengamos una experiencia autorrevelada de las cualidades involucradas, aunque cuando sean traducidas a proposiciones que quieran hacer tal cosa objetiva, usando lenguaje ordinario, haya una aparente falsificación. Sin embargo, esta es la única manera en la que la experiencia puede ser articulada de forma adecuada. Así, es muy posible que la aparente contradicción entre la libertad humana y el preconocimiento divino sea un ejemplo de este fenómeno.

Tal como lo expresa Donald M. Baillie: "Dios sólo puede ser conocido en una relación personal directa, en un trato de 'Yo-y-Tú' en el que Él se dirige a nosotros, y nosotros le respondemos. ... Dios elude todas nuestras palabras y categorías. No podemos ni conceptualizarlo ni reducirlo a una forma objetiva".[47]

Langdon Gilkey explica el asunto sucintamente:

> No es extraño en forma alguna que esta manera inusitada de hablar de lo inusitado se encuentre comúnmente en el lenguaje religioso acerca de la deidad, puesto que en todas las altas religiones lo divino es único, transcendente, y tanto más allá de nuestra clara comprensión. Por ende, hablar de Él, o de Ello, no puede ser la clase de descripción consistente, clara y práctica que usamos para hablar de objetos familiares. Es más como hablar acerca de las profundidades misteriosas de otras personas, a quienes conocemos en parte, pero, sin embargo, no conocemos. Al hablar en forma alguna acerca de Dios, debemos dar por sentado que Dios es como lo que conocemos en la experiencia, no sea que nos resulte demasiado de inefable e irrelevante; pero, sin embargo, debemos indicar también su transcendente rareza y diferencia, no sea que deje de ser Dios. Por consiguiente, cualquier cosa que digamos de Dios debe ser afirmada y negada al mismo tiempo. Lo que es más, no podemos esperar penetrar con nuestros conceptos a la esencia misteriosa de Dios con el fin de descubrir cómo son resueltas la semejanza y diferencia, ya que lo final no se puede en una clase de cosas que nosotros podamos medir claramente, o definir adecuadamente. En el encuentro de fe, estamos de pie frente a Él; pero en nuestro lenguaje teológico jamás podremos captar la unidad interior de su naturaleza y de su ser. De ahí que las paradojas sean la única manera de hablar acerca de Dios: afirmamos y negamos ciertas cosas de Él, afirmando algo de Dios a fin de que no estemos silenciosos, y, sin embargo, al mismo tiempo negándolas a fin de que no hagamos de Él un objeto ordinario.[48]

Este análisis está en completa armonía con el cuadro bíblico de la autorrevelación de Dios tal como ha sido discutida antes en esta sección.

Usos Propuestos del Lenguaje Religioso

Desde el principio de la tarea de hacer teología los pensadores han reconocido el problema de hablar acerca de Dios. Históricamente, se han desarrollado tres maneras principales de manejar el asunto: la manera de la negación *(via negativa),* la manera de adscribirle perfección positiva a Dios, y lamanera de la analogía, la cual es una combinación de las primeras dos.[49]

El camino de la negación propone que hablemos de Dios negándole todas las cualidades finitas. Él no es esto, ni lo otro. Muchos de los términos que usamos comúnmente al hablar de Dios son realmente designaciones negativas, como, por ejemplo, decir que es infinito, lo que significa que no es finito. La crítica más seria de esta aproximación señala que cuando es llevada a su conclusión lógica, uno termina en el silencio. Sin embargo, podría aducirse que cierto avance es hecho hacia un concepto adecuado de Dios cuando despejamos el terreno de los conceptos inadecuados. Mientras más radical sea la visión que uno tenga de la transcendencia, lo más imposible que le es hablar de Dios en términos positivos y, por lo tanto, lo más dominante que la manera de negación se vuelve.

La *via negativa* aparece en la historia del pensamiento cristiano desde los días de Orígenes, es mencionada por Agustín, y llega a su expresión más extensa durante la Edad Media, en el escrito anónimo que se le atribuye a Dionisio el Areopagita, del primer siglo. También encuentra un lugar significativo en el escrito de Nicolás de Cusa titulado *Sobre la Docta Ignorancia*.

La manera de adscribirle perfecciones a Dios toma cualidades positivas que, generalmente, son derivadas de nosotros los humanos y aplicadas a Dios de modo absoluto. Dios, por lo tanto, es visto como todo bueno, o como perfectamente amoroso, y así por el estilo.

La aproximación de la analogía combina la manera de la negación con las adscripciones positivas de características a Dios. Esta tercera aproximación reconoce que Dios es, al mismo tiempo, como los atributos que se le adscriben, y diferente de ellos. Por ende, la analogía afirma y niega simultáneamente. Como es el caso con la *via negativa,* la analogía aparece en los escritos de Orígenes y de Agustín, pero llega a su expresión clásica en la obra de Tomás de Aquino, quien basa la posibilidad de que haya lenguaje acerca de Dios en la presuposición ontológica de que hay una relación entre el ser de Dios y el ser del hombre, y, de ahí, la analogía del ser *(analogia entis)*.

Tomás de Aquino sugiere tres tipos de lenguaje: (1) unívoco, que significa literalmente "una voz", y que es aplicado exactamente de la misma manera a cada referente. Pero esa no es la manera en la que usamos el lenguaje acerca de Dios, ya que, por ejemplo, cuando hablamos de Dios como Padre, no significamos literal o precisamente lo que significamos cuando hablamos de un padre humano, lo cual sería absurdo. (2) Equívoco, que significa "con diferente voz", de modo que los términos son usados acerca de referentes diferentes en una manera completamente sin relación. Si el lenguaje acerca de Dios fuera equívoco, cuando hablamos de Dios como Padre, el término no tendría absolutamente nada en común con lo que significamos cuando nos referimos a un hombre como un padre y, por ende, nada se comunicaría con su uso. (3) El lenguaje analógico sugiere que hay alguna coincidencia, de modo que, si bien hay una similitud entre llamar a Dios y a un hombre padre, también hay una disimilitud.

Karl Barth ha criticado severamente la *analogia entis* basado en que no toma de un modo serio la "infinita distancia cualitativa" entre el ser de un hombre y el ser de Dios. Barth, en vez, propuso la *analogia fides,* la cual sugiere que el análogo primario es Dios, de quien tenemos conocimiento por la revelación, siendo el hombre el análogo secundario. "Por lo tanto, no se trata de que primero que todo haya una paternidad humana y después una paternidad divina así llamada, sino precisamente lo opuesto: la paternidad verdadera y propia reside en Dios, y de esta paternidad de Dios se deriva lo que conocemos como paternidad entre nosotros los humanos. La paternidad divina es la fuente primaria de toda paternidad natural".[50]

Tal vez la más adecuada propuesta en la teología contemporánea para la comprensión del lenguaje religioso es la de Paul Tillich, quien desarrolla la idea del "símbolo". Este concepto se yergue en el centro de su doctrina teológica del conocimiento, y se postula como un reconocimiento muy serio de la infinidad de lo divino, la transcendencia de Dios.[51]

Un símbolo, en el pensamiento de Tillich, debe ser distinguido de un signo, el cual es artificial. En conexión con esto, Tillich insiste en que uno nunca debería decir "meramente" o "sólo" un símbolo. Un símbolo religioso apunta más allá de sí mismo a la realidad última y participa en la realidad a la cual apunta. Este es claramente un uso especializado del concepto común de símbolo, ypresupone una ontología particular del tipo articulado la primera vez primera por Platón. Un símbolo puede ser ambas cosas, lingüístico (una palabra o palabras) y no lingüístico (p. ej., la bandera o el crucifijo).

La función de un símbolo es "abrir niveles de la realidad que de otra manera nos están cerrados". Esto sugiere que el símbolo se vuelve un medio a través del cual la realidad nos encuentra y por medio del cual nosotros la encaramos. De ese modo, un símbolo también abre dimensiones y elementos de nuestra alma correspondientes a las dimensiones y elementos de la realidad simbolizada. El hecho de que los símbolos no pueden ser creados o reemplazados de forma intencional, señala adicionalmente a que es en la experiencia que nuestra comprensión de Dios llega a su expresión en el símbolo lingüístico y/o no lingüístico.

Como se indicó arriba, el símbolo religioso apunta a la realidad última. "La intención de cada símbolo religioso es apuntar a aquello que transciende la finitud. Nada finito, ninguna parte del universo de relaciones finitas, puede ser el referente de símbolos religiosos, y, por lo tanto, ningún método inductivo puede alcanzarlo".[52]

Esta idea, que le pertenece a Tillich, salvaguarda la santidad de Dios y, al mismo tiempo, prohíbe la elevación de la realidad finita al nivel de lo que es último. El pensar en el lenguaje como que esté en la misma relación con Dios, como la que tiene en relación con objetos tales como mesas y sillas, es caer en la idolatría lingüística, lo cual requiere que la tarea teológica sea llevada a cabo con gran humildad, y con una actitud de adoración. Otra manera de decir lo mismo es que los símbolos religiosos transcienden su significado no simbólico.

El resultado práctico de esta manera simbólica de ver el lenguaje religioso es que ciertos símbolos pueden morir cuando dejen de reflejar la experiencia de quienes los usan. En las comuniones religiosas, símbolos que fueron vitales y vivos para los padres fundadores, algunas veces pierden su eficacia en la segunda y tercera generación, cuando la experiencia religiosa original se ha atenuado. Si bien el lenguaje puede ser conservado, se puede convertir en algo vacío y carente de significado. Tillich los denomina símbolos "no auténticos", que "han perdido su base de experiencia, pero que todavía son usados por razones de tradición o por su valor estético".[53]

Revelación y Conocimiento

La categoría del conocimiento también es un corolario del concepto de la revelación. Los dos conceptos se informan el uno al otro cuando se usan en un contexto teológico. La manera, cualquiera que sea, en que uno conciba la revelación, determina su comprensión de lo que significa conocer a Dios. Al mismo tiempo, el concepto que uno tenga del conocimiento influye sobre su idea de la naturaleza de la revelación. Este carácter correlativo del conocimiento y la revelación requiere que estas dos ideas sean interpretadas consistentemente.

Al abordar este asunto, principiaremos explorando el concepto bíblico del conocimiento, puesto que la Escritura es la fuente definitiva o normativa para nuestra interpretación. Luego trataremos de descubrir paralelos en el pensamiento no bíblico y, finalmente, derivaremos algunas conclusiones acerca de la manera en la que estos conceptos afectan nuestra comprensión de la revelación.

Es importante, en la discusión a continuación, reconocer la distinción entre conocer a Dios y saber algo acerca de Dios. La interacción entre estos dos aspectos esenciales del conocimiento religioso es delicada y difícil de mantener. El análisis que haremos enseguida intenta mantenerlos separados, a fin de no confundirlos a un grado tal que uno se colapse dentro del otro. Si la dimensión de "saber acerca de" se pierde, lo que resulta es un misticismo que rechaza cualquier revelación cognitiva, en tanto que, si el elemento de "conocer a Dios" no es conservado, el resultado es un racionalismo que reduce a Dios a un objeto finito, o un intelectualismo que hace de la religión un asunto de gnosis. El lector debería tener presente este equilibrio, y recordar que está trabajando con dos ideas discutidas en forma de serie, ambas requeridas para una comprensión equilibrada.

Visión Bíblica del Conocimiento

No deberíamos esperar encontrar discusión alguna sobre epistemología en la Biblia, ni tampoco debería concernirnos aquí el uso de "conocimiento" en un sentido mundano. La manera en la que los escritores bíblicos hablan del "conocimiento de Dios" es lo único que le es pertinente a nuestro propósito y, por lo tanto, debemos derivar nuestra comprensión del uso que le dan. En este sentido, hay abundancia de material en el Antiguo Testamento, puesto que el "conocimiento de Dios" es la manera primordial de describir la relación correcta de la persona con Dios. El término es usado casi en la misma manera en la que el vocablo "fe" es usado en el Nuevo Testamento.

El origen del conocimiento de Dios está en la autorrevelación de Dios, y esa revelación de sí mismo generalmente está conectada a algún evento histórico. Esta verdad se refleja frecuentemente en la fórmula: "Y vosotros [o ellos] sabréis que yo soy Jehová vuestro Dios", la cual se encuentra 54 veces en Ezequiel y numerosas otras veces en otras partes (compárese con Éxodo 6:7; Deuteronomio 4:32-39). Así pues, el conocimiento de Dios se origina en la experiencia, ya sea directamente, o como resultado de los testimonios de aquellos que han tenido acceso a los actos reveladores de Dios (compárese con Éxodo 10:1-2; 18:8-11).

El conocimiento de Dios que se deriva de su autorrevelación no es teórico ni abstracto en naturaleza, sino que significa, como el carácter general del conocimiento en el pensamiento hebreo, algo más que estar al tanto de una cosa y su naturaleza. "Implica también estar consciente de la relación específica que el individuo tiene con ese objeto, o del significado que el objeto tiene para él".[54] Así, el "conocimiento de Dios en el Antiguo Testamento no se interesa en la pregunta especulativa del ser de Dios, sino en el Dios que, obrando por gracia y juicio, se ha tornado hacia el humano. Conocerlo significa entrar en la relación personal que Él mismo hace posible".[55] Interpretado de esta manera, el conocimiento de Dios implica también el conocimiento del ser que se coloca en relación con Dios (compárese con Salmos 51:3).

A esta clase de conocimiento lo podemos llamar "existencial". Su naturaleza se refleja en el uso de la palabra "conocer" para describir el acto sexual entre marido y mujer, que es la más íntima relación posible. Otro ejemplo de ello es el "conocimiento" del bien y del mal que resultó de la desobediencia en el huerto del Edén, el cual es conocimiento por relación o experiencia como resultado de haber desobedecido concretamente la orden del Creador. Luego, el conocimiento de Dios implica más que un estar al tanto intelectualmente, aunque sin duda incluya algunos de sus elementos; implica una relación personal. "Es la experiencia de la realidad de Dios, no meramente el conocimiento de proposiciones acerca de Dios".[56]

Esta clase de conocimiento se manifiesta a sí mismo por una cierta conducta, y lo contrario también es cierto, que la ausencia de tal conducta es una señal segura de que se carece de tal conocimiento. Frecuentemente, este aspecto del conocimiento es visto en la descripción del objeto de "conocer" como "los caminos de Dios", o sus "preceptos" (compárese con Salmos 25:4, 12; 119). El Libro de Oseas es el locus clásico de esta idea (compárese con 4:1-2; 6:6).

La misma perspectiva informa la comprensión del conocimiento que encontramos en el Nuevo Testamento, especialmente en el Cuarto Evangelio. "De acuerdo con Juan", escribe Otto A. Piper, "el conocimiento no conduce a una fusión gradual de la mente del conocedor con la de Dios, sino más bien a una armonía de sus voluntades en la que Dios permanece distintivamente la autoridad que ha de ser reconocida".

La misma dimensión personal informa el uso extenso que Pablo hace de "conocimiento". En realidad, para este Apóstol, es más importante ser "conocido por Dios", lo cual equivale a ser elegido (Gálatas 4:9; 1 Corintios 8:3). "Es claro que las polémicas de Pablo [en contra de ideas falsas en cuanto al conocimiento] se quedan esencialmente dentro de los límites del concepto que el Antiguo Testamento tiene del conocimiento. Al mismo tiempo, Pablo amplifica y desarrolla este concepto cristológicamente".[57] De acuerdo con Piper, en el Antiguo Testamento ya se está al tanto de que "conocer a una persona es más difícil que conocer una cosa, porque una persona necesita revelar su voluntad a fin de ser conocida adecuadamente" (compárese con Proverbios 25:3). Esta distinción teórica no es presentada como un principio abstracto, sino que yace en la raíz misma del conocimiento bíblico de Dios. Si conocerlo es estar relacionado íntimamente con Él, y demostrarlo mediante la obediencia a su voluntad, el conocimiento personal mediante la autorrevelación es fundamental para tal conocimiento.

El resumen de Alan Richardson captura el corazón del asunto:

> De ese modo, el conocimiento, en el sentido bíblico de la palabra, no es una contemplación teórica sino entrar en relaciones subjetivas entre persona y persona, relaciones de confianza, obediencia, respeto, adoración, amor, temor y así por el estilo. Es conocimiento en el sentido de nuestro conocimiento de otras personas más que en conocimiento de objetos; es conocimiento "existencial" más que "científico". Yo no puedo conocer a una persona con la cual me niego a entrar en relaciones personales (o viceversa). Desobedecer a Dios es rehusarnos a entrar en la relación que bondadosamente ha hecho posible, y, por ende, es permanecer ignorantes de Él.[58]

Se vuelve entonces claro que la naturaleza distintiva del conocimiento en la teología bíblica es existencial. Pero, por ser este un término técnico que puede portar varias posibles connotaciones, necesitamos definir la forma en la que lo estamos usando aquí. Al hablar de esta clase de conocimiento nos referimos al conocimiento que determina la existencia del conocedor.[59]

Desde el principio del desarrollo del pensamiento cristiano, un criterio diferente del conocimiento (científico) empezó a incidir en la comprensión cristiana. Este criterio fue asociado con la enseñanza conocida como el gnosticismo, y generó una amenaza significativa al criterio distintivamente bíblico de la salvación por la fe (confianza). El gnosticismo, al que se le opusieron algunas de las epístolas del Nuevo Testamento (compárese con 1 Corintios y 1 Juan, así como con Colosenses y 1 Timoteo), llegó a su expresión desarrollada en el segundo siglo, aunque apareció en forma incipiente en el primero.

Hubo varias escuelas de gnósticos con sistemas vastos de gran complejidad e imaginación. El elemento común a todas ellas parece haber sido la creencia de que la salvación del mundo venía por el conocimiento en vez de por la fe. El gnosticismo operaba dentro de la estructura de la ciencia popular de ese día, que aseguraba que los planetas eran "determinantes celestiales del destino humano". Estos planetas tenían órbitas fijas alrededor de la Tierra, y se erguían como barreras para el alma en su vuelo de la tierra-cuerpo al hogar inmortal más allá de las estrellas. A fin de llegar al destino eterno, había que atravesar tales peligros. La versión cristiana del gnosticismo decía que "El Cristo-Redentor vino a la Tierra a traerles a los hombres *gnosis* o conocimiento de las contraseñas (que generalmente era un guirigay extraño o sílabas sin sentido), por las que el alma podía engañar a los planetas hostiles y escapar de ellos".[60] Además de que este sistema proyectaba una comprensión inaceptable de la encarnación, ofrecía una salvación por otros medios, en vez de por la fe, y enseñaba que el conocimiento teórico le era concedido sólo a unos pocos escogidos, en vez de serle ofrecido gratuitamente a todos los hombres.

Dos Tipos de Conocimiento

Ahora veremos el contraste entre los dos tipos de conocimiento que han surgido en el proceso de nuestra discusión: existencial y científico. El primero, involucra adquirir una relación con el objeto de cognición, en tanto que, el segundo, aspira a la objetividad o al alejamiento. Ambos son ideales irrealizables en su forma pura. El conocimiento científico trata de cambiar su objeto en una cosa al remover todas las cualidades subjetivas de la relación cognitiva. Sin embargo, tal como Michael Polyani demuestra en un estudio ampliamente ilustrado, toda la ciencia incluye una dimensión personal que no puede ser eliminada. Aun en la ciencia más abstracta hay elementos subjetivos.[61]

Mientras más impersonal sea el objeto de cognición (p. ej., una roca), más tiende la relación cognitiva al desapego o la objetividad; mientras más personal sea, más tiende hacia la unión con su objeto, o hacia la subjetividad. A la inversa, cuando la cognición de la realidad personal es empujada hacia el polo del alejamiento, la consecuencia es una creciente distorsión, y el resultado es una deshumanización tanto del sujeto como del objeto.

Uno de los esfuerzos más influyentes de la teología moderna para copar con los asuntos del conocimiento personal es el de Martin Buber, un erudito judío. Buber propone que la forma característicamente humana de relación es la de "Yo-Tú" *(Ich-Du)*. Esta nomenclatura posee una implicación doble. En primer lugar, el uso que Buber le da al pronombre singular de segunda persona (*Du* en alemán) destaca lo íntimo de la relación, como lo hace también en español; uno usa otra forma cuando les habla a personas extrañas o a quienes conoce superficialmente, los que no están en el círculo íntimo. Segundo, llama la atención, por contraste, a lo que Buber denomina la relación "Yo-Ello".

La relación "Yo-Ello" es el "conocimiento de cosas" de naturaleza objetiva que se puede adquirir entre una persona y una piedra. Si bien es posible tener una relación de "Yo-Tú" con una piedra, el "Yo-Ello" siempre es dominante. Además, aunque uno pueda relacionarse con una persona en la forma de "Yo-Ello" al describir las cualidades observables como el color de sus ojos, su cabello, y demás, se queda corto en conocer de veras a esa persona. Esa posibilidad sólo ocurre en una situación de "Yo-Tú".

El elemento dominante en la respuesta al encuentro "Yo-Tú" es la confianza, más que el asentimiento. El asentimiento es la respuesta que mejor se ajusta a las verdades que surgen de la relación "Yo-Ello". Sin embargo, como veremos después, las dos respuestas no pueden ser separadas o "compartamentalizadas" tan concisamente, aun cuando las intuiciones de Buber hayan captado el concepto distintivamente bíblico del conocimiento.

El teólogo cristiano que se ha apropiado de la manera más fundamental de estas categorías es Emil Brunner.[62] Tanto Buber como Brunner colocan la comprensión personalista de la revelación en contraste con la revelación proposicional, la que evoca o pide una respuesta de asentimiento más que una de "obediencia-en-confianza" (Brunner). Así, la mayor parte de la teología moderna ha concurrido con las siguientes famosas palabras del arzobispo William Temple: "Lo que se ofrece para la aprehensión del hombre en cualquier revelación específica, no es la verdad acerca de Dios, sino Dios mismo".[63] El análisis de

John Baillie explica esta reorientación de la comprensión de la revelación: "La más sentida y profunda dificultad acerca de equiparar la revelación con la verdad comunicada es que nos ofrece algo menos que un encuentro personal y una comunión personal".[64]

Juan Wesley adoptó casi la misma posición hacia la religión racional de su día cuando equiparó la religión correcta con la manera correcta de pensar (véase arriba). Wiley secunda este énfasis cuando dice: "La verdad en su naturaleza última es personal. Nuestro Señor lo hizo claro cuando dijo, *Yo soy la verdad.* Él llama a la puerta de los corazones de los hombres, no como una proposición que necesita ser captada, sino como una Persona que debe ser recibida y amada" (*TC* 1:38).

Ambos, Buber y Brunner, distinguen el encuentro con Dios de los encuentros análogos con otras personas al declarar que el encuentro divino-humano es completamente libre de los elementos del "Yo-Ello". Si bien estos elementos están inevitablemente presentes en las relaciones humanas, la transcendencia y la naturaleza inefable de Dios eliminan estos aspectos objetivadores. De ese modo, la revelación como personal, dicen estos teólogos, es no cognitiva en naturaleza.

Sin embargo, Ronald Hepburn, en una crítica penetrante de esta lógica del encuentro, critica el reclamo de una ausencia de los elementos del "Yo-Ello", puesto que cierto aspecto de estos elementos es esencial para un encuentro genuino. De otra manera, no habría un criterio para diferenciarlo de una experiencia puramente subjetiva. Las siguientes palabras de Hepburn iluminan el asunto:

> En aquellas ocasiones en que me siento frente a un amigo y observo sus ademanes y su expresión, no estoy observándolos como si fuesen un número de objetos, ni creyendo que su ser personal completo consiste en tales acciones externas (conductismo), ni tampoco estoy viendo "a través" de ellas hacia la personalidad escondida, como lo haría a través del vidrio de una ventana, interesado sólo en la vista más allá. La conducta de mi amigo no está siendo tomada como una "ventana" hacia su "mente" inmaterial, como si fuese un espanto. Admito que su vida interior, como la mía, es más que ademanes, manera de hablar y sonrisas, pero dudo que sepamos lo que estamos diciendo cuando declaramos que la personalidad y el conocimiento de la personalidad son posibles sin ellas; dudo que cosa alguna personal reconocible quede, una vez que hayamos desnudado mentalmente toda esa conducta.[65]

Siendo que es el aspecto corporal de la relación de humano-con-humano lo que provee las bases más obvias para la objetivación y, por ende, para la dimensión "Yo- Ello" de la relación, es fácil entender por qué Buber y Brunner quieren eliminar todos estos aspectos del encuentro "Yo-Tú" con Dios. Parecería imposible que los elementos del "Yo-Ello" estuviesen presentes en una relación con una realidad completamente incorpórea, que no puede ser ubicada en ningún espacio o tiempo específico.

Empero, las críticas de las teorías del encuentro sin duda están en lo correcto al notar que ninguna relación de "Yo-Tú", con todo lo que implica, es posible aparte de la presencia de, cuando menos, un elemento mínimo del aspecto "Yo-Ello". Por ejemplo, no parecería ser fe, sino necedad, confiar la existencia completa de uno en las manos de alguien que no ha demostrado ser él o ella misma una persona íntegra. Dada la condición de lo incorpóreo en Dios, parecería que tales elementos son sólo posibles cuando, o si Dios se objetiva a sí mismo en un cuerpo, en una encarnación. Esto es exactamente lo que la fe cristiana reclama que sucedió en la persona de Jesús de Nazaret y, con anterioridad, en teofanías y/o en apariciones de las que tiene que admitirse que, desde la perspectiva cristiana, no son representaciones enteramente adecuadas de la naturaleza de Dios.

La ausencia del principio encarnacional explica la manera vaga y sumamente abstracta en la que la deidad es descrita en la mayoría de las religiones orientales no cristianas, como, por ejemplo, en el hinduismo y las así llamadas descripciones de Brahman como un "no es esto" o "no es aquello". Lo peculiar del Budismo Zen reside en su enseñanza de que la meditación conduce al conocimiento, pero niega la posibilidad de conceptualización (palabras), y trata de apuntar más allá de esa conceptualización a la experiencia misma, una experiencia intuitiva llamada *satori,* la unión mística que transciende el lenguaje.[66]

Conocimiento por Revelación

Esta discusión nos proveerá de un indicio que nos ayude a desenmarañar los asuntos acerca de la relación entre el conocimiento existencial y el científico. Si Jesucristo, como la encarnación de lo Divino, es el locus de la revelación, la manera en la cual los seres humanos le respondieron como revelación debería permitirnos solucionar el asunto. Aquí, el Cuarto Evangelio nos provee un estudio particularmente fructífero.

Todos los datos que pudieron observarse estuvieron a la disposición tanto de los judíos como del "discípulo a quien Jesús amaba". Empero, sus respuestas fueron radicalmente diferentes. El mismo Jesús realzó este contraste al llamar la atención a la negación de los judíos a creer en Él. Aparentemente, la diferencia consistió en que no estuvieron dispuestos a relacionarse con Él en un encuentro personal. Esto nos sugiere que los aspectos decisivos de la persona de Jesús eran no empíricos, aunque había indicadores (señales) empíricos que apuntaban a ellos. Esto implicaría que el conocimiento acerca de Jesús suponía factores teológicos, o sea, que los elementos "Yo-Ello" no podían ser objetivados en el mismo sentido en que lo son las "cualidades primarias y secundarias" (Locke). Así, aunque haya aspectos del conocimiento que uno tenga de quién es Cristo que puedan ser hechos objetivos, los mismos son dados en y con el encuentro personal, y son inseparables del mismo.

Aquí vemos que una distinción radical entre las formas de conocimiento del "Yo-Ello" y el "Yo-Tú" resulta injustificable. Además, implica que sólo aquellos que se le revelan a sí mismos a Él, saben quién es Él. En su muy significativo análisis de la naturaleza de la personeidad, John Macmurray subraya este punto: "Uno sólo puede de veras conocer a sus amigos, y conocerse a sí mismo a través de sus amigos, en una mutualidad de autorrevelación. Esta autorrevelación es, desde luego, primordialmente práctica y, sólo secundariamente, algo de lo que se habla. Algunas veces lo designamos diciendo: 'entregarnos completamente', y lo contrastamos con 'encerrarnos en nosotros mismos'". Luego Macmurray se explaya diciendo:

> Ahora bien, es debido a esto que tal conocimiento de otra persona, como podemos llegarlo a tener, depende de nuestra disposición emotiva hacia esa persona. En términos formales... una relación personal negativa entre personas hace que el conocimiento de la otra, y de uno mismo, sea imposible, pues la antipatía y hostilidad mutua inhibe la autorrevelación. Claro que yo todavía puedo formarme "una idea" de mi enemigo, tras lo cual yo tomaré esta representación mía de él como la verdad. Pero esto necesariamente será una ilusión. Yo le conoceré como parece ser, pero no como realmente es, por lo que será conocimiento "irreal". Mi conocimiento de otra persona es una función de mi amor por ella, y en la proporción en la que mi conocimiento sea una función de mi temor de ella, será ilusoria o irreal.[67]

Arthur F. Holmes hace una distinción similar entre "objetividad metafísica" y "subjetividad epistemológica", lo cual es una forma filosófica de hablar de los asuntos presentados en esta discusión acerca del conocimiento existencial y científico. Con agudeza, Holmes escribe:

> La distinción paga dividendos. A algunos racionalistas les preocupa que cualquier admisión de subjetividad sea una negación de la objetividad metafísica tanto como epistemológica, pero es patente que el caso no es así, y que no es lo que sigue lógicamente. Mi conocimiento de lo que es independientemente real puede muy bien ser influenciado de forma subjetiva, y podría involucrarme apasionadamente, pero eso no afecta su estatus metafísico. La objetividad metafísica y la subjetividad epistemológica son enteramente compatibles la una con la otra, y vienen "ya mezcladas" todo el tiempo. Los temores de lo opuesto son infundados.[68]

Todo esto sugiere que hemos tendido a postular una dicotomía falsa entre lo objetivo y lo subjetivo en el área de la religión, por haber conceptualizado el conocimiento en función de "conocimiento de cosas". Tal vez, además, hemos conceptualizado falsamente al conocedor al concebirlo como un pensador más que como un agente, separando así demasiado de radicalmente los mundos del pensamiento y de la acción.[69] Esta diastasa parece haber surgido de lo que William Temple llamó el *faux pas* [paso en falso] de Descartes.[70]

Una explicación así del conocimiento personal, que es filosóficamente más adecuada, coincide mucho más con la idea del conocimiento que nos resulta distintiva de la teología bíblica. Es una explicación que toma en consideración tanto la naturaleza del objeto conocido como la naturaleza del evento epistemológico.

Hay otra implicación de lo que se acaba de señalar, y es que, aunque pueda haber conocimiento de la verdad revelada (acerca de Dios) de la misma manera en la que haya conocimiento externo de otras personas, el conocimiento de Dios en el sentido existencial ocurre sólo en la correlación de la dádiva de uno mismo a la autorrevelación divina. En este sentido sale a relucir aquello que es distintivo de la visión antiguotestamentaria del conocimiento: la revelación y la salvación son sinónimas; experimentar la revelación es ser salvo. Al hacer un resumen de su análisis del "conocimiento" en el Antiguo Testamento, W.T. Purkiser dice: "Esencialmente, el conocimiento de Dios para el hebreo constituye su redención personal".[71]

Así pues, estamos en la posición de determinar más adecuadamente las funciones relativas de la confianza y el asentimiento en la relación divino-humana, y en el análisis de Gustav Aulén tenemos reflejada esta relación equilibrada. Aulén apunta al peligro de definir la fe como confianza a menos que se entienda que tiene "referencia a la relación teocéntrica, con Dios", o sea, una relación determinada del lado de Dios. Definir la fe como asentimiento también es peligroso si se interpreta de modo intelectualista, haciéndola primaria. "En la medida en que el compañerismo con Dios es entendido como un asentimiento no cualificado de esa revelación en la que la fe está arraigada, esta definición también da expresión a un elemento esencial de la fe".[72] Así que, ambas son esenciales para un conocimiento correcto de Dios.

Revelación y Razón

Hemos sugerido que hay tres hechos teológicos que hacen que la revelación divina sea necesaria si es que ha de haber un conocimiento correcto de Dios. El último de estos tres hechos es la realidad de la condición caída del ser humano. Incluso más que cualquiera de los dos hechos ya mencionados, a saber, la transcendencia de Dios o la naturaleza del conocimiento personal, este último es un juicio teológico. El hecho de que el ser humano esté alienado de su naturaleza creada esencial no puede ser verificado por la psicología o la antropología, sino que debe en sí mismo ser reconocido como revelado. Sin embargo, esto no excluye la posibilidad de que las disciplinas empíricas, cuyo tema es el ser humano, puedan proveer indicadores hacia un problema explicado por la idea teológica de lo caído.

La Razón y Nuestro Estado Caído

El tema de la razón puede surgir con relación a varios asuntos dentro de esa provincia mayor que abarca la doctrina de la revelación. Por ejemplo, la relación del entendimiento humano y la transcendencia de Dios ya ha demandado la discusión sobre la razón y sus limitaciones, comparada con la realidad transcendente. Tradicionalmente, este ha sido el foco principal de las discusiones de los teólogos acerca del asunto de la fe y la razón. Lo que vamos a sugerir aquí es otra dimensión del problema. A la luz de la doctrina del pecado original, la que sostiene que la razón y el entendimiento del ser humano fueron pervertidos y mermados en la caída, nuestra pregunta es: ¿por qué esta perversión de las capacidades racionales del ser humano hace necesaria una actividad reveladora iniciada por Dios?

Como trataremos de demostrar en el siguiente capítulo, el ser humano caído no ignora completamente a Dios. Nosotros creemos que el carácter condicionado de la existencia del ser humano provoca, en su conciencia cuando menos, una vaga percepción de un aspecto no condicionado de la realidad frente a él o ella. Ciertas experiencias de la naturaleza sin duda estimulan o producen la consciencia de una razón de ser para explicar el origen de todo esto. Incluso Emanuel Kant reconoció que la presencia de un diseño suscitaba un sentido de reverencia en la mente del observador que se acercaba mucho a constituir un argumento en favor de la existencia de Dios. Pero, comoquiera que tales experiencias sean explicadas, en el contexto de la teología wesleyana nunca es un asunto de que la razón sin ayuda descubra a Dios, sino de que la razón reconozca la Eterna Presencia que incide en toda consciencia humana.

Juan Wesley reconoció que hay un sentido tal de la existencia de Dios, pero se negó a darle la condición de teología natural. Antes, consideró que era "existencialmente irrelevante", puesto que no tenía un verdadero contenido, ni podía contestar la pregunta que es realmente importante: "¿Qué clase de Dios?"[73]

La pregunta crucial tiene que ver con lo que el ser humano haga con esta percepción básica. Las vívidas descripciones que Pablo hace de las perversiones del mundo gentil en Romanos 1 al 3, ilustran perfectamente el resultado de la respuesta típica del ser humano caído a la revelación general (en el siguiente capítulo se explicará cabalmente el significado que le damos a la expresión "revelación general").

> Porque la ira de Dios se revela desde el cielo contra toda impiedad e injusticia de los hombres que detienen con injusticia la verdad; porque lo que de Dios se conoce les es manifiesto, pues Dios se lo manifestó. Porque las cosas invisibles de él, su eterno poder y deidad, se hacen claramente visibles desde la creación del mundo, siendo entendidas por medio de las cosas hechas, de modo que no tienen excusa. Pues habiendo conocido a Dios, no le glorificaron como a Dios, ni le dieron gracias, sino que se envanecieron en sus razonamientos, y su necio corazón fue entenebrecido. Profesando ser sabios, se hicieron necios, y cambiaron la gloria del Dios incorruptible en semejanza de imagen de hombre corruptible, de aves, de cuadrúpedos y de reptiles *(1:18-23)*.

Agustín nos ha ofrecido una expresión clásica de la corrupción del conocimiento general de Dios por una razón caída o, más específicamente en su caso, por la voluntad perversa. Por cuanto el ser humano está en una condición caída, se ama a sí mismo, y ese amor pervertido resulta en que le da la espalda a la verdad.

> Cuando esta voluntad [amor] es dirigida hacia las criaturas, la inclinación hacia Dios y, por lo tanto, su consciencia de Dios, disminuyen. Declinan en proporción al vigor de la concupiscencia de un hombre con vistas al mundo de los sentidos. Sin embargo, el amor inmoderado de las cosas del sentido es derivado y descansa en una defección de la base, la cual es el amor a sí mismo, u orgullo.[74]

Aun los platónicos, cuyas percepciones son altamente estimadas por Agustín, se quedan cortos en el verdadero conocimiento. Aunque los platónicos racionalmente descubran destellos de la Trinidad, no reconocen la verdad de la doctrina cristiana, lo cual está a la espera de la sumisión de la voluntad (fe) a la revelación histórica del Mediador. En un bello pasaje de sus *Confesiones*, Agustín describe las profundas intuiciones de los platónicos acerca del logos desencarnado, pero, por cuanto no saben nada del logos encarnado (la revelación especial), sus visiones son como las visiones de un Edén distante al que no hay manera de entrar. El único camino que puede encontrarse para entrar estriba en la confesión humilde del camino de Dios en Cristo.

> Pues una cosa es, desde la cumbre boscosa de la montaña, ver la tierra de paz y no encontrar el camino para llegar a ella... y otra es mantenerse en el camino que conduce a esa tierra, protegido por la legión del general celestial, donde no roban los que han desertado del ejército celestial, del cual se alejan como lo harían de una tortura.[75]

En su propia experiencia, Agustín descubrió que la perversión de la voluntad era un estorbo para conocer la voluntad de Dios. Después de haber visto la Verdad desde lejos, el escribe:

> Pero yo no logré fijar mi mirada en ella; y habiendo sido vencido por mi debilidad, fui arrojado otra vez a mis vicios acostumbrados, llevando conmigo nada sino una cariñosa memoria de ella, y un apetito por aquello de lo cual, por así decirlo, había logrado sentir el olor, pero no habíapodido todavía comerlo.[76]

En la opinión de Juan Calvino, todas las personas tenían, al nacer, un conocimiento de Dios. Sin embargo, ese conocimiento innato fue suprimido por los humanos pecaminosos, lo cual los dejó responsables por su condición. Calvino añadía que, por esta razón, Dios dio "otra y mejor ayuda" para dirigirnos apropiadamente a Dios el Creador. El propósito de esa revelación de su Palabra era que Dios "pudiese ser conocido para salvación".[77] Las Escritura eran el medio de esta revelación, las cuales funcionaban como "anteojos que aclaraban lo que de otra manera era un conocimiento confuso de Dios en nuestras mentes", y las que, "habiendo disipado nuestra torpeza, claramente nos muestran al verdadero Dios".[78]

Lo que aquí se ha expresado es una forma de la doctrina de la acomodación sostenida por Calvino. Todo conocimiento de Dios es el resultado de la acomodación que Él hace de sí mismo a nuestra condición humana, primero a la finitud del ser humano, pero también a su pecaminosidad. En cuanto a esto último, Dios se acomodó a sí mismo en una revelación especial o histórica en la obra mediadora de su Hijo:

> Pues hay dos poderes distintos que le pertenecen al Hijo de Dios: el primero, que es manifestado en la arquitectura del mundo y el orden de la naturaleza, y el segundo, aquel por el cual Él renueva y restaura la naturaleza caída. Puesto que Él es la eterna Palabra de Dios, el mundo fue hecho por Él, y por su poder todas las cosas continúan poseyendo la vida que en un momento recibieron; el hombre fue dotado con un don único de entendimiento, y todavía ve y entiende, de modo que lo que él naturalmente posee de la gracia del Hijo de Dios no está enteramente destruido. Pero, puesto que, por su estupidez y perversidad, oscurece la luz que todavía permanece en él, se hace necesario que un nuevo oficio sea asumido por el Hijo de Dios, el oficio de Mediador, para renovar por el espíritu de regeneración al hombre, quien había sido arruinado.[79]

Calvino creía que la revelación de Dios en todas sus formas era clara y comprensible. "Fue el efecto noético del pecado, no lo inadecuado de la revelación, lo que causa los errores de comprensión".[80] Fue por esta razón que la bondadosa acomodación de Dios a la pecaminosidad humana estaba conectada con la tarea de la redención.

Resultados de la Razón Caída

Lo caído de la razón humana provee las bases para lo que pueda haber de legítimo en las así llamadas críticas ilusionistas de la religión. La versión moderna más influyente de estas críticas puede datarse en parte a la influencia de Ludwig Feuerbach (1804-72), cuyo libro *The Essence of Christianity* (La Esencia del Cristianismo) (1841) fue uno de los ataques más devastadores jamás concebido contra el cristianismo, y en los que se inspiraron ataques posteriores.

En esencia, Feuerbach redujo la teología a la antropología. Su análisis de la situación fue que la creencia o la experiencia religiosa puede ser interpretada como el esfuerzo del ser humano de darle objetividad a cierto deseo. Por ende, lo que los hombres adoran no son sino *wunschwesen* ("seres deseos"), o deseos personificados. Lo que la mente humana hace, dice Feuerbach, es tomar todas las cualidades positivas y buenas del ser humano, abstraerlas de su personificación en una forma humana, y objetivarlas al proyectarlas sobre una pantalla cósmica. Las cualidades humanas, elevadas a un grado infinito, es lo que es adorado; y por lo tanto la teología (palabras acerca de Dios) se vuelve antropología (palabras acerca del humano), por lo que la adoración religiosa es realmente la autoadoración. Una vez que las buenas cualidades de la vida humana han sido abstraídas y proyectadas como Dios, al humano no le queda bondad que sea suya propia, y de ahí la doctrina del pecado original.

El resumen que Feuerbach mismo hace va así:

> Cuando la religión —la consciencia de Dios— es designada como la autoconsciencia del hombre, esto no debe ser entendido como que se afirme que el hombre religioso está directamente al tanto de esa identidad, puesto que, todo lo contrario, la ignorancia de ello es fundamental para la naturaleza peculiar de la religión. Para evitar esta conceptualización errónea, es mejor decir que la religión es la primerísima y más indirecta forma del autoconocimiento del hombre y, porque es así en la historia de la raza, lo es también en la del individuo. El hombre, en primer lugar, ve su naturaleza como fuera de sí mismo, antes de encontrarla en sí mismo. Su propia naturaleza es, en primer lugar, contemplada por él como si fuese la de otro ser. ... Así, el progreso histórico de la religión consiste en esto: que lo que una religión anterior consideró objetivo, ahora es reconocido como subjetivo, o sea, que lo que fue anteriormente contemplado y adorado como Dios, ahora se percibe que es algo humano.[81]

El punto de todo esto es que el ser humano se provee a sí mismo de un medio para cumplir sus deseos, y lo vemos en la manera en la que Elton Trueblood resume lo que Feuerbach cree que son los milagros:

El milagro es el corazón mismo de la fe, pues, aunque los modos naturales de tratar con los deseos y las necesidades del hombre son satisfactorios, el milagro "satisfizo" los deseos del hombre en una manera correspondiente a la naturaleza de los deseos, en la manera más deseable posible". Nos enamoramos de un milagro porque en él obtenemos inmediatamente lo que deseamos, sin ninguna espera agotadora.[82]

Feuerbach influenció sobre Karl Marx y Friedrich Engels cuando las ideas de éstos, las cuales resultaron en la filosofía del materialismo dialéctico, se estaban formando. En Marx y Engels, el tema del "cumplimiento del deseo" sería desarrollado en términos sociológicos.

La filosofía marxista combina el concepto de la dialéctica como pauta del desarrollo histórico, con un craso materialismo que reduce toda la realidad a factores económicos. El movimiento dialéctico (tesis-antítesis-síntesis) se caracteriza por una lucha entre clases, de "los que tienen" contra "los que no tienen". En su presente etapa, los principales en la lucha son la burguesía (los capitalistas) y el proletariado (la clase trabajadora). Los capitalistas privan a los trabajadores de lo que justamente les corresponde (la alienación) y, de esa manera, los plutócratas se vuelven más y más ricos mientras que los trabajadores se vuelven más y más desposeídos. La función de la religión en este escenario es mantener felices, en su penuria, a las clases oprimidas de la sociedad, ofreciéndoles "castillos en el aire". Este es el contexto del que salió la famosa frase de Karl Marx que "la religión... es el opio de los pueblos".

Uno de los ejemplos más obvios de tal explotación, y su justificación religiosa, fue la institución de la esclavitud en los Estados Unidos antes de la guerra civil, y los esfuerzos que se hacían para mantener contentos a los esclavos en su esclavitud con las hermosas visiones del cielo, como lo revela la composición de los cánticos religiosos del género *spirituals*. Luego, el hecho de que la religión, por su naturaleza, sea una ideología, la pone más allá de la crítica social. Allí funciona (como en la jurisprudencia y la moral) como una reflexión de la subestructura económica. La religión, por su naturaleza, es un custodio del *status quo*, y es particularmente usada por el dueño para preservar la explotación del trabajador.

Sigmund Freud, el padre de la psicología psicoanalítica moderna, tomó la tesis de Feuerbach y la desarrolló en términos psicológicos. Freud halla el origen de la religión en los intentos del ser humano de copar con los problemas de la vida. Procediendo de las experiencias de la niñez, con la figura del padre que le proveía un sentido de seguridad, el ser humano postula un ser divino, semejante a un padre, que le ayude a copar con la vida. Por ende, la religión es una ilusión, con lo cual Freud significa una creencia basada en un deseo. Este análisis es bien representado con el título de su famosa crítica, *El Porvenir de una Ilusión*. La religión, afirma la hipótesis de Freud, incluye la creación de un padre divino cuyo dominio providencial provee la seguridad que necesitamos para reducir la ansiedad producida por los peligros de la vida. Así, Dios es la proyección de la experiencia infantil de un padre terrenal. Siendo que otras creencias religiosas funcionan de la misma manera que la ilusión para atender las necesidades internas, son creencias que se vuelven medios para la realización de deseos.

Por nuestra parte, como hemos sugerido, todas estas críticas tienen algo de verdad. Describen justa, si bien no completamente, la naturaleza de la religión, si fuese el producto de la razón humana caída. Todavía más, un análisis de la adoración idólatra tal como aparece en el Antiguo Testamento demuestra que era principalmente una manera de satisfacer deseos, frecuentemente los más bajos, del ser humano. Era una manera de proveer sanción religiosa para la sensualidad, y cuyas perversiones destacarían la necesidad de la revelación.

Así pues, la fe bíblica se va a levantar como atronadora contradicción a las ideas de la religión criticada por estos análisis. Para saber que Dios no viene a satisfacer los deseos egocéntricos del ser humano, sino a sentarse a juzgarlos, no a darle autenticidad al *status quo,* sino a pedir que sea alterado al grado que establezca la justicia en las relaciones humanas, uno no tiene nada más que pensar en Amós y la controversia con Amasías, causada por la aprobación que los líderes religiosos daban a la injusticia económica en Bet-el, o en Isaías con su famosa frase de "¡Ay de mí!", cuando se encontró con el Santo de Israel en el templo. Elton Trueblood pone el último clavo en el ataúd de tales críticas ilusionistas con las siguientes incisivas palabras:

> La cortante verdad es que los que sostienen la doctrina de *Wunschwesen,* desde Feuerbach hasta Freud, y más allá, no saben de lo que están hablando. Han hilado una teoría sin detenerse a revisar la evidencia, mucho de lo cual nunca se ve en clínicas o laboratorios. Que ha habido hombres cuyas alegadas experiencias religiosas han sido de gran consuelo, y que las mismas han estado completamente en línea con sus deseos, nadie lo duda, pero declarar

que esta ha sido la experiencia universal, o incluso la típica, es revelar una ignorancia crasa. Si ese dogma fuese cierto, deberíamos esperar que toda oración fuese egoísta, pero en vez de eso, lo que encontramos es el reconocimiento de una demanda de la más rigurosa abnegación y sacrificio. Los que han afirmado conocer a Dios mejor, han descubierto que demanda acciones casi imposibles de cumplir. ¿Cómo, de acuerdo con la hipótesis de *Wunschwesen,* entró jamás la noción de la cruz al mundo? Pascal parece estar dirigiendo la palabra a los hombres de nuestro tiempo al decir: "Déjenlos cuando menos que aprendan cómo es la religión que ellos atacan, antes de que la ataquen".[83]

Obviamente no siempre es el caso que las formas no cristianas de la religión sean crasamente idólatras, o que satisfagan las tendencias inmorales de la depravación humana. Las grandes religiones reflejan frecuentemente normas altas de conducta moral que en algunos casos se acercan a los códigos éticos cristianos, como por ejemplo, la versión negativa de la regla de oro dada por Confucio, y que es llamada la regla de plata, a saber, "Lo que no quieras que te hagan, no lo hagas a otros".

Sin embargo, la situación casi universal es que, en las versiones no cristianas de la religión, lo caído de la razón humana se va a manifestar en una aproximación de autoayuda para la salvación. Pero una tendencia así es una expresión de la carne, tal como Pablo lo demuestra en su polémica contra la justicia por las obras en Gálatas. El hombre, en su orgullo, encuentra que está más allá de los linderos de lo razonable aceptar la doctrina cristiana de la gracia. Pero no elaboraremos más aquí este asunto, ya que será explorado con cierta profundidad en el siguiente capítulo.

Con todo, hay una observación adicional que es necesario hacer. Desafortunadamente, no toda forma de religión que lleva el nombre de cristiana está libre de las perversiones de la razón caída. Numerosas personas que están en la iglesia todavía viven asumiendo la salvación por las obras. También, hay muchos miembros de la cristiandad que operan sobre la premisa de que el cristianismo es un medio para alcanzar la salud, la prosperidad y el éxito, y existen ciertos cultos basados en esta apreciación errónea. Hasta es posible, como consideración primordial, promover el cristianismo por los beneficios que se experimenten. Sin embargo, aunque existen problemas psicológicos en un parecer así que son muy difíciles de desenmarañar, el móvil para la devoción cristiana deberá ser la gloria de Dios, no los beneficios nuestros.

En donde haya casos de una fe cristiana corrompida, lo que la cause sin duda se deberá a que la revelación de Dios en Cristo es anulada por percepciones de lo razonable, sin que se esté consciente de que la anulación se haya hecho. El apóstol Pablo lo expresa concisamente así: "Nadie se engañe a sí mismo; si alguno entre vosotros se cree sabio en este siglo, hágase ignorante, para que llegue a ser sabio. Porque la sabiduría de este mundo es insensatez para con Dios" (1 Corintios 3:18-19).

Resumen

Hemos explorado tres hechos teológicos acerca de Dios y del ser humano que hacen que la revelación sea necesaria, si es que ha de haber un conocimiento verdadero de Dios. No hemos argumentado que la revelación haya ocurrido, puesto que eso es algo que la fe presume y que yace en la base de la fe cristiana. Más bien, nuestra discusión ha llamado la atención a la realidad de que el conocimiento que el ser humano tiene de Dios, si es cierto, no puede ser el resultado de un mero descubrimiento humano. Además, hemos provisto indicadores para la manera en la cual la revelación ocurrirá, en caso de que ocurra y cuando ocurra. En el capítulo siguiente, estos indicadores serán retomados e incorporados a medida intentemos desarrollar una comprensión wesleyana del fenómeno de la autorrevelación divina.

Capítulo 5

La Revelación: Una Aproximación Wesleyana

Uno de los factores principales en el complejo de ideas que constituye la teoría que una persona tenga de la revelación, es su antropología teológica. ¿Está la humanidad esencialmente "en la verdad" o "fuera de la verdad"? Esta pregunta es tanto filosófica como teológica. El aspecto filosófico incluye, a su vez, consideraciones epistemológicas como ontológicas. La dimensión teológica puede ser puesta de realce al escribir con mayúscula el término Verdad, con la implicación de que Dios y la verdad son sinónimos en este contexto. La forma en que uno conteste esta pregunta decidirá muchos asuntos involucrados en la naturaleza de la revelación.

Debemos advertir en forma preliminar el significado técnico del término esencial, ya que lo estamos usando aquí en un sentido filosófico especial, el que alude a aquello que hace que algo sea lo que es, y sin lo cual sería otra cosa.[1] Lo esencial contrasta con lo accidental, lo cual se refiere a las cualidades que pueden estar o no estar presentes, pero que no contribuyen a la "idad" de algo. La esencia puede ser descrita como refiriéndose al "qué es" de algo.

Nuestra pregunta al inicio implica que, lógicamente, hay sólo dos alternativas posibles involucradas en su respuesta. Si el concepto de lo esencial es considerado seriamente, uno estará, o no estará, en relación esencial con la Verdad.

Humanidad y Verdad:
un Repaso Histórico

Lo que nos proponemos hacer es emplear paradigmas, tanto filosóficos como teológicos, para ilustrar la manera en la que estas dos posibilidades han estado en interrelación en la historia del pensamiento. Identificar cierta posición particular no equivale necesariamente a decir que cada aspecto sea aceptable, sino que sólo ilustra cómo la posición se ubica en un lado u otro de la pregunta crucial. Finalmente, al desarrollar algunas doctrinas característicamente wesleyanas pertinentes al asunto (en especial la doctrina del ser humano), intentaremos demostrar la manera en la que la teología wesleyana podría contestar esta pregunta, y cuáles serían los contornos e implicaciones precisos de la posición. En resumen, tal como se discutió en el capítulo anterior, el asunto representa una extensión de la pregunta de inmanencia y trascendencia con relación al conocimiento de Dios.

Una de las yuxtaposiciones más claras de las dos contestaciones posibles a la pregunta, moldeada en términos filosóficos, pero con tonalidades teológicas, se encuentra en la obra de Soren Kierkegaard, *Migajas Filosóficas*, en donde Sócrates es usado como el contraste para la idea de que la humanidad está esencialmente en la verdad. Kierkegaard desea demostrar una mayor viabilidad de la posición que establece que la humanidad esencialmente está en el error.

La pregunta que preocupa a Sócrates es: "¿Hasta qué punto la Verdad admite que es aprendida?" Kierkegaard describe la situación de la manera siguiente:

> En la medida en que la Verdad se conciba como algo que deba aprenderse, se presupone indudablemente que no existe, así pues, el que alguien proponga aprenderla, la hace objeto de investigación. Aquí nos enfrentamos con la dificultad a la cual Sócrates nos llama la atención en el Menón y la que caracteriza como una "proposición pugnaz": uno no puede buscar lo que conoce, y parece igualmente imposible que busque lo que no conoce. Lo que el hombre conoce no puede buscarlo, porque lo conoce; y lo que no conoce no puede buscarlo, porque no sabe siquiera qué buscar.[2]

Expresemos esta ambigüedad en otra forma: uno no puede saber que no sabe algo si ya no lo sabe. Sócrates resuelve esta paradoja echando mano a la doctrina de reminiscencia o el recordar. El ser humano, en su existencia preencarnada, conocía la Verdad, pero, en su existencia presente, ese conocimiento es retenido en un nivel subconsciente, y sólo necesita que se le estimule para que suba conscientemente al nivel del conocimiento. Como maestro, Sócrates vio que su tarea era la de ser un partero intelectual, para ayudar a que naciera la Verdad que ya estaba presente en el estudiante en forma olvidada. Como maestro, Sócrates no impartía información, como si escribiera sobre una tabla en blanco, sino que evocaba de su alumno su conocimiento escondido. Los diálogos de Platón, en los que Sócrates juega un lugar prominente, describen esta comprensión tanto en estructura como en contenido. El método de diálogo en sí mismo encarna este punto de vista por la manera en que refleja el proceso de llevar al conocimiento. Con frecuencia, los principales en el diálogo se encuentran, al mismo tiempo, tanto sabiendo como no sabiendo. Aunque la condición existencial de la presente limitación del ser humano le prohíba una comprensión clara y precisa de la Verdad, el humano está al tanto de que no sabe con la clase de claridad que desea y, por lo tanto, demuestra que está esencialmente en la Verdad.

Al proponer la posición alternativa, Kierkegaard está tratando de establecer el significado decisivo del momento histórico, particularmente la encarnación histórica, por lo que a él le parece que la posición socrática mina su carácter decisivo. Al mismo tiempo, le interesa oponerse a la depreciación de la historia que propone G. E. Lessing, para favorecer "las verdades eternas de la razón". Kierkegaard, pues, formula la siguiente serie de preguntas: "¿Es posible un punto histórico de partida para la consciencia eterna? ¿Cómo puede un punto de partida así tener otro interés que nos sea el meramente histórico? ¿Es posible basar una felicidad eterna sobre el conocimiento histórico?".

Si Sócrates tiene razón, aduce Kierkegaard, el Maestro es prescindible y puede ser olvidado tan pronto como la Verdad interior haya sido descubierta. Por lo tanto, a fin de darle al Maestro mayor importancia, Kierkegaard desea afirmar que "el que aprende está en un estado de error". En tal situación, el Maestro se vuelve más que la ocasión para aprender: "Así, si el estudiante ha de adquirir la Verdad, el Maestro tiene que traérsela; y no sólo eso, sino que también debe darle la condición necesaria para aprenderla". O sea, que al estar "en el error", no tiene la capacidad de recibir la Verdad, de reconocer que no tiene la Verdad, o ni siquiera de reconocer la Verdad cuando se le da. El Maestro debe crear la capacidad al mismo tiempo que comunica la Verdad. Mantengamos presente esta estipulación, pues la encontraremos de nuevo, pero ataviada con un influyente vestido del siglo XX.

Paul Tillich desarrolla estas mismas dos opciones en una forma diferente en un ensayo titulado, "Dos tipos de filosofía de la religión". Tillich identifica dos maneras de aproximación a Dios, y las designa como "el modo de superar la alienación", y "el modo de encontrarnos con un extraño". En la primera, cuando una persona encuentra a Dios se encuentra a sí misma, porque hay una afinidad entre la persona y Dios, aunque estén distanciados existencialmente. En la segunda, la relación entre la persona y Dios es accidental, porque "esencialmente no se pertenecen el uno al otro".

Tillich se refiere a estas dos aproximaciones como (1) el tipo ontológico de filosofía de la religión y (2) el tipo cosmológico. El primero es representado en la historia del pensamiento cristiano por Agustín y sus sucesores, incluyendo a los franciscanos Alejandro de Hales y Buenaventura. Para este primer tipo, el conocimiento de Dios es previo e inmediato.

El tipo cosmológico es representado por Tomás de Aquino, cuya posición, dice Tillich, es una disolución de la aproximación agustiniana. Bajo la influencia de la epistemología aristoteliana, Tomás empieza con el conocimiento empírico y se mueve, por inferencia, al conocimiento de Dios; el conocimiento de Dios es mediato más que inmediato. La aproximación agustiniana hace que el ateísmo sea imposible, aboga Tillich, porque lo que hace posible la cuestión de Dios es estar consciente de Dios; en la aproximación tomista, puesto que la inferencia no es necesaria, el ateísmo es inevitable.

Al igual que Sócrates, a Agustín le intrigaba la capacidad de la mente de aprehender verdades necesarias, es decir, las ideas que no podían derivarse de la experiencia empírica, lo que implica la presuposición de que la mente ha sido informada a priori por la Verdad. "La memoria también contiene los incontables principios y leyes de números y dimensiones. Ninguno de ellos pudo haber sido comunicado a la mente por medio de los sentidos del cuerpo, puesto que no pueden ser vistos, oídos, olidos, probados o tocados".[3] Cuando se pregunta a sí mismo acerca del origen de estas y otras ideas similares, Agustín recurre a la memoria. En cuanto a las categorías básicas de si una cosa es, qué es, y de qué clase es... yo conservo imágenes de los sonidos con los cuales están compuestas estas palabras. Yo sé que estos sonidos han pasado a través del aire y ahora ya no son. Pero los hechos que representan no me han llegado a través de ninguno de mis sentidos corporales. No podría verlos en manera alguna excepto en mi mente, y no son sus imágenes lo que almaceno en mi memoria sino los hechos mismos. De ahí que ellos mismos deban decirme, si pueden, por qué medios entraron en mi mente.[4]

En la comprensión empírica común, nada puede estar en la memoria que no esté primero en los sentidos. Pero cuando Agustín examina estas "ideas inmutables e invariables", encuentra que, sencillamente, las descubrió en el interior; no fueron aprendidas. Sin embargo, están tan profundamente escondidas en los rincones de la memoria, que pueden ser evocadas sólo mediante un estímulo externo.

Entonces, ¿en qué parte de mi mente estaban? ¿Cómo fue que las reconocí cuando fueron mencionadas y estuve de acuerdo en que eran ciertas? Debe haber sido porque estaban ya en mi memoria, escondidas en sus rincones más profundos, en una parte tan remota que yo tal vez no hubiera podido pensar en ellas, de manera alguna, si alguna otra persona no las hubiera traído a un primer plano al enseñarme de ellas.[5]

Al intentar explicar este fenómeno, Sócrates fue capaz de sugerir el mito de la inmortalidad del alma, la que, en su estado preencarnado, viviera en el mundo de las ideas eternas y trajera este conocimiento cuando viniera a la existencia. Agustín, aunque no podía aceptar esta conclusión por razón de sus presuposiciones cristianas, echó mano de la actividad inmediata de Dios, la Luz Divina, el Logos desencarnado, quien era el que funcionaba como el Iluminador inmediato de la mente. "Todas las certezas de las ciencias son como aquellas cosas que, con el fin de que puedan ser vistas, son traídas a la luz por el sol, como lo son, por ejemplo, la tierra y las cosas sobre la tierra, en tanto que Dios es Él Mismo el Iluminador.[6]

Para Agustín, todo conocimiento significativo es conocimiento revelado. Siendo que este informar el intelecto por la actividad divina es gracia, ningún ser humano puede carecer de "gracia epistemológica".

Grandes, entonces, son los poderes de la razón natural tal como es iluminada por el Hijo desencarnado, el Verbo eterno de Dios, aun cuando, para estar seguros, en el pensamiento de Agustín, la *ratio* nunca esté "sin ayuda" en su aprendizaje de Dios gracias a la continua iluminación divina de la mente.[7]

De nuevo, lo que es cierto de las ideas eternas, es también cierto del conocimiento de Dios, el cual, para Agustín, no es aprendido sino encontrado en el interior, en la memoria. "Si ahora no te encuentro en mi memoria, entonces no te tengo presente; ¿y cómo te encontraré si no me acuerdo de ti?"[8] Su declaración de que desea conocer dos cosas, Dios y su propia alma, explica esta posición. Es a través del conocimiento de lo segundo que Agustín llega al conocimiento de lo primero.

Es claro que estamos tratando con una manera inusual de entender la memoria y, por lo tanto, debemos tratar de comprender su uso un tanto desacostumbrado. ¿Por qué escogió Agustín usar la imagen de la memoria para comunicar su idea de la relación de la mente con la Verdad, o del alma con Dios? Primero, estaba impresionado con el poder de la memoria para retener conocimiento de aquello que ha pasado de la experiencia presente. Agustín se refiere a la parábola de la moneda perdida en Lucas 15 como un ejemplo notable de esta capacidad. Cuando se perdió la moneda, la mujer no la habría buscado de no haberse acordado de ella; y cuando la encontró, no la habría reconocido como la moneda perdida si no se acordaba de ella. Por lo tanto, la moneda, "aunque estaba perdida para la vista, había quedado retenida en la memoria".[9]

En segundo lugar, no hay duda de que Agustín estaba fascinado con la habilidad de la memoria de llamar de vuelta, a nivel de percepción consciente, algo que aparentemente había sido olvidado.

> Algo de este tipo sucede cuando vemos o pensamos en una persona a quien conocemos, pero cuyo nombre no podemos recordar por mucho que lo intentemos. Si cualquier otro nombre, excepto el suyo, se nos ocurre, no se lo aplicamos porque normalmente no asociamos tal nombre con esa persona. Así pues, rechazamos todos los nombres hasta que pensamos en el que corresponda exactamente a nuestro cuadro mental de la persona. Pero ¿cómo podemos pensar en su nombre a menos que lo extraigamos de la memoria? Porque, aunque lo reconozcamos porque alguien más nos lo susurre, todavía es mediante nuestra propia memoria que lo hacemos, porque no lo aceptamos como un elemento fresco de conocimiento, sino que quedamos de acuerdo que es el nombre correcto, puesto que ahora podemos recordarlo.[10]

Esta teoría presupone otra teoría ampliamente aceptada de que todo aquello que sea verdaderamente conocido, en realidad jamás es olvidado, aun cuando tal vez pueda deslizarse por debajo del nivel de consciencia, ya que puede ser evocado mediante el estímulo adecuado, incluso por un acto de la propia voluntad de uno. Así, todo conocimiento es reconocimiento.

De ese modo, pues, responde Agustín al enigma propuesto por Sócrates en cuanto a cómo puede uno andar en la búsqueda de una verdad que no conoce, o estar al tanto de que no sabe algo sin que ya lo sepa. Y es que el concepto de memoria, tal como ha sido esbozado arriba, hace posible que algo sea conocido y no conocido al mismo tiempo. Dios es el objeto del alma indagadora del ser humano, porque Dios es conocido por los humanos, a pesar de que haya sido olvidado. Agustín explora este misterio en las *Confesiones,* libro 10, capítulos 20 al 25, como sigue:

> ¿Cómo puedo, entonces, buscarte, oh Señor? Pues cuando te busco, quien eres mi Dios, busco una vida de bendita felicidad. Te buscaré, a fin de que mi alma pueda vivir, pues es mi alma la que le da vida a mi cuerpo, y eres tú quien le da vida a mi alma. ¿Cómo, pues, he de buscar esa vida bendita? Porque no la poseo hasta que pueda justamente decir, "Esto es todo lo que quiero. Aquí está la felicidad". ¿Acaso he de buscarla en la memoria, como si la hubiera olvidado, pero siempre habiendo recordado que la había olvidado? ¿O la he de buscar a través del deseo de llegar a conocerla, como si fuera algo que desconociera, bien porque nunca la he conocido, o por haberla olvidado tan completamente que ni siquiera recuerdo haberla olvidado? Ciertamente, la felicidad es lo que todos quieren, tanto así que no hay nadie que no la quiera. Pero si la desean tanto, ¿dónde aprendieron lo que ella era? Si han aprendido a amarla, ¿dónde la vieron? … Debe, pues, ser conocida de todos, y no puede haber duda de que, si fuera posible presentar la pregunta en lenguaje común, y preguntarles a todos los hombres si desearían ser felices, todos contestarían que sí. Pero esto puede suceder únicamente si la felicidad en sí misma, vale decir, aquel estado que el vocablo significa, pudiera encontrarse en alguna parte de sus memorias *(capítulo 20).*[11]

El hecho de que Dios sea retenido en la memoria es la base del deseo universal de la beatitud. Aunque uno no sepa que, cuando desea la felicidad, realmente desea a Dios, aun así, el conocimiento de la felicidad equivale al conocimiento de Dios. Por lo tanto, y por causa de este conocimiento primordial, los humanos se caracterizan por un anhelo de Dios. Este es el razonamiento teórico de la famosa declaración sobre la cual Agustín edifica sus *Confesiones:* "Tú nos has formado para ti, y nuestros corazones no descansan hasta que encuentran descanso en ti". Aquí tenemos, en pocas palabras, la construcción epistemológica de la doctrina de la gracia preveniente en Agustín.

¿Cómo llegan los seres humanos a reconocer la Verdad? ¿O por qué no todos reconocen la Verdad que está en su interior? La contestación es que los humanos, en su perversidad, no están dispuestos a enfrentar las consecuencias de tal reconocimiento. Reconocer la Verdad es reconocerse uno en relación con la Verdad. Debe haber autorrevelación mutua, sin embargo, con demasiada frecuencia las personas no están dispuestas a aceptar el desenmascaramiento resultante.

> Por lo tanto, odian la verdad por causa de aquello que aman, en vez de amar la verdad. Aman la verdad cuando refulge sobre ellos, y la odian cuando los amonesta, ya que, porque no están dispuestos a ser engañados, y quieren engañar, la aman cuando se revela a sí misma, y la odian cuando los revela.[12]

Para Agustín, esto significa que el conocimiento pende del movimiento de la voluntad: "Creo a fin de conocer". De ahí que advirtiera que Sócrates enseñaba que Dios podía ser conocido sólo por una mente purificada, y que, para Agustín, había que ampliar dicho concepto para explicar que el conocimiento correcto depende del amor correcto, y que el amor correcto es el resultado de un acto de la voluntad.

> En el caso de Dios, como en el de toda otra cognición, el conocimiento cabal espera por el deseo o el amor. Es el anhelo, el amor, o la voluntad lo que hace que una vaga percepción se convierta en verdadera cognición. Las palabras claves de Agustín son: "el que la mente produzca algo es precedido por algún deseo por medio del cual, a través de buscar y de encontrar lo que queremos saber, ¡el vástago, esto es, el conocimiento mismo, es nacido!" ... Con referencia a Dios, como a cualquier otra cosa, esto significa que el hombre que está universalmente al tanto de Dios, no pueda pasar al conocimiento sin el *appetitus,* o el deseo, o el consentimiento de la voluntad.[13]

Una pregunta crucial en todo esto, la cual Kierkegaard planteó de cara al pensamiento socrático, tiene que ver con el papel de la revelación histórica en Cristo. Está claro que Agustín desarrolla su entera filosofía cristiana sobre la presuposición de que el Logos eterno se ha encarnado en la persona de Jesucristo. Pero ¿tiene razón Kierkegaard al decir que esta interpretación apriorística del conocimiento hace que el Maestro sea sólo de interés temporal, y alguien de quien se pueda prescindir tan pronto como haya guiado al alumno al conocimiento de la Verdad? La clave para la contestación de Agustín se encuentra en su epistemología volitiva, especialmente en lo que toca al conocimiento de Dios. La voluntad está esclavizada al amor a uno mismo y, por ende, el conocimiento de Dios espera a que estas cadenas sean rotas. "Una verdadera cognición de Dios es, a la vez, un deshacerse de la esclavitud de la voluntad al amor propio".[14]

Agustín descubrió este problema de la voluntad incapacitada a través de su propia experiencia, la cual describe en los términos que ahora estamos explorando:

> Me quedé estupefacto de que, aunque ahora te amaba a ti y no a fantasma alguno en tu lugar, no persistí en deleitarme en mi Dios. Tu belleza me atrajo a ti, pero pronto fui arrastrado lejos de ti por mi propio peso y, consternado, me hundí otra vez en las cosas de este mundo. El peso que llevaba era el hábito de la carne. Pero tu recuerdo permaneció en mí y yo no tenía duda alguna de que tú eras a quien yo debía aferrarme, sólo que todavía no era capaz de aferrarme a ti.[15]

Agustín también descubrió, en su propia experiencia, que la solución al problema de la voluntad era el Mediador, y así lo expresa con claridad en el siguiente pasaje:

> Y busqué una manera de adquirir suficiente fuerza para deleitarme en ti, pero no la encontré sino hasta que abracé al Mediador entre Dios y el hombre, al hombre Jesucristo, quien es, sobre todo, Dios bendito para siempre, y el que me llamó y me dijo: Yo soy el camino, la verdad y la vida, departiendo conmigo de ese alimento que yo no había podido recibir con nuestra carne.[16]

Robert Cushman explica tanto la perspectiva de Agustín, así como su relación a la filosofía clásica, en esta declaración sucinta:

> La historia se vuelve el medio de revelación, e instrumental, para la realización del conocimiento. El tiempo y el cambio se vuelven, por la encarnación, el vehículo del Eterno, mientras que en el platonismo lo temporal tendía a atar el *nous* en la ignorancia. Agustín ha logrado al fin, mediante su reflexión en la encarnación, tener éxito en demostrar lo que Platón luchó por hacer plausible,

o sea, cómo, partiendo del conocimiento de los particulares, la mente podía elevarse a la intuición de la Realidad divina, y es porque, en una singular instancia, lo universal se despliega a sí mismo en lo particular, pero sin deficiencia alguna.[17]

Cushman se explaya todavía más sobre esta relación entre la revelación general y especial como sigue:

Ni siquiera el Verbo hecho carne podía inducir fe en Dios, ni amor a Él, si el Verbo eterno no hubiera visitado previamente la razón del ser humano. De esta visitación el corazón retiene vestigios. De no ser así, lo eterno no podría ser discernido en lo histórico, hiriendo el orgullo del humano, ni tampoco podría lo histórico recordar el corazón de lo eterno.[18]

La perspectiva de Tomás de Aquino se encuentra en una relación contraria a la de Agustín. El contexto dentro del cual se puede hacer la mejor observación del contraste entre ambas es el de la doctrina de la naturaleza y la gracia. Para Agustín, y como resultado de la caída, la naturaleza está totalmente corrupta y pervertida, mas sin embargo, toda la naturaleza está agraciada.[19]

Tomás de Aquino tiene una comprensión mucho más optimista de la naturaleza. Sus ideas pueden ser conceptuadas como un edificio de dos pisos, en el que el total representa la unidad de la verdad. El primer piso representa la naturaleza, en tanto que el piso de arriba representa la gracia. En la creación del ser humano, todo el edificio estaba intacto. Siguiendo la defectuosa exégesis que Ireneo hace de Génesis 1:26, Aquino identificaba el piso de arriba con la "semejanza" de Dios, y el de abajo con su "imagen". En la caída, el piso superior fue quitado, en tanto que el de abajo quedó generalmente sin trastorno alguno. Esta dicotomía ve la gracia como un *donum superadditum* impuesto sobre una buena naturaleza. La imagen de Dios es explicada principalmente en términos de razón. Por lo tanto, las capacidades racionales de la persona quedan sin impedimento alguno en su función adecuada en la búsqueda de la verdad.

En el mundo de la naturaleza (razón), la epistemología de Aristóteles se hizo normativa. En el empirismo aristoteliano, "nada existe en el intelecto a menos que esté primero en los sentidos". Por lo tanto, para Tomás de Aquino, todo conocimiento principia con la experiencia, y el conocimiento que uno tenga de la realidad no empírica es por inferencia. Aquino se mueve de lo individual a lo universal, que es lo opuesto a lo que, siguiendo el platonismo, Agustín había hecho.

O, como Gordon Leff lo refiere: "La mejor manera en la que podemos describir la perspectiva de Santo Tomás es diciendo que, si bien todos los pensadores cristianos antes de él habían tratado de explicar el efecto por la causa, él empezó con el efecto: o sea, en vez de tratar de explicar a Dios en los términos transcendentes propios de Él, empezó con lo que podía ser conocido de sus criaturas".[20]

Aquino, utilizando esta metodología, construyó todo un sistema de teología natural que proveía un prolegómeno para la teología revelada. La razón natural, por sus propias fuerzas y sin ayuda externa, podía demostrar que Dios existe, pero necesitaba el suplemento de la revelación para saber acerca de la naturaleza de Dios, especialmente de verdades tales como la de que Él es trino en naturaleza. La relación entre naturaleza y gracia es complementaria. "Era necesario, para la salvación del hombre, que hubiera una doctrina revelada por Dios, además de las disciplinas filosóficas investigadas por la razón humana. Primero, porque el hombre es dirigido a Dios como hacia un fin que va más allá de lo que su razón alcanza".[21]

Es importante observar que ambas, la razón y la fe, tienen un mismo objetivo: las verdades. Hay ciertas verdades que la revelación le ofrece al intelecto que también pueden ser descubiertas por la razón, pero todas son presentadas a la mente para que les dé su asentimiento. Así, la fe es definida como el asentimiento de la mente a verdades presentadas por una autoridad suficiente. Estas verdades se encuentran en las Escrituras.

El contraste entre Agustín y Aquino puede verse al comparar sus respectivas interpretaciones de Romanos 1:20, un versículo fundamental para ambos hombres: "Porque desde la creación del mundo las cualidades invisibles de Dios, es decir, su eterno poder y su naturaleza divina, se perciben claramente a través de lo que él creó…" (NVI).

Agustín niega que se pueda obtener un conocimiento de Dios a través de una observación directa del mundo exterior. Más bien, escribe, "sólo lo entienden quienes comparan esa voz de afuera con la verdad interior".[22] Del conocimiento de Dios residente en el alma (la memoria), el observador de la naturaleza es capaz de reconocer a Dios en el mundo. El conocimiento de Dios no es inferencial sino a priori, o inmediato. Es debido a que el Logos está presente en el interior, que la obra de Dios en la naturaleza puede ser descubierta.

El mismo texto de Romanos es también una fuente principal para la teología natural de Tomás de Aquino, basado en el cual arguye que la existencia de Dios puede ser demostrada al inferir la causa del efecto. Niega que Dios pueda ser conocido directamente, o sea, que no podemos argüir de "lo que es prior absolutamente" a lo que es derivativo. Esa aproximación queda eliminada sobre las bases del principio empírico. A la inversa, "cuando conocemos mejor un efecto que su causa, del efecto procederemos al conocimiento de la causa".[23] De ahí que el conocimiento de Dios sea inferencial y a posteriori, o mediado.

Humanidad y Verdad: la *Imago Dei*

La solución teológica al asunto presentado por estas dos maneras de interpretar la relación del ser humano con la Verdad es la doctrina que uno tenga de la *imago Dei*. Que la humanidad fue creada a la imagen de Dios es una enseñanza bíblica clara. Pero, lo que esto signifique en su constitución original, y cómo se relaciona al humano en su condición presente, es en gran parte un asunto de construcción teológica basada en inferencias exegéticas.

Al considerar el documento bíblico nos encontraremos con cierta ambigüedad. Después de la narración de la caída, el Antiguo Testamento sugiere con claridad que el ser humano todavía es una criatura a la imagen de Dios. Así, después del diluvio, el mandato que Dios da prohibiendo el asesinato se basa en el hecho de que "a imagen de Dios es hecho el hombre" (Génesis 9:6). Mas, sin embargo, en el Nuevo Testamento, el proceso total de salvación es visto como la restauración del ser humano a la imagen de Dios (compárese con 2 Corintios 3:18, entre otros), algo que da por sentado que el humano ha caído de ella. La Biblia misma no intenta resolver esta contradicción aparente, sino que la deja (desde luego no conscientemente) para la reflexión teológica subsecuente. La mejor solución parece ser que ambas aseveraciones deben ser consideradas seriamente, y que se reconozca la situación paradójica de que el ser humano, al mismo tiempo, ha perdido y ha retenido la *imago* en su estado presente.

Un examen de la historia del pensamiento cristiano acerca del ser humano revela que hay una larga tradición de intentos de definir la *imago* en un sentido doble.[24] Uno de los que primero lo intentaron fue Ireneo, quien, en este respecto, se volvió la fuente de la tradición católica romana. Por no haber logrado entender la naturaleza del paralelismo hebreo, Ireneo interpretó Génesis 1:26 como que implicaba dos diferentes realidades: la imagen y la semejanza, siendo la última "la relación del hombre con lo sobrenatural y su sensible obediencia a la voluntad revelada de Dios, como también su reflejo de ella".[25] Fue la "semejanza" lo que el humano perdió en la caída, por lo que la "imagen" no fue afectada (véase arriba). "Esta parte [la semejanza] de la naturaleza original del hombre es designada por el pensamiento católico con la frase *donum superadditum,* lo que indica que estos dones añadidos sobrenaturalmente no son, como la razón, parte de la substancia inalterable de la naturaleza humana".[26]

La imagen es interpretada como la capacidad racional del ser humano para aprehender los primeros principios de la filosofía, lo cual incluye la capacidad de demostrar la necesidad racional de ciertas ideas teológicas. Este es el aspecto que el humano retuvo después de la caída.

Martín Lutero, guiado por un sentido más seguro de exégesis bíblica, rechazó esta distinción artificial.[27] Sin embargo, tradicionalmente, la teología protestante ha tratado de mantener la misma doble connotación al hablar de la imagen moral y la imagen natural. Esta última es "un cuadro de su propia inmortalidad; un ser espiritual dotado de entendimiento, de libertad de la voluntad, y de varios afectos" (Juan Wesley), mientras que la primera es un reflejo de los atributos morales de Dios, tales como el amor, la justicia, la misericordia y la verdad. En la caída, se perdió la imagen moral, en tanto que la imagen natural resultó dañada. H. Orton Wiley hace la misma distinción, pero identifica centralmente la imagen natural con la razón.

Emil Brunner, durante la controversia sostenida en sus primeros años con Karl Barth, hizo un famoso intento de conservar el énfasis dual de las Escrituras.[28] Brunner, al tratar de establecer "un punto de contacto" para la revelación de Dios en lo *humanum* de la persona, sugirió que hay una imagen formal y una imagen material. La formal se refiere a aquella capacidad del espíritu humano que produce cultura, y que involucra la razón, la imaginación, la voluntad, la sensibilidad a los valores, y así sucesivamente. Esta imagen formal es la base para una "teología cristiana natural", y es condensada como una "capacidad para las palabras", lo cual es el punto de contacto, puesto que el ser humano es un humano y no un gato. Brunner elabora esta distinción, menos polémicamente, en términos de "responsabilidad" (habilidad-para-responder) en *Dogmatics* (Dogmática), un libro que se publicó posteriormente.[29]

Brunner contendió y, desde una perspectiva wesleyana, nos parece con validez, que una condición humana tal es una condición previa necesaria para "la habilidad de pecar", y que esta (la condición humana), además, "continúa en el estado de pecado". Si la humanidad no es responsable, toda la idea del pecado se vuelve algo absurdo, y carece de sentido que nos refiramos a la humanidad como pecadora. "Este quid de personalidad", arguye Brunner, "constituye lo *humanum* de cada individuo y, también, de cada pecador".

La contestación de Barth fue un enojado "Nein", con la que expresó su completo desacuerdo con Brunner, rechazando la idea de punto alguno de contacto *(Anknupfungspunkt)* entre el evangelio cristiano y la naturaleza humana. La base del rechazo fue su compromiso con la premisa de que no hay conocimiento alguno de Dios aparte del que se da en el Jesús de la historia. Esta restricción es ubicada en el contexto mayor de creencia de que no hay conocimiento de Dios aparte de la revelación, o sea, de que no hay teología natural o conocimiento natural de Dios. Dentro de ese contexto, la sola fuente de la revelación es Jesucristo, pues, como dice Barth, "Sólo el hombre que sabe acerca de Jesucristo sabe cosa alguna acerca de la revelación".

Para Barth, la imagen de Dios, en la cual el ser humano fue creado, fue totalmente borrada por la caída; no ha quedado ni rastro de ella. Por lo tanto, no hay posibilidad de que un remanente de la *imago* sea un punto de contacto. Bart también rechaza el intento de Brunner de retener una imagen "formal" no borrada porque (1) es imposible tener forma sin contenido, y (2) porque hasta Brunner mismo admite que el ser humano ha perdido la libertad de la voluntad y, por ello, no contribuye en forma alguna a su salvación; es todo de gracia.

Lo que ocurre en el momento de la revelación (salvación), decía Barth, es un acto enteramente nuevo de creación. "El hombre, con certeza, todavía sigue siendo humano —'todavía es hombre y no gato', como él [Barth] lo expresa de manera pintoresca—; pero su humanidad ha sido corrompida tan totalmente por el pecado, que ya no puede más que lo que podría hacerlo un gato, oír la voz de Dios, hasta que, a través de la fe en Cristo, la imagen y la similitud de Dios sean creadas de nuevo en él".[30]

Esto significa que Barth, no sólo toma en serio, sino de manera muy literal, las palabras de Pablo en 2 Corintios 5:17: la "nueva criatura ... en Cristo" es el producto de algo totalmente diferente y enteramente nuevo, tan completo como que el acto inicial de la creación del mundo trajera a la existencia algo nuevo. Es, en realidad, una creación de la nada, lo cual nos dice que la relación entre la preconversión y la postconversión en el individuo es una de completa discontinuidad.

En lo que toca a la revelación, y siendo que no hay nada dentro del ser humano a lo que el evangelio pueda apelar, para Barth la capacidad de recibir la revelación de Dios es dada en la revelación y con la revelación en sí misma. O sea, que la revelación crea su propio punto de contacto. Dentro del contexto de la tradición calvinista, de la cual Barth es parte, tal cosa es perfectamente aceptable y provee el razonamiento lógico para la predestinación. Si no es posible que haya respuesta humana alguna, y si la obra de la salvación (revelación) es a tal extremo completamente monergística, sólo aquellos a quienes Dios escoja autorrevelarse pueden ser salvos. Pero, debido a que Barth evita esta selectividad, se le ha acusado de universalismo porque, sobre la base de su teoría, sólo hay esas dos opciones lógicas, excepto, desde luego, la de la conclusión no muy probable de que nadie será salvo. Las conclusiones de Barth, como observaremos después, fueron modificadas en el tono más tranquilo de su *Dogmática Eclesial*.

¿Qué, pues, puede deducirse de toda esta discusión? Es claro que hay puntos de debilidad como de fortaleza en cada una de las exposiciones que hemos estudiado en este bosquejo. Luego, ¿cómo podemos separar la cizaña del trigo y dar con una síntesis satisfactoria? Nuestro argumento en este capítulo es que la teología wesleyana provee las categorías teológicas con las que se puede hacer esa tarea. Pero, primero, debemos ahondarnos más profundamente en el asunto de la *imago Dei*.

Tradicionalmente, se han hecho esfuerzos de definir el significado de la *imago* tratando de identificar aquello que haya en el ser humano que lo hace diferente del resto de la creación, lo cual implica definirlo desde abajo. Bajo la influencia del pensamiento griego, esta diferencia ha sido identificada clásicamente como la razón, la libertad, y/o la personalidad. Cuando se le define desde abajo, se puede afirmar que la forma esencial del ser humano incluye la libertad, la racionalidad, la capacidad de autotranscendencia y la inmortalidad. Todas ellas son características creadas que lo hacen diferente de los órdenes inferiores de la creación. Estas cualidades, en efecto, proveen los requisitos irreducibles necesarios para que el humano esté en alguna relación con Dios, aunque, en sí mismas, no constituyan esa capacidad. Esta es una posibilidad dada por Dios, ya que todas estas cualidades "ónticas" podrían tal vez estar presentes sin orientación esencial alguna hacia lo Divino. G. C. Berkouwer, siguiendo a Lutero, hace la aguda observación de que "si la imagen de Dios yaciera en tales cualidades ónticas, entonces Satanás mismo exhibiría la imagen de Dios".[31] Una influencia saturadora en este punto ha sido la definición de Aristóteles del ser humano como "un animal racional". No hay duda de que fue esta aproximación lo que dio origen a la frase "imagen natural". Sin embargo, esta manera de tratar el asunto tiene dos dificultades: (1) define la *imago* desde abajo en vez de hacerlo desde arriba, lo cual resulta en una perspectiva falsa. El asunto no es cómo difiere el ser humano de los otros seres, sino cómo se encuentra con relación a su Creador. (2) Sugiere que la *imago* es alguna cualidad, o facultad, o característica que el humano posee en sí mismo, un aspecto de su forma substancial que luego se identifica con la misma cualidad en Dios. De ahí que esta teoría pueda ser criticada

> por su inclinación a hacer vaga la distinción entre el hombre y Dios. Estas ideas, al tratar de proveer una barrera contra un rechazo naturalista del hombre que lo ponga al nivel inerte de la naturaleza física o animal, caen en el error de exaltar al hombre al nivel de lo divino. Aseveran la discontinuidad entre el hombre y la naturaleza al extremo de que pasan por alto, o subestiman, la discontinuidad entre el hombre y Dios. ... Por ello, se piensa en el hombre como si fuese consubstancial con Dios; aunque, de acuerdo con la posición bíblica, el hombre fue hecho de la misma substancia que el polvo de la tierra, consubstancial con todas las demás cosas vivientes *(nefesh)*, cuyo aliento de vida está en su nariz.[32]

G. C. Berkouwer hace el siguiente comentario acerca de esta manera de interpretar la imagen más amplia:

> Es lamentable que el énfasis válido en el dogma de la imagen de Dios en su sentido más amplio frecuentemente haya tomado la forma de un análisis de la estructura óntica del hombre, o sea, tal como es definido por la persona, la razón y la libertad, ya que es innegable que la Escritura no apoya tal interpretación. La Escritura está interesada en el hombre en su relación con Dios, en lo cual jamás puede ser visto como el-hombre-en-sí-mismo, y ciertamente no con la "esencia" del hombre descrita como ser o persona.[33]

Esta declaración apunta a una forma mucho más adecuada de interpretar la *imago,* a saber, en términos de una relación dentro de la cual el ser humano se ubica, lo cual concuerda con la mayoría de los teólogos contemporáneos.[34] La mejor manera posible de entender esta aproximación es a través de la analogía de un espejo. Cuando nos paramos frente a un espejo en relación correcta con él, vemos reflejada nuestra imagen. En manera análoga, cuando el humano está en una debida relación con Dios, su imagen es reflejada en la vida humana. La fuerza principal de esta interpretación es que evita el naturalismo del punto de vista substancial, y provee una explicación genuinamente teológica. El espejo mismo no es la imagen; el espejo la refleja. La imagen de Dios está en el espejo, y consiste en la posición del ser humano delante de Dios, o más bien, que la imagen de Dios es reflejada en el ser humano debido a su posición delante de Él. Como todas las ilustraciones, ésta también tiene sus limitaciones, por lo que no se le debe pedir más de la cuenta. Pero, entiéndase que la manera correcta de hablar no es en términos de la imagen de Dios en el ser humano, sino del ser humano a la imagen de Dios.

Paul Ramsey lo expresa así: "En el curso del pensamiento cristiano, la mayoría de las interpretaciones cristianas decisivas y distintivas del hombre han sido de esta clase. Las que nos dieron San Agustín, Soren Kierkegaard y Karl Barth, pueden ser citadas como ejemplos y, detrás de la de ellos, la de San Pablo".[35]

T. F. Torrance sostiene que Calvino también comparte esta perspectiva al afirmar que la *imago* no es una posesión natural sino espiritual. Calvino, afirma Torrance, siempre piensa en la *imago* en funciones de un espejo que refleja a Dios cuando el ser humano está en la postura correcta. Una estipulación importante en la que Calvino insiste es la siguiente: fundamentalmente, es Dios quien hace la contemplación de la imagen. Puesto que la imagen debe ser entendida espiritualmente, el alma es el asiento de la imagen, pero Calvino "no quiere decir que el *imago dei* es el alma, ni ninguna otra propiedad natural del alma, sino que el alma es el espejo que refleja, o debe reflejar, la imagen de Dios". El alma refleja la imagen "por medio de ornamentos o dones espirituales tales como la sabiduría, la virtud, la justicia, la verdad y la santidad".[36]

En su *Dogmática,* Emil Brunner, a la vez que conserva el lenguaje de imagen "formal" y "material" (véase arriba), declara que "en ambos casos el hecho de que el hombre ha sido hecho en la imagen de

Dios es concebido no como una substancia autoexistente, sino como una relación. Este es el punto más importante que debe captarse. La responsabilidad (la esencia de la imagen 'formal') es una relación; no es una substancia".[37]

Karl Barth, en su *Dogmática Eclesial,* también llegó a la posición de que el ser de la criatura humana, su naturaleza, es estar en gracia. El humano no es esencialmente un "animal racional"; su esencia es ser objeto de la gracia de Dios. Es cierto que esta esencia está cubierta y escondida por el pecado, pero, aún así, ¿cómo puede ser completamente destruido algo que tenga su base en la gracia de Dios? Hay, y permanece, "un continuum, una esencia que el pecado no ha cambiado ni puede cambiar".[38] Y Barth continúa:

> ¿No es asombroso que, una y otra vez, los expositores hayan pasado por alto la explicación definitiva dada por el texto mismo, y que, en vez de hacer reflexión sobre este, hayan ido en busca de toda clase de interpretación inventada de la *imago Dei*? ... ¿Podría cosa alguna ser más obvia que el que se concluya de esa clara indicación que la imagen y semejanza del ser creado por Dios signifique existencia en confrontación [relación]... ¿Acaso no fue que los expositores estaban demasiado ligados a una antropología que esperaba que la descripción de un ser en la semejanza divina tomara la forma de una descripción completa del ser del hombre, su estructura, disposición, capacidades, etc., y que se les hizo imposible pensar que pudiera consistir sólo en esta diferenciación y relación?[39]

Sólo Adán antes de la caída, y Jesucristo, reflejan la gloria o imagen de Dios en todo el completo sentido. Los que son hechos nuevos en Cristo, reflejan la imagen en un sentido más limitado, y miran hacia el futuro esperando un perfeccionamiento escatológico, aunque al mismo tiempo buscan progresivamente encarnar de manera más perfecta la imagen de Cristo. Ahora bien, ¿qué diremos acerca de esos seres humanos que no caen en ninguna de estas categorías? Esto nos regresa una vez más al asunto de la relación de los humanos, en su condición caída, con Dios o con la Verdad.

La interpretación de la *imago Dei* como una relación, y el rechazo de la idea de que involucre algún aspecto de la forma substancial del hombre (tal como la razón), parece abrir la puerta a la posición aparentemente tomada por Barth, al principio, en su contestación a Brunner, de que nada queda a lo que pueda apelar el evangelio. Sin embargo, no debemos olvidar que el cuadro bíblico del ser humano lo presenta en un aspecto doble, es decir, como alguien que al mismo tiempo ha perdido y retenido la imagen. Entonces, ¿será posible sostener una posición que hable del ser humano caído como que está en una relación con Dios que es perpetua, no perdida a través del pecado original, o si se perdió, que haya sido restaurada por un acto de gracia soberana? En este punto debemos dirigirnos enseguida a un análisis de la doctrina característicamente wesleyana de la gracia preveniente.

La Gracia Preveniente y la Imagen de Dios

Juan Wesley usó el término "hombre natural" para describir la condición humana aparte de la gracia (lo que no debe confundirse con el mismo término usado por Pablo en 1 Corintios 2), pintando un cuadro oscuro de tal criatura. En lo referente a nuestra pregunta en esta discusión, Wesley niega que tal hombre tenga conocimiento alguno de Dios, ni que jamás pueda llegar a tenerlo. En su sermón intitulado "El Pecado Original", Wesley razona hipotéticamente que, si dos niños fuesen criados desde su nacimiento sin recibir instrucción alguna sobre la religión, no tendrían religión alguna ni más conocimiento de Dios que el que tienen las bestias. Sin embargo, en esa descripción él hace dos estipulaciones: (1) a guisa de paréntesis, hace la excepción, "a menos que la gracia de Dios se interpusiera"; y (2) que tal resultado ocurriría "aparte de las influencias del Espíritu de Dios".

En otro sermón suyo ("Ocupémonos en Nuestra Propia Salvación"), Wesley se aprovechó como sigue de estas estipulaciones:

> Pues aun concediendo que todas las almas de los hombres estén por naturaleza muertas en pecado, esto no excusa a nadie, dado que no hay hombre alguno que se encuentre en estado de mera naturaleza; no hay hombre alguno, a menos que haya apagado el Espíritu, que esté completamente carente de la gracia de Dios. Ningún hombre viviente está enteramente destituido de lo que vulgarmente se conoce como consciencia natural. Pero ésta no es natural; más correctamente debe ser llamada gracia preveniente.[40]

Esta gracia que va delante es universal en su alcance, y es la fuente de todo bien en el ser humano, y de los sentimientos de bien y mal que resulten de la actividad de la consciencia. Además, en referencia a Juan 1:9, Wesley escribe: "Cada ser humano tiene cierta medida de esa luz, algún débil y titubeante rayo, el cual, tarde o temprano, más o menos, ilumina a cada hombre que viene a este mundo". El fin resultante de la gracia preveniente universal es que "ningún hombre peca porque no tiene gracia, sino porque no usa la gracia que tiene".

En su discusión "sistemática" de la ley, Wesley decía que la ley, como materialización de la mente de Dios, era coetánea con la naturaleza del ser humano, aun cuando había sido "casi enteramente borrada" por la caída. "Y, sin embargo, Dios no menospreció el trabajo de sus propias manos, sino que, siendo reconciliado con el hombre a través del Hijo de su amor, Él, en alguna medida, escribió de nuevo la ley en el corazón de la criatura oscura y pecaminosa".[41] John Deschner, hace el siguiente comentario sobre esta cita de Wesley: "Tal vez se pueda tomar esto como un elemento importante en la comprensión de Wesley de la gracia preveniente".[42]

Lo que estamos sugiriendo aquí es que la gracia preveniente es, de manera sencilla, otra manera de hablar acerca del aspecto de la *imago Dei* como una relación en la que el ser humano se encuentra perpetuamente, pero reconociendo al mismo tiempo que esta gracia no es, en sí misma, gracia salvadora, aunque pudiera volverse tal si se responde correctamente a ella. Así pues, lo que estamos diciendo es que, de todas las criaturas terrenales, sólo los seres humanos son, usando las palabras de Wesley, "capaces de Dios", lo cual no es una capacidad natural sino de gracia.

La gracia preveniente es una categoría postcaída y, por ende, potencialmente redentora ("volver a comprar") en el sentido literal de la palabra. Pero, el inferir que la relación humana con Dios en el estado de precaída (del cual sabemos muy poco desde el punto de vista histórico) fue diferente cualitativamente, es entender erróneamente la naturaleza de gracia de la creación. La naturaleza y la gracia no pueden ser separadas artificialmente ni siquiera en el Edén, como lo hace el tomismo. Karl Barth, muy correctamente, recalca la ausencia de cualquier naturaleza independiente que la creación pueda tener aparte del don de la gracia dado por el Creador.

> Ella [la creación] no tiene atributos, ni condiciones de existencia, ni predicados substanciales o accidentales de clase alguna, en virtud de los cuales pueda, o deba, o tenga que ser ajena al Fundador de este pacto. No tiene base sobre la cual pueda tratar con Él como si fuera su igual.[43]

La relación filial original fue rota por el primer pecado, pero la base para la posibilidad de esa relación fue preservada o restaurada por el amor misericordioso del Creador. Así pues, puede ser renovada sin una creación ontológica de un ser nuevo, cualitativamente diferente.

El inveterado asunto de la naturaleza y la gracia toma así un perfil único desde la perspectiva wesleyana. A diferencia de la solución del tomismo, el wesleyanismo no se apega a una buena naturaleza humana que sólo necesite el suplemento de la gracia para completar el *telos* pleno y doble del ser humano. La naturaleza no es buena, sino radicalmente caída, pervertida, corrupta, y desprovista de toda cualidad redentora delante de Dios. Todavía más, la gracia no está restringida a un segmento de la vida del ser humano, es decir, a la parte que tenga que ver con las virtudes sobrenaturales. Lo distintivo de la idea wesleyana es que la naturaleza es dotada de gracia a tal punto que el ser humano natural no es más que una abstracción lógica. Esta gracia, pues, se extiende a toda la existencia humana.

En términos de la metáfora del espejo, esto significa que, aunque el ser humano en pecado ya no mantiene la postura que le permite reflejar la imagen de Dios, el espejo conserva, por gracia, la capacidad de reflejar una vez más esa imagen. La metáfora no debe ser entendida erróneamente. Su propósito no es permitir la idea de que haya algo dentro de la persona (el espejo) que sea parte de su forma substancial y, definitivamente, ni siquiera una "reliquia" de la *imago*; no intentamos otra cosa que una manera pictórica de describir una relación de gracia.

Las implicaciones de lo que estamos planteando para la definición teológica del ser humano, son significativas, pues en vez de identificar alguna cualidad como la razón, la libertad o la personalidad, que lo distinga de la creación animal, o de tratar de encontrar alguna "chispa divina" en su interior que borre la distinción entre el ser humano y Dios, lo define en su esencia humana como "el ser humano en relación con Dios". En otras palabras, cuando la gracia preveniente es interpretada como un principio ontológico, es la gracia lo que constituye la humanidad del ser humano. El mismísimo ser del ser humano como humano es su posición esencial en la gracia, lo que conserva claramente la relación Creador-criatura con todo lo que ello envuelve.

Esta posición está en completa armonía con la declaración de John Baillie de que "la verdad es que en el hombre no hay naturaleza alguna aparte de la revelación. La naturaleza humana está constituida por la autorrevelación del Espíritu del Dios viviente a este pobre polvo". Baillie añade la pertinente observación de que esta es la razón por la que el humanismo, cuando se divorcia de la religión viviente, ha tendido más y más al derrumbe en un mero nihilismo.[44]

Baillie cita varias declaraciones de Emil Brunner que reflejan básicamente la misma idea acerca de la naturaleza humana: "El hombre posee espíritu sólo porque Dios se dirige a él... Por lo tanto, el yo humano no es nada que exista en su propio derecho, ni es propiedad del hombre, sino una relación a un Tú divino". También, "el yo esencial del hombre como hombre... es idéntico a su relación con Dios".[45]

Karl Barth, usando su método de derivar antropología de la cristología, ve una analogía entre la relación de Padre e Hijo (por ende, una relación dentro del ser de Dios) y la relación entre Dios y la humanidad. Barth rechazó la *analogia entis* (analogía del ser), en la que ciertas cualidades naturalistas eran adscritas al ser humano como que fueran la *imago*, y en vez afirma una *analogia relationis* (analogía de la relación), lo cual es un concepto ontológico que determina la naturaleza esencial del ser humano.[46]

Otra manera de decir lo mismo es que el ser humano es "esencialmente bueno, pero existencialmente alienado". Si no fuera ese el caso, en la conversión, el ser humano dejaría de ser un humano, puesto que aquello que es esencialmente malo no puede volverse bueno sin dejar de ser lo que era y volverse algo diferente. Hay, en otras palabras, una relación de continuidad entre el ser humano cuya condición de persona está constituida por la gracia previniente, y el ser humano quien por la fe ha respondido a esta gracia, permitiendo que se vuelva gracia salvadora que vence la alienación existencial.[47]

John Burnaby apunta a una dimensión epistemológica adicional de esta cuestión al declarar que "aseverar que el hombre es completamente corrupto, y que ya no hay respuesta libre alguna al Espíritu que es la Vida de Dios que se manifiesta como amor", es contrario a la experiencia.

> Si este dogma fuese cierto, la obra de la redención sería estrictamente imposible, puesto que la actividad redentora de Dios no es como la creación original, un hacer algo "de la nada". ... Es menester que creamos que la capacidad de reconocer y de postrarse en adoración de la bondad existe en todos los hombres; pues es a esta capacidad a la que el Espíritu hace siempre su apelación.[48]

Un argumento adicional y finalmente decisivo para esta posición es la encarnación. Ninguna encarnación real pudo haber ocurrido, en la que Dios se hiciera hombre, si el ser humano no fuera "esencialmente bueno".[49]

La Gracia Preveniente y la Revelación General

La comprensión wesleyana sistemáticamente está de acuerdo, y de todo corazón, con el énfasis de la mayoría de la teología postliberal de que no hay conocimiento alguno de Dios aparte de la revelación. La gracia preveniente, entendida como un principio epistemológico, asevera que Dios de hecho se ha dado a conocer a cada ser humano. Sin embargo, hay un desacuerdo con los que declaran que Dios es conocido sólo en conexión con el Jesús histórico (cuando menos en un sentido externo). En el lenguaje tradicional, la gracia preveniente es el cimiento para una doctrina válida de la revelación general, aun cuando esto no deba ser entendido como una revelación natural, lo cual sería una contradicción de términos. Además, el punto de vista wesleyano está en oposición a la aproximación tradicional, la cual cree que el ser humano, por medio de la razón por sí sola, puede llegar a algún conocimiento de Dios. El wesleyanismo se limita a declarar, con la Escritura, que Dios no se ha dejado a sí mismo sin testigo para con ningún ser humano (Hechos 14:17).

Pero esta aserción suscita inmediatamente un problema que pide ser reconocido. Hay pasajes en la Biblia que marchan en una dirección universalista, tales como Juan 1:9, que dice: "Aquella luz verdadera, que alumbra a todo hombre, venía a este mundo". También hay pasajes que van en una dirección particularizadora, como Hechos 4:12: "Y en ningún otro hay salvación; porque no hay otro nombre bajo el cielo, dado a los hombres, en que podamos ser salvos". ¿Nos deja esto sólo con la opción de escoger el uno o el otro, o hay una manera de relacionar los dos en una tensión creadora, considerando seriamente a ambos? Por nuestra parte, lo que queremos sugerir es que ambos pueden ser reconciliados al reconocer que Dios, quien se da a conocer en una revelación general, es el mismo Dios que se da a conocer en la revelación especial de Jesucristo. O, para usar la frase de Martín Lutero, no hay otro Dios sino el Padre de nuestro Señor Jesucristo, lo cual es lo mismo que intentamos cuando tomamos con seriedad la demanda de Jesús de que Él es el Camino, la Verdad y la Vida. Si Él es la Verdad, dondequiera que los humanos encuentren la Verdad, encuentran a Cristo.[50]

En la historia del pensamiento cristiano ha habido dos tradiciones representantes de estos dos movimientos, que han coexistido generalmente en tensión entre ambos. Por un lado, están los que, representados en los primeros siglos por los alejandrinos (Clemente y Orígenes) y Justino Mártir, ven una continuidad entre el cristianismo, y la cultura y la filosofía. Por otro lado, están aquellos como Tertuliano, que insistía en la discontinuidad, y quien con escepticismo preguntaba: "¿Qué tiene que ver Atenas con Jerusalén?", y prefería creer "porque es absurdo". La posición wesleyana, entendida de manera consistente, se ubica en la primera tradición, pero sin negar que la segunda tenga cierta validez, ya que toda Verdad es el resultado de la gracia preveniente.

Si expresamos lo anterior en terminología teológica clásica, es una interpretación que afirma que Dios está primero en el *ordo cognoscendi* (el orden de conocer) al igual que en el *ordo essendi* (el orden de ser u orden esencial). Esta es la consecuencia de sostener, de acuerdo con la tradición agustiniana, que Dios es la base de todo conocimiento al igual que la base de todo ser. El conocimiento de Dios, como el ser de Dios, no se deriva del conocimiento de otras cosas. Esto es el reverso de las tradicionales pruebas cosmológicas teístas, las cuales principian con el conocimiento empírico del mundo, o de algún aspecto de él, e infieren la existencia de Dios de este conocimiento previo. La doctrina de la gracia preveniente, como principio de conocimiento, afirma que la experiencia que uno tenga del mundo suscita el asunto de Dios porque uno ya está consciente de una presencia que lo afecta. El conocimiento de Dios no es secundario e inferencial, sino primario y directo.[51] Las siguientes palabras de Paul Tillich capturan esta perspectiva:

> Los argumentos para la existencia de Dios presuponen la pérdida de la certidumbre de Dios. Aquello que yo tengo que probar mediante un argumento no tiene realidad inmediata para mí. Su realidad me es mediada por alguna otra realidad de la que no puedo dudar, por lo que esta otra realidad está más cerca de mí que la realidad de Dios, puesto que mientras más estrechamente conectadas estén las cosas a nuestra existencia interior, menos están sujetas a la duda. Y nada puede estar más cerca de nosotros que

aquello que algunas veces está lo más lejos de nosotros, a saber, Dios. Un Dios que ha sido probado, no está ni suficientemente cerca de nosotros ni suficientemente lejos de nosotros. No está suficientemente lejos precisamente por el intento que hemos hecho de probarlo. No está suficientemente cerca porque las cosas más cercanas son supuestas por aquellas que median el conocimiento de Dios. Por lo tanto, este sujeto ostensiblemente demostrado no es realmente Dios.[52]

En el capítulo anterior observamos que una de las razones por las cuales la revelación es necesaria se basa en el hecho de que el conocimiento de Dios es como el conocimiento de otras personas. Tomando esto como un indicio, ahora podemos observar adicionalmente cómo hay una analogía entre el conocimiento de Dios y el conocimiento de otras mentes. En esta área de la epistemología, hay dos aproximaciones mayores que corresponden a los dos tipos de comprensión acerca de nuestro conocimiento de Dios: el inferencial, y el inmediato o directo.

Tomás de Aquino es un ejemplo clásico de la aproximación inferencial, lo cual es el corolario lógico de una epistemología empírica. El conocimiento directo del ser, ya sea del otro o de uno mismo, no es posible. Uno sencillamente observa la conducta de un cierto tipo de la cual se hace la inferencia de que hay una mente o un ser. David Hume, llevando el principio empírico todo el camino hasta su conclusión lógica, encontró que era imposible entender cómo el ser podía ser un objeto de la experiencia, y por ende lo perdió completamente. John Cook Wilson hace el siguiente y agudo resumen del análisis de Hume:

> La presuposición misma de la experiencia es condenada por la prueba de esa experiencia como algo que no existe, sencillamente porque no podemos estar conscientes de nosotros mismos como objetos de la experiencia sensorial. Empero, el hecho de que nosotros estamos conscientes de nosotros mismos —aunque, desde luego, no en la manera de tal experiencia— es la cosa más absolutamente segura de todas.[53]

Wilson, al decir esto, nos señala la segunda manera de aprehender, que es la inmediata e intuitiva. En su ensayo titulado, "Las bases racionales de la creencia en Dios", el que John Baillie evalúa como "uno de los documentos teológicos más importantes de nuestro tiempo", Wilson hace la siguiente declaración:

> Si pensamos en la existencia de nuestros amigos, es el conocimiento directo lo que queremos; el mero conocimiento inferencial nos parece algo muy pobre. Para la mayoría de los hombres, parecería tan sorprendente como desagradable oír que no se podría conocer si hay tales existencias como las de sus amigos, y que era sólo un asunto de (probable) argumento empírico e inferencia de los hechos que son directamente conocidos. Y aun si nos convencemos a nosotros mismos de pensar que este es verdaderamente el caso, nuestras acciones demuestran que tenemos una confianza en la existencia de nuestros amigos que no puede ser derivada de un argumento empírico (el cual nunca puede tener certidumbre), puesto que un hombre está dispuesto a arriesgar su vida por sus amigos. Nosotros no queremos amigos meramente inferidos; ¿podríamos en manera alguna estar satisfechos con un Dios inferido?[54]

Mediante un razonamiento cuidadoso y reflexivo, Wilson demuestra que uno no cree, sea en Dios o en el ser o en el mundo exterior,[55] como resultado de un argumento racional. Además, el argumento racional no es utilizado o intentado porque uno sienta que tales creencias son irracionales. Más bien, los argumentos emergen de una convicción de la realidad del ser, de Dios y del mundo, que precede tal razonamiento filosófico, y que finalmente no la afecta. "El verdadero papel de la filosofía [en estas áreas] parece ser el de traer la creencia [en tales existencias] a una consciencia de sí misma".[56]

Wilson, además, demuestra filosóficamente mediante el uso de varios ejemplos que, "aun en los actos de conocer y percibir, podría haber algo que en realidad exista y opere en nuestras mentes de lo cual no estemos al tanto de manera explícita".[57] Así, nuestro conocimiento de Dios no espera ni depende en la validación de su existencia mediante argumentos, sino que, en un sentido muy real, es sencillamente una manifestación de la base de la posibilidad del argumento. "El hecho, entonces, de que las personas han tratado de encontrar una prueba de la existencia de Dios es, hasta ahora, compatible con la presencia directa de Dios en sus consciencias; y el hecho de que piensen, o de que algunos lo hagan, que ciertamente no tienen experiencia o conocimiento directo de Dios, es compatible con la misma hipótesis".[58]

Esta discusión filosófica demuestra cómo el conocimiento del ser y, paralelamente, el conocimiento de Dios, son en ambos casos consideraciones previas, y que se convierten en la mismísima base de la pregunta acerca de ambos. Hasta el ateísmo mismo es una reflexión de un estar al tanto de Dios, ya que, de otra manera, el asunto de su existencia nunca sería planteado a fin de ser rechazado. Es un conocimiento al mismo tiempo conocido y desconocido en la relación paradójica que hemos discutido antes, y así, la filosofía nos guía a la misma conclusión a la que nos lleva una construcción epistemológica de la doctrina de la gracia preveniente.

Esta interpretación de la *imago Dei* y el uso de la gracia preveniente como un indicio de la naturaleza de la revelación general, tiene implicaciones para la relación del cristianismo con las religiones no cristianas. A diferencia de las teorías que insisten en una discontinuidad radical, y que requieren una teología misionera que tome una postura negativa hacia todo lo que hay en otras religiones, la aproximación wesleyana reconoce que cualquier verdad que pueda encontrarse en otras religiones es el resultado de la actividad de la gracia preveniente en su función reveladora. El misionero puede aceptar con gratitud tal verdad, y usarla como un punto de contacto para demostrar el cumplimiento de esos destellos de verdad por medio de la revelación más completa en Cristo. Después de todo, el judaísmo es una religión no cristiana, así que, si se va a ver el cristianismo centralmente como un cumplimiento de su verdad tal como se halla en el Antiguo Testamento, en un grado menor también se podría abogar, y con validez, que otras religiones encuentran asimismo su cumplimiento en Aquel que es el Ápice de toda actividad reveladora.

Una consideración así nos guía al asunto de la naturaleza de la revelación general, la cual, en primer lugar, no provee base para un prolegómeno filosófico de verdades que necesiten sólo ser suplementadas con información adicional por vía de la revelación especial. Más bien incide en la consciencia humana como un "estar al tanto" o un *"mysterium tremendum"* (Otto), o como un sentido de una dimensión infinita que se filtra a través de la experiencia finita. Es este aspecto de la experiencia peculiarmente humana el que se manifiesta a sí mismo en el fenómeno universal de la religión.

En religiones primitivas o primarias, ello toma la forma de poderes mágicos o espiritismo en los que las fuerzas de la naturaleza, lo mismo personales que impersonales, son dotadas con poder sobre las fortunas o el destino de los seres humanos. Los antropólogos tienden a preocuparse casi exclusivamente con este nivel de consciencia religiosa, sin duda porque es la forma más pura de la expresión natural del sentido religioso que no ha sido pervertido por la cultura tecno-lógica. Parece que también es el caso que la conversión de este nivel primitivo al cristianismo sea la más fácil de todas las transiciones que puedan hacerse. Las así llamadas religiones superiores son sencilla-mente expresiones sofisticadas de este mismo eros.[59]

¿Es posible identificar carácter específico alguno de esta revelación general? Tal vez la intuición de Martín Lutero provea una avenida fructífera de investigación. Lutero sugiere que el sentido divino universal conduce al conocimiento de la ley, pero no al evangelio. Un examen de la manera de encontrar la salvación tal como se enseña en las religiones mayores del mundo tiende a verificar esta intuición. El conocimiento de la ley implicaría un sentido de obligación, de quedarse corto, un problema cuya solución sería las buenas obras, la superación del sentido de la alienación por medio de esfuerzos propios. Los cuatro tipos de yoga en el hinduismo, el sendero óctuple de iluminación del budismo, lo mismo que las disciplinas rigurosas del budismo zen manifiestan todos ellos el esquema de salvación por las buenas obras, el mérito, los logros y cosas por el estilo. Lo más cercano al concepto de gracia se encuentra en el budismo de la Tierra Pura, ya que se acerca mucho al del Nuevo Testamento, aunque, desde una perspectiva cristiana, el objeto de esperanza del budismo va a ser falso (véase *Religions of Man* (Las Religiones del Hombre), por Huston Smith).

Juan Wesley parece estar de acuerdo con la opinión de Lutero por razón de que pone de relieve tanto la conciencia como la obra de la gracia preveniente. Wesley insiste en que, excepto en el sentido de que se halle en todos los humanos, la conciencia no es una fa-cultad natural, sino una dotación sobrenatural. Incluso equipara la conciencia con la obra del Hijo de Dios como "la luz verdadera, que alumbra a todo hombre que viene a este mundo" y, además, dice que se relaciona con la obra del Espíritu de Dios. Para Wesley, la univer-salidad de la conciencia, aunada a la naturaleza de lo que hace, crea un sentido de la ley.[60]

Emanuel Kant también aboga por la universalidad de una concien-cia moral, por un sentido de deber. Sus argumentos proveen cierto apoyo, desde el lado filosófico, a la hipótesis de que la revelación general se manifiesta a sí misma en términos de la ley moral interior. Desde luego, Kant fundó sus tesis sobre la razón, pero esto no está necesariamente en contradicción con la idea que estamos explorando, bien como cierta o adecuada, puesto que Wesley también relaciona la razón y la conciencia, y afirma que la razón, en su función ontológica, es un don de la gracia preveniente.[61]

Si esta interpretación es correcta, ¿qué puede decirse acerca de la función de la revelación general con relación a la salvación? Hay quienes toman la posición de que la revelación general sirve sólo como la ocasión para la condenación universal de Dios sobre la raza humana, siendo la base de la declaración de la justicia de que todos los hombres son culpables delante de Dios. Es cierto que este es el punto principal de la discusión de Pablo en Romanos 1, pero el mismo no elimina la posibilidad de que pueda llegarse a conclusiones adicionales a partir de la evidencia, y basados en la naturaleza de Dios. Pablo parece llegar a una de esas conclusiones en Romanos 2:14: "Porque cuando los gentiles que no tienen ley [la ley revelada de Moisés], hacen por naturaleza lo que es de la ley, éstos, aunque no tengan ley, son ley para sí mismos".

Un concepto global de justicia abriría la puerta a la posibilidad de que lo que es base de condenación, también sería base para aprobación. En su sermón intitulado "Sobre la Fe", Juan Wesley parece haber llegado a esa conclusión al referirse a "un pequeño grado de luz (que) es dado a aquellos que están bajo la dispensación pagana"[62], tras lo cual procede a hablar de la pequeña medida de fe que es concedida a todos aquellos que tienen tal mínima luz. Wesley alude a tal fe como la "la fe de un siervo", la cual, aunque es inferior a la "fe de un hijo", es, sin embargo, fe salvadora, y no debería ser menospreciada, sino conducida a la etapa más completa cuando se reconozca que la salvación es por la fe. Esto refleja la propia experiencia de Wesley, quien, como estudiante en Oxford, buscó la aceptación de Dios sobre las bases de la ley, donde después afirmaría que esa etapa de su peregrinación incluyó la "fe de un siervo". Lo que se implica claramente aquí es que, si por la conciencia (la revelación general), el incrédulo es guiado a un conocimiento de la ley, y que, si mediante tal conocimiento, responde en obediencia, puede ser salvo.

John Fletcher, sobre cuyo trabajo dependió Wesley en esa discusión, desarrolló completamente esta posición en su doctrina de las dispensaciones. Esta doctrina postula la existencia de tres dispensaciones, las cuales se refieren a grados de conocimiento de Dios: la del Padre, la del Hijo, y la del Espíritu, siendo la primera la que nos interesa principalmente aquí. Fletcher se refiere a esta dispensación lo mismo como "la ley natural", que como "los restos de la imagen del Creador en el corazón humano", "la gracia secreta del Redentor que más o menos opera en todo hombre", "gentilismo", o "judaísmo".

Fletcher apoya y describe bíblicamente la dispensación del Padre al referirse a pasajes que hablan del conocimiento universal que tienen todos los hombres: Hechos 17:26-27; Tito 2:11; 1 Timoteo 4:10; Hechos 10:34-35; Hebreos 11:6; Miqueas 6:8. Aunque esta revelación es inadecuada, y no llena las expectativas de la revelación cabal de Dios tal como se halla en la dispensación del Espíritu (no tanto un período de tiempo cuanto una relación que se basa en una comprensión avanzada), es suficiente para la salvación, si Dios es justo. De otra manera, la justicia imparcial habría requerido que Dios hubiera provisto que sólo hubiese habido una dispensación de gracia, y que a todos los seres humanos se les hubiese dado su conocimiento pleno. Aunque no todos los hombres tienen acceso al mismo grado de verdad, "sin embargo, es igualmente cierto que cada hombre, en cualquier período de tiempo y circunstancias peculiares en las que se ha encontrado situado, ha recibido suficiente luz para descubrir, así como suficiente poder para cumplir, lo que a Dios le ha complacido requerir de sus manos".[63]

Es esta construcción de la doctrina de la gracia preveniente de Wesley la que representa la implicación desarrollada de la enseñanza, y no es contraria a la propia comprensión madura de Wesley. John A. Knight ha postulado que el desarrollo de Wesley en su comprensión de la justificación por la fe en relación con las obras es la expresión de una implícita "teología de la historia" que él no llevó a término.[64] Aunque su propósito básico permaneció igual, los documentos revelan un progreso de pensamiento y expresión en su comprensión de la relación entre la fe y las obras. En sus escritos tempranos, Wesley había negado que pudiera hacerse buenas obras para la justificación, y declaró que la fe era la sola condición de la justificación. Sin embargo, lentamente llegó a ver que hay buenas obras que pueden ser hechas previas a la conversión, y hasta habló del arrepentimiento y la obediencia a Dios como condiciones de la salvación. Knight afirma que la mejor manera de explicar estas declaraciones contradictorias es mediante la latente "teología de la historia" que con el tiempo llegó a saturar el pensamiento de Wesley. Al principio sólo pensó en términos de la fe cristiana y, por lo tanto, afirmó que las obras no pueden traer la justificación. Gradualmente, su perspectiva se amplió para incluir a creyentes no cristianos, como por ejemplo Cornelio, quien nunca había oído el evangelio. Wesley vio que Dios los aceptaría sobre las bases de su grado de fe y obediencia, según la luz que tuvieran. En este sentido, sus obras eran buenas, aunque habían precedido a la justificación por la fe en el sentido cristiano.[65]

Así, Fletcher, en completo acuerdo con las posiciones posteriores de Wesley, podía decir:

> Tal es la fe por la cual los judíos, los mahometanos y los paganos, cuyos corazones son normados por la humildad, el candor y el temor de Dios, han sido, y continuarán siendo, salvos en todas partes del mundo. Y es que el Padre de misericordias, quien sabe de qué somos hechos, no condenará en absoluto a tales adoradores, debido al respeto extraordinario que han descubierto por Moisés, Mahoma y Confucio, más que lo que al final rechazará algunos cristianos piadosos por causa de esa excesiva veneración que le manifiestan a ciertos santos y reformadores.[66]

Pero, por mucho que este concepto de la gracia preveniente como revelación general vindique la justicia de Dios, y considere el conocimiento de verdades tales como pudiera haber fuera de la fe cristiana y, teóricamente, provea la posibilidad de una salvación no limitada a los accidentes de nacimiento (lugar y tiempo), todavía es incompleta tanto en el aspecto subjetivo como objetivo. Y es que, ni provee un verdadero cuadro de la relación de Dios con el hombre caído, ni conduce en ninguna manera significativa a la salvación. Por lo tanto, la revelación general deberá apuntar más allá de sí misma y conducir a la revelación especial. Este es el punto que John Fletcher quiere afirmar cuando describe la dispensación del Padre como que conduce a la del Hijo, la cual a su vez nos lleva a la del Espíritu. Dondequiera que el obrero cristiano encuentre a su oyente, necesita reconocer la dispensación en la cual le encuentra, y luego tratar de dirigirle con instrucción al nivel más alto posible de la experiencia cristiana. Aquí, una vez más, encontramos la verdad crucial de que la experiencia es el resultado del conocimiento o el entendimiento. Sea como sea que uno experimente a Dios, dependerá de su nivel de aprehensión de la medida de lo Divino que le esté disponible.

Ahora, pues, que hemos puesto en su lugar estas piedras de cimiento, podemos avanzar a la idea de la revelación especial.

La Revelación Especial

Nuestra discusión de la revelación general ha sugerido ya la substancia de la revelación especial. Si la revelación general nos lleva únicamente al conocimiento de la ley, entonces es la revelación especial la que debe llevarnos al evangelio. Tanto Lutero como Calvino insisten en que el asunto más crucial en nuestro conocimiento de Dios es conocer su disposición hacia nosotros, más que conocer su existencia. Es esa disposición lo que le es básico al verdadero conocimiento salvador. Lutero dice:

> Todos los hombres tienen el conocimiento general, a saber, que hay un Dios, que creó los cielos y la tierra, que es justo, que castiga al malvado. Pero lo que Dios piensa de nosotros, lo que dará o lo que hará, a fin de que seamos librados del pecado y de la muerte, y de que seamos salvos (lo cual es en realidad el verdadero conocimiento de Dios), esto los hombres no lo saben.[67]

Si este verdadero conocimiento es en realidad la substancia de la actividad especial reveladora de Dios, será un conocimiento que provea también el asomo al debido entendimiento del modo de la revelación. Parece lógico que estos dos conceptos deban ser desarrollados conscientemente como correlativos.

Nuestra primera tarea será abordar el asunto de la substancia o contenido de la revelación especial, o lo que es lo mismo, definir el evangelio. Un lugar apropiado donde empezar esta investigación es el "sermón" con el que Jesús inició su ministerio en la sinagoga en Nazaret, donde tomó su texto de Isaías 61:1-2: "El Espíritu de Jehová el Señor está sobre mí, porque me ungió Jehová; me ha enviado a predicar buenas nuevas a los abatidos, a vendar a los quebrantados de corazón, a publicar libertad a los cautivos...". Tras leerlo, Jesús anunció: "Hoy se ha cumplido esta Escritura delante de vosotros" (Lucas 4:18, 21).

En el marco original del texto, el profeta estaba proclamando "buenas nuevas" a Jerusalén, a saber, que el tiempo de su cautiverio había terminado. Durante 70 años, Judá había sufrido el gran cautiverio babilónico. Ahora las circunstancias habían cambiado en el escenario internacional. Babilonia había sucumbido ante los persas bajo Ciro el Grande, y la puerta se había abierto para que la devastadora separación de la patria judía llegara a su fin. Desde la perspectiva teológica del profeta, todo esto era el resultado de la actividad de Dios y, por ende, Isaías estaba siendo heraldo de las buenas nuevas (que es el significado de "evangelio") de que Dios estaba haciendo algo que resultaría en salvación (que significa "libertad", como en el caso del éxodo; véase Éxodo 14:30).

Fue atinado que Jesús usara este texto para su sermón inaugural, puesto que estaba anunciando que Dios estaba a punto, una vez más, de obrar un poderoso acto que sería buenas nuevas para los que estuvieran cautivos. A lo largo de su ministerio, obró actos de sanidad, exorcismos, y otros milagros para demostrar que su poder estaba siendo puesto en acción en el mundo para obrar la liberación.

Un paso decisivo para explicar en mayor detalle el significado de "evangelio" es el que Pablo toma con lo que dice en Romanos: "Porque no me avergüenzo del evangelio, porque es poder de Dios para salvación a todo aquel que cree…" (1:16). Lo que el Apóstol tiene en mente es el mismo significado general que el del anuncio de Jesús, pero ahora, para Pablo, el evangelio ha llegado a ser Jesucristo. No es el evangelio que Cristo enseñó, sino las buenas nuevas acerca de Él a lo que el Apóstol alude cuando les escribe a los corintios: "Pues me propuse no saber entre vosotros cosa alguna sino a Jesucristo, y a éste crucificado" (1 Corintios 2:2).

Así pues, el evangelio es las buenas nuevas de que Dios ha actuado en la historia en Jesucristo, y que esa acción es la garantía de liberación de la cautividad. No se trata de un cuerpo de enseñanzas abstractas que incluyan una doctrina que deba ser creída, sino del anuncio de que Dios ha hecho algo en la historia, y que lo que Él ha hecho es su acto último y decisivo. H. Richard Niebuhr lo resume excelentemente así:

> La predicación de la iglesia cristiana primitiva no fue un argumento en pro de la existencia de Dios, ni una amonestación a seguir los dictados de alguna conciencia humana común y de carácter no histórico y supersocial. Fue primordialmente una sencilla recitación de los grandes eventos conectados a la aparición histórica de Jesucristo, y una confesión de lo que le había pasado a la comunidad de discípulos.[68]

Martín Lutero, a quien seguimos en parte en la identificación que estamos haciendo del corazón de la revelación cristiana con el contenido del evangelio, reconoce substancialmente el mismo contenido, y lo resume de la siguiente manera: "De modo que el evangelio no es sino la predicación acerca de Cristo, el Hijo de Dios y de David,

verdadero Dios y verdadero hombre, quien por su muerte y resurrección ha vencido todo el pecado de los hombres, y la muerte y el
infierno, para nosotros los que creemos en Él".[69]

Lutero define más completamente la naturaleza del evangelio en
su comentario sobre Pedro y Judas cuando dice que "no significa
sino una proclamación, y ser heraldos de la gracia y misericordia de
Dios por medio de Jesucristo, ... no nos amonesta a que hagamos
obras por las cuales lleguemos a ser justos, sino que nos proclama la
gracia de Dios, concedida gratuitamente, y aparte de mérito alguno
nuestro".[70] Lutero apunta a una implicación adicional del evangelio
en su discusión sobre la Biblia y la Palabra de Dios: "La palabra es el
evangelio de Dios acerca de su Hijo, quien fue hecho carne, sufrió,
se levantó de los muertos, y fue glorificado a través *del Espíritu que
santifica"* (cursivas añadidas).[71] Llamaremos la atención más tarde a
este énfasis.

Al volvernos al Antiguo Testamento, no vamos a encontrar una
revelación contradictoria, sino más bien preparatoria, aunque indudablemente no indicara con suficiente claridad la manera de Dios
de tratar con el ser humano, y los recipientes de la revelación pronto
pervirtieran el "evangelio" de la primera revelación haciéndolo legalista. Una lectura cuidadosa del evento central del Antiguo Testamento, el Éxodo, revelará que fue un acto explícito de gracia propio
de la naturaleza de un evangelio. Dios vino a un pueblo débil, esclavizado, sin que estuvieran preparados o fuesen dignos en sí mismos,
y efectuó en ellos una liberación poderosa que los hizo volverse un
pueblo. La ley no precedió, sino que sucedió a este acto salvador
como una "respuesta a la gracia".[72] Cuando la ley y los sacrificios se
volvieron los medios para ganar la aceptación de Dios, la base de
gracia de la fe del Antiguo Testamento se oscureció y casi se perdió.

A estas alturas, ya podemos percibir cómo el contenido de la revelación clarifica el modo de la revelación. No involucró, en el nivel
primero y primario, la comunicación de verdades abstractas al intelecto, sino la actividad interventora de Dios en la historia que efectúa
salvación. En consecuencia, podemos afirmar con plena seguridad,
con la mayoría de los intérpretes modernos, que la autorrevelación
de Dios ocurre en sus poderosos actos, en aquellos que forman una
Heilsgeschichte.[73]

Ahora es necesario que exploremos más a fondo el contenido del
evangelio examinando la proclamación (el kerigma) de la Iglesia

Primitiva, o lo que el erudito pionero C. H. Dodd identificó como la subestructura de la teología del Nuevo Testamento.[74] Al analizar la predicación de la iglesia primitiva, incluyendo la de Pablo, Dodd pudo aislar seis asuntos que constituyeron la proclamación central del mensaje apostólico, a saber, (1) la edad del cumplimiento ha llegado; (2) esto ha ocurrido a través del ministerio, la muerte y la resurrección de Jesús; (3) Jesús ha sido exaltado a la diestra de Dios; (4) el Espíritu Santo ha sido dado; (5) el Crucificado regresará en gloria; y finalmente (6) una apelación al arrepentimiento, la oferta del perdón y del Espíritu Santo.[75]

Esta elaboración más completa del contenido del evangelio nos provee algunas percepciones significativas. Hay un primer indicio de una inclusión importante en la revelación del evangelio que se halla en la primera de las seis afirmaciones, y que es repetida en algunas otras: la edad venidera se ha iniciado en cumplimiento de las escrituras del Antiguo Testamento. De hecho, es esto lo que abre el elemento realmente nuevo en el evangelio.

El lenguaje de las edades (la edad presente y la venidera) se derivó de la apocalíptica judía y se convirtió en el motivo central de la teología del Nuevo Testamento.[76] Una de las características principales de la edad anticipada que está por venir, aunque definitivamente no la única, fue que sería una edad del Espíritu. La expresión más obvia de esta esperanza profética se encuentra en Joel 2:28-32, un pasaje que vislumbra un derramamiento universal del espíritu profético en cumplimiento de la magnánima expresión de Moisés en Números 11:29. Sin embargo, una expresión más profunda, pero menos explícita, de esta fase de la esperanza de un nuevo día, se halla en Jeremías y en Ezequiel. Jeremías, perplejo por la continua idolatría de su pueblo (compárese con Jeremías 2), agonizó tratando de encontrar su razón, para descubrir que se debía a que el antiguo pacto no hacía provisión explícita para un verdadero cambio en el corazón humano (santificación). El profeta, inspirado por el Señor, anticipó un día cuando Dios establecería un nuevo pacto, no como el viejo, en el que escribiría la ley en los corazones (31:31-34). Ezequiel da eco a esta misma esperanza: "Y pondré dentro de vosotros mi Espíritu, y haré que andéis en mis estatutos, y guardéis mis preceptos y los pongáis por obra" (36:27).

De esa manera, el kerigma hace resaltar no sólo que Dios ha actuado en Jesucristo para manifestar con absoluta claridad que la gracia es la base correcta de la reconciliación de la persona con Dios, sino también que en el mismo acto Dios provee para la santificación del corazón. Así, vemos que la médula de la revelación del evangelio es la médula de la perspectiva de la teología wesleyana (véase el capítulo 1). Todo queda enfocado en la soteriología, pero con este énfasis doble.

Ahora bien, C. H. Dodd nos llama la atención, además, a un cuerpo adicional de material bíblico al que se refiere como la *didajé* (la enseñanza), y que incluye la enseñanza doctrinal y ética. ¿Cómo hemos de entender la relación de la *didajé* con el kerigma? Y, ¿no pide esto una modificación o adición a la comprensión del modo de la revelación?

Es claro que estamos tratando con creencias que se derivan de actos reveladores primarios y, por lo tanto, en algunos casos secundarias a ellos. A la misma vez, la revelación central demanda una cierta respuesta que Pablo define en Filipenses 1:27 como vivir conforme al evangelio: "Solamente que os comportéis como es digno del evangelio de Cristo…". En una palabra, la aceptación del mensaje salvador pide una vida ética especial informada por este mensaje. El acto de Dios en Cristo provee una intuición que nos adentra en la verdad teológica, y también una base para juicios valorativos que informan la conducta.

A la luz de esto, proponemos que la revelación especial incluye dos momentos: el primero, ocurre en la experiencia existencial del acto salvador de Dios, una participación experiencial que hace de un evento particular algo revelador (el éxodo, por ejemplo, fue experimentado por el Faraón, pero no como salvador, aunque sea lógicamente posible que pudo haber sido revelador para él como juicio; los soldados romanos, de los que menos se hubiera pensado, experimentaron más directamente la resurrección, pero no hubo evidencia de que fuese reveladora para ellos)[77]; el segundo momento, incluye la dirección del Espíritu en el proceso de inferir las implicaciones teológicas y éticas del evento o eventos salvadores, y de insertar en la Escritura estas interpretaciones e inferencias, de modo que, en un sentido derivado, la Biblia llega a ser una parte de la revelación. Puesto que estas dos inferencias son históricamente condicionadas por virtud de que el intérprete esté dentro del tiempo (lo cual es inescapable), frecuentemente son expresadas en términos del color de las circunstancias particulares, pero siempre informadas por una teología sana; por lo tanto, deben ser utilizadas en términos del proceso interpretador al que se alude en el capítulo 2, y se explora en detalle en el Apéndice 2.

Podemos identificar un aspecto adicional de la verdad reveladora que no es revelada directamente. La sabiduría a la cual aludimos tiene que ver con las implicaciones cósmicas (o filosóficas) del evangelio. Esto incluye un proceso añadido de inferencia para el cual no se aduce inspiración especial alguna, pero que, sin duda, es una actividad reservada para quienes tienen un entrenamiento avanzado, los teólogos que buscan explicar las implicaciones ontológicas y epistemológicas del "sencillo evangelio".[78]

Es sólo a esta dimensión de la verdad que la famosa observación del arzobispo William Temple puede aplicarse correctamente: "No hay tal cosa como verdad revelada. ... Hay verdades de revelación, es decir, proposiciones que expresan los resultados de pensar correctamente acerca de la revelación, pero ellas mismas no son directamente reveladas".[79] Hasta se podría identificar la explicación de estas verdades como la tarea de la teología sistemática. Históricamente, la formulación del dogma por parte de la iglesia primitiva cae dentro de esta categoría. Ninguna doctrina de la Trinidad, o explicación de la relación de los aspectos divino y humano de Jesús, u otras áreas similares, se hallan en el Nuevo Testamento, sino sólo la materia prima a partir de las cuales el teólogo trata de desarrollar sabiduría cristiana. Lo desafortunado de esto es que ciertos grupos han cristalizado algunas formulaciones históricas particulares de este nivel de trabajo teológico, fracasando en percibirlas como lo que son, y reaccionando a los intentos de proveer explicaciones ontológicas más adecuadas como si fuesen ataques a las verdades reveladas. Una de las fortalezas de Juan Wesley fue su capacidad de reconocer tales distinciones, y evitar el dogmatismo cuando no era necesario que lo hubiese: compárese su sermón "Sobre la Trinidad" y el capítulo 1 de este libro.

El alcance completo de la revelación especial puede ser conceptualizado como una serie de tres círculos concéntricos en los que el significado salvador disminuye conforme los círculos se alejan del corazón del evangelio, ese acto redentor de Dios en la historia: "que Dios estaba en Cristo reconciliando consigo al mundo" (2 Corintios 5:19; consulte la Figura 1 "Naturaleza de la teología").

La revelación general, la percepción intuitiva del Infinito ("Lo que está más allá que está adentro" —Underhill), no es suficiente. Sin embargo, la revelación especial no crece a partir de la revelación

Figura 1
NATURALEZA DE LA TEOLOGÍA

general; no es el resultado lógico de un conocimiento universal de Dios. Alan Richardson describe la relación de esta manera: "La revelación especial no es una mera adición a la revelación general, como se pensaba anteriormente, en el sentido de que el conocimiento revelado era una adición al conocimiento natural; antes, son los medios por los cuales las verdades dadas en la revelación general pueden ser captadas adecuadamente, y conocidas como verdad".[80] O, empleando la feliz metáfora de Calvino, provee los anteojos para capacitar al ser humano para que lea de manera correcta el libro de la naturaleza.

La revelación general, si se deja por su cuenta, parece casi universalmente guiar a una religión de obras, o sea, a una autosalvación. La religión humanísticamente producida tiende a exaltar las categorías de fuerza, potencia y poder. Esta es la razón por la que "Cristo crucificado" es una piedra de tropiezo (1 Corintios 1:18-25). ¿Quién diseñaría una religión basada en la debilidad, y ejemplificada por un Siervo que sirve como el paradigma del verdadero poder?

Así, la revelación, en términos del evangelio, abre el camino de salvación de Dios en contraste con todos los caminos humanamente diseñados. Incluye la entrada del Dios trascendente en la historia, y de esa manera hace su actitud (o disposición) hacia el ser humano abundantemente clara, sin hacer al mismo tiempo clara su naturaleza esencial (como Él es en sí mismo). La respuesta de la fe a estos eventos lo trae a uno a un encuentro personal con Dios, y le asesta un golpe de muerte a la esencia del pecado (independencia de Dios), lo que se resiste al camino divino de salvación, e incluye aceptar un don gratuito de perdón, con omisión de cualquier cosa que uno merezca. Todas las cualificaciones prescritas en nuestro análisis previo son de esta manera cumplidas, y ahora el camino queda abierto para nuestra discusión de la sabiduría cristiana, el proceso de inferir las implicaciones más cabales de la revelación básica.

La Revelación como Escatológica

Durante toda nuestra discusión de la revelación, hemos recalcado la imposibilidad de definir la revelación como "el hacer claro", puesto que la transcendencia de Dios impide la posibilidad de eliminar el elemento de misterio. La paradoja es un aspecto esencial de expresar la autorrevelación de Dios en palabras. Si bien tenemos la realidad del encuentro existencial y la certidumbre de la disposición de Dios hacia nosotros en el evangelio, sigue siendo cierto que nosotros "vemos por espejo, oscuramente" (1 Corintios 13:12).

Sin embargo, Pablo apunta a una "visión beatífica", que será "cara a cara", y de esta manera, el "ya" de la revelación es equilibrado por el "todavía no". Aunque sería una presunción hacer asertos concretos acerca de la naturaleza de este encuentro escatológico, parece seguro dar por sentado que, en cierta manera, mucho del misterio que rodea nuestro conocimiento finito de Dios será disipado.

Una de las convicciones centrales de los primeros creyentes fue que la gloria de Dios (su autorrevelación acomodada a la limitación humana; véase el capítulo 4), la cual había aparecido de manera fugaz en el rostro de Moisés, representando el viejo pacto, había aparecido en una forma más permanente y final en la persona de Cristo (2 Corintios 4:6; 5:1-18). No obstante, esta gloria era todavía velada debido a lo finito del ser humano. Esta gloria refulgió en un resplandor brillante en la Transfiguración, y esa revelación será suficiente hasta que el día despunte y el lucero de la mañana de la parusía, con el velo quitado, se levante (2 Pedro 1:16-19). De esta manera, la "gloria", que es la manera bíblica de aludir a la autoacomodación del Transcendente al conocimiento humano, es también escatológica en el contexto del Nuevo Testamento.

Este aspecto del "todavía ha de ser" de nuestro conocimiento de Dios es correlativo con la dimensión futura de la salvación. Como se ha observado antes, la revelación, correctamente entendida, incluye la salvación, ya que conocer a Dios, en el sentido bíblico, es ser salvo y, sin duda, es una salvación que también implica un nivel más profundo de ese conocer. Por lo tanto, la revelación participa del mismo carácter doble de otros aspectos de la nueva edad: incluye una actualidad presente y una consumación futura.

PARTE III

Las Doctrinas
de Dios el Soberano

transcendencia. El énfasis de inmanencia del liberalismo produjo la reacción sustituta del énfasis en la transcendencia que emanó del movimiento neortodoxo. Ambos énfasis tuvieron efectos adversos sobre la doctrina de Dios, lo cual apunta a la necesidad de formular una teología que conserve una relación equilibrada entre los dos.

T. F. Torrance menciona la distinción que hace Juan Duns Escoto entre *theologia in se* (el conocimiento que Dios tiene de sí mismo) y *theologia nostia* (el conocimiento de Dios como nos es mediado dentro de los límites y condiciones de nuestra vida en este mundo), y luego añade:

> Restringido y circunstancial como es, y refractado como es a través del efecto dañino del pecado sobre nuestra relación con Dios, está sin embargo arraigado en Dios mismo, quien transciende infinitamente lo que nosotros podemos concebir de Él dentro de los límites de nuestras mentes de criaturas. Si nuestra teología no fuese interpenetrada cuando menos en alguna medida verdadera por el conocimiento que Dios tiene de sí mismo, no podría ser conocimiento verdadero de Dios; ni podría ser genuinamente nuestra teología si no le concerniera el conocimiento que se nos es concedido dentro de los linderos de nuestro orden finito de existencia y pensamiento.[5]

Puesto de manera breve, si intentáramos hablar significativamente acerca de Dios, debemos hacerlo en términos de transcendencia; y lo opuesto también es cierto: si hemos de hablar con significado acerca de Dios, debemos hacerlo en términos inmanentes.

Según Peter C. Craigie, esta es precisamente la manera en la que el Antiguo Testamento concibe la autorrevelación divina: "La afirmación primaria acerca de Dios en el Antiguo Testamento es que, aunque es transcendente, la experiencia viviente del Dios inmanente ha de ser hallada dentro del tejido de la historia humana".[6]

Traer a colación estos asuntos nos conduce a una consideración de dos maneras de pensar acerca de Dios. Una ha sido llamada la idea "inmovilista", mientras que la otra es designada "de salida".[7] En una discusión anterior del tema hicimos un repaso de la manera en la que estas dos comprensiones se relacionan con nuestro conocimiento de Dios, y vimos los peligros de una interpretación exclusivista de Dios en términos de una idea o la otra. Otra manera de enfocar el mismo asunto es en términos de tiempo y eternidad. Si "eternidad" es entendida como intemporalidad, no hay posibilidad de una interrelación entre las dos. En ese caso habría "una distinción infinita, cualitativa entre el tiempo y la eternidad" (Kierkegaard/Barth).

Pero en la perspectiva hebrea, la eternidad no es intemporalidad sino tiempo que no tiene fin.[8] La idea de que la eternidad es intemporalidad, de manera general es identificada con el pensamiento griego, pero si bien esto generalmente es cierto, no es universalmente el caso. La forma de lo bueno de Platón (que no es Dios, en su filosofía) y el primer motor inmóvil de Aristóteles nos proveen los ejemplos clásicos. El equilibrio en el pensamiento bíblico que permite "la inmanencia de lo transcendente" (la frase de William Temple) crea la posibilidad de un conocimiento genuino de Dios, y tal cosa se refleja con suma claridad en el Antiguo Testamento. Por ende, a continuación, enfocaremos la atención en el antecedente bíblico.

Antecedente Bíblico

H. Orton Wiley ha propuesto que es imposible definir a Dios, puesto que el hacer tal cosa le fija límites (*TC* 1:217). Este principio adecuadamente apropia lo que en efecto es la práctica del pensamiento bíblico tal como es aparente en el Antiguo Testamento, puesto que no hace esfuerzo alguno de proveer una definición abstracta y formal de Dios. Lo que se aproxima más a una definición es lo que encontramos en la siguiente frase: "Yo soy Jehová tu Dios, que te saqué de la tierra de Egipto" (Éxodo 20:2). En otras palabras, el Dios de Israel es identificado como el Agente en un evento histórico que informa la existencia y el destino de Israel.

Otto J. Baab concuerda al dar énfasis a un aspecto diferente del mismo punto: "Tal vez la palabra más típica para identificar al Dios del Antiguo Testamento es 'viviente'. ... Esto significa el Dios que actúa en la historia, que lleva a cabo obras potentes de liberación, y que manifiesta su poder entre los hombres".[9] Esta verdad es presentada dramáticamente en Jeremías 10:10, cuyo contexto traza un contraste entre el Dios viviente, quien habla y actúa, y los ídolos que no hacen ninguna de las dos: "Mas Jehová es el Dios verdadero; él es Dios vivo y Rey eterno". El término 'viviente' es usado cuando menos 60 veces en un juramento formal conectado con el nombre personal del Dios Hebreo (Yahvé). (Compárese con Jueces 8:19; Rut 3:13; 1 Samuel 19:6; 20:21).

Por lo tanto, Dios, en el Antiguo Testamento, no es simplemente una idea sino una realidad experimentada que está actuando en la vida humana y a través de ella. De hecho, el lenguaje hebreo está pobremente equipado para reflejar modos de pensamiento que no sean dinámicos. Norman Snaith dice: "El hebreo no dice que Jehová es, o que Jehová existe, sino que Él hace. Propiamente hablando, el verbo hebreo *hayah* no significa 'ser' tanto como 'llegar a ser'. El hebreo no tiene un verbo real para 'existencia', sino para 'hacerse'".[10] Dios no está confinado ni puede ser confinado a una definición verbal o a un concepto abstracto, sino que es el Dios viviente que libera a Israel.

En adición a "viviente" como un apelativo bíblico, "santidad" es también asociado al Dios del Antiguo Testamento. La palabra hebrea *qodesh*, traducida como "santidad", se deriva de una raíz que significa "apartar" o "separar". Es "santidad" lo que comunica la idea de transcendencia, mientras que "viviente", o el "Dios que actúa", implica la inmanencia.

La santidad es ese carácter esencial de la Deidad que coloca a Dios en una categoría completamente exclusiva, y que lo distingue agudamente de lo humano y naturalístico. Isaías 6 nos da una intuición al interior de la comprensión bíblica de la naturaleza de la santidad de Dios. No cobró la forma de un poder total y paralizador, sino que fue revelada para propósitos redentores. Proveyó un genuino autoconocimiento que se basó en la propia naturaleza y voluntad de Dios. La reacción ética y personal de Isaías "difícilmente pudo haber ocurrido si la santidad implícita en la naturaleza divina hubiese aparecido sencillamente como un poder sobrenatural e indiscriminado".[11]

La santidad de Dios es la base teológica para las afirmaciones del Antiguo Testamento de que Dios es celoso. Muchos han objetado a adscribirle esta característica a Dios basados en que es un indigno antropopatismo (la aplicación de emociones humanas a Dios). Pero esta crítica pasa por alto que hay dos significados posibles del símbolo. En primer lugar, puede referirse a un sentimiento de envidia, como por ejemplo, por los logros de alguien más; en segundo lugar, puede referirse a la intención de conservar los derechos de uno a costo de excluir los derechos de otros (compárese con Números 11:29; 2 Samuel 21:2). Es claro que es el segundo significado lo que la Biblia intenta comunicar cuando declara que Él es Dios y que no compartirá su gloria con nadie. Su santidad le da a Dios el derecho de demandar amor y adoración, indivisos y no compartidos.

Este énfasis en la exclusividad distingue la adoración de Yahvé de "la tolerancia y del equilibrio fácil de fuerzas opuestas que caracteriza al politeísmo".[12] En un panteón de dioses, ninguna deidad individual podía demandar derechos exclusivos; pero Yahvé puede hacerlo: "No tengas otros dioses además de mí" (Éxodo 20:3, NVI).

Relacionando todo esto en forma práctica a la vida nacional de Israel, este principio pedía una relación exclusiva con Yahvé en lo que tenía que ver con alianzas con los grandes imperios del antiguo Cercano Oriente. El depender en tales tratados hubiera implicado que Dios no era suficientemente fuerte para proteger a su pueblo. Esto fue la base teológica de la gran oposición de los profetas (por ejemplo, de Isaías) a que Israel hiciera tratados con Egipto, Asiria u otras naciones a fin de lograr la seguridad nacional.

En Josué 24 encontramos un ejemplo vívido de la verdad de la demanda que Yahvé hizo de una adoración exclusiva. Cuando Josué retó al pueblo a servir al Señor, los israelitas dieron una contestación afirmativa. Pero la respuesta de Josué a la afirmación de ellos fue un rechazo de su compromiso: "Ustedes son incapaces de servir al Señor, porque él es Dios santo y Dios celoso" (v. 19, NVI). El contexto muestra con claridad que ellos habían estado de acuerdo con servir a Yahvé junto a sus otras deidades. Josué, pues, les hizo ver la imposibilidad de tal lealtad compartida, e insistió en que servirle a Yahvé incluiría el hacer a un lado a todos los otros dioses (compárese con el v. 23).

La santidad de Dios también se yergue como una barrera a cualquier aproximación a Dios que lo no santo pueda hacer. En ciertos pasajes difíciles del Antiguo Testamento aparece un elemento irracional que parece estar relacionado primariamente con la idea de impureza ceremonial (por ejemplo, 2 Samuel 6). Pero la comprensión ética predomina en mucho del pensamiento del Antiguo Testamento, especialmente entre los profetas clásicos. Este tema aparece en la literatura cúltica, en la cual la necesidad de pureza es confesada como algo esencial para estar en la presencia del Santo (Salmos 24). El otro lado de este énfasis recalca las consecuencias de juicio sobre aquellos que no reconocen las demandas justas de Dios sobre sus vidas. Ambos lados se ven en Isaías 33:14-16: "Los pecadores se asombraron en Sion, espanto sobrecogió a los hipócritas. ¿Quién de nosotros morará con el fuego consumidor? ... El que camina en justicia y habla lo recto... éste habitará en las alturas".

Otro énfasis central de la teología del Antiguo Testamento es la unidad de Dios: hay un Dios. El texto de oro de la fe hebrea lo afirma:

"Oye, Israel: Jehová nuestro Dios, Jehová uno es" (Deuteronomio 6:4, la Shemá). En lenguaje filosófico, esto implica monoteísmo.

Los eruditos del Antiguo Testamento han debatido el asunto de si la fe hebrea era monoteísta desde el principio, o si esta comprensión surgió después de un período de desarrollo. La vieja escuela *Religionsgeschichte* (compárese con el capítulo 1) interpretó esa fe como el resultado de un proceso evolutivo. Otra escuela de pensamiento representada por W. F. Albright, John Bright y G. Ernest Wright arguye que Moisés fue monoteísta y, por lo tanto, ese fue el genio de la fe de Israel desde los primeros días, el creer en un Dios. El asunto pende parcialmente de ciertos asuntos críticos acerca de la fecha de algunos documentos del Antiguo Testamento. La interpretación más sana parece ser que la médula central de la teología hebrea fue monoteísta desde los primeros tiempos. Sin embargo, hay que establecer ciertas limitaciones. Claramente, la mente popular era enoteísta (creer en muchos dioses, pero adorar sólo a uno) hasta el tiempo del Cautiverio Babilónico. Ninguna otra conclusión es posible a la luz del continuo apartarse del pueblo hebreo de Yahvé a la adoración de otros dioses, tal como se detalla en la literatura histórica. Pero las concepciones populares del pueblo no invalidan la concepción central de Dios como Uno como la fe normativa del Antiguo Testamento.

Estas tres afirmaciones teológicas principales —que Dios es viviente, santo y Uno— proveen la base bíblica para la aserción de que el Transcendente (santo) es al mismo tiempo el Inmanente (viviente) porque Él es Uno. Si bien es cierto que hay elementos paradójicos inyectados de esta manera en nuestra comprensión de Dios, la fe bíblica experimenta ambos como esencial a su objeto. Esta es la convicción que informó la decisión de la Iglesia Primitiva a oponerse al dualismo de Marción, y figurar ese rechazo en el Credo de los Apóstoles: "Creo en Dios Padre Todopoderoso, Creador del cielo y de la tierra".

Agustín le dio una expresión clásica al movimiento paradójico de nuestra comprensión suscitada por el cuadro bíblico de Dios cuando se le experimenta en la vida humana:

> Tú, Dios mío, eres supremo, de suma bondad, el más poderoso, más misericordioso y más justo. Tú eres el más escondido de nosotros y sin embargo el más presente entre nosotros, el más bello y sin embargo el más fuerte, siempre duradero y sin embargo no podemos comprenderte. Tú eres inmutable y sin embargo

cambias todas las cosas. Tú nunca eres nuevo, nunca viejo; pero, con todo, todas las cosas tienen nueva vida que viene de ti. Tú eres el poder invisible que obra la caída de los orgullosos. Tú estás siempre activo, empero siempre en descanso. Tú reúnes todas las cosas a ti mismo, aunque no sufras necesidad alguna.[13]

Entonces se suscita la pregunta: ¿Cuál es el carácter, o naturaleza, de este Dios que es uno y de quien el Antiguo Testamento da testimonio? Para la contestación cristiana decisiva de esta pregunta nos tornamos al Nuevo Testamento, donde vemos el carácter de Dios plasmado en la persona y enseñanzas de Jesús, y elaborado en las epístolas. Aquí aprendemos que la afirmación cristiana central acerca de este solo Dios es que "su nombre y naturaleza es amor" (Wesley).

La enseñanza de Jesús acerca de Dios se yergue en mayor contraste al judaísmo del primer siglo que al del Antiguo Testamento, pero en contraste con ambos Jesús hace de la naturaleza de Dios como amor su énfasis central. Atinadamente, Dale Moody declara: "Así como la santidad es el punto inicial, así el amor es el punto alto en la revelación bíblica de la naturaleza de Dios".[14]

Numerosos eruditos están de acuerdo en que la característica nueva de Dios que Jesús introduce es la paternidad de Dios. Pero aun esto no es enteramente nuevo, puesto que la idea aparece en el Antiguo Testamento (compárese con Oseas). Sin embargo, las profundidades cabales de su significado no salen a la luz ahí. El significado de este símbolo debe derivarse de su uso en los días de Jesús, y no de implicaciones contemporáneas, puesto que éstas pudieran ser muy diferentes. En los días de Jesús, lo que había era un mundo de hombres. El padre en aquellos tiempos era el poder absoluto en la familia. Era el patriarca que administraba amor y justicia. Por lo tanto, cuando Jesús usó la palabra "Padre", sus oyentes lo entendieron como que estaba hablando de cuando menos dos aspectos de la naturaleza de Dios: que Dios es tanto justo como amoroso.[15]

Por ende, el amor llega a ser el foco unificador que reúne en tensión creadora los elementos paradójicos en nuestra experiencia de Dios. Todas las afirmaciones de la fe cristiana acerca de Dios se agrupan alrededor de la idea central del *agápe* de Dios. La declaración juanina permanece como la definitiva: "Dios es amor" (*agápe*, 1 Juan 4:8).[16] La base de esta aserción es que el carácter de Dios es definido concluyentemente por Jesucristo y su obra.

La Ira de Dios

Cuando la naturaleza esencial de Dios es vista como que es amor *(agápe)*, se suscita inmediatamente una tensión en nuestra concepción de Dios. El amor parece excluir la ira de Dios, pero esto último es un aspecto inevitable de la revelación bíblica. ¿Está Dios dividido contra sí mismo? La fe bíblica no puede permitir tal conclusión. Por lo tanto, necesitamos mirar en otra dirección. Martín Lutero nos sugiere el camino clásico de manejar esta tensión aparente al hablar del amor (el evangelio) como la obra propia de Dios, mientras que la ira (la ley) es su obra ajena. Así, la ira es "el lado oscuro del amor" o "el reverso de la mano de Dios" (Barth). Es la oposición del amor al mal (Aulén). Hay quienes han demostrado la tendencia a separar el amor de la ira, y a permitir que el uno excluya a la otra en principio, si no en expresión. Donald G. Bloesch identifica esto como una de las razones "por las cuales el evangelicalismo cayó en un eclipse parcial al principio del siglo veinte: entre las distorsiones doctrinales que ese evangelicalismo viejo promovió, en una forma u otra, estaba... la separación del amor de Dios de su ira".[17]

El trabajo exegético de C. H. Dodd ha llamado la atención a un importante aspecto del testimonio bíblico. En su comentario sobre Romanos, Dodd observa que Pablo nunca usa el verbo "estar enojado" con Dios como sujeto. Otras actitudes son usadas así, como cuando se nos dice, por ejemplo, que "Dios nos ama" (compárese con 2 Tesalonicenses 2:16; Efesios 2:4), o que "Dios es fiel" (1 Corintios 1:9; 10:13; compárese con 1 Tesalonicenses 5:24); pero Dios nunca aparece como el sujeto de "estar enojado". Dodd concluye de esta evidencia que "la ira no debe ser entendida como un sentimiento o actitud de Dios hacia nosotros (como el amor y la misericordia deben y, muy correctamente, ser entendidos), sino más bien como cierto proceso o efecto del pecado humano; la misericordia no es el efecto de la bondad humana, sino que le es inherente al carácter de Dios".[18]

Aunque G. E. Ladd expresa cierto desacuerdo con la sugestión de Dodd de que la ira de Dios es impersonal, básicamente concuerda con su interpretación de la evidencia.

> El concepto del Nuevo Testamento de la ira de Dios no debe ser entendido como el equivalente del enojo de las deidades paganas, el cual podía ser cambiado en buena voluntad por ofrendas

aceptables. ... En los escritos de Pablo, la ira de Dios no es una emoción que nos diga cómo se siente Dios; más bien nos dice cómo Él actúa hacia el pecado —y los pecadores.[19]

Martín Lutero identifica muy claramente "la ira de Dios" como nuestra experiencia del amor de Dios en un estado de desobediencia. *Coram Deo* (antes de Dios), cuando nuestra fe está ausente, la presencia de Dios crea temor, como en el caso de Adán y Eva, que se escondieron del Señor en el huerto después de su acto de desobediencia.

H. Orton Wiley afirma el énfasis que hemos estado sugiriendo cuando declara: "La posición cristiana generalmente es que la ira no es sino el lado anverso del amor, y que le es necesaria a la perfección de la Personalidad Divina, y hasta al amor mismo" (*TC* 1:385).

Santidad, Amor y Atribución

A la luz de la aseveración de que la naturaleza esencial de Dios es amor santo, ahora podemos referirnos al tema tradicional de los atributos de Dios. Esta discusión necesita, en primer lugar, tomar en cuenta la manera en la que la santidad de Dios informa el intento de adscribirle atributos a Dios. Los teólogos han ofrecido tres teorías: (1) la santidad es un atributo entre otros; (2) la santidad es la suma total de todos los atributos; o (3) la santidad es el fondo para todos los atributos. Nuestro análisis anterior del significado de la santidad eliminaría rápidamente la primera de esas opciones. El adoptar la segunda significaría dejar la santidad de Dios vacía de significado decisivo alguno. Por lo tanto, teológicamente, la tercera opción es la más útil.

Al interpretar la santidad como el fondo de todos los atributos, es imperativo reconocer que la raíz del significado de santidad como "lo separado" es entendido en la teología bíblica como "otridad" más que como "lo remoto". Así, la metáfora espacial de transcendencia es transformada hasta llegar a ser una categoría religiosa más que meramente una metafísica. Esta verdad está encarnada en las palabras de Isaías el profeta cuando proclama la inutilidad de la dependencia de Judá en la ayuda de Egipto para una revuelta contra Asiria, en vez de confiar en Dios: "¡Ay de los que descienden a Egipto por ayuda, y confían en caballos; y su esperanza ponen en carros, porque son muchos, y en jinetes, porque son valientes; y no miran al Santo de Israel, ni buscan a Jehová!...Y los egipcios hombres son, y no Dios; y sus caballos carne, y no espíritu" (Isaías 31:1, 3).

El mantener este significado religioso de la santidad de Dios es imperativo para evitar que sea borrada la distinción entre lo humano y lo divino. "Garantiza que cada afirmación hecha acerca de Dios retiene su carácter puramente religioso",[20] en contraste con el carácter metafísico. Adicionalmente, protege de una interpretación errónea del pecado en la dirección moralista, lo que lo haría perder su carácter distintivamente religioso. Esto ocurre como una perspectiva ética muy rápida y muy fácil del concepto de santidad.

> La santidad no es primariamente un atributo moral, como si significara meramente la bondad perfecta de algún superser con barba blanca. Más bien se refiere a esa absoluta "otridad" que distingue lo divino de todo lo que es de la criatura, caracterizando así cada aspecto de Dios. La santidad es la palabra que se refiere al aspecto divino de cualquier atributo adscrito a la deidad, la cualidad que hace cualquier atributo en Dios esencialmente diferente que en otras cosas, la cualidad que eleva todo, sea poder o amor o ira, al grado *ene* cuando es aplicado a Dios.[21]

El mantener el carácter religioso de la santidad también "se yergue como un centinela contra las interpretaciones eudemonísticas y antropocéntricas de la religión".[22] Si la bondad de Dios es retenida mediante una comprensión correcta de la santidad, la religión no puede ser vista como algo que sirva a los intereses egoístas de los hombres ni que sea primordialmente un medio para lograr la felicidad humana. Dios no puede ser domesticado para tales fines.

La otridad de Dios prohíbe interpretar su carácter y naturaleza en continuidad completa con categorías humanas. Tales categorías, cuando son adscritas a Dios, siempre son más que las mismas cualidades cuando son atribuidas a la realidad finita (véase la discusión del lenguaje religioso en el capítulo 4), aunque tampoco están en discontinuidad radical. La santidad de Dios sirve como la barrera que impide reducir la teología a antropología.

Esta verdad sugiere que la santidad hace ambas, definir la idolatría y advertir en contra de ella. La idolatría lingüística "surge cuando alguna imagen o concepto acerca de Dios es llevado a lo absoluto, puesto que ninguna idea acerca de Dios puede ser igual al misterio inefable de la realidad".[23] Otras formas de idolatría ocurren cuando objetos finitos, aun si son vistos como mediadores de la santidad de Dios, son elevados a una posición de significado final.

Bajo esta luz, se vuelve aparente que todos los atributos aplicados a Dios habrá que precederlos con la cualificación de la santidad de Dios. Ya arriba hemos notado que el carácter único de Dios en la teología cristiana es el amor. Pero el amor es susceptible de ser reducido a un sentimentalismo humano. Por lo tanto, aun la declaración central de la fe cristiana acerca de Dios debe ser cualificada como "amor santo".[24]

Habiendo cualificado el "amor" de esta manera, ahora podemos tornarnos al análisis de la naturaleza de Dios desde esta perspectiva y, finalmente, observar cómo la manera tradicional de atribución toma forma cuando el concepto teológico de Dios como "amor santo" sirve como un control, y no alguna versión de ontología griega, como frecuentemente ha sucedido en la historia de la teología cristiana.

Los escritores del Nuevo Testamento decidieron usar el término *agápe* para referirse a la clase de amor que Dios es. Tal vez uno de los valores de esta decisión sea su apertura a nuevo contenido. No había sido usado ampliamente en el mundo de la antigüedad y era susceptible a ser informado con la clase de amor de Dios. Todas las demás formas de amor (representadas por *eros, filia, storge*) eran en cierto grado motivadas por el objeto amado. Aquello que era amado contribuía algo a quien amaba. De este modo, el amor generalmente se basaba en cierta forma de necesidad en el amante, y una atracción correspondiente en el objeto o persona amada que al menos ofrecía la posibilidad de satisfacer esa necesidad. En contraste, el *agápe* de Dios no era generado por la potencialidad de su objeto de satisfacer una necesidad en Dios. Surgía de la plenitud del Ser Divino. Es amor desinteresado, es interés por el bienestar del objeto, y no se basa en forma alguna en la dignidad del objeto. "Nosotros le amamos a él, porque él nos amó primero" (1 Juan 4:19). "Mas Dios muestra su amor para con nosotros, en que siendo aún pecadores, Cristo murió por nosotros" (Romanos 5:8).

El amor se vuelve la dinámica de la autorrevelación de Dios. Él no es descubierto por la intuición humana, sino que viene a nosotros por su propia iniciativa. Sobre la base de este aspecto de la naturaleza de Dios, la fe afirma que, aunque Dios no pueda revelarnos su gloria completa, puesto que, si lo hiciera, en nuestra finitud seríamos destruidos por su fulgor, su carácter es fielmente dado a conocer, de modo que Él no es en sí mismo otro distinto a lo que se revele a sí mismo ser en lo que toca a nuestra comprensión. En este sentido, la santidad es cualificada por el amor tanto como su amor es cualificado por su santidad.

Amor y Pasibilidad

La identificación del carácter decisivo de Dios como *agápe* le dice algo directamente a la antigua discusión acerca de la pasibilidad de Dios. Bajo la influencia del pensamiento griego, los primeros padres de la iglesia rehuyeron de la idea de que Dios pudiera sufrir y facilitaron con una de las primeras herejías cristológicas, el patripasianismo. Demostrar que una interpretación particular guiaba lógicamente a la conclusión de que Dios podría sufrir fue suficiente para condenarla.

Este temor de tomar seriamente la idea del amor con sus implicaciones cabales se reflejó en los Treinta y Nueve Artículos de la Iglesia de Inglaterra, donde uno de ellos define a Dios como "sin...pasiones". Ese artículo fue adoptado en los Veinticinco Artículos del Metodismo, pero en 1786 los obispos metodistas omitieron la palabra "pasiones".[25] ¿Reflejó esto una comprensión más firme del concepto bíblico de Dios? Geddes MacGregor lo expresa así: "Amar es sufrir, y por lo tanto decir que el amor es esencial al ser de Dios es decir que en una forma u otra el sufrimiento es esencial a su naturaleza".[26] Después nos será posible ver cuán crucial es esto en el desarrollo de la doctrina de la expiación.

Amor y Voluntad

Una consideración importante para la teología wesleyana es la relación del amor de Dios con su voluntad. Esto no deja de estar relacionado al asunto debatido en la Edad Media entre los intelectualistas y los voluntaristas. En efecto, es parte de un debate mayor.

Toda la discusión involucraba el procedimiento un tanto cuestionable de proyectar distinciones psicológicas humanas sobre la pantalla cósmica de la Realidad Divina. En el nivel humano, es una pregunta válida el considerar si el móvil primario de la conducta es la voluntad o el intelecto. ¿Actúa uno volitivamente basado en los dictados del conocimiento, o es la voluntad incapaz de escoger lo que uno sabe que es bueno aparte de una sanidad divina, tal como Agustín insistía (compárese con su tratado *Sobre el Espíritu y la Letra)?*

Cuando la discusión se aplicó a Dios, el asunto tomó la siguiente forma: ¿Es un acto bueno porque Dios lo quiere, o Él lo quiere porque es bueno? ¿Qué es anterior, su voluntad o su naturaleza? Los voluntaristas afirmaban que era lo primero, los intelectualistas lo segundo. Juan Wesley, de un plumazo, señaló cuán inútil era todo el debate:

> Parece, entonces, que toda la dificultad surge de considerar la voluntad de Dios como algo distinto de Dios: de otra manera se desvanece. Pues nadie puede dudar de que Dios es la causa de la ley de Dios. Pero la voluntad de Dios es Dios mismo. Es Dios considerado como queriendo esto o lo otro. Consecuentemente, el decir la voluntad de Dios, o que Dios mismo, es la causa de la ley, es una y la misma cosa.[27]

Sin embargo, la manera tradicional de expresar el asunto sirve para destacar una perspectiva teológica significativa cuando la pregunta acerca del amor de Dios es forjada en estos términos. ¿Es el amor una manifestación de su naturaleza o de su voluntad? Los calvinistas lo ven como una expresión de su voluntad; la teología wesleyana, como una manifestación de su naturaleza.[28]

La posición de que el amor es una expresión de la voluntad de Dios funciona bien con la enseñanza de la predestinación particular. Puede afirmar sin titubeos que son literalmente veraces declaraciones tales como: "A Jacob amé, mas a Esaú aborrecí" (Romanos 9:13). Esto no ofrece problema teológico alguno, puesto que Dios puede libremente extender su amor, o negarlo, a cualquiera a quien escoja.

El wesleyano afirma que el amor de Dios es una manifestación de su naturaleza, y consecuentemente es universal en vez de selectivo. El extiende su "brazo" en misericordia y reconciliación a todos sin discriminación. Nadie queda excluido, puesto que hacerlo significaría una violación de la propia naturaleza de Dios. Dios, siendo quien es, "nos ama a cada uno de nosotros como si sólo hubiera uno de nosotros para ser amado" (Agustín). Este es el aspecto de la doctrina de Dios que provee el arraigue teológico para la doctrina wesleyana de la gracia preveniente. Que este amor es "amor santo" protege esta verdad fundamental de una perversión que la haría un universalismo real más bien que potencial.

La conclusión de toda esta discusión es que ambas, la santidad y el amor, sobresalen como algo más que meros atributos de Dios. Juntas proveen las presuposiciones fundamentales a la luz de las cuales toda atribución debe ser hecha. Cuando son tomadas seriamente, demandarían cierta modificación de la manera tradicional de desarrollar los atributos de Dios, lo cual con frecuencia ha sido informado por el racionalismo griego más que por la fe bíblica.

Al discutir el carácter unificador de Dios que provee la armonía entre los atributos, Wiley dice: "Si Dios es Padre, el amor santo debe ser supremo y central. En realidad, el amor es tan central, que los otros atributos de la personalidad pueden ser considerados como amor que se energiza en ciertas direcciones. ... El amor santo debe ocupar el lugar central en nuestro conocimiento de Dios".[29]

El Problema de la Atribución

Antes de proceder al análisis de los atributos particulares, algo debe decirse acerca del concepto total de atribución tal como se relaciona a la Realidad Divina. Wiley arguye que los atributos no son aprehendidos en forma racionalista, sino que son el resultado del "análisis del conocimiento personal de Dios que nos ha sido revelado en Cristo a través del Espíritu". Esto significa que el conocimiento personal es anterior, primario, y unitario, como lo es nuestro conocimiento de otras personas. O, en palabras del mismo Wiley, "es nuestro conocimiento personal de Dios lo que hace posible un verdadero conocimiento de sus atributos, y no un mero resumen racionalista de sus atributos lo que nos da nuestro conocimiento de Dios" (*TC* 1:323-24).

Si, como Wiley afirma, este conocimiento personal (existencial) es experimentar a Dios como amor, entonces lógicamente todos los atributos particulares deben ser interpretados como expresiones de amor. Esto claramente les dará un molde radicalmente diferente del de las interpretaciones racionalistas que se encuentran en mucha de la teología tradicional.

Parece que estaría en orden hacer un comentario adicional acerca del fondo filosófico de cualquier discusión de los atributos de Dios. La manera en la cual gran parte de la teología del período precontemporario manejó este asunto fue en términos del concepto de substancia, uno que es antiguo y venerable pero que filosóficamente está obsoleto. Técnicamente, el término substancia sugería un sustrato subyacente de aquello que sostenía los atributos. Les pareció posible a algunos el describir las cualidades de esta substancia subyacente que existía aparte de los atributos que sostenía. Aunque tal cosa parezca razonable para el sentido común, los modos filosóficos de pensamiento se han alejado de la categoría de sustancialidad (véase la discusión en el Prefacio). El resultado ha sido que los modelos filosóficos, que incluyen conceptos más dinámicos, se han movido a una mayor cercanía del pensamiento bíblico que lo que era cierto durante el predominio de la herencia del pensamiento griego clásico. Como consecuencia de esta oscilación en la perspectiva filosófica, el teísmo contemporáneo ha tendido hacia el significado genuinamente religioso de los atributos de Dios como la fuente de todos los seres.[30]

Clasificación de los Atributos

Por lo general, la comprensión bíblica de la santidad de Dios cuestiona la distinción tradicional entre los así llamados atributos naturales y morales de Dios. Gustaf Aulén insiste en que, aunque una división tal puede tener utilidad para una idea de Dios racionalmente construida (metafísica relacional), es "enteramente impropia para un concepto cristiano de Dios".[31] De hecho, los así llamados atributos naturales algunos los denominan metafísicos.

La explicación de las dos categorías de atributos dada por Wiley y Culbertson sirven adecuadamente para describir el significado de las designaciones tanto como para poner de relieve cuán inadecuadas son:

> Los atributos naturales son aquellos que son esenciales a su naturaleza, y que no involucran el ejercicio de su voluntad. ... Los atributos morales son cualidades de su carácter, e involucran el ejercicio de su voluntad. ... La debilidad de esta clasificación es que junta en un grupo los atributos relativos de Dios en su relación con la creación y aquellos que le aplican aparte de su relación con el mundo.[32]

Ya se ha establecido que no podemos conocer a Dios tal como Él es en sí mismo sino sólo como Él se da a conocer (*TC* 1:217-18). Así, aun si se acepta la distinción de un cierto psicologismo entre su naturaleza y su voluntad, es evidente que hablar de los atributos naturales en el modo arriba mencionado es lógicamente contradictorio. Al rechazar la distinción de las funciones sicológicas dentro de Dios, desaparece la base para la distinción. De esa manera, nos vemos en la necesidad de interpretar los así llamados atributos naturales o metafísicos en términos de la naturaleza de Dios como amor santo. Hacerlo así los moldea de un modo diferente y los hace categorías verdaderamente religiosas.

Soberanía y Amor

Los atributos metafísicos son frecuentemente entendidos como expresiones de la soberanía de Dios, por lo que también introducen el asunto de su poder. Pero siendo que la naturaleza de Dios se revela como amor, inmediatamente se crea una tensión. La historia del pensamiento cristiano registra numerosos intentos de resolver esa tensión de forma racional, pero lo común es que un polo termine suprimiendo al otro. La teología nominalista de Scoto y Occam, la cual hizo de la voluntad de Dios algo indefinible, caprichoso y despótico, ensombreció el amor a expensas del poder. Marción, al rechazar al Dios creador del Antiguo Testamento en apoyo del Dios de amor del Nuevo Testamento, diluyó la tensión de una manera igualmente insatisfactoria.

Este problema se intensifica cuando uno lo ve en términos del problema del mal. Desde los tiempos de Epicuro, los polos del amor y el poder han sido presentados como una disyuntiva que riñe con la fe. Varias propuestas en favor del Dios "finito" han renunciado al reclamo del poder de Dios con tal de retener su carácter de amor (como, por ejemplo, Edgar Sheffield Brightman y Edwin Lewis). Otros han buscado, de diversas maneras, negar la realidad del mal como una forma de evadir este dilema.

Una doctrina de la creación que evite el idealismo absoluto y afirme la realidad del ser creado genera inevitablemente problemas para la idea de la soberanía absoluta. Nels F. S. Ferré plantea el dilema de la manera siguiente: "Si Dios es poder, pero existe algún otro poder fuera de Él, Dios no puede ser todopoderoso. Si, por el contrario, no existe poder en lo absoluto fuera de Él, no se tendrá realidad en la historia o en la naturaleza; además, la teología cristiana será una ilusión".[33]

Numerosos teólogos contemporáneos han buscado resolver estos problemas identificando la soberanía de Dios con la soberanía del amor. Karl Barth escribe:

> Este poder, Dios, es el poder de su amor libre en Jesucristo, activado y revelado en Él. ... El poder de Dios no es un poder ausente de carácter, por lo que todas esas infantiles preguntas de si Dios puede hacer que dos veces dos sea igual a cinco, y así por el estilo, no tienen sentido, ya que detrás de esas preguntas está un concepto abstracto de "habilidad".

Barth llama además la atención al hecho de que el Credo de los Apóstoles une los términos "Padre" y "Todopoderoso", en donde uno define al otro y, de ese modo, cualifica el concepto de poder con el del carácter de la "paternidad" y todo lo que ello encierra (ver arriba).[34]

Gustaf Aulén afirma el mismo compromiso frente a los intentos por separar el poder y el amor. Contradice esa clase de división al decir: "La fe cristiana sostiene que el poder divino no es otra cosa que el poder del amor. El poder de Dios no es un *fatum* [hado o destino] ni una voluntad de poder caprichosa e indefinible, sino sólo y exclusivamente el poder del amor".[35]

A continuación, Ferré demuestra cómo el interpretar la soberanía en términos del amor evita el dilema planteado por una doctrina realista de la creación:

> Supongamos, pues, que definamos el poder en términos del amor. El poder es la capacidad del amor para efectuar su fin. El poder es lo operable. El poder es el control y la persistencia de propósito y de fuerza, incluyendo la capacidad de valor de supervivencia. Así, cuando Dios comparte su poder, da de sí mismo sin limitarse a sí mismo. La naturaleza del amor es conferirle libertad a su objeto.[36]

Aseidad. Este término se deriva del latín *a se,* que significa "de sí mismo", y se emplea para sugerir que Dios es la fuente de su propio ser. No existe realidad más allá de Él a la que le deba su ser, sino que es "ser en sí mismo". La aseidad, al reinterpretarse como aseidad de amor, expresa que el amor de Dios es espontáneo, lo que implica que su causa se encuentra contenida dentro de sí misma y no en ninguna otra cosa. No es provocada por causas externas, sino que prorrumpe por sí misma. Así, aseidad se convierte en otra manera de hablar de la idea de "la gracia preveniente de Dios". El amor de Dios es siempre preveniente. Su causa no está fuera de Dios, sino en Dios en sí mismo y en su naturaleza. La pregunta, ¿por qué Dios ama?, sólo tiene una respuesta adecuada: porque así es como Dios actúa y, por tanto, así es Dios. De este modo queda perfectamente ejemplificado el significado del término *agápe* que utilizaron los escritores del Nuevo Testamento para explicar la naturaleza de Dios.

Eternidad. Este atributo propuesto, si se considera en términos de categorías metafísicas, lo que pretende es comunicar la idea de intemporalidad con relación al tiempo. Suscita la problemática de la relación de Dios con el tiempo en términos de la siguiente pregunta: "¿Es el tiempo real para Dios?" Una pregunta así tendrá que contestarse en conexión con otra cosa (la presciencia), pero aquí sencillamente observaremos que el cuadro bíblico de Dios parece sugerir más bien claramente que el tiempo es en efecto real para Dios. Si afirmamos que la eternidad es la soberanía del amor de Dios con relación al tiempo, se mitigará el dilema de interpretaciones metafísicas de este tipo. Digámoslo así: "El amor de Dios, distinto a todo lo que pertenece al tiempo, no es ni transitorio ni cambiante".[37]

Omnipotencia. Quizás este sea el atributo más abarcador de los así llamados atributos metafísicos y también el que, en apariencia, resulta más religioso adscribirle a Dios. No obstante, una reflexión cuidadosa revela que aplicar esta idea sin cualificarla empuja a uno a ciertas preguntas tanto ridículas como sin sentido, como, por ejemplo: "¿Puede Dios crear una piedra de tamaño tan grande que no pueda rodarla?" Preguntas así tienen como base una manera de concebir la voluntad de Dios que es enteramente caprichosa. En una palabra, el atributo de la omnipotencia origina la pregunta de las posibilidades de Dios. Mientras que la Escritura afirma, por ejemplo, que "es imposible que Dios mienta" (Hebreos 6:18; compárese con Tito 1:2; 2 Timoteo 2:13), alguien puede preguntar, ¿por qué no? Y la respuesta es porque es contrario a su fidelidad.[38]

Si la naturaleza esencial de Dios es amor, luego la pregunta acerca de las posibilidades de Dios es una acerca de las posibilidades del amor de Dios. Dios no hace ni quiere ninguna otra cosa que aquella en la que el amor divino se realice a sí mismo. Dios puede hacer todo lo que amor pueda hacer.

Omnipresencia. Esta cualidad subordinada de la omnipotencia conduce asimismo a perplejos dilemas cuando se le interpreta de modo metafísico. Si Dios está igualmente presente en todo lugar, entonces está en el corazón del pecador tanto como en el del santo. O, que las oraciones que invocan la presencia de Dios sean palabras sin sentido.

Pero si la omnipresencia de Dios se entiende desde el punto de vista de la soberanía del amor divino, las tales anomalías desaparecen. No se trata de si Dios llena cada lugar, sino de que no hay lugar cerrado al poder soberano de Dios como amor santo.

El salmista exclamó (139:7-10), "¿A dónde me iré de tu Espíritu? ¿Y a dónde huiré de tu presencia? Si subiere a los cielos, allí estás tú; y si en el Seol hiciere mi estrado, he aquí, allí tú estás. Si tomare las alas del alba y habitare en el extremo del mar, aun allí me guiará tu mano, y me asirá tu diestra" y, al hacerlo, concebía una aserción religiosa de lo inescapable de la presencia de Dios, no una propuesta de alguna teoría ontológica. Había cobrado consciencia de que Dios está presente dondequiera que su amor se materializa en gracia y juicio.

Omnisciencia. La afirmación de la omnipotencia de Dios en el ámbito del conocimiento crea numerosos problemas como aspecto adicional de ella. Pero desde el punto de vista que estamos explorando, se vuelve algo completamente diferente cuando se compara con la idea abstracta de la presciencia de Dios. Antes, lo que expresa es la certeza inequívoca del juicio de Dios: "Me conoce". Él es el ojo de amor que todo lo ve con luz cristalina. Todo intento de esconder algo de este ojo que todo lo ve está condenado al fracaso.

Inmutabilidad. La invariabilidad es un atributo de Dios al que aluden tanto la piedad popular como la teología clásica. Sin embargo, el apoyo bíblico de esta cualidad nos presenta un cuadro ambiguo. Por ejemplo, en Malaquías 3:6, "Porque yo Jehová no cambio", encontramos un fuerte movimiento en dirección positiva. Pero existen tendencias al equilibrio en dirección contraria. A Dios se le presenta como que cambia de idea en respuesta al arrepentimiento humano o a otros tipos de conductas, es decir, como dinámico en su carácter. Sin embargo, si alguien identifica la naturaleza esencial de Dios como un amor santo, se proporciona de la manera de asirse a los dos énfasis bíblicos. El amor de Dios, su intención para bien, nunca cambia, aunque su respuesta traiga interacción con la libertad humana. Quizá una forma todavía más satisfactoria de describir este atributo sea en términos de fidelidad, la fidelidad del amor a promesas hechas.[39]

Dios como Personal. Hay pocas características adscritas a Dios que no hayan sido discutidas más vigorosamente que esta. Mucho del debate gira alrededor del significado contemporáneo del término, y de que si a Dios debe o no llamársele propiamente persona. Este tipo de lenguaje surgió más bien tarde en la historia de la teología cristiana como aplicable a Dios. Al principio se usó para las personas de la Trinidad, pero no para Dios mismo. La idea parece estar primero presente en la doctrina agustiniana de la Trinidad. Hay una objeción primordial a su uso de parte de muchos teólogos porque implica, en su empleo moderno, una limitación que no parece propia imponerle a Dios como Realidad Última. Por lo tanto, parece más sensato referirse a Dios como personal, es decir, capaz de relaciones personales que conlleven volición y libertad. El cuadro bíblico de Dios ciertamente brinda apoyo a ese carácter. Además, si la naturaleza de Dios es amor, luego es la naturaleza misma del amor establecer relaciones personales.

Paul Tillich nos provee un fuerte argumento ontológico en favor de conservar el símbolo de "personal" para referirnos a Dios. Si Dios es la Base del Ser (la manera distintiva de Tillich denominar a Dios), ciertamente debe ser la base de lo personal y no puede ser menos que personal Él mismo. Dios es "el poder ontológico de la personalidad". Este teólogo defiende la misma cuestión desde el punto de vista de su definición de la religión como "preocupación final": "El símbolo 'Dios personal' es absolutamente fundamental debido a que una relación existencial es una relación de persona-a-persona. Al fin de cuentas, el hombre no puede estar preocupado por nada que sea menos que personal".[40]

H. H. Farmer defiende así la naturaleza personal de Dios a partir de la evidencia bíblica:

> Cada categoría, frase, doctrina, movimiento del pensamiento [del Nuevo Testamento] presupone e implica la posibilidad... de una relación personal con un Dios personal. "Dios es amor; y el que permanece en amor, permanece en Dios, y Dios en él". "Amados, si Dios nos ha amado así, debemos también nosotros amarnos unos a otros". Estas declaraciones no pueden tener significado directo si Dios no puede ser pensado como personal en algún sentido, constituyendo con los hombres un orden último de relaciones personales".[41]

La dimensión personal de la naturaleza de Dios es fundamental para un entendimiento adecuado de muchas otras doctrinas teológicas. Si Dios fuera concebido en términos impersonales, como es el caso con muchos constructos filosóficos (por ejemplo, Aristóteles, el neoplatonismo), se haría imposible formular satisfactoriamente muchos de los compromisos cristianos en las categorías resultantes. Habrá que ver cuán crucial es lo que estamos planteando especialmente en lo que concierne a las numerosas implicaciones de la doctrina de la creación. Ya hemos visto (capítulo 4) lo esencial que es para la doctrina de la revelación. Si Dios no es personal, la religión vital es una imposibilidad, a menos que, por supuesto, la religión se trate de una mera autosugestión. Sin embargo, la experiencia de las generaciones que se han encontrado con una realidad estremecedora más allá de sí mismas es un testimonio en contra de la autosugestión. Tornémonos ahora a las características más explícitamente personales de un Dios personal.

Atributos Bíblicos

Hemos escogido hablar de los atributos bíblicos en lugar de los atributos morales a fin de poner de relieve la naturaleza de la revelación bíblica. En ésta, a Dios se le presenta como relacionado al hombre antes que como Él es en sí mismo, y nunca en términos de racionalismos metafísicos. Los que tratan con los dogmas le han dado tradicionalmente el nombre de "moral" a este tipo de atribución. Las cualidades que aquí vamos a considerar como atributos bíblicos son la justicia, la misericordia y la verdad. Lo fascinante de esto es que son los actos de Dios en la historia los que definen los significados de estos atributos, y no son pocas las veces que los términos resultan muy diferentes a su connotación típica griega.

Una característica única adicional de estas cualidades consiste en que han de ser reproducidas en las vidas de los que pertenecen a Dios. Es por esta razón que algunos teólogos aluden a ellas como atributos "comunicables". De hecho, por cuanto vienen a informar el contenido ético de la santidad de Dios, proveen una definición parcial de lo que significa ser "gente santa". Fue a los profetas del siglo octavo a los que les tocó proclamar de la manera más centrada el desarrollo de esta comprensión de la santidad en el Antiguo Testamento.

Verdad. La palabra hebrea *emeth,* que se traduce como "verdad", se emplea para describir el carácter de los actos de Dios. Significa que Dios no es arbitrario ni caprichoso, sino que se puede confiar en Él. Connota aquello que es firme, seguro o digno de confianza. En este sentido de ser digno de confianza, Dios es absolutamente verdadero. Es fiel a sus promesas.

> El Dios de *emeth* (2 Crónicas 15:3; Jeremías 10:10) no es el Dios que sirve de guardián de alguna entidad abstracta a la que se le llame "verdad", ni a una que pertenezca al ámbito de la verdad eterna como contraria al ámbito de la apariencia; es el Dios en quien se puede confiar, quien es capaz de actuar, y que cuida verdaderamente de su pueblo.[42]

Lo que se hace saber con esto es que hay un elemento ético en la verdad, lo que contrasta con la visión dominante griega o intelectualista. En la visión intelectualista la verdad es lo que corresponde a la realidad de una idea o palabra. Para el racionalista, el conocimiento de la verdad sería, entonces, una actividad mental, mientras que para la manera bíblica de comprensión ese conocimiento implica obediencia en fe. La fe es la respuesta adecuada a la fidelidad.

El Cuarto Evangelio hace un uso central de este concepto, y la manera en que su autor lo hace "no indica tanto una aprehensión intelectual de la verdad teológica sino una plena aprehensión personal de la presencia salvadora de Dios que ha venido en Jesús a los hombres".[43]

Justicia. Este atributo de Dios provee la base para la apelación consistente a la justicia entre los seres humanos que encontramos en la Escritura. Al igual que el carácter de Dios, la justicia es entendida a partir de sus actos en la historia, y su manifestación original se da en la liberación de la esclavitud de Egipto. Así, el significado primario de justicia está relacionado a la salvación. Siendo que la salvación alude a la disposición de Dios de "poner las cosas en orden", es un término casi equivalente a la justicia. Dios demostró en particular esta justicia al venir en poder salvador a los necesitados e indefensos. Cuando Faraón le dijo a Moisés y a Aarón (Éxodo 9:27) que el Señor era "justo, y yo y mi pueblo impíos", no estaba usando el término en un sentido ético verdadero. Se refería a que Dios había demostrado ser más fuerte y Faraón y su gente más débil —vale decir, que Dios había ganado la victoria en el torneo de las plagas.[44]

Este significado se vuelve normativo para el concepto de justicia en el Antiguo Testamento. "Por tanto, las palabras originales hebreas *[tsedeq, tsedaqah]* contienen la idea de la vindicación que Dios hace del indefenso, lo que resulta en que ya en el Antiguo Testamento estén estrechamente ligadas con 'mostrar misericordia al pobre".[45]

Ese significado se reflejará a través de todo el Antiguo Testamento y su preocupación por la justicia social, especialmente con los desposeídos, "el extranjero, el huérfano y la viuda" (Deuteronomio 14:29; 16:11, 14; y otros). Se verá también en el Nuevo Testamento, en el libro de Santiago, en el que el escritor define la religión pura como "visitar a los huérfanos y a las viudas en sus tribulaciones" (1:27).

El apóstol Pablo echa mano de la idea de la justicia de Dios para aludir a su actividad justificadora hacia aquellos que no la merecen, lo que preserva las connotaciones esencialmente salvíficas de la idea en el Antiguo Testamento. Agustín perjudicó en gran manera la historia del pensamiento cristiano cuando (en su obra *Sobre el Espíritu y la Letra)* interpretó la justicia como que significaba la justicia (ética) que Dios otorga a los creyentes, convirtiéndola en la base para que Dios los acepte. Al hacerlo, aunque su intención explícita era exaltar los méritos de la gracia, en realidad estableció el fundamento para los desarrollos posteriores católicos que interpretarían la salvación en términos de obras de justicia. Una de las contribuciones de Martín Lutero consistió en restaurar el entendimiento bíblico de que la justicia de Dios es otorgada libremente y por misericordia al pecador que cree y quien es justificado (hecho justo) sólo por fe.

Lutero, en un repaso de su peregrinaje, hace el siguiente comentario sobre su gran descubrimiento:

> Al fin, por la misericordia de Dios, en meditación día y noche, puse atención al contexto de las palabras siguientes: "en el evangelio, la justicia de Dios se revela... como está escrito: Mas el justo por la fe vivirá". Ahí empecé a entender que la justicia de Dios es aquella por la que el justo vive por el don de Dios, esto es, por la fe. Y esto es lo que significa: la justicia de Dios es revelada por el evangelio, a saber, la justicia pasiva con la que el Dios misericordioso nos justifica por fe, como está escrito, "Mas el justo por la fe vivirá". Ahí sentí que había nacido de nuevo por completo, y que había entrado al paraíso mismo a través de puertas abiertas. Allí, otro rostro completo de la Escritura entera me fue mostrado por sí mismo.[46]

Misericordia. En el Antiguo Testamento, esta palabra es mayormente la traducción de *chesed,* uno de los términos verdaderamente preñado de significado en el vocabulario teológico hebreo. Nuestras versiones de la Biblia la traducen simplemente así, "misericordia", o también "benevolencia" y "benignidad". Es una palabra de pacto y alude a la fidelidad con los compromisos del pacto. En este sentido está cercana a la idea de "verdad".

La *chesed* de Dios se muestra en contraste con la infidelidad de Israel. Dios ha dado su palabra y se ha comprometido a sí mismo, y no ha fallado en cumplir con esa palabra. Todo lo que ha prometido se ha cumplido. Israel, al contrario, ha quebrantado sus promesas y se ha vuelto a otros amantes. El libro de Oseas podría ser la exposición más vívida de estas verdades.

John Macquarrie, al hablar de la paradoja que se nos presenta cuando consideramos los atributos del amor y la omnipotencia de forma paralela, señala: "La paradoja fundamental halla expresión en el símbolo cristiano de la cruz, en donde el poder y el sufrimiento, y la exaltación y la humillación, son presentados de manera conjunta"[47] Hubo una ocasión en la que H. Orton Wiley se hizo la siguiente pregunta: ¿Qué pasaría si los atributos de Dios intervinieran todos a la misma vez? Su respuesta: la cruz de Cristo, y citó Salmos 85:10: "La misericordia y la verdad se encontraron; la justicia y la paz se besaron".[48]

CAPÍTULO 7

La Trinidad

La comprensión cristiana de Dios incluye la creencia de que hay una condición triple en la naturaleza divina. De hecho, se ha argumentado que la comprensión cristiana de Dios es la creencia en la Trinidad.[1] Este compromiso se yergue entre una creencia unitaria cruda, por un lado, y un politeísmo por el otro, si bien la dificultad de formular la doctrina en términos racionales con frecuencia ha resultado en que se ha caído en una u otra de ambas perversiones. Pero la posición cristiana clásica está firmemente comprometida con un monoteísmo que se manifiesta a sí mismo en un modo trinitario de ser.

El asunto trinitario pertenece principalmente al desarrollo del dogma. Ciertos elementos en el Antiguo Testamento pueden ser vistos en retrospectiva como que son consistentes con una comprensión trinitaria de Dios, pero es anacrónico hablar de la Trinidad en el Antiguo Testamento.[2] El Nuevo Testamento provee los datos, pero no declara explícitamente una doctrina de la Trinidad.[3] Sin embargo, sí hace necesario el desarrollo de tal doctrina por sus claras aseveraciones sobre la deidad del Hijo.[4] Por esta razón, la doctrina ha sido el tema de discusión en la exploración teológica desde los tiempos más tempranos.[5]

¿Hay una aproximación wesleyana distintiva al asunto? No, si pensamos en una formulación filosófica particular. Sin embargo, Juan Wesley mismo nos provee con algunas sugerencias en su sermón "Sobre la Trinidad" que nos podrían ayudar a identificar una posición característicamente wesleyana en lo que toca al tema. Si seguimos sus indicaciones, nos encontraremos tomando un rumbo diferente al de la aproximación evangélica acostumbrada.

Wesley da indicios de tres importantes cualificaciones sobre el tema. En primer lugar, se niega a insistir en que cada persona deba adoptar una "explicación" particular de la doctrina, aunque admite que la mejor que él conoce es el Credo de Atanasio *(Quicunque Vult).*

Su renuencia se basa obviamente en su reconocimiento del punto que se acaba de mencionar, de que estamos tratando con formulaciones dogmáticas y no con una enseñanza bíblica explícita. Wesley no está dispuesto a imponer, como absolutamente esencial a la fe cristiana, el uso de términos tales como Trinidad, o Persona, puesto que no aparecen en la Escritura. Aunque a él no le es difícil usarlos, dice: "Si algún hombre tiene escrúpulos acerca de ellos, ¿quién lo obligará a usarlos? Yo no puedo".

Esta postura sugeriría, no que Wesley no tuviera interés en discusiones ontológicas, sino en que deben siempre ser reconocidas como opiniones que no pueden ser santificadas con autoridad divina. Tal actitud refleja una posición acerca de las declaraciones de los credos que Paul Tillich denomina el "Principio Protestante".[6] Por lo tanto, una teología wesleyana examinaría con una mente abierta cualquier propuesta ontológica sin rechazarla de inmediato por razón de la corriente filosófica de la cual emana, pero jamás comprometiéndose incondicionalmente con ninguna. El wesleyano, sin embargo, tendría bases para rechazar cualquier explicación propuesta que no fuese fiel al testimonio bíblico. En efecto, esa fue la fuerza de los primeros credos: su poder yace en su rechazo de las desviaciones más que en sus formulaciones positivas.

En segundo lugar, y estrechamente relacionado al primero, Wesley insiste en un reconocimiento de la distinción entre la substancia de la doctrina y las explicaciones filosóficas de ella. En términos de esta distinción, uno puede establecer el primer énfasis en forma diferente: la fe cristiana está comprometida con la substancia, pero no con la explicación de la substancia. Un hecho importante acerca de la naturaleza de la teología sale a la superficie en este punto. Las herramientas conceptuales de la tarea teológica se derivan de la filosofía. Cuando uno va más allá del lenguaje bíblico y sus formulaciones (y hasta cierto grado aun cuando uno no lo haga), no tiene otra opción que la de usar el lenguaje de la filosofía.[7] Sus esfuerzos para lograr la precisión en sus declaraciones impulsan al teólogo a escoger la herramienta más exacta que le esté disponible, pero siempre con el reconocimiento de que es ambas cosas, temporalmente condicionada e inadecuada en alguna manera para el tema. Probablemente Agustín hable por todos esos teólogos que reconocen la profundidad del tema cuando dice: "Sin embargo, cuando se hace la pregunta, ¿cuáles tres?, el lenguaje humano trabaja completamente bajo grande pobreza de palabras. Con todo, la respuesta es dada, tres 'personas', no para que pueda decirse (completamente), sino para que no quede (totalmente) sin decirse nada".[8]

Wesley expresa esta distinción de otra forma al referirse al hecho y la manera. Es el hecho lo que ha sido revelado, pero la manera no lo ha sido. Es lo primero lo que se pide que creamos. Consecuentemente, no se nos pide que creamos lo que no podemos comprender. (Esto sin duda refleja la creencia de Wesley, la cual él compartía con sus contemporáneos del siglo XVIII, de que la fe y la razón son completamente compatibles. Véase su *Apelación Vehemente a Hombres de Razón y Religión*). Wesley dice: "La Biblia parcamente le pide a usted que crea tales hechos, pero no la manera de ellos. Ahora el misterio no yace en el hecho sino completamente en la manera".

Uno podría objetar diciendo que es imposible distinguir entre la substancia y la explicación. Sin embargo, el tercer énfasis de Wesley se enfoca en este asunto y nos trae a lo que tal vez sea el aspecto más distintivo de una aproximación singularmente wesleyana. La substancia no es ontológica sino soteriológica. Puesto que la palabra "fundamental" es demasiado ambigua, Wesley es renuente a declarar cuáles verdades son las "fundamentales", pero sí sostiene que la doctrina del Padre, del Hijo y del Espíritu Santo es una que debemos conocer porque tiene "una conexión estrecha con la religión vital". Wesley añade que no hay sabiduría en rechazar lo que Dios ha revelado (el hecho), "especialmente cuando consideramos que lo que le ha complacido a Dios revelarnos sobre este encabezado dista mucho de ser un punto indiferente; es una verdad de importancia última. Entra al corazón mismo del cristianismo: *yace en la raíz de toda religión vital*" (cursivas añadidas).

En el Prolegómeno de este libro, cuando discutimos la norma para una teología wesleyana, mencionamos la posición central de la soteriología como aquello que trae a todas las doctrinas cristianas al primer plano. El presente análisis refuerza adicionalmente la validez de esa posición. Al fin de cuentas, la teología wesleyana hace preguntas sobre el significado salvífico de cada doctrina cristiana y se resiste a traer asuntos puramente especulativos a la arena de la teología fundamental.

El *Manual de la Iglesia del Nazareno* es informado por esta misma perspectiva. La "Declaración Convenida de Fe" es precedida por la estipulación de que "sólo requerimos las declaraciones de fe que son esenciales en la experiencia cristiana" (párrafo 20, cuatrienio 2013-2017). Esto no quiere decir que el creer tales declaraciones doctrinales como están enumeradas hará que la persona sea cristiana, sino más bien que esas verdades deben ser el caso si la experiencia cristiana ha de ser una realidad. La primera de esas declaraciones dice: "Creemos en un solo Dios —el Padre, el Hijo y el Espíritu Santo" (20.1).

Esto nos regresa una vez más a los asuntos ontológicos y apunta al hecho de que, aunque tenemos que sujetarnos a las explicaciones particulares con una adherencia tentativa, hay dimensiones ontológicas del tema al cual podemos y debemos darle atención legítima. J. S. Whale lo recalca de la siguiente manera: "Si Jesús realmente es la Palabra de Dios encarnada, los problemas de la soteriología finalmente incluirán los problemas insolubles de la Trinidad y la encarnación, problemas que ningún teólogo que se precie a sí mismo jamás los ha menospreciado o descuidado".[9]

Por lo tanto, nos proponemos en este capítulo intentar hacer un repaso de las dimensiones principales de la discusión trinitaria en sus dos aspectos, el histórico y el contemporáneo, con el propósito de señalar la substancia soteriológica de esas discusiones y conclusiones donde vayan apareciendo. Esta tarea no puede ser exhaustiva dadas las limitaciones de tiempo y espacio, sino que tratará de que sean representativas. Sin embargo, un repaso tal no puede evitar el tocar los aspectos filosóficos/ontológicos del asunto.

Camino a Nicea

El período desde que se cerró el Nuevo Testamento hasta el Concilio de Nicea en el año 325 d.C. puede llamársele el período decisivo del desarrollo doctrinal trinitario. El asunto sobre el cual se enfocó el debate fue la relación del Logos (quien se encarnó en Jesús de Nazaret) con Dios.[10] Aunque la discusión tuvo visos cristológicos, fue fundamentalmente un asunto trinitario. Con el establecimiento de la deidad plena de Cristo, la solución trinitaria quedaba virtualmente asegurada. En un sínodo convocado por Atanasio en Alejandría en el año 362 d.C., la iglesia en el Oriente llegó a ver que lo que era cierto del Hijo tiene también que ser cierto del Espíritu. La consubstancialidad del Espíritu, al igual que la del Hijo, fue reconocida por el concilio ecuménico de Constantinopla, en 381. Con estas conclusiones, el trinitarianismo explícito quedó completo.[11]

Hubo tres compromisos básicos de la Iglesia Primitiva que entraron en la discusión. Existían en tensión entre sí y, en realidad, parecían ser mutuamente excluyentes.[12] El primero era el monoteísmo, que se derivaba tanto de la fe hebrea como de la filosofía helenista dominante. "La doctrina de un Dios, el Padre y Creador, formaba el fondo y la premisa indisputable de la fe de la iglesia".[13]

El segundo componente fue su fe en la deidad de Cristo tal como es testimoniada por el Nuevo Testamento. El tercero fue su experiencia de que Dios es Espíritu, "inmanente en toda la creación como los hebreos habían conocido que Él es, pero ahora experimentado y comprendido de manera nueva como el Espíritu Santo del Dios y Padre del Señor Jesucristo".[14]

En el proceso de tratar de producir formulaciones doctrinales adecuadas que les hicieran justicia a todos estos compromisos, la iglesia resistió tres desviaciones trinitarias básicas: el sabelianismo (modalismo), el subordinacionismo y el triteísmo.[15] En efecto, fueron estas desviaciones lo que empujó a la iglesia hacia formulaciones dogmáticas adecuadas. Como dice Wiley: "Durante el período apostólico y subapostólico, a la doctrina de la Trinidad se le mantenía en una forma no dogmática. No había expresión científica ni técnica de ella, ni había ninguna necesidad de que la hubiera, hasta que se levantaron herejías que demandaron declaraciones exactas y cuidadosas" (*TC* 1:405).

Triteísmo

Este término alude a una interpretación que considera al Padre, al Hijo y al Espíritu Santo como "tres dioses", y que da énfasis a la distinción de personas de tal modo que oscurece la unidad de Dios. Lo que nos protege de una disolución así es el compromiso con el monoteísmo.

En intentos anteriores para explicar la condición triple de Dios, fue casi inevitable que se usaran algunas formas de expresión que serían interpretadas, cuando menos por algunos, como que derribaban la "monarquía". Eso fue lo que sucedió con Orígenes en sus esfuerzos por explicar la vida triple de Dios. Escogió el término hipóstasis para identificar a los Tres, y lo usó para significar "substancia individual" o "existente individual". Al tratar de rechazar el modalismo (véase a continuación), una enseñanza que no distinguía los Tres, Orígenes trató de trazar más claramente las distinciones. Por ende, hay una vena fuertemente pluralista en su trinitarianismo. "Los Tres, en sus analogías, son eterna y realmente distintos. Son hipóstasis separadas y hasta, en su lenguaje de apariencia burda, 'cosas'".[16]

No es de sorprender que el papa Dionisio se perturbara ante lo que consideró ser triteísmo, y que hablara a través de una carta pública en contra de los que predican "tres dioses, puesto que dividen la unidad sagrada en tres diferentes hipóstasis completamente separadas la una de la otra".[17] Este encuentro pone de relieve algunas consideraciones importantes en el desarrollo de la comprensión trinitaria, de las cuales no es la menor el que los teólogos del Oriente recalcaran la pluralidad divina, en tanto que los de Occidente dieran énfasis a la unidad divina.

Modalismo

Una enseñanza popular y ampliamente extendida, al parecer dominante en el Occidente por su énfasis en la unidad divina, fue el monarquismo modalista. Esta interpretación negaba que hubiera diferencia real alguna entre Dios y Cristo. Afirmaba que el Padre, el Hijo y el Espíritu Santo eran meramente modos o fases sucesivas del único Dios.

El hombre cuyo nombre ha sido tradicionalmente asociado a esta postura es el de Sabelio, porque fue él quien le dio su expresión más filosófica. Sabelio trató de evitar los aspectos más burdos de un modalismo primitivo y más cándido:

> Sabelio, se nos dice, consideraba la Deidad como una mónada... que se expresaba a sí misma en tres operaciones. Usó la analogía del sol, un solo objeto que irradia calor y luz; el Padre era, por así decirlo, la forma o esencia; y el Hijo y el Espíritu sus modos de autoexpresión. Así, la Deidad, que es una, considerada como Creador y Dador de la ley, era Padre; para la redención, era proyectada como el rayo del Sol, tras lo cual se le retiró; después, en tercer lugar, la misma Deidad operaba como Espíritu para inspirar y otorgar gracia.[18]

Otro sugestivo sesgo que salió del modalismo vino de su corolario aparentemente lógico de que fue el Padre quien sufrió en la cruz, quien murió y fue sepultado. Si bien hay encrucijadas lógicas que pueden concebirse a partir de tal idea, el factor repugnante para la mayoría de las personas era la implicación de un Dios sufriente. Cipriano le dio a esa enseñanza el apodo de patripasionismo. Es una enseñanza que hace clara la influencia sobre el cristianismo primitivo de una idea helenista de la Realidad Última. Hoy, con una comprensión bíblica mayor, muchos teólogos contemporáneos abrazan felizmente la "herejía" del patripasionismo en tanto que implique que Dios entra con empatía a la situación humana, pero sin que implique nada ontológico.[19]

Subordinacionismo

En varias y diversas formas, de todos los abortivos intentos prenicenos para explicar la relación entre el Padre y el Hijo, la desviación subordinacionista fue la más dominante y la más extensa. El ápice de su expresión que llevó a que fuese rechazada por el Concilio de Nicea (325) y subsecuentemente por los concilios de Constantinopla (381) y de Calcedonia (451) fue el arrianismo. No obstante, hubo varias formas prearrianas que suscitaron menos reacciones de crisis, pero que de todos modos fueron rechazadas implícitamente por el "acuerdo" niceno.[20]

El monarquianismo dinámico (adopcionismo) no fue la primera versión del subordinacionismo, sin embargo, aunque fue popular, no ejerció influencia significativa sobre el desarrollo doctrinal. Fue aquí donde el compromiso "monoteísta" del cristianismo primitivo le creó obviamente tensiones a la comprensión trinitaria.[21] En este monarquianismo, Dios es entendido como el Monarca (el término de Tertuliano), quien escogió al "simple hombre", Jesús de Nazaret, para que fuese el vehículo de redención. Su exponente más famoso fue Pablo de Samosata. Podríamos clasificarlo como un "subordinacionismo mundano", para distinguirlo de sus formas posteriores; la única relación entre el Padre y el Hijo empezó en esta esfera "mundana" de existencia.

Detrás de esta solución yace una doctrina menos que cristiana de Dios. El adopcionismo no pudo concebir un Dios que pudiese tomar la iniciativa para la salvación humana, sino que tuvo que esperar a la llegada de un "buen hombre". La iglesia, pues, lo rechazó porque incorporaba a Dios durante el proceso, y no al principio de la tarea redentora. Si bien pudo ser satisfactoria intelectualmente para ciertas presuposiciones racionales, la doctrina era inaceptable soteriológicamente.

> El adopcionismo no sabe de un Dios que ama lo suficientemente como para tomar la iniciativa en la salvación del mundo. Se

queda corto de la doctrina cristiana de Dios en el grado en que no nos habla de un Dios que tenía tal amor, que estaba tan interesado en los asuntos de los hombres, que concibió un plan para la salvación humana. ... La doctrina cristiana de la persona de Cristo es en realidad una doctrina de la naturaleza y el amor de Dios.[22]

Los "apologistas" (Justino Mártir y otros, en el segundo siglo) fueron los primeros que trataron de elaborar una solución intelectual para la pregunta de cómo Cristo se relacionaba a Dios el Padre. Ellos también estaban comprometidos con un monoteísmo estricto, y trataron de utilizar el concepto del Logos para proveerle una contestación a la pregunta.[23] Al hacerlo, desarrollaron lo que ha sido llamado "la teoría de las dos etapas del Logos", que tuvo amplia acogida antes de Nicea, pero que culminó en la versión arriana que provocaría la gran controversia.[24] Sus presuposiciones los guiaron a un "subordinacionismo premundano" (véase lo antes dicho).

Los apologistas hicieron un uso explícito de la distinción estoica técnica entre la Palabra inmanente y la Palabra expresada. Apuntalaron o ilustraron este punto por medio de referencias a las teofanías del Antiguo Testamento. El Logos primero fue inmanente dentro de Dios y luego se volvió distinto de Él casi en el mismo sentido en que la razón humana es inmanente dentro de un humano, pero que se convierte en expresada cuando la palabra es hablada. La Palabra inmanente se hizo la Palabra expresada para propósitos de la creación, la revelación y la redención. Lo problemático en este esquema es si la generación ocurrió en algún punto antes de la creación o fue desde toda la eternidad.[25]

Estas categorías filosóficas hicieron posible para los apologistas el mantener la preexistencia del Logos como la inteligencia o pensamiento racional del Padre. El Logos se hace distinto sin que el Padre disminuya y, así, la Deidad no se divide como si tuviera dos semideidades. Los apologistas usaban un número de ilustraciones para demostrar este punto. Por ejemplo, el sol emite luz, la cual es de la misma naturaleza, pero el sol no disminuye por la generación de la luz. El Logos tiene preexistencia y es de la naturaleza de la Deidad, así que es digno de adoración.

Una pregunta crítica que emana con los apologistas concierne a si el Logos es generado por un acto de la voluntad del Padre, o como una expresión de su naturaleza. Los apologistas mismos parecen uniformemente atribuirlo a la voluntad, algo que en realidad milita en contra de una Trinidad esencial y que después es discutido por Atanasio en sus polémicas antiarrianas.

Orígenes hizo una contribución importante al desarrollo del dogma trinitario, y fue quien introdujo la famosa frase "la eterna generación del Hijo". Esta formulación reflejaba una medida de subordinacionismo, puesto que reconocía que el ser del Hijo se derivaba del ser del Padre, pero es claro que el Hijo no es un ser creado. El término "generación" se usó para evitar la idea de que el Hijo era una criatura. El decir que era una generación eterna eliminaba cualquier ambigüedad que pudiera haber estado presente en los apologistas, y le atribuye no sólo preexistencia al Logos, sino también existencia distinta y separada, tratando al mismo tiempo de mantener su deidad cabal. Las contribuciones de Orígenes, nos dice Wiley, son "de tal importancia que marcan una época en la historia del trinitarianismo" (*TC* 1:413).

La "eterna generación" de Orígenes tiene dos significados. Primero, que la generación no tiene principio. "Nunca hay un tiempo cuando el Hijo no fue el Hijo... nunca hubo un tiempo cuando Él no lo fue" (*Wisdom* [Sabiduría] 7:25). Segundo, no tiene fin, sino que es continuo: "El Padre no generó al Hijo y lo descartó después de que fuera generado, sino que siempre lo está generando" (*Homilies* [Homilías] 9:4 en Jer.).[26]

Orígenes hizo un avance específico, pero "terminó haciendo al Hijo y al Espíritu Santo no precisamente criaturas sino 'dioses disminuidos', inferiores al Padre quien es el único que es Dios en el sentido estricto".[27] Por esta razón se volvió una fuente de autoridad tanto para los arrianos como para los antiarrianos en la controversia a la cual ahora nos tornamos.

Arrianismo

Arrio principió con un "criterio pagano de Dios como un Ser incognoscible, impasible, inmutable e inalcanzable" y, de ese modo, no pudo concebir que un ser así se encarnara.[28] Por lo tanto, al igual que los apologistas, Arrio vislumbró que sólo podía ser el Logos quien tuviera la facultad de ser encarnado. Pero, a diferencia de los apologistas, Arrios declaró que el Logos encarnado era una criatura, afirmando que "hubo un tiempo cuando él no fue".[29]

La conclusión de la premisa arriana es que adorar a Cristo sería adorar a una criatura y, por ende, idolatría. Para apoyar su posición,

Arrio apeló a diversos pasajes bíblicos que apuntan a una sumisión de Cristo al Padre, y los interpretó según su propio sentido subordinacionista. También apeló a la vena subordinacionista en la enseñanza de Orígenes. Aquí encontramos el pleno florecimiento del tema subordinacionista que hemos estado siguiendo. Y es así, como dice Wiley, que "el arrianismo mismo resultó el enemigo más formidable que se pudo encontrar en el desarrollo de la doctrina trinitaria" (*TC* 1:414). J. S. Whale declara: "Carlyle le dio al clavo precisamente en la cabeza cuando escribió: 'Si el arrianismo hubiera ganado, el cristianismo se hubiera reducido a una leyenda".[30]

El opositor más famoso de Arrio fue Atanasio, quien "es en gran medida responsable de que el cristianismo católico haya sobrevivido, cuando menos en el Oriente, en un tiempo en que el triunfo arriano había parecido total".[31]

La oposición de Atanasio al arrianismo fue precipitada en gran parte por preocupaciones soteriológicas, lo que ahora nos trae a un punto en el que se funde con el interés principal del wesleyanismo. Atanasio compartía con sus contemporáneos la creencia de que el predicamento humano central era el sinsentido causado por la amenaza constante del no ser ilustrada vívidamente por la muerte. De este modo, la salvación era vista en términos de inmortalidad, o vida. Puesto que la inmortalidad es la posesión "exclusiva" de la Divinidad, la salvación atendía a la divinización del ser humano. En estos términos, la encarnación proveía la esperanza para la salvación si aquello que había sido encarnado era completamente Dios. Si no, no había redención posible. Por lo tanto, literalmente, era un asunto de vida o muerte para Atanasio determinar si el Hijo que se encarnó era una criatura, o Dios no creado. Si Él es una mera criatura (como Arrio decía), entonces no puede redimir a la humanidad, sino que está Él mismo en necesidad de redención.[32]

En contra de la posición de Arrio de que el Hijo es producido por un acto de la voluntad del Padre, Atanasio marchó contra una larga tradición al declarar que Él es generado por la naturaleza. "El [Dios] es verdaderamente Padre del Hijo por naturaleza y no por voluntad".[33] Wiley asume la posición de Atanasio en su discusión de la Trinidad y sostiene que la Trinidad es una necesidad de la naturaleza. Esto le daría un vigoroso apoyo a una Trinidad "esencial" en contraste con una Trinidad meramente "económica". Sin embargo, un concilio católico posterior, repudió ambas ideas, la de la necesidad y la del voluntarismo.[34]

El Acuerdo Niceno

En general, podría decirse que lo que importaba para los padres de la iglesia del período preniceno era preservar la unidad de Dios, lo cual era natural frente a las amenazas del paganismo y del gnosticismo. Así, "demostraron muy poca disposición a explorar las relaciones eternas de los Tres y, menos aún, a construir un aparato conceptual y lingüístico que fuese capaz de expresarlos".[35] El resultado fue que muchos de ellos formularan la teología trinitaria en alguna forma de subordinacionismo. El Concilio de Nicea llegó a términos con este asunto y decidió concluyentemente en contra de forma alguna de subordinación del Hijo. El concilio rechazó explícitamente la solución arriana de que Jesús era un "segundo" Dios y declaró que Él es "verdadero Dios de verdadero Dios".

La palabra clave alrededor de la cual se dio el debate fue *homoousia*. Se afirmó que el Señor Jesús es "de una substancia" *(homoousion)* con el Padre. Lo que ese término connotaba para los obispos nicenos no está del todo claro. Más de un grupo se resistió al término. Los conservadores estaban renuentes porque no era escritural y además era un término nuevo. Los arrianos sabían que, si era adoptado, sería totalmente inconsistente con su posición.

Hay dos posibilidades para el significado de *homoousia*. Por algún tiempo había significado "genéricamente de la misma substancia". También pudo haber significado "numéricamente la misma substancia". Algunos intérpretes han argüido que los obispos pretendían el primer significado.[36] Los teólogos católicos posteriores han defendido el segundo significado, a pesar de que éste correría el peligro de oler a sabelianismo. Bernard Lonergan explica el asunto de esta manera:

> La ambigüedad teológica se echará de ver con claridad si comparamos a Pedro y a Pablo, por un lado y, por el otro, al Padre y al Hijo. Pedro y Pablo son consubstanciales; el Padre y el Hijo son consubstanciales. Pero Pedro y Pablo son consubstanciales, no porque tengan numéricamente la misma substancia individual –que con certeza no la tienen— sino porque la substancia individual de Pedro y la substancia realmente distinta de Pablo, ambas pertenecen a la misma especie, el hombre. El Padre y el Hijo también son consubstanciales, pero la analogía con Pedro y Pablo

se viene abajo porque, a diferencia de los consubstanciales Pedro y Pablo, quienes son dos hombres, los consubstanciales Padre e Hijo son uno y el mismo Dios: numéricamente hay sólo el Dios que es Uno, quien, sin embargo, es verdadero Padre y verdadero Hijo.[37]

El resultado práctico y, desde la perspectiva wesleyana, el más significativo es descrito sugestivamente por Alan Richardson con las siguientes palabras:

> Su significado yace en el hecho de que niega la vieja concepción griega o gnóstica de Dios como remoto, transcendente, desinteresado e incognoscible, puesto que afirma que la esencia de Dios es la de Jesús, y que la presencia y substancia de Dios son realizables y conocibles a través de Jesús en su carácter de amor. Afirma que Dios no es incognoscible, sino que es revelado en la mismísima naturaleza de amor en Jesucristo. El Dios encarnado en Jesús no puede ser el Ser Supremo distante, poco amistoso, de la filosofía pagana o del humanismo moderno.[38]

Agustín y los Capadocios

El acuerdo niceno había atendido el asunto de la deidad de Cristo. Si bien, como se ha observado, esta era esencialmente una cuestión trinitaria, la misma no encabezaba la discusión. La ortodoxia trinitaria todavía tenía que ser establecida. Esto se llevó a cabo de una forma algo diferente en el Oriente (la iglesia griega) a como se hizo en el Occidente (la iglesia Latina). Los teólogos más influyentes en el Oriente son conocidos como los padres capadocios (Basilio el Grande, Gregorio de Nacianzo y Gregorio de Nisa). En el Occidente fue Agustín de Hipona quien le dio forma a la comprensión trinitaria.

Los de Capadocia consideraron las preguntas heredadas de Atanasio. Aunque éste había luchado vigorosamente y con gran éxito en favor de la consubstancialidad *(homoousia)* del Padre, del Hijo y del Espíritu Santo, no formuló un vocabulario técnico para expresar aquello con lo que estaba comprometido. Tampoco habló del problema de cómo Dios puede ser al mismo tiempo objetivamente Uno y Tres. El esfuerzo de contestar estas preguntas fue la contribución mayor que hicieron los capadocios.

Los términos que escogieron para expresar su comprensión fueron *ousia* e *hypostasis.* El Concilio de Nicea había equiparado una a la otra, pero Basilio insistió en hacer una distinción, y la fórmula que fue aceptada fue *mia ousia, treis hypostaseis* (una substancia y tres hipóstasis).

El término hipóstasis había sido usado por Orígenes para referirse al Padre, al Hijo y al Espíritu Santo; pero, como ya se vio anteriormente, él había interpretado al Hijo y al Espíritu Santo de una forma subordinacionista, como "dioses disminuidos". Los de Capadocia rechazaron este subordinacionismo, pero el uso del término los expuso a la acusación de triteísmo, puesto que hipóstasis implicaba un ser individual. Trataron de explicar la unidad de las hipóstasis identificando el *ousia* con un universal y la *hypostasis* con un particular. Del mismo modo en que Pedro, Santiago y Juan (*hypostasieis* individuales) comparten en la substancia común *(ousia)* de su condición de hombre, así cada una de las hipóstasis divinas es la *ousia* o esencia de la Deidad.

Los capadocios reconocieron lo inadecuado de esta analogía y rechazaron sus implicaciones triteísticas al insistir con firmeza en la unidad de la Deidad. La distinción de las hipóstasis no resquebraja en manera alguna lo uno de la naturaleza. Hay diferencias entre los eruditos en cuanto a si los de Capadocia interpretaron la "una *ousia*" como numéricamente una o como una unidad de naturaleza (véase la discusión sobre esto en la sección previa).

Una manera mucho más satisfactoria de explicar la distinción entre *ousia* e *hypostasis* fue la enseñanza de los capadocianos de que la Deidad, que es una, existe simultáneamente en tres "modos de ser". Basilio se refiere al Espíritu Santo como "un modo de la existencia inefable" *(De Spiritu Sancto, s.46)*. Gregorio de Nisa habla de ambos, el Hijo y el Espíritu, en términos de "modos de existencia".[39]

En cuanto a la pregunta de cómo Dios podía objetivamente ser al mismo tiempo uno y tres, los de Capadocia hablaron de la distinción de las hipóstasis en términos de su origen y relación mutua. Al mismo tiempo que evitaron cuidadosamente el subordinacionismo, enseñaron que el Padre es la Fuente o principio de la Deidad. En un sentido, el Padre causa los otros dos Seres, porque les imparte su ser a ellos. Cada hipóstasis divina es distinta en términos de la propiedad que le pertenece singularmente a cada Ser, y las propiedades son relacionales, o sea, que tienen que ver con la relación que cada una tiene con las otras hipóstasis en la *ousia*. Basilio ve estas propiedades distintivas como "paternidad, filiación y santificación", y comenta que "el Padre precede al Hijo de acuerdo a la relación de causas con las cosas que proceden de ellas", y añade que "es claro para la persona que piense en los nombres 'padre' e 'hijo', que cuando se dicen solos, indican únicamente una relación mutua".[40] En pocas palabras, que los nombres divinos no implican una multiplicación de la substancia divina sino que significan sólo relaciones mutuas.

Un problema que emana de conceptualizar al Padre como la Fuente del ser de las otras dos hipóstasis es el del relativo estatus y relación del Hijo y del Espíritu. Si ambos el Hijo y el Espíritu son ambos generados, parecería que hay dos Hijos, lo que resultaría en que la Segunda Persona ya no es el "unigénito Hijo". Los de Capadocia trataron de evitar este dilema al referirse al Hijo como "la generación de la imagen del Padre", y al Espíritu como "el aliento del Padre". Gregorio de Nisa proveyó la contestación definitiva. Para él, el Espíritu emana del Padre y es de Cristo; procede del Padre y recibe del Hijo; no puede ser separado del Verbo. Gregorio usa la analogía de una antorcha que imparte su luz primero a otra antorcha y luego a través de ésta a una tercera, a fin de ilustrar la relación de las tres personas. Kelly comenta: "Después de él [Gregorio], la enseñanza regular de la iglesia del Oriente es que la procesión del Espíritu Santo es 'del Padre a través del Hijo'".[41]

Los capadocios recalcaron la unidad de la Deidad al dar énfasis en que las actividades peculiares a cada hipóstasis son la obra de la *ousia,* que es una. El Padre nunca actúa independientemente del Hijo, ni el Hijo del Espíritu. Ninguna de las Personas posee una operación separada suya propia, sino que una energía individual pasa a través de las Tres. Gregorio de Nisa escribe:

> Si observamos una cierta actividad del Padre, Hijo y Espíritu Santo, que no es diferente en ningún respecto en el caso de ninguno, estamos obligados a inferir una unidad de naturaleza a partir de la identidad de la actividad, pues Padre, Hijo y Espíritu Santo cooperan en santificar, vivificar, consolar y así sucesivamente.[42]

Al concluir este resumen debemos añadir que los capadocios encarnan la tendencia oriental de recalcar la calidad de triple de la Trinidad. Empiezan con las tres Personas e intentan explicar la unidad. Por ende, el problema es postulado de una forma particular, y lo que se trata es de evitar el triteísmo. Una de sus mayores contribuciones fue el demostrar que Dios no era Uno y Tres en el mismo sentido y, al hacerlo, despintaron las críticas racionalistas de la fe trinitaria.

Cuando nos tornamos al Occidente, y a Agustín como el ápex de su desarrollo trinitario, encontramos en cierta forma un sabor diferente. Agustín empieza con la unidad de Dios y luego intenta explicar cómo un solo Dios puede estar en tres hipóstasis. Se sigue que Padre, Hijo y Espíritu no pueden ser conceptualizados como tres individuos separados en la misma manera en que se haría con tres seres humanos que pertenezcan a un geno. Más bien, cada una de las Personas divinas, desde el punto de vista de substancia, es idéntica con las otras dos o con la substancia divina misma. Todas las Personas de la Trinidad están involucradas en todas las operaciones divinas.

Siguiendo la iniciativa de los de Capadocia, Agustín distingue las Personas en términos de sus relaciones mutuas dentro de la Deidad, pero sin rastro alguno de subordinacionismo. Se muestra que está dispuesto, aunque con renuencia, a adoptar el término "Persona" para distinguir la fe católica del modalismo. Padre, Hijo, y Espíritu son de este modo relaciones en el sentido de que lo que cualquiera de ellos es, lo es en relación con uno de los otros dos, o con ambos. Esta posición evita los abismos filosóficos implícitos en el uso de la categoría de substancia. El comentario que Kelly hace sobre esto debería arrojar luz:

> Para las personas modernas, a menos que se hayan entrenado en filosofía técnica, la noción de relaciones (o sea, "arriba", "a la derecha de", "más grande que") como algo que tiene verdadera subsistencia, suena raro, si bien están por lo regular preparados a conceder su objetividad, esto es, que existen en su propio derecho independientes del observador.[43]

Al distinguir entre el Hijo y el Espíritu, Agustín escribe:

> El Hijo proviene del Padre, el Espíritu también proviene del Padre. Pero el primero es engendrado, el segundo procede. Así que el primero es Hijo del Padre de quien es engendrado, pero el segundo es el Espíritu de ambos puesto que procede de ambos. ... El Padre es el autor de la procesión del Espíritu porque Él engendró a tal Hijo, y al engendrarlo lo hizo también la fuente de la cual el Espíritu procede.[44]

En su esfuerzo por explicar cómo un Dios indiviso podía mantener su estado triple sin ser dividido, Agustín trabajó sobre la premisa de que, puesto que el ser humano es hecho a la imagen de Dios, debía haber una reflexión de la vida divina en la persona individual. La analogía central que él deriva es la de la actividad de la mente de la persona como dirigida sobre sí misma o sobre Dios. Puede tomar la forma de mente, su conocimiento de sí misma, y su amor de sí misma; o memoria, comprensión y voluntad; o la mente que recuerda, conoce y ama a Dios mismo. Cada una de éstas ilumina la vida divina interior, aunque opaca e inadecuadamente. Dice Agustín: "La imagen de la Trinidad es una Persona, pero la Trinidad Suprema misma es tres Personas".

El Credo de Atanasio

La intensa tarea teológica de los primeros siglos llegó a su consumación y culminación en el Oeste, con el *Quicunque Vult,* erróneamente llamado el Credo de Atanasio, el cual, a su vez, es edificado sobre el trabajo de Agustín. El credo tiene significado teológico tanto para la Trinidad como para la Encarnación. En seguida reproducimos sólo esa porción que se relaciona al asunto que estamos manejando aquí:

1. Quienquiera desee ser salvo debe, ante todo, guardar la fe católica.
2. Fe que, a menos que cada persona la mantenga en su plenitud y sin mancha, sin duda alguna perecerá eternamente.
3. Y la fe católica es esta, que adoramos a un Dios en la Trinidad, y a la Trinidad en Unidad.
4. Ni confundiendo las personas, ni dividiendo la substancia.
5. Puesto que hay una persona del Padre, otra del Hijo, y otra del Espíritu Santo.
6. Pero la divinidad del Padre, del Hijo, y del Espíritu Santo es toda una, igual la gloria, coeterna la majestad.
7. Como el Padre, así es el Hijo, y así es el Espíritu Santo.
8. El Padre increado, el Hijo increado, y el Espíritu Santo increado.
9. El Padre incomprensible, el Hijo incomprensible, y el Espíritu Santo incomprensible.
10. El Padre eterno, el Hijo eterno, y el Espíritu Santo eterno.
11. Y, sin embargo, no hay tres eternos, sino uno eterno.
12. Ni tampoco hay tres incomprensibles, ni tres increados, sino uno increado y uno incomprensible.
13. Asimismo el Padre es omnipotente, el Hijo es omnipotente, y el Espíritu Santo es omnipotente.
14. Y, sin embargo, no hay tres omnipotentes, sino uno omnipotente.

15. Así, el Padre es Dios, el Hijo es Dios, y el Espíritu Santo es Dios.
16. Y, sin embargo, no hay tres dioses, sino un Dios.
17. Asimismo el Padre es Señor, el Hijo es Señor, y el Espíritu Santo es Señor.
18. Y, sin embargo, no hay tres Señores sino un Señor.
19. Porque así nos compele la verdad cristiana a reconocer que cada persona, singularmente, es Dios y Señor.
20. Así, la religión cristiana nos prohíbe decir que hay tres Dioses, o tres Señores.
21. Al Padre nadie lo hizo, ni lo creó ni lo engendró.
22. El Hijo es sólo del Padre, no hecho, ni creado, sino engendrado.
23. El Espíritu Santo es del Padre y del Hijo, no hecho, ni creado, ni engendrado, sino procedente de ellos.
24. Por tanto, hay un Padre, no tres Padres, un Hijo, no tres Hijos, y un Espíritu Santo, no tres Espíritus Santos.
25. Y en esta Trinidad ninguno es primero o posterior que otro, ninguno es mayor o menor que otro.
26. Todas las tres Personas son coeternas las unas con las otras y coiguales.
27. Así, en todas las cosas, como se dijo antes, la unidad en la Trinidad y la Trinidad en la unidad ha de ser adorada.
28. Por lo tanto, quien quiere ser salvo debe pensar así de la Trinidad.

Desde el principio, en este credo se encuentra la declaración de una conexión entre la creencia en la Trinidad y la salvación. Edmund J. Fortman dice que tal cosa no sugiere que la "fe católica" sea meramente un asentimiento intelectual, sino más bien que incluye la adoración de "un Dios en la Trinidad, y la Trinidad en Unidad". Si esa en efecto es la intención del credo, la misma concurre con la aproximación de Juan Wesley, a la cual se ha aludido al principio de este capítulo. Hablando del credo atanasiano, Wesley dice: "Yo disto mucho de decir que aquel que no esté de acuerdo con él, 'sin duda alguna perecerá eternamente'. Por causa de esa y de otra cláusula, me rehusé por algún tiempo a subscribirme a este credo".[45]

Las formulaciones de este credo tienen mucho cuidado en excluir todas las desviaciones de la fe que hemos estudiado: el subordinacionismo, especialmente en su forma arriana, el triteísmo, y el modalismo. El Credo de Atanasio es plenamente agustiniano en su énfasis en la unidad de la substancia divina, puesto que todos los atributos de Dios son aplicables a cada persona de la Trinidad sin dividir por ello la naturaleza divina. Su fórmula resumida en la cláusula 4 ofrece las pautas para toda la especulación trinitaria posterior y, a su vez, identifica la falacia de cada "herejía" previa: "ni confundiendo las personas, ni dividiendo la substancia".

El lenguaje del credo pide atención especial. Sin duda, nuestro lector ya habrá reconocido que las discusiones trinitarias se caracterizaron por una confusión considerable en cuanto a los términos usados. No sólo el cuadro obligaba a contender con dos idiomas (latín y griego), sino que ciertos términos en un idioma o en el otro podían tener significados diferentes, dependiendo del contexto filosófico del cual eran extraídos. Hubo una cantidad considerable de malentendidos cuando diversos individuos empleaban términos como *ousia, persona, prosopon, substantia,* e *hypostasia.* No es raro que, como afirma H. A. Wolfson, "Cualquiera que fuese el término que uno usara, podía ser sospechoso de alguna doctrina herética".[46]

Las dos palabras claves del credo son "substancia" y "persona". Ambas comunican a nuestros oídos modernos ideas que son muy diferentes a las que los padres de la iglesia pretendieron. Substancia parece significar solidez, pero básicamente implica "naturaleza" o "esencia". Agustín prefería más "esencia" que "substancia", porque "substancia" se ve como independiente de sus atributos, lo cual no es el caso con Dios.

"Persona" es el término que ha ocasionado más reticencia que cualquier otro entre los teólogos modernos. El vocablo ha llegado a significar un centro individual de consciencia o personalidad. En vez de eso, en su uso original era mucho menos concreto, y no disolvía en forma alguna la unidad de Dios, como lo hace el término si se le interpreta en su sentido contemporáneo. Casi todos los escritores teológicos coinciden con las palabras de Gustaf Aulén: "Si les fuésemos a explicar a los hombres de la iglesia primitiva lo que significamos con persona y personalidad, los antiguos padres de la iglesia sin duda nos negarían el derecho de usar esta fórmula trinitaria de acuerdo con nuestro concepto de persona; nos tacharían de herejes triteístas".[47]

H. Orton Wiley reconoce este problema y niega que el uso teológico del término tenga en mente el significado moderno (*TC* 1:419). Esto nos sugiere que podemos seguir usando el término tradicional, pero reconociendo que tiene un significado adaptado y muy especial. El hacerlo nos colocaría en la posición de usar lenguaje esotérico y, para evitarlo, desde este punto en adelante por lo regular lo pondremos entre comillas la primera vez que aparezca. La mayoría de los teólogos de hoy han optado por la terminología de "los modos de ser" para referirse a la condición triple en Dios, pero explícitamente niegan su significado sabeliano. Nosotros hemos descubierto que este lenguaje tiene una historia venerable.[48]

En último análisis, nos encontraremos incapaces de formular en una forma completamente consistente y satisfactoria estos dos movimientos en la Realidad Divina. El misterio de Dios finalmente eludirá la formulación racional. Sin duda, Cyril Richardson tiene razón al decir:

> No hay manera de alzarnos sobre la paradoja de que debemos pensar en Dios en ambas formas, como uno y como sociedad. Lógicamente no podemos hacer ambos; empero debemos decir ambos. ... Sencillamente no hay una manera en el pensamiento humano para componer la paradoja. Toda solución, por ingeniosa que parezca, esconde la paradoja en una forma u otra. ¿No es mejor admitir la paradoja, confesar que hemos llegado a los límites del pensamiento humano, y reconocer que, para proteger las verdades cristianas, debemos decir cosas que [aparentemente] se contradigan a sí mismas?[49]

Es interesante, y no carente de significado, que cada una de las dos aproximaciones básicas a la Trinidad que acabamos de ver (la capadocia y la agustiniana), puede ser acusada de caer, o cuando menos de acercarse mucho a una herejía clásica. La construcción que empieza con la condición triple apenas evita el triteísmo, si es que lo evita, en tanto que la orientación agustiniana hacia la condición de uno, con su intento subsecuente de explicar la condición triple, siempre corre el peligro del modalismo.

Trinidad Esencial o Económica

H. Orton Wiley observa: "Es menester asirnos firmemente a la idea doble de la 'Trinidad esencial' y 'la Trinidad económica', si es que hemos de lograr alguna visión apropiada de esta doctrina fundamental del cristianismo" (*TC* 1:422). El *Manual de la Iglesia del Nazareno,* en el Artículo I de los Artículos de Fe, afirma su creencia en una Trinidad esencial. El asunto pide una discusión adicional en términos del pensamiento contemporáneo.

La comprensión económica habla del Padre, Hijo y Espíritu Santo no en sí mismos sino según se manifiestan en la creación, la redención y la santificación sucesivamente. La idea inmanente de la Trinidad afirma que estas distinciones funcionales revelan distinciones reales, ontológicas y eternas en la Deidad.

Históricamente, el asunto ha sido debatido en gran medida en términos del sabelianismo versus la ortodoxia (véase arriba). El sabelianismo negaba que hubiese distinciones dentro de Dios, pero afirmaba que había sencillamente tres manifestaciones sucesivas del Dios uno e indiviso en su manejo de los asuntos mundanos tal como se reflejaron en la creación, la redención y la santificación.

La ortodoxia rechazó esta interpretación. En consecuencia, gran parte del debate teológico que siguió sobre el particular giró alrededor de la metafísica especulativa que intentaba explicar la estructura triple de la vida divina interior. Sin embargo, muchos de los primeros padres trataron de reconocer ambos aspectos. Ireneo, por ejemplo, enseñó que, en su ser intrínseco, Dios es el Padre de todas las cosas, inefablemente uno y, sin embargo, contiene en sí mismo desde toda la eternidad su Palabra (el Hijo) y su Sabiduría (el Espíritu). En la revelación, estas realidades inmanentes son extrapoladas o manifestadas. Así, Ireneo afirmó que "por la misma esencia y naturaleza de su Ser, no hay sino un Dios", mientras que, al mismo tiempo, "de acuerdo a la economía de nuestra redención, hay ambos, Padre e Hijo". En este énfasis le siguen Hipólito y Tertuliano.[50]

Martín Lutero, dado su prejuicio antimetafísico, no quiso gastar mucho tiempo en las sutilezas de los eruditos (del escolasticismo). Su principio de que no podemos conocer a Dios como Él es en sí mismo sino sólo como se revela a sí mismo, parecería excluir toda especulación acerca de la Trinidad inmanente. No obstante, Lutero reitera una y otra vez que la fe cristiana está plasmada en la fórmula trinitaria de los credos, pero la basa en la revelación más que en la especulación filosófica. Como Wesley después de él, Lutero también identifica la Trinidad con la experiencia cristiana vital, ligándola a la creación, la redención y la santificación. Calvino, gracias a Miguel Servet, le dio considerable apoyo a la idea de una Trinidad inmanente, aunque su metodología teológica la hizo un poco incongruente.[51]

Los avances de la filosofía, simbolizados céntricamente por la filosofía crítica de Emanuel Kant, han hecho que los teólogos desde el siglo XVIII en adelante se vean renuentes a manejar los asuntos suscitados por la idea de una Trinidad inmanente. De ahí que la mayoría de ellos han quedado satisfechos con tratar de señalar el significado teológico de la doctrina de la Trinidad sin entrar en los aspectos intrincados del análisis metafísico.[52]

Sin embargo, varios análisis recientes han provisto apoyos poderosos para lo que es esencialmente una interpretación modalista de la vida divina. Han llamado la atención al hecho de que las primeras discusiones patrísticas funcionaron en términos de una idea del Ser Divino que era más helenística que bíblica y, por lo tanto, distinguieron entre el Padre y el Hijo en términos de base y expresión, o de lo absoluto y lo relacionado. El Padre es el símbolo de la base divina y quien está más allá —lo Absoluto—, y el Hijo es su relación con el mundo en creación y redención. Estas críticas han argumentado que tal distinción debería ser entendida como una tensión paradójica dentro de Dios, y no requiere necesariamente dos hipóstasis distintas. Por lo tanto, en substancia, Padre e Hijo son básicamente expresiones de nuestra experiencia de la naturaleza paradójica de Dios.[53]

Nada menos que el teólogo Karl Barth ha declarado que se acoge a una Trinidad esencial, y su influencia ha sido extensa entre los pensadores del siglo XX. Barth habla de tres modos de ser que son esenciales y no simplemente manifestaciones de la vida divina, a pesar de que deriva su estructura trinitaria de un análisis de la revelación.[54]

Geddes MacGregor provee una declaración sencilla de la posición de Barth sobre este punto:

> Si yo afirmara que no sé nada de Dios [como Él es en sí mismo] y sin embargo hiciera afirmaciones acerca de cómo me parece a mí que es, cualquier cosa que yo dijera acerca de Dios sería meramente una descripción de mi propia psique. Si afirmamos saber algo de Dios, estamos afirmando saber que los símbolos bajo los cuales le conocemos señalan en alguna manera u otra a su naturaleza esencial; no son meramente descripciones de sus manifestaciones.[55]

Siguiendo el énfasis de Barth de que Dios verdaderamente se ha revelado a sí mismo "y no sólo algo de sí mismo", T. F. Torrance comenta:

> Es cuando nuestro conocer a Dios pasa de lo que es llamado la "Trinidad económica" a la "Trinidad ontológica" que tenemos *theologia* en el sentido supremo y correcto, el conocimiento de Dios sobre la base libre de su propio Ser, conocimiento de Él en el cual nuestro conocerle es controlado y moldeado por relaciones eternamente inmanentes en Dios.[56]

Aunque sin usar el lenguaje tradicional de "económica" y "esencial", varios teólogos contemporáneos en efecto han defendido una Trinidad esencial usando los métodos de "ontología existencial". Esta aproximación entiende a Dios como Ser y, desde el lugar donde este Ser aparece más significativamente, esto es, en los seres humanos (*Dasein* en el lenguaje del filósofo Martin Heidegger), han extrapolado una teoría sobre la estructura de la Realidad como Ser-Mismo. Descubren, a través de este método, que Dios como Ser refleja una estructura trinitaria. Paul Tillich tal vez sea el más prominente de ellos, y John Macquarrie, quien sigue desarrollando aún más las intuiciones de Tillich sobre este particular. Tillich dice: "Es imposible desarrollar una doctrina del Dios viviente y de la creación sin distinguir el 'fundamento' y la 'forma' en Dios, el principio de abismo y el principio de automanifestación en Dios".[57]

Siguiendo una larga tradición que empieza con Agustín, Tillich ve la Tercera "persona" surgiendo en la vida divina como el principio de unidad que liga al Padre y al Hijo juntos. Así como el espíritu es el principio unificador en la experiencia humana (existencial), así el Espíritu es el principio unificador del Ser (ontológico). Así que el Espíritu tiene una necesaria y separada función y realidad. Tillich escribe así acerca de la lucha antigua que resultó en el establecimiento de la plena Deidad de la tercera "hipóstasis":

> El móvil para ello era ... cristológico. El Espíritu divino que creó y determinó a Jesús como el Cristo no es el espíritu del hombre Jesús, y el Espíritu divino que crea y dirige la iglesia no es el espíritu de un grupo sociológico. Y el Espíritu que toma y transforma a la persona individual no es una expresión de su vida espiritual. El Espíritu divino es Dios mismo como Espíritu en el Cristo y a través de él en la iglesia y en el cristiano.[58]

Podemos estar de acuerdo en principio con las aseveraciones de Barth y de otros. Así, basando la Trinidad económica en una Trinidad ontológica, ahora podemos con seguridad tornar nuestra atención al significado de la doctrina y reflexionar en la preocupación distintiva wesleyana sobre las implicaciones prácticas de ella. En este contexto, podemos echar mano de esas fuentes que dan énfasis a la Trinidad económica sin comprometernos nosotros al simple modalismo o sólo a la apropiación subjetiva, sino descansar en la veracidad de la revelación bíblica en cuanto al hecho sin demorarnos ya más con la manera.

Teológicamente, la doctrina de la Trinidad salvaguarda la doctrina de Dios de caer ya sea en el panteísmo o en el deísmo. Lo último es un énfasis exclusivo en la transcendencia, en tanto que el primero resulta de un énfasis demasiado exclusivo en la inmanencia. Fue la idea arriana de transcendencia lo que llevó a la negación de la deidad plena del Encarnado. Pero afirmar la consubstancialidad del Padre y del Hijo evita este peligro y afirma que Dios en realidad se ha involucrado en su creación. El Espíritu como la presencia de Dios en su creación y con ella, especialmente en su nueva creación, también protege de una retirada deísta. El Padre, como la Base del Ser del Hijo y del Espíritu, guarda contra el panteísmo al afirmar la otridad de Dios.

John Macquarrie reconoce este punto al afirmar lo siguiente: "El cristiano no podría aceptar un monoteísmo crudo en el cual Dios es totalmente transcendente y soberano y, todavía menos, un panteísmo en el cual Dios es entera y universalmente inmanente"; pues, tal como Aulén observa: "Todas las así llamadas interpretaciones unitarias tienden inevitablemente a volverse panteístas o deístas, y empobrecen el contenido y lo vívido de la fe en Dios".[59]

Al enfocar ahora nuestra atención en Juan Wesley mismo, notamos el significado que le atribuye al hecho trinitario de la Escritura. En primer lugar, es la base para dar honra al Hijo, o sea, la adoración. Este fue un punto crítico en la controversia arriana. Si, como Arrio razonaba, el Hijo era una criatura, era impropio adorarlo. Pero la fe católica insistió en que la debida adoración de la Segunda Persona era de por sí una indicación de su deidad.

En términos soteriológicos, la Trinidad está involucrada en el sentido de que pensar en el Padre como Aquel con quien somos reconciliados es la base de nuestra aceptación con Dios (el Hijo) y la base del testimonio del Espíritu. Wesley llega a esta conclusión: "Por lo tanto, no veo cómo es posible tener religión vital para persona alguna que niegue que los Tres son Uno".[60]

Wiley expresó la implicación redentora de la Trinidad en una forma un poco diferente: "Dios el Padre envió a su Hijo al mundo a redimirnos; Dios el Hijo se encarnó a fin de salvarnos; y el Espíritu Santo aplica la tarea redentora a nuestras almas" (*TC* 1:394).

Esta manera de expresarlo pide que recordemos que la comprensión ortodoxa de la Trinidad nos protege de ambos peligros, ya sea de contraponer a una persona de la Trinidad contra otra, o de dividir la actividad en la tarea de la salvación de modo que la hagamos una actividad de trabajo en serie. La indivisibilidad de la actividad de Dios fue garantizada por la doctrina tradicional de la *perichoresis* (griego), o el *circumincession* (latín), de acuerdo con la cual las tres Personas de la Deidad no son en sentido alguno independientes, sino que de hecho coexisten en cada una. Esto se refiere a la coexistencia de las personas tanto como a la de sus obras. Esto último es detallado en la doctrina de la *opera Trinitatis ad extra sunt indivisa* (la indivisibilidad de las obras externas de la Trinidad).

Este aspecto de la doctrina de Dios tiene implicaciones importantes para nuestro estudio subsecuente de las doctrinas de la expiación y la santificación. Nos protege de ver la obra de la salvación como la obra del Hijo en contraste con la del Padre y garantiza que sea cabalmente la obra de Dios (Padre, Hijo, y Espíritu). Además, nos protege de identificar la obra de la santificación con el Espíritu en cierta forma exclusivista, de modo que no sean incluidos el Hijo y el Padre, como observamos en esa piedad popular, pero equivocada que habla de "recibir al Hijo en la salvación inicial, pero recibir al Espíritu Santo en la santificación".[61]

Una valla trinitaria adicional que nos defiende de estas concepciones erradas se halla en el asunto vigorosamente debatido del *filioque*, o la procesión del Espíritu del Hijo. En el año 1054, las iglesias del Oriente y del Occidente se dividieron por este asunto; las del Occidente afirmaban y las del Oriente negaban que el Espíritu procede de ambos, el Padre y el Hijo. Para oídos modernos tal vez esto parezca una sutileza insignificante al grado de haber sido sólo un pretexto, pero realmente tiene una implicación práctica, especialmente para la doctrina de la santificación. El que el Espíritu proceda del Hijo nos asegura que la obra del Espíritu en la vida del creyente, impartiéndole los beneficios de la salvación provista por medio del Hijo, participará del carácter del Hijo, y también lo producirá, quien a su vez reproduce perfectamente (debido a la *homoousia*) el carácter del Padre.

Hablando de estas desviaciones de la ortodoxia trinitaria en una interpretación errada de la obra de salvación, Aulén hace este comentario incisivo: "En comparación con el peligro de dividir la concepción de Dios en un triteísmo [con relación a la salvación], las numerosas especulaciones abstractas acerca de la Trinidad 'inmanente' y la relación mutua entre las tres personas son relativamente inocuas".[62]

Las palabras del Gloria Patri expresan de manera apropiada la actitud de adoración que la verdad de la Trinidad debería evocar:

Gloria demos al Padre, al Hijo y al Santo Espíritu;

Como eran al principio, son hoy y habrán de ser, eternamente. Amén.

Capítulo 8

Dios el Creador

Una de las implicaciones importantes de la doctrina de la Trinidad es que no podemos hablar de la creación exclusivamente en términos de una persona de la Trinidad. El testimonio bíblico evidencia que el Padre, el Hijo, y el Espíritu estuvieron involucrados, los tres, en el acto/proceso de la creación (Colosenses 1:16-17; Juan 1:3; Génesis 1:2; 1 Corintios 8:6; Salmos 104:30). Por lo tanto, cuando hablamos de Dios el Creador, estamos hablando de la Deidad total.[1]

En la teología, estrictamente entendida (véase el capítulo 1), debemos hablar no de cosmología o pseudociencia, sino de Dios y de las implicaciones para el ser humano con relación a Dios. O, más específicamente, hablamos de la relación de Dios con el mundo. Expresándolo de otra manera, nos interesa la implicación teológica de la verdad de que Dios es el Creador.[2]

Hay pocas doctrinas que tienen implicaciones más amplias para la vida y la creencia que la de Dios el Creador. Esta colinda con preguntas ontológicas, provee una base para la comprensión ética, el cimiento para las instituciones sociales humanas, y se relaciona con la providencia, los milagros y la oración. En la educación, afecta a toda la cuestión de la relación entre la fe y el conocimiento, y une inseparablemente el fenómeno de una educación universitaria cristiana de artes y letras.[3] Trae la ecología al ámbito de la teología cristiana y abre la puerta a una visión sacramental de la naturaleza. De esta manera, llega mucho más allá de consideraciones y asuntos meramente cosmológicos que tengan que ver con la relación entre la ciencia y la religión. Este asunto cae más propiamente en el terreno de la filosofía de la religión que en el de la teología misma. Langdon Gilkey se atreve a ir tan lejos como para decir: "La idea de que Dios es el Creador de todas las cosas es el fundamento indispensable sobre el cual están basadas todas las otras creencias de la fe cristiana".[4]

Análisis Teológico
de Génesis 1:1—2:4a[5]

Es desafortunado que este pasaje haya sido usado tan frecuentemente para crear un conflicto entre la ciencia y la revelación. Tal conflicto es el resultado de dejar de reconocer la naturaleza del relato. "Aunque el relato de la creación en la Biblia no es mitológico [véase más adelante], su intención tampoco es que sea cosmológico o científico".[6] Emil Brunner sugiere una analogía apropiada que demuestra cómo las dos formas de explicación (científica y teológica) jamás pueden de veras chocar si cada una reconoce su propio contexto metodológico:

> ¿Cómo podemos combinar el análisis químico de un lienzo pintado con el juicio estético de este lienzo como obra de arte? Obviamente los dos son mutuamente exclusivos, porque los dos asuntos están en planos diferentes. Donde el químico sólo ve los diversos elementos de una mezcla química, el artista ve un todo significativo, una expresión de mente y espíritu.[7]

En su discusión de las narrativas de la creación, H. Orton Wiley permanece firmemente dentro de estas limitaciones contextuales. Se refiere a al relato como "un salmo inspirado", al cual designa como el "Himno de la Creación", o "Poema del Alba". Puesto que es de naturaleza poética, no puede ser manejado como un tratado científico técnico, aunque debemos dar énfasis, como Wiley hace, al hecho de que es histórico en su naturaleza.[8]

Debemos tener mucho cuidado en entender lo que significa cuando se dice que un relato es histórico, aunque poético. A fin de ver el significado de esta distinción, debemos primeramente establecer la diferencia entre un simbolismo poético y un mito. El mito, en las religiones de la antigüedad, se derivaba del mundo de la naturaleza en el que los ritos celebraban fenómenos repetibles tales como el retorno cíclico de las temporadas.[9] La historia de la creación no es mítica, puesto que fue un evento de-una-vez- por-todas, y no un evento repetido; por ende, es histórico. No hablaríamos de las estaciones que se repiten como históricas en este contexto. Karl Barth ha sugerido la palabra *saga* para describir tales narraciones:

> Seguramente es un error básico hablar de mitos de la creación. ...
> Un mito tiene que ver con el poderoso problema que en todos los tiempos se propone a sí mismo al hombre, y por lo tanto es eterno, el problema de la vida y la muerte, de dormir y despertar, de nacer

y de morir, de la mañana y del atardecer, del día y de la noche, y así sucesivamente. Estos son los temas del mito. ... Si le vamos a dar a la narrativa bíblica un nombre o ponerla en una categoría, que sea el de una saga.[10]

Decir que el relato de Génesis es histórico es decir algo muy diferente a interpretaciones tales como la siguiente:

> La doctrina cristiana de la creación es una aseveración simbólica, no de que el mundo fue hecho por el Gran Artífice, como un carpintero hace un cajón, sino de que el hombre en toda su finitud sentida viene de Dios y va a Dios; no está rodeado por un absoluto abismo de la nada. ... La creación que resulta de la nada no debe ser entendida como un evento histórico, sino como una descripción de existencia.[11]

> La doctrina de la creación no es la historia de un evento que ocurrió en el "hubo una vez". Es la descripción básica de la relación entre Dios y el mundo. ... La doctrina de la creación no describe un evento. Apunta a la situación de criaturidad y a su correlativo, la creatividad divina.[12]

A estas declaraciones tenemos que contestar con un no y con un sí. Nuestra posición es que la dimensión histórica (un evento) no debe ser rechazada, sino que la dimensión que apunta a la situación humana debe ser afirmada. Definitivamente, es cierto que las narraciones de la creación proveen una intuición al interior de la situación existencial del ser humano, pero eso no elimina la posibilidad de su historicidad. Aunque la dimensión histórica del relato yace fuera de nuestra experiencia y, por lo tanto, nos es inaccesible, es, sin embargo, histórica en naturaleza.

Sobre este trasfondo, lo que nos proponemos es enfocarnos en la exégesis teológica de las narrativas bíblicas de la creación. Las dimensiones puramente teológicas de las narrativas bíblicas son vistas de manera más clara cuando se les coloca en contraste con una narración babilónica de la creación de fecha más antigua.[13] La cosmología babilónica es en lo esencial la misma a la de Génesis, pero la teología es significativamente diferente. Los anales babilónicos "han hecho más que cualquier otra cosa para confirmar la verdadera inspiración divina"[14] de la Biblia, la cual, como hemos visto en el capítulo 2, se encuentra en la teología que informa al texto.

En el texto babilónico, el universo, como los babilonios de la antigüedad lo entendían, era descrito como que había llegado a existir del resultado del conflicto entre los dioses. Bel, el dios supremo de Babilonia, derrotó a Tiamat, cortó su cuerpo en dos, y con una mitad hizo un firmamento que sostenía las aguas superiores en el cielo; la otra mitad se volvió "las aguas de abajo".

Los paralelos al libro de Génesis son obvios. Pero nuestro relato inspirado le atribuye el origen del universo a un Dios único, y por ende es monoteísta. No hay ni existencia divina previamente existente ni materia inerte con la cual fuera formado el universo. Nuestro relato, en vez de ser inmoral y politeísta como el babilónico, es ético y monoteísta.[15]

Además, la estructura de la narración del proceso de la creación en Génesis 1 es claramente presentada para dar énfasis a la verdad teológica de que el principio del *Sabbat* está arraigado en la actividad creadora de Dios. A estos efectos, en última instancia hace muy poca diferencia si la palabra hebrea *yom* (día) es interpretada literalmente como un período de 24 horas, o como épocas de tiempo de duración indefinida. El punto es que el séptimo día es un día de descanso. La naturaleza misma del universo apoya el *Sabbat* como una cuestión de principio. Si en la práctica menospreciamos el principio de un día de descanso, estaríamos coqueteando con un caos que, según el Génesis, ya el fíat divino hizo retroceder en la creación. El cambio que los cristianos hemos hecho del día de adoración del séptimo al primer día de lasemana no invalida el principio de un día de descanso, puesto que está basado sobre el mismo principio de "un día de reposo". Además, este día en la manera cristiana de observarlo está fundamentado en la "nueva creación" en vez de en la "vieja creación".[16]

Otra institución que es vista como que está arraigada en la creación es el matrimonio monógamo. Este arreglo no es un constructo artificial, sociológico que pueda ser violado impunemente, ya que la estructura de las personas humanas es tal que fracasar en conformarnos a esta ley natural es causarle estragos a la propia naturaleza creada de uno. El matrimonio monógamo es "bueno" no sólo porque es el fíat de Dios, sino porque trae la realización máxima posible de la persona.[17]

El hacer tal aseveración es postular que el matrimonio no es esencialmente legal o artificial, sino natural. Esto tiene implicaciones sumamente amplias para la ética social y los asuntos políticos cuando son interpretados desde una perspectiva cristiana.[18]

La Bondad de la Creación

Una de las características centrales de la narración de la creación es el juicio del Creador de que es "buena". ¿Qué significa la evaluación de que es buena? En primer lugar, es el juicio de Dios y no el de la creación; por lo tanto, no puede ser que sea buena principalmente para los seres creados, aunque no podemos decir *a priori* que eso haya sido excluido. Lo que sí deja fuera la bondad de la creación es el juicio de que se haya derivado originalmente de la experiencia finita. Sólo Dios tiene la perspectiva, como Creador, de pasar el juicio de que es "buena".

La palabra hebrea que se traduce "bueno" puede también significar "hermoso", pero su significado en este pasaje va más allá de este significado. Sin embargo, puede ser incluido en un sentido secundario como una descripción de lo formidable y lo ordenado del mundo creado. Básicamente, "bueno" es una palabra que indica propósito y, por lo tanto, significa que el Creador declaró que la obra de sus manos era buena porque cumplía   perfectamente el propósito que Él tuvo en mente. Si bien es cierto que no se nos da un indicio claro en la narración de Génesis sobre cuál pudo haber sido ese propósito, Salmos 148:1-6 tal vez nos lo dé:

¡Aleluya! ¡Alabado sea el Señor!
Alaben al Señor desde los cielos,
    alábenlo desde las alturas.
Alábenlo, todos sus ángeles,
    alábenlo, todos sus ejércitos.
Alábenlo, sol y luna,
    alábenlo, estrellas luminosas.
Alábenlo ustedes, altísimos cielos,
y ustedes, las aguas que están sobre los cielos.
Sea alabado el nombre del Señor,
    porque él dio una orden y todo fue creado.
Todo quedó afirmado para siempre;
    emitió un decreto que no será abolido. (NVI)

Aparentemente, el salmista ha entendido que el propósito de la creación es la alabanza y la gloria de Dios, y es este el propósito que cumplir y para el cual fue adecuadamente estructurado. De este modo, el juicio de Dios de que lo creado "era bueno" (Génesis 1:31) nos dice que la finitud creada tiene propósito. Esta fe provee el contexto en cuyos términos el hombre apropiadamente experimenta o puede experimentar la bondad de la creación.

Podemos obtener luz adicional sobre el propósito y la bondad de la creación al tornarnos ahora al Nuevo Testamento, donde el Logos o Cristo es presentado como el Agente de la creación (Juan 1; Efesios 1; Colosenses 1; y 1 Corintios 8). Así, el carácter de la palabra creadora es aquí definida por el carácter de Cristo y, al hacerlo, la intención de propósito de Dios es iluminada. Emil Brunner sugiere que la teología debe empezar con el Nuevo Testamento más bien que con el Antiguo Testamento. Estamos en desacuerdo con este procedimiento, puesto que implícitamente pone en tela de duda la autoridad del Antiguo Testamento.[19] La declaración de Brunner, de que "la Palabra por la cual Yahvé crea el cielo y la tierra es una palabra pura de mandato con la cual expresa su poder, pero no es la Palabra que le da significado divino a su creación",[20] toma el camino descendente por el que caminó Marción. Implica que se separa al Dios de la creación del Dios de la redención. Aunque es absolutamente cierto que la Palabra Creadora es más perfectamente entendida a la luz de la Palabra Encarnada, las dos son una y la misma.

Creatio ex Nihilo

W. T. Purkiser distingue dos palabras hebreas (*bara* y *asah*) en la narración de Génesis. La una *(bara)* implica traer a la existencia aquello que previamente no tenía ser, y la segunda *(asah)* implica el moldeamiento o formación de materiales previamente existentes.[21] Desde los tiempos más antiguos, la teología cristiana ha hecho esta distinción al formular la doctrina de la creación como *creatio ex nihilo* (creación de la nada)[22]. Esta doctrina tiene numerosas aplicaciones importantes.

Dios la Fuente. Primero, nos dice que Dios es la fuente de todo lo que es. Es difícil para la persona sin entrenamiento filosófico pensar en "nada" sin tratarlo como "algo". Pero "de la nada" lo que dice es que no había nada excepto Dios, nada de lo cual el mundo fue formado. Esto excluye todas las formas de dualismo. El camino del hombre siempre es moldear algo nuevo de material previamente existente, pero Dios le dio existencia a su propia materia prima.

El ejemplo clásico de una visión dualista de la creación es la cosmología de Platón (en realidad él tiene tres realidades en vez de dos, pero el principio es el mismo). En el *Timeo*, el demiurgo tomó el receptáculo previamente existente (el espacio)[23] y lo moldeó de acuerdo con las formas o ideas eternas para que fuera el universo ordenado presente. Las formas son los principios de significado, y el receptáculo es el principio recalcitrante que   constantemente se resiste al orden que se le ha impuesto. Ambos le proveen elementos limitantes a Dios (el demiurgo), de modo que éste no es el Último. (La realidad última en el pensamiento de Platón es la forma del bien, la cual llegó a ser identificada con Dios en el pensamiento cristiano posterior).

Varias lecciones positivas pueden ser derivadas de esta verdad de la creación.

1. Dios fue la sola fuente de toda existencia. Aunque esta declaración es redundante, es importante recalcarla. La Iglesia Primitiva se enfrentó con una amenaza poderosa a su fe en este punto en particular de parte del gnosticismo. Al basar sus especulaciones metafísicas en la premisa de que la materia era mala, los gnósticos le atribuyeron la creación a un dios menor. Es bien sabido cómo Marción rechazó el Antiguo Testamento con su Creador Dios porque no pudo reconciliar la creación con la redención. Esta es una razón por la cual la Iglesia Primitiva fue tan inflexible en su compromiso de retener el Antiguo Testamento como Escritura auténtica, y de identificar al Dios de la creación con el Dios de la redención de quien el Nuevo Testamento da testimonio, a pesar de que implicaba serios problemas hermenéuticos para los primeros cristianos. Ireneo, en su *Contra las herejías,* fue tal vez el campeón más vigoroso contra los gnósticos en favor de la autenticidad de la verdad de la creación.

2. Puesto que todo lo que es se deriva de la voluntad de Dios, nada que exista puede ser intrínsecamente malo; ni la materia, o realidad finita como ya lo hemos observado, ni ninguna otra forma de existencia, sea personal o impersonal.

Esta afirmación de fe suscita preguntas serias acerca del mal. ¿De dónde surgió? El dualismo no tiene problema con la pregunta porque el mal es atribuido fácilmente a una fuente externa a Dios, con frecuencia a un ser malévolo. Bajo la influencia del pensamiento dualista encontrado en Babilonia, los pensadores judíos empezaron a especular en forma dualista, especialmente en el género literario conocido como la apocalíptica.[24] Así, de ese ambiente, aparece en las páginas del Nuevo Testamento el carácter siniestro de Satán como la encarnación personal del mal. La preocupación con el diablo ha guiado a muchos cristianos modernos hacia una versión popular del dualismo que implica una negación de la doctrina de la *exnihilo.*

A tales personas, leer el Antiguo Testamento puede producirles un fuerte choque cultural. Los escritores del Antiguo Testamento toman en serio su monoteísmo, y le atribuyen todo a Dios, incluyendo el mal (compárese con 1 Samuel 16:14ss; 18:10; 19:9; 1 Reyes 22:20-23). De esta manera, el Antiguo Testamento sirve como un apuntalamiento teológico importante para el Nuevo con el fin de ayudarnos a evitar desvanecer en un dualismo metafísico como el dramático dualismo ético que se halla en sus páginas. Por lo tanto, siguiendo el dualismo ético, el mal moral debe ser explicado como una perversión del bien creado por Dios.

En 1945, cuando el mundo había sido forzosamente impresionado con la dimensión demoníaca de la historia humana ilustrada por el ascenso de Hitler y las atrocidades que lo acompañaron, forzando al optimismo color de rosa que había florecido en los siglos XIX y XX a que reevaluara sus presuposiciones, William Robinson escribió un tratado teológicamente sano y perspicaz al que le dio el título de *The Devil and God* (El diablo y Dios). Rechazando el dualismo como una imposibilidad para el pensamiento cristiano, Robinson nos muestra cómo ello no debilita una creencia bíblica apropiada en la realidad del diablo. Su argumento es que la tentación de Jesús es el pasaje decisivo y concluye: "La historia de la tentación implica claramente que Jesús se topó contra una fuerza personal siniestra que operaba en el mundo, y el rehusarnos a aceptar esto nos lleva a una dificultad terrible en lo que toca a la doctrina de la Encarnación".[25] Robinson se refiere al hecho, ya observado antes, de que los escritores del Antiguo Testamento le atribuían el mal a Dios como una comprensión primitiva. En otras palabras, el Nuevo Testamento presenta la visión cabalmente revelada de la naturaleza del mal moral.

No es excesivamente difícil identificar el origen de la idea de Satanás, pero el origen de Satanás mismo es en realidad algo más complejo. Algunas referencias bíblicas que se han usado para resolver esta pregunta son de exégesis cuestionable, en tanto que otras hablan de ángeles caídos (Judas 6; 2 Pedro 2:4), y algunas más implican una apostasía satánica (Juan 8:44; 1 Juan 3:8). Uno se ve forzado primordialmente a recurrir a inferencias de ciertas doctrinas teológicas, especialmente la de la creación, como se ha explorado antes. Sin embargo, al hacerlo, se debe tener mucho cuidado a fin de evitar la especulación imaginativa. Lo que es más, uno debe reconocer que gran parte de la imaginería popular del diablo viene de fuentes no canónicas. Las fuentes canónicas están sorprendentemente libres de tal imaginería.

Satanás, como la encarnación del mal, tiene que ser visto como quien tiene existencia dependiente, pues de otra manera la *creatio ex nihilo* se verá comprometida. Todavía más, no puede afirmarse que Satanás haya sido creado por Dios como una realidad mala. Por ende, la única conclusión lógica a la que uno llega es que Satanás es una realidad personal que tiene una medida de libertad como Adán y Eva, y que fue bueno al principio pero que, por cierta decisión hecha antes de la creación, se rebeló contra su Creador, como hizo la primera pareja, y de esa manera pervirtió la buena creación de Dios.

Es sobre esta base que los pasajes bíblicos arriba mencionados han de ser considerados, puesto que reflejan ese patrón. Es, por lo tanto, aparente que el mal es personal en naturaleza, concreto, pero no empírico, una perversión del bien más que algo que tenga significado positivo final. En una palabra, la enseñanza del Nuevo Testamento no es contradictoria a la revelación del Antiguo Testamento sobre la cual se levanta firmemente.

3. En toda la creación no hay nada excepto Dios digno de la adoración del ser humano. Todo lo demás es finito y le debe finalmente su existencia a Dios. Por lo tanto, poner nuestra dependencia en cualquier aspecto de la creación es ser culpables de idolatría. Esto elimina de la vida cristiana consistente todas las formas de superstición. Condena, como prácticas paganas, toda clase de creencia en el destino como la astrología, la que lleva a creer que el destino del hombre es determinado en alguna forma por las estrellas. Dios, y sólo Dios, es digno de la clase de dependencia que es religiosa en naturaleza. Aquí yace la verdadera importancia de la definición que Friedrich Schleiermacher hizo de la religión como "el sentimiento de dependencia absoluta".[26] La definición de Paul Tillich de la fe como la preocupación final es también una descripción gráfica de una verdadera comprensión de la naturaleza religiosa de la existencia humana cuando la verdad de la creación es reconocida.

El Estatus de la Creación

La segunda implicación mayor de la doctrina de la creación tal como se formula clásicamente es que las criaturas son dependientes pero reales y buenas. En lenguaje filosófico, esta implicación excluye el panteísmo, donde la distinción entre Dios y su creación (si el término "distinción" puede acaso ser usado) es difuso.

No es generalmente conocido que la fórmula completa diseñada por la teología para reflejar las implicaciones totales de la doctrina de la creación reza así: *creatio ex nihilo, non de Deo, sed ex nihilo* (creación de la nada, no a partir de Dios, sino a partir de la nada).[27] Nuestra fórmula evita la interpretación de la creación como una emanación en la que la naturaleza de Dios es proyectada hacia la realidad como los rayos del sol emanan de su fuente, que es como lo enseñaba el neoplatonismo. Cuando se emplean imágenes del tipo neoplatónico, la distinción entre la realidad infinita y finita se oscurece.

En la perspectiva neoplatónica lo que no es Dios no es ni real ni bueno, lo cual resulta en que el ser finito es ilusorio, como demuestra claramente el siguiente análisis:

> Ahora las cosas finitas como finitas, esto es, como criaturas materiales, individuales, parciales, históricas o personales claramente son sólo en un grado muy pequeño idénticas a Dios. Porque Dios, como la fuente transcendente de todo, es la negación de todas estas características de la finitud. El Ser divino, quien es sobre todos y en todos, claramente no puede ser ni material, ni individual, ni personal ni temporal; como el principio de la unidad de todas las cosas tiende inevitablemente a absorber y, por lo tanto, a remover estas mismísimas características que hacen que las cosas sean finitas y diversificadas. Si las cosas finitas son Dios, y si Dios transciende sus características finitas, entonces inevitablemente la criatura como finita se vuelve irreal. Sólo si las cosas finitas tienen una existencia, por así decirlo, "propia de ellas", separada y distinta de Dios, puede decirse que son reales por ser finitas.[28]

La doctrina de la creación *non de Deo* afirma, en contraste, que el mundo con todos los seres finitos dentro de él no son una parte de Dios, sino que poseen una existencia real, aunque dependiente. Aquí el cristianismo se yergue aparte de la mayoría, si no de todas las religiones orientales, las cuales ven toda la existencia de las criaturas como manifestaciones más o menos ilusorias de lo real. Por lo tanto, en estas religiones el camino de salvación o iluminación consiste en meditar a fin de penetrar la profundidad del propio ser de uno mismo, donde lo Divino ha de hallarse. El siguiente pasaje de las escrituras del hinduismo reflejan esta identificación panteísta de nuestra realidad con la del Todo o de lo completo: "Aquello que es la esencia más fina, todo el mundo lo tiene como su alma. Eso es la realidad. Eso es Atman (alma). Eso eres tú, Svetaketu".[29] La salvación final en tal cosmovisión panteísta siempre es buscada a través de un escape de la existencia del espacio-tiempo o de las limitaciones de la historia.

Pero el aseverar que las criaturas son reales no sugiere que tengan un estatus independiente. El mero hecho de que la creación es de la nada implica que su existencia continua depende del poder sustentador de Dios. Si, o cuando este poder es removido, la criatura vuelve de nuevo a la nada. Por ende, toda la creación vive en el precipicio de la no existencia. Esto es lo que explica una comprensión existencialista cristiana de la ansiedad, la amenaza del no ser de la cual sólo las criaturas humanas están al tanto. Pablo recalcó este punto cuando les habló a los atenienses acerca del Dios creador: "Porque en el vivimos, y nos movemos, y somos" (Hechos 17:28). Wesley da eco a esta comprensión al decir: "El hombre es un ser sencillamente dependiente... La dependencia está entretejida en su misma naturaleza, de modo que, si Dios se retirara de él, se hundiría en la nada" (*Works* [Obras] 9:456).

De todo esto resulta claro que el tomar con seriedad la doctrina de la creación influirá directamente sobre nuestra comprensión de la naturaleza de la salvación. La perspectiva que ve la salvación como meramente salvar almas es inadecuada. La salvación en el sentido bíblico pleno incluye a toda la persona, extendiéndose a sus necesidades físicas, sus necesidades psíquicas, y sus necesidades políticas. Esta es la dimensión de fe bíblica que William Temple tenía en mente cuando hizo su clásica declaración de que "el cristianismo es la religión más declaradamente materialista de todas las grandes religiones del mundo".[30]

Es este compromiso lo que hace que la encarnación sea cabalmente comprensible en principio, y que asimismo devalúe cualquier idea que menosprecie el cuerpo haciéndolo *ipso facto* malo. No sólo el cuerpo puede ser santificado en esta vida, sino que también finalmente la esperanza cristiana incluye la resurrección corporal, no una existencia desencarnada. Un repaso cuidadoso de todos los anhelos de vida más allá de la muerte expresados en el Antiguo Testamento revelará que en ningún lugar esto es concebido como una posibilidad que no sea en la carne.

Ahora podemos ver que el mantener la realidad del ser finito mantiene la realidad del pecado como un acto significativo contra Dios. Los humanos no son un epifenómeno de la realidad divina sino verdaderos centros de acción efectiva. Aquí está el talón de Aquiles de la

Ciencia Cristiana. Siendo, como es, una versión popular del panteísmo, niega la realidad del pecado y a la vez sencillamente declara que es una manera equivocada de pensar. La cura, tanto para el pecado como para la enfermedad, nos dice el practicante de la Ciencia Cristiana, es una evaluación correcta del estatus de tales conceptos ilusorios.

Más aún, *creatio ex nihilo* implica que cuando el ser humano se relaciona con Dios, no se desprende de su "criaturidad" sino que sigue siendo finito. Esto es la base para nuestra humildad (no humillación) de la cual Pablo habla cuando se refiere a "tesoro en vasos de barro" (2 Corintios 4:7).

Una implicación adicional de la verdad de que las criaturas tienen existencia real y son esencialmente buenas es que el pecado no está en las cosas sino en el uso equivocado de ellas. Toda la creación material y todos los impulsos físicos naturales del cuerpo son buenos en sí mismos. Pueden ser pervertidos, satisfechos de la manera equivocada, y usados en toda clase de formas torcidas, pero ello es el resultado de la voluntad rebelde del hombre que escoge usar su libertad para alzarse contra los propósitos de su Creador.

Libertad y Propósito

La tercera implicación mayor de *creatio ex nihilo* es que Dios crea en libertad y con propósito. La libertad de Dios con relación a su creación significa que el ser humano no puede descubrir el cómo y el porqué de la creación, puesto que yace fuera de su experiencia. Nuestras explicaciones científicas ocurren dentro del contexto de las relaciones finitas, las cuales están sujetas a nuestro conocimiento. Pero la relación entre el Creador y la creación no es igual a la relación entre un evento (o persona) finito y otro.

Lo más cercano que podemos llegar a una explicación es mediante el uso de analogías, sin embargo, todas las analogías en última instancia se quedan cortas debido a que se derivan de la experiencia común. Las críticas de David Hume acerca de todas las formas del argumento cosmológico de la existencia de Dios hacen esta contribución positiva a la preservación de la transcendencia y libertad de Dios. En el siglo XVIII, William Paley había propuesto el famoso argumento de la analogía entre el reloj y el ojo humano, por el cual razonó que había demostrado la existencia de un Diseñador cósmico del universo. Hume sencillamente contestó que cuando descubrimos un reloj, inferimos que hay un fabricante de relojes porque hemos tenido la experiencia de relojeros que hacen relojes. Por el contrario, nosotros nunca hemos tenido experiencia alguna de un Artífice divino que haya creado un mundo a partir de la nada. Así, la analogía fracasa como prueba. "La fórmula básica 'de la nada' es de hecho un abandono explícito de cualquier explicación del 'cómo'".[31]

La fórmula de las analogías asimismo hace imposible un descubrimiento naturalista del propósito de Dios en la creación. Puesto que el propósito implica "personalidad", se nos introduce a una dimensión adicional: para conocer los propósitos e intenciones de una persona, necesitamos recibir una palabra personal de explicación de parte de ella. (Véase la discusión de este punto en lo que atañe a "revelación" en el capítulo 4). Es pertinente a este punto el hecho de que los hebreos percibían la historia más que la naturaleza como la fuente primordial de revelación. Los propósitos personales de Dios pueden ser discernidos más fácilmente en sus acciones salvadoras que en los fenómenos naturales. Los eruditos del Antiguo Testamento son virtualmente unánimes en sostener que la cronología hebrea de creencia iba de la actividad de Dios en traer a Israel a la existencia, a Dios el creador, o sea, de la historia a la naturaleza, y no viceversa.[32] Langdon Gilkey lo expresa así: "El conocimiento del 'propósito' de Dios en la creación es derivado de la experiencia de su amor en el pacto con Israel y en Cristo".[33]

Esto ilumina el significado de la interpretación cristológica de la creación propuesta por Karl Barth. Siguiendo la iniciativa de Barth, Gustaf Aulén dice:

> El contenido de su significado (el de la creación) y de su meta se deriva del hecho de que el entero acto de creación (principio, proceso, y clímax) está conectado con Cristo. ... Cuando Cristo es conectado de esa manera con la creación como un todo, y su acto de redención la ilumina, el significado y propósito de la voluntad creadora de Dios se vuelve claro e inequívoco.[34]

Creación, Vida e Historia

Hemos observado previamente los intentos modernos de interpretar la doctrina de la creación exclusivamente en función de lo que pudiera llamarse su significado "existencial". En contra de ello hemos afirmado que la narración de Génesis es también histórica, pero ahora nos toca reconocer la validez de las aseveraciones existencialistas. Las narrativas de la doctrina de la creación sí tienen contenido existencial, y consisten principalmente en que la creación es la afirmación de la fe de que la finitud no está rodeada por un "absoluto abismo de nada", o, expresado en forma positiva, de que la vida tiene significado.

Si el mundo, y especialmente el ser humano, es el producto de la suerte ciega o de fuerzas irracionales, o si es el fundamento de su propia explicación, inevitablemente el resultado es un sinsentido. Pero la fe bíblica declara que hay un fundamento transcendente de la existencia finita, y que este fundamento es inteligente y tiene propósito.

Langdon Gilkey sugiere que hay tres factores necesarios para un sentido de significado: (1) la esperanza de la satisfacción última de nuestras necesidades más profundas, (2) una visión de un orden de significado inteligente y con propósito en el cual la vida de uno puede participar, y (3) una cierta promesa de salud y unidad interiores.[35] Aparte de estos factores, no puede haber sino cinismo y desesperación. Podemos condensarlos así: (1) un fundamento de esperanza, (2) un fundamento de coherencia, y (3) un fundamento de totalidad. Todos éstos son afirmados en la doctrina de Dios el creador.

Todas las versiones modernas del nihilismo son la consecuencia de la pérdida de fe en Dios. La acusación que hace el existencialista francés Jean Paul Sartre al significado de la vida (véase su novela *A puerta cerrada),* es el resultado directo de negar que la existencia humana tenga propósito alguno, y esa negación a su vez resulta del rechazo de la existencia de Dios. A diferencia de un abrecartas, cuyo fabricante presupuso una función para su producto, función que incrustó al fabricarlo, la humanidad es arrojada a la historia sin ningún propósito preconcebido para su existencia, ninguna esencia, y es dejada con la "espantosa libertad" de crear sus propios valores y cualquier significado que la vida pueda tener.[36]

Lo que es cierto de la vida individual lo es también de la historia. Dios como el fundamento transcendente y creador de la historia es la garantía de la fe de que la historia no es una serie de eventos fortuitos sin diseño ni propósito. Uno de los hechos más fascinantes de la historia es que los hebreos, casi solos entre los pueblos de la antigüedad, produjeron un sentido de historia que es la herencia del mundo occidental. Esto se debe a que entendieron la historia como que era lineal en naturaleza, originada en la voluntad creadora de Yahvé y dirigida por su providencia hacia una consumación escatológica en el reino de Dios.[37]

Todos, o casi todos, los pueblos del pasado conceptualizaron la historia como una especie de movimiento cíclico. Si la historia se mueve en ciclos, pensaban ellos, no va para ningún lugar, y la historia sin una meta es historia sin propósito, y, por ende, sin significado. Así, la vida dentro de una historia tal participa de las mismas características.

Uno de los libros más misteriosos, y menos entendidos, del Antiguo Testamento es Eclesiastés. Su heterodoxia intriga a muchos. Pero si es percibido como un intento de demostrar la futilidad de la vida desde la perspectiva de una visión cíclica de la historia, se convierte en una brillante apología de la doctrina bíblica de la fe en Dios el creador.

"Vanidad de vanidades, todo es vanidad" es una descripción perfecta de la vida en una historia que no va para ningún lado, porque si la historia meramente se repite a sí misma, "nada hay nuevo debajo del sol" (Eclesiastés 1:2, 9). La mayoría de las visiones cíclicas derivaban de la naturaleza su comprensión de Dios y de la historia (véanse arriba los comentarios sobre el "orden cronológico" de la fe de Israel). Esta derivación puede ser vista claramente en los versículos 5-7, donde los procesos cíclicos de la naturaleza proveen el paradigma para la historia:

> Sale el sol, y se pone el sol,
> y se apresura a volver al lugar de donde se levanta.
> El viento tira hacia el sur,
> y rodea al norte; va girando de continuo,
> y a sus giros vuelve el viento de nuevo.
> Los ríos todos van al mar,
> y el mar no se llena;
> al lugar de donde los ríos vinieron,
> allí vuelven para correr de nuevo.

Agustín se encontró en su propio día con esta perspectiva devastadora y su resultante falta de significado, y se opuso a ella vigorosamente sobre bases creacionales y cristológicas.[38] Agustín hace notar lo imposible del significado y de la felicidad (beatitud) a menos que la historia conduzca a un escatón: "Pues, ¿cómo puede ser de veras llamado bienaventurado aquel que no tiene la seguridad de serlo eternamente, y que ignora la verdad, y que es ciego a la miseria que se acerca, o que conociéndola, está en miseria y temor?" En contraste con la sórdida visión cíclica del tiempo, "si ella (el alma) pasa a la beatitud, y deja las miserias para siempre, entonces sucede en el tiempo una cosa nueva a la que el tiempo no pondrá fin".[39]

Si la historia es real y lineal, como lo valida la doctrina de la creación, hay la posibilidad de libertad y de propósito, y de acción creadora y de cambio. Todo esto es esencial para que la existencia histórica tenga significado. En consecuencia, hay una profunda importancia existencial en afirmar: "Creo en Dios Padre, Todopoderoso, creador del cielo y de la tierra".

La Creación y el Mal

El problema más difícil para todas las formas de fe teísta es lo que ha sido llamado el problema del mal. Durante el desarrollo del libro hemos pasado por alto varios asuntos por considerarlos más adecuadamente temas de la filosofía de la religión como una disciplina. Efectivamente, la filosofía se preocupa considerablemente de este problema, pero la teología debe también considerarlo de frente porque es el desafío más devastador que la fe religiosa debe enfrentar. Busquemos, pues, enfocarnos en las dimensiones peculiarmente teológicas del asunto, aunque lo mejor que podamos hacer sea ofrecer sugestiones.

El primer paso es el de definiciones. El mal, como el bien, no ha de ser definido primordialmente a partir de la experiencia del ser humano. Si se hace tal cosa, se está muy propenso a identificarlo con demasiada facilidad con la ausencia del placer, o en forma opuesta, sencillamente con algún dolor, o en otras formas antropocéntricas. Sin embargo, el mal es la perversión del bien. Hemos visto que el bien es un propósito o idea teológica. Así, el mal es disteleológico, o la perversión o el entorpecimiento del propósito: el propósito de Dios. Evitar una definición meramente antropocéntrica elimina enseguida ciertos aspectos del problema, pero no los resuelve, ya que es muy claro que hay muchos factores presentes en este mundo finito que se oponen y que frustran los propósitos de Dios. Nos referimos al mal.

Cuando el escritor bíblico rechazó las mitologías politeístas que informaban la cosmología babilónica, y cuando "hordas de deidades guerreras fueron forzadas a ceder el lugar al creador todo soberano y que es uno", la problemática del mal se intensificó y se profundizó.[40] Mientras que el mundo era atribuido a fuentes múltiples y que no eran consideradas particularmente éticas en su naturaleza, era relativamente fácil explicar el mal. Pero ahora no era así con el escritor bíblico.

En un esfuerzo por salir del dilema más severo para la fe que plantea el problema del mal, personas sensibles frecuentemente han recurrido a las explicaciones dualistas como consecuencia. Pero la creación a partir de la nada, como ya hemos visto, hace imposible esta fe fácil, y la fe bíblica sencillamente no la permite. Otros han tratado de evadir la dificultad negando la realidad del mal, pero no lo hacen tanto como una aproximación que esconda la cabeza en la arena sino más bien como un intento de explicar el mal como una parte necesaria de la creación que completa el cuadro. Esa teoría afirma que el mal es necesario en el cuadro total de la historia al igual que los tonos obscuros lo son para un retrato. Esta ha sido la salida que han escogido las teologías influenciadas por la filosofía monística. Por nuestra parte, una interpretación mucho más seria, y muy útil, trata de ver el mal como algo con propósito, como que es pedagógico.[41] Una versión moderna de esta tradición ha sido sugerida por Geddes MacGregor basada en el principio de que "Dios es amor" (1 Juan 4:8, 16), y de que esto implica una manera especial de relacionarse con su creación. Al concedernos libertad, Dios reconoce que su cabal significado no puede ser logrado sin lucha, y el mal se vuelve la ocasión para su actualización. La presuposición metafísica de un Dios impasible, MacGregor dice que

> yace en la raíz de nuestras dificultades más graves con el concepto del mal. Muy raramente hemos tomado con suficiente seriedad el supremo testimonio bíblico acerca del carácter de Dios: Dios es amor. El caso que he estado defendiendo, lejos de hacerle daño al concepto de la omnipotencia divina, la exalta como una todopoderosa *kenosis*. Lo que continúe, entonces, del problema del mal se volverá una pregunta acerca de la naturaleza de la libertad y la necesidad de la lucha involucrada en su desarrollo. La realidad de esa libertad y de esa necesidad en la naturaleza nos desafía diariamente. Nada que nosotros conocemos en la naturaleza parece lograr su estatus sin la lucha. El desarrollo, sea de la vida o de la mente, es una sucesión de fugas de prisión.[42]

Hasta aquí no hemos distinguido entre el mal moral (el pecado) y el mal natural (llamado algunas veces mal físico), aunque obviamente hemos estado hablando de este último. Ahora bien, hay una fuerte tradición que ha atribuido el mal natural al pecado, por lo que hace al ser humano mismo responsable de todo lo que en el mundo pervierta los propósitos de Dios, incluyendo todos los trastornos en la naturaleza que causen miseria humana.[43] Esa fue la teología que informó a los "consoladores miserables" de Job, y era la comprensión contra la cual el libro estaba luchando.

El caso es que muchos ejemplos que frecuentemente se dan del mal, como por ejemplo la guerra, deben ser atribuidos al pecado. La voluntad rebelde del hombre, su indisposición a reconocer el señorío de su Creador tiene implicaciones de gran alcance y, con una mayor frecuencia de lo que a veces imaginamos, muchas formas de dolor, sufrimiento y enfermedad pueden atribuirse directa o indirectamente a la rebelión humana. Son formas de mal que no representan un problema intelectual serio para la fe teísta ya que no ponen en tela de duda el poder ni el amor de Dios (si se da por sentado que Dios ha autolimitado su poder en aras de la libertad humana).[44]

Otra cosa que necesitamos hacer es identificar aquellos aspectos de la experiencia que algunas veces hemos llamado malos pero que son las consecuencias inevitables de la finitud. Fuera de Dios, nosotros no podemos evitar el dolor, el sufrimiento y la muerte por virtud de estar en esta clase de mundo, o sea, por el hecho de ser creados. Acusar al Creador en este sentido no parece ser crucial. H. H. Farmer lo expresa así:

> A menos que vayamos a pedir un mundo tan completamente diferente del mundo en el que nos encontramos viviendo, tan así que sería imposible formar concepto alguno de él, parece claro que la vida no podría persistir, ni desarrollarse, a menos que por un lado pueda sufrir la inconveniencia de algún deseo cuando menos temporalmente no satisfecho, y, por el otro lado, a menos que esa vida estuviese ubicada en un mundo suficientemente estable y regular en su conducta como para negar, aun dolorosamente, cualquier deseo que en efecto presumiera que la vida sea diferente de lo que es.[45]

Sin embargo, habiendo explorado estas limitaciones del problema en toda su extensión, todavía se nos deja con males para los cuales no podremos encontrar explicación racional dentro de los límites de nuestra esfera finita y los que en apariencia pondrían en tela de duda el poder o el amor de Dios. ¿Nos ofrece la Biblia alguna clase de solución a este problema? No, si estamos buscando una explicación racional, nítidamente embalada, y de naturaleza filosófica. De hecho, algunos rabíes judíos han observado que la esencia de la religión judía es luchar con Dios. El problema del mal es un asunto con el que los rabíes han tratado de "trabar" a Dios sin jamás haber sido capaces de derribarlo. (Habacuc es un ejemplo clásico de esta clase de lucha). Con todo, hay algunos indicios en la Escritura que pudieran sugerir el camino de la fe para salir del dilema.

El primero de ellos es un indicio que empieza en el relato de la creación del Génesis y que se abre camino en una forma muy sutil a través de la Biblia, saliendo a plena vista en la visión final del libro de Apocalipsis. En Génesis 1:1-2 aparece el acomodo de un "caos", que es simbolizado por un mar o aguas turbulentas.[46] Ese caos es lo que Dios vence en el acto/proceso ordenador de la creación. Como Gerhard von Rad dice,

> aquí se habla no sólo de una realidad que alguna vez existió en un período preprimitivo, sino también de una posibilidad que siempre existe. El hombre siempre ha sospechado que detrás de toda la creación existe el abismo de lo informe; que toda la creación está siempre lista a hundirse en el abismo de lo vago e indeterminado; que el caos, por lo tanto, significa sencillamente la amenaza a todo lo creado.[47]

Este complejo de ideas parece proveer el simbolismo de un mal que ha sido rechazado por Dios en el principio, pero que se levanta como una constante amenaza a la buena creación, y que algunas veces invade el mundo de Dios. El relato del diluvio podría hasta cierto grado reflejar esa misma imaginería: la rebelión pecaminosa del ser humano abre las puertas a un caos de aguas que casi completamente envuelve al mundo, lo que lleva a la promesa de preservación que Dios hace, y que es simbolizada por el arco iris. Es enteramente posible que la separación de las aguas del mar Rojo le haya transmitido la misma idea a la mente hebrea.

A través de las Escrituras, el "mar" y "las aguas" simbolizan, algunas veces el mal, y hay ocasiones en que la fe recibe consuelo y esperanza al recordar la separación inicial de las aguas del caos que Dios obró (compárese con Salmos 77; Isaías 51:9-11). Norman Young razona que la intención de Marcos al relatar cómo Jesús calma la tempestad (4:41) y cuando camina sobre el mar (6:51) es llamar la atención al poder de una nueva creación que traía a los poderes del mal bajo (adicional) subyugación.[48]

El cuadro final de la victoria definitiva sobre el mal en el libro de Apocalipsis nos muestra una conquista de lo que, aparte de este simbolismo, pudiera ser en cierto sentido un comentario enigmático: "Y vi un cielo nuevo y una tierra nueva, porque el primer cielo y la primera tierra pasaron, *y el mar ya no existía más* (21:1, cursivas añadidas). El resultado de que "el mar ya no existía más" fue la ausencia de todas aquellas consecuencias del mal en la vieja creación: "Enjugará Dios toda lágrima de los ojos de ellos; y ya no habrá muerte, ni habrá más llanto, ni clamor, ni dolor " (v. 4).

Este breve repaso nos parece sugerir que el mal es una realidad excluida (esto es, que no existe como existencia positiva sino como la ausencia del ser, la "nada" de la cual todas las cosas fueron hechas, por lo que no es un dualismo velado) a la que Dios le impide que su fuerza total irrumpa sobre su creación y la destruya. Nuestro repaso también sugiere que cuando la finitud sea finalmente sorbida por la inmortalidad, aquella quedará totalmente vencida. Por analogía, nosotros también estamos trabados en una lucha con el mal, pero con Dios podremos vencerlo tanto *en vía* como en el escatón. De ahí que lo que se nos sugiera sea que el asunto principal con el mal para la fe bíblica no es entenderlo sino triunfar sobre él.

Esto nos lleva al siguiente indicio para la comprensión bíblica del problema del mal, a saber, la cruz de Cristo. La cruz puede ser interpretada como la palabra final de Dios sobre el asunto del sufrimiento. El Antiguo Testamento lucha repetidamente con este problema y ofrece propuestas penúltimas que apuntan hacia la cruz. El libro de Job es el intento mejor conocido de todas estas propuestas. Lo más sorprendente acerca de esta teodicea es que el libro introduce cuando menos cinco manifiestas soluciones racionales al sufrimiento, sin embargo, su palabra final se va a encontrar cuando Job trasciende su predicamento y llega a poner fe implícita en Dios:

> Job respondió entonces al Señor. Le dijo:
>
> «Yo sé bien que tú lo puedes todo,
>
> que no es posible frustrar ninguno de tus planes.
>
> "¿Quién es este —has preguntado—,
>
> que sin conocimiento oscurece mi consejo?"
>
> Reconozco que he hablado de cosas que no alcanzo a comprender,
>
> de cosas demasiado maravillosas
>
> que me son desconocidas.
>
> "Dijiste: "Ahora escúchame, yo voy a hablar;
>
> yo te cuestionaré, y tú me responderás".
>
> De oídas había oído hablar de ti,
>
> pero ahora te veo con mis propios ojos.
>
> Por tanto, me retracto de lo que he dicho,
>
> y me arrepiento en polvo y ceniza". (42:1-6, NVI)

Esto no es una solución racional sino una contestación personal. El punto culminante del esfuerzo del Antiguo Testamento para encontrarle sentido al sufrimiento se encuentra en los pasajes del Siervo Sufriente en Isaías 40—55, donde el sufrimiento del siervo justo de Dios es visto como redentor. De aquí al Calvario el paso es corto, ya que allí el Siervo sufrirá y, en el momento de su agonía más intensa reflejada en el gemido de abandono que sale de la cruz, el dominará el mal. Así, vemos desde esta perspectiva, una vez más, que en la fe cristiana el mal y el sufrimiento nos son presentados, no como un problema para ser resuelto, sino como un desafío, como algo a vencerse, y con consecuencias redentoras. William Robinson ha sugerido que en la cruz vemos tres cosas: (1) Vemos, contra toda evidencia contraria, que Dios es amor. (2) Vemos que Dios es justo, que no es indiferente a las consideraciones morales. Y (3) vemos que esto no es una mera pieza de información —"consuelo frío para un sufrimiento como el nuestro. Lo que está de por medio es la acción de Dios".[49]

Robinson concluye: "Centrar nuestras perplejidades en la cruz nos da una fe por la cual vivir, algo mucho mejor que una *gnosis* que haga lúcido cada paso del camino, cosa que, después de todo, es una receta para cobardes y no para héroes".[50]

La naturaleza y la historia crean el problema del mal. La cruz señala el camino a la solución. Y a la luz de la cruz, el camino cristiano es un camino fiel, algunas veces a través de "aguas profundas" hasta que "el mar ya no exista más".

Providencia, Milagro y Oración

El asunto de la relación continuada de Dios con su creación suscita un número de asuntos cruciales para la teología y muy prácticos en su orientación. Una cosa es hablar de Dios y de su obra al hacer que el mundo existiera mediante su fíat divino de modo que tuviera un principio, pero enteramente otra es hablar del estatus de esa creación después del acto *ex nihilo*. ¿Ha establecido Dios un juego independiente de leyes por las cuales opera el mundo de la naturaleza de modo que Él ya no intervenga (deísmo-transcendencia radical)? ¿Puede atribuirse cada supuesto suceso natural a la actividad divina inmediata (primitivismo)? Estas mismas cuestiones podrían plantearse acerca del ámbito de la historia como el mundo de la realidad humana, entendiendo que otras dimensiones inciden en el cuadro cuando los seres humanos se involucran debido al factor de la libertad. De todos modos, el término providencia es el que se emplea más generalmente para referirse a este complejo de asuntos y preguntas.

Providencia

La providencia es una extensión lógica del concepto de la creación. A menos que arribemos a la providencia de Dios, tendremos un concepto parcial del significado de la afirmación de que "Dios es el Creador". Todo aquel que cree seriamente que el mundo fue hecho por Dios está también persuadido de que Él cuida de su propia obra.

El término providencia se deriva de dos palabras latinas *pro* y *videre,* que significan ver lo que está adelante, o prever, y por ende hacer planes con anticipación. También significa "llevar a cabo un plan". En pocas palabras, sugiere la idea de propósito o intención y la de guiar al logro de ese propósito.

Teológicamente, la doctrina generalmente se divide en providencia general, que tiene que ver con la vigilancia general que Dios da a la creación, y providencia especial (o personal), que tiene que ver con la vida individual o actos específicos de Dios.

La providencia general se relaciona a la idea más o menos ontológica de que Dios sostiene la creación de modo que su existencia continua dependa de momento a momento en la actividad suya. Dios sustenta todas las cosas con la palabra de su poder (Hebreos 1:3; Hechos 17:28). Lo general de la providencia también hace alusión a la guía universal que Dios le da a la historia humana rumbo a su culminación cósmica.

La providencia especial, por su parte, siempre está relacionada, sea directa o indirectamente, con los asuntos de los seres humanos. En un sentido, todo el Antiguo Testamento puede ser considerado como una historia de la actividad providencial de Dios con relación al pueblo de Israel. Hay veces cuando los propósitos de Dios ahí son vistos como que estén trabajando en y a través del pecado del hombre, aunque dominándolo. Tal vez el ejemplo más dramático y autoconsciente de esto sea el caso de José, cuyas palabras en Génesis 45:7-8b captan la confianza de que Dios está revocando las intenciones malas del hombre a fin de lograr sus propios planes de largo alcance.

El pasaje crucial en el Nuevo Testamento es Romanos 8:28. Un problema aquí es que algunas versiones de la Biblia nos dejan un sabor algo naturalista de este versículo, pero un factor que lo pervierte aún más es que frecuentemente es apropiado fuera de su contexto, el cual esencialmente incluye el versículo 29, el cual no afirma que Dios es la fuente inmediata de todo lo que ocurre que afecte la vida del creyente, sino que Dios es capaz de sacar bien de cualquier cosa que suceda. El significado pende de lo que signifique el término "bien". Esta es una palabra de propósito, como hemos visto con frecuencia, y el versículo 29 dice claramente lo que el bien es, lo que Dios se propone producir en las vidas de su pueblo a través de lo que acaece en ellas: que sean "hechos conformes a la imagen de su Hijo". Si identificamos el bien con el placer, la falta de disconformidad y otras consecuencias egocéntricas, tarde o temprano seremos defraudados. Pero, si en fe, nuestra respuesta a las adversidades de la vida es la apropiada, el resultado será un carácter y unas actitudes a la semejanza de Cristo, y de esa manera se logrará el bien que Dios intenta.

Este análisis nos conduce al hecho fundamental de que la providencia tiene un elemento ineludiblemente personal. Es una verdad que se percibe a través de los ojos de la fe. Si uno toma eventos específicos en los cuales ve a Dios obrando y los generaliza haciendo de ellos una teoría abstracta, terminará no con el Dios de amor sino con un monstruo. Muy bien lo expresó H. H. Farmer al decir que la fe en la providencia significa "no una afirmación cuasi filosófica de una armonía última en las cosas, sino la confianza de que la vida personal de un ser humano le atañe a una sabiduría y un poder más altos que el suyo".[51]

Uno de los asuntos más críticos de la doctrina de la providencia incluye la relación que tiene la soberanía de Dios con el libre albedrío. Una cosmovisión determinista, sea filosófica o teológica, evade el asunto, pero, al hacerlo, abandona cualquier dimensión personal significativa en la relación de Dios con el mundo. Si los seres humanos son peones que (no quienes) el Soberano Jugador de Ajedrez mueve en forma unilateral, casi caprichosa, el carácter personal de la relación divino-humana es en efecto eliminada.

Tomar otra posición que no sea la determinista es aceptar una limitación de la soberanía de Dios que pueda ser interpretada como autoimpuesta. Geddes MacGregor, haciendo un esfuerzo sostenido de extraer las implicaciones sistemáticas de la declaración bíblica de que Dios es amor, dice sobre este punto:

> Decir que el Dios bíblico es amor es decir que su creación es un acto, no de autoexpansión sino de autolimitación. Pues el Dios bíblico, siendo Él ontológicamente perfecto, pero al mismo tiempo soberano e independiente de sus criaturas, no podría tener adónde

ir mediante expansión. ... La única dirección en la que podría ir en su acto creador sería mediante un camino de autolimitación, auto-vaciamiento, autonegación. Esto es lo que el *agápe* implicaría.[52]

Y, sin embargo, por el otro lado, podría argumentarse que, si Dios es amor, no es una limitación sino una expresión expansiva conceder-le libertad cabal al ser humano, puesto que el amor se manifiesta a sí mismo de esa manera, "hacia afuera". En cualquiera de los dos casos, el resultado es el mismo, y la perspectiva wesleyana va a afirmar la activi-dad de Dios dentro del contexto de la libertad humana. Esto significa que Dios no determina las decisiones de uno, sino que las influye. El ser humano puede someter su voluntad a Dios para guía, pero esto no viola su libertad. Dios hasta podría influir sobre voluntades que se le opongan, pero no mediante la coerción. Si bien esto es un misterio cuya comprensión total está más allá de nuestra capacidad, tal vez lo más que podamos acercarnos a una explicación sea diciendo que Dios usa los métodos de persuasión. En última instancia, la doctrina de la providencia está envuelta en un misterio que la fe no puede penetrar como para formular una solución racional. Empero, esto no estorba la confianza de la fe en el cuidado del Dios viviente sobre su creación.

William Robinson pone su dedo sobre la médula del asunto al decir:

> Si audazmente libramos nuestras mentes de conceptos metafísicos incruentos y pensamos en Dios en términos personales como la Biblia nos invita a hacer, y si aceptamos la idea de que ambas, crea-ción y redención, en sus diferentes grados, implican la noción de autolimitación en Dios, entonces de veras no seremos plenamente capaces de entender el misterio de la providencia de Dios pero, cuando menos, no estaremos empezando a partir de presuposicio-nes que nos impidan llegar a alguna clase de comprensión.[53]

Milagro

La discusión de la providencia incide directamente en la cuestión del milagro. El aspecto más crucial de este tema tan intensamente debati-do es la forma en la que uno defina milagro. La definición hace toda la diferencia del mundo con respecto a si uno puede creer, o si en efecto cree, en la posibilidad de un milagro, aunque, desde luego, no sea el asunto finalmente decisivo. C. S. Lewis está definitivamente en lo co-rrecto al observar que "lo que aprendemos de la experiencia depende de la clase de filosofía que traemos a la experiencia. Por lo tanto, es inútil apelar a la experiencia antes de que hayamos decidido, tan bien como podamos, la cuestión filosófica".[54] Es por esta razón, sobre todo, que una teología contemporánea jamás pensaría en usar el milagro como evidencia para la proposición de que la revelación ha ocurrido.[55]

El punto en el que generalmente se comienza la discusión acerca de los milagros es levantando la pregunta acerca de su relación con la ley natural. Pero esto es cometer lo que Gilbert Ryle llama, en conexión con otro asunto, "un error de categoría", ya que su aproximación trata el milagro como una categoría científica, cuando en realidad es primordial, si no exclusivamente, una categoría teológica (véase la discusión de teología en lo que atañe a otras disciplinas, en el capítulo 1). Si no es tratado de esta manera, se vuelve una pseudocategoría en lo que toca a la fe religiosa.

La etimología del término milagro nos provee un punto de partida. Significa "aquello que produce estupefacción, o temor, o asombro", o puede significar "aquello que lo hace a uno maravillarse". Este significado abre una puerta, pero todavía no diferencia el sentido distintivo religioso del milagro. Por ejemplo, no hace una diferencia entre el milagro y la magia, la cual también podría producir "estupefacción". Es necesario un paso adicional para darle contenido a la estupefacción, y es que un milagro es el evento (o no evento) que crea una concienciación personal de Dios.

Hay muchos eventos que transcienden nuestra comprensión y causan un sentido de misterio, pero no generan una experiencia de éxtasis, esto es, una respuesta a Dios en fe obediente, alabanza, adoración, y acción de gracias, que es el propósito del milagro bíblico. Esto explica por qué Jesús se negó a hacer "señales y maravillas" para aquellos que querían que su voluntad fuese persuadida por coerción, mediante eventos espectaculares. Sus preconcepciones les impedían, no tanto creer en sucesos milagrosos, sino en permitir que tales sucesos les guiaran a la verdad que era en Jesús. Se ha argumentado de manera decisiva que el mensaje central de la historia que Jesús contó del rico y Lázaro es aquella línea culminante en la que Abraham contestó de la siguiente manera a la petición del rico de que se enviara a Lázaro a que sirviera de evangelista para los hermanos del rico: "A Moisés y a los profetas tienen; ... Si no oyen a Moisés y a los profetas, tampoco se persuadirán aunque alguno se levantare de los muertos" (Lucas 16:29, 31).

Con esta comprensión básica y teniendo presente la clasificación debida de categoría, podemos ahora proceder a enfocar el asunto de la relación del milagro con otros aspectos de la experiencia que tenemos del mundo a nuestro derredor, o sea, el asunto de su relación con la "ley natural".

Primero debe observarse que la ley natural es un concepto que habría sido ajeno a los escritores bíblicos. Es un constructo relativamente moderno. Además, no se debe pensar en la ley natural en sentido determinístico sino sencillamente como una generalización descriptiva de la forma en que los fenómenos generalmente actúan. Esto en sí mismo debería crear una actitud cautelosa en cuanto a juzgar el milagro religioso a la luz del criterio de la ley natural.

De acuerdo con la definición más común y popular, el milagro es "una interferencia con la naturaleza por (un) poder sobrenatural".[56] Pocas veces se da atención a las consecuencias desastrosas a las que esta restricción podría conducir; puede, como cuestión de lógica, llevar a la imposibilidad de reconocer cuándo un milagro ha ocurrido, puesto que nuestra comprensión finita jamás puede estar segura de que un evento ostensiblemente milagroso en efecto haya esquivado una ley natural. Pero tal vez más obvios sean los resultados históricos. No habiendo visto eventos milagrosos que puedan ser identificados como genuinos,[57] muchos cristianos conservadores modernos han tomado formalmente la posición de que el día de los milagros ya pasó, y que los mismos estuvieron restringidos a los tiempos bíblicos. Otros, menos conservadores, han ido más lejos y a fuerza de racionalizaciones han desvirtuado las historias de milagros en la Biblia basándose en su experiencia presente de las leyes científicas.

Pero esta comprensión popular no es la única interpretación del milagro, por lo que hay una tradición muy fuerte que rechaza esta manera de verlo. Agustín se expresó en favor de otro esquema: "Pues nosotros decimos que todos los portentos son contrarios a la naturaleza, pero no lo son. Pues, ¿cómo puede ser contrario a la naturaleza aquello que sucede por la voluntad de Dios, puesto que la voluntad de un Creador tan poderoso es definitivamente la naturaleza de cada cosa creada? Un portento, por lo tanto, no sucede contrario a la naturaleza, sino contrario a lo que nosotros conocemos como naturaleza".[58]

H. Orton Wiley concuerda con esta tradición, puesto que cualifica su definición de milagro con la frase "más allá de lo que es de medida de criatura" (*TC* 1:150).

Ya hemos visto que muchas facetas de la doctrina de Dios han requerido un equilibrio delicado entre la transcendencia y la inmanencia.

Con la doctrina de los milagros tenemos que caminar la misma senda. Evitar totalmente la inmanencia pondría a Dios fuera de su creación en una manera en que su actividad directa siempre involucraría una interrupción del orden natural, eliminando de esa manera muchas facetas de lo que la persona de fe reconoce como milagro. Si se asume una idea inmanente extrema, el verdadero significado de milagro es suprimido, por lo que terminaríamos con una definición extremadamente insatisfactoria como la de Schleiermacher, quien dogmatizó así: "El milagro es sencillamente el nombre religioso para un evento".[59]

Definir el milagro como lo estamos sugiriendo implica que es virtualmente sinónimo de revelación. Todos los milagros genuinos desde la perspectiva bíblica son reveladores, y toda revelación es milagrosa (en contraste al descubrimiento meramente humano). Por lo tanto, hay una relación simétrica entre estos conceptos. Alan Richardson insiste en que ambas revelaciones, la general y la especial, son por su propia naturaleza milagrosas porque no se les puede explicar en términos de ningún proceso natural humano de percibir y aprehender, y porque suscitan en nosotros el grado más alto posible del sentido de maravilla, temor reverente y humildad.[60]

Uno no tiene necesariamente que restringir el milagro a un evento que aparentemente interrumpa los procesos normales de la naturaleza o de la historia. Puede ser un suceso que responda típicamente a un patrón, pero cuyo plazo afecte nuestra consciencia de la actividad de Dios. De este modo, como todas las otras aprehensiones de lo divino que hemos estudiado, incluye tanto el lado que da (el evento) como el lado que recibe (la aprehensión de la fe de Dios en acción), con la respuesta religiosa resultante. En este contexto, la definición de Gordon Kaufman es excelente: "Un milagro es cualquier evento que uno se ve guiado a interpretar mediante referencia al acto de Dios más bien que a acciones o causas finitas (aunque no se niegue necesariamente que la agencia finita esté también involucrada)".[61] Deberíamos recalcar que eventos así pueden trascender nuestra comprensión de la ley natural pero no tienen necesariamente que hacerlo.

Oración

La oración está relacionada tanto con la providencia como con el milagro. Hacer una oración petitoria es apelar a la providencia de Dios. Y como H. H. Farmer sugiere en el siguiente párrafo, la oración y el milagro son inseparables:

¿Dónde entonces debemos buscar para encontrar esas experiencias en las cuales la palabra milagro viene con un máximo de espontaneidad e inevitabilidad a los labios de la persona religiosa? La contestación está en esa relación con Dios a la que llamamos oración, especialmente si emana de un profundo sentido de necesidad y toma la forma de una petición que confía.[62]

No sólo es la oración la práctica cristiana sobre la cual es más difícil hacer teología, sino que como G. Campbell Morgan correctamente observa, "cualquier discusión de la doctrina de la oración que no resulte en la práctica de la oración no sólo no es útil, es también peligrosa".[63]

La oración puede tomar diferentes formas: acción de gracias, alabanza y adoración, pero también petición o intercesión. Los primeros tres tipos, que primordialmente aceptan el estado de cosas ordenado por Dios, no causan problemas teológicos. Pero la oración de petición es el tipo para el cual es difícil proveer razonamiento teológico, a pesar de que H. H. Farmer sostenga que su forma es realmente la esencia de la oración.[64]

Podríamos pensar en dos maneras posibles de aproximarnos al asunto, ninguna de las cuales gira alrededor de la relación Creador-criatura. Uno podría empezar con el concepto bíblico de Dios e intentar deducir de ello las implicaciones para la oración; o uno podría empezar con la pauta bíblica de la oración, y tratar de determinar las implicaciones de ese cuadro para la naturaleza de Dios. En el contexto de este capítulo sobre "Dios el Creador" la aproximación lógica sería la primera.

La oración es la reacción natural de alguien que experimenta profundamente el sentido de dependencia que encierra una correcta comprensión de finitud. Por lo tanto, asume la cualidad de espontaneidad. Así, a un nivel, la oración petitoria puede ser vista como la respuesta normal de la persona de fe, el reconocimiento de que, "Toda buena dádiva y todo don perfecto desciende de lo alto, del Padre de las luces, en el cual no hay mudanza, ni sombra de variación" (Santiago 1:17). Esto explica por qué las personas que por lo regular no oran (porque se consideran autosuficientes), con frecuencia se tornan a la oración en tiempos de dificultad al darse cuenta de que hay cierto aspecto de la vida sobre el cual no tienen control.

Pero a otro nivel, toma la forma de una oración cuya intención es efectuar un cambio en el estado de las cosas. Se han presentado muchas objeciones a esto. Una de ellas es que Dios ya conoce nuestras necesidades y su intención es suplirlas, así que es inútil bien informarle de ellas o bien tratar de persuadirle de que las satisfaga. Otra objeción sería advertir que una oración así es infantil y hasta egocéntrica si sus objetivos son eudemonistas.

Basándose en estas y otras dificultades, muchos han razonado que la oración de petición debería ser abandonada a cambio de otra forma de oración que sea menos presuntuosa en cuanto a influir en Dios para que cambie algo. La oración, dicen, debería más bien ser una confesión de resignación a las cosas como son, o un método devocional para traer nuestra vida interior a una sumisión a la inmutable voluntad divina.

Pero al manejar este asunto debemos evitar la falacia del "todo o nada" y reconocer que estas objeciones tienen valor, pero sin capitular completamente a sus implicaciones. Ciertamente la oración, aun la de petición e intercesión, puede propiamente funcionar para capacitarnos a alinear nuestras metas y deseos con la voluntad de Dios.

También es generalmente reconocido que la oración tiene un poderoso valor terapéutico. A Alexis Carrel, un ganador del premio Nobel en el campo de la medicina, se le cita refiriéndose a la oración como "la forma más poderosa de energía que alguien pueda generar", y añadía que "su influencia sobre la mente y el cuerpo humanos es tan demostrable como la secreción de las glándulas".[65]

Sin embargo, es la dimensión objetiva de la petición, lo que ofrece la mayor dificultad. Con todo, la Biblia y la experiencia cristiana están repletas de respuestas tipo "mueve montañas" a la oración, y esto, para la fe, no se puede desvirtuar. Puede concederse que en numerosos casos se pueda apelar a causas finitas como participantes en el resultado, pero como en el caso del milagro, esto no invalida el reconocimiento que la fe hace de que Dios ha estado obrando providencialmente.

El asunto de la oración permanecerá finalmente como un misterio. Pero en tanto que entendamos a Dios como un ser personal (y no como un Brahman impersonal o un aristotélico primer motor inmóvil), tendremos que seguir reconociendo que la interacción de las voluntades del Creador y de las criaturas puede tener resultados dinámicos.

A la luz del cuadro bíblico de Dios, podemos con cierto grado de seguridad hacer unos cuantos juicios teológicos acerca de esta interacción. Primero, la oración no ha de ser vista como un medio de vencer la indisposición de Dios, y a manera de torcerle el brazo, o de presentarle incesantemente el asunto, poner presión sobre Dios para que haga algo que no ha estado dispuesto a hacer. El hecho de que Dios es un Padre amante elimina tal parodia.

Ahora bien, ¿cómo explicarse uno las parábolas de Jesús que piden nuestra importunidad o persistencia al presentar nuestro caso ante el Padre celestial? Podríamos sugerir que un período extendido de hacer petición puede servir cuando menos a una función mayor. El que ora puede, en el proceso de búsqueda, alejarse de los móviles puramente egoístas y purgar sus actitudes de intereses eudemonistas. La persona que empieza a orar como medio de ayuda propia puede que termine haciéndolo para la gloria de Dios. Hendrikus Berkhof apoya implícitamente este consejo con la siguiente perspectiva:

> Hasta la persona más supersticiosa que venía a Jesús pidiendo pan o sanidad, no la despedía sin que su petición fuese contestada. Todo lo contrario, al entrar en relación con Él, aprendieron a pedir más de lo que habían pedido al principio, y a pedir en manera diferente: ya no sólo desde el punto de vista de sus propias necesidades, sino mucho más desde la perspectiva de los propósitos de Dios, de los que las necesidades de ellos eran parte.[66]

Las oraciones pueriles, que imaginan a Dios como un Papá Noel divino haciendo listas de regalos para niños buenos, pueden ser inevitables al principio de la vida cristiana. Pero en el proceso de maduración, si bien lo de pedir no ha de ser abandonado, se volverá más algo centrado en Dios y menos centrado en uno mismo. Las palabras de Gustaf Aulén capturan bien este punto:

> El propósito último de la oración de una fe militante es la realización de la amorosa voluntad de Dios. Este es el elemento constitutivo de toda oración militante. Cualquier cosa que la oración de fe pida, su meta final apunta en esa dirección. La fe no puede desear, ni desea ninguna otra cosa sino la realización de la amorosa voluntad de Dios. Por lo tanto, la oración de todas las oraciones siempre es: "Hágase tu voluntad".[67]

Todas las manipulaciones cuyo propósito sea el torcer la voluntad divina para que se conforme a la nuestra son indignas de una relación Creador-criatura. Los esfuerzos para encontrar fórmulas, patrones de oración, o prácticas de oración que sean pragmáticamente más efectivas para producir resultados cuando las sencillas peticiones en fe no los produzcan, son al fin de cuentas el resultado de una concepción errónea de la naturaleza de Dios y de su relación con personas finitas.

Este análisis ahora nos conduce al asunto de la fe. La oración y la fe son gemelos siameses de la vida devocional; entender la conexión entre ambos iluminará aún más el asunto de la oración. La enseñanza del Nuevo Testamento es que la oración en fe es la oración eficiente. La fe es la respuesta humana a la divina voluntad revelada. "Así que la fe viene como resultado de oír el mensaje, y el mensaje que se oye es la palabra de Cristo" (Romanos 10:17, NVI). La fe no es posible donde la promesa o la voluntad de Dios no ha sido revelada. Yo puedo tener fe sólo para aquello que esté de acuerdo con la voluntad de Dios.

El artículo de fe sobre la sanidad divina en el *Manual de la Iglesia del Nazareno* refleja este entendimiento bíblico: "…instamos a nuestro pueblo a ofrecer la oportunidad de hacer la oración de fe para la sanidad de los enfermos". La sanidad no siempre es posible, pero donde la voluntad de Dios sea positiva, podremos orar "la oración de fe", y Dios contestará afirmativamente. Pero tal oración será imposible cuando la voluntad de Dios sea distinta. La fe verdadera se somete a la voluntad amorosa del Padre, y siempre ora diciendo: "Hágase tu voluntad".

Tal vez decir algo sobre el ayuno y la oración ilumine un poco más este asunto. El ayuno es primordialmente una actividad del Antiguo Testamento y simboliza arrepentimiento. En ese contexto, el ayuno se entendía claramente como el traerse a sí mismo a conformidad con la voluntad de Dios, fuera personal o nacionalmente. El Nuevo Testamento habla escasamente acerca del ayuno, y cuando lo hace nos encontramos con una continuación del significado del Antiguo Testamento, o interpretado como una ayuda a la fe.[68]

El ayuno nunca debe ser entendido como un acto de autonegación porque el cuerpo y sus apetitos sean malos (esto, como ya hemos visto, viola la doctrina entera de la creación), o como un medio de provocar de alguna manera la compasión divina y de persuadir a Dios de esa manera. Más bien, correctamente entendido, el ayuno es una manera de traernos a nosotros mismos a una unión más íntima con la voluntad divina a fin de que, en ciertosentido, sea una oración actuada que busque la mente deDios.

De nuevo, lo que necesitamos encontrar aquí es un mejor entendimiento entre la transcendencia radical y la inmanencia minuciosa. La oración no es ni una aquiescencia estoica a lo inevitable, aun si se ve como la voluntad de Dios, ni un clamor desesperado a una deidad que se ha alejado y a la cual tenemos que persuadir para que se relacione con el mundo. La oración es caminar "el estrecho camino entre la magia y el misticismo".[69] La verdadera oración es la interacción de socios personales de pacto de la cual pueden resultar algunas consecuencias que no ocurrirían de otra manera. Es enteramente claro que la dinámica de esta interacción y su resultado trasciende cualquier metafísica racional e incluso elude al teólogo piadoso.

La Creación como Escatológica

El patrón general en las Escrituras hebreo-cristianas puede ser descrito como un movimiento que va desde la antigua creación hasta la nueva creación. Este movimiento debe ser visto como analógico o típico, pero no cíclico. No es un retorno al principio, sino una nueva creación que ocurre en la consumación de la historia.

Israel, como lo vimos anteriormente, al apropiarse del simbolismo de la creación que prevalecía en el tiempo antiguo, rompió tajantemente con las representaciones mitológicas que se hallaban en las religiones paganas. Todo era sujeto a un decisivo historiar según era recogido y usado para informar los eventos cruciales de la historia de Israel. Los actos salvadores de Dios, especialmente el éxodo, fueron interpretados como un poder creador de Dios que se manifestaba haciendo retroceder las aguas del caos. Así, ese historiar mismo encerraba una dimensión escatológica.

> Los profetas y poetas israelitas se apropiaron de la vieja imaginería del caos a fin de presentar la continua obra creadora y redentora de Dios. La lucha entre el Creador y el caos es una lucha que continúa en el ámbito de la historia, y esta lucha histórica continúa desde el primer día hasta el último.[70]

> Al principio le corresponde un fin, a la creación un completarse, a lo "muy bueno" aquí, lo "perfecto" más allá; se corresponden uno al otro; en la   teología del Antiguo Testamento la creación es una concepción escatológica.[71]

La dimensión escatológica se encuentra implícitamente en los Salmos, pero el punto en el cual se vuelve explícita en grado sumo es en las profecías de Isaías 40—55. El profeta le está hablando a un pueblo que ha atravesado un valle profundo, lo que casi ha eclipsado su fe en Yahvé, y la tarea de Isaías es encender de nuevo la fe de ellos en su Dios. Si no se daba esta renovación de confianza, el anuncio del profeta de que Dios estaba a punto de renovar su actividad redentora en la historia hubiera caído en oídos sordos. Para lograr este fin, el profeta apela a la creación como un paradigma (véase 40:21-23, 25-26). Los ídolos que han retado el lugar de Yahvé en los corazones de su pueblo están ellos mismos atrapados dentro de los confines de la naturaleza y la historia; Yahvé el Creador transciende ambas y, por lo tanto, es el Controlador de la historia. Así, la historia es una continuación del poder creador de Dios.

Israel ha pasado ahora a través del caos del cautiverio babilónico, y casi ha sido aniquilado, pero el Dios creador ha detenido ese diluvio tal como le prometió a Noé (Isaías 54:9-10). Ahora va a darles victoria redentora sobre las aguas, y va a traer a la existencia a una nueva creación. (Véase Isaías 48:6b-7; la palabra "creadas" procede del verbo *bara* que es usado en Génesis 1 para el fíat creador. Véase también Isaías 44:24-28 donde el lenguaje explícito de una creación que triunfa sobre el caos informa el anuncio de Ciro como un instrumento de Dios en el nuevo Éxodo).

El corazón del mensaje del profeta es que Dios está conquistando el caos del cautiverio babilónico, y haciendo un camino a través del "mar" para que los redimidos pasen y retornen a Sion con "gozo y alegría" (Isaías 35:10).

La profecía en el Antiguo Testamento dio paso eventualmente a la apocalíptica con su visión de una consumación que se volverá actual sólo más allá de los límites de la historia. En la visión apocalíptica, el "monstruo caos" que fue vencido al principio se librará de sus cadenas en el tiempo del fin, y se enfurecerá contra el Señor y su pueblo. Pero entonces será derrotado decisivamente de una vez por todas. En el "Pequeño Apocalipsis" que se encuentra en Isaías 24—27, la derrota del leviatán, que se ha adentrado como intruso en los conflictos de la historia, será final.

"En aquel día Jehová castigará con su espada dura, grande y fuerte al leviatán serpiente veloz, y al leviatán serpiente tortuosa; y matará al dragón que está en el mar" (Isaías 27:1).

La culminación es "un cielo nuevo y una tierra nueva" en los que more la justicia (ver Isaías 65:17; 66:22; 2 Pedro 3:13; Apocalipsis 21:1). Edmund Jacob dice:

> La escatología es un retorno al principio, pero con algo que estaba ausente en la primera creación. Esa es la razón por la cual el interés en la nueva creación va mano a mano con la intensidad de la esperanza de Israel, la cual se vuelve más vehemente conforme el pecado ha convertido crecientemente a la tierra en un caos. Los nuevos cielos y la nueva tierra no serán esencialmente diferentes de la primera

creación, pero serán liberados de las fuerzas del caos que amenazan su integridad y seguridad.[72]

La dimensión cósmica de la fe bíblica es captada en el siguiente resumen de Bernhard Anderson:

> Así, en la apocalíptica, el completo drama histórico, desde la creación hasta la consumación, es visto como un conflicto cósmico entre lo divino y lo demoniaco, la creación y el caos, el reino de Dios y el reino de Satanás. De acuerdo con esta visión, el resultado del conflicto será que Dios aniquilará victoriosamente a los poderes que amenazan su creación, incluyendo la muerte, la cual los escritores apocalípticos consideraba como un enemigo hostil a Dios. Visto desde esta perspectiva, la función del Ungido, el Mesías, no sería sólo librar a los hombres de la esclavitud del pecado sino batallar triunfalmente contra los poderes formidables del caos.[73]

El Cristo que fue el Instrumento de la creación en el principio y quien con éxito combatió los poderes del caos en el intermedio, será por ese hecho el *Christus Victor* al final. "Pelearán (los poderes del caos) contra el Cordero (que fue inmolado en la cruz), y el Cordero los vencerá, porque él es Señor de señores y Rey de reyes; y los que están con él son llamados y elegidos y fieles" (Apocalipsis 17:14).

La Ética de la Creación

Las discusiones de la ética teológica (sea que se le llame del Antiguo Testamento, del Nuevo Testamento, bíblica, o cristiana), tradicionalmente no han reconocido una distinción entre lo que puede llamarse ética de la creación y ética de la redención. Generalmente, es a esta última a la que se le ha dado atención. Pero debe reconocerse que la comprensión ética de la redención se aplica únicamente al pueblo de Dios, y sólo en una manera muy burda a los demás. Esta verdad no invalida en sentido alguno el carácter universal de la ética de la redención, sino que simplemente reconoce su carácter distintivo.

Por su lado, la ética de la creación da por sentado, sobre la base de la doctrina de la creación, que Dios ha informado al mundo creado con ciertas estructuras. Estas estructuras no pueden ser válidamente comparadas con la ley natural científica cuando menos por tres razones: (1) la ley natural es simplemente una descripción de la conducta regular de los fenómenos inertes; (2) la ética puede tener significado sólo en el contexto de la libertad, puesto que no es en sentido alguno determinista; (3) la experiencia humana no puede descubrir una ley inexorable de creación que no pueda ser violada, o que funcione de una manera rígida, inevitable y sin excepción.

La ética de la creación sí da por sentado que, en lo que toca a personas humanas, hay ciertas conductas (por ejemplo, el matrimonio monógamo, véase arriba) que son las que proveen la máxima realización, y que cuando esas estructuras son violadas, se le hace daño al espíritu humano.

Hay una correlación estrecha entre esta idea y la rama conservadora de la literatura de sabiduría del Antiguo Testamento. Esa clase de literatura puede ser clasificada como una "teología de la creación". Tal como es representada principalmente por los Proverbios, los hombres sabios "buscaron un principio estructural unificado en la vida. Al generalizar a partir de la experiencia, los sabios propusieron reglas como indicadores de esta estructura moral de vida, y como guías en su camino".[74] Los hombres sabios religiosos vieron este principio "incorporado" en el orden moral por el Creador.

Hoy esta dirección parecería estar relacionada principalmente con el campo secular, pero la mente hebrea no sabía de la distinción entre lo sagrado y lo secular.

Es de suma importancia observar que los proverbios éticos recomiendan (no ordenan) ciertas conductas debido a las consecuencias en términos del interés propio. Le conviene a la persona hacer caso de tal o cual consejo porque cuando se le ignora normalmente ocurren resultados indeseables, y buenos resultados cuando se le hace caso.

La rama escéptica de la literatura de sabiduría (especialmente Job y Eclesiastés) lidian con el problema de reconciliar los principios generales derivados por los hombres sabios con los hechos divergentes de la experiencia. Por ello hemos observado la distinción que hay que hacer sobre la ley natural y a lo cual hemos aludido en el punto 3 arriba.

Tal vez la expresión más clara del escepticismo de esta literatura es la que encontramos en Eclesiastés 8:14, que dice: "En este mundo pasan cosas que no tienen sentido; a la gente buena le va como si fuera mala, y a la gente mala le va como si fuera buena. ¡Yo digo que esto no tiene sentido!" (TLA).

El problema se vuelve muy agudo en Job debido a su naturaleza existencial. El punto es que el "principio estructural" no es puesto en tela de duda, sencillamente no es entendido. La disputa de Job es la de tratar de ver qué está haciendo Dios, no cuestionar el hecho de que Dios de alguna manera ha informado la creación con sus propósitos.

En breve, la dificultad en cuanto a identificar la ética de la creación no invalida la fe del hombre sabio de que existe.

Otra ilustración de esta ética universal se encuentra en la profecía de Amós. En una serie de oráculos contra las naciones extranjeras (capítulos 1 y 2), el profeta condena a esos pueblos sobre la base de su tratamiento injusto de otros seres humanos. En otras palabras, hay un pacto de hermandad al que todos los humanos están sujetos, aun los que están fuera de la ley revelada. Dios los traerá a juicio cuando lo violen. En contraste, Amós condena de por sí a los hebreos por pecados específicamente religiosos. Esto implica claramente que hay una ética que se aplica a personas fuera del pueblo del pacto. Su comprensión y aplicación es mucho menos precisa que la de la ley revelada, pero está no obstante presente como una realidad de la que los humanos tienen que rendir cuenta.

Los seres humanos no obedecen esta ética automáticamente porque sea un asunto de instinto, o por cierta tendencia con la que nacen. Pero su vida colectiva y sus vidas individuales son más significativas y felices si se conforman a ella. Y lo opuesto también es cierto: la vida colectiva e individual es mutilada y traumatizada cuando se viola esta ética. La condición caída del ser humano sin duda ha creado problemas serios para identificar los contenidos de la ética de la creación, pero se puede alcanzar cierta luz sobre ella al analizar las facetas destructivas y constructivas de la existencia humana.

PARTE IV

Las Doctrinas
de Dios el Salvador

CAPÍTULO 9

La Humanidad Pecadora

Hablar de Dios como salvador trae a nuestro cuadro las doctrinas asociadas tradicionalmente con el Hijo, aun cuando debamos evitar hablar de Cristo como salvador de forma que sugiera que estamos situando al Hijo contra el Padre, o que se dé la impresión de que la salvación no es la obra de Dios. También hay que introducir aquí el asunto del objeto del amor y la obra salvadora de Dios (la humanidad), y la razón por la que esta obra salvadora es necesaria (el pecado). Tratemos, en primer lugar, el problema del pecado.

No se puede hablar propiamente del pecado en forma aislada, como un concepto abstracto. El pecado no existe independientemente del ser humano. Asimismo, no ha de ser considerado como una parte imperfecta o defectuosa de la naturaleza humana. En esta conexión, la Biblia siempre habla del ser humano en su totalidad. Así que nosotros debemos hablar, no tanto del pecado sino de la humanidad como pecadora. W. T. Purkiser declara que el pecado "se define mejor no como una cosa, ni como una entidad ni como una cantidad que tenga estatus óntico, sino como una condición moral de un ser personal", y después refuerza esta posición diciendo: "Debe recordarse que el bien y el mal son términos personales. Son cualidades y acciones de personas, no abstracciones que tengan existencia independiente".[1]

Las fuentes bíblicas usan una variedad de términos casi desconcertantes para la idea que comúnmente se resume en la palabra "pecado", por lo que es muy difícil organizarlos en un patrón sistemático. El primer paso para la clarificación de conceptos parece ser el reconocer el contexto en que los términos son usados, particularmente los más amplios. En el Antiguo Testamento la mayoría se usan como términos de pacto. Es decir, la manera de entenderlos mejor es como refiriéndose a un fenómeno dentro de la relación de pacto. El pecado constituía una violación de los términos del pacto. El Nuevo Testamento presenta algo del mismo cuadro, especialmente cuando sus comentarios sobre el pecado tienen el Antiguo Testamento de fondo.[2]

El otro lado de la moneda es que, para el Antiguo Testamento, la fuente más emotiva de nuestra comprensión del ser humano como pecador, Génesis, capítulos 1 al 11, hace un uso mínimo de la terminología tradicional. El pasaje esencial en el Nuevo Testamento es Romanos, capítulos 1 al 3, donde el apóstol Pablo aborda la situación del mundo en general fuera de Jesucristo. Sin embargo, él, en otros pasajes, más que ningún otro escritor en el Nuevo Testamento, va a hablar en ciertas maneras especiales sobre el predicamento del ser humano caído, aunque siempre en términos del ser humano fuera de Cristo. Pero dentro del contexto más general, el punto focal es Romanos 3:23, que en la versión Reina Valera actualizada dice "porque todos pecaron *[hemarton]*, y no alcanzan la gloria de Dios" (RVA-2015). Aquí la alusión es al estado presente del ser humano fuera de Cristo.

El término básico de este versículo, *hamartano,* significa literalmente "errar el blanco". La última cláusula del versículo puede ser tomada como una definición del pecado, aunque sea un poco redundante, puesto que reitera el significado de *hamartano.* Pero es una cláusula que abre la puerta a una comprensión de lo que esencialmente significa que el ser humano sea un pecador. El término "gloria" es un sinónimo del Nuevo Testamento para "imagen" (compárese con 1 Corintios 11:7; 2 Corintios 3:18; entre otros). El ser humano fue creado para llevar la semejanza de Dios; idealmente, él es "imagen y gloria de Dios" [1 Corintios 11:7]. Esto nos da la clave del significado de Romanos 3:23. "La gloria de Dios" es la semejanza divina, la cual se espera que el ser humano lleve. En la medida en que el ser humano se aleje de la semejanza de Dios, es pecaminoso. "No alcanzar la gloria de Dios es pecar. Esta definición, sencilla, amplia y profunda, debe tenerse en mente cada vez que Pablo tenga ocasión de hablar acerca del pecado".[3]

Gustaf Aulén destaca este punto en forma decisiva:

> El concepto de la imagen de Dios no puede ser demostrado o establecido independientemente de la fe; es una afirmación de fe que se vuelve más significativa en y a través de la revelación de

Dios y en la medida en que el hombre capte lo que significa tener compañerismo con Dios. Surge en y a través del encuentro con el amor de Dios que condena y que restaura. Luego, se vuelve aparente que el destino del hombre es vivir bajo el dominio de Dios, y que el pecado es lo que separa al hombre de esa clase de vida que Dios quiso que él viviera.[4]

Esta percepción nos envía directamente al Antiguo Testamento, donde podemos encontrar la infraestructura teológica de una compresión verdaderamente bíblica del pecado como el errar el blanco del ideal divino, la *imago Dei*.

La Justicia Original y la *Imago Dei*

En una sección anterior hemos discutido la *imago* en términos de su doble implicación dentro de la fe bíblica y también demostrado cuán viable es una interpretación relacional y lo que esto significa en términos de la revelación general y especial. En esa ocasión examinábamos la relación en la que la humanidad, aunque caída (gracia preveniente), se encuentra perpetuamente, y hablábamos de que la humanidad como humanidad está constituida por la "confrontación" (Barth). Ahora debemos ver más específicamente qué hay en el hecho de que los seres humanos estén en la debida relación con su Creador para nosotros poder entender de qué se trata esa perversión que es el pecado. Las siguientes palabras de Juan Wesley reflejan de manera extraordinaria la comprensión del pecado como una perversión de la condición original del ser humano de estar relacionado correctamente con Dios: "Y, por ende, el hombre fue creado viendo directamente a Dios como su fin último; pero, al caer en pecado, cayó de Dios, tornándose a sí mismo" (*Works* [Obras] 9:456). Lo que nos proponemos aquí es desarrollar esta idea de forma sistemática y la implicación teológica del relato (o los relatos) del Génesis nos proveen en gran parte el recurso bíblico para hacerlo.

En nuestra discusión anterior, en la cual explorábamos la tesis de que lo *humanum* del ser humano está constituido por la gracia preveniente interpretada como "el ser humano en relación con Dios", le dimos énfasis a la *imago* que fue retenida (o restaurada) después de la caída, la imagen en su sentido más amplio. Ahora estamos tornándonos a la *imago* propiamente, o al ser humano situado en la relación correcta con su Creador. Tradicionalmente ha sido llamada la "imagen moral". Es esta relación, quisiéramos decir, la que constituye la justicia original, por lo que el pecado original ha de ser visto como la pérdida de esa relación de precaída.

En términos generales, la teología occidental, incluyendo específicamente a los reformadores protestantes, han interpretado la *imago* en el contexto de ley, razón por la cual la justicia original ha sido identificada con la justicia legal.[5] Es aquí donde vemos la teología wesleyana como que es más una expresión del pensamiento oriental con su énfasis en la santificación como un cambio (ontológico) verdadero. La incapacidad de mucha de la teología occidental de mantener una doctrina viable de santificación descansa en gran parte en su predilección por las categorías legales. Por su parte, la teología wesleyana y la teología oriental, al recalcar la participación ontológica en Dios, son capaces de proveer una estructura de la naturaleza humana que permite una experiencia santificadora realista. En pocas palabras, y como lo demostraremos más cabalmente después, la ontología que hemos adoptado en esta teología sistemática, en contraste a la idea "substantiva", hace posible el desarrollo consistente de una doctrina de santificación.

La justicia original, decimos, está constituida por una libertad cuádruple. El uso del concepto de libertad en este contexto presupone la realidad de la libertad como el poder para escoger estar en esta relación de libertad y también la libertad de permanecer en dicha relación, sólo que los dos usos no son sinónimos. Cuando uno está hablando teológicamente más bien que filosóficamente, ambas libertades se pierden en la caída y la libertad de escoger el retornar a Dios es restaurada sólo por la gracia preveniente. El concepto de libertad, tal como lo estamos usando aquí, sigue a Dietrich Bonhoeffer, quien nos dice que

> no es algo que el hombre tiene para sí mismo, sino algo que tiene para otros. Ningún hombre es libre "como tal", o sea, en un vacío, en la misma manera en la que pueda ser inclinado a la música, o ser inteligente, o ser ciego como tal. La libertad no es una cualidad del hombre, ni es una habilidad, una capacidad, una clase de ser que en alguna manera estalla en él. Cualquier persona que investigue al hombre para descubrir la libertad no encontrará nada de ella. ¿Por qué? Porque la libertad no es una cualidad que pueda ser revelada —no es una posesión, una presencia, un objeto, ni es una forma de existencia—, sino una relación y nada más. En verdad, la libertad es una relación entre dos personas.

Ser libre significa "ser libre para la otra persona", porque la otra persona me ha ligado a ella. Sólo en relación con la otra persona soy yo libre.[6]

La *imago* original incluye: (1) libertad para Dios; (2) libertad para el otro; (3) libertad de la tierra o el mundo; y (4) libertad del dominio del yo. Las primeras tres son explícitamente enunciadas, en forma simbólica, en Génesis 1—11, y la cuarta está implicada muy claramente en las otras tres.

Libertad para Dios

La misma idea se puede transmitir con el término apertura. La simboliza el tiempo de comunión del que Adán disfrutaba con el Creador "al aire del día" (Génesis 3:8). Esta narración altamente antropomórfica es una profunda presentación teológica de un tete a tete sin inhibición alguna, puesto que no había nada que esconder en la relación. Estaba informada por la verdad, puesto que ningún subterfugio era necesario: ningún voltear la cabeza, ninguna mirada que evitar, ningún doble lenguaje; el sí era sí y el no era no (compárese con Mateo 5:37; Santiago 5:12).

Esta libertad de la primera pareja para Dios estaba arraigada en la libertad de Dios para ellos. Con Dios era *a se,* pero con el ser humano era un don. Con Dios no hay sólo un "Yo" sino una relación "Yo-Tú" dentro de la naturaleza divina. Con la humanidad, es el yo quien está en relación con el Tú que es Dios. Así, la analogía de la relación es, como dice Barth, "correspondencia de los que no son iguales".

Atanasio reconoció el mismo significado en el simbolismo del huerto, pues habla de Adán como

> habiendo en el principio tenido su mente hacia Dios en una libertad no avergonzada por la humillación y como asociada con los santos en la contemplación de cosas percibidas por la mente en el lugar donde estaba —el lugar que el santo Moisés llamó figuradamente un jardín. Una pureza así del alma es suficiente en sí misma para reflejar a Dios, como el mismo Señor dice: "Bienaventurados los de limpio corazón, porque ellos verán a Dios".[7]

Siguiendo a W. B. Pope, H. Orton Wiley sostiene que el árbol de la vida en el huerto es símbolo de comunión con Dios y sugiere que da fruto sacramental. Tiene una relación con los otros árboles del huerto muy parecida a la que tiene el pan de la Santa Cena con el pan como el báculo de la vida. Es sacramental en el sentido en que le da significado al todo de la vida (*TC* 2:54-55).

La obediencia es la condición para mantener la apertura. El fruto prohibido de la narración de Génesis simboliza el punto de prueba. Ninguna relación genuina es posible a menos que sea libremente escogida, y fuera de la posibilidad de violarla, no puede ser afirmada. La obediencia, como el medio de continuar la relación "Yo-Tú" no debe ser entendida de forma moralizante. La decisión de obedecer o no obedecer es más profundamente una decisión de mantener o de violar una relación personal.

Libertad para el Otro como *Imago*

Una de las características intrigantes de las narraciones de la creación en Génesis es el uso de la forma plural para la Deidad. Lo que Génesis 1:1 declara es que "En el principio creó *Elohim* [el plural de la forma singular *El*] los cielos y la tierra". Los pronombres plurales se vuelven pronunciados y prolíficos cuando el escritor empieza a hablar del origen del ser humano. La primera narración (1:1—2:4a) hasta el final registra los "dijo Dios" como conectados a la actividad creadora de cada día e inmediatamente después le sigue el fíat originador. Pero en 1:26, el fíat es precedido por una consulta "en familia" acerca de esta potencialidad particular: "Hagamos al hombre a nuestra imagen, conforme a nuestra semejanza…" y luego, en la frase "y señoree", la Deidad transfiere el plural a este ser que ha de crearse. En el versículo 27, se pone énfasis en que la creación de la humanidad ha de ser en la forma de "varón y hembra", una criatura plural ("los creó"). Ciertamente todos los otros "animales" también tenían especie masculina y especie femenina, pero la estructura del versículo 27 claramente indica que algo especial es implicado por la característica plural del ser humano.

Karl Barth, en particular, ha sido influyente en la teología contemporánea al llamar la atención al crucial significado teológico del factor "varón y hembra" para la definición de la *imago Dei*. Barth insiste en que este es el elemento más definitivo del relato del Génesis. Parece claro que él está en lo correcto a lo menos acerca del significado decisivo de este punto, y cuando se aúna a la otra evidencia en el pasaje, parece casi inequívoco que la creación del hombre a la imagen de Dios involucra una dimensión social.[8]

Tradicionalmente, los eruditos bíblicos han tenido dificultad con las formas plurales usadas para Dios en estos pasajes. Algunos de ellos han abogado que apuntan a la idea de una corte celestial donde la Deidad suprema reúne su corte de seres menores alrededor de Él, y juntos planean la estrategia de la cumbre de la obra creadora. Se aduce que hay evidencias de esta idea que pueden ser encontradas en el Antiguo Testamento. Los conservadores, por su parte, han sugerido muchas veces que aquí lo que tenemos es un temprano anticipo de la Trinidad. Mientras que este criterio no sea tomado como una enseñanza explícita, puede ser reconocido correctamente como algo que apunte a una verdad importante. En ese caso, la revelación en el Nuevo Testamento de la naturaleza trinitaria de Dios se encontraría ausente de conflicto con el monoteísmo del Antiguo Testamento. Más pertinente, sin embargo, a la mente hebrea es la sugerencia de que los indicadores plurales para Dios reflejan la plenitud del ser de Yahvé, lo cual no involucra una claudicación del monoteísmo, pero sí sostiene la teología de Dios como una realidad social.[9]

Agustín estaba buscando, como a ciegas, una verdad básica acerca de la humanidad en sus esfuerzos de identificar una estructura trinitaria dentro de la naturaleza humana, asumiendo que la *imago* encerraría la misma estructura ontológica en el ser humano que la revelación manifestaba como existente en la naturaleza divina. Empero, su error básico consistió en tratar de confinar la estructura social dentro del individuo,[10] ya que la verdad a la que estas afirmaciones básicas apuntan es a una estructura interpersonal ontológica. Las comprensiones modernas del ser han traído esto más claramente a la luz, pero fue una verdad que la mente bíblica capto todo el tiempo.[11]

Como en el caso de la relación básica divino-humana, la relación de persona a persona puede ser descrita como "apertura". Este es el significado de la frase "libertad para". Es una relación "Yo-Tú" que al principio fue marcada por la ausencia de vergüenza. Las referencias de Génesis en el segundo relato de la creación (2:25) al hecho de que el hombre y la mujer "estaban ambos desnudos, pero ninguno de los dos sentía vergüenza" simboliza esta clase de apertura. Eran radicalmente "libres" el uno "para" el otro. La ausencia de la lascivia, que tiene la autogratificación (véase la discusión sobre el librarse del yo) como elemento de motivación, hizo posible tal apertura carente de vergüenza en este cuadro casi cándido de una falta de consciencia del yo.

Muchos de los padres de la iglesia entretuvieron la idea de que en alguna forma el cuerpo está incluido en el epígrafe de "imagen de Dios". Esto a lo mejor no hubiera sido totalmente repugnante para la mente hebrea, la cual "no distinguía tajantemente entre el cuerpo y el espíritu, como lo hace el pensamiento occidental; para el hebreo el cuerpo era, por así decirlo, un sacramento del espíritu".[12] Bajo la influencia del pensamiento posterior acerca de la naturaleza espiritual de Dios, esta idea fue abandonada por considerarse indigna. Teólogos contemporáneos del Antiguo Testamento como Gerhard von Rad y Walther Eichrodt la rechazan explícitamente como una posible interpretación. Sin embargo, en su libro *The Bible Doctrine of Man* [La doctrina bíblica del hombre], C. Ryder Smith va a afirmar que Génesis 1:26 se refiere a una semejanza física entre Dios y la humanidad. Sobre esas bases arguye que la imagen puede ser retenida después de la caída. Empleando un método de estudio de palabras que nosotros hemos encontrado menos que adecuado, Smith trató de demostrar que los términos usados con relación a la imagen, tanto en hebreo como en griego, se refieren todos a una forma visible. Sugirió que los hebreos pensaban en Dios como poseyendo forma visible, aunque no un cuerpo material. Sin embargo, Smith sencillamente falla en reconocer que su idea contiene las implicaciones teológicas de un antropomorfismo elevado.[13]

Es cierto que en el contexto de la interpretación de la *imago* como relación con el otro es posible reconocer un significado legítimo para el lugar del cuerpo en la comprensión bíblica. Podemos estar de acuerdo con David Cairns en que hay "tintes físicos en el concepto" tal y como se desarrolla en las narrativas. Pero otra cosa es el argumento de Cairns de que

> habría una línea de desarrollo a través de la noción de la imagen en el Nuevo Testamento donde la transformación a la imagen involucra también una nueva vida física, y donde es prometido que el creyente será vestido también con un nuevo cuerpo espiritual cuando la semejanza espiritual sea revelada en su gloria.[14]

Por nuestra parte, el simbolismo que estamos sugiriendo como uno que indica la apertura del hombre para la mujer y viceversa, y la de cada ser humano para el otro, gira alrededor del cuerpo. El cuerpo es el medio por el cual un ser humano se relaciona con el otro.

Esta percepción provee una sólida base teológica para las amonestaciones concernientes al adorno físico que encontramos en 1 Pedro

3:3-5 y 1 Timoteo 2:9-10. Clemente de Alejandría les dedica gran espacio a las amonestaciones en contra de la decoración del cuerpo con vestidos, joyas y cosméticos porque son básicamente un intento de presentar una imagen falsa del ser, y en ese respecto no son una verdadera apertura de persona con persona. Esto es lo que él comenta:

> Pero si alguien quita el velo del templo —quiero decir el arreglo del cabello, el color con que se tiñe, los vestidos, el oro, la pintura, los cosméticos—, esto es, si lo quita con miras a encontrar adentro la verdadera belleza, resultará disgustado, lo sé bien. Y es que uno no encontrará la imagen de Dios morando adentro, como debería ser, sino a un fornicador y a una adúltera que ha ocupado el santuario del alma. Y así se descubrirá la verdadera bestia —un simio embadurnado con pintura blanca.[15]

Libertad de la Tierra como Imagen

Debido a la posición del ser humano con relación a Dios, se le ha dado "señorío" sobre el resto de la realidad creada. Es cierto, como muchos han argumentado, que no podemos equiparar este dominio con la imagen de Dios, pero parece muy claramente ser un aspecto subsidiario de ella. La tierra no domina al ser humano cuando la relación divino-humana está en orden, sino que le sirve. La tarea de Adán de darle nombre a los animales es símbolo de su dominio sobre ellos y la sujeción de ellos a sus fines.

La comisión de "Fructificad y multiplicaos; llenad la tierra, y sojuzgadla, y señoread en los peces del mar, en las aves de los cielos, y en todas las bestias que se mueven sobre la tierra" (Génesis 1:28) es un mandato cultural. La cultura implica un cultivo, y la función asignada al ser humano es que cultive la creación de Dios, que la haga fructificar. El indicio en cuanto a los linderos de este mandato es "la gloria de Dios", que sería a lo que estaría comprometido el ser humano que no había caído. Así, el mandato conlleva responsabilidad tanto como un privilegio, e implica el cuidado ecológico de la creación.

Una Libertad del Yo como Imagen

En cada una de las otras relaciones está implícito un enfoque en Dios y en su gloria a fin de que el Señor sea el socio dominante en la confrontación primaria, y de que este dominio informe a las otras relaciones y de esa manera les dé carácter.

Sin embargo, esta última relación, la del yo como imagen, no es impersonal, arbitraria o impuesta, sino libre. La consecuencia lógica es que es una relación que puede ser trastornada si el socio que no está bajo coerción (el ser humano) decide disolver la situación del señorío del Creador e intenta asumir un papel de asociación entre iguales o usurpar las prerrogativas del Creador. Esta posibilidad se volvió realidad en la caída, la cual básicamente tomó la forma de una revuelta contra el cielo.

El Ser Humano en Revuelta

Hasta este punto el foco de nuestra discusión ha estado en la relación con Dios que es la justicia original, y hemos visto cómo esta relación podía ser violada mediante un pecado cometido. Este es el aspecto del pecado al que ahora nos tornamos, lo que involucrará hacer un uso adicional de la implicación teológica del relato bíblico de la caída. Pero, en primer lugar, debemos hacer algunas observaciones generales acerca de la naturaleza del pecado.

En cualquier discusión sobre el pecado es crucial reconocer que se trata de una categoría religiosa. Tiene significado sólo en términos de la relación de uno con Dios. Cualquier intento de entender la naturaleza del pecado que pase esto por alto pervertirá la verdad.[16]

El salmista entendió claramente esta verdad. En su clásica confesión dio expresión a la dimensión religiosa del pecado: "Contra ti, contra ti sólo he pecado, y he hecho lo malo delante de tus ojos; para que seas reconocido justo en tu palabra, y tenido por puro en tu juicio" (51:4).

En la esfera judicial, o sea el mundo de la justicia criminal, se habla de crimen, pero no de pecado. En la ética se habla del bien y del mal, de lo correcto y de lo incorrecto, pero no de pecado. En la psicología se habla de anormalidades y desórdenes de la personalidad, pero no de pecado. La idea de pecado sólo es significativa con relación a Dios, y cuando se le retira de ese ámbito, el resultado, como Gustaf Aulén dice muy correctamente, es que "se vuelve débil y endeble".[17]

Y no sólo no debe el pecado ser interpretado como un concepto ético (aunque hay elementos éticos involucrados), sino que tampoco debería ser interpretado como una categoría ontológica o metafísica. Al interpretar el relato de la creación como histórico, aunque simbólico, como lo hace Wiley de manera exhaustiva (*TC* 2:52ss), es necesario salvaguardar el carácter religioso del pecado. Si no se hace así, el pecado lógicamente se vuelve algo equiparado con la finitud, volviéndose inevitable en la situación humana.

Los teólogos contemporáneos, aparte de los conservadores, están todos unánimes en rechazar la historicidad de un "estado de integridad", y de esa manera están tácitamente unánimes en afirmar la inutilidad de las posturas que afirmen la posibilidad de ser libres del pecado en esta vida. Pero es esa posibilidad la que encontramos en el centro del testimonio wesleyano de la revelación bíblica, lo cual llama la atención a lo crucial de la naturaleza de la discusión sobre el pecado para la teología wesleyana.

La posición de Paul Tillich es un ejemplo influyente de una interpretación ontológica de la situación humana. Su interpretación revela el resultado de aproximarnos al asunto de esa manera. Tillich discute la caída como una transición de la esencia a la existencia. Bajo las condiciones de existencia el ser humano no puede actualizar su esencia; por ende, la descripción que el Génesis da del ser humano antes de la caída es un mito que describe un estado de algo que Tillich llama "inocencia soñada". Este término se refiere a la idea de que "el estado del ser esencial no es una etapa actual del desarrollo humano que pueda ser conocida directa o indirectamente" aunque, no obstante, se pueda pensar de ella o "soñarla". Es algo que apunta hacia una potencialidad no actualizada, a algo que precede la existencia actual. Aun así, "no tiene tiempo; precede a la temporalidad, y es suprahistórico".[18] La consecuencia de esta idea es la equiparación de la finitud con el pecado, ya que pone la humanidad en oposición a Dios como infinito y, por tanto, ésta jamás podrá actualizar su esencia bajo las condiciones de la existencia. Esta aproximación de Tillich oscurece la verdadera naturaleza del pecado.

La estructura teológica de la narración de la caída está diseñada explícitamente para hacer claro que el pecado no es el resultado de la criaturidad de los seres humanos, o en sentido alguno el resultado de fuerzas o factores más allá de su control. Es la consecuencia del ejercicio del don de libertad dado por Dios. No puede haber sentido significativo alguno en el que el ser humano sea libre para Dios a menos que pueda, por su propia voluntad, volverse libre de Dios.

Esta verdad la vemos claramente cuando comparamos el papel de la serpiente en Génesis con el mismo simbolismo en la Épica Babilónica. El símbolo estándar para el mal en el mundo de la antigüedad era la serpiente. No fue sino hasta más tarde que la teología cristiana

lo identificó con Satanás.[19] En la Épica Babilónica la historia de la
"caída" gira alrededor de un hombre llamado Utnapishtim (el Noé
babilonio) que está buscando la vida eterna y que descubre que puede
ser adquirida al comer cierta hierba que crece en el fondo de una profunda cisterna de agua. Después de haber encontrado el manantial,
Utnapishtim se zambulle hasta el fondo, consigue la planta y sube a
la superficie. Exhausto por la profunda zambullida, se acuesta para
recuperar sus fuerzas. En ese momento la serpiente se aparece, roba
la hierba y la devora, consiguiendo de esa manera la vida eterna.[20]

En el relato inspirado la serpiente es el agente en la tentación, pero
en ningún sentido le roba la vida a una víctima desprevenida. La
primera pareja considera las opciones y hace una decisión consciente
de violar la condición de su existencia paradisiaca. Esto no sugiere,
desde luego, que estaban completamente al tanto de todas las consecuencias de su acto, pero se decidieron voluntariamente contra Dios
y lo sabían. Este factor nos lleva al próximo asunto.

La Esencia del Pecado

Hemos argüido que el pecado es esencialmente una categoría religiosa, pero es necesario una mayor definición, puesto que la religión
puede ser concebida en diferentes maneras. Si la religión es interpretada, farisaicamente, en términos de ley, el pecado será definido como
la transgresión de preceptos, o sea, en forma moralista. También es
posible concebir la religión en forma racionalista, en cuyo caso el pecado tiende a ser visto como herejía por no creer ciertas formulaciones doctrinales. Pero nosotros hemos insistido todo el tiempo en que
la relación de la humanidad con Dios debe ser concebida en forma
personalista. Por ende, para nosotros el pecado es todo aquello que
viole esa relación, causando una separación entre Dios y la humanidad. Además, hemos interpretado la relación divino-humana como
lo que constituye la *imago Dei,* así que en este contexto las palabras
de Gustaf Aulén son muy apropiadas: "Desde el punto de vista del
pecado el concepto de la 'imagen de Dios' declara el destino perdido
del ser humano, y desde el punto de vista de la salvación revela el
propósito divino en la creación".[21]

Hay cuatro categorías principales que han sido propuestas como
peticionarias para identificar la esencia del pecado: (1) incredulidad, (2) egocentrismo u orgullo *(hubris),* (3) desobediencia, y (4)
sensualidad.

El pecado como incredulidad. Esta proposición es erróneamente entendida si se le interpreta de manera intelectualista. En ese caso sería lo mismo superficial que carente de significado. Pero si correctamente definimos la fe como confiar y depender en Dios, podemos ver el significado de la declaración de Pablo de que cualquier cosa que no proviene de fe es pecado (Romanos 14:23). Tal vez sería mejor que designáramos la incredulidad como "no fe".

Juan Wesley usa su poderosa lógica para recalcar este punto: "Todas las obras verdaderamente buenas... siguen después de la justificación y son, por lo tanto, buenas y 'aceptables a Dios por medio de Jesucristo', porque 'brotan de una fe verdadera y viviente'. Por paridad de razón, todas las obras hechas antes de la justificación no son buenas en el sentido cristiano, puesto que no brotan de la fe en Jesucristo'... todavía más... tienen la naturaleza del pecado.'"[22]

En la tentación en el huerto del Edén, el elemento de no creer la verdad de la palabra de Dios, estimulado por las insinuaciones de la serpiente, está presente, pero no es el elemento más profundo. Lo que es más grave es la pérdida de una confianza que incluya el reconocimiento de la relación Creador-criatura, lo cual resulta en rechazar el señorío de Dios con la inevitable secuela de que algún otro señor es reconocido, y ese primordialmente es el yo.

El egocentrismo u orgullo como pecado. Si Dios no tiene el dominio en la vida de un ser humano, algo más lo tiene, y este algo más es su propio ego. Este es el estado que Martín Lutero define como *incurvatus in se* (la humanidad encorvada sobre sí misma). Por lo tanto, la incredulidad y el egocentrismo son sencillamente lo mismo vistos desde diferentes puntos de vista.

Reinhold Niebuhr analiza de manera aguda la situación humana para demostrar cómo surge el pecado como orgullo. La existencia humana está atrapada en la paradoja de la finitud y la libertad. Estas constituyen tanto su limitación como su grandeza. Como finito, el ser humano es una criatura, pero en su libertad reside la capacidad de buscar cómo transcender esa criaturidad. Empero aquí es precisamente donde se desvía. En el ejercicio de su libertad el género humano se negó a aceptar su criaturidad, o, en el lenguaje del relato bíblico, ambicionó ser "como Dios" (Génesis 3:5). En una palabra, el yo se exaltó a sí mismo al punto de ser su propio dios.[23]

A Agustín le debemos una de las propuestas clásicas de la posición de que el pecado debe identificarse como orgullo. En *La Ciudad de Dios* él define así el pecado:

> ¿Qué podía empezar este mal sino el orgullo, el cual es el principio de todo pecado? ¿Y qué es el orgullo sino un deseo perverso de altura para hacer que el yo parezca el principio, olvidando a Aquel a quien el alma solamente debe apegarse como el principio de todo? Que así sucede cuando se agrada de sí mismo demasiado.[24]

Cuando el pecado es interpretado en estos términos, es evidente que tiene un elemento de autodecepción. Aunque el ser humano pueda escoger el camino de la soberanía, siempre será ilusorio, puesto que siempre sigue siendo una criatura finita. Así, no sería incorrecto hablar de que existe un engaño de autosoberanía.

Este aspecto del pecado también ha sido correctamente caracterizado como idolatría, ya que involucra la elevación de una realidad creada y dependiente (el yo) a la posición que sólo puede propiamente ser mantenida por el Creador, quien es el único que tiene un ser independiente. La autoidolatría no es menos perversa que la adoración de artefactos finitos o de fuerzas u objetos naturales deificados.

El resumen que G. Eldon Ladd hace de la enseñanza de Pablo toca la esencia de este aspecto del pecado:

> La naturaleza del pecado puede ser vista partiendo de un estudio de las diversas palabras que Pablo usa, pero su palabra teológica más profunda para el pecado es *asebeia,* traducida "impiedad" en Romanos 1:18. El pecado más fundamental de los gentiles es su negativa de adorar a Dios como Dios; toda maldad *(adikia)* surge de la perversión de la adoración. El pecado fundamental de los judíos que tienen la ley es "la jactancia", o sea, pervertir la ley de modo que se vuelva la base de una autoconfianza que busca gloria antes que a Dios y que depende de sí misma. La jactancia es por ende la antítesis de la fe. Para ambos, el gentil y el judío, la raíz del pecado no se encuentra en acciones de pecaminosidad sino en una voluntad pervertida y rebelde. Esto es apoyado por la forma en la que Pablo interpreta al hombre como "carne" —el hombre que se coloca en oposición rebelde a Dios.[25]

La desobediencia como pecado. Juan Wesley definió el pecado "propiamente llamado" como "una transgresión voluntaria de una ley conocida". Esta definición con frecuencia ha sido criticada por quienes no congenian con la perspectiva de Wesley, tachándola de superficial y moralista. Pero esa crítica misma es superficial ya que deja de reconocer la profunda comprensión que informa la definición. Esta es virtualmente una reproducción de la declaración juanina en 1 Juan 3:4, de que "el pecado es anarquía". Numerosas versiones, incluyendo la Reina Valera en sus distintas revisiones, han oscurecido las profundidades de este pronunciamiento con la indebida traducción de que "el pecado es infracción de la ley". Expresarlo así en realidad haría del pecado algo tanto moralista como atomista, lo que básicamente le robaría su dimensión religiosa distintiva.

La anarquía es una actitud, una disposición de la mente, que hace que uno se declare libre de restricciones legítimas. Intenta desatar formas anárquicas. Es a esta rebelión interior a lo que la definición de Wesley realmente le apunta. Él no está definiendo el pecado en términos de pecados o de malas acciones, sino en términos del móvil que yace detrás de las acciones particulares que expresan la rebeldía interior.

Puesto que la rebeldía es la antítesis de la fe, no hay que considerar el pecado como desobediencia como siendo esencialmente diferente del pecado como incredulidad o egocentrismo. La Escritura en efecto define la fe en términos de obediencia (Romanos 1:5; 16:26; 1 Pedro 1:14) y, por lo tanto, hay que ver la desobediencia como una manifestación de incredulidad que involucra la elevación del yo a la posición que propiamente le pertenece al Creador.

La sensualidad como pecado. Aquí encontramos otra posible desviación de la naturaleza distintivamente religiosa del pecado. Si la comprensión del pecado como desobediencia va a tender hacia el pelagianismo, la comprensión del pecado como sensualidad tenderá al gnosticismo. Reinhold Niebuhr ha señalado que cuando el pensamiento helenístico ejerce influencia sobre el cristianismo, éste siempre se ve tentado a considerar el pecado básicamente como lujuria y sensualidad.[26]

Esto puede tomar varias y diferentes formas incluyendo la de hacer la distinción metafísica en el género humano entre una naturaleza física (mala) y una espiritual (buena). Aquí, el pecado, o más propiamente el mal, es identificado con el cuerpo y sus apetitos, mientras que el espíritu permanece puro, aunque estorbado, por estar preso en una "casa de barro". La salvación, en este modelo, incluye el escape de la carne y el vuelo hacia una existencia puramente desencarnada. El problema con esta interpretación es que, por un lado, hace del pecado algo inevitable, destruyendo así su carácter religioso, y, por el otro, parcial. Sin embargo, la idea bíblica es que el ser humano en su totalidad está bajo el pecado.

La sensualidad, en el sentido más estricto, es la búsqueda de la propia gratificación de uno. Esta autogratificación la trae directamente en conexión con el pecado básico del egocentrismo. En vista de que es una de las situaciones más gráficas de cómo el egocentrismo se manifiesta en forma de autogratificación, la lujuria sexual ha sido motivo de preocupación para los pensadores cristianos, sin embargo, muchos de ellos equivocadamente han identificado el pecado con la sexualidad bajo la rúbrica de la concupiscencia.

Tal vez el ejemplo más prominente de este modo de pensar sea Agustín. Basado en el ejemplo de Pablo de poner la "codicia" (Romanos 7:7-8) como el epítome de la pecaminosidad, y aunando a eso su propia experiencia de un impulso sexual desordenado, Agustín desarrolló una elaborada explicación del pecado original como concupiscencia, personificado por la sexualidad. Sin embargo, hay que cualificar esta declaración añadiendo que Agustín también enseñó una idea mucho más sana del pecado como amor pervertido. Más tarde tendremos ocasión de examinarla.

Lutero reaccionó contra la tradición sensualista, y, con un sentido mucho más seguro de la comprensión bíblica del ser humano y del pecado, redefinió la concupiscencia como "el amor a uno mismo". De este modo, Lutero trae la sensualidad a una relación directa con la naturaleza más fundamental del pecado como egocentrismo.

Sería bueno dejar que el penetrante análisis de Reinhold Niebuhr resuma este punto:

> Si nosotros descontamos la teología helenística con su inclinación a hacer de la sensualidad el pecado primordial y a derivarlo de las inclinaciones naturales de la vida física, es menester que lleguemos a la conclusión de que la teología cristiana, en ambas formas, la agustiniana y la semiagustiniana (tomista), considera la sensualidad (incluso cuando use las palabras *concupiscentia* o *cupiditas* para denotar el pecado en general), como derivada del pecado más primario del amor a uno mismo. La sensualidad representa una confusión adicional como consecuencia de la confusión original de substituir el yo por Dios como el centro de la existencia. El hombre, habiendo perdido el verdadero centro de su vida, ya

no es capaz de mantener su propia voluntad como el centro de sí mismo.[27]

Pecado Original y Gracia Preveniente

El pecado original comprende la pérdida de la justicia original y por lo tanto puede verse como la ausencia o perversión de la relación en la que Adán y Eva se encontraban en su "estado de integridad". Sin embargo, debemos recalcar que esto es más que privativo. Su aspecto positivo consiste en que la humanidad en su estado natural como existe ahora es corrupta en todos los aspectos de su ser. En lenguaje teológico clásico, está "totalmente depravada". Estas dos verdades deben ser consideradas seriamente en cualquier evaluación del ser humano como pecador, y también al tratar de evaluar la actividad redentora de Dios en la vida humana.

El Pecado Original como Pérdida de Relación

Al analizar teológicamente Génesis 1—11, advertimos indicaciones de que todas las cuatro relaciones que constituyen la justicia original *(imago)* fueron trastornadas. Cuando llegó la hora para la cita de la tarde, Adán y Eva no llegaron a la reunión con Dios porque ahora, por causa de la desobediencia, carecían de apertura hacia Dios y, por lo tanto, tenían miedo de su presencia. Este es el primer caso en que el género humano experimenta la ira de Dios. Notemos que el Creador viene a su creación en gracia y amor, pero la desobediencia hizo que la humanidad experimentara ese amor como ira. Con una sencillez exquisita, el escritor bíblico formula este punto dando la impresión de que el Señor Dios no sabía nada de la apostasía. Es un antropomorfismo que contiene el testimonio profundo, no de ingenuidad de parte de Dios, ni de que Él estuviera inconsciente del pecado humano, sino de su disposición de buscar la comunión a pesar de la rebeldía. En cierto sentido, aquí nos encontramos con un vislumbre de la obra expiatoria de Dios que culminará con la muerte de Cristo. Él es un Dios que busca.

La primera palabra de Dios al ser humano después de la caída fue una pregunta: "¿Dónde estás tú?" (Génesis 3:9). Esta pregunta no era para beneficio propio sino para el de la humanidad caída. Franz Delitzsch lo expresa así: "Dios busca al hombre, no porque él se haya perdido de su conocimiento, sino de su comunión".[28]

Ya hemos visto que el huerto es simbólico de esa comunión que caracterizó la relación original divino-humana. Como resultado de la rebelión de la primera pareja contra la autoridad divina, se les expulsó del huerto, o del campo. Tiene significado particular el simbolismo de la "espada encendida" que Dios puso para impedir el paso hacia el árbol de la vida (Génesis 3:24). Es un símbolo de ambos, el juicio y la gracia. Da testimonio del hecho de que, aunque el ser humano haya roto la relación con Dios por su propia voluntad, no podrá encontrar el camino de regreso a Dios por su propia iniciativa. La espada prevendrá contra toda forma de justicia por obras como un medio para ganar el favor de Dios. La relación entre Dios y el ser humano sólo puede restablecerse desde el lado de Dios —y eso es gracia.

La desobediencia también alteró radicalmente la relación interpersonal, ya que la pareja dejó de estar libre el uno para el otro. La pérdida de la relación la simbolizó el cubrirse el cuerpo con hojas de higuera y el sentido de vergüenza que surgió (Génesis 3:10). Aunque Agustín se equivocó al hacer de la sexualidad la esencia del pecado original, sí pudo destacar los resultados de esta apostasía al señalar la vergüenza que acompaña a la concepción, la que, aunque todos conocen su causa, siempre ocurre en la situación más privada posible.

Una ilustración gráfica de las consecuencias devastadoras del pecado para lo comunitario ocurre en la sección histórica de presalvación de Génesis su narración de la torre de Babel (11:1-19). La base para una comunidad es el lenguaje común como medio de comunicación. Así, con la confusión de los lenguajes, se da aquí una extrañeza que se inmiscuye en la situación humana y que trae como resultado que las personas tomen rumbos separados. No es casualidad que la diversidad de lenguajes se nos presente en este pasaje como resultado de una relación rota con Dios. La construcción de un zigurat es símbolo de autoexaltación, de que ya se ha dejado de reconocer la criaturidad humana, la que ahora trata por la fuerza de franquear la espada encendida construyendo una torre que llegue al cielo. Esto es, no tanto un espectáculo cosmológico de ingenuidad, sino una tragedia religiosa.

Otro resultado incluyó la pérdida de la libertad de la tierra. Esto es simbolizado por la maldición de la tierra, con los consiguientes "espinos y cardos" (Génesis 3:18). No fue el trabajo lo que entró en el cuadro por causa de la maldición, sino la resistencia de la tierra a los esfuerzos humanos para cultivarla.

La descripción que Dietrich Bonhoeffer hace de esta pérdida es dolorosa:

> Nosotros... tratamos de gobernar, pero es la misma cosa aquí que en la noche de Walpurgis. Creemos que estamos empujando, pero estamos siendo empujados. No gobernamos, estamos siendo gobernados. La cosa, el mundo, gobierna al hombre. El hombre es un prisionero, un esclavo del mundo, y su gobierno es una ilusión. La tecnología es el poder con el cual la tierra ciñe al hombre y lo subyuga. Y porque nosotros ya no gobernamos, perdemos terreno, y entonces la tierra deja de ser nuestra tierra, tras lo cual nos volvemos extranjeros en la tierra. No gobernamos porque no conocemos el mundo como la creación de Dios, y porque no recibimos nuestro dominio como algo que Dios nos haya dado, sino que lo agarramos para nosotros mismos.[29]

Hemos observado la creciente sofisticación la humanidad en su conquista de la tierra. Le ha arrancado sus secretos y ha creado artefactos con posibilidades aparentemente ilimitadas, pero ella ha sido incapaz de mantenerlos bajo su control. Parece como que sus inventos adquirieran vida propia, y que se hacen valer por sí mismos como los amos de su creador. Y mientras más grandes y más complejas sean los inventos, más destructivos parecen volverse para el bienestar humano. No es, por ejemplo, el monstruo del poder nuclear lo que amenaza la vida humana. Es el ser humano que lo descubrió quien no tiene dominio sobre sí mismo y, por lo tanto, pierde el control de lo que muchos soñaron que sería la solución de muchos problemas humanos. Al revelarse contra su propio Creador, el género humano ha perdido el poder para tener dominio sobre lo que él mismo crea.

Ahora se ve con claridad cuán entretejidas en todas las tres otras relaciones se encuentra el lugar del yo. El rechazo que Adán hizo de la soberanía del Creador resultó en una presunción consciente del señorío del yo. Esto, como ya vimos antes, fue la esencia del pecado. Así, el juico divino sobre la primera pareja consistió en que se habían vuelto "como uno de nosotros" (Génesis 3:22). Bajo la influencia de la serpiente aspiraron a ser como Dios, y tuvieron éxito en llegar a ser su propio dios.

La mayor tragedia se ve cuando a Adán y a Eva se les prohíbe el árbol de la vida. La maldición de la muerte pesaría sobre ellos aun cuando todavía estarían llamados a vivir. Sólo que ahora no tendrían la gracia de la vida, sino que tendrían que vivir de sus propios recursos, aunque los mismos fueran totalmente inadecuados. Tenemos una descripción gráfica de lo que es una vida carente de vida, fuera de la gracia, en Jeremías 17:5-8, donde el profeta describe al malo como un arbusto sin raíces llevado de aquí para allá por los vientos de la vida: "Maldito el varón que confía en el hombre, y pone carne por su brazo, y su corazón se aparta de Jehová. Será como la retama en el desierto, y no verá cuando viene el bien, sino que morará en los sequedales en el desierto, en tierra despoblada y deshabitada. [En contraste] Bendito el varón que confía en Jehová, y cuya confianza es Jehová. Porque será como el árbol plantado junto a las aguas".

La intrusión de una relación pervertida con el yo en relación con el otro le dio un carácter específico a la interacción humana. La apertura que había estado caracterizada por la desnudez quedaba ahora substituida por la vergüenza, y resultó en que los dos escondieran su cuerpo el uno del otro. Lo que hoy en día contamina las relaciones es el elemento de la autogratificación. No hay una sola persona hoy que no tienda a hacer tal como Agustín confesó que había hecho: "Ensucié el manantial de la amistad con la lujuria de la concupiscencia". Esto es lo que ya vimos que es el significado de la sensualidad como una expresión fundamental del pecado. La relación sexual se vuelve el caso más obvio del dominio de la autogratificación en las relaciones interpersonales. Es aquello, *per se,* que hace pecaminosa la actividad sexual fuera del matrimonio. Puesto que el lazo del matrimonio incluye un compromiso con la otra persona, buscar los beneficios del matrimonio fuera de ese compromiso no puede evitar la motivación primaria de la autogratificación.

Es cierto, como Martín Lutero sugirió al hablar de "la violación de la noche de bodas", que el matrimonio no elimina necesariamente el dominio de la autogratificación dentro de la unión marital, y si bien tal cosa es, también, una expresión esencialmente pecaminosa, no justifica la conducta sexual extramarital. En breve, lo que aquí sucede es que la relación primordial "Yo-Tú" degenera en una relación "Yo-ello". En términos del imperativo categórico kantiano, las otras personas no son tratadas como fines en sí mismas, sino como medios para un fin.

El significado del *agápe* como la forma distintivamente bíblica de amor emerge otra vez en este punto. Otras formas de amor, el *eros,* por ejemplo, tienen como un aspecto esencial de su significado el deseo de lo que es amado porque contribuye algo al amante. El *agápe,* en contraste, en su forma pura busca sólo el bienestar de la persona amada. No es informado por la búsqueda de yo propio. Arthur F. Holmes, al desarrollar la idea de la persona en la perspectiva cristiana, dice sobre este particular:

> Si me relaciono con mi esposa como con un objeto, yo a ello, la domino y la uso y la oprimo, y me mantengo cerrado a lo que ella pudiera ser para sí misma. Pero si los dos nos relacionamos el uno con el otro como personas, de sujeto a sujeto, con confianza y apertura y mutualidad, entonces la comunicación se desarrolla, como también la amistad. Esto es igualitario, personas iguales que son igualmente respetadas e igualmente responsables. Esto evoca amor, no el *eros* que desea para sí mismo, que frecuentemente es egoísta, sino el *agápe* que da de uno mismo al servir al otro. Tales relaciones con otras personas son la matriz donde la libertad y la responsabilidad cobran vida. Yo me vuelvo el guarda de mi hermano, y él se vuelve el guarda mío.[30]

La exaltación del yo a la torre de control de la vida también pervierte la relación del ser humano con la naturaleza o la tierra. El mandato original era cultivar el mundo creado (cultura) para la gloria de Dios. La caída torció todo esto al grado de que la motivación para la tarea de cultivar la tierra (desarrollo de la cultura) terminó siendo la ventaja propia. Los resultados prácticos en términos de "la violación de la tierra" han llegado a ser espantosos. La explotación, la irresponsabilidad y la codicia se combinan para pintar un cuadro pesimista para el futuro del ambiente debido a que los humanos buscan explotar la tierra para su propio placer en formas que exceden sus necesidades.[31]

El Pecado Original como Corrupción de la Naturaleza

Los capítulos del 1 al 11 de Génesis nos dan además ejemplos vívidos de la perversión positiva de la naturaleza humana que resultó de la pérdida de la *imago,* o relación con Dios, con todos los aspectos que los asisten. La envidia (una expresión del egocentrismo) brotó como cizaña y manifestó sus frutos en el fratricidio. El asesinato de Abel por mano de Caín su hermano fue sólo el primero en un largo surco de derramamiento de sangre. Una de las razones por las que las guerras civiles son examinadas con fascinación tan mórbida es que representan una lucha entre hermanos, algo que parece muy contrario a la naturaleza humana. Sin embargo, en un nivel más profundo, todos los seres humanos son hermanos y todas las guerras expresan una contradicción tal dentro de la naturaleza humana. Este es un hecho que destaca la profundidad de una depravación que se expresa a sí misma en crueles acciones de violencia. (Compárese con la condenación que Amós hace, en los capítulos 1 y 2, del tratamiento inhumano dado a otros. Esto fue dirigido a personas fuera de Israel, y generalmente se interpreta como que implica un pacto de hermandad del que todos los seres humanos tienen que dar cuenta delante de Dios aun si no tuvieran conocimiento específico del pacto de Sinaí). La secuela del primer asesinato revela gráficamente cómo esta ruin acción resultó de la pérdida de la relación con el otro que formó la constitución original del ser humano. Con la pregunta, "¿Soy yo acaso guarda de mi hermano?" (Génesis 4:9) Caín trató de evadir la responsabilidad que Dios le había dado. La pérdida del sentido de "Tú-idad" hizo posible la violencia, y negar verbalmente la responsabilidad por la otra persona no la invalidó.

El misterioso pasaje de Génesis 6:1-8, un preludio del diluvio que es usado como su justificación, ilumina un poco más el negro abismo que se había abierto en el corazón humano. El crecimiento de la civilización sencillamente le dio al género humano medios más sutiles de manifestar su perversidad interior.

La profunda perversidad del pecado original que afecta la raza humana, y la naturaleza de su manifestación (el centrarse en uno mismo) suscita una pregunta muy significativa. La codicia y la avaricia que son las expresiones de este egocentrismo, de no controlarse resultarían definitivamente en la autodestrucción. ¿Por qué no se ha dado? Y, lo que es más, ¿cómo puede uno explicar el altruismo y otras expresiones similares que se encuentran tan frecuentemente en la humanidad irredenta? Tal vez la evaluación cristiana de la naturaleza humana sea demasiado pesimista; tal vez haya quedado en ella alguna bondad natural después de todo. Esta sugerencia ha salido a la superficie de tiempo en tiempo, pero las realidades de la historia siempre han hecho pedazos su optimismo.

Thomas Hobbes no estaba lejos de la verdad cuando diagnosticó la condición humana como una "guerra de todos contra todos", proponiendo que la única solución para lo que resultaría en una inevitable autoaniquilación era que el instinto de preservación en el ser humano produjera un contrato social que controlara la agresividad humana. Pero si Hobbes estaba completamente en lo correcto, entonces la única forma segura de gobierno era un Leviatán (un monstruo) totalitario que tuviera el control de los seres humanos mediante la sanción de la fuerza. Pero ¿es que no hay un cuadro más prometedor que ese?

Teológicamente, la gracia es la contestación cristiana clásica al asunto de un control impuesto sobre esta avariciosa codicia que detenga al ser humano de destruirse a sí mismo. Juan Calvino desarrolló la idea de la "gracia común" como explicación. Si bien no era potencialmente salvífica, se extendía a todos los seres humanos y era la fuente de toda la bondad, todos los valores estéticos, y demás, en el ser humano natural. Donald Bloesch, un teólogo reformado contemporáneo, da una excelente expresión de esa temática:

> Es... la gracia común de Dios lo que explica que la habilidad del hombre pecador pueda llegar a un mínimo de justicia. La gracia común es la gracia de preservación por la cual la rapacidad del hombre es restringida. En realidad, si no fuese por la gracia común, el mundo caería en la anarquía y el desorden, pero Dios preserva su orden creado por su misericordia a fin de que la gente pueda oír las buenas nuevas de redención a través de Cristo, tornarse a él y ser librados de sus pecados. La gracia común... es la responsable de los fragmentos de sabiduría y verdad que existen en las religiones no cristianas y también en los códigos morales de las grandes civilizaciones de la antigüedad pagana.[32]

El wesleyano está dispuesto a extender la provincia de la gracia previniente para que cubra la función que Calvino le atribuyó a la gracia común. Por lo tanto, es un juicio teológico que las consecuencias más devastadoras del pecado original sobre la raza humana han sido mitigadas por la intervención de Dios para preservar su creación de la autodestrucción. Sin embargo, puesto que la gracia es persuasiva más que coercitiva, esto no es, lamentablemente, una garantía absoluta en contra de la posibilidad escalofriante de que la raza humana finalmente se destruya a sí misma, como lo atestigua la presente amenaza de guerra nuclear.

Pecado Original y Pecado Actual

Nuestra discusión de la humanidad como pecadora hasta este punto debe haber aclarado que el pecado tiene una naturaleza doble: es un estado de ser, y es una manifestación de ese estado. Hasta cierto grado nos guía por un camino equivocado el uso de la forma abreviada, "acción y ser", porque el estado de pecaminosidad se expresa a sí mismo en actitudes y en móviles tanto como en conducta, y todos esto cae bajo la rúbrica de pecado actual.

El estado de ser pecaminoso de la humanidad es su relación perdida con Dios. Esta manera de conceptualizar el pecado original, cuando se suma a la gracia previniente, hace posible mantener lo completo de la caída y al mismo tiempo mantener que lo humano de la humanidad no se perdió. Este tema fue cabalmente desarrollado en nuestra discusión de la revelación como algo que incide en el asunto del conocimiento que el ser humano tiene de Dios. Los mismos principios elucidados allí deben aplicarse en este contexto. Los reformadores protestantes intentaron explicar la situación humana al argumentar que después de la caída quedó una "reliquia" de la *imago*. Pero como Brunner correctamente observa en su crítica de esta posición, dice tanto demasiado poco como demasiado mucho. Demasiado mucho porque indica que queda en nuestra naturaleza un lugar no dañado; y demasiado poco porque olvida que aun en nuestro pecado portamos el testimonio de nuestra relación original con Dios.[33]

Donald Bloesch expresa una versión moderna de esta misma aproximación (y está sujeta a la misma crítica):

> En nuestra opinión, la naturaleza esencial del hombre es buena, puesto que es creada por Dios, pero su naturaleza existencial, su estar en el mundo, es corrupto. La humanidad del hombre permanece tal como el ojo permanece después que la picada de un insecto venenoso destruya su vista, lo único que ahora está privada de su lustre e impedida en su actividad moral (Abraham Kuyper). La verdadera naturaleza humana como la encontramos en Jesucristo es sin pecado y, por lo tanto, el pecado es correctamente visto como una desviación de la naturaleza humana. Significa lo no natural del hombre, lo anormal que ahora se ha vuelto natural. La *imago Dei*, la reflexión del ser de Dios en el hombre es desfigurada, pero no es destruida. El hombre todavía es responsable delante de Dios, aunque su libertad ha sido considerablemente atrofiada.[34]

Lo que suscita preguntas de cuán adecuado es esto teológicamente es la manera de expresarlo más que la verdad que intenta preservar. La posición wesleyana de la gracia previniente provee una solución mucho más viable que la idea reformada de una reliquia de la *imago*. La posición wesleyana identifica esta gracia con una "imagen más amplia" por medio de la cual se restaura la relación con Dios, algo que realmente se vuelve la base para la continua personeidad del ser humano, puesto que la personeidad es constituida por la relación.

Lo que es más, definir al ser humano ontológicamente en términos de relación, y hablar del pecado original (estado de ser) relacionalmente, hace posible una doctrina viable de santificación como "renovación en la imagen de Dios", que es la manera central en la que Juan Wesley lo conceptualizó. El uso de modos substanciales de pensamiento para describir el estado del género humano en pecado hace que sea difícil si no imposible que la entera santificación quepa lógicamente en una conceptualidad teológica.

El Pecado Original y la Culpa

El asunto de la culpa ha sido ampliamente discutido entre los teólogos en su conexión con el pecado original. ¿Se adhiere la culpa a los descendientes de Adán por la apostasía de su progenitor? Una tradición afirma que todos los humanos nacen culpables por la transgresión de Adán. Esto cabe muy bien en la corriente agustiniana-calvinista del pensamiento cristiano y provee una base lógica para la predestinación particular. Para esta tradición no hay problema ético involucrado al afirmar la condenación eterna de infantes que no se cuenten entre los electos, ya que nacen culpables, esto es, responsables penalmente y merecedores de castigo. Esto también se vuelve una base lógica para una doctrina del bautismo de infantes que se interpreta como "el lavamiento de la culpa del pecado original".[35]

Otra tradición interpreta la culpa en forma legalista y niega la posibilidad, o cuestiona la justicia ética de imputar culpa donde no esté presente posibilidad alguna de acción responsable. Este modo de ver el asunto mantiene que la culpa sólo puede estar relacionada al pecado actual. Por ende, niega que la culpa esté en forma alguna conectada con el pecado original.

H. Orton Wiley hace una distinción significativa entre "el ser digno de culpa personalmente en lo que toca a la comisión de pecado" *(reatus culpoe)* y "estar sujetos al castigo" *(reatus poenoe)*. El pecado actual, dice Wiley, incluye ambas formas, en tanto que sólo la segunda tiene que ver con el pecado original *(TC* 2:88). Juan Wesley reconoció esta distinción y de acuerdo con ella le atribuye "culpa" al pecado original cuando es interpretado como castigo. Siguiendo a Pablo (Romanos 5), Wesley identifica la muerte como el castigo del pecado (véanse las *Notes* [Notas] de Wesley sobre Romanos 5:13), y de ese modo todas las personas nacen culpables del pecado original porque todas mueren. Pero esto no involucra en manera alguna culpabilidad o susceptibilidad al castigo eterno.

El Pecado Actual como Expresión de Ser

La Escritura señala frecuentemente a la depravación interior del ser humano como la fuente de los males que se hallan en la vida humana. Jesucristo es muy explícito en cuanto a esta relación: "Lo que del hombre sale, eso contamina al hombre. Porque de dentro, del corazón de los hombres, salen los malos pensamientos, los adulterios, las fornicaciones, los homicidios, los hurtos, las avaricias, las maldades, el engaño, la lascivia, la envidia, la maledicencia, la soberbia, la insensatez. Todas estas maldades de dentro salen, y contaminan al hombre" (Marcos 7:20-23).

El movimiento profético llegó finalmente a darse cuenta, en las personas de Jeremías y Ezequiel, que la gran debilidad del pacto antiguo yacía en su falta de provisión explícita para el ser del pecado. El pecado concreto había sido prohibido; los primeros profetas habían reiterado su condenación de la violación de la ley. Pero Jeremías pudo ver que "engañoso es el corazón más que todas las cosas, y perverso" (Jeremías 17:9). Por ello, él, y también Ezequiel, señalaron hacia un pacto nuevo que trataría no sólo con las transgresiones de la ley, sino también con la causa interior de esos pecados y que atendería el asunto del corazón, que era donde el "ser" del pecado residía. En una palabra, anticiparon una provisión divina para ambas, la reconciliación y la santificación, y una solución para los dos, el pecado original y el pecado presente.

Universalidad del Pecado

La doctrina del pecado original es la manera que la teología tiene de afirmar la universalidad del pecado. Alguien ha observado que esta doctrina es la más verificable empíricamente de todas las doctrinas cristianas. Sin embargo, un número de preguntas salen a la superficie. Un problema principal tiene que ver con el asunto del determinismo. ¿Afirma esta doctrina que todos los seres humanos tienen que pecar, o afirma que todos los seres humanos en efecto pecan? Aunque sea paradójico, la fe cristiana afirma que el pecado es al mismo tiempo inevitable y volitivo. Una aseveración así se yergue en contra de numerosos intentos de disolver la paradoja racionalmente en una dirección o en la otra.

El pelagianismo superó la paradoja al definir el pecado en una forma casuística y atomista, como para efectivamente negar la doctrina del pecado original. Cada ser humano es su propio Adán; nace en el mundo en el mismo estado de ser del primer hombre, y comete el pecado original él mismo. Esto significa que está libre de pecar o no pecar por voluntad propia. La gracia, si se entiende como capacitación o sanidad divina, no es necesaria en este caso. Sin embargo, Pelagio no negó abiertamente la gracia sino que la definió externamente como el don de la libertad, la luz de la ley, el ejemplo de Cristo, a la vez que el incentivo de una recompensa. Pelagio explicó la universalidad del pecado debido en términos de lo omnipresente de los malos ejemplos. Si bien retuvo la realidad del pecado actual (aunque gravemente debilitado), perdió de vista la verdad de la inevitabilidad del pecado, que es a lo que la doctrina del pecado original apunta.

Las interpretaciones de la situación humana que equiparan el pecado con la finitud, o con algún aspecto de la naturaleza humana que es esencialmente malo, deslían la paradoja en otra dirección al hacer del pecado algo inevitable a exclusión de lo volitivo. Esta posición encaja bien en los esquemas deterministas como el calvinismo extremo.[36]

La interpretación histórica de la caída, que es la que nosotros hemos intentado mantener, evita la posición de hacer del pecado algo endémico a la situación humana. Mantenemos la posición expresada por H. Orton Wiley de que "el pecado no es otra cosa que un accidente de la naturaleza humana y no un elemento esencial de su ser original" (*TC* 2:95). Sabemos, por nuestra parte, que nuestra posición suscita la dificultad de explicar por qué todos los seres humanos en efecto pecan, pero necesitamos evitar la trampa de la solución racionalista propuesta arriba. Nosotros creemos que esto puede ser hecho al afirmar sencillamente con Pablo que, empíricamente, toda la evidencia apunta a la conclusión de que "todos pecaron, y están destituidos de la gloria de Dios" (Romanos 3:23).

Se han hecho esfuerzos racionalistas para resolver la paradoja, ofreciendo la explicación de la universalidad del pecado en términos de las teorías de transmisión del pecado. Algunas de ellas, como el así llamado modo genético de transmisión, son patentemente inadecuadas por ser demasiado físicas, demasiado ligadas a un criterio no bíblico del pecado (a una tendencia a equiparar la sexualidad con la pecaminosidad). Además, a la luz de la capacidad creciente de la medicina moderna para manipular los genes, las teorías de transmisión se vuelven no esenciales para la gracia como una curación del pecado.

Hay otras teorías de transmisión que dependen de los valores de los realismos filosóficos particulares. Es cierto que el concepto del Antiguo Testamento de "personalidad corporativa" (H. Wheeler Robinson) provee un *Weltanschauung* para explicar la transmisión, pero desarrollar tal concepto en términos filosóficos contemporáneos crea cierta dificultad, aunque no sea insuperable.

Teológicamente, la doctrina del pecado original subraya dos verdades fundamentales. Primero, se refiere al ser humano como un todo. Ese es el verdadero significado de la expresión "depravación total". Delante de Dios *(coram Deo),* "el juicio de que el hombre es un pecador es un juicio total y por lo tanto" se aplica también "a lo 'interno' y a lo 'espiritual' en el hombre".[37] Esto es lo que es el fundamento para la afirmación de Agustín, reiterada por Lutero y Wesley entre otros, que "las virtudes de los paganos no son sino vicios espléndidos". El ser humano está mal, todo mal, delante de Dios y, por lo tanto, todo lo que haga está mal. Es en esta manera que el pecado actual es siempre una expresión del pecado original.

Segundo, la doctrina del pecado original intenta ver la humanidad como un todo. Aquí es donde la pertinencia del concepto hebreo de la personalidad corporativa entra en el cuadro (véase arriba). Hay una solidaridad en el pecado que abarca a "todos los hijos de la raza de Adán". Puede ser que podamos legítimamente hablar de "un cuerpo místico de pecado" comparable al "cuerpo místico de Cristo" (Oswald Chambers). Es esta solidaridad del ser humano en pecado lo que trae a consideración la idea de la inevitabilidad del pecado.

Las palabras de Gustaf Aulén proveen un resumen incisivo de toda nuestra discusión de la humanidad como pecadora:

> Cuando la idea del estado original y la caída es combinada con la fe cristiana, el "estado original" le revela a cada hombre el destino dado a él por Dios, y "la caída" le declara que la interrelación solidaria del pecado no remueve el carácter de pecado como un acto de la voluntad, o en otras palabras, cuando el pecado se vuelve actual en nuestras vidas, estamos participando en la destrucción del destino dado a nosotros por Dios.[38]

Ahora bien, a la larga en lo que nosotros estamos más interesados es en la contestación divina al problema del pecado y a la provisión para su sanidad más que con una contestación racionalista en cuanto a su fuente y origen. Por lo tanto, ahora nos tornamos a la obra salvadora de Dios.

CAPÍTULO 10

La Persona del Salvador

El tema de la cristología nos trae a uno de los temas centrales de la teología wesleyana (véase el capítulo 1). Esto a su vez está relacionado orgánicamente con el foco primario de nuestra norma, ya que las cuestiones cristológicas siempre inciden sobre las áreas soteriológicas. Lo opuesto también es cierto, que los asuntos de la soteriología moldean los temas cristológicos. El hecho es que, tal como John Dreschner señala, tales declaraciones cristológicas, como se encuentran en los escritos de Juan Wesley, son "principalmente insertadas, o aun ocultas debajo del material soteriológico".[1] Wolfhart Pannenberg arguye que todas las cristologías son en realidad informadas por consideraciones soteriológicas y persigue demostrar las relaciones sistemáticas en ciertas teorías prominentes.[2]

La orientación hacia la soteriología en Wesley es correlativa con una actitud hacia la cristología que, como ya descubrimos, también está presente en su aproximación a la doctrina de la Trinidad. Wesley tiene poco interés en las teorías especulativas, sin embargo, distingue entre el "hecho" y la "manera" de la encarnación. Sobre esta última puede decir: "No sé nada de ella... No es un objeto de mi fe más que lo que es un objeto de mi comprensión".[3] Pero del hecho (de que Cristo es las dos cosas, divino y humano) Wesley habla con mucha más seguridad: "Que Jesús es el Cristo; que es el Hijo de Dios; que vino en la carne, es una verdad indivisa, y aquel que niega parte alguna de ella, en efecto niega la totalidad".[4]

Esto sugeriría que Wesley estaba más interesado en una cristología funcional que en una cristología ontológica especulativa. Esto sin duda se debía en parte al hecho de que el Nuevo Testamento no ofrece una doctrina explícita de la persona de Cristo, esto es, no explica cómo se relacionan las dos naturalezas. Pero tal vez se deba aún más al interés consistente de Wesley en relacionar todas las doctrinas a la salvación. Sin embargo, como observamos al estudiar la Trinidad, aun los asuntos funcionales reflejan inevitablemente apuntalamientos ontológicos, incluso cuando no tengamos a la mano las categorías conceptuales necesarias para formularlos adecuadamente.

Por nuestra parte, al desarrollar una teología wesleyana sistemática, la intención es trabajar sujetos a la limitación que esta perspectiva impone sobre nosotros. Como consecuencia, no discutiremos los diversos esfuerzos especulativos contemporáneos de formulaciones cristológicas, sino que, de manera básica, haremos un repaso de los debates cristológicos clásicos. Esta aproximación revelará los compromisos centrales de la fe cristiana clásica. Al hacerlo así, trataremos de enfocar nuestra atención sobre aquellos aspectos de la persona del Salvador que afectan los asuntos de la reconciliación y la santificación.

Significado Teológico de la Encarnación

El término "encarnación" (que literalmente significa darse cuerpo), se refiere a la creencia singularmente cristiana de que Dios ha entrado en la historia en la forma de una persona humana. "Y aquel Verbo fue hecho carne, y habitó entre nosotros" (Juan 1:14) es una de las piedras angulares sobre las cuales la fe cristiana permanece o cae. Es el "punto focal" de "la confesión de fe en Cristo" que identifica la substancia de la doctrina cristiana.[5]

La afirmación de que Dios se ha hecho inmanente en un evento particular en la historia del mundo incluye además el compromiso de que ese evento es normativo para la totalidad de la historia. Esta creencia es un escándalo para la mente racionalista, pero su propósito no es sencillamente ocasionarle una piedra de tropiezo al acto de creer, o sea, que su significado no yace en cuán absurda sea. Más bien, hay verdades fundamentales que se vuelven problemáticas si no hay encarnación; el hecho de que Dios se diera cuerpo en Jesús de Nazaret tiene un profundo significado teológico para ciertos postulados básicos de la doctrina cristiana.

Revelación

En nuestro estudio de la idea de la revelación (capítulo 4) hemos descubierto que, a menos que Dios se vuelva inmanente en alguna manera (la "acomodación" de Calvino), no hay conocimiento alguno de Él. Además, hemos observado que lo distintivo de la teología cristiana, en contraste con otras teologías, es su creencia de que Dios se ha dado a conocer final y decisivamente en Jesucristo. Por ende, la encarnación se constituye en el pilar de confianza de que la verdadera naturaleza de Dios es adecuadamente conocida a través de este evento histórico.

La declaración de Gordon Kaufman se relaciona bellamente a este complejo de ideas:

> Dios es el ser que se vale totalmente por sí mismo, el gran Uno incomparable a todos los demás, absolutamente único, el límite último del hombre y de toda otra realidad finita. ¿Cómo podíamos haber llegado a conocer un ser tal? Si Dios nos transcendía a nosotros y a nuestro mundo tan absolutamente y en todos los respectos jamás habríamos podido llegar a conocer cosa alguna de Él —aun el hecho de que es y de que es transcendente. Un ser así podía llegar a ser y a significar algo para nosotros sólo mediante su entrada en nuestro mundo, volviéndose así un objeto posible de nuestro conocimiento. Dios tendría que tomar la forma, por así decirlo, de algo que pudiéramos experimentar y entender, y darse a conocer a nosotros en esa manera. Esta es precisamente la declaración cristiana: Dios mismo ha venido al hombre en la mismísima persona de un hombre.[6]

El Cuarto Evangelio recalca, como uno de sus temas principales, la tesis de que Dios se hace plenamente conocido por su Hijo. El Cristo juanino declara: "El que me ha visto a mí, ha visto al Padre" (Juan 14:9). Y Juan mismo declaró: "A Dios nadie le vio jamás; el unigénito Hijo, que está en el seno del Padre, él le ha dado a conocer" (Juan 1:18). La fe en Dios es al mismo tiempo fe en Cristo, y viceversa. Gustaf Aulén hace un resumen que recoge esta verdad:

> La confesión de fe en Cristo es, por lo tanto, no una declaración acerca de Cristo; es primera y últimamente una afirmación acerca de ese Dios que se ha revelado a sí mismo. Si la fe cristiana afirma que Cristo es de la misma substancia con el Padre, hace una declaración acerca del carácter del ser del Padre. Luego, la verdadera función de la confesión de fe en Cristo es proteger el contenido y la pureza del concepto cristiano de Dios.[7]

Pero la encarnación no sólo revela a Dios, sino que también revela al ser humano. En el cuarto siglo, Atanasio vio esta verdad y la describió de una manera fascinante. Sugirió que el propósito de la encarnación era la restauración de la *imago Dei*. Los humanos no podían llevar a cabo la tarea de restauración los unos a los otros ya que, en el mejor de los casos, son copias de esa imagen y por cierto manchadas. Si un retrato ha sido dañado por una mancha, dice Atanasio, tiene que ser restaurado por el pintor, quien tendrá que pintarlo otra vez a partir del modelo original, el cual deberá venir y posar para él o ella una segunda vez. Así, el Verbo tuvo que venir a la tierra para que la imagen fuese visible otra vez y pudiese ser copiada de nuevo en la naturaleza del ser humano.[8]

Tal como la teología contemporánea recalca consistentemente, no tenemos acceso al hombre (Adán) del principio como para derivar un cuadro adecuado del ser humano normativo. Nuestro conocimiento de esta realidad es "desde lo medio" (Bonhoeffer). En Jesucristo percibimos la medida plena de una calidad de lo humano no deformada por el pecado. Él es no sólo lo que el ser humano quiere decir con Dios, sino lo que Dios quiere decir con el ser humano.

Juan Wesley ha descrito una comparación excepcional de Cristo con la ley. Al describir el origen y la naturaleza de la ley, usa un lenguaje peculiarmente apropiado para la encarnación.[9] Lo que Wesley señala es que la naturaleza y la voluntad de Dios tal y como se relacionan a la naturaleza, el destino y la conducta humanas, están encarnadas en la ley, la cual es por ende una revelación de virtud y sabiduría divinas. Siendo que la ley era un medio menos que adecuado de autorrevelación y era susceptible a la perversión legalista, Dios encarnó más perfectamente su voluntad y naturaleza en lo que se relacionan al destino del hombre al encarnar su naturaleza en Jesucristo. De ese modo, Cristo es la imagen expresa de la naturaleza divina, el *eikon* de Dios (Colosenses 1:15; compárese con Hebreos 1:3). Pablo discute la relación entre estas dos revelaciones en 2 Corintios 3 en términos de "gloria". La gloria perecedera de la ley (ilustrada por la gloria temporal que brilló en el rostro de Moisés) fue suplantada por la gloria permanente que brilla (de manera perpetua y sin distorsión) en la faz de Jesucristo.

Redención

La iglesia de Occidente, con su inclinación por la justificación y los modos legales de pensamiento, generalmente ha hablado de redención casi exclusivamente en términos de la muerte de Cristo. En este contexto, y en gran parte debido a la influencia de la teoría de la satisfacción de la expiación promovida por Anselmo, la encarnación es interpretada como una necesidad para la redención. Esto fue recalcado aún más por la explicación de la satisfacción penal, formulada clásicamente por Juan Calvino. Aquí la redención es interpretada como resultante de la satisfacción del honor de Dios (Anselmo) o de su justicia (Calvino), una satisfacción que debe ser presentada por Jesucristo como hombre, cuya muerte satisface los requisitos de la justicia. Debido a que la redención es la obra del hombre, y sólo en forma discontinua la obra de Dios, la encarnación es necesaria para proveer el sacrificio. (Este es el argumento de Anselmo en *Cur Deus homo?.*) De ese modo, no parece tener significado crítico dentro de sí mismo para la redención.[10]

El cristianismo de Oriente, por el otro lado, con su mayor preocupación con la santificación, vio la encarnación como significativa para este aspecto de la redención. En categorías típicamente wesleyanas, podemos hablar del énfasis oriental en términos de restauración a la imagen de Dios. En la cita anterior de Atanasio, se puede ver el énfasis oriental sobre la importancia de la encarnación como lo que modela la *imago*. Pero aún más crucial es la creencia de que la encarnación transforma potencialmente la naturaleza humana, haciendo posible que el hombre se vuelva deiforme a través de su unión con Cristo. La gran enseñanza recapituladora de Ireneo demuestra cómo Jesucristo logra revertir la caída en cada etapa de la vida humana. Así, "[Cristo] se volvió lo que nosotros somos [seres humanos] para que nosotros nos volviéramos lo que él es [divino]". La teoría realista de la redención como fue formulada por Atanasio e Ireneo, con todo y sus problemas de la divinización de la naturaleza humana inherente a dicha teoría, no invalidan la importancia formal del significado santificador de la encarnación. La conclusión de David Cairns apoya esta evaluación positiva de las teorías realistas:

> El lenguaje de la divinización es un intento de hacer justicia al cambio real obrado en la naturaleza humana a través de la unión con Cristo en su iglesia. Pero esta unión es una unión de fe. Es real, y los frutos del Espíritu dan testimonio de ello, pero nunca equivale a una fusión del creyente o de la iglesia con el Señor. Es una unión singular de personas con la Persona Divina a través de la cual los beneficios de Cristo pasan a sus discípulos, mientras que su señorío permanezca sin ser asaltado, y el lindero entre

Creador y criatura permanezca sin ser cruzado. El describir esta unión es el verdadero propósito de Ireneo, Clemente y Atanasio.[11]

R. V. Sellers concuerda con esta apreciación; sostiene que la concepción de Atanasio era moral y espiritual y no tanto realista como el lenguaje implica, significando con ello que el ser humano puede, "en Cristo", disfrutar de compañerismo perfecto con Dios.[12]

El énfasis sobre la encarnación al que estamos alentando no disminuye en forma alguna el significado decisivo de la muerte de Cristo. Lo que hace es pedir una comprensión más ampliamente basada de cómo se relaciona la obra de Cristo a la salvación. Esto se explorará más profundamente en el siguiente capítulo.

Cristología del Nuevo Testamento[13]

La cristología del Nuevo Testamento es un recurso indispensable para el trabajo de la teología sistemática. Si bien la tarea de la teología va más allá de la tarea descriptiva que es propia de la teología bíblica, la primera, si toma en serio la autoridad de la Escritura, no puede desarrollar categorías e interpretaciones que violen la perspectiva del Nuevo Testamento. Pero, desde el lado positivo, la teología buscará la enunciación de una formulación contemporánea que sirva como extrapolación de las percepciones de los escritores bíblicos.

El punto de principio más común, así como el más adecuado, para explorar la respuesta del Nuevo Testamento al tema de Cristo es examinar los títulos adscritos a Jesús en los evangelios. Es aquí donde la comprensión de la iglesia más primitiva sobre quién era Jesús, así como la comprensión que Él tenía de sí mismo, llegó centralmente a su expresión. Aunque no nos sea posible examinar todos los títulos que puedan aislarse en una búsqueda de lupa en el Nuevo Testamento, sí veremos en sus documentos los que parezcan tener un significado decisivo y un uso más amplio.

Es importante notar, desde la arrancada, que el "problema cristológico" del Nuevo Testamento no fue el problema de la persona y la obra de Cristo. Esa manera de manejar el asunto salió a la superficie en los primeros siglos a medida la iglesia buscaba cómo contestar los asuntos de la relación de Cristo con el Padre y la relación de las naturalezas divina y humana en Cristo. Esto fue sin duda un desarrollo inevitable, pero el expresar el asunto en esa forma hizo posible separar la persona de Cristo de la obra de Cristo, o sea, la cristología y la soteriología podían ahora volverse consideraciones separadas. Sin embargo, el Nuevo Testamento apenas habla de la persona de Cristo sin al mismo tiempo hablar de su obra. Las diversas contestaciones del Nuevo Testamento a la pregunta, "¿Quién es Cristo?" incorporan ambas, la persona y la obra de Cristo, como realidades indistinguibles. Esto implica, como Richard Longenecker arguye, que todos los títulos que la Iglesia Primitiva le adscribió a Jesús son entendidos como funcionales en vez de ontológicos.[14]

Al contestar la pregunta, "¿Quién es Jesús?", los primeros cristianos tenían a su disposición ciertos conceptos derivados de su antecedente judío que parecían aplicarse a Jesús. El problema cristológico del Nuevo Testamento era, por lo tanto, contestar preguntas tales como esta: ¿hasta qué grado cumplió Jesús estos conceptos judíos? El resultado de aproximarse al asunto de esta manera guió eventualmente a un significado que transcendió todos estos conceptos tomados separadamente o juntos. Por nuestra parte, la tarea es seguir estos intentos tal como llegan a ser expresados en el Nuevo Testamento.

Dos asuntos críticos mayores surgen de tal clase de investigación. Primero, necesitamos determinar si estamos tratando con la propia comprensión de Jesús de sí mismo en sus enseñanzas como fueron registradas, o con la comprensión teológica posterior de la comunidad cristiana. Ya nos hemos encontrado con este asunto en varios puntos claves de este libro, así que aquí sencillamente reiteraremos las conclusiones afirmadas en esos lugares. Si bien es cierto que los evangelios reflejan la perspectiva y situación de la iglesia primitiva, lo que se nos ofrece es un cuadro fiel de Jesús que nosotros aceptamos como confiable. Segundo, hay que hacer una decisión acerca del origen de los títulos aplicados a Jesús. ¿Procedían de un entorno hebreo o helenístico? En unos pocos casos no tenemos involucrada una verdadera opción, pero donde la tenemos, es altamente significativo cuál de las fuentes es identificada. Por lo general, en esta discusión estamos asumiendo la posición adoptada por numerosos eruditos reconocidos de que la fuente primaria es hebraica, aunque algunos títulos tienen contacto especial con el mundo helenístico. Donde haya asuntos cruciales de por medio sobre estas fuentes, se les dará atención.

El Mesías

La convicción de que Jesús era el Mesías fue básica para la cristología de los primeros cristianos judíos. De hecho, fue tan básica, que la palabra griega para Mesías (*Christos*) llegó a asociarse como un nombre propio con la persona de Jesús. Esto realmente es un fenómeno bastante extraño porque (1) era una designación muy incierta, un término comodín que se aplicaba a un concepto bastante fluido en el judaísmo; (2) Jesús no cumplía con muchos de los aspectos básicos de la esperanza mesiánica, de modo especial en su forma contemporánea; y (3) Jesús raramente se aplicó el término a sí mismo. A pesar de estas consideraciones, ese fue el término que la iglesia escogió como el más prominente. Por lo tanto, la pregunta que hay que contestar es: ¿hasta qué punto adoptaron los cristianos la idea judía, y en qué manera la transformaron? O, la misma pregunta pudiera ser formulada, y tal vez debería serlo, con relación a la propia comprensión que Jesús tenía de sí mismo.

Necesitamos principiar con el significado del término o idea. Aunque como designación técnica el término "Mesías" no se encuentra en el Antiguo Testamento, su idea definitivamente está presente. (Una posible excepción es la misteriosa y enigmática referencia en Daniel 9:25-26. Sin embargo, la erudición está tan fragmentada en la interpretación y traducción de ese pasaje que hace sumamente problemático su uso. Compárense los comentarios en ciertos comentarios con la interpretación diametralmente opuesta en otros comentarios). "Mesías" era un concepto primordialmente político (compárese Ezequiel 37:21ss.); involucraba a un rey davídico gobernando sobre un Israel restaurado. Aparentemente, la esperanza primaria para el futuro no era el rey mesiánico, puesto que en muchos pasajes escatológicos se nos pinta el cuadro de una edad de oro y un reinado restaurado, pero la descripción del rey falta. Una esperanza mesiánica como la que encontramos entre el pueblo judío de los días de Jesús era principalmente un producto del período postexílico.

Algunos eruditos han identificado cuando menos dos vertientes de la esperanza mesiánica, y ambas son escatológicas. La primera es la de un gobernante orientado hacia este mundo, natural, político y nacionalista. Esto parece ser la substancia de la interpretación popular. T. W. Manson arguye, partiendo de los salmos de Salomón, que esta es la manera en la que "el judío piadoso y típico" vislumbraba al Ungido del Señor en el primer siglo.[15]

Otros han sugerido una segunda interpretación, que es de un Mesías del otro mundo y transcendente, cuya venida es acompañada por obras milagrosas de Dios. Sigmund Mowinckel describe las dos visiones de la manera siguiente:

Parece que, así como en la esperanza general del futuro del judaísmo posterior hubo dos tendencias, que originalmente eran muy distintas, pero que ahora se fundieron una con otra, asimismo el concepto del Mesías en el judaísmo posterior manifiesta el mismo doble carácter. Un lado del concepto es nacional, político, de este mundo, con tendencias particulares, aunque universalista en su mejor momento. El otro es superterrestre, del otro mundo, rico en contenido religioso y en conceptos mitológicos, universalista, numinoso, completamente en casa en la esfera de lo "Santo" y "el completamente Otro".[16]

John Wick Bowman ha propuesto una tercera vertiente, la que identifica como el verdadero entendimiento profético, y se refiere a ella como el "Mesías-Remanente". Exploraremos esta indicación más cabalmente en una parte posterior de esta sección.

El primer uso técnico del término Mesías ocurre como ejemplo del primer complejo de ideas arriba mencionado e involucra una modificación del material del Antiguo Testamento. Este uso del término aparece en los salmos de Salomón, 17 y 18, y viene de mediados del primer siglo a.C. En tanto que, como ya hemos visto, la Edad de Oro es la idea más significativa en la literatura profética, con la aparición del Mesías en algunos lugares, pero no en otros, la comprensión del Mesías aquí era como el agente de Dios para traer el Reino. En el Antiguo Testamento él era un aspecto del Reino, pero ahora es el instrumento eficaz que lo abre a la realidad al derrotar a los enemigos de su establecimiento. Y, desde luego, siempre es visto en términos de un nacionalismo judío. Aunque este desarrollo no ofrece una contradicción crasa a los perfiles principales de la esperanza bíblica, había una excepción mayor: Zacarías 9:9 describió al rey venidero como un gobernante pacífico más que como una figura de guerra que exterminaría a los enemigos de Israel. Este fue el pasaje con el cual Jesús se identificó explícitamente en la ocasión de su entrada triunfal. Este pasaje reflejaba más estrechamente la comprensión que Jesús tenía de su mesianismo.

También hubo otra modificación de la expectativa mesiánica durante el período intertestamentario. En los apocalipsis judíos se levantó la idea de que el Mesías introduciría un reinado provisional. Yahvé mismo traería el reino permanente. Por ende, en esta visión, el Mesías es el predecesor de Yahvé, lo que resulta en la idea de un tiempo entre los tiempos.[17]

Longenecker hace un resumen que provee una declaración adecuada de un antecedente para examinar el uso que el Nuevo Testamento hace de este título con relación a Jesús:

> En tanto que otros elementos competían para ser reconocidos, este concepto político y nacionalista vino a tener un lugar de ascendencia en el pensamiento judío. Y, en el día de Jesús, esta comprensión mesiánica de hijo-de-David era dominante.[18]

Jesús y el Título Mesiánico

Jesús es el "crisol de fundición" hacia el cual se volcaron las ideas del mesianismo judío. Es la manera en la que Él trató con estos conceptos lo que se vuelve crucial, especialmente si tomamos en serio, como nosotros lo estamos haciendo, al Jesús histórico y su propia autoconsciencia.

Para empezar, debemos tomar en consideración aquello a lo que William Wrede se refirió en 1901 como el "secreto mesiánico". Especialmente en el Evangelio de Marcos, Jesús es presentado como que evita el título de Mesías. Silenció a demonios que le reconocieron como Mesías (1:23-25, 34; 3:11-12). Encomendó a las personas a quienes había sanado que no le dijeran a nadie (1:43-44; 5:43; 7:36). Después de la transfiguración, les dijo a sus discípulos que no le dijeran a nadie lo que habían visto (9:9). ¿Cómo explicamos esto?

Eruditos liberales como Rudolph Bultmann y Gunther Bornkamm dicen que fue porque Jesús no tenía consciencia mesiánica. Eruditos más conservadores como Oscar Cullmann sugieren que Jesús rechazó completamente el título por sus connotaciones políticas. Pero antes de nosotros poder llegar a una conclusión hay varios pasajes cruciales que deben ser examinados como evidencia.

Está enteramente claro que Jesús rechazó los aspectos políticos de su misión durante la tentación en el desierto. Se negó a hacerse la clase de mesías que pudiera atraer seguidores sobre tales bases. El encuentro con Satanás sienta la pauta para su subsecuente ministerio y sin duda nos ofrece el patrón en cuyos términos podemos evaluar eventos posteriores.

Hay cuatro pasajes en los que la relación de Jesús con el título mesiánico es un asunto crítico:

Marcos 14:61-62. En respuesta a la pregunta del sumo sacerdote, "¿Eres tú el Cristo, el Hijo del Bendito?" la contestación de Jesús parece ser inequívoca: "Yo soy". Pero en la narración que Mateo hace del evento, su contestación es mucho más ambigua: "Tú lo has dicho". (Esto es apoyado por la evidencia de los manuscritos, si bien algunas traducciones recientes rezan: "Sí".) Parecería que el propósito de Mateo le habría inclinado a aprovecharse de un reclamo libre de ambigüedades si realmente hubiera ocurrido. Además, en ambos lugares Jesús es presentado identificándose a sí mismo con el Hijo del Hombre. La reacción de los sacerdotes parece apoyar más claramente el reclamo de ser el Hijo del Hombre que el de ser el Mesías. Lo acusan de blasfemia, lo que sería más apropiado para el concepto de Hijo del Hombre que prevalecía en el judaísmo. Si hubieran entendido que Jesús estaba presumiendo de ser el Mesías, se habría provocado otro tipo enteramente diferente de respuesta, puesto que tal reclamo no incluía nada de "un mundo del más allá" (véase más adelante la discusión sobre el Hijo del Hombre). Oscar Cullmann emplea un argumento extremadamente esotérico para insistir en que la narración de Marcos es realmente una evasión más bien que la respuesta directa que nuestras traducciones sugieren. Pero es que Cullmann basa su argumento sobre bases filológicas que incluyen una retraducción del pasaje del griego al arameo original que Jesús hablaba.

Marcos 15:2ss. En su encuentro con Pilato, Jesús enfrentó otra pregunta directa acerca de su realeza, pero la contestó de una manera igualmente ambigua al responder, "Tú lo dices". La narración de Mateo presenta el asunto de la misma manera. Así que aquí claramente hay una evasión de la terminología mesiánica.

Marcos 8:27ss. La gran confesión de Pedro en Cesarea de Filipo expresa la conclusión de los discípulos de que Jesús es el Mesías (el Cristo). Aunque Jesús recibe este anuncio con gran entusiasmo, al igual que como leemos en Mateo 16:17ss, va a amonestar a sus discípulos que no le digan a nadie, para luego proceder a hablar acerca del Hijo del Hombre y a recalcar su función como siervo sufriente, lo cual era ajeno al concepto judío del Mesías. La reacción negativa de Pedro a la forma en la que Jesús amplifica la misión mesiánica, que incluye rechazo y muerte, refleja el hecho de que Pedro confesó más de lo que entendió. Este discípulo todavía estaba usando la terminología mesiánica en el sentido judío popular.

¿Por qué evitó Jesús de manera tan evidente el término cuando se le presentó la oportunidad de mostrar sus credenciales con claridad, advirtiéndoles al mismo tiempo a sus discípulos en contra de diseminar sus conclusiones? Una opinión conservadora en respuesta a esta pregunta es que los contextos de todos estos pasajes se perciben como que estaban cargados de significados nacionalistas, que era precisamente lo que Jesús deseaba evitar.

Necesitamos darle atención a un pasaje adicional que se encuentra en el Cuarto Evangelio. En **Juan 4** parece que Jesús se está anunciando directamente como Mesías a la mujer samaritana. En respuesta al reconocimiento que ella hace de que su tradición religiosa incluye la esperanza de un Mesías venidero (v. 26), Jesús declara: "Yo soy, el que habla contigo". Aquí hay dos consideraciones que son pertinentes. La primera es que obviamente no hay peligros presentes de un brote político en la situación con la samaritana. Segundo, no carece de significado el que la Escritura de los samaritanos incluyera sólo el Pentateuco, donde únicamente se habría encontrado provisión para un "mesías profético" y no uno político. Es posible identificar la idea de un "profeta como Moisés" con la esperanza de los samaritanos a partir de Deuteronomio 18. El contexto mismo de la conversación de Jesús con la mujer destaca este hecho. La contestación de ella fue: "Venid, ved a un hombre que me ha dicho todo cuanto he hecho. ¿No será éste el Cristo?" (v. 29). Así que este pasaje también parece sencillamente alejarse de la idea mesiánica tradicional.

Pero hay todavía otra consideración a la que varios eruditos nos han llamado la atención. A pesar del hecho de que Jesús muy claramente se rehusó a asociarse con la idea existente de un mesías político incluso hasta el punto de alejarse de sus seguidores cuando trataron de forzar esa función sobre Él (Juan 6:15), Jesús difícilmente podía haber pretendido ser el cumplimiento de la profecía del Antiguo Testamento sin implicar, cuando menos, que en algún sentido Él era el Mesías de la esperanza de Israel. Lo mínimo posible en este sentido tenía que incluir una continuidad entre la obra de Jesús y la misión del pueblo escogido de Israel.

La contestación que se ha propuesto a este dilema emana de un esquema de pensamiento judío que se descubrió en los Rollos del Mar Muerto. Richard Longenecker lo expresa de esta manera: "Desde el punto de vista estrictamente teológico ningún hombre puede ser definido como un mesías antes de que haya cumplido la tarea del ungido". Vale decir que en la visión judía la función y tarea debían ser logradas primero, antes de que la persona se adjudicara propiamente el título. Esto significa que Jesús sería el "mesías designado" o "mesías electo" pero por razón de su pasión y resurrección venideras.[19]

Este análisis nos lleva a la conclusión de que la función del Mesías tal como Jesús la reinterpretó está íntimamente ligada con el sufrimiento y en substancia se vuelve la función del Siervo Sufriente. Así, la tarea del Mesías no era como la habían concebido los judíos. El hecho es que la conjunción de las dos ideas del Mesías y del sufrimiento crearon una grave piedra de tropiezo para la creencia judía porque esas dos ideas no habían sido identificadas juntas, cuando menos no en su interpretación de la Escritura.[20]

John Wick Bowman intenta proveer una interpretación alternativa a la que la que acabamos de explorar. Él toma como punto de partida la pregunta que suscita la reinterpretación radical de la profecía del Antiguo Testamento implícita en la aplicación del título mesiánico a Jesús. Bowman plantea dos preguntas. ¿Qué le hace esto al asunto de la revelación divina? Y, ¿no había, concepto veraz alguno revelado por Dios en edades pasadas, y registrado por los profetas inspirados por Dios, que encontrara su cumplimiento en Jesús como Mesías?

Para responder a estas preguntas Bowman argumenta que había otra vertiente que el judaísmo había oscurecido debido a sus perversiones nacionalistas la cual denomina "la herencia profética", identificándola con "la revelación divina correctamente interpretada". Esta vertiente tenía su propia doctrina del Mesías, la que bien puede ser caracterizada como universalista debido a su naturaleza altamente ética y espiritual. En apoyo a esta posición Bowman cita la siguiente frase de C. F. Burney: "Podemos rastrear en los profetas la doctrina de un universalismo religioso futuro en el cual las naciones estarán unidas a Israel por comunidad en el más alto posible de los intereses. Ello se desarrolla lado a lado con el ideal mesiánico y era parte del mismo. Las dos ideas no pueden, por lo tanto, ser propiamente desasociadas" (*Outlines of Old Testament Theology* [Bosquejos de teología del Antiguo Testamento], 99-100).

Este universalismo, el cual parece ser la clave de la posición de Bowman, se logró a través de varios pasos. Empezó con la doctrina del remanente, lo que parece implícito en Amós, pero llegó a una expresión más explícita en la enseñanza de Isaías sobre Jerusalén. La limitación del "pueblo de Dios" a un grupo fiel dentro de la nación hizo insolvente la idea de que Israel estaba relacionado con Dios como una unidad. De esa manera se hacía claro que el ser humano se relacionaba con Dios a nivel personal. Así, ser miembro del remanente se volvió no un asunto de lazos raciales sino de decisión moral.

El corolario necesario de este individualismo fue la universalización de la relación del ser humano con Dios. "Quítese de una religión sus bases nacionales y raciales", escribe Bowman, "y hágase de ella el asunto de una relación individual lograda entre Dios y el hombre, y obviamente esa religión estará en camino de convertirse en una fe universal".

De acuerdo con la interpretación de Bowman el concepto del Mesías se desarrolló en conjunción con los dos conceptos del remanente y del universalismo. En el pensamiento más elevado de los profetas, insiste él, el remanente fue concebido como que estaba uniendo sus fuerzas con individuos de cada raza y nación que vendrían a adorar al Dios verdadero como una parte genuina de su pueblo. Luego, el Mesías del remanente era claramente un Mesías ético-espiritual, muy distante del Mesías nacionalista del pensamiento popular, y es así como nosotros damos con el verdadero concepto profético del Mesías del remanente.

Aunque esta vertiente del Mesías no se conecta en el Antiguo Testamento con el Siervo Sufriente, las dos van a fusionarse en la persona de Jesucristo y serán proclamadas en su bautismo con la siguiente fórmula única de ordenación: Siervo Sufriente Mesías del Remanente (Isaías 42:1 y Salmos 2:7). Bowman sugiere que la correlación de estos dos conceptos es el cimiento de la teología del Nuevo Testamento, y que nosotros sólo sentimos el impacto de ella cuando traducimos estas expresiones hebreas a un lenguaje cristiano común que fue moldeado considerablemente por las formas griegas del pensamiento, que son con las que nosotros estamos más acostumbrados. De ahí que, traducida a conceptos griegos, la frase Siervo Sufriente, Mesías del Remanente se volverá Salvador Crucificado, Señor de la Iglesia. Bowman, pues, llega a esta conclusión: "Es ciertamente esa sencilla combinación de frases lo que es responsable de la transformación de una religión. Separadas, yacen estériles dentro de la literatura profética. Pero, al ser traídas a relación, unas con las otras formaron juntas la semilla viviente de la cual nació la fe cristiana".[21]

Jesús como el Hijo del Hombre

El título Hijo del Hombre es una autodesignación única de Jesús. Pertenece peculiarmente a los evangelios, pues sólo aparece cuatro veces fuera de ellos, y tres de éstas son citas del Antiguo Testamento (Hebreos 2:6; Apocalipsis 1:13; 14:14; Hechos 7:56). Se usa exclusivamente para aludir a Jesús, y en los evangelios aparece siempre viniendo de sus labios.

Hay cuando menos cuatro posibilidades de su origen y, por lo tanto, de lo que Jesús intentó con su uso. Se ha demostrado que fue utilizado por los rabíes como una circunlocución para "yo". El uso que le dio Jesús claramente fue más allá de este recurso retórico. Podía significar, como frecuentemente lo hizo en el Antiguo Testamento, sencillamente hombre como una criatura frágil y transitoria (Salmos 8:4-5). Algunos han sugerido que se derivó del lenguaje religioso de los pueblos circunvecinos en el que "Hombre" frecuentemente significaba "el Hombre original" o "el Hombre primordial" que vendría a la tierra como Salvador para conducir a la humanidad en su regreso a su destino original. Sin embargo, la fuente generalmente aceptada del título es Daniel 7:13. Una sugerencia adicional es que la cristología del "hijo de hombre" que emana del pasaje de Daniel se beneficia del presagio de la literatura apocalíptica judía en la cual el Hijo del Hombre es descrito como el Juez preexistente, universal y celestial de los últimos días. Richard Longenecker, a quien en esta posición se le unen otros eruditos, nos llama la atención al hecho de que no hay evidencia de que la supuesta fuente de estas ideas (1 Enoc 37—71) sea un documento precristiano. La evidencia más temprana de su existencia se da en el siglo IV d.C. De ese modo, Longenecker llega a esta conclusión:

> La evidencia que tenemos hasta ahora es de una naturaleza tal que hace que la utilización de 1 Enoc 37—71 en la reconstrucción del pensamiento precristiano sea de veras precaria, por lo que la confianza con la cual estos capítulos son empleados en discusiones contemporáneas como que representen la apocalíptica primitiva judía se apoya más en aseveraciones dogmáticas que en un juicio crítico.[22]

La conclusión para este análisis es que, si bien el uso posterior del título Hijo del Hombre conllevó en efecto la implicación de su plena humanidad, en los labios de Jesús se refirió exclusivamente al hijo de hombre de Daniel.

¿Por qué optó Jesús tan claramente por este título en distinción de la designación mesiánica? Un examen de los textos de los evangelios lleva a la mayoría de los eruditos a la posición de que Jesús escogió este título porque era el que menos estaba comprometido con el nacionalismo judío y con las esperanzas guerreras. Además, es significativo que, en contexto, el título contiene un tema de sufrimiento. Este punto es iluminado por el siguiente párrafo de C. F. D. Moule:

> Pero el hecho permanece de que en Daniel 7:21, 25, el "cuerno" especialmente agresivo de la cabeza de la bestia "hacía guerra contra los santos, y los vencía", y que estaba destinado a quebrantar "a los santos del Altísimo"; y es precisamente con estos santos del Altísimo con quienes el Hijo del Hombre es identificado. No es pertinente que esta interpretación de la visión del Hijo del Hombre sea una interpretación secundaria (como a veces se asevera): todo lo que concierne a la investigación presente es que estaba en Daniel 7, como Jesús y sus discípulos lo sabían —y no conozco evidencia contraria alguna. Y si ese es el caso, el Hijo del Hombre, en el único documento que se sabe haya estado disponible para entonces, aboga a favor de un grupo leal hasta el martirio que es traído a la gloria y vindicado a través del sufrimiento.[23]

Podemos distinguir tres maneras en las que Jesús usó el título: (1) En algunos pasajes Él se refiere a sí mismo como el Hijo del Hombre cuando está hablando (Marcos 2:10, 28; 14:41). (2) En muchos pasajes se refiere a su inminente sufrimiento y resurrección (Marcos 8:31; 9:12; 10:45; compárese con Lucas 17:24-25). (3) Hay otros lugares que incluyen un uso escatológico: Él es el Juez que viene (Marcos 14:61-62; Mateo 25:31-46).

Se concluye, pues, que la forma en la que Jesús usó el término Hijo del Hombre tiene dos connotaciones:

Primero, Jesús usó esta autodesignación para significar precisamente un Mesías que sufriría de acuerdo con las Escrituras, que es la característica distintiva de la doctrina cristiana del Mesías en contraste a la doctrina judía, lo que explica por qué Jesús prefirió este título antes que el mesiánico. Este último término estaba repleto de ideas ya hechas que necesitaban una corrección radical; por lo tanto, lo hizo a un lado a fin de emplear un título sobre el cual pudiera vaciar un contenido más escritural. En una palabra, combinó el Hijo del Hombre con el Siervo del Señor.

Segundo, está el elemento de un juicio que viene al fin de la edad y el cual se encuentra personificado en los dichos acerca del Hijo del Hombre. Este segundo significado es el resultado del primero. Es precisamente el Hijo del Hombre que sufre quien será el Agente de juicio al final, y la base del juicio será la respuesta a su misión como el Siervo. Conectado a esto está la dimensión colectiva que muchos han encontrado en el Hijo del Hombre del libro de Daniel. Existe una afinidad tan cercana entre los "santos" y el Hijo del Hombre que recibe el Reino de manos del "Anciano de días" que su conexión es inseparable. Jesús retoma también esta idea en dichos tales como: "...en cuanto lo hicisteis a uno de estos mis hermanos más pequeños, a mí lo hicisteis" (Mateo 25:40).

Jesús como Señor

La confesión cristiana más temprana parece haber sido, "Jesús es el Señor" (Romanos 10:9). Esa, al igual que la confesión de que "Jesús es el Cristo [Mesías]" (Juan 20:31), expresa la convicción más profunda de la fe cristiana primitiva. La designación "Señor" encarna, como ninguna otra, el pensamiento de que Cristo es exaltado a la diestra de Dios y glorificado, y que ahora intercede delante del Padre. Declara que Jesús es una realidad viviente en el presente. Por ende, el creyente ora a Él, y la iglesia apela a Él en adoración y hace sus oraciones en su nombre. Como Señor, Jesús es la exaltada Cabeza de la iglesia, la cual es su cuerpo (Carta de Ignacio a los Efesios, 1:23).

Con este título, enfrentamos por primera vez en nuestra discusión una decisión acerca del origen del término. Los dos anteriores se derivaron sin duda alguna del entorno hebraico. Empero, Señor (*kyrios*) era un término común en la cultura helenística, y algunos han argumentado que salió de esa fuente. En el contexto helenístico el significado general es "amo" o "dueño". Al dirigirse a alguien era sencillamente equivalente a "señor". Este fue el uso que le dio la samaritana al hablarle a Jesús en Juan 4.

En su uso religioso, el título era adscrito a varias deidades. Pablo alude a este significado en 1 Corintios 8:5ss al hablar de "muchos dioses y muchos señores". También era usado en un sentido religioso para designar el señorío del emperador romano. Esa confesión era: "César es Señor", y fue la fórmula que se volvió la manzana de la discordia en la situación que se refleja en el Libro del Apocalipsis.

Sin embargo, en la comprensión hebrea, Señor era la exaltada designación para Dios mismo, y era usada como nombre substituto del reverenciado nombre personal Yahvé. De esta manera, connotaba implicaciones específicas de la más alta adoración y claramente significaba Deidad.

Tal como el término llegó a ser empleado en el cristianismo primitivo, se refería a la obra presente de post resurrección de Cristo en su estado de exaltación (compárese con Hechos 2:36). Aunque el término fue usado en los evangelios, allí no posee el significado definitivo que adquiere después de la resurrección (excepto posiblemente en Mateo 7:21-23). Por nuestra parte, estamos convencidos de que es el significado hebraico más que el helenístico lo que informa su uso cristiano primitivo.

Así que el título de Señor adscrito a Jesús apunta más allá de su obra a su persona, aunque no sea radicalmente separable de su obra. El punto es que después de haber completado su misión, Dios le ha dado a Cristo una autoridad propia que le es única (Romanos 1:3-4; compárese con Hebreos 1:1-3). En Jesús como Señor, Dios ejerce su soberanía. Esto significa que Jesús es plenamente Dios.

Una consecuencia de esta comprensión es que el Nuevo Testamento puede, en principio, aplicarle a Jesús todos los pasajes del Antiguo Testamento que hablan de Dios. Esto, desde luego, no se aplica a los propios dichos de Jesús, puesto que cuando Él cita el Antiguo Testamento, la palabra *kyrios* se refiere a Dios. Pero en las cartas del Nuevo Testamento, que reflejan la fe de la resurrección de los primeros creyentes, los escritores comúnmente le aplican tales pasajes del Antiguo Testamento a Jesús. Por ejemplo, Isaías 45:23 es citado en Filipenses 2:10-11 como refiriéndose a Jesús. Salmos 102:25-27 es citado en Hebreos 1:10-12 con el mismo uso. En el salmo, la referencia es obviamente a Dios el Padre, el Creador. Pero, como resultado del traslado del título Señor a Jesús, el escritor a los Hebreos no titubea en tratarlo con las palabras del salmo y de esa manera designarlo como el Creador.

Una consecuencia final de llamar "Señor" a Jesús es que todos los títulos de honor que se aplican a Dios mismo (excepto el de Padre) pueden ser transferidos a Jesús. Señor es el "nombre que es sobre todo nombre" (Filipenses 2:9). No es de sorprender, pues, que la confesión central fuera que "Jesús es el Señor".

Una conclusión importante de este análisis es que nos permite ver con más claridad la estrecha correlación entre la persona y la obra de Cristo en el Nuevo Testamento. No se debe inferir que después de la resurrección Jesús se volvió Dios en cierto sentido ontológico en que no lo era antes de la resurrección. Más bien, su obra, y la validación que Dios hizo de la misma al resucitarlo de los muertos, declara su señorío y demuestra que, debido a su pleno cumplimiento de la misión de Siervo, Jesús es reconocido como Señor.

Jesús como Hijo de Dios

Hay un título adicional que necesita nuestro escrutinio y que ha ocasionado considerable discusión y conclusiones muy diversas. Hablar de Jesús como el Hijo de Dios suscita numerosas preguntas, pero nosotros sencillamente nos limitaremos a dos asuntos mayores que identificaremos de inmediato: la propia autoconsciencia de Jesús y el contexto cultural del que surgió sea del hebraísmo o del helenismo.

En el pensamiento helénico, Hijo de Dios era una designación prominente con una variedad considerable de significado. Implicaba un hombre muy bueno o un hombre justo. Una comparación de Marcos 15:39 y Lucas 23:47 aclara que este es el significado que quiso comunicar el romano cuando dijo: "...este hombre era Hijo de Dios".

En ese entorno, el mundo estaba lleno de hombres divinos que aseveraban ser hijos de Dios y que de hecho eran adorados como manifestaciones de la deidad (compárese Hechos 8:10; 12:22; 14:11ss; 28:6). Sobre la base de la antigua creencia de que los reyes, filósofos, sacerdotes, y hombres justos eran linaje de Dios (véase Hechos 17:28), el emperador era llamado el "Hijo de Dios". Pero todas estas perspectivas están en el polo opuesto de la enseñanza bíblica del ser humano como la creación de Dios. Alan Richardson correctamente observa que

> es sumamente improbable que ningún cristiano, aun uno que fuese helenístico, habría empezado a llamar a Jesús "el Hijo de Dios" porque le hubiera confundido con uno de los "hijos de Dios" griegos del tipo de Simón el Mago, o de Elimas, y mucho menos del tipo de Calígula o de Herodes Agripa (compárese con Hechos 12:22), o de los peripatéticos filósofos estoicos.[24]

El título fue utilizado en el pensamiento hebreo para aludir a ángeles (Génesis 6:2; Job 1:6; 38:7) y al rey (2 Samuel 7:14; Salmos 2:7 y 89:26ss). Pero su uso más definitivo parece haber sido con relación a Israel (Éxodo 4:22; Oseas 11:1). En este contexto, la idea de relación filial connota el pensamiento de obediencia (compárese con Éxodo 24:7). El Hijo de Dios es aquel que hace la justa voluntad del Padre.

Jesús, de acuerdo con las narraciones de los evangelios, manifestó un sentido único de condición de hijo. Enseñó la paternidad de Dios para todos aquellos que, por arrepentimiento y fe, entraban a su reino y aceptaban la obediencia de hijos, pero parece que relacionó su sentido único de hijo a su propia condición filial (compárese con Mateo 11:25-27). Jesús se dirigió a Dios llamándole Abba, un término sumamente íntimo. Hace alusión a "mi Padre" y a "vuestro Padre", pero nunca a "nuestro Padre" como si se incluyera a sí mismo y a sus seguidores en el mismo grupo y, al no hacerlo, refleja una relación especial con Dios que los seres humanos no comparten.

A la luz de lo que el Antiguo Testamento entiende por la condición de hijo y de la obediencia, es claro lo significativo que es referirse a Jesús como el nuevo Israel.

> Jesús claramente concibió su condición de hijo como la obediencia perfecta del Siervo del Señor. El uso reiterado de la frase "si eres Hijo de Dios" en la historia de la tentación (Mateo 4:3; Lucas 4:3, 9), pone de relieve el hecho de que la filiación de Cristo es lo mismo que la obediencia del Siervo. La forma misma de la narrativa del evangelio extrae el significado de la filiación de Cristo como la obediencia del nuevo Israel.[25]

En algunos pasajes los títulos "Mesías" e "Hijo de "Dios" son presentados juntos, lo que implica que el último fue la implicación lógica del primero. Sin embargo, hay una cualificación importante que debe ser hecha ahora. El cumplimiento de la misión de parte de Jesús fue la consecuencia de su sentido de relación filial, no lo opuesto. Él era el Hijo de Dios y, por lo tanto, cumplió la voluntad de Dios. Richard Longenecker nos ofrece una perspicaz observación al decir que, para Jesús mismo, "el estar consciente de su propio carácter precedió a su misión y le proveyó discernimiento en cuanto a la naturaleza de la misma", pero para los discípulos, "percatarse de la misión de Jesús precedió la comprensión de ellos de la naturaleza de su persona y los guió en ella". O sea, que "la resurrección confirmó y manifestó una realidad existente".[26]

De ese modo, lo que tenemos es la misma pauta que con el título Señor. Completar la misión del Siervo se volvió la base para la declaración que Jesús hizo de su señorío y su condición de Hijo, pero esto no implicaba la comunicación de una realidad ontológica que no existía previamente. Sencillamente la trajo a la luz, reforzando de esa manera la estrecha correlación entre la persona y la obra. El uso posterior del término Hijo de Dios comunicaría convicciones específicas acerca de la persona de Jesús (véase especialmente los escritos de Pablo y la Epístola a los Hebreos) y, sin duda, se haría prominente en el contexto helenístico. Pero, en su uso más temprano, implicó un significado funcional que sólo vino a designar la naturaleza divina como una consecuencia epistemológica.

Desarrollo de la Cristología en la Iglesia

La mejor manera de describir lo que encontramos en los documentos del Nuevo Testamento es en términos de materia prima para una doctrina cristológica desarrollada. Los primeros creyentes quedaron satisfechos con sólo afirmar la doble declaración de que Jesús era verdaderamente hombre y verdaderamente Dios, pero sin tratar de articular explicación racional alguna de ese compromiso de su parte. La historia de la discusión en continuo desarrollo del tema fue larga y extremadamente compleja, llegando a su culminación con el Credo de Calcedonia en el año 451 d.C. Este credo es la culminación de un largo período de controversia que incluyó "normas imperiales, consideraciones eclesiásticas de tipo político y formulaciones doctrinales".[27] Siendo que nuestro libro no es una historia de la doctrina, sólo intentaremos delinear las consideraciones sistemáticas principales en las que se enfocó el credo y notar algunos aspectos teológicos de este símbolo ecuménico.

Desde el principio, el problema de la cristología ha sido cómo definir la relación entre la naturaleza divina y la humana en Cristo. Las discusiones trinitarias que se dieron en el Credo de Nicea del año 325 establecieron la plena deidad del Logos (*homoousios* con el Padre) y, de esa forma, se encargaron de una fase del problema cristológico. La iglesia resistió con firmeza toda solución propuesta que pusiera en peligro cualquiera de los dos aspectos de la persona de Jesús. Por lo tanto, rechazó desde el principio la herejía ebionita que "resolvía" el problema negando la divinidad completamente. Esta fue una herejía judía que resultaba del compromiso del pueblo hebreo con el monoteísmo y su consecuente incapacidad de afirmar la deidad de Jesús. En el otro extremo estaba el docetismo, una enseñanza compleja basada en las presuposiciones de una filosofía helenística que rechazaba la humanidad de Jesús y que lo declaraba como un fantasma. Los aspectos humanos de su persona eran meramente apariencias.

La postura clásica de los primeros teólogos es bien representada por Ignacio de Antioquía, quien murió como mártir en el año 117.

Sus "cartas revelan un sentido casi apostólico de la persona de Jesús en su totalidad y han dejado una profunda marca en la cristología posterior".[28] Ignacio exhibió la profunda influencia del pensamiento juanino (así como lo hizo todo el cristianismo oriental primitivo) y, como Juan, asevera ambas, la divinidad y la humanidad del Salvador.

Ignacio hace vigorosas declaraciones sobre la divinidad de Jesucristo, poniendo de relieve que es Dios. Frases tales como "Jesucristo, nuestro Dios", "la sangre de Dios" y "la pasión de mi Dios" reflejan una cristología tan elevada como uno pudiera imaginar. Empero, Ignacio también recalcó su humanidad de modo que pudiera evitar el docetismo. En específico, declara en su Epístola a los de Esmirna: "Sufrió verdaderamente, así como verdaderamente se levantó; no como algunos incrédulos dicen, que sufrió en apariencia, siendo ellos mismos una mera apariencia". De hecho, según la idea de Ignacio, la carne pertenece a la naturaleza de Cristo permanentemente, incluso en el cielo. El valor entero del cristianismo perecería si se niega que Cristo vino en una vida genuinamente humana. Para apoyar su posición, Ignacio apela a la Escritura y a la tradición, y también argumenta a la luz de su encarcelamiento: "Si Cristo no sufrió, ¿por qué estoy en cadenas?"

Tal como H. R. Mackintosh afirma, para Ignacio, "la unión de estos dos lados, en una unión vitalmente indisoluble", es la credencial de su cristología.[29] Este padre temprano de la iglesia dijo: "Hay sólo un médico, de carne y de espíritu, generado y no generado, Dios en el hombre, verdadera vida en la muerte, Hijo de María e Hijo de Dios, primero pasible y luego impasible" (Epístola de Ignacio a los Efesios, 7).

Sin embargo, Ignacio no hizo esfuerzo alguno para proveer una explicación filosófica de cómo estos dos atributos indispensables e inseparables coexisten en Jesucristo. Él meramente pronunció las clásicas paradojas cristianas y se las dejó a la iglesia para que las resolviera: "Era hombre y Dios... nacido pero no engendrado... sufriente empero eterno... muerte empero vida... de María y sin embargo de Dios ... carne y espiritual". Tal como Mackintosh escribe, Ignacio "más bien se gloría en las paradojas y antítesis del ser de Cristo".[30]

En discusiones subsecuentes hubo tres fuentes mayores de interpretación teológica. Una fue la teología de la iglesia en el Occidente, donde el temperamento era más jurídico y dogmático y menos especulativo que en el Oriente. Las otras dos fuentes se originaron en el Oriente, donde salieron a la superficie dos patrones principalmente identificados con las escuelas de Alejandría y de Antioquía. Estas tres fuentes componían las posiciones básicas que se recogieron en el Concilio de Calcedonia.

La iglesia de Occidente, bajo la influencia de Tertuliano y Cipriano, se volvió más y más legalista en su interpretación de la vida cristiana. Este temperamento también informó las áreas de reflexión doctrinal de la iglesia. Fue Tertuliano, un jurista en esencia, quien le proporcionó al Occidente sus términos para dar respuesta al problema cristológico. Insistió en la existencia de las dos naturalezas en Cristo, a las cuales prefirió llamar substancias. Fue el primero en dirigirse directamente al asunto de la relación entre las dos. Tertuliano rechazó la posibilidad de que el Verbo se metamorfoseara en carne, puesto que esto significaría perder su cualidad distintiva que existe después de la encarnación. Ni que tampoco resultara en una tercera clase de ser, *a tertium quid*. Ambas substancias permanecen inalteradas e intactas después de la unión. De este modo, el Dios-hombre es una persona (del latín, *una persona*) en la cual son presentadas las dos substancias de la Deidad y la humanidad. La fórmula de Tertuliano advierte que no se confundan las substancias ni se divida la persona.

Los del Occidente además hicieron considerable uso del principio de la comunicación de propiedades (*communicatio idiomatum*). Según este principio, las cualidades de una substancia pueden ser comunicadas a la otra, y así es apropiado referirle a la naturaleza humana atributos que propiamente le pertenecen a la divina y viceversa. Esta fue la manera de evitar la división de la persona y, al mismo tiempo, insistir en el reconocimiento de los atributos plenos, no menguados y distintivos de cada naturaleza.

En el Oriente, el cuarto siglo presenció un debate vigoroso entre las dos perspectivas principales sobre la cuestión de la relación de las dos naturalezas. Una perspectiva ha sido llamada la del tipo "Verbo-carne", y la otra la del tipo "Verbo-hombre", y han sido designadas respectivamente como la alejandrina y la antioquiana por los centros eclesiásticos donde las tendencias eran dominantes. (Véase el Apéndice 2 y nótese cómo estas dos escuelas demostraron una aproximación hermenéutica significativa y distintivamente diferente a la Escritura.)

Los esfuerzos de estas escuelas de tratar con el asunto cristológico se distinguieron por su uso de antropologías diferentes. El tipo

"Verbo-carne" trabajó con una visión platónica que concebía al ser humano como un cuerpo animado por un alma o espíritu que le era esencialmente extranjero. Se sujetó a una tricotomía ontológica (como contraste a una funcional), en la que el espíritu era el asiento de lo volitivo o de la personalidad y, por ende, la parte racional más distintiva del individuo humano.

El tipo "Verbo-hombre" utilizaba el concepto aristoteliano de ser humano como una unidad psicofísica que no concebía a la persona humana como compuesta de partes separables. En esta antropología el humano es más un ser unitario, lo cual está realmente más cerca a la perspectiva hebrea.

Es significativo que el tipo "Verbo-carne" puede ser detectado temprano en la enseñanza alejandrina de extrema izquierda de Arrio. Aunque él es mejor conocido por su enseñanza acerca del origen del Logos, Arrio indico como corolario de esa enseñanza que el Logos se había unido a sí mismo a un cuerpo humano que carecía de un alma racional, tomando de por sí el lugar de una.

Pero lo que precipitó las controversias del cuarto siglo fueron las enseñanzas de Apolinario, quien reprodujo para todo efecto y fin práctico la cristología arriana. En su esfuerzo ingenioso de explicar la unión cristológica, enseñó que el eterno Logos (y en esta forma era diferente de Arrio) asumió el lugar del alma racional (espíritu) en la persona de Jesús. De esta manera, la presuposición era que el Verbo divino fue substituido por la psicología humana normal en Cristo. Apolinario lo expresó de esta manera: "La energía divina cumple el rol del espíritu animador y de la mente humana". J. N. D. Kelly dice que esto significa "que el Verbo fue ambas cosas, el principio directivo e inteligente en Jesucristo, y también el principio vivificante de su carne".[31] Hay, por lo tanto, una unidad orgánica, vital, de la Persona.

Es importante notar las preocupaciones soteriológicas de Apolinario, las cuales reflejan las perspectivas alejandrinas que Atanasio expuso tan emotivamente. Al Logos asumir la naturaleza humana la deificó y, al hacerlo, hizo provisión para la salvación en el modo realista (véase arriba).

La refutación a esta enseñanza fue rápida y decisiva. Fue visto con facilidad que la persona resultante no era cabalmente hombre, puesto que el alma racional era divina y no humana. Así, la válida preocupación soteriológica fue minada, puesto que "lo que no fue asumido no fue restaurado; es lo que es unido con Dios lo que es salvado"

(Gregorio de Nacianzo). Tal vez la crítica más clara de todas fue que el cuadro pintado por Apolinario era inconsistente con la descripción que nos dan los evangelios de una persona cabalmente humana.

Teodoro de Mopsuestia, en el siglo IV, fue quien mejor representó la perspectiva alterna del "Verbo-hombre". Como respuesta a la tendencia deshumanizadora de la escuela de Alejandría, pensadores como Teodoro procuraron proveer un cuadro de una vida cabalmente humana de Jesús como la vemos en los evangelios. En una palabra, nos regresaron el Jesús histórico.

En oposición a Arrio y a Apolinario, Teodoro afirmó la plena humanidad de Jesús, incluyendo un alma humana racional. "Él presupone una naturaleza humana que es completa e independiente, la cual se somete a un crecimiento real en el conocimiento y en el discernimiento del bien y del mal, como también a un desarrollo físico, y que tiene que luchar con la tentación".[32]

Ya debería ser claro a estas alturas que las tendencias de Alejandría eran motivadas por preocupaciones redentoras, en tanto que los teólogos de Antioquía eran dominados por inquietudes éticas. Esta diferencia se vuelve obvia en lo que toca al asunto de la tentación. Sobre la premisa de los primeros, puesto que el asiento volitivo era el Logos divino, era imposible que Jesús hubiera cedido a las tentaciones, las cuales sólo podían ser una farsa. Pero, para los segundos, la voluntad humana mutable de Jesús enfrentó la verdadera posibilidad de rendirse a las insinuaciones del tentador.[33]

El período decisivo que culminó con el Concilio de Calcedonia en 451 empezó con la controversia nestoriana. Ascendido al patriarcado de Constantinopla en 428, a Nestorio pronto se le solicitó hacer una declaración acerca de lo apropiado del término *theotokos* (portadora-de-Dios; madre de Dios) aplicado a la virgen María, un término valioso para los de Alejandría. Usando un lenguaje desmedido, Nestorio lo rechazó una "petición de principio", y propuso el término *Christotokos* (portadora-de-Cristo; madre de Cristo), diciendo que era más adecuado. Cirilo de Alejandría, un obispo contencioso y sin escrúpulos, usó el furor de Nestorio para acusarlo de que enseñaba un "dos Hijos", dividiendo de esa manera la persona de Cristo.[34] Muchos eruditos contemporáneos disputan que Nestorio haya enseñado en realidad tal cosa.[35]

En respuesta a la enseñanza de Nestorio, la que insistía en que Jesús fue cabalmente un hombre y no el Logos como asumiendo la carne de un hombre, Cirilo desarrolló la doctrina de la *anhypostasia* (la humanidad impersonal), de que "no hubo un hombre Jesús que existiera de manera independiente del Logos divino: el elemento humano en la encarnación fue sencillamente la naturaleza humana asumida por la Segunda Persona de la Trinidad".[36] Esto quería decir que Jesús era hombre pero no un hombre. Y ahí yace la distinción entre el tipo "Verbo-carne" (de los de Alejandría), y el tipo "Verbo-hombre" (de los de Antioquía) de la cristología.

A pesar de que la interpretación de *anhypostasia* de la encarnación ha recibido un apoyo amplio y que algunos teólogos contemporáneos han escogido esa alternativa, también ha recibido muchas críticas. D. M. Baillie observa que es muy difícil distinguirlo del apolinarismo. Pero la crítica básica de la anhypostasis es que nos deja con un Cristo que es menos (o más) que humano. Como dijo R. C. Moberly: "La naturaleza humana que no es personal no es naturaleza humana".[37]

Mediante manipulaciones políticas, Cirilo logró que Nestorio fuese condenado en el Concilio de Éfeso en 431. Los delegados de Antioquía llegaron tarde, y el concilio sesionó con sólo los delegados de Alejandría presentes. Esto hizo fácil que Cirilo recibiera la condenación de sus enemigos. Los delegados de Antioquía, que llegaron tarde, formaron su propio concilio y le devolvió el cumplido a Cirilo.

Después de la muerte de Cirilo en 444, uno de sus profesos seguidores llamado Eutiquio precipitó una fase adicional de la controversia. Este era un monje de edad avanzada y mentalidad limitada quien adoptó una postura alejandrina extrema y "cayó en el foso que Cirilo apenas había logrado evitar"[38] al enseñar que la naturaleza humana de Cristo fue transformada en una naturaleza divina. Había dos naturalezas antes de la encarnación, pero sólo una después. Los intentos de resolver el debate resultaron en violencia, lo que hizo que el emperador pidiera la convocatoria de un concilio que se reuniría en Calcedonia para traer paz a la iglesia.

Como hemos tratado de sugerir, las dos principales tendencias orientales se movieron hacia enfatizar ya fuese la deidad (los de Alejandría) o bien la humanidad (los de Antioquía) de Cristo, cada una con la consecuente pérdida del énfasis adecuado en la otra. Cada énfasis era necesario, pero se necesitaba evitar los peligros. Estos dos movimientos alimentaron las consideraciones de Calcedonia. La influencia occidental fue escuchada en la forma de una carta del papa León, llamada el Tomo de León, en la cual aseveraba la posición de

Occidente de una persona y dos naturalezas en Cristo. "No entra en ninguna manera en la consideración del problema que tenía perplejos a los griegos, y la simpleza dogmática del papa es revelada de forma sumamente notable".[39]

Sin embargo, la fórmula logró preservar la preocupación por la existencia de las dos naturalezas de los de Antioquía, y la preocupación por la unidad de la persona de los de Alejandría, y todo fue amalgamado en el credo, el cual rechazó las herejías clásicas. El credo reza así:

> Siguiendo, pues, a los santos padres, nos unimos para enseñar a todos los hombres que confiesen al Hijo uno y único, nuestro Señor Jesucristo. Este mismísimo uno es perfecto tanto en deidad como también en humanidad; este mismísimo uno es también realmente Dios y realmente hombre, con un alma racional[A] y un cuerpo. Como Dios, es de la misma realidad en lo que a su deidad corresponde[B] y de la misma realidad como nosotros somos en lo que concierne a su humanidad;[C] así, como nosotros en todo respecto, excepto sólo en el pecado. Antes de que el tiempo empezara fue engendrado por el Padre, respecto a su deidad,[B] y ahora en estos "últimos días", para nosotros y en nombre de nuestra salvación, el mismísimo uno nació de María la virgen, quien es portadora-de-Dios *(theotokos)* respecto a su humanidad.[D]

También enseñamos que aprehendemos a este Cristo uno y único —Hijo, Señor, unigénito— en dos naturalezas, sin transmutar la una a la otra,[C] sin dividirlas en dos categorías separadas,[D] sin contrastarlas de acuerdo con área o función. Lo distintivo de cada naturaleza no es nulificado por la unión.[C] En vez, las "propiedades" de cada naturaleza son conservadas y ambas naturalezas concurren en una "persona" y en una *hypostasis*. No son divididas o seccionadas en dos *prosopa*,[D] sino que juntas son el uno y único Logos unigénito de Dios, el Señor Jesucristo. Así han testificado los profetas del pasado; así el Señor Jesucristo mismo nos enseñó; así el Símbolo de los padres ha sido pasado a nosotros.[40]

La Gran Paradoja

La solución de Calcedonia les dejó a los teólogos cristianos de la posteridad ciertos parámetros claramente definidos. Su punto positivo no fue tratado de una manera final, pero la puerta quedó abierta para un pensamiento creador adicional conforme las nuevas categorías filosóficas pudieran hacerse disponibles. Sin embargo, todos los intentos hasta este punto sencillamente nos dejaron con un sentido predominante de misterio. Cuando el misterio fue borrado, algún lindero del credo fue violado. Consecuentemente, muchos eruditos contemporáneos han reconocido que la paradoja cristológica ha permanecido como tal, y debe ser reconocida como tal.[41]

Algunos, como Gustaf Aulén, han argumentado que el verdadero significado de la confesión de Calcedonia yace en su significado religioso más que en su significado metafísico. La verdadera intención de los padres de la iglesia, nos dice Aulén, no fue santificar un concepto de substancia filosófica que se hubiera hecho ahora pasado de moda y obsoleto. Más bien, "la pregunta a la cual la confesión de fe en Cristo da una contestación es aquella de qué clase de ser es Dios, cuál es su voluntad, y cómo actúa".[42] Los esfuerzos escolásticos para ir más allá de esta preocupación básica han caído meramente en la trampa (para usar los términos de Aulén) de una "cristología de teofanía" (que niega la plena humanidad de Cristo), o de una "cristología de separación" (que claudica en el punto de su deidad). En contraste con ambas perversiones, el elemento de la paradoja es esencial para la fe religiosa porque "Dios no puede ser ceñido a palabra humana alguna o a categoría alguna de nuestro pensamiento finito".[43] Esto es así, "no porque la realidad divina se contradiga a sí misma, sino porque cuando 'la objetivamos' todos nuestros juicios son en alguna medida falsificados, y la verdad superior que los reconcilia no puede ser cabalmente expresada en palabras, aunque sea experimentada y vivida en la relación 'Yo-y-Tú' de fe para con Dios".[44]

Tales paradojas no deben ser confundidas con contradicciones, algo que sólo puede evitarse cuando ambas afirmaciones de la paradoja emanan de las "declaraciones inmediatas de la fe" (H. R. Mackintosh). Esto, puesto de manera sencilla, significa que los discípulos de Jesús, tanto entonces (en forma directa) como ahora (de forma indirecta a través de los evangelios), lo experimentan como un ser cabalmente humano y, sin embargo, al mismo tiempo, en Él encuentran a Dios. Ellos experimentaron el misterio y lo proclamaron a pesar de que no eran capaces de explicarlo cabalmente.

El racionalista, sin duda, quedará insatisfecho con esta posición, pero el wesleyano reconoce que su fe se abrazará al hecho, aunque su intelecto deba con frecuencia mantenerse en suspenso en lo que respecta a la manera misma de este misterio central de la fe cristiana que se llama la encarnación. Un wesleyano insistirá en que el hecho debe ser mantenido con firmeza porque, en armonía con los que debatieron en Calcedonia, él o ella ve su salvación sólidamente basada en la realidad de la persona y obra del Dios-hombre.

CAPÍTULO 11

La Obra del Salvador

Al llegar a este punto en nuestro estudio, en un verdadero sentido puede decirse que hemos llegado al *telos* de todo lo que le ha precedido, puesto que en la teología wesleyana todas las doctrinas son interpretadas como teniendo importancia soteriológica (véase la norma desarrollada en el capítulo 1). Siendo que la soteriología está arraigada en la obra del Salvador, por lo tanto, como dice George Croft Cell acerca del propio Juan Wesley, la expiación es para él "el foco ardiente de la fe", "comprehensiva del significado total del evangelio", "el todo del cristianismo".[1]

En respuesta a una carta, Wesley asevera: "En verdad, no hay nada de mayor consecuencia en el sistema cristiano que la doctrina de la expiación. Es propiamente el punto distintivo entre el deísmo y el cristianismo".[2] Claro que, aun cuando se acepte la función central de la soteriología en su pensamiento y sus abundantes referencias en todos sus escritos, hay que reconocer que nunca le dedicó un sermón o tratado especial al asunto.[3] Como en el caso de las doctrinas de la Trinidad y la encarnación, Wesley insistió en el hecho de la expiación, pero sin insistir en una explicación ortodoxa de ella.[4] Sobre este particular, Colin Williams dice lo siguiente:

> Es cierto que debemos hablar de los beneficios que se derivan de la cruz y, por lo tanto, es correcto decir que la interpretación de Abelardo es inadecuada. Pero puesto que somos incapaces de comprender cómo son asegurados estos beneficios por la muerte de Cristo, tampoco podemos hacer un intento particular para explicar el misterio ortodoxo.[5]

La iglesia no había formulado una declaración ecuménica acordada sobre esta doctrina. Por lo tanto, no podemos hablar de una doctrina ortodoxa de la expiación en el mismo sentido en el que hablamos de las doctrinas ortodoxas de la Trinidad y la persona de Cristo.

La perspectiva soteriológica wesleyana nos recuerda el dictado de Felipe Melanchton de que "conocer a Cristo es conocer sus

beneficios". Discernir un dictado así nos provee el criterio para evaluar cualquier explicación de la obra de Cristo y, positivamente, nos
da dirección para articular una posición wesleyana.

Los beneficios que Wesley ve como que fluyan de la expiación son
siempre articulados como justificación y santificación (véase la norma). Pero, como él mismo dice en el sermón sobre "El Camino Escri-
turario de la Salvación", en su sentido más amplio la salvación puede
extenderse "a la entera obra de Dios, desde los primeros albores de la
gracia en el alma hasta que es consumada en la gloria" y, así, incluye
la gracia preveniente tanto como la salvación final. Todos estos beneficios se entienden como provistos por la obra de Cristo.

La expiación es la base objetiva del "optimismo de la gracia" de
Wesley, lo que garantiza la disponibilidad de Dios de aceptar al pecador y la posibilidad de la perfección en amor del creyente. Es la base
de la obra de Dios tanto por nosotros como en nosotros. Es también
la fuente de la gracia preveniente, la cual se extiende a todos los seres
humanos, en todo lugar, como la "luz verdadera, que alumbra a todo
hombre" y que ha venido "a este mundo" (Juan 1:9; universalidad).
Por lo tanto, cualquier teoría de la expiación que deje de incluir todos estos beneficios es inadecuada desde una perspectiva wesleyana.

Como se anticipó hace un momento, la ausencia de un tratado sistemático sobre la expiación escrito por Wesley es una seria debilidad,
y causa una tensión profunda, lo que resulta en que aparentemente
haya adoptado, o cuando menos usado las formulaciones de cierto
tipo de teoría de la satisfacción.[6] Así, Wesley tuvo que luchar constantemente contra sus implicaciones. Si hubiese desarrollado un análisis lógico propio, tal vez se habría dado cuenta de que era una teoría
que no apoyaba y, lo que es más, era una antítesis de sus compromisos teológicos mayores. Hemos hecho esta observación en diversas
coyunturas críticas en el desarrollo de esta obra hasta este punto, y
ahora necesitamos empezar a unir todos los cabos.

Pero aparte de la observación negativa de que él, aparentemente,
no teologizó en lo personal al respecto, se pueden sugerir tres razones
por las cuales Wesley siguió esa línea de pensamiento. La primera,
es que esta era la posición de los Treinta y Nueve Artículos y las
Homilías de la Iglesia de Inglaterra.[7] Wesley estaba convencido de
la ortodoxia de su iglesia y trató de evitar conflictos con esas enseñanzas autorizadas. En la conferencia de 1788, después de una larga
conversación sobre la cuestión de separarse de la Iglesia de Inglaterra,

"se acordó: (1) Que, durante un lapso de 50 años, no habíamos, ni premeditada ni voluntariamente, variado de ella en artículo alguno, fuese sobre doctrina o disciplina. (2) Que todavía no estábamos conscientes de que variáramos de ella en ningún punto de doctrina".[8]

Una segunda razón, puede ser el compromiso de Wesley con una expiación objetiva. Definitivamente, la teoría de la satisfacción es objetiva más que subjetiva, puesto que involucra una transacción entre Jesús y Dios relacionada con la salvación del ser humano que ocurre aparte de su participación. Es posible que Wesley no había percibido una alternativa en términos de una interpretación objetiva que estuviera a la mano, por lo que tal vez le haya parecido, subconscientemente, que la única opción disponible era la de la teoría de la satisfacción. Más tarde en nuestra discusión veremos que hay una manera mucho más viable de identificar una dimensión objetiva de la obra de Cristo que es más consistente con los grandes compromisos de la teología wesleyana al igual que con la teología del Nuevo Testamento.

Por su parte, Rutherford Renshaw sugiere que es posiblemente la orientación práctica de la teología de Wesley lo que explica la ausencia de un tratado especial sobre la expiación. La carga completa de lo que le preocupaba a Wesley, nos dice este autor, "yacía no en el mundo de lo especulativo o de la investigación formalmente académica, sino en la apropiación personal y en la aplicación práctica del acto salvador de Dios en Cristo en las vidas de todos los que oían el mensaje".[9]

Las Teorías Clásicas

Deberíamos aquí anotar que hay básicamente tres formulaciones clásicas de la teoría de la expiación, con algunas variaciones menores en esas tres formas básicas. Son formulaciones que han surgido en la historia del pensamiento cristiano como la amplificación de uno o más temas del Nuevo Testamento elaborados en términos de algún contexto cultural. Así, William Spurrier puede aseverar:

> Si tomamos cualquiera de las interpretaciones de la expiación fuera de su contexto cultural, si las tomamos literalmente y como si fuesen descripciones completas y autoritativas para el resto de las edades, haremos dos cosas: por un lado, las falsificaremos y, por el otro, haremos que no tengan sentido.[10]

Entonces, y como base para nuestra discusión sistemática, haremos, primero, un resumen breve de las características sobresalientes de los tres modelosxx.11 Luego, llamaremos la atención a algunos de los puntos fuertes y débiles de cada uno.

Teoría del Rescate

La teoría del rescate es aparentemente la primera que fue elaborada. La enunciación inicial parece encontrarse en el trabajo de Ireneo.[12] Toma su punto de partida de declaraciones tales como las palabras de Jesús de que "...el Hijo del Hombre no vino para ser servido, sino para servir, y para dar su vida en rescate por muchos" (Mateo 20:28; Marcos 10:45). En respuesta a las preguntas obvias que emanan del intento de hacer de palabras así una explicación completa de la teoría del rescate se ha declarado que el ser humano es un cautivo de Satanás a quien Dios le paga el precio de rescate de su Hijo. Exponentes posteriores de la teoría emplearían ilustraciones un tanto extrañas para demostrar cómo Dios "engañó" al diablo, recuperando mediante la resurrección el rescate que se había demandado a cambio de la libertad del ser humano.

J. Glenn Gould explica que una razón para la popularidad de esta posición yace en su poder de apelación homilética. Era una perspectiva fácil y aceptable de predicar, apelando al amor a lo dramático en el alma del ser humano. La idea de un rescate pagado a Satanás, o de una negociación entre Dios y el diablo con el alma de Jesús como consideración redentora, era fácilmente captada por la persona más humilde y menos educada que oía el mensaje cristiano.[13]

De acuerdo con Colin Williams y Harald Lindstrom, la teoría del rescate recibe menos énfasis en Wesley que los otros dos modelos tradicionales. De hecho, Williams habla de ella como "accesoria" en el pensamiento de Wesley, aun cuando John Deschner la considere más dominante.[14]

Teorías de la Satisfacción

La declaración clásica de la teoría de la satisfacción fue desarrollada por Anselmo en el siglo XI en parte como reacción a las expresiones grotescas de la teoría del rescate, pero también como resultado de un ambiente cultural diferente que influía en la formación de la comprensión prevalente de Dios. Sin embargo, sus raíces se encuentran mucho más atrás en la historia. Tertuliano (compárese con *De Poenitentia,* 2; *Scorpiace,* 6), y también Cipriano (*Tratados,* 8.5), sugieren que las buenas obras acumulan mérito a los ojos de Dios, pero que las obras malas requieren satisfacción para ser expiadas. Esta es la base sobre la cual se desarrolló la idea de la penitencia como satisfacción y se avanzó la idea de la posibilidad de transferir méritos que excedieran los límites de las obligaciones. Empero, no fue sino hasta el trabajo de Anselmo que estas nociones fueron integradas de manera efectiva al concepto de la expiación. "En Anselmo, ... la satisfacción que Cristo le ofreció al honor divino es la adquisición y el ofrecimiento del mérito".[15]

La idea del honor, que apareció durante la edad de la caballería, jugó un papel importante en la teoría de Anselmo. Dios fue conceptualizado según la orden de un señor feudal cuyo honor había sido violado por el ser humano y cuyo pecado era que había dejado de darle a Dios el respeto que le debía. Por ende, el honor de Dios debía ser satisfecho y, por lo tanto, Dios envió a su Hijo como el Dios-hombre, a fin de que su muerte en la cruz pudiera desempeñar la función de una satisfacción por substitución.

Luego, Juan Calvino, usando las ideas políticas y legales que estaban surgiendo en el siglo XVI, produjo una versión modificada de la teoría ansélmica a la que generalmente se le llama teoría penal, la cual parte de las ideas de la inviolabilidad de la ley y la justicia de Dios. Dios es perfectamente justo, y la ley divina del castigo jamás puede ser dejada de lado. El pecado era visto como la transgresión de la ley, y todas las violaciones de ese tipo debían ser castigadas a fin de que la ley pudiera ser satisfecha. La justicia de Dios era tal que el pecado no podía quedar sin ser castigado.

En esta idea, la muerte de Cristo todavía es entendida como la satisfacción prestada por el pecado, pero mientras que Anselmo había hecho del pecado una violación del honor divino y había distinguido entre satisfacción y castigo, Calvino trató el pecado como una violación de la justicia divina, y a la satisfacción como que consistía en el castigo mismo de Cristo.[16]

Hugo Grocio desarrolló una modificación posterior de la teoría de la satisfacción llamada gubernamental. Fue un intento de proveer una versión arminiana que evitara la implicación indeseable de la teoría calvinista de una expiación limitada. Sin embargo, Grocio, como los demás, dio por sentada la necesidad de una "satisfacción antecedente" como la condición para la remisión de pecados. La definió como el castigo aceptado por Cristo, no en aras de una justicia que pedía retribución, sino con el propósito de proveer un "ejemplo distinguido" del castigo que el pecado merecía y de que actuara como un freno para pecado adicional y en aras del bien común. Es de ese modo una teoría de influencia moral en reverso. Reconoce el principio de disuasión más que el de la retribución como central en el concepto de la expiación.[17]

Teoría de Influencia Moral

El tercer modelo clásico es la teoría de la influencia moral, que aparentemente fue producida por vez primera por Abelardo en reacción a la teoría de Anselmo. De acuerdo con esta interpretación, la muerte de Cristo es el ejemplo más gráfico del amor de Dios y, al mismo tiempo, de la vileza del pecado al someter el "amor personificado" a la muerte. Su propósito es hacer impacto en la consciencia humana con estas dos realidades teológicas últimas y, de esa manera, influir en los seres humanos para que respondan a este amor encarnado y a que se alejen del pecado o rebelión contra Dios. El énfasis wesleyano en la incapacidad del ser humano caído de volverse del pecado constituiría un obstáculo para esta posición si se le aceptara exclusivamente. La teoría de la influencia moral se ajustaría más bien a una estructura pelagiana.[18]

Beneficios de la Expiación

Hemos descubierto que la clave para elaborar una construcción wesleyana consistente y auténtica de la obra de Cristo demanda pasar revista de los beneficios provistos por esa obra. Un análisis tal nos dará los parámetros dentro de los cuales se pueda juzgar lo adecuado de cualquier propuesta. Sin embargo, este método debe siempre ser sujetado a la prueba de la revelación bíblica, puesto que no estamos proponiendo una aproximación inductiva que principie con una premisa teológica cuya formulación sea "sacada de la manga". Debemos, en otras palabras, primero, aseverar la compatibilidad de la posición wesleyana acerca de los beneficios de la expiación con lo que el Nuevo Testamento declara sobre ellos. De ahí que nuestra tarea inicial sea analizar las provisiones soteriológicas que la teología wesleyana recalca tal como son interpretadas en la teología del Nuevo Testamento.

Gracia Preveniente

Nuestro estudio de la teología wesleyana hasta este punto ha demostrado el papel crucial de la gracia preveniente en varias coyunturas decisivas, especialmente en conexión con una comprensión wesleyana de la revelación. Estos usos son todos ellos subordinados a la función soteriológica de esta gracia. Es aquí donde sale a la superficie uno de los distintivos mayores de la perspectiva wesleyana.

La gracia previniente no es un término bíblico sino una categoría teológica desarrollada para recoger un tema bíblico central. Wesley no fue el primer teólogo en usarlo (con idéntico significado, siempre hablaba de la "gracia preventiva"), y los que no son wesleyanos lo han usado desde entonces, pero parece ser más determinante para Wesley que para cualquier otro maestro.[19]

El término significa literalmente "la gracia que viene antes", y se refiere a la actividad de Dios previo a cualquier movimiento humano hacia Dios. Desde el lado humano, la necesidad de esta gracia se da por el carácter penetrante del pecado original, o depravación total, lo que afirma la completa incapacidad del hombre para iniciar la relación divino-humana. Desde el lado divino, tiene su base en la naturaleza de Dios como amor. Esto, de hecho, es una inferencia directa de la comprensión de Dios en el Nuevo Testamento.

Puesto que el carácter de Dios es revelado finalmente en la persona y obra de Cristo, Wesley insiste en que la gracia previniente se basa, en última instancia, en la muerte de Cristo en la cruz.[20]

Hay que llamar la atención a un número de implicaciones teológicas de esta doctrina central. La gracia previniente no debe ser confundida con el libre albedrío. En la caída, el ser humano perdió completamente su libertad para con Dios. Esto no afectó su poder de hacer decisiones contrarias en la esfera de lo mundano, pero sí resultó en la pérdida de lo que Juan Wesley llamó "la imagen moral". Por lo tanto, la libertad para con Dios no es ahora una posibilidad humana, sino que es restaurada por la gracia de Dios.[21] Esto implica que es imposible para el ser humano adquirir mérito delante de su Creador. Todo lo que tiene viene de Dios.

Esta doctrina expresa centralmente el compromiso wesleyano con la universalidad de la expiación. Al contrario de la visión limitada del calvinismo, para Wesley, la gracia es extendida a cada ser humano aun cuando sea resistible. Así, Dios se ofrece a sí mismo a todos nosotros los humanos, en todo lugar, como presencia salvadora (véase el capítulo 5). Esa presencia crea tanto consciencia como capacidad, pero ni la una ni la otra es salvadora a menos que, por la libertad que por gracia se nos otorga, respondamos a ellas o las ejercitemos.

Reconciliación

El Nuevo Testamento nos provee un número de metáforas que describen la salvación que resulta de la obra de Cristo. La palabra "expiación" no es usada en el Nuevo Testamento. Ni la versión Reina-Valera de 1960 ni sus más recientes actualizaciones tampoco la emplean, como no lo hace ninguna de las otras versiones en español más conocidas. La palabra griega *katallage,* que por lo regular se traduce como "reconciliación", sugiere que este es el significado básico del término expiación en el pensamiento del Nuevo Testamento.

Vincent Taylor ha ofrecido el convincente argumento de que, pese a la fusión que la teología moderna hace del perdón, la justificación y la reconciliación, la teología del Nuevo Testamento claramente los separa. La reconciliación, insiste Taylor, es el lema central del pensamiento de Pablo; el perdón y la justificación sirven como maneras de remover las barreras que se interponen en el camino de la reconciliación. El dejar de reconocer esta distinción tiene resultados lamentables en conexión con la doctrina de la expiación. "Pocas cosas", afirma Taylor, "han contribuido tanto a la opinión de que las teorías objetivas, que encuentran un aspecto hacia Dios en la obra de Cristo, sean obsoletas y equivocadas como la identificación de los usos modernos y bíblicos del término perdón".[22]

Herman N. Ridderbos está de acuerdo con que "uno tal vez pueda decir que la reconciliación como paz con Dios sea la consecuencia de la justificación", pero no hace una distinción tan radical entre ellas como Taylor.[23] No obstante, sí apoya la idea de que la reconciliación sea la categoría soteriológica primaria. Ralph P. Martin, en una monografía sobre la reconciliación, ha propuesto que este lema es "el centro del pensamiento y el ministerio de Pablo", y afirma que tiene el apoyo de Peter Stuhlmacher, T. W. Manson y Johannes Weiss, además del de Ridderbos.[24]

G. Eldon Ladd asume la misma posición y dice:

> La justificación es el pronunciamiento divino de la absolución del pecador; la reconciliación es la restauración del compañerismo que resulta de la justificación. La justificación es la condición ética de la reconciliación, el don de ese estado por medio del cual el pecador puede entrar en compañerismo con Dios.[25]

Estamos de acuerdo con estos eruditos. Y es que así la reconciliación nos provee de una metáfora de la expiación que es personal en sus implicaciones y, por lo tanto, menos susceptible a perversiones impersonales o legalistas.

La reconciliación implica haber vencido una separación en las relaciones personales. La idea se encuentra tanto explícita como implícitamente a través del corpus paulino, donde el Apóstol interpreta la reconciliación como que ha ocurrido (a través de la obra de Cristo) en tres diferentes niveles: (1) reconciliación entre Dios y el hombre (Romanos 5:1; 1 Corintios 7:15; Gálatas 5:22; Filipenses 4:7; Colosenses 3:15; 2 Tesalonicenses 3:16); (2) reconciliación entre ser humano y ser humano (Efesios 2:12-17; 4:3-6); y (3) reconciliación en el nivel cósmico (2 Corintios 5:19; Colosenses 1:20). Esto tiene correlación con la profunda consciencia que el Apóstol tenía del pecado como personal, social y cósmico.

En la teología del Nuevo Testamento la reconciliación es ambas cosas, un acto completado y una realidad que todavía ha de realizarse. Ambas dimensiones están presentes en la clásica perícopa de 2 Corintios 5:16-21. Dios en Cristo ha hecho algo en la historia que antecede a su realización en la experiencia. Por ende, es tanto terminada, como no terminada. En el primer sentido, es la obra de Dios y en ningún sentido el resultado de un acto humano de satisfacción que el hombre pudiera ofrecerle a Dios. Esto se debe a que "los rebeldes no estaban obviamente en posición alguna de efectuar la reconciliación".[26] En el sentido no terminado, la consumación de la reconciliación espera la respuesta del rebelde. El mensaje de reconciliación que se le ha dado al embajador de Cristo refuerza esta verdad. El mensaje es, "Reconciliaos con Dios" (v. 20). Es una exhortación al ser humano para que abandone su hostilidad hacia Dios en respuesta a la obra completada de "Dios... en Cristo" (v. 19).

Romanos 5:10 también se refiere a una reconciliación que ocurrió "siendo aún pecadores" (v. 8). Pero la reconciliación no es efectiva sino hasta que haya quitado la enemistad del humano hacia Dios. Esta es la manera en la cual se evita una expiación limitada en el énfasis del Nuevo Testamento sobre la obra terminada de Cristo. La muerte de Cristo no provee automáticamente la salvación para los electos, sino que hace disponible la posibilidad de la salvación a todos los que respondan en fe. Es cuando el ser humano se reconcilia con Dios que experimenta al Dios ya reconciliado. Existencialmente, puede cantar con Carlos Wesley: "Mi Dios está reconciliado".

Más aún, la reconciliación es tanto presente como futura. Debido a la característica dual que acabamos de notar, aquí no hay base para un universalismo final, sino que implica que la obra reconciliadora de Cristo tiene proporciones cósmicas (véase arriba) que sólo serán consumadas completamente en el escatón.

Una submetáfora de la reconciliación es la de la condición de hijo o de adoptado. En contraste al concepto griego, el ser humano no es hijo de Dios en ninguna clase de ascendencia física. Por ello, a diferencia de la idea pagana, el término "adopción" es apropiado para describir el estatus de una condición conferida de hijo, como también se diferencia de la condición inherente de Hijo del propio Cristo. La adopción es la manera de hablar del Nuevo Testamento de que la condición de hijo de Cristo se nos es compartida como uno de los beneficios de su obra. Por virtud de su relación con Cristo al creyente se le capacita a clamar, con Él: "¡Abba, Padre!" (Romanos 8:15; Gálatas 4:6).

La adopción es un don inmerecido puesto a la disposición por el amor de Dios a través de Jesucristo. Implica una libertad con relación al Padre que está ausente en la relación amo-esclavo, en contraste con la cual la realidad de la condición de hijo se nos es presentada (Efesios 1:5; Gálatas 4:3-7). El resultado de la adopción es la herencia, el privilegio de posesiones que no le es posible a los esclavos.

La adopción tiene la misma dualidad que está presente en otras metáforas de la salvación: es tanto presente como futura, siendo realizada en esta edad presente y también conteniendo una promesa de consumación futura en el tiempo del cumplimiento escatológico (Romanos 8:23). De su realidad presente, el Espíritu Santo da testimonio (vv. 15-16).

Un resultado adicional de la reconciliación es la comunión con Dios y con otros creyentes. Si bien Pablo hace referencia en varias ocasiones a la comunión con Dios o con Cristo (1 Corintios 1:9; 10:16; Filipenses 3:10), la idea parece ser un tema básico de la Primera Epístola de Juan. Tal vez sea la manera de este autor de hablar de la reconciliación.

En 1 Juan el tema que informa a todo el libro es la vida eterna, la cual es equivalente a la salvación. La epístola describe la naturaleza de la vida eterna como comunión "con el Padre, y con su Hijo Jesucristo" (compárese con 1:3). El principio que informa su análisis de la vida eterna es que ha de ser definida como comunión con Dios, y esta comunión se establece y se mantiene sobre las bases de la naturaleza de Dios. La condición de la comunión es la conformidad con la naturaleza divina tal como es revelada en Jesucristo. Hay cuatro características de Dios que se mencionan en la epístola, y su desarrollo se da alrededor de esos temas. Dios es luz (1:5) y, así, el compañerismo depende de que uno "ande en la luz" (compárese con el v. 7). Dios es justo (2:29), así que ninguna comunión con Él es posible en injusticia. Dios es amor (4:8), así que cualquiera que vive en comunión con Dios ama tanto a Dios como a su hermano. Finalmente, Dios nos ha ofrecido vida en el Hijo (5:12), lo cual provee la dinámica de comunión que incluye la victoria sobre el mundo.[27]

La redención es la tercera metáfora de la salvación. Significa ser liberado de la servidumbre o de la esclavitud, el "comprar de nuevo" (literalmente) algo que se había perdido o vendido. En el Antiguo Testamento, la persona a la que se hacía responsable de ser un redentor *(go'el)* era generalmente el familiar más cercano. Esta imaginería juega un papel prominente en Isaías 40—55, donde Yahvé aparece repetidas veces como el *go'el* de Israel (véase 41:14; 43:1; 44:6; 47:4).

La pauta usada normalmente en el Antiguo Testamento para describir la redención es el éxodo. Cuando una salvación futura es anticipada, generalmente es descrita en términos e imágenes que se derivan de este evento redentor original. Isaías, en particular, esperaba el gran día de redención escatológica, el cual describe como un nuevo éxodo. Los escritores del Nuevo Testamento también retienen, aquí y allá, las ricas imágenes del éxodo, pero proclaman que, en la obra de Jesucristo, la redención vislumbrada por ese evento y proclamada por los profetas ha entrado en la historia (Lucas 1:68; Tito 2:14). Resultó en traer a la existencia a un nuevo Israel en la misma manera en la que el primer éxodo dio forma al viejo Israel.

Jesús mismo explícitamente relacionó con el Siervo de Isaías el significado redentor de su obra (Marcos 10:45). Alan Richardson comenta:

> Definitivamente, es indicador de la suprema intuición que el Maestro tenía del propósito redentor de Dios tal como es revelado en las Escrituras, que Él se haya ido de manera infalible a ese pasaje en particular en el Antiguo Testamento, que claramente señala a Dios mismo como quien inicia el acto de ofrenda propia y redentora que es llevado a cabo por el Siervo-Mesías.[28]

La cuarta metáfora que mencionaremos es la justificación, la cual es usada principalmente por Pablo, y de manera primordial en Romanos y Gálatas. La metáfora puede ser entendida sólo en estrecha conjunción con "justicia", puesto que los dos son conceptos correlacionados. Hay un factor adicional que ha causado considerable confusión en los intentos de entender lo que la justificación implica en la teología bíblica. Se trata de la ambigüedad adherida a "justicia" debido a que este término tiene múltiples significados. En primer lugar, debemos notar su significado cuando se aplica a Dios. Este significado se deriva principalmente de su uso en Isaías 40—55, donde se refiere al carácter de Dios experimentado como "fidelidad". En 43:24d-26, el profeta dice: "...me fatigaste con tus maldades. Yo, yo soy el que borro tus rebeliones por amor de mí mismo, y no me acordaré de tus pecados. Hazme recordar, entremos en juicio juntamente; habla tú para justificarte". Aquí la fidelidad de Dios es puesta de relieve en contraste a la infidelidad de Israel.

En estos pasajes, el profeta se ha apropiado de la conjunción de justicia y salvación que fue enfatizada en el éxodo (compárese con Éxodo 14:13; 15:2) y ha adaptado el mismo juego de conceptos para relacionarlos con una liberación de Babilonia que es inminente, y con el retorno del exilio (Isaías 45:17; 46:13; 52:10). Así como Dios recordó sus promesas hechas a Abraham y liberó a los esclavos egipcios, asimismo "por amor de sí mismo" (justicia) se acordará y liberará a los exiliados en Babilonia. Lejos de enseñar que el hombre es justificado por las obras de la ley, el Antiguo Testamento hasta este punto ha enunciado una doctrina de salvación basada en la justicia de Dios. Es una justificación, no por obras, sino por la fidelidad (justicia) de Dios solamente. En una palabra, es "gracia", vale decir, que Dios actúa para con el ser humano de acuerdo con la propia naturaleza de Dios.

Es precisamente la recuperación de esta enseñanza del Antiguo Testamento lo que Jesús postuló en oposición a las obras de justicia del judaísmo, ya lo hiciera en parábola o en precepto. Pero es Pablo, apropiándose de la visión del Antiguo Testamento, quien desarrolla cabalmente la verdad de la justicia justificadora de Dios como fluyendo de la obra completada de Cristo. Esta enseñanza no da lugar a las ideas de "mérito" y "satisfacción", y son ideas que no ocurren en el Nuevo Testamento. Tienen su origen en otras fuentes.

Aplicada al ser humano, el término "justicia" tiene dos dimensiones posibles. El primer significado es ético y suscita la pregunta de cómo la justicia de Dios como fidelidad se relaciona con la justicia del ser humano como ético. Es una pregunta que ha causado problemas de interpretación desde el principio de la era cristiana en cuanto a entender el significado de la justificación. A ese problema ahora nos aproximaremos.

Norman Snaith habla de estas dos referencias de justicia, y sugiere que Pablo heredó ambas del Antiguo Testamento. Comenta:

> El [Pablo] usa el sustantivo con doble sentido, algunas veces en un sentido verdaderamente ético y algunas veces prácticamente como el equivalente a la salvación. Cuando escribe de la ley de justicia (Romanos 9:31) se está refiriendo a las demandas éticas de la ley mosaica, pero cuando usa la frase "la justicia de Dios", lo que quiere decir es aquella salvación que Dios obra a través de Cristo (Romanos 3:21).[29]

El problema de la relación entre estos dos usos ha producido dos construcciones mayores del concepto de la justificación en la historia del pensamiento cristiano acerca de la salvación. Generalmente, son identificadas como la idea católica y la idea protestante. La explicación católica, representada clásicamente por las enseñanzas de Agustín y Tomás de Aquino, dice que, en la justificación, el ser humano es "hecho [éticamente] justo" por la infusión de la gracia divina. Esta justicia infundida se volvió eventualmente la base de la aceptación del ser humano de parte de Dios. Pero esta posición implica una confusión de justificación y santificación, y hace de la segunda la base de la primera. Si la justificación es un término forense, uno pudiera sencillamente decir que aquí es interpretada como el que Dios declare a una persona justa porque ya lo es. Esta interpretación con el tiempo se volvió la base de toda la doctrina católica de justificación por obras y del sistema penitencial de salvación. No logró entender el significado de "la justicia de Dios" en Romanos, interpretándola como la justicia ética que Dios requiere, y afirmando que nosotros producimos nuestra propia justicia mediante buenas obras.

La alternativa protestante correctamente interpreta la justicia de Dios como fidelidad, pero retiene el significado ético de la justicia con relación al ser humano. Puesto que rechaza la enseñanza católica de que la justicia ética es necesaria para la justificación, insiste en que la justificación significa "el declarar justo", no "el hacer justo".

Esto llevó a una doctrina de imputación de acuerdo con la cual la fe es aceptada por Dios como un equivalente de la justicia (éticamente entendida).[30]

Si bien esta interpretación evita los peligros de la justificación por obras, cae víctima de la crítica igualmente devastadora de ser una "ficción legal", con un Dios que considera a una persona justa, aunque no lo sea. Así, Dios se engaña a sí mismo. La persona que es justificada por la fe es, en palabras de Lutero, *simul justus et peccator* (al mismo tiempo pecador y justificado). Ninguna de estas dos interpretaciones clásicas resulta ser satisfactoria.

Juan Wesley lidió con este dilema. Por un lado, intentó distinguir la justificación de la santificación al negar que la primera sea "el ser hecho actualmente justo y recto" como los católicos habían dicho. Por el otro, no estuvo dispuesto a conformarse con una ficción legal como los protestantes enseñaban. Wesley insiste en que Dios no está engañado en aquellos a quienes justifica. No los considera como que sean "diferente de lo que son. No implica en forma alguna que Dios juzgue acerca de nosotros contrario a la verdadera naturaleza de las cosas, que nos estime mejores de lo que realmente somos, o que nos crea justos cuando somos injustos". Empero, Wesley se mantiene claramente lejos de la idea católica, no permitiendo que mérito alguno entre en el cuadro.[31]

La mayoría de los eruditos concuerdan en que, lingüísticamente, el verbo *dikaioo* (justificar) correctamente significa "pronunciar justo", y que no puede significar "hacer justo". Pero esto no resuelve el asunto en lo que toca al significado teológico del término. La pregunta es: ¿nos quedamos entonces con tener que decidir entre las dos interpretaciones tradicionales que se discutieron arriba? Aparentemente, sin darse cuenta de las cabales implicaciones de sus palabras, Wesley mismo señaló una salida del atolladero al distinguir entre la justificación como "un cambio relativo" y la santificación como "un cambio real". La mayoría de los esfuerzos de escapar del dilema terminan confundiendo los dos, pero G. Eldon Ladd nos provee una explicación basada en otro significado de "justicia" que evita ambos cuernos del dilema y que es completamente consistente con las preocupaciones teológicas del wesleyanismo.[32]

Partiendo de la premisa de que el pensamiento de Pablo es informado por el Antiguo Testamento, Ladd alega que la justicia en ese contexto no es primariamente una cualidad ética, sino que significa "aquella norma en los asuntos del mundo a la cual los hombres y las cosas deben conformarse y de acuerdo con la cual deben ser medidos". Por ende, el ser humano justo es aquel que se conforma a la norma dada. Es el contexto lo que determina la norma y, con ello, los parámetros de lo que significa ser justo. La ilustración que Ladd da esto es muy clara al hablar de los varios contextos en los cuales es usada la palabra:

> Algunas veces la norma consistía en las demandas impuestas por las relaciones familiares. Así, Tamar, quien jugó el papel de ramera, fue más justa que Judá porque cumplió estas demandas, lo cual Judá no hizo (Génesis 38:26). De David se dice que fue justo porque se negó a matar a Saúl, con quien él estaba unido en una relación de pacto (1 Samuel 24:17; 26:23), y porque condenó a los que asesinaron a Mefi-boset, el hijo de Saúl (2 Samuel 4:11). Pero después de la caída de la casa de Saúl, Mefi-boset no tenía derecho a esperar bondad del nuevo rey (2 Samuel 19:28). Las demandas de justicia cambiaron con la relación.

Por consiguiente, la justicia se vuelve un concepto de relación. Es justo aquel que cumple las demandas que se le imponen por la relación que sostiene. Esto no se refiere al carácter ético personal del individuo involucrado, sino a la fidelidad a una relación. La conclusión es que si la justificación es un cambio de relación, como Wesley afirmó, esa nueva relación constituye una justicia verdadera que puede ser distinguida de la santificación como una transformación ética del carácter. No incluye una justicia anterior que en alguna manera se vuelva la base de la nueva relación, sino que es una realidad creada en y con la declaración forense de Dios de que la persona de fe es justificada. La justificación es la proclamación que Dios hace de que una persona es justa, y esa proclamación hace que así sea. De esta manera se evita, por un lado, la manera católica romana de justificación por obras y, por el otro, el concepto de la Reforma de una ficción legal.

En Romanos 3:24—4:25 la idea de la justicia de Dios como fidelidad y la justicia relacional del ser humano basada en la fe se mezcla con el concepto de sacrificio tal como se expresa en el sacrificio que Abraham hace de Isaac. Dios se vindica a sí mismo al exhibirse fiel a su promesa, y Abraham es vindicado o justificado por su confianza y obediencia. Es el escenario de una corte en el cual ambos, el Juez y el acusado son vindicados o probados justos, o sea, justificados. Así, Dios presenta a su Hijo como un sacrificio expiatorio, demostrándose fiel a su promesa, y aquel que "es de la fe de Jesús", al responder, es justificado, o sea, es puesto en la relación correcta con Dios. Esto no debe interpretarse como que signifique que la fe es una buena obra o que la fe misma sea la justificadora; es el aceptar el don de Dios.

La estrecha conjunción de justificación y santificación nos lleva a decir algo más acerca del carácter escatológico de la justificación. El tiempo de salvación prometido por tan largo tiempo ya ha despuntado, y en ello la justicia de Dios es revelada (Romanos 3:21). Esta interpretación refleja la estructura básica del pensamiento paulino de que la edad venidera ha entrado a esta edad presente.[33] Aquello que previamente había sido anticipado como una posibilidad futura se ha vuelto una realidad presente.

> En tanto que para el judaísmo era un asunto incontrovertible que esta justicia, como el factor crucial, decisivo en la declaración judicial de Dios, no era algo de lo que pudiera hablarse sino en un sentido futuro, escatológico, Pablo proclama esta justicia como una realidad presente que ya ha sido realizada en Cristo.[34]

La posibilidad presente de la justificación le está disponible a la fe. Aunque la justificación es una posibilidad objetiva en Cristo, es la fe la que echa mano de la justicia justificadora de Dios en Cristo. En este sentido el veredicto del juicio final ya ha sido dado. Empero se habla de él todavía como en el futuro. "Pues nosotros por el Espíritu aguardamos por fe la esperanza de la justicia" (Gálatas 5:5). Es un beneficio que, al mismo tiempo, ya se ha logrado y todavía se espera. En una frase, la justificación es ambas, presente y futura (final).

Un beneficio final de la salvación que necesita ser mencionado es la santificación. Ambos, "santificación" y su término cognado, "santidad", son categorías singularmente religiosas, lo que las hace diferentes de muchos otros términos que se toman prestados de contextos seculares. Santidad es el término primario, y santificación denota el acto o proceso por el cual algo o alguien es hecho santo. Puesto que la santidad le pertenece principalmente a Dios, y los objetos o seres humanos son hechos santos sólo en un sentido relativo o derivado, estamos hablando de conceptos que tienen significado sólo en la esfera religiosa.

En su más temprana expresión, la santidad no conllevaba un contenido ético necesario. Esto se puede ver, por ejemplo, en las referencias del Antiguo Testamento a una ramera "justa" (véase Génesis 38; [o a los que practicaban la prostitución "sagrada", según 1 Reyes

15:12, NVI, o a un "campamento santo", véase] Deuteronomio 23). Es decir, un campamento era "santo" porque pertenecía a la deidad. Sería el carácter del Dios personal de Israel lo que, eventualmente, daría base para una idea de lo santo con connotaciones éticas. La santificación fue originalmente un término ceremonial, en el sentido de que a través de los rituales especificados una persona o un objeto era dedicado al servicio de Dios, o limpiado de impureza para hacerlo elegible (persona u objeto) para la tarea.

El contexto cultural de las ideas que rodeaban "la idea de lo santo" guiaron a perversiones a las que los profetas se opusieron en nombre de la justicia ética. Cuando la ceremonia llegó a ser un ceremonialismo que no iba acompañado por la justicia y la bondad, urgió condenarla. Por ello, estos profetas del siglo VIII demandaron que la santidad se entendiera en términos éticos, y es este énfasis ético tardío el que va a servir de fondo a la interpretación normativa de la santidad en el Nuevo Testamento.

También hay una corriente de enseñanza escatológica que está claramente presente en aquella visión profética que anticipaba el día en el que Dios proveería una santificación real y no sólo ritualista. Esa esperanza era concomitante con el reconocimiento de que el pecado era una torcedura inherente en la naturaleza humana tanto como en la conducta desenfrenada, y de que era necesario satisfacer ambas necesidades.

Tanto Jeremías como Ezequiel reconocieron antes del exilio que lo que el pueblo de Dios necesitaba verdaderamente era un nuevo pacto con provisiones nuevas (Jeremías 31:32-34; Ezequiel 36:25-27). Al describir los obstáculos que debían ser removidos a fin de que el reinado mesiánico viniera, el profeta Zacarías vio ambos, los pecados y el pecado, eliminados en dos de sus ocho visiones místicas. En la visión del rollo que volaba (5:1-4), el pecador es removido de la comunidad, y en la visión de "la mujer que estaba sentada en medio del efa", es "el principio mismo del pecado lo que tiene que ser erradicado" (5:5-11).[35]

En la sección apocalíptica de este mismo libro (capítulos 9—14), el profeta Zacarías anticipa un Día del Señor en el que "habrá un manantial abierto para la casa de David y para los habitantes de Jerusalén, para la purificación del pecado y de la inmundicia" (13:1). G. N. M. Collins cita a un tal Henderson quien dice que este versículo "exhibe las dos grandes doctrinas del evangelio —la justificación y la santificación", y añade: "La gracia del Espíritu de Cristo se necesita para la última como la virtud de la sangre de Cristo se necesita para la primera".[36]

Cuando nos tornamos al Nuevo Testamento, un análisis de los usos de los términos "santificar, santificación, santificado" rinde el siguiente cuadro. En primer lugar, hay algunos usos de estos términos que son puramente ceremoniales y no normativos, y que indican que una persona o cosa es hecha sagrada por su relación a Dios o a cosas sagradas, o porque está cumpliendo un propósito divino (nótese especialmente Mateo 23:17, 19).

El segundo uso, que parece ser normativo, es distintivamente ético y se relaciona específicamente a la nueva vida en Cristo. El lenguaje ceremonial todavía está presente, como es inevitable, pero es cabalmente informado por la comprensión ética. Lo santo en este segundo uso es claramente ilustrado en Romanos 6; Efesios 4; 1 Tesalonicenses 4:3; y Colosenses 3. Aquí la referencia es a la vida ética que sigue (que es subsecuente) a la justificación, y que es la consecuencia de ella. Esta dimensión ética es recalcada aún más por el uso único del término santificar en 1 Tesalonicenses 5:23, que es la declaración culminante de una serie de exhortaciones diseñadas para dar énfasis a la santidad en la totalidad de la vida. Este texto pone de relieve la participación de toda la persona en la vida santa y es el que más claramente encarna el concepto de la entera santificación como que signifique "en todos los aspectos" (NTV). Pablo ora que los creyentes puedan ser santificados (tiempo aoristo) en "espíritu, alma y cuerpo", abarcando así todas las funciones del solo ser humano, y no tres partes de la persona. Este último concepto es griego, no hebraico.[37] Así, al considerar la santificación (en este segundo sentido), podemos formular una proposición teológica exegéticamente derivada: "La santificación es lógicamente subsecuente a la justificación".

Esta conclusión atiende el asunto principal del debate de la Reforma. La posición católica, tal como es formulada por Tomás de Aquino, fue que la santificación precedía a la justificación. Cuando el proceso de santificación, interpretada como "la fe formada por el amor", ha alcanzado su fin, Dios en ese punto declara a la persona justificada, lo que la hace estar lista para el cielo. Lutero insistió en invertir este orden y argumentó, basado en la Escritura, que la santificación no es la base de la justificación, sino lo opuesto (véase la discusión arriba acerca de la justificación).

de aquello de lo que por la gracia de Dios hemos sido librados". En otras palabras, el uso de varios términos les dijo algo a las personas que aprehendieron su redención en términos de la experiencia religiosa propia.[41]

Si esta aserción es correcta, no es un caso aislado. Ya hemos descubierto que la Biblia no nos da una doctrina cabalmente desarrollada, explícita de la Trinidad o de la encarnación, sino que ha preservado las experiencias de las realidades que están incorporadas en estas doctrinas.[42] Por lo tanto, no es enteramente incongruente que tengamos que hacer con la obra de Cristo lo que hemos hecho con la Trinidad y la encarnación: tomar las materias primas del mensaje personalista de la Escritura y tratar de formular una teoría consistente con toda la evidencia.

Debemos empezar con una exégesis teológica cuidadosa para identificar tan claramente como sea posible el significado del material bíblico pertinente. En conjunción con este recurso, una declaración teológica de la obra de Cristo lógicamente incluirá la doctrina de Dios, la doctrina del pecado, la doctrina de la salvación, y una comprensión de la naturaleza de la relación divina-humana, aunque ya le hemos dado atención a la mayoría de ellas.

Imágenes de la Obra de Cristo en el Nuevo Testamento

Los autores de *God, Man, and Salvation* (Dios, Hombre y Salvación) declaran correctamente que la elaboración de la enseñanza del Nuevo Testamento acerca de la obra salvadora de Cristo está "arraigada en las palabras y la obra de Cristo. Por esa razón, es necesario examinar las palabras del Señor sobre su misión en la muerte antes de aventurarnos a crear un cuadro compuesto de la enseñanza del Nuevo Testamento entero sobre la expiación".[43]

Como ya lo hemos destacado en varias ocasiones, la autocomprensión central de Jesús acerca de su misión se enfocó en el ideal del Siervo Sufriente y vio su muerte en la cruz como el evento culminante de esa vocación. Siendo que toda su vida fue un vivir esta pauta mesiánica, es posible hablar de la totalidad de su ministerio como una expiación. El hecho de que Jesús libremente perdonara pecados da testimonio de esta verdad; no necesitó esperar hasta después de la cruz para ofrecer este beneficio a quienes buscaron su ayuda.

Si bien el cuadro del Siervo en la profecía de Isaías informó implícitamente cada faceta del ministerio público y privado de Jesús, la identificación más explícita y sostenida que Jesús hizo de la tarea del Siervo con la suya ocurrió en "los dichos de la Cena". Tal vez la palabra más iluminadora en este escenario sea la que leemos en Mateo 26:28: "Porque esto es mi sangre del nuevo pacto, que por muchos es derramada para remisión de los pecados". Tanto el escenario como las palabras relacionan la muerte inminente de Jesús con cordero pascual inmolado en el éxodo, no al sistema de sacrificios instituido después en la adoración posterior de Israel.[44] Ambos, Jesús y el cordero pascual, son inmolados como el símbolo que trae a existencia un pueblo de pacto por medio de la salvación (el término salvación se usa por primera vez en el éxodo). Ambos significan la culminación de un conflicto entre Yahvé y los poderes del mal, conflicto que termina con la derrota de estos últimos por el poder de Dios. Las diez plagas fueron más que sendas estratagemas para hacerles la vida pesada a los egipcios; eran desafíos directos a los varios dominios controlados por las deidades egipcias con los que se le demostraba al Faraón que en el encuentro entre los dioses de las naciones, el Dios de los hebreos era el más grande.[45] En forma similar, la muerte de Jesús fue el encuentro culminante con las "potestades" del aire, y en una forma decisiva los venció en la cruz, llevando "cautiva la cautividad" (Colosenses 2:15; Efesios 4:8). Una gran diferencia entre los dos conflictos paradigmáticos es que, en la cruz, el poder de Dios fue manifestado en debilidad aparente. En el momento de más intenso sufrimiento, el Siervo era el poder de Dios en su forma más prevalente (1 Corintios 1:20-31). En esta diferencia estamos viendo una transformación del concepto de poder que tendrá un significado crucial para la comprensión cristiana del Espíritu Santo (véase el capítulo 13).

Esto ata juntos el tema del Siervo Sufriente y la función del Siervo tal como es enunciado en Isaías 42:6: "Yo... te pondré por pacto del pueblo, y por luz de las naciones"; y también en 49:8, "...en el día de salvación te ayudé; y te guardaré, y te daré por pacto al pueblo". Así, como Alan Richardson explica:

> Isaías interpreta toda la redención obrada por el Siervo de Yahvé como una segunda liberación y éxodo de Egipto, en los cuales el Siervo es un nuevo Moisés, quien es dado con el propósito de establecer un (nuevo) pacto con el pueblo (de Dios).[46]

El hecho de que nos refiramos a la literatura de las escrituras cristianas como el Nuevo Pacto (Testamento) da un elocuente testimonio de la centralidad de la idea en la comprensión cristiana de la obra de Cristo.

Una segunda fuente principal de las metáforas de la expiación es la idea del sacrificio. Markus Barth y muchos otros eruditos del Nuevo Testamento reconocen y recalcan ambas imaginerías, la del Siervo y la del sacrificio, como la fuente dual mayor de las ideas de la expiación.[47] Al discutir la muerte de Cristo como sacrificio, Barth escribe:

> Concluimos que en el Nuevo Testamento y (excluyendo Hebreos) en las obras de cada uno de sus autores el número de pasajes que tratan con la muerte de Cristo sin usar lenguaje, temas y doctrinas de sacrificio, es mayor que el número de textos que distintivamente tocan la nota del sacrificio. La principal competencia a la soteriología del "sacrificio" parece venir de las citas del Antiguo Testamento tomadas de Isaías 53.[48]

El significado de sacrificio es uno de los asuntos más debatidos de la teología bíblica. En ningún lugar del Antiguo Testamento se nos da una razón fundamental para el sacrificio y, por su parte, W. D. Davies observa que "es de dudarse que haya habido un razonamiento sobre el sacrificio en el primer siglo".[49] Este autor nos sugiere que el adorador sencillamente practicaba el ritual porque Dios lo ordenaba y por ese motivo no buscaba una explicación de su significado, lo cual es difícil de aceptar, aunque no imposible, debido a que involucra la adopción de una conducta irreflexiva. Parece más razonable sugerir que la ausencia de un razonamiento se debía sin duda a que el significado era aceptado tan generalmente que no se necesitaba articulación explícita alguna.[50] También hay asuntos debatidos acerca del grado en que el Nuevo Testamento hace uso de imágenes de sacrificio, especialmente en el caso del apóstol Pablo.[51] La literatura erudita que intenta explicar el significado de sacrificio se ha vuelto tan inmensa que no es posible resumirla. Sin embargo, es necesario intentar alguna explicación porque, como Robert Culpepper correctamente observa,

> Entender el significado de sacrificio en el Antiguo Testamento es esencial para la interpretación de gran parte del material del Nuevo Testamento relacionado a la expiación, para la evaluación de las teorías históricas de la expiación, y para una interpretación constructiva del significado de la muerte de Cristo.[52]

Debería observarse que las imágenes del Siervo y las del sacrificio con frecuencia se penetran recíprocamente, o sea, que no son mutuamente exclusivas. Esto es especialmente cierto con Pablo, en cuyos escritos no siempre se puede estar seguro si alude a la expiación sacrificial por el pecado, o a una representación vicaria del Siervo Sufriente, o a ambas.[53] Esto, en parte, explica la base de la disputa sobre si el Apóstol usa la imaginería del sacrificio. Una razón para esta ambigüedad se debe sin duda al hecho de que los temas del sacrificio fueron incorporados al pasaje de Isaías 53, el cual es tan crucial para la imagen del Siervo. Sin embargo, estas referencias son, en el mejor de los casos, vagas, e implican una transformación de toda la idea del sacrificio. Culpepper aclara como sigue la transmutación de este significado:

> En el ritual del sacrificio la víctima es un animal cuya inocencia y pureza son no morales, pero en Isaías 53 la víctima es una persona cuya inocencia y pureza son morales y espirituales. La idea de sacrificio es de esta manera espiritualizada. El sacerdote y la víctima son uno.[54]

Sin embargo, aunque los temas del sacrificio aparentan tener una latitud muy amplia en su implicación, una vez todo el espectro de posibles implicaciones es tomado en consideración, las mismas parecen apuntar a dos funciones principales. El primer uso de sacrificio tiene que ver con el establecimiento de relaciones de pacto y se deriva de los numerosos eventos generadores de pacto en el Antiguo Testamento que son acompañados por un sacrificio.[55] El segundo grupo de términos de sacrificio es obtenido del culto hebreo. Puesto que el sacrificio cultual presupone un pacto que ya está en existencia, y las ofrendas están específicamente diseñadas para mantener las relaciones de pacto, lo que las agrupa es la idea de la santificación (ceremonialmente entendida). Así queda configurada una polaridad pocas veces observada en las metáforas del sacrificio, por lo que el uso indistinto de tal imaginería frecuentemente conduce a una considerable confusión.

Un repaso de las ceremonias generadoras de pacto en el Antiguo Testamento refleja la presencia de un sacrificio en muchas, y tal vez en todas, aunque no se haga una referencia explícita en todos los casos (compárese con Génesis 15; Éxodo 24).[56] El término *berith*, que se traduce "pacto", puede significar "cortar un pacto", lo que implica un sacrificio. En la ceremonia de pacto entre Dios y Abraham

(Génesis 15), el animal de sacrificio es dividido en dos porciones, y lo que muchos llaman "la lámpara humeante" es pasada entre ambas. La acción parece implicar la unión creada por las dos partes, similar al antiguo pacto de sangre en el cual dos personas mezclaban su sangre, volviéndose así una sola. Salmos 50:5 hace explícita la estrecha conexión entre el sacrificio y el pacto: "¡Juntadme mis santos, los que hicieron conmigo pacto con sacrificio!"

Ya hemos observado, cuando considerábamos las palabras eucarísticas de Jesús, cómo el cordero pascual simbolizaba la institución de un pacto. W. D. Davies plantea como sigue el argumento de que este es también el significado de Pablo en su pasaje eucarístico (1 Corintios 15:23; 5:7):

> Tal como en la pascua judía tenemos un festival memorial de acción de gracias por un evento pasado que había conducido a la formación de la comunidad del viejo Israel, así, para Pablo, la muerte de Jesús, cuando él piensa en la eucaristía, es primariamente el medio por el cual la Nueva Comunidad es constituida. … No es entonces como de sacrificio y expiatoria sino como de pacto que Pablo piensa principalmente en la muerte de Jesús en el contexto de la última cena, aunque desde luego todo lo de pacto tenía su base en lo de sacrificio.[57]

El segundo significado de sacrificio se halla en el contexto cultual. Aquí la palabra primaria es *hilasmos* y vocablos relacionados, aunque enfrentamos un problema de traducción en el sentido de que el término puede ser vertido de diferentes maneras que pueden parecer antitéticas. En ciertos contextos puede significar aplacar o apaciguar a una persona o a un dios enojado con el objeto de evitar su ira y, por lo tanto, es traducida como "propiciación". En otros contextos puede ser traducida "expiación", lo cual implica una reparación que se hace al remover la ofensa.

Es claro que el primer significado es el de las religiones paganas. Si está ausente de la fe bíblica, no es porque la Biblia no mantenga un fuerte sentido de la ira de Dios, sino porque, si hay propiciación alguna, es Dios quien la provee, no el ser humano. El sacrificio de Cristo es el don de Dios como un sacrificio por los pecados del mundo. Así que, tal como correctamente dice Alan Richardson:

> Si retenemos la palabra "propiciación" como una traducción de *hilasmos,* debemos asegurarnos de que se entienda que no hay sugestión alguna de que el hombre pueda propiciar a Dios, o

que Dios necesite ser propiciado antes de que pueda perdonar: es Dios, no el hombre, quien propicia y hace el perdón posible. En su significado bíblico, se debe pensar en "propiciación" como algo más o menos sinónimo con "expiación" [la ejecución de un acto por el cual la culpa o la mancha es removida].[58]

Culpepper concluye sensatamente su excelente discusión de estos asuntos de la siguiente manera:

El hecho de que es Dios mismo quien cubre el pecado es la diferencia básica en entender el sacrificio como se manifestada en el Antiguo Testamento y en comparación con el de las religiones paganas. Es Dios mismo quien manifiesta su gracia al hombre al proveer un medio para cubrir el pecado a fin de que no tenga ya más el poder de trastornar la relación de pacto entre Dios y el hombre.[59]

No poder ver esta posición es principalmente el resultado de no reconocer el contexto del cual emanan estos conceptos. En primer lugar, debemos reiterar que estos sacrificios/ofrendas funcionaban dentro del pacto; eran actividades de adoración del pueblo de Dios. Además, en este contexto debemos tener presente la naturaleza del pacto, el cual debe distinguirse de un contrato. El contrato, tal como lo demuestra Elmer Martens, característicamente es algo orientado hacia las cosas. El pacto, por el otro lado, es orientado hacia las personas. Esto significa que la relación de pacto debe interpretarse no en forma legalista, sino personal. Como Martens dice, el pacto, hablando teológicamente, "surge, no con los beneficios como el principal asunto de trueque, sino de un deseo de cierta medida de intimidad".[60] El mismo autor concluye sobre esta base que, si bien un pacto, como un contrato, puede ser roto, "el punto en el cual esto sucede es menos claro, porque aquí el foco no yace en estipulaciones, primera, segunda o tercera, sino en una cualidad de intimidad. De todas las diferencias entre pacto y contrato, la más notable es el lugar que la lealtad personal tiene en el pacto".

Aparentemente el *hattath* (ofrenda por el pecado) era la ofrenda más significativa, puesto que parecía ser el prerrequisito para las otras. Probablemente el significado original de la idea de expiación era preservado en la ofrenda. Muchos eruditos creen que la palabra *hattath* significa "purificar" o "purgar". Ello hacía provisión para pecados inadvertidos que debían volverse un asunto de conocimiento, y ser reconocidos o confesados. Pero, por implicación, el santuario era lo que se profanaba y lo que necesitaba ser purgado, puesto que la sangre de la ofrenda era rociada allí, pero nunca sobre una persona.

Este fenómeno puede explicarse teológicamente mediante la naturaleza corporativa de la religión hebrea, lo que se refuerza por el hecho de que mientras más grave era la ofensa, "mayor era la resultante impureza que penetraba hasta el santuario", como se refleja en las instrucciones sobre dónde debía rociarse la sangre. Los pecados de presunción profanaban el santuario interior y podían ser purgados sólo el Día de la Expiación.[61]

Así, estos rituales se identificaban con la actividad continúa de santificación tal como es descrita por H. Orton Wiley al referirse al rociamiento "con la sangre" mencionado en 1 Pedro 1:2. Dice Wiley:

> La santificación como un acto instantáneo nos limpia de todo pecado y nos trae a un lugar de obediencia; al caminar en la luz de la obediencia somos los recipientes de una santificación progresiva o continua, la cual hace que aun nuestra obediencia sea aceptable a Dios. Es importante tener presente, por lo tanto, que somos limpiados por la sangre expiatoria sólo en tanto (1) que hayamos sido traídos a una relación correcta con Jesucristo, y (2) que somos continuamente limpiados, o mantenidos limpios, sólo mientras estas relaciones correctas continúan. Somos santificados por Cristo, no separados de Él, sino en y con Él mismo; no sólo por la sangre del limpiamiento, sino bajo el rociamiento de esa sangre (*TC* 2:485-86).

Los pecados arbitrarios o deliberados, si la persona no los confesaba y se arrepentía, eran castigados mediante expulsión de la comunidad (Números 15:30). Este tipo de pecado implicaba una rotura del pacto, el cual luego necesitaba ser reestablecido. Algunas veces se interpreta Salmos 51:16-17 como una repudiación del sacrificio. Pero más bien es un reconocimiento de que no había sacrificio para el asesinato y el adulterio (dando por sentado que es la oración de David, como la tradición lo entiende), sino que eran casos que podían ser perdonados en respuesta a una penitencia profunda. La respuesta de Natán a la confesión de David es una evidencia clara de que tal perdón podía ocurrir.[62]

Los ritos del Día de la Expiación pueden ser interpretados como que proveían para ambos tipos de pecado. El sacrificio cuya sangre era rociada sobre el propiciatorio era una ofrenda por el pecado, el cual, de acuerdo con Levítico 4, era por los pecados no intencionales de toda la comunidad. En el ritual del macho cabrío, el sumo sacerdote ponía sus manos sobre la cabeza del animal, transfiriendo así simbólicamente la culpa del pecado (deliberado) a este "portador del pecado".[63] Por lo tanto, en vez de expulsar al pecador de su comunidad, sus pecados eran enviados fuera al desierto inhabitado. Lo que es de significado aquí es que el macho cabrío no era un sacrificio para el Señor, sino que era llevado lejos a Azazel [compárese con Levítico 16], el cual, de acuerdo con la perspectiva de alguien, era un demonio que residía en el desierto. Con este método se cumplían las condiciones para la remoción de todo pecado, o sea, el de ambas formas: el pecado presente y la impureza ceremonial no intencionada.

Cuando el lenguaje de sacrificio es aplicado a la obra de Cristo a partir del antecedente más amplio que acabamos de repasar, lo que se implica es un significado doble que enriquece el concepto de la expiación a fin de que incluya tanto la reconciliación como la santificación, esta última siendo el tema central de la Epístola a los Hebreos. En esta epístola el sacrificio de Cristo proporciona una verdadera limpieza de pecado, no meramente una ceremonial como en los cultos judíos.

La polaridad del sacrificio en la manera en que lo entiende el Antiguo Testamento y que el Nuevo Testamento la retoma en su enseñanza acerca de la obra de Cristo, es reproducida en los énfasis equilibrados de la teología wesleyana, en la cual la reconciliación (justificación) y la santificación son vistas como los beneficios gemelos de la expiación. El mantener la tensión polar entre estas dos verdades es una delicada tarea teológica, como lo es la de una teología equilibrada en todas las demás áreas.

Consideraciones Doctrinales

Cada doctrina de la expiación es la expresión de una comprensión particular de Dios. Cada una de las teorías clásicas que hemos bosquejado en el material precedente refleja su propia perspectiva. Unas dan énfasis a un atributo, y las otras lo dan a otro atributo diferente. Pero, tal como Wiley dice: "Una teoría veraz de la expiación debe satisfacer todos los atributos de la naturaleza divina" (*TC* 2:258). Además, la teología que informa una teoría válida de la expiación debe construir sobre la comprensión bíblica de estos atributos y no sobre aquellas características que puedan ser definidas desde un punto de vista foráneo. El capítulo 6, "La Naturaleza y los Atributos de Dios", hemos tratado de identificar la perspectiva bíblica peculiar según ha sido elaborada por lo mejor de la erudición bíblica contemporánea. Por nuestra parte, el foco central por el que hemos optado es que la naturaleza de Dios es el amor santo, y que todos los otros atributos morales son expresiones de este centro decisivo.

Esta delineación de la naturaleza divina provee los parámetros exteriores para una teoría wesleyana de la expiación. La santidad de Dios es lo que protege contra el tipo de idea que lo mismo pasa por alto el asunto del pecado o que es incapaz de tratarlo conclusivamente. El amor de Dios sirve como barrera contra cualquier teoría que insista en cierta satisfacción ya sea de la justicia abstracta o de la justicia personal antes de que Dios esté dispuesto a perdonar o a justificar al pecador.

La doctrina del pecado, como la hemos elaborado, se interpreta en el sentido de que debe haber una dimensión interpersonal en lo que respecta a la reconciliación del ser humano y Dios. O sea, que el pecado no puede ser concebido en una forma abstracta, es decir, de un modo en que la expiación trate con el pecado, pero no con el pecador, pues, como ya hemos visto, una separación tal es imposible.

Larry Shelton razona correctamente que, "puesto que todo pecado es esencialmente relacional, superar la maldición del pecado necesita incluir medios personales y relacionales".[64] La salvación, en estos términos, involucra el vencer la alienación y la restauración del ser humano a su destino creado bajo las condiciones de la existencia con el resultado de que sea una relación personal que transcienda la consideración legal, pero sin abrogarla.

Con estas fuentes de sabiduría en mano, debemos ahora intentar la tarea de formular una visión distintivamente wesleyana de la obra salvadora de Cristo.

CAPÍTULO 12

Una Perspectiva Wesleyana de la Expiación

Nuestro propósito en este capítulo es, a la luz de los asuntos que se exploraron en el capítulo anterior, intentar sugerir una formulación consistente de cómo la obra de Cristo provee los beneficios incluidos en el amplio término "salvación". Mediante esta sugerencia, esperamos identificar los componentes que caracterizarían una perspectiva sistemática wesleyana de la expiación.

Antes de asomarnos a las posibilidades de hacer una contribución positiva, exploraremos en mayor detalle la aseveración hecha en el capítulo anterior de que la teoría de la expiación que Juan Wesley pareció hacer suya fue antitética a sus posiciones soteriológicas centrales. Esto incluye considerar las formas en que es inadecuada la perspectiva de la satisfacción penal expresada en el corpus de Wesley, cuando menos en el lenguaje que él usa.

H. Orton Wiley propone cinco debilidades de la teoría de la satisfacción penal, y sería útil hacer un resumen de ella:

1. La premisa básica de esta teoría es que el pecado debe ser castigado por cuenta propia. Esto se basa en la idea de que la justicia es la naturaleza primaria de Dios, y que es un principio legal al que Dios está sujeto. Además, implica que el pecado es algo separado del pecador, lo que refleja, en el mejor de los casos, un concepto extraño del pecado. Así, involucra el traslado de la culpa del ser humano a Cristo como el substituto y, de ahí, que la teoría esté sujeta a la crítica de ser inmoral, puesto que el substituto no es realmente culpable, sino "sólo una víctima inocente. Es en el intento de imputarle nuestro pecado

a Cristo, como si fuese suyo, donde aparece la debilidad de este tipo de substitución" (*TC* 2:244-45).

La falacia básica de esta manera de pensar estriba en interpretar externamente la obra substitutiva de Cristo como "en lugar de", antes que "en representación de", una distinción que causa una tremenda diferencia (*TC* 2:243).

2. La segunda debilidad consiste en su insistencia de que la substitución de una víctima inocente por el culpable, en la que la primera recibe el castigo que la justicia requiere que sea impuesto sobre el pecado, es la única manera de concebir una expiación vicaria. Wiley cita, y aprueba, una explicación alternativa propuesta por W. B. Pope, en la que Cristo es interpretado como el representante del ser humano delante de Dios. En nuestros esfuerzos constructivos trataremos de ofrecer una elaboración completa de esta interpretación de la expiación vicaria de Cristo, la cual es mucho más adecuada.

3. La conclusión lógica de la teoría penal es, o bien el universalismo, o bien una expiación limitada. Si Cristo sufrió la pena por el pecado, la justicia de Dios fue satisfecha y, por lo tanto, no se necesitó nada adicional. Aquellos por los que murió deben quedar libres de las consecuencias del pecado. El mismo Calvino, al igual que todos sus consistentes sucesores, han preferido una expiación limitada en la que Cristo es castigado por los elegidos. Debe notarse aquí el uso del término castigo, ya que hemos mostrado previamente que no es un concepto bíblico. El lenguaje bíblico es uniformemente "sufrió".

4. La cuarta debilidad es la lógica implicación de la tercera: nos lleva inequívocamente a la idea de la gracia irresistible. El resumen que el mismo Wiley hace se presta admirablemente para expresar esta conclusión no bíblica:

> Cristo murió en lugar de algunos, quienes por lo tanto deben ser salvos, puesto que sería erróneo [injusto] castigar al pecador tanto como al substituto. Cristo murió por los electos, quienes no sólo son conocidos de antemano, sino ordenados de antemano a este estado de salvación por el decreto de Dios. Aquellos que así son predestinados, son incondicionalmente salvos por el otorgamiento de la gracia regeneradora, de la cual emanan el arrepentimiento, la fe, la justificación, la adopción y la santificación (*TC* 2:248).

Debería señalarse que Wiley aquí reconoce que el arrepentimiento sigue a la gracia regeneradora, lo que es una interpretación correcta del esquema calvinista. Dada la idea de la gracia que encierra la perspectiva penal de la expiación, no sólo no hay necesidad, sino tampoco posibilidad de arrepentimiento, antes de la regeneración. El primer movimiento de la gracia es, pues, regenerativo, inevitablemente, y de ahí que el arrepentimiento sea una virtud cristiana practicada regularmente en la obra continua de la santificación. Claro está, esto va a ignorar la obra de Dios que precede la fe y prepara para ella, algo que se reflejará en la doctrina wesleyana de la gracia preveniente, aquella que guía al arrepentimiento como requisito previo a la fe salvadora, aunque no un prerrequisito para la justificación. (Posteriormente se desarrollará esta distinción).

5. La quinta debilidad se refiere a una conclusión contra la que Juan Wesley luchó valientemente, aunque sólo logró evitarla por medios artificiales, a saber, que la teoría penal elimina la necesidad práctica de una doctrina de santificación, o, como dice Wiley, "conduce lógicamente al antinomianismo" (*TC* 2:248-249). Wesley rechazó enérgicamente la idea de que la muerte de Cristo fuese sustitutiva, en el sentido de que "cumpliese toda justicia" en lugar del ser humano, y lo hizo basándose en que era una noción antibíblica, que guiaba al antinominanismo.[1]

Gustaf Aulén también nos ofrece una crítica poderosa en este punto:

> Si Dios puede ser representado como que está dispuesto a aceptar una satisfacción por los pecados cometidos, parece seguir necesariamente que el dilema de la laxitud o satisfacción no expresa adecuadamente la enemistad de Dios contra el pecado. La doctrina provee para la remisión del castigo que los pecados merecen, pero no para que el pecado mismo sea quitado.[2]

Aunque los que exponen esta teoría hacen esfuerzos serios para defender la necesidad de una vida santa basada en la manera en que entienden la naturaleza de la fe genuina, la defensa siempre involucra un argumento circular. Si alguien es verdaderamente uno de los elegidos, si se cuenta entre aquellos por quienes Cristo murió, no hay bases lógicas para aseverar la necesidad de la santidad de corazón y vida, puesto que esa persona será salva sin ella. Si tal santidad no se muestra, la única apelación es invalidar la fe que la persona aduce tener. Hay cierta verdad en este argumento, pero, en el contexto de la teoría penal, meramente se vuelve la falacia del razonamiento circular. El verdadero problema para una teología sana es hacer provisión para la santificación sin perder el énfasis bíblico sobre la justificación por la fe solamente, y la anterior interpretación fracasa en proveerle una solución adecuada. La solución wesleyana propuesta, que será explorada más adelante, es mucho más adecuada, tanto bíblica como lógicamente.

En adición a estos problemas, podemos señalar que la teoría penal no se acomoda bien a la doctrina de gracia preveniente. Ya hemos observado un aspecto de esto en nuestra discusión anterior sobre el arrepentimiento. J. Glenn Gould pone su dedo sobre este sensible asunto al escribir: "Tal vez haya una inconsistencia básica entre la doctrina de la expiación de Wesley, la cual define vagamente, y su doctrina claramente postulada de la gracia preveniente".[3]

Lo que es más, la teoría penal edifica sobre una doctrina no bíblica de Dios. Para la teología calvinista, el amor divino está sujeto a la voluntad de Dios, así que no existe problema alguno en que Dios odie a ciertos pecadores a quienes escoge excluir, por fíat divino, de la eterna felicidad. Para el wesleyano (y el pensamiento del Nuevo Testamento), el amor es una manifestación de la naturaleza de Dios, lo que no deja lugar para el aparato legal sobre el cual se edifica la interpretación de la satisfacción.

Gould cita el siguiente párrafo de William G. T. Shedd que encarna notablemente esta interpretación:

> Una expiación por el pecado, de una clase u otra, si no personal cuando menos vicaria, es necesaria, no opcional. El transgresor debe morir él mismo, o alguien debe hacerlo por él. Esto emana de la naturaleza del atributo divino del cual la expiación es correlativa. La justicia retributiva ... es necesaria en su operación. La ley, cuando requiere castigo para el transgresor, es absoluta e imprescriptible. El eterno Juez puede o no ejercer misericordia, pero sí tiene que ejercer justicia. No puede, ni renunciar parcialmente a los reclamos de la ley, ni abolirlos totalmente. Esto trae como consecuencia que, satisfacerlas por ella, sea la única manera posible de librar a una criatura que reprueba las demandas de la justicia retributiva.[4]

Gustaf Aulén ha insistido en criticar que la teoría latina, como él la llama, no sea completamente la obra de Dios, ya que, aunque principia con Dios, es la obra de Cristo "como hombre" la que ofrece satisfacción a la justicia de Dios. En una teoría así, el orden legal es ininterrumpido, pero el orden del amor lo es, lo que implica además que, desde esta perspectiva latina, la encarnación y la expiación no estén conectadas orgánicamente. Así, el propósito de la encarnación sería proveer una humanidad perfecta que ofrecerle a Dios como satisfacción aceptable.[5]

Hacia una Perspectiva Wesleyana

Ahora nos corresponde tratar de proveer una teoría alternativa, y es muy interesante que la pista parezca encontrarse en las propias obras de Wesley, aun cuando nunca haya sido desarrollada (que yo sepa) como una teología de la expiación. Es bien sabido que la cristología de Wesley se edifica sobre el triple oficio de Cristo como Profeta, Sacerdote y Rey. Las propias afinidades de Wesley con el pensamiento del Nuevo Testamento nos llevarían a sospechar que interpretó estos oficios de manera funcional y, por lo tanto, de manera soteriológica, lo cual, en sí mismo, hace de esta estructura un tema de expiación.

La trilogía, sea que sus componentes se tomen juntos o separadamente, salpica copiosamente los escritos de Wesley. Es posible presentar el argumento de que esta sea realmente su formulación más cuidadosamente pensada de la obra de Cristo. Acorde con el modo wesleyano de pensamiento, hay un fundamento objetivo, pero también subjetivo, de estos oficios con sus funciones respectivas.

Objetivamente, se derivan de Cristo como nombre, el cual significa "ungido". Entre los hebreos, los profetas, los sacerdotes y los reyes eran inaugurados en su oficio mediante una ceremonia en la que se les ungía con aceite.[6] El que Jesús fuera ungido por el Espíritu Santo en su bautismo, de lo cual dio testimonio en su primer sermón en Nazaret (Lucas 4:18), iba a conjugar en Él las funciones proféticas, sacerdotales y regias en una Persona.

Subjetivamente, los tres oficios responden a una necesidad triple que encontramos en nosotros mismos. Primero, en lo que toca a nuestro conocimiento de Dios, estamos en la oscuridad y la ignorancia y, por ende, necesitamos un profeta "que ilumine nuestras mentes y nos enseñe toda la voluntad de Dios". Segundo, nos encontramos alienados de Dios e incapaces de restablecer relaciones correctas, así que estamos en necesidad de un mediador, un sacerdote que edifique un puente (el significado literal de la palabra "sacerdote" es "edificador de puentes", del latín *pontifex*) entre las dos partes separadas. Tercero, nos encontramos además esclavizados interiormente a apetitos y pasiones, pero moralmente incapaces de liberarnos. Esto demanda el poder regio de Cristo, para que reine en nuestro interior y "todas las cosas le estén sujetas" (compárese con las *Notes* [Notas] de Wesley sobre 1 Corintios 15:28).

Wesley relaciona claramente cada uno de los tres oficios tanto a la justificación como a la santificación. En una nota sobre Mateo 11:28-29, y aparentemente pensando de forma más céntrica en la función regia, Wesley escribe: "Sólo Yo (pues nadie más puede hacerlo) les daré gratuitamente (lo que no podéis comprar) descanso de la culpa del pecado por la justificación, y del poder del pecado por la santificación". Estos oficios, todos, los relaciona a tal punto en una nota sobre Filipenses 3:8, que identifica a las tres funciones como "enseñándome sabiduría, expiando por mis pecados, y reinando en mi corazón". De las tres Wesley dice: "Referir esto a la justificación solamente es pervertir de manera miserable el alcance total de las palabras. Muy obviamente se relacionan también con la santificación; y, lo que es más, principalmente a ella". Le parecía, pues, impropio que algún oficio, por sí solo, debiera interpretarse como que se relacionara exclusivamente ni a la justificación ni a la santificación.

Estas tres funciones puede que no se excluyan de forma mutua, pero sí apuntan a características significativamente diferentes de la obra total de Cristo, todas las cuales se enfocan en la soteriología ampliamente concebida. Siendo que son marcadamente interdependientes, no hay un orden cabalmente satisfactorio para manejarlas; cada una presupone las otras dos. Por consiguiente, nosotros seguiremos aquí el orden tradicional que Wesley mismo usa cuando sencillamente las está recitando.[7]

Hay que añadir una nota preliminar más. Cada oficio, como con muchos otros aspectos del pensamiento de Wesley, tiene ambos, un lado objetivo y uno subjetivo (lo que no debe confundirse con la distinción trazada arriba, en la que se ha utilizado la misma terminología). Ambos lados son necesarios. Algo, una obra terminada, ocurre aparte de mi participación, pero su valor para mí depende en una respuesta existencial. En este último sentido, toda la obra de Cristo puede ser concebida como algo no terminado.

La Obra Profética de Cristo

"Cristo, como profeta, es el revelador perfecto de la verdad divina" (*TC* 2:213). Esto ocurre tanto en su Persona como en su enseñanza, y es decisivo porque su obra profética está cimentada en su relación con el Padre. Su ministerio profético es el clímax y la culminación de todo el movimiento profético que comenzó con Moisés.[8] Como Profeta, Jesús proclama y encarna ambos, el evangelio y la ley, por lo que Wesley lo caracteriza como "el gran Dador de la ley".

A fin de captar el pleno significado soteriológico de este oficio necesitaremos darle cuidadosa atención a la comprensión que Wesley tenía de la ley y su función triple. Una presentación estudiosa del asunto se encuentra en sus dos sermones sobre "La Ley Establecida a Través de la Fe", y en otro sobre "El Uso Original de la Ley, su Naturaleza y su Propiedad". Lo que Wesley va a explorar ahí es la ley moral, a diferencia de la ley ceremonial.

En substancia, la ley es la personificación de la naturaleza de Dios. Es "una copia de la mente eterna, una transcripción de la naturaleza divina", "la virtud y sabiduría divinas asumiendo una forma visible ... las ideas originales de la verdad y el bien, alojadas en la mente no creada desde la eternidad, pero ahora extraídas y vestidas con un vehículo tal que se le muestren aun al entendimiento humano". Wesley puede incluso hablar de la ley como "Dios manifestado en la carne".

El otro lado de esta verdad, el subjetivo, es que la ley también es un reflejo de la naturaleza humana tal como el Creador intentó que fuese. En el ser humano antes de la caída, la ley en realidad era la ley de su propio ser, "el diseño de su benévolo Gobernador ... para hacer posible un aumento continuo de su felicidad, viendo que cada caso de obediencia a esa ley añadiera ... a la perfección de su naturaleza". Después de la caída, esta ley fue parcialmente reinscrita en el corazón del ser humano, lo que aseguraba que todavía era estructuralmente un ser humano (la gracia preveniente), y dada a Moisés en una forma positiva, para darnos un cuadro del diseño de Dios para el destino humano. Por lo tanto, la ley no es una imposición arbitraria de reglas sobre el ser humano que le inhiba su felicidad, sino que, en pocas palabras, es la elaboración positiva de la imagen de Dios.

Y ahora ya se vuelve obvio el modo en que Cristo, como Profeta, es el cumplimiento de la ley, tanto en una como en la otra dimensión. El lenguaje de personificación que usa Wesley al hablar de la ley moral se vuelve actual y más realista en la encarnación. Cristo, como *homoousios* con el Padre, es la manifestación perfecta del carácter de Dios en la carne (Juan 1:14). Y, como ya hemos tenido ocasión de señalar varias veces, Cristo también ha personificado la esencia de lo que significa que un ser humano refleje la imagen de Dios. El contraste que Pablo traza en 2 Corintios 3 adquiere un nuevo significado en este contexto, ya que el Apóstol opone la gloria perecedera (imagen) de la ley a la gloria permanente (imagen) que brilla en la faz de Jesucristo.

Lo débil de la ley consiste en que se limita a prohibiciones y amonestaciones y, de ahí, su susceptibilidad a ser pervertida en un legalismo que permanezca externo y superficial, mas esta es la debilidad que se vence en la función profética de Cristo. Como la personificación de la ley, Cristo hace inevitable que el ser de uno, y no sólo su conducta, esté de por medio. Cristo, como la *imago* ideal hacia la cual la obra santificadora mueve al espíritu humano, es más profundo que meramente preguntarse: "¿Qué haría Jesús?". Abarca tener "la manera de pensar propia de quien está unido a Cristo Jesús " (compárese con Filipenses 2:5, DHH), lo cual llega hasta la fuente más profunda del ser de uno, y afecta lo que uno es, no sólo lo que uno hace.

¿Cuál es, entonces, la función de la ley? ¿Cómo se relaciona al evangelio? Y, ¿cómo se relacionan estas dos preguntas al oficio profético de Cristo? Son preguntas que acarrean consideraciones importantes para cualquier entendimiento teológico.

Wesley, al igual que Calvino, reconoce tres funciones de la ley.[9] La primera es convencer al mundo de pecado al crear consciencia de una deficiencia. Es como un espejo que el Espíritu Santo usa para traer convicción a los pecadores. En forma similar a Lutero, Wesley también caracteriza la ley, en esa función, como un "martillo", "que, posicionado en la conciencia, generalmente quiebra la piedra en pedazos". Expresándolo en otro lenguaje, el primer uso de la ley es "dar muerte al pecador".

El segundo uso es la propia consecuencia de su primera función, a saber, traer a Cristo como un ayo al pecador que ha sido despertado. (Esto difiere del segundo uso de la ley de acuerdo con Calvino. Véase nota 9). El tercer uso de la ley es mantenernos vivos, o sea, que tiene una función santificadora. Pone delante del creyente el ideal de la santidad, trayéndole convicción de su propia necesidad.

En esta tercera categoría, la ley tiene tres usos. Primero, nos convence del pecado que permanece en nosotros después de la regeneración, conduciéndonos a la fe en Cristo para la perpetua purificación de esta corrupción restante de la naturaleza. Segundo, se vuelve la ocasión, con relación a su primer uso, de impulsarnos a Cristo a fin de encontrar poder para guardar la ley. Y, tercero, despierta la esperanza de que Dios proveerá la gracia que sus requisitos implícitamente prometen y que, por lo tanto, nos librará de todo pecado restante.[10]

En resumen, como Wesley dijo: "Mientras más me asomo a esta ley perfecta, más siento cuán lejos estoy de alcanzarla; y mientras más siento esto, más siento mi necesidad de su sangre para que expíe por mis pecados, y de su Espíritu para que purifique mi corazón y me haga 'perfecto y entero, sin que me falte nada'".[11]

Pero, el mismo ideal que, cuando se ve como demanda, se experimenta como ley, puede experimentarse como evangelio cuando se ve como promesa. Y, desde la perspectiva wesleyana, todos los requisitos de Dios son promesas "encubiertas". En su quinto sermón sobre el Sermón del Monte, Wesley dice:

> No hay contrariedad alguna entre la ley y el evangelio; ... no es necesario que la ley pase a fin de establecer el evangelio. Ciertamente, ninguno de los dos reemplaza al otro, sino que concuerdan perfectamente bien juntos. En efecto, las mismísimas palabras, consideradas en diferentes respectos, son partes de ambos, la ley y el evangelio: si son consideradas como mandamientos, son partes de la ley; si como promesas, son partes del evangelio.

Dado que Cristo es la personificación de la ley y del evangelio (como se ha definido), predicar a Cristo incluye substancialmente ambos mensajes, aunque se le pueda dar énfasis a uno o al otro. Esto es obvio cuando Wesley define lo que quiere decir: "Lo que yo quiero decir por 'predicar el evangelio' es predicar el amor de Dios a los pecadores, predicar la vida, muerte, resurrección e intercesión de Cristo, con todas las bendiciones que, como consecuencia son dadas gratuitamente a estos creyentes. Al decir 'predicar la ley' quiero decir explicar y hacer cumplir los mandatos de Cristo resumidos brevemente en el Sermón del Monte".[12]

Esta manera de entenderlo coloca a Wesley en la tradición protestante clásica en lo que toca a su teología de evangelización. En la carta a la que acabamos de aludir, elabora cabalmente su comprensión de la predicación evangelística como sigue:

> Creo que la manera correcta de predicar es así: cuando empecemos a predicar en cualquier lugar, después de una declaración general del amor de Dios por los pecadores y su disposición de que sean salvos, hay que predicar la ley de la forma más fuerte, más íntima, y más inquisitivamente posible, mezclando el evangelio

aquí y allá, y demostrándolo, por decirlo así, como si estuviera lejos.

En su sermón número 34, Wesley declara: "Es el método usual del Espíritu de Dios traer convicción a los pecadores mediante la ley". Y, en el sermón siguiente, el número 35, añade que "uno en mil puede haber sido despertado por el evangelio, pero esto no es la regla general. El método usual de Dios es traer convicción a los pecadores por medio de la ley, y eso solamente".

La Obra Sacerdotal de Cristo

Al introducir el aspecto sacerdotal de la expiación, encontramos una correlación compleja de ideas que hace del título de sacerdote el más comprehensivo de todos los que tienen que ver con la expiación. Tradicionalmente, esta función ha sido restringida a "sacrificio e intercesión", pero sus implicaciones cubren un campo mucho más amplio. El hecho es que, tomar las responsabilidades sacerdotales del Antiguo Testamento con seriedad, hasta incluiría la función profética (véase Hageo 2:11-13). Fue sólo gradualmente que los sacerdotes empezaron a ocuparse de forma principal con el ofrecimiento de sacrificios, en tanto que la tarea de interpretar la ley se volvió la responsabilidad del escriba.[13]

El sacerdote es alguien que actúa como mediador, que edifica puentes para efectuar un traer juntos a dos lados, y el método más obvio de hacerlo es a través de un sacrificio. Construir puente, en el caso de Jesús, es mucho más amplio que un sacrificio, aunque ciertamente provee una categoría teológica principal que incluye las dos funciones implícitas en la idea de sacrificio que encontramos en análisis anteriores: (1) las que indican el establecimiento de relaciones de pacto, y (2) las que significan mantener y desarrollar esa relación.

La metáfora primaria de la salvación relacionada al primer grupo es la reconciliación. Del lado del ser humano, la necesidad de reconciliación se debe a la separación causada por el pecado. El lado divino de esta separación el humano lo experimenta como la ira de Dios. Si hemos de comprender correctamente la tarea reconciliadora del sacerdote, es imperativo que entendamos el significado de estas causas de separación, y cómo se interrelacionan.

John Deschner sugiere que, en Wesley, la "ira" es el lado objetivo de la experiencia del temor. Wesley mismo, en su nota sobre Romanos 5:9, dice que ira debe tomarse en su sentido analógico, por lo que niega que sea lo mismo que una emoción humana. Básicamente se está refiriendo a los efectos del pecado, y de ahí que Deschner, sin duda, tenga razón al observar que "uno no puede escapar de la impresión ... de que Wesley está más interesado en describir algo que los pecadores experimentan dolorosamente, que en formular doctrina".[14] Renshaw, en el análisis cuidadosamente estudiado hecho en su disertación sobre los criterios de los Wesley acerca de la expiación, dice substancialmente lo mismo: "Como resistido y rechazado por el hombre, el santo amor de Dios era experimentado como ira, pero, el mismo santo amor como recibido, confiado y obedecido, era la realización de la misericordia divina".[15] El análisis de la ira de Dios desarrollado en el capítulo 6, "La Naturaleza y los Atributos de Dios", está plenamente de acuerdo con esto.

La implicación lógica de esta comprensión es que el pecado del ser humano es lo que constituye la barrera para la reconciliación. Cuando el pecado es "remediado", la ira de Dios ya no tiene objeto alguno y, por ende, es satisfecha. Esto es lo que el Nuevo Testamento significa inequívocamente cuando reconoce que el ser humano debe ser reconciliado con Dios. La resultante toma de consciencia existencial de la reconciliación bien puede, de manera válida, ser expresada en estas culminantes palabras de un himno de Carlos Wesley: "Mi Dios está reconciliado". El cambio en la relación es simultáneo con el cambio en el ser humano, el pecador, quien ahora cesa de ser un pecador.

Cuando la separación es puesta en el contexto de la ley, la necesidad de reconciliación va a tomar la forma de una necesidad de justificación. Como en la reconciliación, con esta metáfora emerge la misma pauta. La justicia de Cristo, se vea bien en términos de obediencia activa tanto como pasiva, no sirve para satisfacer la justicia de Dios como substituto de la justicia del ser humano en el sentido de que sea excusado de ser justo o de hacer justicia. La idea de que Jesús lleve el castigo por los pecados del ser humano es totalmente ajena al Nuevo Testamento, cuyo lenguaje es de "sufrimiento", no de "castigo". (Es verdaderamente desafortunado que Wesley no pudiera reconocer esto y, de ahí, que introdujera un elemento que no era congruente con sus demás criterios que, de otra manera, eran mayormente bíblicos). Pero, aunque Wesley usara el lenguaje de castigo, había cuando menos dos puntos que reflejaban que estaba al tanto de lo inadecuado de sus implicaciones: (1) su énfasis en la necesidad continua de la justificación y, también, de una "justificación final", lo cual estaría completamente fuera de lugar si la muerte de Cristo satisficiera la justicia de Dios con respecto a la ley, y (2) la implicación de la siguiente declaración de Deschner:

> Luego, el principal interés de Wesley en la justificación parece ser, no tanto la justicia de Dios, sino el compañerismo restaurado del creyente con Dios, el cual es el nervio de la vida espiritual y la presuposición para el crecimiento en santificación.[16]

Si esto es cierto, la justificación es esencialmente un caso especial de reconciliación que ocurre en un momento, pero que debe ser continuada, como todas las relaciones personales, al mantenerse las condiciones apropiadas.

Ahora debemos enfocar nuestra atención en el asunto de cómo la obra de Cristo como sacerdote efectúa la salvación. Al tratar de desarrollar una perspectiva que sea consistente con la evidencia bíblica, parece haber dos conceptos cruciales que ocurren en cuatro diferentes relaciones que son desarrollados principalmente por Pablo, quien nos provee el material más creador sobre la obra de Cristo hallado en el Nuevo Testamento. Tal como Vincent Taylor dice acerca de la enseñanza del Apóstol:

> El paulinismo no es una perversión del cristianismo primitivo; es el producto esplendoroso que fluye del crisol de una mente dotada y consagrada, la cual, con intuición profética, ha visto en la tradición existente secretos del amor redentor de Dios conjeturados a medias.[17]

Estos dos conceptos claves característicos del sacerdocio están personificados en los términos identificación y representación. En el cuadro completo de la expiación que informa el pensamiento de Pablo, Jesucristo se identificó a sí mismo con el ser humano, el pecador, de una manera tan íntima que puede representarle ante Dios (murió por mí), hasta el grado sumo, en su muerte en la cruz. Aludiendo a Jesús y a la próxima muerte en la cruz, Juan dice en Juan 13:1: " Se acercaba la fiesta de la Pascua. Jesús sabía que le había llegado la hora de abandonar este mundo para volver al Padre. Y habiendo amado a los suyos que estaban en el mundo, los amó hasta el fin" (citado de NVI, una versión que añade en nota al calce que "hasta el fin" también puede significar "hasta lo sumo"). El otro lado de la función representativa es que Cristo representa a Dios ante el ser humano.

El ser humano que en fe es reconciliado con Dios sobre esta base, se identifica entonces a sí mismo con su representante ("con Él"). Es este aspecto de la correlación lo que le proveerá a Pablo una de sus maneras principales de hablar sobre la santificación.[18]

Ambos temas (la identificación y la representación) se encuentran en cada una de las dos fuentes básicas de metáforas de la expiación identificadas en nuestra discusión previa (el siervo del Señor y el sacrificio). Además están presentes, sea explícita o implícitamente, en ambas dimensiones de sacrificio.

En la hechura de pactos, el acuerdo frecuentemente se hacía con una persona representativa (por ejemplo, Noé, Abraham, Jacob).[19] Aquellos que se identificaban con esta persona representativa eran considerados herederos del pacto. El concepto hebreo de personalidad corporativa le dio validez a esta relación y habilitó a los herederos del pacto a considerarse a sí mismos como que estaban realmente presentes en la persona de su representante cuando el pacto fue instituido originalmente.

Esta identificación con el representante o representantes del pacto se declara explícitamente en Deuteronomio 5:2-3, "Jehová nuestro Dios hizo pacto con nosotros en Horeb. No [sólo] con nuestros padres hizo Jehová este pacto, sino con nosotros todos los que estamos aquí hoy vivos".

Aquí hay que advertir una cualificación importante, con implicaciones para la expiación, y es que un pacto no contenía provisiones automáticas para aquellos que no estuvieran personalmente presentes y existencialmente involucrados en la ceremonia original del pacto. Tenían que validar el acuerdo para sí mismos. De cada patriarca, y de cada generación de sus descendientes, se pedía que reafirmara su propio compromiso con la relación de pacto para poder recibir los compromisos divinos. Esto ocurría cuando se identificaba a sí mismo (por fe) con su representante en la ceremonia original en la que se hizo el pacto.

Esta verdad es reforzada por las palabras de Juan el Bautista, quien aparentemente estaba confrontando a los judíos que la pervertían. El Bautista les declaró: "...y no penséis decir dentro de vosotros mismos: A Abraham tenemos por padre; porque yo os digo que Dios puede levantar hijos a Abraham aun de estas piedras" (Mateo 3:9). Obsérvese el significado de que Mateo, quien estaba escribiendo para lectores judíos, haya incorporado esta declaración en su narración.

En los ritos de sacrificio dentro del culto, las ideas de identificación y representación también se volvieron bastante explícitas, pero no poder entender el significado de poner las manos sobre la víctima del sacrificio ha llevado a interpretar al animal como un substituto de la persona, de modo que sea la víctima la que perezca, en vez de quien la ofrece. El evento del macho cabrío es diferente (véase lo dicho antes), pero este acto ritual en los sacrificios prescritos (Levítico 1—7) no significa el traslado de la culpa, ya que la ofrenda todavía es considerada santa, sino que es el reconocimiento del adorador de que la ofrenda es la de sí mismo, y que se identifica a sí mismo con ella; de esa manera, la ofrenda funciona como su representante ante Dios. Pero hay una función aún más profunda, como se refleja en las siguientes palabras de H. H. Rowley:

> El animal del sacrificio no era meramente substituto del que lo ofrecía. Al poner sus manos sobre el animal, se concebía como que, de alguna manera, se identificaba con éste, de modo que, en su muerte, el que lo ofrecía se concebía como que estaba muriendo —no física sino espiritualmente. La muerte de la víctima simbolizaba la muerte del que la ofrecía a su pecado, o a cualquier cosa que se interponía entre la persona y Dios, o el rendimiento de sí mismo a Dios en acción de gracias y humildad.[20]

Vincent Taylor presenta el argumento de que una razón por la que Jesús interpretó sus sufrimientos y muerte a la luz de las ideas de Isaías 52:13—53:12 se debió al concepto del sufrimiento representativo que ese pasaje contiene y que, a su vez, estaba basado en última instancia en ese tema en los sacrificios del Antiguo Testamento.[21]

Yendo más allá, ambos temas están presentes en el clásico pasaje del Siervo, de Isaías 53. La idea de identificación se expresa explícitamente en las palabras del versículo 12, de que "fue contado con los pecadores", aunque está implícita en todo el pasaje. Todo el movimiento del canto está entretejido alrededor del tema de la representación, especialmente en frases dramáticas como, "él herido fue por nuestras rebeliones" (v. 5). En este sufrimiento vicario, Él establece un pacto entre Dios y los humanos rebeldes.

Además de estar presente en estas fuentes mayores de la expiación, la identificación es también un tema implicado en el título "Hijo del

Hombre" que Jesús se aplicó a sí mismo. En el contexto original de este pasaje en Daniel 7, "el hijo de hombre", al recibir el reino del Anciano de días, lo hace en representación de los santos.

Cristo Se Identifica a Sí Mismo con el Hombre

La encarnación misma es el acto primordial de Dios, que entra a la historia humana en la esencia de lo humano, identificándose a sí mismo con la condición humana. Las palabras de Russell Phillip Shedd ponen de relieve esta verdad:

> La identificación de Cristo con el viejo eón principia con su pre-existencia y subsecuente encarnación. Siendo el Hijo de Dios (Gálatas 4:4), y existiendo en forma de Dios, se vació a sí mismo de la forma divina para llegar a ser como hombre. La encarnación de Cristo a través del medio del nacimiento humano lo identificó de manera realista con la totalidad de la humanidad. Esta identificación no podía haber sido hecha sin que Cristo se volviera miembro del grupo que representa. Él, quien estaba anteriormente fuera de la comunidad del hombre, se volvió, a través del proceso del nacimiento, parte de la familia humana.[22]

La realidad de la identificación plena de Cristo con la familia humana concurre con la insistencia de la iglesia en su humanidad cabal y la resistencia que le pone a toda interpretación de su Persona que comprometa dicha humanidad. Las siguientes facetas específicas de su vida y obra ponen de relieve la plenitud de su identificación con la humanidad.

El Bautismo

Ya hemos recalcado anteriormente el significado que tuvo para el ministerio de Jesús como Siervo Sufriente el que Juan lo hubiera bautizado, supliendo así su significado primario. Sin embargo, subsidiario a ese significado está su identificación con los pecadores en tal acto. Ralph Earle comenta:

> Él no necesitaba un bautismo para arrepentimiento, sino que el acto fue un símbolo de toda su carrera terrenal, que era un bautismo en las experiencias y sufrimientos de la vida humana; hablaba de una estrecha identificación de Cristo con la necesidad humana.[23]

La Tentación

Como con el bautismo, la tentación de Jesús juega un papel significativo en la formación de su ministerio, pero también es la ocasión para que Él se identifique con los lugares comunes de la vida. Ser probados les está señalado a todos los humanos y, ya que todos los tipos posibles de tentación ("los deseos de la carne, los deseos de los ojos, y la vanagloria de la vida" [1 Juan 2:16]) están representados aquí, el escritor de Hebreos puede decir: "Porque no tenemos un sumo sacerdote que no pueda compadecerse de nuestras debilidades, sino uno que fue tentado en todo según nuestra semejanza, pero sin pecado" (4:15).

La Muerte

Pero la dimensión más profunda de la identificación de Jesús con la raza humana está en su muerte. En Romanos 5, Pablo habla de la muerte como la evidencia universal de la pecaminosidad (compárese con 1 Corintios 15:22, "en Adán todos mueren"). La muerte es el símbolo más elocuente, no sólo de nuestra finitud, sino también de nuestra condición caída. Esta unión con el predicamento humano en sus profundidades más angustiosas identificó a Cristo tan íntimamente con el ser humano como pecador, que lo hizo experimentar la soledad última, a la que da expresión con el grito de abandono desde la cruz.

Debemos estar de acuerdo con F. W. Dillistone cuando dice:

> Independientemente de lo que su sufrimiento signifique, no significa que Dios lo ha abandonado o ni siquiera que se ha alejado de Él. Nunca está el Hijo más cerca al corazón del Padre que en la hora de su prueba más amarga; nunca está el Padre más cerca del Hijo que en el momento de su identificación más profunda con aquellos que había venido a salvar.[24]

Si "Dios estaba en Cristo reconciliando consigo al mundo" (2 Corintios 5:19), ninguna otra conclusión será posible. Sin embargo, el sentimiento de separación era real debido a la intimidad de su identificación con la humanidad caída. Como correctamente lo expresa Vincent Taylor:

> El dicho expresa un sentimiento de absoluta desolación, un sentido de que el Padre le ha abandonado, una experiencia de derrota y desesperación. ... El sentimiento de desolación es temporal, pero es real, y se debe, en el grado en que pueda ser explicado de

forma alguna, a la preocupación de Jesús con el hecho y la carga del pecado.[25]

El misterio de esta realidad trasciende nuestra comprensión, pero evoca nuestra devoción.

La Representación

La identificación de Cristo con nosotros se vuelve entonces la base de la posibilidad de que nos represente delante de Dios y, también, de su encuentro con el mal en la cruz. Las implicaciones completas de esta última verdad pueden verse mejor en relación con el oficio de rey de Cristo. La anterior verdad le pertenece específicamente a su oficio sacerdotal. En manera parecida a la que Adán nos representó mal en el principio, Cristo, como el segundo Adán, nos representó de manera magnificente en el punto intermedio. La solidaridad del ser humano en Adán, y la posibilidad de la solidaridad de la nueva raza en Cristo, hace de esta manera de entenderlo la conceptualización más apropiada para concebir la obra sacerdotal y redentora de Cristo. Wesley le da gran importancia a esta relación representativa de Adán y de Cristo para con la raza humana.[26]

Purkiser, Taylor, y Taylor señalan que esta relación representativa es lo que constituye el carácter vicario de la muerte de Cristo. Partiendo del significado literal de la palabra *vicarius* (latín), de la cual se deriva vicario, que denota "tomar el lugar de otro", estos autores comentan:

> Un vicario es un diputado o ministro substituto; actúa como representante de otro ministro... Describir la muerte de Cristo como vicaria es declarar que, en alguna manera, padeció o sufrió una experiencia que nos correspondía a nosotros. En el sufrimiento vicario, los efectos o beneficios los devenga alguien que no es el sufriente; se padece a nombre de otros, haciendo para ellos lo que no son capaces de hacer para sí mismos.[27]

Debería notarse aquí que el énfasis está puesto en la obra de Cristo por nosotros, con el significado de "en representación de". Ya hemos visto, siguiendo a Wiley, que es crucial ver la diferencia entre esta interpretación, y aquella que considera el por nosotros como "en vez de". Hay dos prefijos griegos que son parte de esta discusión. El prefijo *anti* sugiere la noción de substitución, es decir, "en vez de", en tanto que *huper* implica "en representación de". Los autores de *God, Man, and Salvation* (Dios, Hombre y Salvación) desarrollan su argumento partiendo de fuentes léxicas que, aun en los raros casos en los que *anti* sea usado, puede llevar, y lleva, el significado que se comunica principalmente con *huper*. Sin embargo, es este segundo término el que el apóstol Pablo, predominantemente, usa y prefiere. Por ende, el énfasis está puesto en lo que Cristo obtuvo para nosotros mediante su representación "a nombre nuestro". Como Purkiser, Taylor y Taylor dicen: "El actúa en la cruz a nombre nuestro y por cada hombre".[28]

Al rechazar la teoría de la substitución penal de la expiación, H. Orton Wiley señala cómo los teólogos metodistas (Watson, Pope) hacen provisión para el carácter vicario de la obra de Cristo a través del concepto de la representación. Wiley alude a la declaración de William Pope como "una aproximación más profunda y escritural al tema", un resumen de la cual lee así:

> En la Escritura, ningún adjetivo es usado equivalente al término vicario como expresando la relación del Redentor con la humanidad, ni tampoco hay equivalente alguno para substitución, el sustantivo que correspondería al adjetivo, pero la idea de una representación estrictamente vicaria yace en la raíz de su enseñanza. Una substitución absoluta de la obediencia o sacrificio del Salvador en lugar del sufrimiento y la obediencia de su pueblo no es enseñada en la Palabra de Dios. La idea de substitución, en su caso [el de su pueblo], es cualificada por la de representación, por un lado, y por el compañerismo místico de sus santos, por el otro. Si no es cualificada en forma alguna, la referencia es a la raza en general o al mundo de la humanidad.[29]

Antecedente Histórico

El padre de la iglesia que desarrolló más completamente la función representativa del Salvador en su significado soteriológico fue Ireneo de Lyon. Este teólogo griego anticipó, aunque en sus propios términos, varias ideas que se volverían distintivas de la teología wesleyana. Su doctrina de la recapitulación es la expresión central de la representación tanto como la identificación.

La comprensión de Ireneo de la obra redentora de Cristo incluyó un número de temas teológicos que estuvieron ausentes de algunas interpretaciones anteriores, y que ya los hemos indicado como que necesitan incluirse en una perspectiva wesleyana a modo de abarcar los dos beneficios salvíficos de la reconciliación y la santificación. Ireneo fue el primer padre de la iglesia que usó la caída y sus efectos como antecedente de la expiación. En este trágico evento, el ser humano "perdió nuestro ser en la imagen y semejanza de Dios" (véase *Adversus Haereses* 3.18.1), y cayó bajo el control de Satanás. Así, la obra salvadora de Cristo involucró liberar al ser humano de la esclavitud del pecado (véase más adelante lo que se dice sobre el tema del *Christus Victor* considerado bajo el oficio de rey de Cristo), y restaurarlo a la imagen de Dios. A fin de lograr estos beneficios, el Salvador tenía que ser ambos, verdaderamente hombre y verdaderamente Dios. Por lo tanto, la encarnación y la muerte de Cristo son ambas esenciales para Ireneo.

En su doctrina de la recapitulación, Ireneo enseña que en Cristo se nos ha restaurado lo que perdimos en Adán. Si caímos por medio de nuestra solidaridad con Adán, podemos ser renovados a través de nuestra solidaridad con Cristo. Esta es una utilización de la división que Pablo hace de la humanidad en las dos categorías mayores de los que están "en Adán", y los que están "en Cristo".

Ireneo toma prestada la concepción de la recapitulación de la descripción que Pablo hace del propósito de Dios de "reunir todas las cosas en Cristo" (Efesios 1:10). De esa manera, como el representante perfecto del ser humano, Cristo asciende por la escalera, escalón por escalón, por la que Adán descendió en la caída, viviendo una vida de obediencia perfecta a Dios. Ireneo traza paralelos ingeniosos entre Adán y Cristo para mostrar cómo Cristo se volvió la fuente de una nueva relación entre Dios y el ser humano para aquellos que, por la fe, son unidos a Él. El segundo Adán vivió la vida a través de todas sus etapas, incluyendo la muerte, la que fue el acto culminante de obediencia. Por consiguiente, "al obliterar la desobediencia del hombre consumada originalmente en el árbol [del conocimiento del bien y del mal], Él se volvió obediente hasta la muerte, aun la muerte en la cruz, sanando la desobediencia consumada en el árbol mediante la obediencia en un árbol" (*Adversus Haereses* 5.16.3).

Cristo, el Perfecto Sacerdote y Sacrificio

La función representativa de Cristo en su oficio sacerdotal es expresada en las imágenes de sacrificio.[30] Si bien el tema del sacrificio es aplicado a la obra de Cristo en otros escritos del Nuevo Testamento, su expresión clásica va a encontrarse en el Libro a los Hebreos.

Ya hemos visto que el propósito del sacrificio en el Antiguo Testamento es expiar el pecado de modo que haga al ofrendador aceptable a Dios. Puesto que quien presenta la ofrenda se identifica a sí mismo con la víctima, simbólicamente el ofrendante se está ofrendando a sí mismo a Dios, y porque no es perfecto, escoge una ofrenda que sea sin tacha para representarse delante de Dios y, de esa manera, ser aceptable en su representación. Ceremonialmente, la aceptación divina de la dádiva santa implica que Dios también limpia la impureza de quien se le ofrece a través de un substituto vicario. Una comprensión así del sistema de sacrificios que resumida por Oliver Chase Quick como sigue:

> La verdadera intención de los antiguos sacrificios por el pecado era que la sangre de una víctima sin defecto, que representaba una vida sin mancha ofrecida a Dios en muerte, pudiera ser aplicada de modo que removiera la contaminación causada por el pecado, a fin de que el hombre pudiera acercarse a Dios en adoración, y que pudiera establecerse la comunión entre el hombre y Dios.x31

La superioridad de las provisiones del nuevo pacto, como lo entiende el Nuevo Testamento, y según se expresa en Hebreos, descansa en la más grande perfección del sacerdote (por ser sin pecado y a la vez plenamente humano) y del sacrificio (por ser voluntario así como moral y espiritualmente perfecto). Los sacrificios del Antiguo Testamento quitaban el pecado sólo provisional, temporal y ritualistamente. Pero el sacrificio de Cristo por sí mismo fue final y verdaderamente eficaz para tratar con el problema del pecado (compárese con Hebreos 9:14).

Una diferencia mayor entre el ritual judío y la muerte de Cristo es la de que el animal (u otra ofrenda) es dado por el humano después de que se ha identificado simbólicamente a sí mismo con la dádiva. En el caso de la muerte de Jesús, se trata de un evento histórico con el cual los seres humanos se identifican a sí mismos, por la fe y de manera subsecuente, y, de esa manera, es una muerte que testifica aún más claramente que es provisión de gracia de Dios. Pero, para apropiarse de los beneficios del sacrificio, hay que hacer esa identificación de fe; la apropiación no es automática.

El resumen que Culpepper hace echa mano admirablemente de todas estas ideas, y las junta: "Por razón de lo perfecto de la obediencia de Cristo, por razón de que es el cordero sin mancha ni defecto, Dios recibe su sacrificio. Pero, por razón de que nuestras vidas están contaminadas por el pecado, no nos atrevemos a ofrecernos a nosotros mismos".[32]

Y así, hemos llegado al lugar en donde podemos dirigirnos más adecuadamente al asunto de lo que significa que Cristo "murió por nuestros pecados, conforme a las Escrituras" (1 Corintios 15:3).

En definitivo, es históricamente cierto que Cristo murió por los pecadores. A lo largo de su ministerio, Jesús se identificó con la escoria de la tierra, los cobradores de impuestos, las prostitutas y otros pecadores. Nada indignó más a los "justos" de su día que el que Jesús se asociara con estas personas. Lo que es más, nuestro Señor dijo, prácticamente, que Dios tenía un mayor interés en esta clase de gente, y hasta sugirió que precederían a los "escogidos" en la entrada al reino. Vivió su vida como el "amigo de pecadores". A la larga, sin duda, fue esta clase de identificación lo que, en parte, le hizo caer en desgracia con el *establishment* y lo llevó a la muerte.

Pero, tal vez aún más profundamente, significó que Dios mismo, en la persona de su Hijo, estaba sufriendo por los pecados del mundo, que estaba llevando los pecados del mundo en su propio seno. Es absolutamente cierto que, para que se efectúe una reconciliación entre personas alienadas, el perdón debe ocurrir. Y también es cierto que la parte ofendida que debe perdonar es la que paga el costo de una forma más decisiva. Mientras más profundo sea el amor del ofendido por el ofensor, más profundo es el sufrimiento implicado en el perdón. Perdonar no es un asunto baladí; encierra dolor interior. En breve, quien debe cargar el pecado es aquel contra quien se ha pecado. Pero si aquel contra quien se pecó es Dios, cuanto más profundo el amor y cuanto más profundo el sufrimiento. Por lo tanto, podemos concluir que el que Jesús muera en la cruz es "Dios mismo ... soportando las consecuencias y pagando el precio. ... Esa es la expiación por nuestros pecados que toma lugar en el corazón mismo y la vida misma de Dios, porque Él es amor infinito, y es a partir de esa costosa expiación que el perdón y la liberación vienen a nosotros".[33]

Si se debe cargar con el pecado, y la santidad de Dios así lo requiere, sólo existen dos posibilidades: o nosotros cargamos nuestros propios pecados, o Dios los carga Él mismo. El apóstol Pablo, tanto en su experiencia cuanto en su trabajo teológico, demuestra indisputablemente el fracaso del primer curso de acción. Por lo tanto, si va a haber reconciliación en grado alguno entre el ser humano y Dios, debe ocurrir a través de la carga divina del pecado. ¿Cómo sabemos que este es, en efecto, el significado del evento de Cristo? La resurrección de Cristo es la validación que Dios da de esta aseveración. Al resucitar a Jesús de los muertos, Dios fijó su sello de aprobación sobre la misión del Siervo sufriente que el Hijo encarnó en su vida total y en su muerte. Esta es la razón por la cual el Apóstol puede declarar en 1 Corintios 15:17: "y si Cristo no resucitó, vuestra fe es vana; aún estáis en vuestros pecados".

La Intercesión del Gran Sumo Sacerdote

La carta a los Hebreos recalca especialmente el carácter de una vez para siempre del sacrificio de Cristo. Esta verdad pone de relieve la obra terminada de la expiación. Sin embargo, también hay un aspecto inconcluso o continuo que la teología wesleyana particularmente ha percibido. Esta faceta de la obra expiatoria se ve de diversas maneras. La doctrina que la expresa céntricamente es la así llamada sesión de Cristo a la diestra de Dios. Wiley nos dice que la intercesión de Cristo "enseña que su obra consumada de expiación fue sólo el fundamento para la obra de administración que Él mismo había de continuar a través del Espíritu" (*TC* 2:299). Esto implica, no que algo nuevo necesita ser añadido, sino que es perpetuamente eficiente, y que cubre toda la vida cristiana desde su principio hasta su glorificación final.

Juan Wesley reconoció explícitamente la obra continua de limpieza como un aspecto de la continua obra sacerdotal de Cristo que le es esencial a la aceptación continua del creyente con Dios. Wesley habla de esto en forma llana:

> El mejor de los hombres todavía necesita de Cristo en su oficio sacerdotal, para que expíe por sus omisiones, sus faltas (como algunos dicen, no incorrectamente), sus errores de juicio y de práctica, y sus defectos de diversos tipos. ... Creo que no hay tal perfección en esta vida que excluya estas transgresiones involuntarias, mismas que percibo como la consecuencia natural de la ignorancia y los errores inseparables de la mortalidad. Por lo tanto, perfección sin pecado es una frase que yo nunca uso, no sea que parezca contradecirme a mí mismo. Creo que una persona llena del amor de Dios todavía está sujeta a estas transgresiones involuntarias.[34]

Esta obra continua de santificación es la apropiación que hace el Nuevo Testamento de la función cultual del sacrificio, la cual era siempre para el "pecado inadvertido", que es precisamente lo que Wesley estaba describiendo en la cita anterior. El consolador pasaje de 1 Juan 2:1-2 responde a esa función: "Hijitos míos, estas cosas os escribo para que no pequéis; y si alguno hubiere pecado, abogado tenemos para con el Padre, a Jesucristo el justo. Y él es la propiciación [sacrificio expiatorio] por nuestros pecados; y no solamente por los nuestros, sino también por los de todo el mundo". Lo que es más, aunque la obra esté terminada en el sentido de que la provisión para la reconciliación ha sido cabal y decisivamente consumada en el evento cruz/resurrección, es necesario responder a ella. Vincent Taylor lo expresa así: "El hombre no puede realizar su reconciliación con Dios, pero puede rehusarla".[35]

J. Ernest Rattenbury nos llama la atención a la expresión de esta dualidad en los himnos de Carlos Wesley. La obra consumada se refleja en esta estrofa del himno "All Ye That Pass By" ["Cuantos paséis de largo", traducción libre):

¿Qué pudo tu Redentor hacer,

Más de lo que hizo ya por ti?

Para tu paz con Dios lograr,

¿Pudo más que su sangre derramar?

La tarea inconclusa o continua se implica en esta otra estrofa:

Por fe podemos recordar

Que Arca segura y propiciatorio es,

Fe en la sangre que expiación siempre será,

Por nos y la humanidad.

La misma idea de lo continuo se refleja a través de su famoso himno, "Arise, My Soul, Arise" ["Levántate, alma mía, levántate"], especialmente en estas palabras: "y el trono de la gracia ahora rocía".[36]

Nuestra Identificación con Él

La obra expiatoria de Cristo se vuelve eficaz para nosotros sólo en el grado en que nos apropiamos de ella por fe. No ha de entenderse como una transacción entre Jesús y Dios de la cual el ser humano sea un espectador, sino que necesita volverse un participante activo. Esto no intenta sugerir que el individuo contribuya a su propia salvación de una manera que afecte la verdad de que la salvación es el resultado de la sola gracia. La respuesta la describe Pablo y el escritor a los Hebreos en términos de identificación con Cristo: somos sepultados con Él en el bautismo, somos crucificados con Él, y somos resucitados con Él.

En su capacidad representativa, Cristo se vuelve la cabeza de una nueva raza de humanidad redimida, un "nuevo Adán". Llegar a identificarnos con Él es llegar a ser incorporados en este hombre nuevo y corporativo, lo que incluye el estar "en Cristo". Esta es la manera en la que la expiación se vuelve efectiva en la vida individual. Alan Richardson está indudablemente en lo correcto cuando observa que "el significado fundamental de la expiación, como lo enseña el Nuevo Testamento, es... que seamos incorporados a la humanidad redimida de Jesucristo a través del bautismo en el 'cuerpo espiritual' de Cristo, que es la iglesia o el Israel de Dios".[37]

Rattenbury encuentra este tema presente también en la himnología wesleyana. Los cristianos se han de identificar con el Cristo que sufre; deben "compartir su sacrificio si han de participar en su gloria", y así lo expresa este otro himno [traducción libre]:

¿Moriría sin su pueblo

del mundo el Salvador?

No, que a Él somos unidos,

y espectadores no seremos.

Presentes estamos todos

en el sacrificio del Cordero;

por su causa dispuestos sufriremos,

como dispuesta se acercó la Víctima

al altar de su insigne cruz.[38]

Todos estos temas incluyen la obra del Espíritu Santo en la administración de los beneficios de la expiación, pero aplazaremos su tratamiento para más adelante. Serán parte de nuestra discusión de la santificación, de la iglesia y de los sacramentos, que, en su totalidad, son aspectos de la obra del Espíritu Santo con relación a la vida cristiana.

La Obra Regia de Cristo

El oficio de rey de Cristo, cuando se considera como relacionado a su obra mediadora, normalmente se restringe a su administración después de la resurrección. De ahí que Wiley lo describa como "aquella actividad de nuestro Señor ascendido que ejerce desde la diestra de Dios, gobernando todas las cosas en el cielo y en la tierra para la extensión de su reino" (*TC* 2:214).

Sin embargo, para Juan Wesley, el oficio regio de Cristo es una expresión de su deidad eterna, es decir, que tiene la Trinidad como base. Ahora bien, en lo que a su reinado mediador se refiere, tiene tanto principio como fin (véase *Notes* [Notas], sobre 1 Corintios 15:24), lo que significa que, en lo que toca a su naturaleza divina, su autoridad como rey ni principia ni cesa. Pero, siendo que Cristo reina en ambas naturalezas en el rol de mediador, su poder soberano debe ser otorgado a su naturaleza humana. ¿Cuándo empieza esta soberanía?

Wesley afirma que se encuentra prefigurada en el reinado de David, relación esta que provee la base para la aseveración medular del Nuevo Testamento de que Jesús es el prometido Hijo de David que cumple la esperanza mesiánica. El reinado de David presagia dos verdades principales acerca del reinado de Jesús. La primera, que, en David, las promesas de Dios a los patriarcas respecto a la tierra de Canaán se hicieron realidad la primera vez mediante sus descendientes. Por analogía, las promesas de Dios a su pueblo fueron actualizadas en Jesucristo: "porque todas las promesas de Dios son en él Sí, y en él Amén, por medio de nosotros, para la gloria de Dios" (2 Corintios 1:20). La segunda es un corolario de esto: todos sus enemigos (especialmente los filisteos) fueron derrotados y "puestos bajo sus pies" mediante el reinado davídico. De la misma manera, Cristo, como rey, ha triunfado sobre todos "los principados y ...las potestades" (Colosenses 2:15).

Pero, cuándo, precisamente, este oficio de Rey fue en efecto otorgado es un poco incierto. Es enteramente claro que Jesús lo demostró en sus milagros cuando manifestó un poder soberano sobre el mundo espiritual tanto como sobre el mundo de la naturaleza. No está claro si esto debe ser interpretado como una manifestación de un oficio que ya había sido otorgado, o como una prolepsis, pero, puesto que los milagros fueron reales y no magia, la primera alternativa parece tener el mayor apoyo. En cualquiera de los casos, la gran revelación de su realeza ocurre claramente en la cruz, la resurrección y la ascensión. Aquí es donde se demuestra públicamente que Cristo es Señor.

La cruz fue el encuentro decisivo de Cristo con Satanás y el pecado. Era una batalla a la que había que unirse antes de que el Reino pudiera ser establecido. Al comentar 1 Corintios 15:26, Wesley escribe: "Satanás introdujo el pecado, y el pecado dio lugar a la muerte. Mas Cristo, cuando de antiguo trabó combate con estos enemigos, primero conquistó a Satanás, luego al pecado, en su muerte; y finalmente, a la muerte, en su resurrección" (*Notes* [Notas]).

Christus Victor

Cuando Cristo intervino en mortal combate con los poderes de la oscuridad, lo hizo como nuestro representante. Adán fue derrotado en el huerto en el primer encuentro, mas Jesús, como el segundo Adán, derrotó esa fuerza del mal, obteniendo la victoria para nosotros y, de esa manera, recuperando lo que se había perdido en la caída.

En esta conexión es que entra en el cuadro el tema del *Christus Victor*, el que tan clásicamente Gustaf Aulén ha defendido en el mundo moderno.[39] Aulén ha argumentado que esta es la interpretación de la obra de Cristo que representa la perspectiva verdaderamente clásica, y que precede la de Anselmo, que se volvió tan prominente en la iglesia medieval. Y es que, a decir verdad, es una interpretación que reproduce varios de los temas vitales de la teología del Nuevo Testamento.

El dualismo apocalíptico que provee las formas de pensamiento en las que la teología del Nuevo Testamento se forja, ve la historia del mundo como dividida en dos edades: la edad presente, bajo el dominio de seres demoniacos conocidos como "potestades", con Satanás como el "príncipe de la potestad del aire" (Efesios 2:2); y la edad venidera, que es la edad del Reino. De acuerdo con la enseñanza de los apocalipsis judíos, la edad venidera podía sólo volverse realidad cuando Dios irrumpiera en la historia con un trastorno cataclísmico, trayendo a su fin la edad presente. Sin embargo, el Nuevo Testamento altera ese pesimismo con la proclamación gozosa de que la edad por venir ha irrumpido en la historia, no con un tumulto en tierra y cielo, sino calladamente en la persona y obra de Jesucristo, quien se enfrenta con las potestades y las derrota en la cruz. Este es el significado de las palabras de Pablo en Colosenses 2:15 cuando echa mano de las prácticas antiguas de guerra para describir la victoria: "y

despojando a los principados y a las potestades, los exhibió públicamente, triunfando sobre ellos en la cruz".

Ahora hay dos dominios presentes en el mundo que están representados por estas dos edades. El Apóstol habla de ellos en numerosas
maneras. Describe que los que viven en estos dominios, o están "en
Adán", o están "en Cristo". En Colosenses 1:13, le da gracias a Dios,
"el cual nos ha librado de la potestad de las tinieblas, y trasladado al
reino de su amado Hijo". G. Eldon Ladd correctamente sostiene que
el centro del pensamiento paulino consiste en estar consciente de la
venida de los poderes de la nueva era, evidenciada por la venida del
Espíritu.[40]

Anteriormente hemos observado que la ausencia de una alternativa para la teoría de la satisfacción que proveyera un carácter objetivo
para la expiación pudo haber sido un problema para Wesley, aunque
hemos sugerido que esa alternativa no estaba disponible entonces.
Una alternativa viable que incluye una dimensión verdaderamente
objetiva es la que ofrece el tema de la victoria. No es objetiva en el
sentido de que sea una transacción entre Cristo y Dios, lo cual es
completamente inaceptable para el pensamiento del Nuevo Testamento, pero sí lo es en el sentido de que algo ocurre exteriormente
que no depende de la respuesta humana, aun cuando sólo se actuali-
ce sobre las bases de esa respuesta. Así, en el escenario de la historia,
donde el problema humano del pecado debía ser enfrentado, Jesucristo trabó mortal combate con Satanás en su propia esfera (la de
la edad presente), y lo venció, haciéndoles disponible a los seres humanos la misma victoria sobre el pecado, no sólo escatológicamente,
sino en el aquí y el ahora.

W. M. Greathouse ha presentado el argumento de que, como un
aspecto de la obra redentora de Cristo, el tema del *Christus Victor* le
da "a la teología wesleyana una importante base bíblica e histórica
para el desarrollo de una doctrina de santificación completamente
cristológica".[41] La victoria de Cristo sobre el pecado como nuestro
representante, hace posible, mediante la fe en Él, nuestra victoria
sobre el pecado. La victoria en la cruz/resurrección atiende en la justificación, la santificación y la glorificación, lo que respecta a la culpa,
el poder y las consecuencias del pecado. Por ende, es una victoria al
mismo tiempo presente y futura, y comparte la misma tensión que
caracteriza a todas las doctrinas principales del Nuevo Testamento
que atañen a lo experiencial.

El Reino de Dios

La función real de Cristo trae inmediatamente a la vista la idea del reino. Pocos asuntos han atraído más la atención o han sido el objeto de la más seria erudición que este, aunque con resultados significativamente diferentes. Sin embargo, hay un acuerdo universal en que este fue el mensaje central de Jesús, tal como lo tenemos preservado en los Evangelios Sinópticos. John Bright, por su parte, ha propuesto convincentemente que este es el tema unificador de toda la Biblia.[42]

El significado del término "reino", más que referirse a un lugar, involucra la idea de "reinar" o "gobernar", y puede traducirse así. En esto sigue el uso del pensamiento judío tardío.[43]

Aunque el término no aparece en el Antiguo Testamento, la idea está presente desde el tiempo del éxodo, y algunos hasta han argüido que la idea de Dios como rey es el concepto central de Dios en el Antiguo Testamento. En la enseñanza de Jesús, el reino es descrito como que entra en la historia en su propio ministerio. Juan el Bautista anuncia que el reino "se ha acercado", y cuando Jesús principia su ministerio, hace la misma proclamación (Mateo 3:2; 4:17; Marcos 1:15).[44]

La pregunta central para interpretar el significado del reino es si es presente, o futuro, o ambos. Cómo alguien conteste esta pregunta decide en gran parte su perspectiva del futuro, ya que esta es una de las categorías escatológicas más decisivas.

Un fuerte contingente de eruditos ha presentado el argumento de que la esperanza del reino se ha actualizado plenamente en el presente. La frase que se ha aplicado a esta perspectiva es "escatología realizada" (C. H. Dodd), la que, en su forma extrema, rechaza cualquier venida futura del Reino, sino que ve todo como que ha de cumplirse en el aquí y el ahora. Es claro que hay algo de verdad en esta posición. "A través de los evangelios sinópticos, la misión de Jesús es repetidas veces entendida como el cumplimiento de las promesas del Antiguo Testamento".[45] Sin embargo, pasa por alto ciertas evidencias inequívocas de que hay una dimensión futura, que todavía no se ha hecho actual. Entre otras cosas, Jesús les enseñó a sus discípulos que oraran diciendo: "Venga tu reino" (Mateo. 6:10; Lucas 11:2).

Otros estudiantes de la Escritura han abogado por una interpretación consistentemente futura del reino. Frecuentemente, esto ha ocurrido en la interpretación bíblica radical, la que ha sido introducida en la erudición moderna principalmente por Johannes Weiss y Albert Schweitzer. Rudolf Bultmann también afirmó esta posición. Este tipo de erudición, particularmente la de Schweitzer, frecuentemente lo conecta con la idea de que, aunque esto fue la enseñanza de Jesús, en este aspecto estaba equivocado, siendo que el reino no vino poco tiempo después de su muerte como Él lo esperaba.

Lo raro es que esta posición sea compartida por el dispensacionalismo moderno, que es una teología fundamentalista muy popular entre cristianos conservadores. El dispensacionalismo, como la esperanza popular rechazada por los profetas del Antiguo Testamento, equipara el reino con el nacionalismo judío y, puesto que Jesús no estableció un reino mesiánico político entre los judíos en su primera venida, insisten en que esto es lo que hará en el escatón (véase Apéndice 1).

Sin embargo, la erudición bíblica más sana se aferra a una perspectiva dual que enseña que el reino de Dios es tanto presente como futuro. Ha entrado en la historia en el triunfo de Cristo sobre las fuerzas malignas del dominio espiritual, pero será establecido cabalmente en la segunda venida. La manera más significativa de describir esta interpretación de los dos aspectos es hablar del reino como que es inaugurado en la primera venida y consumado en la segunda.[46]

La tensión entre el presente y el futuro sencillamente refleja la estructura básica de la teología del Nuevo Testamento, la cual ve una realización presente de la edad venidera, pero no todavía un desvanecimiento final de la edad presente. G. Eldon Ladd, quien hizo una tarea hercúlea en el desarrollo del tema del reino en el Nuevo Testamento, lo condensa de esta manera: "Hay un dualismo de doble aspecto en el Nuevo Testamento: la voluntad de Dios es hecha en el cielo; su reino lo trae a la tierra. En la edad por venir, el cielo desciende a la tierra y levanta la existencia histórica a un nuevo nivel de vida redimida".[47]

El reino de Dios es tanto realidad presente como esperanza futura. Jesús es quien hace ambas cosas, lo introduce al principio y lo establecerá al final.

El Lado Oscuro de la Expiación

Varios de los temas introducidos en nuestra discusión sobre la expiación tienen significado negativo. Si bien nuestro énfasis primordial ha sido puesto sobre la consecuencia salvífica de la obra de

Cristo, hay también la dura realidad de que numerosas personas no se aprovechan de estos beneficios. ¿Qué hemos de decir acerca del resultado de tal rechazo? Esto plantea la cuestión del destino personal: si la salvación final es el destino de los que reciben el don de vida, la separación final es el fin de los que rechazan la vida.

En una teología de expiación limitada (calvinismo), se hace provisión para estas personas en el plan de Dios. Hay algunos que han sido electos para ser condenados, y hay otros que han sido electos para salvación final. A esto se le llama "doble predestinación". En cambio, en la interpretación wesleyana, una expiación universal no es coerciva en su eficacia, sino que espera una respuesta de fe. Así, una mayor agonía debería adscribirse a la tragedia del rechazo final, ya que, a diferencia del calvinismo, no es posible hablar de los finalmente perdidos como que contribuyan en forma alguna a la gloria de Dios. Sin embargo, el compromiso con la verdad bíblica le prohíbe al wesleyano que sucumba a la tentación de extender los beneficios de la expiación a todas las personas, cualquiera sea su condición.

El *Manual de la Iglesia del Nazareno* afirma las opciones básicas del destino de la manera siguiente:

> Creemos en la resurrección de los muertos, que los cuerpos tanto de los justos como de los injustos serán resucitados y unidos con sus espíritus — "los que hicieron lo bueno, saldrán a resurrección de vida mas los que hicieron lo malo, a resurrección de condenación".

> Creemos en el juicio futuro en el cual toda persona comparecerá ante Dios para ser juzgada según sus hechos en esta vida.

> Creemos que a los que son salvos por creer en Jesucristo nuestro Señor y le siguen en obediencia se les asegura la vida gloriosa y eterna; y que los que permanezcan impenitentes hasta el fin, sufrirán eternamente en el infierno (Artículo XVI).

Debe señalarse que hay una ausencia juiciosa de especulación en estos artículos en lo que toca a detalle alguno sobre el destino final de las personas, lo cual sugiere que un tratamiento teológico sería sabio en seguir el mismo curso y conformarse con explorar ciertos temas teológicos pertinentes.

El primero de tales temas pertinentes es la ira de Dios. Ya hemos discutido esto con algún detalle en dos ocasiones (véanse los capítulos

6 y 11). Sin embargo, debemos ahora extender esas discusiones para incluir la dimensión escatológica de esta aseveración simbólica.

Es importante en esta conexión evitar poner en peligro nuestro compromiso teológico primordial con la revelación bíblica del Dios cuya naturaleza es amor santo. Muchos han puesto en tela de duda la idea de una separación final basándose en el amor de Dios, pero un pensar erróneo así no percibe la compatibilidad esencial del amor y la justicia. Si la justicia es definida como "ese lado del amor que afirma el derecho independiente del objeto y del sujeto dentro de la relación de amor",[48] entonces se le está reconociendo como el aspecto de la naturaleza divina que hace de la relación divino-humana una plenamente personal, siendo el resultado de un libre escogimiento. No establece una relación que se base en coerción o acción monergística, sino en atracción e invitación. A la inversa, este amor como justicia, debido a que respeta al sujeto, deja a la autodestrucción al que rechaza su invitación. Así, la ira de Dios es el símbolo escatológico para la obra de amor que le permite a su objeto escoger la destrucción propia.

La ira de Dios es un concepto escatológico en el Nuevo Testamento en el mismo sentido en que lo son la mayoría de sus otros temas: tratan tanto de una realidad presente como de una actualidad futura. Las personas que rechazan la invitación del amor y se resisten la gracia divina están bajo la ira de Dios, pero también experimentarán "la ira venidera" (1 Tesalonicenses 1:10; Mateo 3:7; Lucas 3:7).

El tema del juicio es el que más céntricamente encarna esta dimensión futura de la ira. Esta enseñanza encuentra una extensa expresión en los evangelios sinópticos, lo que permite que Alan Richardson declare: "No puede haber duda alguna de que Jesús enseñó la terrible realidad del juicio final (e.g., Mateo 5:21s; Marcos 9:43-48, etc.)".[49] Pero también debemos estar al tanto de la declaración de Ladd de que "es imposible construir, a partir de la enseñanza de Jesús, un esquema escatológico. A Él le preocupa la certidumbre del futuro, y el impacto del futuro sobre el presente, no el esquema apocalíptico".[50]

El juicio, como la ira de Dios, es interpretado en el Evangelio juanino como algo que es ambos, presente y futuro. Es una separación espiritual presente, y también una separación futura en el día final. Ambos aspectos son vistos con relación a Cristo, y así, es Él quien asume la función de juez. Ladd nos ofrece el siguiente resumen adecuado de esta verdad:

Este juicio futuro ha alcanzado hasta el presente en la persona de Cristo; y el juicio escatológico futuro será esencialmente la ejecución de la sentencia de condenación que, en efecto, ha sido determinada sobre la base de la respuesta de hombre a la persona de Cristo en el aquí y el ahora.[51]

Por ende, el juicio es un proceso que está efectuándose dondequiera que la Palabra de Dios esté siendo proclamada. Por su aceptación o su rechazo del evangelio, los seres humanos se están juzgando a sí mismos (compárese con Hebreos 4:12; Juan 3:18-20). Al identificarse a sí mismos con el juicio sufrido por Cristo, las personas de fe ya han experimentado el veredicto del último día (véase 1 Juan 4:17). A la inversa, los que no creen ya han sellado su ruina, de modo que "el juicio final en realidad será la ejecución del decreto de juicio que ya ha sido pronunciado".[52]

Wiley, en reconocimiento de esto, correctamente afirma que, "por lo tanto, el propósito supremo del juicio general es, no tanto el descubrimiento del carácter, cuanto su manifestación" (*TC* 3:350).

El juicio entonces señala a la realidad de que el ser humano le tiene que dar cuentas a Dios. Cuando se nos enseña que los seguidores de Cristo tendrán que comparecer "ante el tribunal de Cristo" (2 Corintios 5:10), ello puede ser interpretado como que implique grados de recompensa en el estado final, o, de forma más consistente con la verdad de la salvación por gracia, puede también verse como un símbolo que indique que todos los creyentes tienen que darle cuentas a Dios por su mayordomía. En lo que toca a los inconversos, representa la verdad de que lo que las personas escojan tiene consecuencias eternas, y que el destino está relacionado directamente a las decisiones y respuestas presentes.

Esto nos conduce a la cuestión de la separación final. El término usado para este temible prospecto es "infierno", que es una traducción de la palabra gehena, tomada de un término hebreo que designaba un valle al sur de Jerusalén identificado con el juicio (véase Jeremías 7:32; 19:6). Se cree que el valle de Hinom posteriormente se convirtió en el vertedero de residuos de la ciudad, donde la basura ardía continuamente, volviéndose así un símbolo apropiado de la destrucción final. Tal como proclama Alan Richardson: "Es imposible suavizar la severidad de la advertencia de Jesús contra el pecado del que no se arrepiente, y el sentimentalismo que trata de hacer tal cosa es una distorsión de la enseñanza de Jesús y del Nuevo Testamento como un todo".[53]

Pero a nosotros nos toca tener constantemente presente la advertencia de G. Eldon Ladd de que "los cuadros vívidos del castigo que ha de ser sufrido en el infierno encontrados con frecuencia en los escritos apocalípticos, están considerablemente ausentes en los evangelios".[54] El lenguaje de Jesús (compárese con Mateo 7:23; 8:12; 22:13; 25:12, 30) implica que la separación de Dios es la manera más apropiada de hablar de esta triste verdad, y que es mucho más apropiado que nos resistamos a las especulaciones imaginativas y las descripciones que se basen en fuentes no canónicas. Ladd prosigue a indicar que, puesto que las imágenes que se usan para describir el destino de los perdidos incluyen tanto el fuego como las tinieblas (compárese Mateo 10:28 con 8:12), y siendo estos conceptos no homogéneos,

> el hecho central no es la forma de esta destrucción final, sino su significado religioso, el cual se halla en las palabras: "Nunca os conocí; apartaos de mí, hacedores de maldad" (Mateo 7:23; Lucas 13:27). Aquí está el significado de la destrucción: ser excluido de los gozos y placeres de la presencia de Dios en su reino. ... Ser excluidos de la presencia de Dios y de disfrutar sus bendiciones: esa es la esencia del infierno.[55]

PARTE V

Las Doctrinas de Dios el Espíritu

CAPÍTULO 13

La Experiencia Cristiana del Espíritu Santo

El título de este capítulo intenta comunicar el enfoque de la sección final de esta teología. También busca sugerir que hay una experiencia cristiana distintiva del Espíritu. Lo que intentaremos hacer es delinear la naturaleza que le es distintiva.

El Espíritu es la manera doctrinal de hablar de la relación de Dios con el mundo, y particularmente con el espíritu humano. Es la doctrina de la inmanencia divina, lo cual es diferente de la inmanencia encarnacional, aunque no deje de estar relacionado con ella, como veremos. De ahí que la historia de la teología cristiana haya hablado menos sobre la doctrina del Espíritu Santo que sobre de la experiencia cristiana. Aunque nos referimos al Espíritu Santo como la Tercera Persona de la Trinidad, no es la intención sugerir en forma alguna un tercer Dios, o que la experiencia del Espíritu sea en alguna forma otra sino la experiencia de Dios (véase el capítulo 7, "La Trinidad").

La Naturaleza de la Experiencia

Usando las famosas palabras de William James, la experiencia religiosa "tiene infinidad de variedades". Esto, sin duda, es la base de lo veraz del comentario de William Barclay al principio de su libro sobre el Espíritu Santo cuando señala que, "en su mayor parte, sigue siendo cierto que la manera en la que pensamos acerca del Espíritu es más vaga y más indefinida que nuestra forma de pensar acerca de cualquier otra parte de la fe cristiana".[1] ¿Cómo explicar esta multiplicidad y aparente falta de claridad? Como sea que se explique, el resultado es que numerosos teólogos han dejado de lado la tarea de tratar de hablar de la experiencia y se han limitado a lidiar con doctrinas más "objetivas".[2] Pero el teólogo wesleyano no puede evitar hacerle frente a la desconcertante plétora de experiencias, incluso dentro de la Biblia misma, ya que la experiencia le es central a la perspectiva wesleyana.

Luego, ¿habrá algún principio que pueda ayudarnos a desenmarañar esta "floreciente y animada confusión" que insiste en llamarse, toda ella, experiencia cristiana? En el capítulo 3, al discutir la experiencia, hemos mencionado algunas consideraciones importantes al respecto, como también lo hemos hecho en otros lugares al discutir nuestro conocimiento de Dios. Ahora enfocaremos el asunto más centralmente, a fin de encontrar trayectoria en el discernimiento de una experiencia cristiana normativa.

La experiencia tiene ambos aspectos, uno subjetivo y otro objetivo. Siempre es "de" algo, aun si sólo se trata de nuestros estados emotivos. Hay una influencia moldeadora que cada polo tiene sobre la forma o contenido de la experiencia que resulta del encuentro entre estos polos. Mientras más prevalezca el carácter empírico del objeto de la experiencia, mayor es la influencia moldeadora que tiene sobre el encuentro. Sin embargo, el elemento subjetivo nunca está del todo ausente, aun en la observación empírica más habitual.

En proporción directa a la disminución del elemento empírico, hay una influencia en ascenso del polo subjetivo sobre el contenido y resultado del encuentro. Nosotros estamos comprometidos con que, en la experiencia religiosa, haya una contraparte real, objetiva, de la misma, pero, obviamente, en el mundo espiritual, va a serlo de una naturaleza altamente no empírica. Pero aquí es donde el principio encarnacional se vuelve esencial a la experiencia cristiana.

Aquí yace el peligro del misticismo y de las varias formas de la "luz interior". El misticismo, en nuestro contexto, se define como la experiencia inmediata, directa y no mediada de lo Divino (o de la Realidad Última).[3] El misticismo cristiano frecuentemente ha emergido como una reacción al institucionalismo o al sacramentalismo y, en ese sentido, ha tenido una influencia saludable. Pero, en muchas de sus formas, ha rechazado el principio encarnacional, sea el de Cristo o el de la Escritura y, al hacerlo, se ha hecho vulnerable a caprichos doctrinales y éticos. La tendencia de esta aproximación a la religión es hacer a un lado el intelecto, e incluso perder la identidad propia de la persona, aunque esto último sea recalcado principalmente en las religiones no cristianas. El budismo zen tal vez sea el ejemplo más extremo de dársele énfasis a una experiencia completamente carente de contenido.[4]

Por la influencia profunda de la metafísica racionalista griega, el misticismo tiende a menospreciar lo histórico. Lo que es más, ve la experiencia como "el vuelo de lo solo a lo Solo" y, de esa manera, pervierte el carácter comunal de la fe bíblica. Y es que es cierto que "el Nuevo Testamento contiene una débil exhibición de misticismo en el sentido técnico".[5] Cuando se acusa a Pablo de enseñar un "cristomisticismo", hay que recordar que, en el grado en que esto sea una designación correcta, es encarnacional de pies a cabeza. Por consiguiente, la experiencia neotestamentaria del Espíritu (o Señor resucitado) está fundamentada en la realidad del Jesús histórico.

Lo que estamos sugiriendo aquí es que la experiencia es ciega. Fue Emanuel Kant quien nos ayudó a ver que lo que se presenta a la mente es una "multiplicidad sensible" que se recibe por categorías no dadas en la experiencia, sino traídas a ella. Tal como Kant dijo al principio de su crítica justamente famosa: "Todo conocimiento principia con la experiencia, pero no todo conocimiento emana de la experiencia".[6]

Si Kant está en lo correcto en su afirmación de que hay categorías estándares en la mente en cuyos términos todos los seres racionales aprehenden los fenómenos, es un punto debatible. Lo que sí es cierto es que hay categorías en cuyos términos todos los humanos experimentamos realidades espirituales, pero no se deben a la estructura de la mente, sino que resultan de la educación. Ya hemos descubierto previamente refuerzos, tanto psicológicos como teológicos, para esta interpretación. Hagamos un repaso breve de esta intuición.

En la obra de Karl Rogers y Gordon Allport se presenta el argumento de que, sicológicamente, lo que determina la conducta expresiva no es la experiencia que uno tenga, sino las expectativas que uno traiga a la experiencia. Nosotros también hemos descubierto que el análisis teológico de John Fletcher apoya esta interpretación sicológica. Su teoría de las dispensaciones destaca ambos elementos, el cognoscitivo y el existencial. La naturaleza del segundo es informada por el primero. Daniel Steele, en su famosa obra *Gospel of the Comforter* (El Evangelio del Consolador), reconoce la misma verdad en esta observación con la que comienza su prefacio: "Este libro es experimental y práctico, más que teológico. Pero, puesto que toda experiencia bíblica debe ser basada en la verdad aprehendida por el intelecto, debe haber una enunciación clara y científica de esta verdad".[7]

Habiendo, pues, identificado un principio hermenéutico por el cual podemos interpretar el material bíblico, pasemos ahora a un análisis de la experiencia del Espíritu tal como se refleja en los documentos canónicos.

La Experiencia del Espíritu en el Antiguo Testamento

A fin de obtener una perspectiva sobre la comprensión de la experiencia del Espíritu de Yahvé en el Antiguo Testamento, tenemos primero que notar el significado del término *ruach,* el cual es traducido como "Espíritu". Originalmente significaba "aire en movimiento" y, así, podía referirse ya fuese al viento o al aliento.[8] Puesto que con frecuencia se hacía alusión poética al viento como el aliento de Dios (por ejemplo, Éxodo 15:8; 2 Samuel 22:16; Salmos 18:15; Isaías 11:4), es fácil ver cómo se hizo la conexión entre "viento" y "Espíritu", y es esta la relación que se vertió en el Nuevo Testamento (véase la conversación de Jesús con Nicodemo en Juan 3, y la narración del Pentecostés en Hechos 2).

En particular, el poder o energía misterioso, invisible e imposible de controlar del viento, provee un paradigma para identificar la actividad del *ruach* de Yahvé. Por lo tanto, cuando hombres y mujeres eran poseídos por un poder fuera de ellos, y se portaban acorde, eran identificados como hombres o mujeres del Espíritu. En las fuentes más tempranas, esto era representado como una experiencia inesperada e intermitente que impartía energía a personas que de otra manera hubieran sido oscuras y no tan competentes para hacer poderosas proezas en el interés de la libertad nacional. Esto era una dotación temporal que se daba en tiempos de crisis y cuyo propósito era enfrentarlos. En pocas palabras, producía líderes carismáticos, dotados por el Espíritu (compárese con Jueces 3:10; 6:34; 11:29).

La profecía temprana en Israel también compartía ese "ser asidos por el Espíritu", lo que elevaba las capacidades naturales del profeta a una intensidad que hacía que él o ella se portara de manera inusual. Este ser poseídos por el Espíritu, con frecuencia, si no generalmente, era precipitado por música y danza (véase 1 Samuel 10:5 ss.; 19:20 ss.).[9]

Saúl de Cis, durante el tiempo en que estaba siendo preparado para ser rey, es un ejemplo clásico de este primer cuadro de la experiencia del Espíritu de Yahvé (1 Samuel 10:6, 9-10). Algunos han sugerido que el resultado de la convulsión, la que era producida por el estímulo con acompañamiento musical dentro del grupo, era un tipo de glosolalia. Sin embargo, hay un erudito del Antiguo Testamento que ha demostrado lo incierta de esa opinión al abogar que, en lugar de "expresiones raras", la característica distintiva del éxtasis era "acciones raras".[10] Fue esta conducta rara lo que provocó las palabras de ridículo: " ¿Qué le ha sucedido al hijo de Cis? ¿Saúl también entre los profetas?" (v. 11).

Haciendo a un lado los aspectos llamativos de estas pocas experiencias que hemos clasificado como conducta anormal, hay una característica distintiva de las experiencias del Espíritu en el Antiguo Testamento que tiene gran significado. Eran experiencias carismáticas (dotadas por el Espíritu) que se limitaban principalmente a aquellos que funcionaban como dirigentes en Israel. Walther Eichrodt aboga en favor de la idea de que la validación del liderazgo mediante la dotación carismática se derivó de Moisés mismo. Al llamarnos la atención a la dificultad de clasificar a Moisés bajo cualquiera de las categorías tradicionales de profeta, rey u otro título, Eichrodt insiste en que su inusual combinación de dones, realzada por la energía iniciadora del Espíritu, era la clave para su cualidad de único. En este particular, Moisés va a imprimir su sello en todas las subsecuentes aspiraciones para el liderazgo. Eichrodt concluye:

> El carisma, esa especial dotación individual de una persona, lo encontramos en el inicio mismo de la religión israelita, la que va a basar a tal grado en aquel toda su estructura que, sin él, ella sería inconcebible.[11]

Esto explica la importancia central de que jueces y profetas tuvieran el poder del Espíritu para demostrar que habían sido enviados por Dios. Esto es también lo que el tratamiento más popular de Barclay sugiere cuando dice: "Los grandes líderes del Antiguo Testamento son hombres que poseen el Espíritu, que han sido poseídos por el Espíritu, y en quienes el Espíritu mora".[12]

Los profetas tardíos generalmente no manifestaron las mismas características extáticas ni los reclamos de los primeros profetas, pero su autenticidad siguió siendo verificada por el hecho de que Dios ponía su Espíritu en ellos y les daba su mensaje (compárese con Números 11:25 ss.; Miqueas 3:8; Ezequiel 2:2; 3:24; etc.).[13]

Sin duda, fue el principio de liderazgo carismático lo que se volvió la base de gran parte de la oposición a la institución de la monarquía en el Israel primitivo. La transición fue posible, de acuerdo con John Bright, porque los primeros reyes fueron líderes carismáticos. David fue el modelo en este respecto (compárese con 1 Samuel 16:13-14; 2 Samuel 23:2).[14] Tal vez había un significado similar adscrito a la ceremonia de ungir a los reyes cuando eran inaugurados en su oficio: la esperanza de que fuesen líderes carismáticos.

En adición a estas dotaciones más obvias del Espíritu en la manera de entenderse en el Antiguo Testamento, también había una dotación menos explosiva y espasmódica que inspiraba y equipaba para tareas más comunes, como la artesanía (Éxodo 28:3; 31:3; 35:31). Dones más permanentes del poder del Espíritu se nos sugieren en unos cuantos casos excepcionales, como los de Moisés y Josué (Números 11:17; 27:18; Deuteronomio 34:9).

Debe notarse que estas experiencias que hemos repasado fueron orientadas alrededor de una tarea. Lo que es más, no parece haber habido un acompañante ético necesario para la dotación especial. No todas reflejaron el tono moral bajo de un Sansón, pero las estipulaciones éticas están generalmente ausentes de la descripción de la posesión del Espíritu. Claro que se podría insistir en que una excepción a esto fueron los profetas clásicos que, bajo la inspiración del Espíritu, denunciaron la conducta inmoral del pueblo de Dios y demandaron congruencia con la justicia de Dios.

Con este trasfondo, ahora pasamos a observar una dimensión escatológica de la comprensión del Antiguo Testamento que edifica sólidamente sobre los criterios anteriores. Primero, había una nota de esperanza que anhelaba, y que después predijo una democratización del Espíritu. La distribución del Espíritu de liderazgo sobre los 70 ancianos, la cual les capacitó para compartir las cargas de Moisés, fue un anticipo. Pero su más amplia realización la anheló Moisés con sus magnánimas palabras frente el celo por la posición que él tenía como un líder dotado por el Espíritu: "Ojalá todo el pueblo de Jehová fuese profeta, y que Jehová pusiera su espíritu sobre ellos" (Números 11:29).

La profecía de Joel en 2:28-29 vislumbraba explícitamente que la secuela del Día del Señor sería el derramamiento universal de su Espíritu sobre toda carne (con lo cual el profeta quería decir carne "judía"). Es importante notar aquí que esta visión se relacionaba directamente con la profecía y, así, se presentaba en continuidad directa con la comprensión central del Antiguo Testamento de la obra del Espíritu como algo orientado hacia una tarea.

En adición a estas expectativas, estaba el tema de esperanza de que la venida del Espíritu en la edad escatológica traería una renovación moral. En este sentido, los pasajes que estamos considerando se moverán más allá de la órbita de la percepción usual del Antiguo Testamento ya que, sin lugar a duda, emanan de un sentido profundo de la necesidad de transformación interior tanto del individuo como del pueblo.

En los Salmos, notablemente el 51, hay oraciones que piden que la renovación interior provea la fuerza para hacer la voluntad de Dios. En este salmo (v. 11), así como en Isaías 63:10-11, tenemos las únicas veces en que aparece la frase "santo Espíritu". La designación habitual del Antiguo Testamento es "Espíritu de Yahvé", pero aquí tenemos no tanto una anticipación de la terminología del Nuevo Testamento, sino un reconocimiento de que el Espíritu de Dios es el que capacita para la santidad. La frase puede literalmente traducirse "Espíritu de santidad". En Isaías 63:10, hacer "'enojar su santo espíritu' significa rechazar la instrucción profética por la cual Dios trató de guiar a su pueblo hacia la santidad y la justicia".[15]

En Ezequiel 36:26ss, el sacerdote-profeta implícitamente reconoce lo inadecuado de un ritual restaurado y, lo mismo que Jeremías (31:31ss), anticipa un tiempo escatológico de la transformación del corazón. Ezequiel explícitamente atribuye esto a la operación del Espíritu: "Y pondré dentro de vosotros mi Espíritu, y haré que andéis en mis estatutos" (36:27). La visión del valle de los huesos secos (37:1-14) puede también comunicar el mismo tema.[16]

Además, hay una segunda vena de esperanza escatológica que relaciona al Espíritu con dos figuras ideales: el Rey Mesiánico y el Siervo del Señor.[17] Una característica prominente de ambas figuras es que las dos reciben una dotación permanente del Espíritu (véase Isaías 11:2; 42:1-4).

Si bien hay un núcleo sólido de evidencia en el Antiguo Testamento canónico acerca del carácter del Rey Mesiánico como alguien que es ungido por el Espíritu (lo cual está de acuerdo con la validación de la gobernación a la que hemos aludido antes), este tema se desarrolla mucho más cabalmente en el judaísmo intertestamentario. Tal desarrollo es sin duda intensificado por la creencia rabínica de que el Espíritu de la Profecía había sido retirado de Israel, lo cual explica por qué los escritores apocalípticos necesitaron atribuir sus visiones a algún escritor de la antigüedad que vivió durante la edad profética.[18] Esa es la razón de que haya, en la literatura rabínica, una referencia frecuente al Espíritu de la Profecía.[19]

Edificando sólidamente sobre Isaías 11:2, los rabíes describieron al Mesías venidero como que estaba dotado con el Espíritu de la Profecía. La edad de oro del Espíritu regresaría a través de Él, pero, siendo que el Espíritu había sido retirado debido al pecado de Israel, su retorno sería acompañado por la santificación. "El impulso malo sería quitado del corazón de Israel en la edad por venir, y el Espíritu, como un poder para la renovación moral, descansaría sobre ella".[20] Este mismo tema se halla en el "Manual de Disciplina" entre los rollos del mar Muerto: "Unido a través del espíritu santo de la verdad de Dios, el hombre será limpiado de todas sus iniquidades: gracias a un espíritu recto y humilde, su pecado será expiado" (1QS 3:6-7). David Hill comenta: "Aquí estamos en contacto una vez más con el pensamiento expresado en el salmo 51 de que la influencia poderosa de la verdad y la justicia de Dios en la vida de un hombre origina dos cosas: el deseo de lograr la santidad y la voluntad de obtenerla, ambas a través de la obediencia y una conducta recta".[21]

Y es así cómo, los temas de un derramamiento universal del Espíritu de Dios, el ministerio del Rey Ideal ungido por el Espíritu, y la anticipada regeneración moral del corazón humano, serán entrelazados en las expectativas judías en el umbral del Nuevo Testamento.

Jesús y el Espíritu

Hay un número de asuntos que salen a la superficie en conexión con este tema. ¿Cuál es la relación personal de Jesús con el Espíritu? ¿Cuál es su enseñanza acerca del Espíritu? ¿Cómo se puede relacionar la referencia mínima al Espíritu en los Sinópticos a su desarrollada enseñanza encontrada en el Cuarto Evangelio? ¿Cuáles son las implicaciones de todos estos aspectos para la comprensión que el Nuevo Testamento tiene de la experiencia del Espíritu? Es obvio que no podemos cubrir en detalle todos estos asuntos, ya que requeriría una obra completa para hacerlo, pero necesitamos cuando menos llegar a algunas conclusiones preliminares.

Los temas a los que nos hemos referido en la sección anterior parecen ser el punto focal de la enseñanza de los evangelios sinópticos sobre Jesús y el Espíritu. Introducen la actividad del Espíritu en puntos críticos de la vida y el ministerio de Jesús, aparentemente dando por sentado que el significado es bien conocido y que de inmediato se reconocerá que estos eventos son evidencia de que la nueva era ha llegado. Examinaremos el significado de las referencias al Espíritu en estas coyunturas, pero, dada la naturaleza de la presente obra, no trataremos de extraer distinciones extensas entre las referencias más cabales en Lucas y los otros Sinópticos (Mateo y Marcos).

Concepción y Nacimiento de Jesús

Estamos endeudados con Lucas por haber preservado la obra del Espíritu en conexión con la concepción y el nacimiento de Jesús. Antes del bautismo de Jesús, el Espíritu participa, en gran manera, de un modo característicamente antiguotestamentario. Sin embargo, hay una relación directa con la esperanza escatológica de la profecía en cuanto a que el Espíritu es percibido como que inicia la nueva edad de la profecía en esos eventos preliminares. El Espíritu es entendido como el poder y presencia de Dios (Shekhiná), y el que funciona como el agente dador de la vida en el nacimiento de Aquel que traerá la nueva era, algo que se recalca mediante las numerosas menciones del Espíritu de la Profecía en las narraciones del nacimiento. Son señales de que la edad escatológica está alboreando.

Es a esta luz que puede verse el significado teológico central del nacimiento virginal, el cual nunca fue usado por la iglesia primitiva como una evidencia del señorío de Cristo, sino que los primeros cristianos siempre apelaban a la resurrección para apoyar esta afirmación. El nacimiento virginal tampoco fue parte del kerigma en cuanto a que no hay ejemplos que lo incluyan en el Nuevo Testamento. Pero nada de esto proporciona base alguna para poner en tela de duda la validez del nacimiento ni de las narraciones del mismo que encontramos en los evangelios. El Credo de los Apóstoles, sin más, afirma que Jesucristo "fue concebido del Espíritu Santo, nació de la Virgen María". Por lo tanto, no necesitamos debatir el hecho del nacimiento, sino sencillamente inquirir cuál es su significado teológico.

Para empezar, podemos eliminar la proposición de que el nacimiento virginal fue una expresión de la idea de que la concepción natural era pecaminosa y que, por lo tanto, la única manera en la cual Jesús podía nacer libre del pecado original era mediante un nacimiento que excluyera la relación sexual. Tal teoría, algunas veces propuesta, se basa en una opinión no bíblica de la sexualidad humana y, como en el sistema católico romano, guía inevitablemente a la inmaculada concepción de la virgen María y, finalmente, a la teoría de la virginidad perpetua.

En un nivel algo secundario, el nacimiento virginal da testimonio de la verdad de la discontinuidad con relación a la encarnación. Isaías lo expresó diciendo que el Mesías era "raíz de tierra seca" (53:2). Jesús no puede ser explicado como producto de causas naturales, el ápex de un desarrollo evolutivo, sino sólo como la irrupción de Dios en la historia humana.

Con todo, en el contexto bíblico de Mateo y Lucas, el énfasis primario es en que sea un evento escatológico. Como tal vez el caso más conmovedor de la actividad del Espíritu Santo, recalcado especialmente por Lucas, el nacimiento virginal refuerza la verdad de que, en esa actividad, amanecía una nueva era. Interpretado en ese marco, podemos coincidir de todo corazón con esta deslumbrante apología de Alan Richardson:

> La doctrina del nacimiento virginal de Cristo es parte integral de la teología del Nuevo Testamento. Expresa la verdad de que Dios ha puesto en marcha el tren de eventos que culminará en el juicio final del mundo y la salvación de sus elegidos; es una doctrina tan bíblica y tan judía como creencia alguna pueda encontrarse en el Nuevo Testamento. El nacimiento de Cristo es un evento escatológico inherente a la nueva edad, y es de por sí una manifestación de la esperada actividad prominente del Espíritu en los últimos días. ... La renuencia de algunos cristianos modernos a creer en el nacimiento virginal de Cristo se ha debido a la incapacidad de entender la Biblia y la naturaleza de su testimonio; la ignorancia del significado escritural siempre resulta en la incapacidad de percibir la maravillosa actividad de Dios (compárese con Mateo 22:29).[22]

El Bautismo de Jesús

Con palabras casi idénticas, los tres sinópticos describen el descenso del Espíritu en forma de paloma, la que se había vuelto símbolo del Espíritu Santo en el judaísmo tardío.[23] Hemos observado anteriormente el significado de las palabras "del cielo" como una equiparación de las fórmulas de ordenación para el Rey Mesiánico (Salmos 2:7), y también para el Siervo del Señor (Isaías 42:1). Por lo tanto, esto es cumplimiento obvio de la esperanza antiguotestamentaria de la venida del Espíritu como dotación sobre estas figuras (véase arriba). En Hechos 10:38, donde Pedro está recitando el kerigma en la casa de Cornelio, se declara que, en su bautismo, Jesús fue ungido "con el Espíritu Santo y con poder". Luego sigue una breve referencia a las señales de la venida de la nueva era personificadas en las acciones de Jesús al dominar al "hombre fuerte", y "saquear sus bienes" (Mateo 12:29; Marcos 3:27). Es de profunda importancia para la comprensión de los desarrollos subsecuentes del concepto del Espíritu Santo reconocer esta fusión de las dos funciones (Mesías y Siervo) en la sola Persona y, lo que es más, que es la fusión de estas dos funciones lo que está de por medio en la inauguración de la nueva edad. Desde ese momento en adelante, Jesús es lanzado a su misión de traer el reino.

En esta conexión hay que notar el significado del mensaje de Juan el Bautista. Al anunciar el Mesías Venidero, Juan dijo: "Yo a la verdad os he bautizado con agua; pero él os bautizará con Espíritu Santo" (Marcos 1:8; Mateo 3:11; y Lucas 3:16 añade: "y fuego"). De aquí ha resultado una discusión considerable entre los eruditos que debaten si esto se refiere a un bautismo de juicio o a uno de limpieza, y precisamente cuándo se cumplirá.[24] Las palabras de Lucas en Hechos 1:5 revelan con claridad que el cumplimiento debe relacionarse al Pentecostés, a menos que uno postule la existencia de tradiciones divergentes dentro del Nuevo Testamento, de las cuales Lucas sólo represente una.[25] Decidir si el bautismo es de limpieza o de juicio es una cuestión mucho más difícil.

En primer lugar, hay que tener presente que el bautismo de Juan era escatológico. El Bautizador estaba consciente de su función como precursor, como el que preparaba el camino para el Más Grande y, como tal, también estaba preparando al pueblo para su venida. Por consiguiente, su bautismo simbolizaba la preparación para la alborada de la nueva era. J. Jeremías sostiene que parte de lo que Israel esperaba era que, como en el Sinaí, la nación estuviera preparada para el día de salvación por medio de un baño de inmersión, así que concluye: "Tal vez Juan el Bautista sintió que su tarea era proveer esta purificación del pueblo de Dios en la hora escatológica".[26]

Luego, el mensaje de Juan, con su dimensión escatológica, anticiparía el bautismo venidero como el cumplimiento de una esperanza inminente. Estas expectativas son descritas de forma fascinante en los Rollos del Mar Muerto (1QS 4:20-21):

Entonces Dios purificará mediante su verdad todas las acciones de un hombre,

Y refinará a algunos de los hijos de los hombres,

A fin de abolir todo espíritu perverso de en medio de su carne;

Y limpiarlos, mediante un espíritu santo, de todas las malas acciones;

Y rociará sobre ellos un espíritu de verdad como agua purificadora...

De esa manera le dará al íntegro el conocimiento del Altísimo y la sabiduría de los hijos del cielo.[27]

En cuanto a si se trata de purificación o de juicio, la mejor interpretación es concluir que se incluye a ambos. Sin embargo, lo que nos atañe aquí es llamar la atención al elemento de gracia o renovación moral que está claramente presente en la declaración de Juan.[28]

A partir de todo esto se puede sugerir que, en la profecía de Juan, el Espíritu Santo es visto de ambas maneras: como Agente de purificación (renovación moral) y como una dotación. Anteriormente hemos visto que ambos están unidos en el lenguaje del salmo 51. Como posteriormente tendremos ocasión de observar, ambos elementos probablemente estarían incluidos en la comprensión de los que experimentaron el cumplimiento inicial de esta profecía en el Pentecostés, y en la de los que interpretaron "pentecosteses" subsecuentes (por ejemplo, el evento de Cornelio y la experiencia samaritana).

La Tentación de Jesús

Marcos escribe que el Espíritu "impulsó" a Jesús al desierto a ser tentado por el diablo. Mateo y Lucas suavizan la frase al decir que "Jesús fue llevado" por el Espíritu (Marcos 1:12; Mateo 4:1; Lucas 4:1). Además Lucas hace resaltar que Jesús estaba "lleno del Espíritu Santo". "Lucas tiene interés especial en el hecho de que Jesús fue más allá de la inspiración profética de los profetas. Los profetas fueron 'llenos' mientras que entregaban sus declaraciones extáticas, pero Jesús permaneció 'lleno'".[29]

Aquí en el desierto, como el Siervo-Mesías recientemente ungido, Jesús se encuentra con las fuerzas demoníacas y, por el poder del Espíritu, las vence al aseverar su aceptación sin reservas de la función de sufrimiento como la naturaleza de su misión. Esto es una clara afirmación de que la dotación del Espíritu debe ejecutarse en términos del Siervo Sufriente. Aquellas demostraciones espectaculares como las que frecuentemente resultaron de la posesión del Espíritu en el Antiguo Testamento son aquí reinterpretadas por otro modelo de poder.

El Ministerio de Jesús

La misma verdad observada en los eventos preliminares se puede observar en el transcurso del ministerio de Jesús, ya que se interpreta como que prosigue "en el Espíritu". Lucas, particularmente, da énfasis a la obra del Espíritu con relación a la vida de Jesús. Es Lucas quien narra cómo Jesús inauguró su ministerio apropiándose de Isaías 61:1 y afirmando que se cumplía en Él. Jesús es el profeta ungido por el Espíritu "cuya misión es traer la era de la salvación. ... Este importante pasaje se presenta como un prólogo al trabajo de Lucas: es la carta del ministerio, el programa mesiánico".[30]

Un encuentro crucial, preservado por igual en los tres sinópticos, es el conflicto que se da entre Jesús y sus oponentes acerca de "qué espíritu" le permite a Jesús echar fuera demonios. Si bien hay diferencias entre estos relatos, el argumento central es claro. Por lógica inexorable, Jesús demuestra lo absurdo que es atribuirle su obra a Beelzebú (Marcos 3:22-26). Así, implícitamente, Jesús asevera tener el poder del Espíritu Santo en relación con el mundo demoníaco. Esta aseveración es hecha en Mateo y Lucas, pero ahora explícitamente. Mateo presenta a Jesús diciendo: "Pero si yo por el Espíritu de Dios echo fuera los demonios, ciertamente ha llegado a vosotros el reino de Dios" (12:28). Lucas usa la frase "por el dedo de Dios" en vez de "por el Espíritu de Dios" (11:20). Este término crítico se deriva del Antiguo Testamento, donde se usa para describir la acción de Dios al inscribir en piedra los Diez Mandamientos (Éxodo 31:18, en este marco sugiere tal vez renovación moral), y de manera más gráfica en el Éxodo, donde los magos atribuyen la tercera plaga al "dedo de Dios" (8:19). En el contexto de Lucas, la frase sugiere que el poder del éxodo está siendo liberado en la inauguración del "nuevo éxodo" a través del poder del Espíritu, ilustrando de esa forma el tema de la dotación.

Es necesario notar dos puntos principales en esta coyuntura. Primero, la controversia sobre Beelzebú ocasionó los comentarios de Jesús acerca del pecado de blasfemia contra el Espíritu Santo. Siendo que es por el poder del Espíritu que Jesús echa fuera demonios, y este es el poder que le da la dinámica a su ministerio, "aquel que atribuye estos exorcismos a Satanás ha cometido blasfemia contra el Espíritu Santo (véase Marcos 3:30)".[31] Mateo declara que al que hable tal blasfemia, "no le será perdonado, ni en este siglo ni en el venidero" (12:32). Nótese la importancia del lenguaje de las edades, lo que más probablemente no signifique "el tiempo y la eternidad", sino que quien no reconozca el poder por el cual es inaugurada la nueva edad no tendrá la capacidad de recibir los beneficios de la nueva edad cuando sea plenamente inaugurada.

Segundo, es de significado crítico que Mateo una a esta narración, y aparentemente lo hace para darle perspectiva teológica, uno de los cantos del Siervo que nos da Isaías. Con esto se implica que el poder del Espíritu, que es el tema de la discusión subsecuente, ha de entenderse como que tiene el carácter del Siervo.

La conclusión de este breve estudio de la enseñanza de los sinópticos acerca de Jesús y el Espíritu es que Jesús es entendido como siendo el recipiente del Espíritu, el cual es el Espíritu de purificación (renovación moral)[32] y de dotación, cuya venida es la señal de la edad escatológica. Y lo que es más crucial aún, el que Jesús reciba el poder del Espíritu, y lo ejercite, involucra una reinterpretación radical de este poder, lo cual está implícito en la unión de los dos oficios ungidos (Mesías y Siervo) en una Persona. Así como se involucró una reorientación de la expectativa mesiánica a través de esta fusión (véase arriba), así también hubo una reorientación similar del poder del Espíritu que sería subsecuentemente derramado sobre el pueblo mesiánico. En breves palabras, esto significa que, al ser lleno con el Espíritu (inicialmente en su bautismo en lo que concernía a su ministerio), Jesús remoldeó la experiencia de ser lleno con el Espíritu: le dio un contenido nuevo. Este mismo significado es aparente en los contextos y la interpretación usados por los escritores de los Sinópticos para hablar de esta característica especial de la obra de Jesús.

Cuando nos tornamos al Evangelio juanino esta verdad, un tanto velada en los sinópticos, se vuelve abierta y explícita. El Cuarto Evangelio tiene una estructura iluminadora en lo que toca a sus enseñanzas acerca del Espíritu Santo.[33] Hay 12 referencias, igualmente divididas en 2 grupos de 6 cada uno. En las primeras 6, la referencia es al Espíritu en relación con el ministerio de Jesús, que culmina con la sexta (7:38-39), la cual recalca que el Espíritu no sería derramado sino hasta la glorificación de Jesús (la manera abreviada de Juan aludir a la muerte, la resurrección y la ascensión de Jesús). El segundo grupo se refiere a la relación del Espíritu con los seguidores de Jesús, y culmina con 20:22, donde "sopló" al Espíritu Santo a sus discípulos después de la resurrección. En la primera parte Jesús es presentado como el portador del Espíritu y, en la segunda, como el otorgador del Espíritu. Si bien estos énfasis no están herméticamente separados, la distinción es generalmente válida.

Juan 1:32-33. Esta es la narración en donde Juan bautiza a Jesús (aunque el texto no lo declara explícitamente), la cual preserva algunos aspectos únicos. Juan había de reconocer el cumplimiento de su propio trabajo mediante el descenso del Espíritu Santo en forma de paloma. O sea, de esa manera Jesús sería autenticado como el Mesías. Se da un énfasis distintivo al hecho de que el Espíritu permanece en Jesús como contraste a la visitación temporal sobre las personas carismáticas del Antiguo Testamento, por lo que hay un énfasis mucho más fuerte aquí que el que encontramos en los sinópticos en cuanto a la posesión que Jesús tiene del Espíritu. Este hecho identifica a Jesús como Aquel que bautizará con el Espíritu. Jesús recibe el Espíritu a fin de que otros puedan compartir su morada.

Juan 3:1-8. Este pasaje es tal vez el más difícil de acomodarse al patrón que estamos sugiriendo para la enseñanza juanina acerca del Espíritu. La mejor manera de hacerlo es notando el "dualismo vertical" que es característico de Juan, el cual ofrece un contraste (no una contradicción) al "dualismo horizontal" de los sinópticos.[34] Así pues, el nacimiento del Espíritu es "de arriba", una traducción alternativa de Juan 3:3 sugerida al calce de la Nueva Versión Internacional, y la cual es preferible a "de nuevo" en la Versión Reina Valera del 1960. Puesto que Jesús mismo es "de arriba" (8:23), puede inferirse que el Espíritu "de arriba" que efectúa la regeneración procede de Él.

En Mateo y en Lucas la actividad del Espíritu con relación a la concepción y nacimiento del Mesías realzaba el poder y la actividad creadora de Dios que traía a la existencia la nueva creación. Parece haber un paralelo aquí con el Espíritu, quien es el poder que da vida y que hace nuevo al ser humano.

Juan 3:33-34. Muy explícitamente, este pasaje se refiere a la posesión que Jesús disfruta del Espíritu, que es "sin restricción" (NVI). Aunque un poco ambiguo en cuanto al sujeto, el versículo 35, que reza: "El Padre ama al Hijo, y todas las cosas ha entregado en su mano", nos permite decir con alguna certidumbre que es sobre Jesús que Dios trae el Espíritu completamente.[35] Aquí está otro énfasis sobre la obra de Jesús como el portador del Espíritu. El contraste en el pasaje es entre el don medido del Espíritu que recibe Juan el Bautista y el don sin medida que recibe el Hijo, lo cual encaja con la narración juanina del bautismo.

Juan 4:14-24. En este pasaje Jesús es descrito como la fuente del Espíritu y el maestro de la verdadera adoración en el Espíritu. La descripción que el Señor da de "la verdadera adoración" como que es "en espíritu y en verdad" es reflexiva. La verdad vino a través de Jesucristo (1:17), y es a la luz de esta verdad que ocurre la adoración que es del Espíritu. "Esta unión de 'espíritu y verdad' es la enseñanza más distintiva sobre el Espíritu en el pensamiento juanino (véase 1 Juan 5:7)".[36] Uno de los títulos juaninos más característicos para el Espíritu Santo es "el Espíritu de verdad" (que lo usa tres veces). David Hill sostiene que el lenguaje sugiere que "'espíritu y verdad' deben ser considerados como una sola entidad", y va a insistir en que la clave para la comprensión del pasaje es la afirmación que Jesús hace de que "Dios es Espíritu", lo que ha de ser entendido hebraicamente, en vez de como un concepto estoico del espíritu como substancia semimaterialista que permea todas las cosas. Hill llega a esta conclusión: "Cuando Juan dice que Dios es 'Espíritu', está afirmando su naturaleza como poder creador que da vida con relación a su pueblo. Adorar 'en Espíritu' es, por lo tanto, adorar en la esfera de esta actividad divina, la cual fue manifestada supremamente en Cristo quien es la 'verdad'".[37]

Juan 6:35-65. El poder impartidor de vida del Espíritu es recalcado otra vez en el discurso del pan de vida, como bien lo aclara la sección explicativa (6:63). Vida es la manera juanina de hablar del contenido de la salvación. La iglesia ha entendido tradicionalmente que este pasaje tiene un significado eucarístico. Por lo tanto, la carne (los elementos eucarísticos) no es sino el vehículo del Espíritu. Pero, paralelamente, puesto que los elementos simbolizan el cuerpo y la sangre de Cristo es, en última instancia, a través de Él que el Espíritu le es mediado al creyente. En este caso son sus palabras las que específicamente son la fuente de vida y, por ende, del Espíritu.

Nada de esto sugiere menosprecio alguno del Jesús histórico (carne) sino el reconocimiento de que es el Cristo terrenal, físico, encarnado, quien es la ocasión para el conocimiento de Dios en el Espíritu. Tal como dice G. Eldon Ladd: "Es básico para la teología juanina que la carne se vuelva un vehículo del Espíritu".[38] El principio encarnacional con relación a la experiencia que el cristiano tiene del Espíritu es de esta manera afirmado explícitamente, pero al mismo tiempo se reconoce que la carne sola, aparte de la actividad del Espíritu, es inefectiva.

Juan 7:38-39. Ahora hemos llegado al pasaje sobre el cual la estructura juanina gira, y es necesario que le demos mayor atención, puesto que realmente define la perspectiva no sólo del Cuarto Evangelio, sino de todo el Nuevo Testamento. Aquí se nos dice explícitamente que Jesús otorgará el Espíritu a sus seguidores una vez que su tarea quede completa.

Es necesario atender un problema principal de interpretación de este pasaje debido a que afecta el asunto teológico que está en juego. Hay un asunto disputado en lo que concierne a la puntuación del versículo 38. Una manera (la oriental) relaciona "de su interior correrán ríos de agua viva" al creyente en Cristo. La otra (la occidental) relaciona la declaración a Cristo. Esta última encuentra apoyo masivo entre los eruditos contemporáneos, e interpretarla así hace que el dicho sea internamente consistente en lo que toca a la fuente del Espíritu que fluye. Raymond E. Brown nos llama la atención a la dificultad de identificar la escritura del Antiguo Testamento a la que el texto alude si se adopta la forma de fraseología oriental, para luego señalar que hay un prejuicio dogmático involucrado en la renuencia de la tradición oriental a aceptar la idea de que el Espíritu "fluye de" Cristo, el cual consiste en el rechazo de la enseñanza del *filioque* de la iglesia de Occidente. Brown sugiere que, por otro lado, es plausible referir la escritura de fondo al evento en Éxodo cuando Moisés golpeó la piedra e hizo que de ella brotara agua (17:6). "Esta piedra", escribe Brown, "fue vista en la iglesia primitiva como un tipo de Cristo (1 Corintios 10:4) y, por lo tanto, este antecedente favorecería la interpretación cristológica de la fuente en la cita de Juan.[39]

Si esto es una interpretación correcta, tenemos un momento culminante en la enseñanza juanina en el sentido de que, como el portador del Espíritu, Jesús pone el sello de su propia persona sobre el contenido del Espíritu que es otorgado a sus seguidores. El resto de la enseñanza del evangelio acerca del Espíritu se desarrolla bajo esta luz.

Lo que es de profundo y revolucionario significado es la afirmación de que la glorificación de Jesús tiene que preceder al otorgamiento del Espíritu. ¿Por qué tiene que ser este el caso? Debe en primer lugar decirse que no es porque haya aquí un empezar ontológico. El versículo 39 literalmente reza: "El Espíritu todavía no estaba". Pero interpretar esto ontológicamente es negar la enseñanza bíblica de la Trinidad. William Barclay ha visto claramente esta implicación y lo expresa diciendo: "Con frecuencia ocurre que en un punto dado de tiempo, y debido a cierta acción o evento, los hombres entran en una experiencia completamente nueva de algo que ya ha existido por largo tiempo".[40]

E. Stanley Jones ofrece la contestación mejor, más directa y bíblicamente sana de este asunto que el escritor del presente libro haya encontrado hasta la fecha.[41] Nos sugiere dos razones por las cuales el Espíritu no podía ser dado sino hasta que Jesús fuese glorificado. Primero, si el poder del Espíritu había de ser poder "como el de Cristo", era necesario ver ese poder manifestado a través de la totalidad de su vida, desde el taller del carpintero hasta el trono del universo. Tenía que verse en la humillación y en el triunfo, en la cruz y en la resurrección. En segundo lugar, los discípulos tenían que ver que este poder manifestado en Jesús era el poder último. Tal comprensión vendría de una manera impactante, que desafiaría todas sus nociones previamente albergadas acerca de la misión mesiánica. Ellos habían sido "criados en la idea de que el poder mesiánico se manifestaría en una exhibición abrumadora que forzaría la aceptación". Pero ¡cuán diferente fue la expresión real de poder que Jesús dio!

En pocas palabras, necesitaba haber una reorientación completa del concepto del poder del Espíritu de Dios. Si los discípulos hubiesen sido dotados con el don del Espíritu antes de que ese don hubiese manifestado toda su amplitud de significado en Jesús, sin duda se hubiesen vuelto nacionalistas furiosos, batiendo sus armas como lo hizo el Sansón de antaño; jamás habrían reconocido el poder del amor. "Habría sido el Espíritu del Señor, pero no el Espíritu Santo".

Las siguientes palabras de H. B. Swete proveen una transición excelente de la primera sección de Juan a la segunda y, por ende, a nuestra discusión de esta última.

> El Cuarto Evangelio revela en sus primeros capítulos al Espíritu Santo como el autor de la vida espiritual en los hombres, y a nuestro Señor como el dador del Espíritu a aquellos que acudan a Él en busca de ese don. En la parte posterior del libro, que contiene las instrucciones privadas dadas a los discípulos durante la noche antes de la Pasión y después de la resurrección, se va a considerar

al Espíritu Santo bajo otra luz; aquí saltan a la vista la relación con la hermandad cristiana en la que el Espíritu se encontrará y los oficios que ha de cumplir con la futura iglesia representada por la congregación reunida en el aposento alto.[42]

La segunda sección del Evangelio, como ya hemos visto, contiene seis dichos acerca del Espíritu. Están los cinco pasajes del *parákletos,* [Consolador o Ayudador] (14:15-17; 14:25-26; 15:26-27; 16:5-11; 16:12-15), y el pasaje culminante (20:22) que se refiere al otorgamiento que Jesús haría del Espíritu a sus discípulos congregados después de su resurrección.

En vez de hacer una exégesis de cada pasaje, como hicimos en la sección anterior, aquí propondremos una tesis comprensiva de todos ellos, la cual después procederemos a demostrar mediante un análisis estructurado de la enseñanza de estos dichos como un todo. La tesis propuesta leería así: el Espíritu Santo debe ser entendido como inseparablemente relacionado a la persona de Jesucristo. Hay cinco verdades que aportan a esta propuesta.

La venida del Espíritu depende de que Jesús se vaya. Esta verdad es propuesta inicialmente como parte de la proclamación que Jesús hace en la Fiesta de los Tabernáculos (7:37-39), aunque será explícitamente declarada en 16:7: "Pero yo os digo la verdad: Os conviene que yo me vaya; porque si no me fuere, el Consolador no vendría a vosotros; mas si me fuere, os lo enviaré". Ya hemos observado que la razón primordial para que fuera así era que la tarea completada de Cristo, incluyendo la ascensión, pudiera darle carácter a la obra del Espíritu.

El significado del nombre del Espíritu implica una continuación de la obra de Cristo. Se ha discutido larga y ampliamente el origen y significado del nombre que Jesús escogió para nombrar al Espíritu como *parákletos.* Entre las diversas traducciones están la de "Abogado", "Consejero" y "Ayudador", pero todos están de acuerdo en que, en el contexto lingüístico de nuestros días, traducirlo como "Consolador" no es del todo satisfactorio. Yo sugeriría que el término más amplio y que traduce más fielmente el original es "Ayudador".

La mejor manera de ver el significado de este término es pensar en la situación a la que Jesús se dirigió. La desesperación de los discípulos al oír el anuncio de que Jesús los estaba dejando se debió sin duda a que se sentían dependientes de Él. Durante toda su tambaleante comprensión y esfuerzos por seguirle, Él siempre había estado presente con palabras de ánimo y de apoyo moral, para no hablar de las promesas divinas que les hacía. Que este apoyo fuese a ser quitado sólo podía producir frustración. Sin embargo, ahora Jesús estaba prometiéndoles que les proveería otro Ayudador, uno que continuaría esta obra que Él había estado proveyendo, y que lo haría en una manera más interna, consistente y sin interrupciones. Así pues, nos parece correcto afirmar que el pensamiento incluía una continuación del ministerio de Jesús con sus discípulos.

La recepción del Espíritu depende de un conocimiento previo de Jesús. El mundo, dijo Jesús, no podía recibir al prometido Ayudador porque no lo veía ni le conocía. Pero a sus discípulos les declaró: "Vosotros le conocéis, porque mora con vosotros, y estará en vosotros" (14:17). Es digno de atención que esta frase sea introducida identificando al Espíritu como "el Espíritu de verdad". Relacionándolo con el versículo 6 del mismo capítulo, tenemos una correlación interesante. Jesús dice: "Yo soy... la verdad". Bajo esta luz, "conocer" puede llevar la connotación de "reconocer". Los discípulos reconocerán al Ayudador cuando venga porque ya se han familiarizado con Él por medio del Maestro, quien modela la naturaleza del Espíritu: el Ayudador será una ayuda semejante a Cristo.

Jesús identifica la venida del Espíritu con su propia presencia personal y permanente. Hay un intercambio iluminador de los siguientes pronombres en las frases que estamos considerando: "Yo", "Él" y "Nosotros". Parece ser que se emplean el uno por el otro, lo que le permite a A. M. Hunter decir: "El Espíritu no viene tanto para suplir la ausencia de Jesús sino para lograr su presencia".[43] El Espíritu no está tomando el lugar de Jesús; su presencia es equivalente a la presencia del Señor resucitado. Alan Richardson presenta el argumento de que esto es cierto de toda la forma de entenderlo del Nuevo Testamento: "el Cristo ascendido y el Espíritu Santo no son diferenciados, cuando menos en lo que concierne a sus operaciones".[44]

La obra del Espíritu es decisivamente cristocéntrica, ello en su sentido final, y más generalmente. En 14:26, leemos que el Ayudador será enviado por el Padre en el nombre de Jesús, y su función se describe así: "...os recordará todo lo que yo os he dicho". En 15:26 Jesús dice que Él enviará al Espíritu y luego declara: "Él dará testimonio acerca de mí". Y en 16:13-14 se anuncia que el ministerio de enseñanza del Espíritu no emana de su propia autoridad, sino que procederá de la persona de Jesús: "Él me glorificará; porque tomará de lo mío, y os lo hará saber".

Esto nos trae finalmente al pasaje que narra el "otorgamiento" del Espíritu: "Y habiendo dicho esto, sopló, y les dijo: Recibid el Espíritu Santo" (20:22). Aquí el contexto está impregnado del sentido de misión. Jesús encuentra a sus discípulos detrás de puertas cerradas por temor a los judíos, sin nada de la audacia que les había prometido y que necesitarían para llevar adelante la continuación de su ministerio en el mundo. Después de saludarlos con un *shalom* judío, Jesús inmediatamente emite una comisión: "Como me envió el Padre, así también yo os envío" [v. 21]. Después de la insuflación, habla otra vez de la continuación de su propia misión a través de ellos: "A quienes les perdonen sus pecados, les serán perdonados; a quienes no se los perdonen, no les serán perdonados" (v. 23, NVI). En este marco, "el don del Espíritu significa poder y autoridad para declarar el evangelio de redención".[45] Ladd tiene un comentario muy pertinente: "De cualquier manera en la que este versículo sea interpretado, significa cuando menos que Jesús estaba otorgando a sus discípulos el mismo Espíritu que había descendido sobre Él en su bautismo y que lo había llenado durante su ministerio".[46]

Es enteramente obvio que el lenguaje usado aquí tiene presente la creación original del hombre cuando Dios sopló en Adán el aliento de vida. Más aún, esto es un paralelo de la actividad iniciadora del Espíritu en el ministerio de Jesús, tal como se observó arriba.

Pero aquí nos topamos con otro un problema difícil de interpretación. ¿Cómo se relaciona este evento al derramamiento pentecostal? Muchos han definido esto como el "Pentecostés juanino", sugiriendo que esto es una narración alternativa del mismo evento. George Eldon Ladd ofrece algunos recios argumentos en contra de esta posición: (1) Es difícil creer que hubiese escrito cristiano alguno del fin del siglo que no supiera del Pentecostés. (2) Es difícil creer que haya habido dos impartimientos del Espíritu. (3) El Cuarto Evangelio mismo enseña que el Espíritu no podía ser dado sino hasta después de la ascensión de Jesús, así que, si este es el actual otorgamiento, tendría que haber entonces dos ascensiones. (4) No hay evidencia de que los discípulos empezaron a cumplir su misión sino hasta después del Pentecostés.

La solución que Ladd mismo propone parece estar más de acuerdo con la evidencia, pues sugiere que este "soplo" era "una parábola actuada prometedora y anticipadora de la venida en sí del Espíritu el día de Pentecostés". Si bien hay numerosos paralelos entre los pasajes que sugieren dos narraciones del mismo evento, no hay razón abrumadora que impida que uno no pueda ser la promesa del otro.[47]

La Experiencia Cristiana
de los Primeros Creyentes

Los primeros relatos de la experiencia cristiana del Espíritu Santo se hallan en el Libro de los Hechos, el cual es eminentemente un libro del Espíritu. En Hechos se encuentra el doble de referencias al Espíritu divino que las que ocurren en cualquier otro libro del Nuevo Testamento, y casi la cuarta parte del número total encontradas en todo el Nuevo Testamento.[48] Lamentablemente, una de las preguntas más desconcertantes en la erudición del Nuevo Testamento tiene que ver con el significado de estas experiencias.[49]

¿Qué indicios deberíamos buscar al tratar de identificar las características distintivas y únicas de estos encuentros iniciales? Se pueden sugerir dos factores primarios. Primero, el propósito que Lucas tuvo al escribir estos relatos. El asunto del propósito sugiere que la perspectiva teológica influirá sobre la dimensión de significado que se destacará abiertamente, pero esto no excluye que haya otros significados que estén veladamente presentes. Plantear esta pregunta desde el principio es un intento de garantizar que estemos haciendo las preguntas debidas al aproximarnos al texto de Hechos[50].

Segundo, deberíamos buscar la comprensión que informó a los recipientes del Espíritu. Este indicio es una aplicación específica del principio hermenéutico discutido en la primera sección de este capítulo, y nos permitirá identificar aquellos significados velados que puedan estar legítima y verdaderamente presentes, aunque no sean aparentes en la superficie.

El Propósito de Lucas

Dentro de ciertos límites, hay un sorprendente grado de unanimidad entre los eruditos en lo que toca al propósito del escritor de los Hechos. Se podría hacer un resumen de las numerosas declaraciones que leería así: la intención primaria y más amplia de Lucas era demostrar cómo, en el poder del Espíritu Santo y bajo su dirección, la iglesia, que originalmente fue una secta con base en Jerusalén, de creyentes judíos y orientada al judaísmo, se volvió un fenómeno principalmente gentil y mundial que reflejaba una creencia en la salvación universal basada en la sola gracia.[51]

William M. Greathouse substancialmente da eco a este propósito en su comentario sobre Hechos:

> Al escribir Hechos, Lucas tiene en mente un propósito dominante: esbozar el testimonio de la iglesia potenciado por el Espíritu que principia en Jerusalén, se propaga a las regiones circunvecinas, y se extiende a todo el mundo. Lo que le interesa particularmente es la predicación del evangelio y la fundación de la iglesia en los centros urbanos desde los cuales irradiaría a gran parte del Imperio Romano.[52]

También hay algunos propósitos secundarios que podemos reconocer. Está el propósito apologético, para demostrar que el cristianismo no es políticamente peligroso, y que la violencia que acompañó su propagación fue instigada por los judíos y no los cristianos. Tal vez Lucas intentó además ayudar a sanar el conflicto entre los creyentes judíos y gentiles, mediante la manera en que presenta a Pedro y a Pablo. No obstante, su propósito primordial es claro e inequívoco.

Con esta percepción hermenéutica como nuestro referente, podemos excluir un número de interpretaciones de Hechos que nos han sido propuestas. La intención primaria de Lucas no es proveer patrón normal o normativa de la experiencia individual. Es obvio que hay implicaciones que podemos derivar de Hechos, pero tratar de hacer de esto un principio exegético guiará a una confusión masiva, puesto que el libro presenta una considerable diversidad de patrones. Fee y Stuart nos lo dicen con claridad:

> Cuando él [Lucas] incluye conversiones individuales en el expediente, generalmente hay dos elementos presentes: el bautismo de agua y el don del Espíritu. Pero éstos pueden aparecer en el orden inverso, con o sin la imposición de manos, con o sin la mención de lenguas, y casi nunca con una mención específica de arrepentimiento, aun después de lo que Pedro dice en 2:38-39.[53]

Esta manera de entender el propósito de Lucas sugiere inmediatamente la idea de misión, y este es precisamente el tema con que nos encaramos desde el principio, y que nos abruma con su constante presencia. Es el tema que domina el pensamiento de Lucas desde el principio hasta el final de su "historia del cristianismo primitivo", lo que significa que se inclinaría a recalcar el don del Espíritu como una dotación, una de las venas mayores de la esperanza escatológica del Antiguo Testamento.

Las primeras palabras de su tratado nos proveen un indicio claro de su intención: "En el primer tratado, oh Teófilo, hablé acerca de todas las cosas que Jesús comenzó a hacer y a enseñar". La implicación es que este escrito que Lucas ahora presenta intenta hablar de lo que Jesús siguió haciendo a través de la operación del Espíritu en sus discípulos. El último mandamiento que Jesús les dio a sus discípulos da énfasis explícitamente a este tema: "Pero recibiréis poder, cuando haya venido sobre vosotros el Espíritu Santo, y me seréis testigos en Jerusalén, en toda Judea, en Samaria y hasta lo último de la tierra" (Hechos 1:8).

Los eventos del día de Pentecostés se enfocan en factores que hacen resaltar la universalidad del mensaje acerca del Cristo ascendido (había que dar testimonio de la resurrección) y el poder para proclamarlo. Las señales, especialmente el don de idiomas, intentan, sin lugar a duda, enfocarse en esta verdad. Al final, cuando Pedro provee la explicación a una multitud que pregunta, lo hace citando el pasaje de Joel que trata con ser dotados para profetizar. Resulta revelador que hubo otros pasajes que pudieron haber sido citados (o reportados como citados) si se hubiera querido destacar otros significados.

Es ese tema dominante que hace posible que algunos intérpretes evalúen los primeros relatos de las experiencias del Espíritu en Hechos como poco más que fenómenos del Antiguo Testamento. A simple vista, esto podría ser una explicación válida. Pero, dada la situación, es imposible conformarse con una explicación así por no ser completamente adecuada, lo que nos lleva casi imperceptiblemente a la segunda consideración.

La Comprensión que Informó a los Recipientes

Incluso el concepto de misión había sido transformado a la luz del hecho de que esta misión era la continuación de la obra de Cristo. Esta nueva comprensión involucraba además la renovación moral (santificación), ya que sólo mediante una reorientación radical del ser interior de uno, así como mediante su comprensión de la naturaleza del poder, podía uno adoptar la función de siervo. De esta manera somos inmediatamente introducidos a la segunda hebra de la esperanza escatológica del Antiguo Testamento.

Como resultado de esto, es menester que reconozcamos un significado diferente en el uso que Lucas hace de "ser llenos con el Espíritu Santo", en conexión con sus narrativas del nacimiento del Señor, y su uso aquí al describir la experiencia de los discípulos. J. H. E. Hull lo expresa de manera elocuente como sigue:

> Pudiéramos decir por el momento que fue el mismo Espíritu, el propio Espíritu Santo, quien llenó a Elizabet y a Zacarías, como también a los discípulos. Pero mientras que Elizabet y Zacarías pudieron sólo sentir que habían sido llenos con el Espíritu de Aquel a quien no habían visto, esto es, Dios, los discípulos estaban al tanto de que ellos estaban llenos con el Espíritu que había estado en Aquel que ellos habían visto, a saber, Cristo mismo.[54]

Este hecho explica la ambigüedad a la que Alex R. G. Deasley alude que ha estado presente en el movimiento wesleyano desde el principio, la que primero surgió en una discusión entre Juan Wesley y Juan Fletcher. Deasley, muy correctamente, llama la atención a las salvedades que se le pidieron a Daniel Steele que hiciera en sus exposiciones sobre la teología de la santidad. Steele explícitamente reconoció que la frase "bautismo o plenitud del Espíritu" tiene múltiples significados: hay una "plenitud extática", que involucra un torrente de paz, gozo y poder que "pueden postrar el cuerpo sin limpiar el alma"; hay una "plenitud carismática", en la que uno puede ser dotado de algún don extraordinario del Espíritu; y luego hay una "plenitud ética", la que implica la entera santificación.[55]

W. F. Lofthouse ha presentado el argumento de que la novedad del concepto del Espíritu tal como aparece en Hechos, con frecuencia es pasada por alto debido a la familiaridad, y que es tan novedoso que, no sólo es considerablemente diferente del concepto del Antiguo Testamento, sino que el Antiguo Testamento ni siquiera lo pudo haber sugerido. Esto lleva a Lofthouse a proponer que la manera de entender el Espíritu que encuentra expresión en el Cuarto Evangelio, especialmente en los capítulos 14 al 16, es lo que provee el trasfondo para la comprensión en Hechos.[56]

Nuestro estudio ha insistido en que hay más que puede decirse de las contribuciones de los evangelios sinópticos a la comprensión del Espíritu en Hechos que lo que Lofthouse y otros eruditos neotestamentarios conceden, lo único que los documentos las hacen más implícita que explícitamente. Así pues, es importante notar la contribución de las últimas expresiones de Jesús, las que vienen, significativamente, en el umbral de su pasión.

Aquí, en particular, se nos permite ver la relación entre la oración sumosacerdotal de Jesús y la experiencia o experiencias del Espíritu en Hechos. También, en Juan 17, el tema de la misión está inescapablemente presente, por lo que la única manera de soslayarlo sería por presuposiciones dogmáticas a priori. La carga de la oración de Jesús por sus discípulos fue "para que el mundo crea que tú me enviaste" (v. 21). En el curso de la oración se dedicó (santificó) a sí mismo a la terminación de su misión, y oró pidiendo que Dios dedicara (santificara) a sus discípulos a la continuación de esa misión. Llevarla a cabo involucraría mucho más que discursos persuasivos; comprendería una unidad ("que todos sean uno" [v. 22, compárese con v. 21]) que sólo podía ocurrir a través de una metamorfosis de su naturaleza. Por ello, el derramamiento pentecostal, así como los subsiguientes, tendrían como propósito la renovación moral (santificación) de los discípulos para que pudieran llevar a cabo esta misión. Las descripciones de la vida corporal de la iglesia primitiva son demostración de que el Pentecostés fue claramente efectivo para lograr este resultado.

Uno de los factores cruciales en el intento de identificar la comprensión que los discípulos tenían de lo que significó el derramamiento del Espíritu sobre ellos lo encontramos en las instrucciones de Jesús en Hechos 1:4-5: "Y estando juntos, les mandó que no se fueran de Jerusalén, sino que esperasen la promesa del Padre, la cual, les dijo, oísteis de mí. Porque Juan ciertamente bautizó con agua, mas vosotros seréis bautizados con el Espíritu Santo dentro de no muchos días". ¿Cuál es "la promesa del Padre"? Lofthouse ha mantenido que puesto que se afirma que es una promesa que Jesús dio, puede sólo referirse a los pasajes juaninos que tienen que ver con la promesa del Paracleto. Por ende, la promesa del Padre es la del Espíritu Santo, el cual es el Espíritu de Cristo. El contenido de Jesús se ha vuelto parte de ella, y el resultado ha sido que aquellos que recibieron el Espíritu en su plenitud entendieron que, no sólo se les estaba dando una clase especial de poder para llevar a cabo la misión de Jesús en el mundo, sino también que estaban siendo transformados en una nueva existencia que involucraba una santificación de pies a cabeza de la naturaleza de ellos.

Empero, y en adición a esto, uno podría argumentar que en "la promesa del Padre" estaba incluida la profecía de Juan el Bautista.

Los discípulos también lo estaban oyendo de labios de Jesús. Tal como vimos antes, la predicción de Juan del "bautismo con el Espíritu Santo" incluía ambos elementos, la dotación y la renovación moral o santificación.

Tal vez haya habido aquellos, particularmente los tres mil, cuya experiencia inicial del don del Espíritu los llevó sólo hasta la regeneración, pero para los que habían vivido con Jesús, y que habían pasado por la sesión de entrenamiento de los 40 días acerca de lo que había pasado y lo que estaba a punto de pasar, la experiencia sin duda los llevó a la dispensación cabal del Espíritu (Fletcher), por lo que su bautismo con el Espíritu resultó en su santificación completa o entera. Lo que estamos sugiriendo es, pues, que ambos, la medida y el carácter de la obra del Espíritu fueron el resultado de la fe basada en el entendimiento de aquellos que se apropiaron del Espíritu en cualquier momento de su experiencia.[57]

Trabajando con la misma evidencia, Alex R. G. Deasley llega a la siguiente y muy parecida conclusión:

> Yo sugeriría con mucha cautela que lo que Lucas está haciendo es usar la frase "bautismo en el Espíritu Santo" con la misma amplitud con la que la raíz *hagios-hagiazo* es usada en las epístolas del Nuevo Testamento. ... La comprensión que Lucas tiene de la salvación, expresada en función del Espíritu Santo, está en armonía con este [uso]. Empero, este no es su interés primario en Hechos. Lo que le interesa es el Espíritu como el agente de la misión... En armonía con esto, su lenguaje es correspondientemente amplio, y términos como "salvación" y "plenitud" pueden portar cualquier grado de significado como sea apropiado a su contexto.[58]

La conclusión a la que llegamos de todo esto es que la experiencia cristiana primitiva del Espíritu es interpretada cristológicamente, ya sea en términos de dotación o en términos de renovación moral (santificación); y que, además, el resultado de la llenura del Espíritu es correlativo a la comprensión y fe apropiadora del recipiente.

El Apóstol Pablo y la Experiencia del Espíritu

La expresión madura de la idea cabalmente desarrollada que el Nuevo Testamento ofrece de la experiencia cristiana normativa del Espíritu se halla en las epístolas de Pablo. Alasdair I. C. Heron correctamente observa que "al retornar de los sinópticos y Hechos a

Pablo, encontramos un concepto más rico, así como una exploración más profunda de la naturaleza del Espíritu, de su actividad, *y de su conexión inherente con Jesucristo"* (las cursivas son nuestras).[59]

La evaluación que James S. Stewart hace de la contribución de Pablo a la comprensión del Espíritu es iluminante:

> En la comunidad cristiana primitiva, al principio hubo una tendencia —tal vez bastante natural bajo las circunstancias— de regresar a las concepciones más rústicas del Espíritu, y a describir su obrar principalmente en términos de fenómenos como el hablar en lenguas. Fue Pablo quien salvó a la naciente fe de ese retroceso peligroso. Insistió en que las verdaderas demostraciones del Espíritu no se hallaban en fenómenos accidentales y ajenos, ni en emociones espasmódicas ni éxtasis esporádicos, sino en la vida quieta, continua y estable de la fe, en el poder que obraba a niveles morales, en la seguridad secreta del alma de su filiación con Dios, en el amor y el gozo y la paz y la paciencia, y en un carácter como el de Jesús.[60]

Una de las características más discutidas, así como iluminadoras, del pensamiento de Pablo es la manera en la que correlaciona estrechamente a Cristo y al Espíritu.[61] Algunos hasta han ofrecido la posibilidad de que ambos son idénticos en la mente del Apóstol. Pasajes tales como 2 Corintios 3:17 parecerían claros: "Porque el Señor es el Espíritu; y donde está el Espíritu del Señor, allí hay libertad". Con todo, a la luz de la enseñanza paulina total, esta identificación es ontológicamente imposible. "Nunca se le hubiera ocurrido a Pablo que este Ser personal, este Cristo histórico, y el Espíritu de Dios, habían sencillamente de ser identificados".[62] Pero que este fenómeno señale hacia la estrecha conexión entre Jesús y el Espíritu en la teología de Pablo, es algo que hay que reconocer.

El Apóstol puede usar indistintamente términos como "Espíritu Santo" y "Espíritu de Cristo"; y estar "en Cristo" es sinónimo a estar "en el Espíritu" (véase Romanos 8:9-11). El Espíritu que habitó en Cristo se ha vuelto el Espíritu de Cristo que Él otorga a todos los creyentes. A. M. Hunter lo expresa en forma sucinta: "Pablo no identifica a Cristo con el Espíritu. La verdad es más bien que es a través del Espíritu que Cristo viene a los cristianos. Teológicamente, Cristo y el Espíritu se pueden distinguir; en la experiencia, son uno".[63]

A la luz de esta percepción de la doctrina paulina del Espíritu, es fácil entender cómo el Apóstol, al desarrollar su pneumatología o, sinónimamente, "la vida en el Espíritu", la hace ética en naturaleza, y su dimensión ética la define por la persona de Jesús.

Hemos observado anteriormente una doble herencia en la esperanza antiguotestamentaria del Espíritu: (1) la dotación, especialmente con relación al fenómeno de la profecía, y (2) la renovación moral del espíritu humano, o santificación. Ambos temas están presentes en los escritos de Pablo, pero es el último el que se vuelve predominante.

El tema de la dotación está presente en los primeros escritos de Pablo. En la primera de las cartas suyas que se han conservado (1 Tesalonicenses), les recuerda a sus convertidos tesalonicenses que el evangelio que les llevó no "llegó a vosotros en palabras solamente, sino también en poder, en el Espíritu Santo y en plena certidumbre" (1:5). En un aparente paralelismo les amonesta así: "No apaguéis al Espíritu" y, "No menospreciéis las profecías" (5:19-20). Pero debe notarse que la profecía puede no ser automáticamente sana, aun cuando sea atribuida al Espíritu. Aunque no se nos dice explícitamente cuál puede ser el criterio para tal evaluación, la exhortación del Apóstol de "Examinadlo todo; retened lo bueno" (v. 21), indudablemente sugiere que hay que examinar la profecía en cuanto a su contenido cristiano distintivo.

En esta la primera de sus cartas Pablo también revela que ya ha unido los conceptos del Espíritu, la santificación y la dimensión ética. En 4:3 ss. llama a sus convertidos a vivir santamente, lo cual encierra evitar la impureza sexual, y les indica que quien no lo hace "no desecha a hombre, sino a Dios, que también nos dio su Espíritu Santo". Así, en el umbral mismo de su tarea literaria, Pablo refleja la correlación que informa su pensamiento más maduro, a saber, que la santificación es la obra del Espíritu y su meta es la producción del carácter ético visto en términos de ser como Cristo (compárese también 2:13).

Lo que Pablo está haciendo en su trabajo es elaborar todas las implicaciones de la vida en la nueva era. Fue anunciada en los evangelios; su alborada es celebrada en los Hechos; sus implicaciones son detalladas en las epístolas. Por ende, Pablo generalmente habla de la nueva vida "en Cristo", o "en el Espíritu", en vez de plantear proposiciones teológicas acerca de la naturaleza o la persona del Espíritu. Esto está de acuerdo con el enfoque que hemos procurado comunicar mediante el título de este capítulo y su desarrollo. Hay dos dominios de existencia, la vida en el Espíritu (en Cristo) y la vida en la carne (Adán), y ellas representan respectivamente la existencia en la nueva edad (eón) y en el viejo eón. Como dice Herman Ridderbos:

> El contraste entre el Espíritu y la carne, tan constitutivo para la predicación de Pablo, no debe ser tomado como metafísico o antropológico, sino como un contraste redentor-histórico, o sea, como los dos principios dominantes de los dos eones, demarcados por la aparición de Cristo.[64]

Aunque en todas las epístolas de Pablo hay enseñanzas sobre la vida en el Espíritu, acompañadas por una plétora de implicaciones, en cuatro de ellas (1 y 2 Corintios, Gálatas y Romanos), *pneuma* es un término clave, y las cuatro nos proveen abundante material sobre el asunto que estamos explorando aquí.

El dato básico en la comprensión de Pablo de lo que es "llegar a ser un creyente", es el don del Espíritu, por lo que da por sentado este hecho en todas sus discusiones (compárese con Romanos 8:9; Gálatas 4:6; 1 Tesalonicenses 1:4-6; Filipenses 2:1). En su teología, este don acompaña la aceptación de la predicación del Salvador crucificado (véase Gálatas 3:1-5). Es así como los convertidos se vuelven *oi pneumatikoi,* o que tienen una experiencia neumática. La implicación, que sus convertidos no siempre ven, es que la palabra del evangelio le da contenido a su encuentro neumático y a su estilo de vida subsecuente. Así, en cumplimiento de las esperanzas del Antiguo Testamento, la iglesia es una comunidad carismática que resulta de una democratización del Espíritu. Esto es sencillamente una extensión de la teología de Hechos.

Está además claro que el don del Espíritu no es un fenómeno ambiguo. Las dos situaciones de iglesia más controversiales de Pablo (Corinto y Galacia) giraban alrededor de comprensiones pervertidas de la vida llena del Espíritu. En Corinto, guió al "libertinaje", en tanto que en Galacia los llevó al "nomismo".[65]

Los problemas de Corinto trajeron a Pablo cara a cara con una situación en la que la obra del Espíritu estaba siendo identificada con manifestaciones que eran menos que lo cristianamente normativo. Se interpretaba el significado de espiritualidad en función de dones, especialmente los más especulares. Es enteramente posible que la así llamada glosolalia era una reproducción de las convulsiones mánticas comunes a las religiones paganas en Corinto. La vida llena del Espíritu incluso llegó a verse como consistente con la inmoralidad crasa (véase 1 Corintios 5). Es digno de atención que en conexión con los dones (no la inmoralidad), Pablo no rechazó la aseveración de que el Espíritu estaba obrando, sino que en vez pide una comprensión más adecuada de lo que debe ser el verdadero carácter de la obra del Espíritu.[66] Lo que vemos en Corinto es una confrontación entre la espiritualidad cristiana normativa y la subnormativa. La piedad corintiana veía la espiritualidad en función de señales y dones carismáticos; Pablo veía la espiritualidad normativa en función del amor (1 Corintios 13).

En Galacia, parece que los cristianos de esa región encontraban que la vida en el Espíritu, como ellos la entendían, era insuficiente para protegerlos en contra de la carne y, por ende, eran tentados a recurrir a la ley mosaica como el medio para evitar caer en el libertinaje. Aquí Pablo tuvo que abogar que el Espíritu es adecuado como un principio ético, así que nadie tenía que recurrir al legalismo. Sin embargo, esto involucraba desarrollar una comprensión cristológica de la vida llena del Espíritu.

Es a los gálatas en particular a quienes Pablo enumera el fruto del Espíritu, y observa: "contra tales cosas no hay ley" (5:23). Las palabras clásicas de Friedrich Schleiermacher de que "el fruto del Espíritu son las virtudes de Cristo" captan espléndidamente el meollo de lo que Pablo está diciendo. Es Cristo quien le da contenido al fruto y, por lo tanto, la vida en el Espíritu, correctamente entendida, no puede guiar ni a la vida que sigue la carne ni a la vida bajo la ley.[67]

La enseñanza paulina sobre el Espíritu tiene muchas ramificaciones sobre las que se puede hacer teología adicional acerca de ambas, la experiencia cristiana personal y la corporal. Dejaremos para después estos análisis hasta poder hacerlo en el contexto apropiado de la estructura teológica. Aquí sencillamente podemos concluir que, para este gran apóstol, el Espíritu siempre es concebido éticamente, y el contenido ético es el carácter de Cristo.

Las palabras de C. H. Dodd captan el significado crucial de la identificación tácita que Pablo hace de la experiencia del Espíritu con la experiencia del Cristo que mora:

> Salvó al pensamiento cristiano de caer en un concepto no moral, medio mágico de lo sobrenatural en la experiencia humana, y sujetó toda experiencia "espiritual" a la prueba de la revelación histórica de Dios en Cristo.[68]

En conclusión, este estudio de las narrativas y enseñanzas bíblicas acerca de la experiencia del Espíritu apoya sólidamente la tesis propuesta al principio del capítulo. A lo largo de la revelación bíblica se refleja una pauta clara de comprensión en desarrollo de esta experiencia que en el Nuevo Testamento va a surgir con un énfasis pronunciado sobre la necesidad de una revelación distintiva como prerrequisito para el otorgamiento escatológico del Espíritu. Siguiendo esta idea, todo el quehacer teológico acerca del Espíritu Santo que sea informado por la revelación bíblica tomará en serio el carácter cristológico que hemos propuesto, e insistirá en que todas las facetas de la experiencia cristiana sean evaluadas mediante dicho criterio. Además, una teología cristiana de la santificación entenderá que la obra peculiar del Espíritu Santo vislumbrada en el Nuevo Testamento es la santificación vista en su significado más amplio y profundo, y que tal santificación será de carácter cristológico. O, para decir lo mismo en forma diferente, la pneumatología del Nuevo Testamento es cristológica de principio a fin.

CAPÍTULO 14

La Obra del Espíritu Santo

La tesis propuesta en el último capítulo encierra una manera de entender la relación divino-humana que es sinérgica en naturaleza. Esto contrasta con la interpretación monergista, la cual ve al Espíritu sujetando a las personas y produciendo ciertos resultados más o menos automáticamente, sin tener en cuenta la naturaleza de la persona, su comprensión o su aporte. En tales casos, los humanos se vuelven seres inertes en vez de interlocutores racionales y activos en el encuentro. La perspectiva sinergista ofrece una "división de tareas" entre el Espíritu y el sujeto humano, de modo que uno no tenga que explicar todo fenómeno inducido por el Espíritu exclusivamente en términos sobrenaturales (y menos aún mágicos). La teología wesleyana está peculiarmente comprometida con esta perspectiva teológica y, por lo tanto, debe distinguirse de una popular comprensión monergista. Pero debe también tenerse en cuenta que este es un "sinergismo de gracia", y no una negación pelagiana del pecado original.

Ned B. Stonehouse, un erudito consistentemente reformado, reconoce esta distinción y aboga por una actividad monergista del Espíritu en el Libro de los Hechos. La describe así:

> El bautismo con el Espíritu en ese día [de Pentecostés] constituyó una acción unilateral y escatológica de parte de Cristo que fue tan inmediata y milagrosa como la resurrección de Jesús. Si la cooperación humana o la respuesta humana hubiesen sido indicadas como vitales para lo que sucedió, el significado fundamental del Pentecostés hubiese sido obliterado u oscurecido.

Anteriormente en la misma fuente literaria de donde acabamos de citar, Stonehouse sugiere que una comprensión alterna tendría "un sabor pelagiano", lo que refleja la típica y equivocada comprensión reformada de la perspectiva sinergista tal como se desarrolla dentro de un contexto wesleyano.[1]

El propósito de esta discusión es resaltar el compromiso fundamental de la teología wesleyana en la interpretación de la obra del Espíritu Santo. El pecado original, como se ha declarado antes, es tomado con gran seriedad, pero la doctrina de la gracia preveniente, como un don al mismo tiempo universal y particular, le concede personeidad a todos los seres humanos caídos, lo cual incluye la libertad, la capacidad para sostener relaciones genuinas (no por coerción), racionalidad e individualidad aun dentro del encuentro divino-humano. Este compromiso les da ciertas características distintivas a las diversas obras del Espíritu Santo con relación al espíritu humano.

Tradicionalmente, los tratados sobre la obra del Espíritu han incluido una sección cosmológica. Si bien es cierto que hay cierta referencia a la actividad del Espíritu en la creación, es muy mínima, ya que la Biblia definitivamente donde pone su foco es en la correlación entre el Espíritu divino y el espíritu humano. De hecho, sólo hay un pasaje en el Antiguo Testamento (Génesis 1:2) donde el *ruach* de Dios es claramente presentado en asociación con la actividad cosmológica.[2] Si hay alusiones a esto en el Nuevo Testamento, sólo es cuando se usa la afirmación de la creación como analogía para la función del Espíritu en la recreación del espíritu humano.

Por lo tanto, limitaremos nuestra discusión de la obra del Espíritu a las funciones especiales que afectan a las personas humanas. Ya hemos discutido previamente la función del Espíritu con relación a la inspiración, por lo que evitaremos hacer comentario adicional alguno al respecto.[3] También ya hemos explorado cabalmente el concepto de la gracia preveniente (que es sinónimo con la obra del Espíritu) con relación a la revelación y, por lo tanto, omitiremos decir más sobre ello. En este capítulo pondremos el foco de atención sobre la tarea del Espíritu directamente relacionada a la salvación en su significado más amplio, para lo cual dividiremos el tratamiento en dos secciones principales: (1) la obra del Espíritu en la preparación para la salvación, y (2) la obra del Espíritu en el proceso de la salvación.[4]

La Preparación para la Salvación

La mayoría de las declaraciones del Nuevo Testamento acerca del Espíritu Santo se refieren a su obra en relación con el creyente.[5] Sin embargo, el Nuevo Testamento también reconoce que un aspecto de la función ejecutiva del Espíritu se relaciona al mundo de los no creyentes. Hemos observado previamente las implicaciones de esto en términos de la gracia común, y también vimos que la obra de la gracia preveniente es la base de toda la bondad encontrada en las personas irregeneradas en el sentido de una fuerza restrictiva. Aquí consideraremos la obra del Espíritu que tiene por intención específica guiar a los humanos a la salvación.

El Despertamiento[6]

El primer paso hacia la salvación es la toma de conciencia, la cual es creada por el Espíritu. En este sentido, la teología wesleyana está comprometida con que la actividad despertadora del Espíritu es universal en su alcance, lo cual nos ubica en contraste con la selectividad de la comprensión calvinista que implica que el despertamiento se dirige sólo hacia los elegidos.[7]

Pero Wesley no es, en sentido alguno, un pelagiano. El hombre natural está totalmente carente de capacidad alguna de tornarse a Dios por su propia iniciativa. Sin embargo, el "hombre natural" es una abstracción lógica, puesto que "ningún hombre viviente está sin alguna gracia preveniente, y cada grado de gracia es un grado de vida".[8] Así pues, la función del Espíritu de despertarnos opera en las vidas de todos los seres humanos, puesto

> que no hay hombre alguno que esté en un estado de mera naturaleza; no hay hombre, a menos que haya apagado al Espíritu, que esté completamente carente de la gracia de Dios. Ningún hombre viviente está enteramente destituido de lo que vulgarmente se llama conciencia natural. Pero esto no es natural: es más propiamente llamada gracia preveniente. Cada hombre tiene una medida mayor o menor de ella, la cual no espera porque el hombre la pida. Cada ser tiene, tarde o temprano, buenos deseos, aunque la generalidad de los hombres los ahoga antes de que puedan tener raíz profunda o producir fruto considerable alguno. Cada persona tiene alguna medida de esa luz, aunque sea un débil destello, el cual, tarde o temprano, alumbra a todo hombre que viene a este mundo. Y cada persona, a menos que pertenezca a ese número pequeño de aquellos cuya conciencia ha sido cauterizada con un fierro candente, se siente más o menos incómoda cuando actúa contrario a la luz de su propia conciencia. Así que, ningún hombre peca porque no tenga gracia, sino porque no usa la gracia que tiene.[9]

Al leer este análisis se vuelve aparente que la obra despertadora del Espíritu, en términos de la conciencia, ocurre al nivel más universal. La "conciencia", tal como la definía Wesley, es "esa facultad por la cual estamos al mismo tiempo conscientes de nuestros propios pensamientos, palabras y acciones, y de su mérito o falta de mérito, de que sean buenas o malas y, consecuentemente, de que merezcan ya sea elogio o censura".[10] En esencia, se trata de un acto de consciencia propia con relación a nuestras concepciones de lo bueno y lo malo.

Wesley reconoce explícitamente la verdad fundamental en cuanto a la conciencia: que su contenido cognoscitivo siempre es relativo a cualesquiera que sean las fuentes que la han informado. Argumenta que hay algunas distinciones universales básicas reconocidas por la conciencia, "a menos que sea cegada por los prejuicios de la educación", lo que reconoce implícitamente la función informadora de la educación. Por ende, Wesley puede admitir gran variedad en el aspecto cognoscitivo de la conciencia como dependiente de "la educación y mil otras circunstancias".[11]

En armonía con esta posición, Oswald Chambers va a rechazar la idea de que la conciencia sea la voz de Dios porque, "si la conciencia fuese la voz de Dios, sería la misma en todos los humanos". Y, claro, es patente que ese no es el caso.[12]

Es posible decir que, formalmente, la conciencia es la obra del Espíritu (la gracia preveniente), pero que materialmente es el resultado de los antecedentes, la experiencia y la educación; en otras palabras, el contenido se aprende. Esto, pues, va a estar en armonía con la interpretación sinergista de la actividad del Espíritu que hemos propuesto antes, ya que, a través de la obra del Espíritu Santo, una persona es despertada a la discrepancia entre su conducta y su propio y reconocido criterio de lo que es correcto y, por tanto, es estimulada a buscar que ambas se reconcilien. Aquí tenemos el correlativo con la teología de la revelación general, que fue desarrollado plenamente en el capítulo 5.

Más allá de este trabajo y actividad preliminar, hay una obra más normativa de despertamiento que lo liga abiertamente a la obra de Jesucristo, tal como lo universalmente preveniente de la gracia se liga a la cristología como su fundamento. Esta obra más normativa de despertamiento se ve cuando nos tornamos al pasaje de Juan 16:8-11, el cual habla explícitamente de la tarea del "Ayudador" en el mundo de los no creyentes.

Desafortunadamente, el significado de este pasaje es oscuro, por lo que existe una diferencia considerable entre los intérpretes acerca de su significado.[13] Contiene, sin embargo, dos percepciones básicas que pueden ser establecidas: (1) la referencia primaria es a aquellos que le dieron muerte a Jesús; y (2) la referencia es al testimonio/predicación de aquellos en quienes el Paracleto morará. Entonces, a partir de esto, necesitamos proceder a identificar el significado teológico que sea aplicable universalmente.

Un área de problema es el significado del término *elenchein,* el cual permite diversas traducciones: "traer convicción", "convencer", "exponer", y otros términos similares. Usando el principio de que debe tener sentido cuando se aplique a los tres casos en que es usado, parece que "convencer" es la mejor selección posible. Con esta breve referencia, proponemos a continuación una interpretación.

A través de la predicación/testimonio de los discípulos (entonces y ahora) el Espíritu convence al no creyente de su pecado con relación al Cristo crucificado. O sea, que convence a esa persona de su necesidad de la salvación, de que está en pecado, de que está perdido, y de que esto es el resultado directo de rechazar a Cristo. Como B. F. Westcott correctamente observa: "El dejar de creer en Cristo cuando Él es dado a conocer, yace en la raíz de todo pecado, y revela su naturaleza".[14] La simple proclamación de la Palabra es de esta manera vista, no como siendo por sí sola eficaz para despertar al pecador, sino como la Palabra vivificada y aplicada por el Espíritu. Sólo esto puede causar que la persona se reconozca a sí misma como pecadora, y que clame: "¡Ay de mí!".

Si el primer aspecto de la obra convencedora del Espíritu tiene que ver con la necesidad de la salvación, el segundo le apunta a la fuente de ésta: el Cristo crucificado. Ya hemos mencionado en distintas ocasiones que la senda que Jesús escogió fue piedra de tropiezo para la gente de su tiempo. Afirmar que la salvación está disponible a través de creer en un hombre que muere como un criminal en una cruz, algo que el mismo Antiguo Testamento tachaba de "maldito" (Deuteronomio 21:23), era un escándalo del más alto orden. Fue la resurrección lo que validó, de parte de Dios, este plan de salvación. Si Jesús se hubiese quedado para aparecerse personalmente con su cuerpo resucitado a todos los humanos, esto sin duda hubiera servido para verificarlo; pero Él fue al Padre, y les quedó a sus seguidores la proclamación del mensaje de que el Crucificado era la fuente de la salvación. Esta era la justicia (vindicación) de la cual el Espíritu debía convencer al mundo a través de la predicación de la cruz.

La tercera área de convencimiento se relaciona con la posibilidad de salvación y se asienta sólidamente en la estructura teológica del Nuevo Testamento. La edad presente estaba bajo el dominio de Satanás, quien es "el dios de este siglo" (compárese con 2 Corintios 4:4; Efesios 2:2). El humano puede ser rescatado de su dominio sólo cuando Satanás sea dominado y juzgado. El compromiso central del Nuevo Testamento es que, en la cruz, Jesús ató de manera decisiva al hombre fuerte y saqueó sus bienes (Mateo 12:29; Marcos 3:27), y que ahora es posible que sus súbditos queden en libertad, para aprovecharse, por la fe, del juicio que ya ha ocurrido en la cruz y encontrar libertad de la esclavitud. Por lo tanto, no habrán de temer el juicio venidero porque ya han comparecido, como en prolepsis, y han sido exonerados (véase Juan 12:31-33).

Lo que es crucial en todo esto es que la obra despertadora del Espíritu ocurre siempre con relación a Jesucristo. Y ocurre conforme Él es predicado por el testimonio de la resurrección.

En una discusión anterior del evangelio y la ley, hemos observado que ambos, Wesley y el Nuevo Testamento, ven la ley como el medio que el Espíritu usa para efectuar este despertamiento. En este sentido, nuestra contención ha sido que se trata del principio que sencillamente implica que el ser humano necesita oír las malas nuevas antes de estar listo para oír las buenas nuevas. No significa necesariamente que deba haber una proclamación de la ley mosaica como tal (o de cualquier otro juego de reglas) antes de que se pueda hacer preparación para el evangelio. Pero, sobre la premisa de que la ley está singularmente encarnada en Jesucristo, hemos visto que la predicación de Cristo en términos del Nuevo Testamento es al mismo tiempo la predicación de la ley y del evangelio. Por ende, la predicación de Cristo es el vehículo a través del cual el Espíritu puede con mayor eficacia y normatividad lograr la obra de despertarnos.

Oswald Chambers ve el punto en función de la conciencia. La compara con el ojo y dice:

> El ojo graba en el cuerpo exactamente lo que mira. El ojo sencillamente graba, y lo que graba está de acuerdo con la luz arrojada sobre lo que mira. La conciencia es el ojo del alma que mira a lo que se le muestra que es Dios, y cómo lo graba la conciencia depende enteramente de la luz que se le arroja sobre Dios. Nuestro

Señor Jesucristo es la única luz verdadera sobre Dios. Cuando un hombre ve a Jesucristo no obtiene una nueva conciencia, sino que se le arroja una luz totalmente nueva sobre Dios, y la conciencia así lo graba, con el resultado de que ese hombre es absolutamente trastornado por la convicción de pecado.[15]

Lo que estamos discutiendo aquí es lo que la teología maneja tradicionalmente con el epígrafe del "llamado". Hablando al respecto en esos términos, H. Orton Wiley distingue entre el llamado universal, que es la influencia secreta ejercida sobre las conciencias de los hombres, aparte de la Palabra revelada tal como se halla en las Santas Escrituras, y el llamado directo o inmediato, que se refiere al que se hace a través de la Palabra de Dios revelada a la humanidad. Wiley procede a comparar estos llamados a la distinción entre la revelación general y la especial.

En estos términos, la idea también es relacionada directamente a los conceptos de elección y predestinación. La predestinación es el propósito misericordioso de Dios de salvar a la humanidad de la ruina completa, y la elección es el escogimiento universal de Dios de todos los humanos, que espera la respuesta sin que se les coaccione. "Los elegidos son escogidos, no por un decreto absoluto, sino por la aceptación de las condiciones del llamado" (*TC* 2:334-40).

El Arrepentimiento

Cuando el ser humano responde adecuadamente a la obra despertadora del Espíritu, el resultado es el arrepentimiento. El hecho es que el despertamiento puede incluso ser equiparado con el arrepentimiento (véase abajo). Intentar manejar este tema independientemente del tema de la fe, es falsificarlo y, por lo tanto, al explorar el significado del arrepentimiento, necesitaremos hacer referencia a la relación entre estos dos resultados de la obra del Espíritu dentro de nosotros.

El término "arrepentirse" es usado frecuentemente en el Antiguo Testamento acerca de Dios mismo, y tiene la connotación de "cambiar de mente" o de "revertir el juicio previo de uno". El Antiguo Testamento no es reacio a describir a Dios en términos así de dinámicos. Usado así, el término puede ser moralmente neutral. La idea distintiva de arrepentimiento como término moral es expresado en el Antiguo Testamento principalmente con las palabras "tornar" o "retornar". El repetido uso de estos términos por los profetas demuestra que el arrepentimiento era un tema fundamental en su predicación.

Estaban constantemente llamando a Israel a que se volviera a Dios, lo cual incluía un cambio de mente y de conducta. Incluye "una reorientación de toda la vida y personalidad de uno, lo cual encierra la adopción de una línea ética nueva de conducta, un abandono del pecado y un volverse a la justicia".[16]

Juan el Bautista, en preparación para el despunte de la edad nueva, renueva el llamado profético al arrepentimiento, y el anuncio que Jesús hace de la presencia del reino hace eco del mismo llamado. El arrepentimiento era un elemento central en la proclamación de la iglesia primitiva conforme predicaba el mensaje de la edad nueva. La idea del arrepentimiento en Hechos parece portar particularmente la connotación de que la persona cambie de mente. En consonancia con la predicación temprana, sin duda involucraba una reorientación radical de la manera de pensar acerca de la naturaleza del Mesías y de su reino. El corolario directo de esto era una nueva comprensión del camino al reino, que era la fe. Por ende, en la comprensión del Nuevo Testamento, el arrepentimiento y la fe son corolarios inseparables.

Así pues, como instrumentos del despertamiento, la ley y el evangelio son realidades concomitantes. El conocimiento del pecado es mediante la ley; la esperanza de liberación es por el evangelio. La fe, engendrada por el evangelio, es la contestación al sentido de necesidad creado por la ley. Esto sugiere dos "formas" del arrepentimiento: (1) la primera guiaría a la desesperación; (2) la segunda conduciría a la conversión. Hendrikus Berkhof lo expresa muy atinadamente:

> El conocimiento de la gracia y el conocimiento del pecado van juntos; se presuponen y refuerzan mutuamente. Sin arrepentimiento, todas las notas de la fe cristiana se desafinan o enmudecen, y el evangelio es cambiado, de un mensaje maravilloso de liberación a una ideología más o menos autoevidente de gracia barata. Si el arrepentimiento desaparece, la maravilla y el gozo que ocasiona la gracia gratuita de Dios también desaparecen.[17]

La relación entre el arrepentimiento y la fe ha sido tema de debate a través de la historia cristiana. En la Edad Media, en el pensamiento católico romano, se centró alrededor del sacramento de la penitencia. La estructura original de este sacramento incluía la contrición, la confesión, la satisfacción y la absolución. Posteriormente se debatió si la contrición (sentir tristeza por haber pecado) era una virtud distintivamente cristiana, y que era más apropiado describir este aspecto del sacramento como atrición (el sentirse triste debido al temor del

castigo). El Concilio de Trento le adscribió a la atrición un significado preparatorio.[18] Esto, desde luego, estaba conectado orgánicamente a la salvación por las obras.

El pensamiento luterano dio énfasis a la función despertadora de
la ley, pero insistió en la estrecha relación entre la ley y el evangelio
y, por lo tanto, entre el arrepentimiento y la fe, aunque, definitivamente, nunca concibió el arrepentimiento como obra meritoria.
"Este principiar desde la dualidad del arrepentimiento y la fe, que
corresponde respectivamente al *opus alienum* de la ley y el *opus pro-
prium* del evangelio en Dios mismo, ha permanecido característico
del luteranismo".[19]

Sin embargo, Juan Calvino, al desarrollar consistentemente las
doctrinas de la elección y la predestinación desde su perspectiva particular de la soberanía divina, coloca fe/regeneración en el umbral de
la vida cristiana, y el arrepentimiento como subsecuente a la fe. En la
cita siguiente, no deja lugar a duda sobre su posición:

> Que el arrepentimiento no sólo siempre sigue a la fe, sino que es
> producido por ella, no debe necesitar controversia alguna... Los
> que creen que el arrepentimiento precede a la fe en vez de fluir de
> ella, o de ser producido por ella, como el fruto por el árbol, nunca
> han entendido su naturaleza y son llevados a adoptar tal idea so-
> bre bases demasiado de insuficientes.[20]

La doctrina wesleyana de la gracia previniente lleva a una perspectiva considerablemente diferente de la de Calvino, pero cercana a la
de Lutero en muchas maneras. Wesley se acerca mucho a identificar
el arrepentimiento con el conocimiento de uno mismo. De hecho, es
muy claro que este es el ingrediente fundamental en el pensamiento
de Wesley,[21] aunque también incluye dejar de hacer el mal y aprender
a hacer el bien, todo lo cual es necesario para la salvación.

Puesto que el arrepentimiento es básicamente conocimiento propio, debe estar presente en el pecador, como también en el creyente
convertido, aunque no plenamente santificado. Para el pecador, involucra estar consciente de que sus pecados le hacen inaceptable ante
Dios. Esta consciencia resulta en un sentido de culpa. En el hijo de
Dios, el arrepentimiento es un conocimiento del pecado que resta,
aunque sin ninguna condenación, porque pertenece a su naturaleza
heredada, siendo, no obstante, ocasión de suspiro por la pureza.[22]

El punto principal que hay que enfrentar es si el arrepentimiento
es una obra meritoria que en alguna manera contribuye a la salvación

de la persona. Esta es, ciertamente, una de las principales razones por las que algunos teólogos reformados lo rechazan considerándolo "un estado preliminar de gracia". Pero la perspectiva wesleyana de la gracia preveniente hace posible que sea la obra del Espíritu Santo y, con todo, en manera alguna, una buena obra. Wesley lo explica de esta manera:

> Dios, no hay duda, nos ordena hacer ambas cosas, arrepentirnos y dar frutos dignos de arrepentimiento, los cuales, si intencionalmente los descuidamos, nos hace razonablemente incapaces de esperar ser en absoluto justificados; por lo tanto, ambos, el arrepentimiento y los frutos dignos de arrepentimiento son, en cierto sentido, necesarios para la justificación. Pero no son necesarios en el mismo sentido en que lo es la fe, ni en el mismo grado. No en el mismo grado, puesto que esos frutos son sólo necesarios condicionalmente, si hay tiempo y oportunidad para ellos. Por lo demás, un hombre puede ser justificado sin ellos, como lo fue el ladrón en la cruz; ... pero no puede ser justificado sin fe; esto es imposible. De igual manera, déjese que un hombre tenga tanto arrepentimiento como sea, o que muestre tantos frutos dignos de arrepentimiento como sea, y con todo para nada le aprovechará; no es justificado hasta que cree. Pero en el momento en que cree, es justificado, con o sin estos frutos, incluso, con mayor o menor arrepentimiento. —No en el mismo sentido, ya que el arrepentimiento y sus frutos son sólo remotamente necesarios; necesarios en orden a la fe; en tanto que la fe es necesaria inmediata y directamente para la justificación. Resulta, entonces, que la fe es la única condición que es necesaria inmediata y próximamente para la justificación.[23]

De esta ingeniosa manera, Wesley conserva el énfasis bíblico en la fe como la sola condición para la salvación, pero al mismo tiempo preserva el énfasis igualmente bíblico sobre el lugar del arrepentimiento.[24] Asimismo, junto al pensamiento luterano, Wesley preserva la inseparable unidad del arrepentimiento y la fe, de la ley y del evangelio, como lo vimos anteriormente en nuestra discusión en el capítulo 12 al explicar la obra profética de Cristo. Ahora, esto nos guía directamente al don apropiador que viene del Espíritu: la fe.

La Fe

Aquí nos topamos con uno de los términos más ambiguos del vocabulario cristiano, ya que puede tener una variedad de significados.

Sin embargo, en lo que tiene que ver con la salvación, sólo hay fundamentalmente dos posiciones: (1) creencia y (2) confianza. Ya hemos discutido la interacción dinámica de estos dos conceptos de fe en nuestro análisis de la doctrina de la revelación, por lo cual sencillamente referiremos al lector a esa sección para las distinciones básicas. Son realmente inseparables, pero en la relación salvadora, lo que es dominante es la fe como confianza.

En su resumen de las Homilías de la Iglesia de Inglaterra sobre "La Doctrina de la Salvación, la Fe, y las Buenas Obras", Wesley aprueba las siguientes palabras:

> La fe cristiana justa y verdadera no es sólo creer que la Santa Escritura y los artículos de nuestra fe son verdaderos, sino también tener la seguridad y confianza de ser salvado por Cristo de eterna condenación, de lo cual resulta un corazón amante que quiere obedecer sus mandamientos.[25]

Una fe así tiene como su corolario la promesa o promesas de Dios, como lo dice Pablo en Romanos 10:17, "Así que la fe viene como resultado de oír el mensaje, y el mensaje que se oye es la palabra de Cristo" (NVI). Por lo tanto, la fe es una respuesta y no algo que se inicie en el ser humano. Es una creación del Espíritu en sentido general y, en sentido específico, es en respuesta a la Palabra de Dios. La fe salvadora es la respuesta a una oferta gratuita de perdón.[26]

Tal parece que Wesley estaba cabalmente al tanto de esta característica esencial de la fe, puesto que su definición usual de fe es la de Hebreos 11:1, " Ahora bien, la fe es la garantía de lo que se espera, la certeza de lo que no se ve" (NVI). La fe es la seguridad de que todo aquello que Dios ha prometido o mandado puede ser realizado en el aquí y el ahora. Esta es la base para el "optimismo de la gracia" de Wesley.

Hay que insistir, como Wesley lo hace, en que la fe por la cual uno es justificado no debe ser entendida como una buena obra o causa meritoria que nos gane ser aceptados. Las palabras que Wesley cita de las Homilías declaran que esta fe por la cual somos justificados

> no consiste en que este nuestro propio acto de creer en Cristo, o que esta nuestra fe en Cristo, la cual está en nosotros, nos justifique (pues eso equivaldría a considerarnos como que hemos sido justificados por algún acto o virtud que esté dentro de nosotros mismos), sino que, aunque tenemos fe, esperanza y amor dentro de nosotros, y hacemos por esto lo que nunca serán demasiadas

obras, con todo, debemos renunciar al mérito de todo ello, de la fe, de la esperanza, del amor y de toda otra virtud y buena obra, las que hayamos hecho, haremos, o podamos hacer, como demasiado débiles para merecer nuestra justificación.[27]

H. Orton Wiley hace el siguiente terso resumen de todos los elementos que hemos manejado hasta aquí en esta discusión de fe salvadora o justificadora:

> Hemos visto que el elemento primario en la fe es la confianza; por ende, la fe salvadora es una confianza personal en la Persona del Salvador. Podemos decir en esta conexión que la causa eficiente de tal fe es la operación del Espíritu Santo, y que su causa instrumental es la revelación de la verdad acerca de la necesidad y la posibilidad de la salvación (*TC* 2:367-68).

Hay un asunto más que debe ser comentado. Si bien la fe es el modo de entrada a la vida cristiana, es también un elemento en su continuación. Uno no ejerce la fe como un evento aislado, sino que da comienzo a lo que es un camino de fe caracterizado por la dependencia continua en la misericordia y gracia de Dios. Por esto Pablo dice en Colosenses 2:6-7, "Por tanto, de la manera que habéis recibido al Señor Jesucristo, andad en él; arraigados y sobreedificados en él, y confirmados en la fe, así como habéis sido enseñados, abundando en acciones de gracias".

El Proceso de la Salvación

Ya que la fe es el don de Dios que se prende del perdón, o de la justificación, la primera operación del Espíritu a la cual le vamos a dar atención es al testimonio de nuestra aceptación que nos da el mismo Espíritu. Esta es la manera en la cual la justificación está relacionada a la obra del Espíritu. Las otras operaciones del Espíritu que se conectan con la vida cristiana pueden ser condensadas bajo la rúbrica de la santificación, la que en la manera wesleyana peculiar de entenderla se define como un "verdadero cambio", en contraste con la justificación como un "cambio relativo". La justificación es lo que Dios hace por nosotros a través de su Hijo; la santificación es lo que Él obra en nosotros mediante su Espíritu.[28]

Tal y como se delineó en el último capítulo, podemos hablar de todas las obras "transformadoras del ser" del Espíritu Santo como "obras santificadoras", reconociendo el contenido cristiano distintivo de cada una. Así pues, en adición al testimonio del Espíritu, discutiremos la regeneración, la entera santificación (el énfasis distintivo de la teología wesleyana), y el crecimiento en la gracia como diversas facetas de la obra más amplia de la santificación.

El Testimonio del Espíritu

Es común referirse a este tema como la doctrina de la seguridad. A la vez que es una de las doctrinas más distintivas de la teología wesleyana, también es una de las más difíciles y controversiales. H. B. Workman dice que ha sido "la contribución fundamental del metodismo a la vida y el pensamiento de la Iglesia",[29] a pesar de que fue calumniada y criticada, y que Wesley tuvo que pasar mucho de su tiempo defendiendo su validez y explicando su significado. Una parte no pequeña de su esfuerzo la pasó tratando él mismo de entenderla.

Wesley mismo dijo que esta doctrina "es una gran parte del testimonio que Dios les ha dado a ellos [los metodistas] para que lo lleven a toda la humanidad. Es debido a la bendición peculiar de Dios a ellos, conforme han examinado las Escrituras, y confirmado por la experiencia de sus hijos, que esta gran verdad evangélica ha sido recuperada, misma que por muchos años había estado casi perdida y olvidada".[30]

¿Qué quería significar Wesley con "el testimonio del Espíritu"? En sus dos sermones sobre el asunto, predicados (o escritos) con 20 años de diferencia, la definió de la misma manera:

> El testimonio del Espíritu es una impresión interna en el alma por la cual el Espíritu de Dios directamente da testimonio a mi espíritu de que yo soy un hijo de Dios, de que Jesucristo me ha amado y se ha dado a sí mismo por mí, y de que todos mis pecados son borrados, y de que yo, sí, aun yo, estoy reconciliado con Dios.[31]

Ambos sermones eran exposiciones de Romanos 8:16, lo que pareció ser la base fundamental de su doctrina: "El Espíritu mismo da testimonio a nuestro espíritu, de que somos hijos de Dios". Teniendo una base bíblica tan clara, ¿por qué se topó Wesley con tanta oposición? Como su declaración arriba citada sugiere, irrumpió en el escenario de Inglaterra como una "nueva doctrina" de la que muy pocos habían oído. Lo que es más, cuando Juan Wesley primero encontró la idea entre los moravos, especialmente Peter Bohler, tuvo la misma reacción. "Quedé muy maravillado", escribe Wesley, "y la vi como un nuevo evangelio".[32] Sugden sugiere brevemente dos razones para su desaparición de la escena religiosa: había sido oscurecida por la enseñanza sacramentaria de la iglesia de Roma y exagerada por los místicos.

El Concilio de Trento se había pronunciado definitivamente en contra de cualquier testimonio directo del Espíritu Santo al creyente individual en cuanto a su salvación presente y que Dios lo aceptaba. Watkin-Jones llega a esta conclusión: "Los conceptos romanistas de salvación por mérito, gracia sacramental, y estado probatorio no podían llevar a otra conclusión".[33]

Después de estudiar la evidencia de que había personas en Inglaterra en los siglos XVI y XVII que enseñaban que la seguridad estaba disponible directamente a todos los creyentes, Watkin-Jones sin embargo observa que "indudablemente la actitud teológica de la Iglesia de Inglaterra en el siglo dieciocho fue desfavorable a esta doctrina", y atribuye tal situación mayormente a la influencia del calvinismo, el cual "nunca había favorecido que la seguridad es el privilegio de todos los creyentes".[34]

Wesley tuvo que defender su fe en contra de dos acusaciones principales. Primero, se creía que las operaciones directas del Espíritu estaban limitadas principalmente a la edad apostólica, y que eran concedidas sólo a unas cuantas personas selectas. En otras palabras, la seguridad era un don extraordinario. Wesley alzó su voz en contra de esta objeción al insistir constantemente que era el privilegio de cristianos comunes y corrientes, y que estaba disponible para todos. En este particular podía apelar a la experiencia de muchos de sus contemporáneos.

La segunda acusación sin duda era más seria. Se acusó a Wesley de entusiasmo (término con que se aludía al fanatismo). Que se afirmara que uno tenía un testimonio directo e inmediato del Espíritu podía conducir a toda clase de excesos, y era algo que fácilmente podía quedar sujeto a la racionalización y al autoengaño. Los avances en la sicología de la profundidad desde el tiempo de Wesley le han dado aún mayor ímpetu a esta crítica, lo que obliga a que se le considere con cuidado. Tal vez la mejor manera de ver cómo contestó Wesley esta crítica sea haciendo un análisis adicional de su enseñanza.

Es importante observar que el testimonio del Espíritu está directamente relacionado con la justificación por la fe.[35] La propia experiencia de seguridad de la salvación de Wesley ocurrió el 24 de mayo de 1738 con la experiencia en Aldersgate de su "corazón extrañamente ardiente". Este evento ocurrió como el clímax de los encuentros que

Wesley tuvo durante un período de tiempo con los moravos, especialmente Peter Böhler y A. G. Spangenberg.

Es instructivo comparar las conversaciones que tuvo Wesley con estos hombres, así como las palabras con las que describió lo que le sucedió en Aldersgate. La entrevista que tuvo con Spangenberg, que leemos en su *Journal* [Diarios], es clara:

> Le pedí al Sr. Spangenberg su consejo en cuanto mí, tocante a mi propia conducta. Me dijo que no me podía decir nada sino hasta que me hiciera dos o tres preguntas. "¿Te conoces a ti mismo? ¿Tienes el testimonio dentro de ti mismo? ¿Da el Espíritu de Dios testimonio a tu espíritu de que eres un hijo de Dios?" Quedé sorprendido y no sabía qué contestar. Él lo observó, y me hizo otra pregunta: "¿Conoces a Jesucristo?" Yo hice una pausa y dije: "Sé que Él es el Salvador del mundo". "Cierto", contestó él, "¿pero sabes si Él te ha salvado a ti?" A lo que yo contesté: "Tengo la esperanza que Él ha muerto para salvarme". Él sólo añadió: "¿Lo sabes tú mismo?" Yo dije: "Lo sé". Pero temo que eran palabras vanas.[36]

Las palabras con las que Wesley describió lo que pasó en Aldersgate reflejan la particularidad de la fe que demandaba el examen que Spangenberg le había hecho:

> Esa noche fui de muy mala gana a una sociedad en la calle Aldersgate donde alguien leía el prefacio de Lutero a la Epístola a los Romanos. Alrededor de un cuarto para las nueve, mientras él describía el cambio que Dios obra en el corazón a través de la fe en Cristo, sentí que mi corazón ardía extrañamente. Sentí que confiaba en Cristo, en Cristo solamente, para la salvación, y me fue dada una seguridad de que Él había quitado mis pecados, sí, los míos, y que me salvaba de la ley del pecado y de la muerte.[37]

En su segundo sermón sobre "El Testimonio del Espíritu", Wesley probablemente se estaba refiriendo a este evento cuando dijo: "El Espíritu mismo le dio testimonio a mi espíritu de que yo era un hijo de Dios, me dio la evidencia de ello, y yo inmediatamente exclamé, ¡Abba, Padre!"[38]

Esto hace obvio que Wesley avanzó de una fe un tanto vaga y general, a una fe particular e individualmente apropiadora; o uno podría decir que involucró el cambio de una comprensión intelectual de la fe (asentimiento) a una de confianza. Acerca de esta transformación William Ragsdale Cannon dice que "es, por lo tanto, en el punto de la fe, su naturaleza y su función, que notamos el cambio radical que ocurrió en el pensamiento de Wesley sobre la justificación".[39]

Además, parece haber un cambio de énfasis sobre la idea de la justificación. Antes de Aldersgate, Wesley daba énfasis a las obras como un modo de aceptación ante Dios. No es que no conociera la doctrina, sino que estaba algo confundido acerca de la sola eficacia de la fe. En un examen que hizo de su vida religiosa prefijada al 24 de mayo de 1738, habló de muchas consolaciones sensibles que eran breves anticipos de la vida de fe, empero todavía no tenía "el testimonio del Espíritu con mi espíritu, y en efecto no podía tenerlo, pues yo no lo buscaba por la fe, sino como si fuera mediante las obras de la ley".[40]

Es importante añadir algo más. Wesley aprendió de Peter Böhler la centralidad de Cristo con relación a la fe salvadora. Por ende, somos introducidos a lo que anteriormente hemos llamado el principio encarnacional que le es esencial a una doctrina cristiana del Espíritu Santo, el cual reaparece aquí en conexión con la fe para la justificación.

Con estos breves conjuntos de estudios delante de nosotros podemos ahora ver cuán válida es la siguiente condensación de A. S. Yates:

> La seguridad, como Wesley llegó a entenderla, es seguridad de salvación; salvación basada en la justificación por la fe solamente; fe, no de clase vaga, general, sino una fe personal que se centra en Cristo, un Cristo quien "me amó y se entregó a sí mismo por mí".[41]

El testimonio del Espíritu, entonces, no es una impresión general que sale de la nada, sin base en nada objetivo. Más bien, está directamente relacionado a la promesa implícita de Dios observada en Jesucristo de que Dios me ama a mí, y envió a su Hijo a ser un sacrificio expiatorio por mis pecados. En realidad, el testimonio es tanto, o más, una seguridad del amor de Dios para mí como lo es de mi estado subjetivo. Con la seguridad que me es concedida como resultado de este evento histórico, me apropio de sus beneficios en un momento de fe existencial, y es ahí que puede ocurrir (véase más abajo), e idealmente debe ocurrir, la seguridad instantánea, basada en la fidelidad de Dios, de que la expiación universal ahora cuenta para mí. Wesley aboga con persistencia que esta seguridad es más que una liberación sicológica; es la interacción sobrenatural del Espíritu divino con el espíritu humano, una actividad que desafía cualquier explicación. Aquí, como con otras doctrinas trascendentales, Wesley insiste en el hecho, pero confiesa su incapacidad de explicar la manera.

Para contestar finalmente la acusación de fanatismo, debemos notar las barreras cuidadosas que Wesley levantó en contra de esta perversión. Él insistía en que el testimonio genuino podía ser puesto a prueba según diversos criterios: debe ser precedido por el arrepentimiento, a lo cual debe seguir "un cambio [ético] vasto y poderoso". Luego deben seguir las marcas bíblicas del gozo, el amor y la obediencia a la ley de Dios. Estas pueden estar presente y el testimonio ausente, pero si éstas están ausentes, el testimonio no puede estar presente.[42]

En sus sermones, Wesley realmente parece distinguir tres niveles de testimonio: (1) Hay una inferencia que emana de la evidencia empírica. Donde el fruto del Espíritu está presente en una vida, junto a otros fenómenos observables y característicamente cristianos, uno puede racionalmente inferir que es salvo. (2) Hay el testimonio de nuestro propio espíritu. Esto se refiere a realidades internas que son completamente privadas, pero de las que estamos tan aguda y directamente al tanto como lo estamos de que el sol esté brillando. Esto es "una conciencia sin ofensa ante Dios" (Hechos 24:16). (3) Hay el testimonio directo del Espíritu, que es anterior a los otros dos, y es este el aspecto del testimonio que a Wesley le interesaba defender, pues argumentaba que basar la seguridad sólo en el fruto es regresar a la justificación por las obras.[43]

Los primeros dos que hemos mencionado son comúnmente llamados "testimonio indirecto", en tanto que el tercero es el testimonio propiamente dicho, y es llamado "directo". Sin embargo, Wesley insiste en que los primeros dos son también la obra del Espíritu. Así escribe: "Es Él quien no sólo obra en nosotros toda clase de cosa que es buena, sino que también brilla sobre su propia obra, y claramente muestra lo que ha obrado".[44]

Wesley también abogaba en favor de la prioridad del testimonio directo por ser lo lógico:

> Que este testimonio del Espíritu de Dios necesariamente tiene que, por la naturaleza misma de las cosas, ser antecedente al testimonio de nuestro propio espíritu, puede verse a partir de esta sola consideración. Tenemos que ser santos de corazón, y de vida santa, antes de que podamos estar conscientes de que lo somos;

antes de que podamos tener el testimonio de nuestro espíritu de que somos interna y externamente santos. Pero tenemos que amar a Dios antes de ser santos en manera alguna, pues esto es la raíz de toda santidad. Ahora bien, no podemos amar a Dios sino hasta que sepamos que Él nos ama ... Y no podemos conocer su amor perdonador para nosotros sino hasta que su Espíritu dé testimonio a nuestro espíritu. Siendo que, por consiguiente, este testimonio de su Espíritu debe preceder al amor de Dios y a toda santidad, como consecuencia debe preceder a nuestra consciencia interior de ellos, o al testimonio de nuestro espíritu acerca de ellos.[45]

Una distinción importante que Wesley hizo fue entre la "seguridad de salvación" y la "seguridad de la fe". En una carta a Arthur Bedford el 4 de agosto de 1738, Wesley escribe: "Esa seguridad de la que solamente hablo, no escogería llamarla una seguridad de salvación, sino más bien (con las Escrituras) la seguridad de fe... Me parece que las palabras de la Escritura son siempre las mejores".[46]

Esto es mucho más que una trifulca semántica. Ambos Bedford y Wesley entendían que el término "seguridad de salvación" significaba el conocimiento de que perseveraríamos en un estado de salvación, si bien Wesley estaba sólo dispuesto a aseverar que nosotros tenemos el testimonio del Espíritu de que estamos ahora en un estado de salvación.[47]

Juan Calvino mantuvo la posición de que el cristiano podía estar seguro no sólo de su salvación presente sino también de su perseverancia en la fe hasta el final. Esto, claro está, es un corolario de la creencia en la seguridad eterna. Así lo expresa un calvinista contemporáneo: "Esto no intenta negar que por testarudez y presunción algunos cristianos puedan caer una y otra vez, pero nunca caerán de la esfera de la gracia".[48]

Finalmente, necesitamos observar que la comprensión de Wesley de esta enseñanza bíblica pasó por algunas modificaciones importantes con el paso del tiempo, y bajo el impacto de la experiencia. Así pues, sus posturas maduras fueron el resultado de un proceso de evolución. Al principio, estaba dispuesto a negar la fe salvadora, o la aceptación de Dios, a todos los que no experimentaran la certidumbre interior al respecto. Esta fue la base para que evaluara su propio cristianismo previo a Aldersgate como un cristianismo menos que salvador. Pero, conforme meditaba en la experiencia de muchos creyentes, dio paso a excepciones. En una carta fechada el 28 de marzo de 1768, escribió: "Ya hace muchos años que he dejado de pensar que una consciencia de la aceptación sea esencial para la fe que justifica".[49]

En las siguientes palabras de Wesley mismo, las cuales también hacen un excelente resumen del punto que hemos estado proponiendo, uno puede ver lo que ocasionó que hayan surgido algunas de sus categorías distintivas, así como su deferencia a la experiencia en la formulación de su comprensión de la vida cristiana. Wesley tenía 85 años cuando escribió:

> Hace casi cincuenta años, cuando los predicadores comúnmente llamados metodistas empezaron a predicar esa grandiosa doctrina bíblica de la salvación por la fe, no estaban lo suficientemente informados de la diferencia entre un siervo y un hijo de Dios. No entendían claramente que incluso una persona "que teme a Dios, y obra justicia es aceptada por Él". Como consecuencia de esto, estaban propensos a entristecer los corazones de los que Dios no había entristecido. Pues frecuentemente les preguntaban a aquellos que temían a Dios: "¿Sabes que tus pecados son perdonados?" Y cuando contestaban: "No", les decían inmediatamente: "Entonces eres un hijo del diablo". No, tal cosa no procede. Podría haberse dicho (y es todo lo que puede decirse con propiedad): "Hasta aquí has sido sólo un siervo, no eres un hijo de Dios. Ya tienes gran razón para alabar a Dios por cuanto te ha llamado a su honroso servicio".[50]

No obstante, Wesley nunca dejó de afirmar que era una experiencia que todos los cristianos deberían buscar. En 1768 escribió: "Una consciencia de gozar del favor de Dios... es el privilegio común de los cristianos que temen a Dios y obran justicia".[51]

Hemos escogido desarrollar este tema históricamente debido a que todos los wesleyanos que han intentado hacerlo sistemáticamente sólo han logrado repetir los análisis de Wesley, además de que él parece haber atendido la mayoría de esas cuestiones sistemáticas. Sin embargo, intentaremos hacer un resumen como conclusión de esta sección.

Hemos observado que el testimonio del Espíritu, como Wesley lo entendió, está relacionado al principio encarnacional que describimos con anterioridad como uno que informa la perspectiva que el Nuevo Testamento nos ofrece de la obra del Espíritu. Hemos señalado la conexión inseparable, propia de la teología de Wesley, entre la religión y la ética. Ninguna relación mística con Dios puede eludir los requisitos éticos del discipulado. La distinción entre la seguridad de la salvación y la seguridad de la fe reconoce el carácter sinergista del pensamiento wesleyano. Vimos la importancia que Wesley concedió a la verificación que la experiencia le provee a las aseveraciones dogmáticas, y la consecuente disposición a modificar posiciones a la luz de la experiencia cuando esto no involucraba claudicación alguna respecto a una enseñanza bíblica inequívoca, lo cual es una consideración metodológica importante para algunos de nuestros análisis adicionales. Además (aunque no lo hemos manejado en lo estudiado en esta sección dado que Wesley no habló explícitamente de ello), siendo que el testimonio del Espíritu es un privilegio común disponible para todos los creyentes, es obvio, tal como lo señala H. B. Workman, que "la doctrina de Wesley sobre la seguridad involucró como corolario necesario una teoría arminiana de la expiación".[52]

La Regeneración

La palabra regeneración es una metáfora tomada del campo de la biología para aludir al "cambio verdadero" que efectúa el Espíritu Santo en el umbral de la vida cristiana. El término ocurre sólo dos veces en el Nuevo Testamento. En Mateo 19:28, se usa para aludir a la regeneración cósmica. En Tito 3:5, se usa en conexión con el bautismo como la actividad renovadora del Espíritu. Sin embargo, la idea connotada por la metáfora es expresada en varios pasajes que emplean la imaginería de ser nacido de nuevo (compárese con Santiago 1:21; 1 Pedro 1:23; y la conversación con Nicodemo en Juan 3).

En su sermón intitulado "El Gran Privilegio de Aquellos que Son Nacidos de Dios", Wesley claramente distingue la regeneración de la justificación al mismo tiempo que muestra la relación entre ambas:

> Pero, aunque se conceda que la justificación y el nuevo nacimiento son, en lo que toca al tiempo, inseparables el uno del otro, no obstante, se les distingue fácilmente como que no son lo mismo, sino cosas de una naturaleza enteramente diferente. La justificación implica sólo un cambio relativo, mientras que el nuevo nacimiento implica un cambio real. Al justificarnos, Dios hace algo por nosotros; al engendrarnos de nuevo, hace una obra dentro nosotros. La primera cambia nuestra relación externa con Dios, de modo que de enemigos nos volvemos hijos; por la segunda obra, nuestras almas son cambiadas en lo más íntimo, de modo que de pecadores venimos a ser santos. La una nos restaura al

favor de Dios, la otra a su imagen. La primera consiste en quitarnos la culpa del pecado, la otra en quitarnos su poder; así, aunque están unidas en un punto específico del tiempo, son con todo de naturalezas completamente distintas.[53]

Explicar adecuadamente este lenguaje figurativo es finalmente imposible, tal como Jesucristo lo implicó con su comentario a Nicodemo en cuanto a que "el viento sopla de donde quiere, y oyes su sonido; mas ni sabes de dónde viene, ni a dónde va; así es todo aquel que es nacido del Espíritu" (Juan 3:8). Basándose en este pasaje, Juan Wesley hizo la observación de que "esperar cualquier explicación detallada y filosófica de la manera en que esto pasa" es esperar demasiado. Aquí afirma el hecho, pero confiesa que la manera en que sucede lo elude.[54]

Pese a ello, pero asumiendo que reconozcamos su inadecuación, podemos usar una definición sicológica para obtener cierta intuición en cuanto a la naturaleza de la regeneración. Una excelente definición de este tipo nos la ofrece Olin A. Curtis como sigue: "La regeneración es la reorganización primaria de la entera vida de móviles de una persona mediante la acción vital y presencia moradora del Espíritu Santo de forma que el móvil último sea la lealtad a Jesucristo".[55] Esto se correlaciona bien con la definición de arrepentimiento que nos da Alan Richardson, y a la que hemos aludido antes, de que representa "una reorientación fundamental de toda la personalidad".[56]

Cuando esto ocurre, una persona se vuelve, "en Cristo… una nueva criatura" (2 Corintios 5:17). Ha experimentado una reorientación radical de todo su ser, una inversión de valores, al grado que lo que antes amaba, ahora aborrece, y viceversa. La nueva vida en la regeneración involucra morir a una vieja manera de vivir y adoptar una nueva. Tal transformación del sistema de valores de una persona es posible sólo a través del poder capacitador del Espíritu Santo.

La regeneración está asociada estrechamente con la metáfora de la "adopción". Wesley equipara el ser "nacido del Espíritu" con tener el "Espíritu de adopción".[57] A la adopción se le puede considerar el aspecto social de la conversión. Como dice H. Orton Wiley, el término se refiere "al acto de un hombre de llevar a su casa como si fuesen suyos niños que no le nacieron a él" (*TC* 2:429). Podemos referirnos una vez más a otra definición de O. A. Curtis, la de la adopción: "… es un término legal que San Pablo tomó prestado de la ley romana para expresar la fase social de la conversión, o sea, que un pecador salvado, no sólo ha sido justificado y regenerado, sino presentemente incorporado a la familia de Dios para disfrutar su compañerismo y compartir su destino".[58] La regeneración inaugura una relación entre el creyente y Dios que hay que llamar filial.

Esta resultante filiación, Helmut Burkhardt la va a llamar ontológica en categoría.[59] Sin embargo, sólo es apropiado hablar de la nueva vida que es traída a la existencia por la regeneración como ontológica si no se conceptualiza en términos de una ontología substantivada. Una ontología relacional tal como la hemos sugerido en nuestra discusión de la *imago Dei,* en la cual la esencia del ser humano es identificada como "el ser humano con relación a Dios", nos permitirá considerar legítimamente el verdadero cambio involucrado en el nuevo nacimiento como ontológico en su naturaleza.

Aparentemente Burkhardt no se sujeta a esta estipulación y, por ende, cae víctima del resultado de pensar en términos de una ontología substantivada y, por lo tanto, concluye que "la filiación es algo duradero, algo que no puede ser cancelado, a diferencia, por ejemplo, de la amistad. La filiación es una declaración acerca de ser".[60] La falacia de este razonamiento es inmediatamente aparente y da lugar al calvinismo popular que afirma la perseverancia de los santos en función de "una vez hijo, siempre hijo", argumentando que, una vez que alguien ha nacido, no puede ser desnacido. Pero una conclusión así es válida sólo si uno abandona la comprensión relacional de las metáforas involucradas.

La regeneración frecuentemente ha sido relacionada al bautismo. Hay una conexión entre ambos, para la discusión de lo cual esperaremos hasta un punto posterior, pero aquí sencillamente observaremos que, aunque el Nuevo Testamento no enseña la regeneración bautismal, el rito es simbólico del don del Espíritu que efectúa el nuevo nacimiento. El bautismo puede ser administrado sin el acompañante necesario de la regeneración y, por lo tanto, no es una señal infalible de que ésta ha ocurrido.

Juan Wesley le dio mucha atención a las marcas del nuevo nacimiento. El primer resultado de esta obra del Espíritu es que Dios capacita al regenerado a evitar cometer pecado. Wesley insiste en que hasta los recién nacidos en Cristo "son a tal punto perfectos como para evitar cometer pecado". El pecado al que Wesley se refiere es a "una transgresión voluntaria de una ley conocida de Dios".[61] Este es el fruto inmediato de la fe. La segunda marca es la esperanza, la cual

Wesley relaciona al testimonio directo e indirecto del Espíritu. La tercera es la más grande de todas, y es que el amor de Dios es derramado en el corazón de aquel que ha sido convertido. Puesto en forma breve, las marcas son la fe, la esperanza y el amor.[62]

Para Wesley, la regeneración es el primer momento de la santificación, o lo que podría llamarse la santificación inicial. Esto se ve con claridad en varias de sus declaraciones normativas, incluyendo la que se citó casi al principio de esta sección. En su sermón que lleva ese mismo título, Wesley define el nuevo nacimiento como

> aquel gran cambio que Dios obra en el alma cuando la trae a la vida; cuando la levanta de la muerte del pecado a la vida de justicia. Es el cambio obrado en la totalidad del alma por el todopoderoso Espíritu de Dios cuando es "creada de nuevo en Cristo Jesús"; cuando es "renovada a la imagen de Dios en la justicia y santidad de la verdad"; cuando el amor del mundo es cambiado por el amor de Dios; el orgullo por la humildad; la pasión por la mansedumbre; el odio, la envidia y la malicia por un amor sincero, tierno y desinteresado por toda la humanidad.[63]

Un poco después en el mismo sermón, Wesley establece una distinción entre el nuevo nacimiento y la santificación, pero hace explícito que es una distinción entre una obra instantánea y una progresiva. A aquellos (por ejemplo, William Law) que hacían de la regeneración una obra progresiva, Wesley les decía:

> Esto es indudablemente cierto de la santificación; pero de la regeneración, del nuevo nacimiento, no lo es. Esto es parte de la santificación, pero no el todo; es la puerta a ella, la entrada a ella. Cuando nacemos de nuevo, entonces comienza nuestra santificación, nuestra santidad interior y exterior, y en adelante nos toca gradualmente "crecer en Aquel que es nuestra Cabeza".[64]

Lo que Wesley hace consistentemente es aplicar sus definiciones genéricas de santificación a la regeneración, demostrando que la comprende como que es una expresión particular de la obra del Espíritu de restaurar al humano a la imagen de Dios, un verdadero cambio que incluye la santidad verdadera. Hay una clase de santidad que está presente en grados en cada etapa de la vida cristiana. Al leer su sermón intitulado "Sobre la Paciencia" (1788), es obvio que Wesley piensa así. La entera santificación, nos dice,

> no implica clase nueva alguna de santidad: que ningún hombre se imagine esto. Desde el momento en que somos justificados, hasta

que entreguemos nuestro espíritu a Dios, el amor es el cumplimiento de la ley... El amor es la suma de la santificación cristiana; es la única clase de santidad que se encuentra, sólo en diversos grados, en los creyentes a quienes San Juan distingue como "hijitos, jóvenes y padres". La diferencia entre el uno y el otro yace propiamente en el grado de amor.[65]

A la luz de estas referencias no hay duda alguna de que Wesley equiparaba la regeneración con el primer movimiento de la gracia santificadora en el alma. Aunque era completa en un momento, no era cualitativamente diferente del obrar subsecuente de la gracia, y de ahí que Wesley no usara la expresión santificación inicial para referirse a este aspecto de la conversión. Esta terminología surgió entre sus sucesores, aparentemente para oponerse a una enseñanza teológica que equiparaba la regeneración con la santificación sin resto alguno.[66]

No se sabe con precisión quién acuñó primero la frase, pero la identificación de la regeneración con el comienzo de la santificación es mantenida entre voceros importantes del movimiento wesleyano. Richard Watson da la siguiente lista de los componentes de la redención inicial: "justificación, adopción, regeneración, y el testimonio del Espíritu Santo", sin embargo, no incluye el término santificación inicial entre ellos. Watson sí insiste en que hay una distinción entre el estado regenerado y un estado de santidad entera y perfecta, y lo hace al tratar de proveer un lugar en la economía divina para la entera santificación. Wilson T. Hogue (1916) afirma que "la obra del Espíritu Santo de la santificación es principiada y lograda en un grado considerable en la regeneración. En esta experiencia una vida nueva es engendrada en el alma, una vida de amor santo". Luego añade: "No podemos insistir lo suficiente en el hecho de que la santificación tiene su inicio en la obra de la regeneración".[67]

En las primeras veces que apareció la idea de la santificación inicial en el siglo XIX, la misma se usaba un tanto ambiguamente a medida que el movimiento norteamericano de santidad buscaba cómo refinar las enseñanzas de Wesley sobre la doctrina de la santificación. Sin duda alguna, es esta ambigüedad lo que lleva a Wilber T. Dayton a observar que, si bien es claro que uno debe distinguir entre la santificación "inicial" y "entera", "es menos sencillo definir el alcance y la naturaleza" de la santificación "inicial", y reconoce que "no todos quedan satisfechos" con la interpretación que parece haberse vuelto la estándar[68] (véase más adelante).

Las tendencias de Watson van en la dirección de recalcar la santificación gradual. W. B. Pope hizo claro que entendía que la entera santificación era "en realidad la perfección del estado regenerado".[69] Thomas N. Ralston afirma sin titubeo que "la santificación, en su estado inicial, es sinónima a la regeneración" y que, por ende, la perfección cristiana es "la regeneración que creció hasta la madurez".[70]

Estas reseñas ilustran las tendencias del pensamiento wesleyano que, según lo que estamos sugiriendo, llevaron a los favorecedores de la "segunda bendición" a desarrollar la doctrina de la santificación inicial. El trabajo de R. S. Foster refleja la ambigüedad que acompañó a la transición. Foster hace una diferencia entre dos posiciones que consideran posible alcanzar la entera santificación en esta vida, una que hace hincapié en la maduración, el desarrollo o el proceso, afirmando que la entera santificación es "diferente sólo como un punto en el proceso de la regeneración", y la otra que hace hincapié en que es "una obra inmediata o instantánea, y es casi siempre una obra diferente que ha de ser obtenida por la agencia del Espíritu Santo por medio de la fe", y es diferente de lo que la precede (la regeneración) "en clase y grado".[71]

No está claro precisamente cuál de estas dos posiciones defendía Foster, pero el orden de los argumentos y la manera en la que fueron presentados indican que apoyaba la segunda. Si él estaba sugiriendo que el estado santificado es diferente en clase tanto como en grado del estado regenerado, reflejaba una posición más como la que Wesley mismo adoptó en un período posterior como sigue:

> Pero ¿no es la persona regenerada una criatura perfecta, y la santificación otra cosa sino desarrollo? Cuando un alma es regenerada, todos los elementos de la santidad le son impartidos, o las gracias le son implantadas, en número completo, y la perfección de estas gracias es la entera santificación y, por lo tanto, insistimos en que la entera santificación no ocurre en la regeneración, puesto que las gracias no son perfectas en ese momento. Y, de nuevo, aunque en la regeneración son impartidos todos los elementos de la santidad, no todos los rudimentos del pecado innato son destruidos y, de ahí, de nuevo, la ausencia de la entera santificación, la cual, cuando ocurre, expulsa todo el pecado. La regeneración es la santificación incipiente en este sentido; es de la misma naturaleza de la santificación y, hasta la medida en que se extiende, es la santificación.[72]

En otras fuentes de información sobre este asunto, la regeneración y la santificación inicial son separadas a tal grado que se da lugar a una diástasis entre ellas, lo que resulta en que la obra de la santificación sea una descontinuación de la obra regeneradora del Espíritu. Esto se muestra en el párrafo siguiente, que define la regeneración como

> la impartición de vida espiritual al alma humana, en la cual Dios imparte, organiza y trae a la existencia las capacidades, atributos y funciones de la nueva naturaleza. Es un cambio de la muerte a la vida, del dominio del pecado al reino de la gracia, que restaura la vida espiritual que se perdió por la caída.[73]

La separación se ve de manera aún más clara en las siguientes palabras de J. T. Peck, las cuales hacen una distinción radical entre "vida" y "santidad": "Así como la vida natural y la condición del ser viviente son distintas, la vida espiritual y la condición moral de los espiritualmente vivos también lo son". Son "totalmente distintas la una de la otra, tanto como lo pueden ser un hecho y la calidad del hecho, una cosa y el accidente de la cosa".[74]

La posición que llegó a ser considerada como la norma en el movimiento norteamericano de santidad identificaba la santificación inicial como un concomitante de la justificación, que limpia la culpa y la depravación adquirida que acompañan a los pecados cometidos, de lo cual el pecador mismo es responsable. Wiley también se refiere a este momento inicial como "parcial" en contraste a "entero". En lo entero, el creyente es limpiado de la depravación heredada (*TC* 2:480-81). Richard S. Taylor reconoce que tanto la regeneración como la santificación inicial son cambios verdaderos, lo que cae genéricamente bajo la amplia rúbrica de "santificación", y define la depravación adquirida que es "limpiada" por la santificación inicial en términos de conducta, como, por ejemplo: "se dejan las viejas costumbres, el vocabulario cambia, las maneras de pensar son alteradas". Estos ejemplos parecen encarnar lo que Wesley llama "la santidad exterior", la cual empieza en el nuevo nacimiento.[75]

Si uno da énfasis a los resultados positivos del nuevo nacimiento, como en el fruto del Espíritu, es más capaz de ver cómo la obra santificadora del Espíritu busca avanzar hacia la terminación de la obra que Él empezó en el ser humano incluso en la gracia previeniente.[76] Colocar el énfasis exclusivo en el lado negativo de la santificación (o sea, la purificación del pecado) tiende a perder esta continuidad, aun cuando uno no pueda excluir este aspecto de la obra del Espíritu de una teología de la vida cristiana.

Ahora parece que, a la luz de las consideraciones anteriores, estamos listos a movernos directamente a la discusión de la entera santificación.

La Entera Santificación[77]

Con justificación nos referimos a la declaración de la gracia divina (como actitud) que restaura al pecador a la relación correcta con Dios mediante la remisión y el perdón; con regeneración queremos decir la operación del Espíritu Santo (la gracia como poder) que hace que el pecador se vuelva vivo para Dios; con entera santificación nos referimos a la obra del Espíritu en el creyente que "plenamente y sin demora el Señor cumplirá" (Wesley, compárese con Romanos 9:28, DHH), que libera de todo pecado, y que crea una relación con Dios a la que uno puede referirse como perfección.

Cada término y frase en esta última definición operativa que hemos propuesto necesita clarificación y limitación. Al decir entera santificación nos referimos a una etapa especial de ser que es vista en continuidad con la obra más amplia de santificación en la vida del creyente. Al añadir el término calificativo, entera, significamos con ello lo mismo que Pablo expresa en 1 Tesalonicenses 5:23: "Y el mismo Dios de paz os santifique por completo; y todo vuestro ser, espíritu, alma y cuerpo, sea guardado irreprensible para la venida de nuestro Señor Jesucristo". "Por completo" significa "de pies a cabeza" (compárese con el capítulo 11). Esto no sugiere en sentido alguno que algo está completo al grado que impida crecimiento adicional". Tal como Wesley correctamente insiste, "No hay perfección de grados ... ninguna que no admita un aumento continuo".[78]

En esta sección de nuestra discusión de la entera santificación (a la que regresaremos después), queremos limitarnos a dos preguntas centrales: (1) ¿Es la entera santificación posible? y, (2) ¿Cómo uno la busca?

Al abordar la pregunta de la posibilidad de la entera santificación en esta vida, en primer lugar, necesitamos estar al tanto de que la pregunta no puede ser, de modo inteligente, contestada en una forma aislada, separada de todo un complejo de otros asuntos. En pocas palabras, la cuestión puede ser explorada de forma adecuada sólo como un componente de la teología sistemática. Las cuestiones pertinentes son exploradas explícitamente, o dadas por sentado implícitamente, en todas las obras teológicas que tratan con el asunto. Entre las cuestiones más apremiantes se incluyen la doctrina del pecado, el significado de la expiación, la naturaleza del ser humano, el significado de la gracia, y el significado que le damos al concepto de la perfección. Ya le hemos dado atención a todas ellas excepto a las últimas dos, pero el estudiante debe familiarizarse con estas otras áreas de nuestra propuesta teológica en conexión con el estudio del tema de la entera santificación.

Hay dos comprensiones básicas de la gracia en la historia del pensamiento cristiano. Una, y tal vez la más temprana, ve la gracia como poder para sanar, y aparece en las palabras de Ignacio de Antioquía, quien se refiere a la eucaristía como "la medicina de la inmortalidad". Es el énfasis de Agustín, y se vuelve normativo para las consideraciones de la piedad católica romana medieval. La gracia llegó a ser conceptualizada como una substancia ontológica de naturaleza espiritual que era infundida en la persona a través de los sacramentos. Su presencia era demostrada por medio de la capacitación que le daba al creyente para hacer buenas obras.

En esta área ocurrió una de las varias transformaciones teológicas que Martín Lutero ofreció, ya que reemplazó la manera en que era entendida con una perspectiva de la gracia como la actitud de Dios gracias a la cual estaba dispuesto a aceptar al pecador y perdonarle antes de que nada mereciera. Pero, al abandonar la idea de la gracia como sanidad, y enfocarse en la idea de la justificación en conexión con ella, la doctrina de Lutero de la santificación sufría una seria debilidad, ya que resultaba en una visión ambigua de la vida cristiana caracterizada por una oscilación entre la victoria y la derrota, el éxtasis y la desesperación.

Anticipándonos un poco, podemos observar que Wesley, con su usual aproximación de la *vía media* a la teología, fue capaz de optar por ambas perspectivas de la gracia, y de esa manera produjo un equilibrio entre la justificación (la gracia como actitud) y la santificación (la gracia como sanidad). En su discusión de la perspectiva teológica de Wesley, Harald Lindström toma estas distinciones en consideración y observa:

> La corrupción básica del hombre natural es... descrita como una enfermedad, y la salvación como una restauración a la salud

[sanidad]. Una concepción de la religión que acepta tal idea del pecado debe ser determinada por la idea de la santificación.[79]

Nuestro propósito aquí es explorar el tema de la perfección al observar las diversas maneras en las que la santificación ha sido (o puede ser) interpretada, y las implicaciones de estas explicaciones para la pregunta sobre la posibilidad de la entera santificación. Parece, pues, haber cuatro maneras de interpretar la santificación, con la posibilidad de cierta interpenetración. Estas son (1) en términos de la ley, (2) en términos del amor, (3) en términos de la transformación del ser, y (4) en términos de lo ceremonial o cultual.

A través de la historia del pensamiento cristiano acerca de la vida cristiana han aparecido varios entretejimientos de estas diferentes maneras de interpretar la santificación. Siendo que ha habido transiciones dinámicas de una a la otra, sin duda sería simplificar demasiado atribuirle una versión de la vida cristiana en función de cualquiera de ellas a cierto pensador en particular. No obstante, ver la implicación de cada interpretación nos permitirá resolver algunas cuestiones importantes al abordar la pregunta de si es posible la entera santificación en esta existencia finita.[80]

Las primeras exposiciones de la doctrina de la santificación fueron desarrolladas en términos de "transformación del ser", y ocurrieron principalmente entre los teólogos de la iglesia del Oriente (Ireneo, Atanasio) en función de la teoría realista de la redención. Esto involucraba una deificación de la naturaleza humana con miras a la inmortalidad, aunque ya hemos observado los problemas relacionados a esta manera de conceptualizar el cambio verdadero cuando, o si, es tomado en el sentido griego de apoteosis, lo que ciertamente no es necesario interpretar de esta manera. En todo caso, lo que es de interés para nosotros en este punto es la estructura formal de esta forma de ver, más que el contenido. Ireneo creyó y enseñó que esta transformación era la obra del Espíritu recibido en el bautismo, y que implicaba que una medida de perfección es concedida en esta vida al igual que en la "deificación" escatológica final. "Lo que tenemos en Ireneo es, entonces, lo que tenemos en el Nuevo Testamento, a saber, la tensión estimulante entre el 'ya' y el 'todavía no'. ... Aun aquí, gracias al don que el Padre nos hace del Espíritu a través del Hijo, conocemos al Espíritu en su plenitud, y ya hemos sido hechos perfectos como parte de la obra de la gran depósito de Dios".[81] Esta sanidad de la naturaleza humana es interpretada por Ireneo como una restauración del ser humano a la *imago Dei*.

La idea de una perfección en términos de amor aparece en los primeros padres de la iglesia, y encuentra su mayor expresión en la obra de Clemente de Alejandría. Su "Cristiano Gnóstico" se caracteriza principalmente por ser un creyente que ama a Dios con todo su corazón, alma, mente, y fuerza, y a su prójimo como a sí mismo. Tradicionalmente, Clemente ha sido interpretado como que también toma prestada la virtud estoica de la apatía, o la sin pasión, como un paradigma de esta vida cristiana superior. Esto contradice significativamente algunas de sus otras descripciones, tales como la centralidad del amor y, por ende, suscita una pregunta de cuán apropiada sea esta interpretación. Hay cuando menos la posibilidad de que Clemente esté hablando de "la ausencia de pasión" en términos platónicos (socráticos) más que estoicos. En el *Fedón,* Sócrates asevera que el filósofo es el único hombre virtuoso debido a que ama y está en búsqueda de las virtudes por sí mismas y no por algún móvil secundario. Esta es casi precisamente la manera en que Clemente describe la relación cristiana ideal con Dios. En la *Stromata* escribe:

> Pudiéramos, entonces, suponer a cualquiera que le propusiera al gnóstico si escogería el conocimiento de Dios o la salvación eterna, y si éstas, que son enteramente idénticas, fuesen separables, sin el menor titubeo escogería el conocimiento de Dios, considerando esta propiedad de la fe, la cual asciende del amor al conocimiento, deseable por su propia causa. Esta, entonces, es la primera forma que el hombre perfecto tiene de hacer el bien, cuando lo hace, no por ventaja alguna de lo que le atañe a él, sino porque juzga que es recto hacer el bien; y la energía, siendo ejercida vigorosamente en todas las cosas, en el mismo acto se vuelve buena; no buena en algunas cosas y no buena en otras, sino consistiendo en el hábito de obrar bien, ni para gloria, ni, como los filósofos dicen, por la reputación, ni por causa de recompensa, sea de los hombres o de Dios, sino a fin de pasar la vida según la imagen y semejanza del Señor.[82]

Por ende, el verdadero gnóstico es caracterizado por un amor a Dios como Él es en sí mismo, y no sólo por los beneficios que vienen de Él. Este es un amor que excluye todos los amores menores. La perfección en amor es una posibilidad presente.[83]

En la obra de Agustín encontramos algunas modificaciones muy únicas de estas ideas. Le dejó a la iglesia un legado doble en lo que toca al pecado. Usando la estructura conceptual del neoplatonismo, Agustín definió el pecado como "amor pervertido". La ontología de Plotino le proveyó una solución intelectual para el problema del mal, ya que pudo identificar el mal con el no ser y así evitar el dualismo del maniqueísmo. Esto involucró una escala del ser con Dios, quien es el Ser mismo, como la fuente de todo lo que es, con varios grados del ser mezclados con el no ser, conforme uno se aleja más de la base del Ser. El lugar del humano en esta escala es determinado por su amor. Si uno ama cosas o se ama a uno mismo, esto es pecado, porque sólo Dios es el digno objeto del amor. Luego, el amor perfecto a Dios sería la libertad del pecado, de modo que, teóricamente, es posible, en este modelo, ser enteramente santificado.

Agustín, en efecto, habla hermosamente de cómo el Espíritu Santo, como un acto de gracia, le infunde amor a Dios al corazón humano. "Nosotros... afirmamos que la voluntad del humano es ayudada divinamente y a tal grado en la búsqueda de la justicia, que éste recibe el Espíritu Santo, por quien es formado en su mente un deleitarse y un amar a ese bien supremo e inmutable que es Dios".[84]

Pero, aun sobre estas bases, Agustín niega vigorosamente que haya persona alguna que sea libre de pecado en esta vida. Para ello se basa en una colección de pasajes bíblicos que parecen aseverar la pecaminosidad universal del ser humano, por lo cual concluye: "Puesto que... estos pasajes no pueden en ninguna manera ser falsos, se sigue con claridad, en mi mente, que cualquiera que sea la calidad o el alcance de la justicia que podamos adscribir definitivamente a la vida presente, no hay hombre que la está viviendo que sea absolutamente libre del pecado".[85] Aun así, frente a esta advertencia, Agustín todavía afirma la posibilidad de la justicia perfecta, ya que es la obra de Dios y, ¿quién puede ponerle límite al poder de Dios?

Hay que añadir que Agustín ofrece un razonamiento de por qué el hombre finito no puede amar a Dios perfectamente, y es un razonamiento que se va a volver muy significativo para discusiones posteriores. Su argumento se basa en dar por sentado que hay una correlación entre el amor y el conocimiento o la visión. Mientras más conozcamos a Dios, más le amamos; pero, puesto que nuestro conocimiento presente es deficiente ("ahora vemos por espejo, oscuramente" [1 Corintios 13:12]), nuestro amor también lo es. Y siendo que nunca tendremos un conocimiento sin limitaciones de Dios, sino hasta que experimentemos la visión beatífica, la perfección del amor estará en espera de esta realidad escatológica.

Una segunda perspectiva del pecado en la enseñanza de Agustín nos presenta otra clase de problema. Emanando en parte de su propia experiencia, y en parte de su preocupación con que aparentemente Pablo ve que todos los mandamientos se resumen en esta prohibición: "No codiciarás", Agustín identificó el pecado con la concupiscencia, particularmente el deseo sexual. Sin ir muy lejos, puede aseverarse que, si se acepta esta visión del pecado, los seres humanos estarán exentos de la posibilidad de ser libres del pecado en esta vida.

Pero, en lo que tiene que ver con esta interpretación del pecado, hay otros factores complejos involucrados en los debates de Agustín con el pelagianismo que se van a reflejar en nuestra discusión. La visión pelagiana del pecado era atomista, ya que la identificaba con transgresiones voluntarias de preceptos particulares. De esta manera, la posibilidad de escoger no pecar yacía en el poder de la voluntad de la persona. Por consiguiente, la libertad del pecado, cuando la ley es interpretada de esta forma, es una posibilidad relativamente fácil. Agustín detectó esta "perfección fácil" y la rebatió mediante su perspectiva del pecado como concupiscencia. Al equiparar la ley con la concupiscencia, Agustín señaló que la conformidad interior a la ley era el meollo del asunto. Si bien la conformidad exterior es posible por la sola fuerza del humano, la interior es sólo posible por medio de la gracia. Por eso Agustín escribe:

> Pues quienquiera que haya hecho incluso lo que la ley ordena, sin la asistencia del Espíritu de gracia, ha actuado movido por el temor del castigo, no por el amor a la justicia y, así, ante los ojos de Dios, ello no estaba en la voluntad, lo cual a la vista de los hombres apareció en la obra; y tales hacedores de la ley fueron juzgados más bien culpables de aquello que Dios sabía que ellos habrían preferido cometer, si tan sólo hubiese sido posible hacerlo con impunidad.[86]

Antes de proceder a echar un vistazo a Tomás de Aquino y luego a los Reformadores, deberíamos observar que, temprano en el pensamiento cristiano, fue muy prominente la interpretación ceremonial de la santificación. Como Paul Bassett indica, desde el principio, la plenitud del Espíritu (la santificación) fue conectada con el bautismo, especialmente con el segundo momento del ritual, que se caracterizaba por la unción con aceite del creyente. El segundo momento eventualmente fue separado del rito iniciador del bautismo y vino a ser conocido como la confirmación.

Al principio, el ritual fue percibido como el símbolo a través del cual la realidad se volvía actualizada, pero, con el paso del tiempo, la perspectiva sacramental se arraigó, y los ritos fueron vistos como que operaban automáticamente. La ceremonia, que sin duda alguna había sido acompañada por la realidad en un principio, tendió a volverse un fin en sí mismo. Paul Bassett sugiere que una de las mayores contribuciones de "Macario el Egipcio" (quien influyó mucho sobre Wesley) fue su insistencia en que la santificación fuese una obra viviente, existencial, de la gracia, y no una mera liturgia.

Al examinar el pensamiento de Tomás de Aquino, encontramos un sugestivo análisis de la santificación en términos del amor. No tenemos aquí el espacio para enmarcar en un contexto completo de la enseñanza tomista, ni tampoco encaja en nuestro propósito. Así pues, nos limitaremos sencillamente a observar que Aquino identifica tres clases de perfección: (1) Hay una perfección en la que amamos a Dios por todo lo que Él vale. Este grado de amor es posible para Dios solamente, ya que sólo Él se conoce o se comprende a sí mismo con este grado de adecuación. (2) En acuerdo con Agustín, Aquino reconoce un grado de amor en el que amamos a Dios por todo lo que nosotros valemos. Puesto que nuestra capacidad plena existirá sólo en la vida del más allá, esta manera de amar queda excluida de la posibilidad presente. (3) Pero hay una tercera clase de perfección que excluye "todo aquello 'que sea contrario al móvil o movimiento *(motus)* del amor a Dios'. Esta tercera clase de perfección 'es posible en esta vida en dos modos': en excluir de la voluntad cualquier cosa 'contradictoria al amor, o sea, el pecado mortal', y en el rechazo de la voluntad a cualquier cosa que prevenga que la disposición del alma *(mentis)* hacia Dios sea total".[87] Esta no es una perfección de desempeño, sino una perfección de intención y/o disposición.[88]

Los teólogos de la Reforma hicieron una transformación sutil pero significativa del concepto de la santificación, ya que tendieron a interpretarla, a partir del problema de la fe y las obras, en términos de la ley. Lutero habló mucho del amor, pero su perspectiva fue mayormente informada por las controversias sobre la justificación, las cuales siempre estuvieron informadas por la ley. La santificación, para él, era hacer buenas obras y, desde luego, era subsecuente a la justificación como la expresión de la fe.

Pero esta manera de interpretar la santificación presentaba graves escollos para la pregunta de la posibilidad de la libertad del pecado en esta vida. Si la ley y la naturaleza humana eran interpretadas del modo pelagiano, no había problema, pero los reformadores a quien seguían en su doctrina del pecado original era a Agustín, aplicando la ley en sus requisitos internos más completos. Las exposiciones de Calvino de los Diez Mandamientos demostraban cómo la ley fue interpretada en sus demandas espirituales más profundas posibles.

A la luz de esto, Calvino podía amonestar así a sus lectores: "No debemos ser ahuyentados de la ley, o evitar su enseñanza, meramente porque requiera una pureza moral mucho más estricta que la que hemos de alcanzar mientras llevamos con nosotros la prisión que es el cuerpo".[89]

Al igual que Agustín, Calvino niega vigorosamente que alguien pueda lograr la justicia perfecta en esta vida en esos términos. "Si examinamos el pasado más remoto, digo que ninguno de los santos, ataviados en cuerpo de muerte, ha alcanzado la meta del amor en forma tal que ame a Dios 'con todo su corazón, toda su mente, toda su alma, y todas sus fuerzas'. Y digo, además, que no hubo nadie que no se viera plagado por la concupiscencia".[90]

Al considerar las maneras previas a Wesley de interpretar la santificación, necesitamos mencionar un punto adicional. Todos ellos, Agustín, Lutero y Calvino, proponen una santificación plena en esta vida en términos de imputación. Si bien el pecador mismo no es completamente cambiado por la imputación, la justicia perfecta de Cristo le es contada en su favor y, de esa manera, posicionalmente, es considerado perfecto ante los ojos de Dios. Pero, aunque no se involucre ritual alguno en ello, nosotros proponemos que esta perspectiva debería caer bajo la rúbrica de la santidad ceremonial en el sentido de que no encierra un verdadero cambio, sino que involucra una transacción que ocurre externa a la persona, por lo que no tiene que ocurrir transformación moral necesaria alguna. Es sobre esta base que Lutero puede afirmar su posición clásica de que el creyente es al mismo tiempo pecador y justificado *(simul justus et peccator)*.

Ahora podemos hacer algunas observaciones muy generales que, lo admitimos, carecen considerablemente de precisión, pero pueden ser útiles en nuestra transición a Wesley. Mientras que el pensamiento católico romano tendía a interpretar la santificación en términos del amor, y el pensamiento protestante tendía a verlo en términos de la ley, el pensamiento oriental se inclinaba a hablar de la transformación del ser. Dado el temperamento sintetizador y las agudas ideas teológicas de Wesley, ahora podemos entender mejor cómo puede decirse que las perspectivas de Wesley fueron una síntesis de la ética católica de la santidad y la ética protestante de la gracia (George Croft Cell). Pero debemos añadir a esto la observación suplementaria de que su síntesis se extiende también hasta el temperamento oriental, haciéndolo parte integral de su comprensión de la vida cristiana.

Teniendo presente este antecedente, cuando leemos el manual de Wesley sobre la vida cristiana, *A Plain Account of Christian Perfection* [Una Clara Explicación de la Perfección Cristiana], podemos tener un sentido más seguro del punto del que él procede y el punto al que se dirige. En primer lugar, Wesley reconoce que su posición difiere de la de sus hermanos en su contestación positiva a la pregunta: "¿Deberíamos esperar ser salvos de todo pecado antes del artículo de muerte?"[91] Su confianza se basa en un cimiento cuádruple que ha descubierto en la Escritura: (1) hay pasajes bíblicos que lo prometen (por ejemplo Salmos 130:8; Ezequiel 36:25, 29; 2 Corintios 7:1; Deuteronomio 30:6; 1 Juan 3:8; Efesios 5:25-27; Romanos 8:3-4); (2) hay oraciones por la entera santificación, tales como las de Juan 17:20-23; Efesios 3:14-19; 1 Tesalonicenses 5:23; (3) hay mandatos de perfección (Mateo 5:48; 22:37, 39); y (4) en la Escritura hay ejemplos identificables de personas que fueron llamadas perfectas.

La posición general de Wesley no es afectada por la exégesis de pasajes particulares que tal vez no soporten el peso que él quiere poner sobre ellos, sin embargo, el tenor de su pensamiento sigue siendo sano. El principio sobre el cual Wesley trabaja se relaciona directamente a su manera de entender la fe como "la certeza de lo que se espera, la convicción de lo que no se ve" (Hebreos 11:1). Ya hemos visto que el significado de esta definición está ligado a la existencia de una promesa divina. Si bien las promesas son explícitas, los mandatos, las oraciones y los ejemplos son "promesas encubiertas". Si Dios promete la libertad del pecado (la perfección) en su Palabra, ya sea explícita o implícitamente, podemos descansar en la seguridad de que tal cosa es una posibilidad dentro del poder divino. Aquí yace el cimiento del "optimismo de la gracia" de Wesley. No está en la capacidad o potencialidad humana, sino en la gracia sobrenatural vista como sanación y capacitación.

Además, si la Escritura provee esta posibilidad, necesitamos de alguna manera entender lo que esta perfección implica, de modo que no hagamos caer a la Biblia en contradicción, pues, en el criterio de Wesley, toda enseñanza bíblica está sujeta a la verificación de la experiencia. Es aquí donde él se abre paso a través de las espinosas preguntas implicadas en el estudio que hemos hecho antes acerca de las diversas maneras en las que la santificación ha sido interpretada. Si la perfección implica observar la ley en sus requisitos más profundos, no es posible. Si el amor puede ser perfecto sólo con la visión beatífica, debe esperar al escatón. Aquí también podemos ver el profundo significado de los descubrimientos que Wesley hizo en la literatura devocional de Jeremy Taylor, Tomás de Kempis y William Law. En breve, en ellos Wesley descubrió la centralidad de la "pureza de intención" y el carácter interior de la verdadera religión. "Vi", dijo, "que la 'simpleza de intención, y la pureza del afecto', un propósito en todo lo que hablamos o hacemos, y un deseo que gobierne todos nuestros temperamentos, son de veras 'las alas del alma' sin las cuales jamás puede ascender al monte de Dios".[92]

De ahí, Wesley pasa a la tarea de darle contenido bíblico a este ideal. Su primer y supremo descubrimiento de lo que la santificación significa es que es la renovación del ser humano en la imagen de Dios. Puesto que la única encarnación perfecta de esa imagen desde la caída es Cristo, uno podría hablar de esta meta en términos de ser como Cristo. Pero, adicionalmente, partiendo del contenido bíblico, también podría ser resumida con el término "amor", la mejor expresión del cual es lo que Jesús llamó el primer y más grande mandamiento: "Y amarás al Señor tu Dios con todo tu corazón, y con toda tu alma, y con toda tu mente y con todas tus fuerzas", y el segundo, "Amarás a tu prójimo como a ti mismo" (Marcos 12:30-31). Negativamente, involucra la ausencia del pecado, con lo cual Wesley quiere decir el pecado interior, como lo es el orgullo, la voluntad propia, el amor al mundo, la ira, la irritabilidad, y todas las otras disposiciones contrarias al "sentir que hubo... en Cristo Jesús" (Filipenses 2:5).[93]

Hay ciertas fórmulas que pueden usarse para ilustrar el desarrollo que, partiendo del catolicismo romano, y pasando a través de Lutero hasta Wesley, se va a dar como un ajuste entre la fe y el amor. Para la teología católica romana, siguiendo a Tomás de Aquino, el orden de la vida cristiana se puede caracterizar como "la fe formada por el amor". Lutero rechazó esta idea debido a que hacía que la santificación precediera a la justificación, por lo que la reemplazó con "la fe formada por Cristo". Sin embargo, Wesley, siguiendo sus compromisos éticos, adoptó la fórmula paulina de Gálatas: "la fe que obra por el amor" (compárese con 5:6). Esto, pensaba él, mantenía juntos el énfasis que le daba a la fe como el fundamento de la vida cristiana y su insistencia en que el amor es la manifestación de esa vida.

Partiendo de su comprensión de la *imago Dei* como amor, Wesley interpreta la vida cristiana como el proceso de un amor en desarrollo que avanza, en parte, mediante etapas definibles. El amor es inyectado en el corazón en la regeneración. Desde ese punto en adelante, hay un desarrollo gradual que no conoce *finis,* ni siquiera la muerte. Pero, en el proceso, hay un momento instantáneo que puede llamarse amor perfecto, o entera santificación, aunque perfecto sólo en el sentido de ser sin mezcla. La propia descripción de Wesley verifica la aseveración de John Peters de que el término más apropiado para describir la manera de Wesley de entender la entera santificación es "expulsión", o sea, amor que expulsa al pecado: "Es el amor que excluye el pecado; el amor que llena el corazón, que ocupa la capacidad completa del alma... Pues en tanto que el amor llena todo el corazón, ¿qué lugar hay en él para el pecado?"[94]

Con este escueto repaso, podemos claramente ver que Wesley interpretó la santificación en términos de amor (como lo hizo Aquino), y como una transformación del ser (según los padres de la iglesia orientales), pero siempre en el contexto de justificación por la gracia a través de la fe (conforme a los reformadores). Estas visiones se fundieron en una comprensión teológica única que tomó seriamente lo caído de la naturaleza humana y el poder de Dios, pero además la enseñanza bíblica acerca de una ética perfeccionista. Con todas estas cualificaciones, Wesley podía proclamarle al mundo que, "cuando el pecado abundó, sobreabundó la gracia" (Romanos 5:20).

Ahora pasamos a examinar la segunda pregunta: "¿Cómo se busca la entera santificación?" Gran parte de la historia de la teología de la vida cristiana no tiene en cuenta esta pregunta debido, en cierto sentido, a una afirmación irregular de su posibilidad. Con frecuencia, cuando es tenida en cuenta, buscarla se percibe en términos de hacer buenas obras y/o por medio de la disciplina, de ahí que sea una aproximación que generalmente se dé dentro del contexto de alguna forma de justicia por las obras. Así pues, nos tornaremos a Juan Wesley mismo para ver su enseñanza acerca de cómo debe uno prepararse para la obra de perfeccionamiento que hace el Espíritu Santo, pero siempre teniendo presente que la santificación va a ser vista por él, de manera consistente, dentro del marco de la justificación por la fe. La santidad de la persona, del grado que sea, nunca será la base para ser aceptada por Dios.[95]

Si bien Wesley no provee un esquema que, si es seguido, lo guiará a uno automáticamente a la experiencia de la entera santificación, ciertamente habla de tres factores que lo preparan para el momento en el cual Dios, en su soberana libertad, "ejecutará su obra... en justicia y con prontitud" (compárese con Romanos 9:28).

El primer factor es el arrepentimiento.[96] Este arrepentimiento es diferente del arrepentimiento que precede a la justificación. No involucra culpa, sino el conocimiento propio acerca de la existencia del pecado que permanece, que es de naturaleza interior y de disposición. Es similar al primer arrepentimiento en que el conocimiento de uno mismo es el ingrediente central, pero este otro arrepentimiento involucra además que uno se dé cuenta de su completa incapacidad e impotencia de librarse por sí mismo del pecado interno.

El segundo factor es la mortificación.[97] Esto obviamente es una operación sinergística, y es la dimensión gradual de la obra de santificación. Es en esta conexión en la que se logra una mejor comprensión de la siguiente muy utilizada descripción de Wesley de cómo la santificación es al mismo tiempo gradual e instantánea:

> Un hombre puede estar muriendo por algún tiempo, empero, hablando propiamente, no muere sino hasta que el alma es separada del cuerpo, y en ese instante, vive la vida de la eternidad. De igual manera, puede estar muriendo al pecado por algún tiempo, empero, no está muerto al pecado, sino hasta que el pecado es separado de su alma, y en ese instante, vive la vida plena del amor. Y así como el cambio sufrido, cuando el cuerpo muere, es de una clase diferente, e infinitamente mayor que cualquiera que hayamos conocido, y que, incluso, es imposible antes concebir, así el cambio obrado, cuando el alma muere al pecado, es de una diferente clase, e infinitamente más grande que cualquier cambio experimentado antes, y que nadie puede concebir, sino hasta que lo experimenta. Empero, todavía el hombre crece en la gracia, en el conocimiento de Cristo, en el amor y en la imagen de Dios,

y lo seguirá haciendo, no sólo hasta la muerte, sino por toda la eternidad.[98]

Debe notarse que el énfasis irreducible de Wesley en la santificación como esencialmente ética le hace posible apegarse consistentemente al aspecto progresivo del proceso de llegar al momento de la plena salvación. Cuando la santificación es interpretada ceremonialmente, no hay lugar para una santificación gradual. No hay tal cosa como grados de pureza ritual. Ocurre en el momento del ritual, y es tan cabalmente actual en ese momento como jamás lo va a ser.

El tercer factor es la fe. Este elemento responde a la segunda definición de arrepentimiento mencionada antes. La fe, aquí, es confianza en las promesas de Dios de librar del pecado interno. Sabiendo que no podemos librarnos a nosotros mismos de la corrupción inherente de la naturaleza (la cual tiene el carácter de amor incompleto o pervertido), esperamos pacientemente la acción de Dios dentro de nosotros. Es fe que responde a lo instantáneo de la entera santificación. Como dijo Wesley, si no hay una liberación instantánea de la semilla del pecado (el amor al yo), no hay entera santificación.

La fe es también la base para la creencia de Wesley de que uno puede esperar que la obra de Dios ocurra temprano en la vida cristiana. Anteriormente, Wesley había razonado que sólo un poco de tiempo antes de la muerte, y después de un largo período de maduración, podía una persona esperar ser totalmente santificada. Pero en su libro *A Plain Account of Christian Perfection* (La Perfección Cristiana: Una Clara Explicación), va a reflejar un cambio en esa posición, pues ahora dice que ambos, "mi hermano [Carlos] y yo hemos mantenido... que hemos de esperarla, no a la hora de la muerte, sino en cada momento; que ahora es el tiempo aceptado, que hoy es el día de esta salvación".[99]

En el siglo XIX, el que siguió al avivamiento wesleyano, surgió otra interpretación singularmente diferente del camino a la entera santificación. Esta propuesta es asociada con el nombre de Febe Palmer. Palmer, quien era esposa de un médico de Nueva York que la acompañaba, viajaba ampliamente durante los meses de verano como evangelista laica, volviéndose una dirigente muy prominente en los círculos de santidad, especialmente en los grupos de mujeres. Comenzando con su liderazgo en "Las Reuniones de los Martes para la Promoción de la Santidad", su éxito en guiar a las personas a la experiencia de la entera santificación fue colosal, y continuó propagándose hasta su muerte en 1874.

La contribución peculiar que Palmer hizo a la teología de la santidad fue su renombrada "fraseología del altar". En una carta fechada el 15 de noviembre de 1849, explicó cómo llegó a esta posición, respecto a la cual su biografía asegura que fue original de ella:

> Sus ilustraciones de los procesos —humanos y divinos— que se encuentran involucrados en la entera santificación del discípulo cristiano, los cuales son derivados del altar israelita y la ofrenda quemada, y de los ritos y costumbres relacionados a esto, son de ella por derecho, si no por haberlos descubierto, cuando menos por la aplicación distintiva que les dio en este siglo.[100]

Palmer explicó que estaba buscando apoyo bíblico para su creencia de que el deber de la persona era creer después de haber satisfecho las condiciones de la consagración para la santificación. Su atención fue dirigida a Hebreos 13:10, el pasaje que la hizo sentir que le ofrecía la base para su aserción de que era "un deber creer que la ofrenda era santificada cuando era puesta sobre el altar". Esta metodología se volvió una herramienta en manos de la evangelista Palmer para acortar el tiempo que transcurría entre la regeneración y la entera santificación, y con ella guió a numerosas personas a la profesión de la entera santificación temprano en la experiencia cristiana. Había dos pasos sencillos: primero, satisfacer las condiciones, que se resumen con "presentarme a mí mismo como un sacrificio vivo a Dios, a través de Cristo, poniendo todo, sea conocido o desconocido, sobre ese altar que santifica la ofrenda"; y, segundo, la fe: fe en que Dios cumpliría su promesa.[101]

Wheatley resume como sigue las actividades de Palmer en su uso de este método:

> En expediciones evangelísticas a diferentes lugares, la señora Palmer presenciaba... almas despertadas, justificadas y enteramente santificadas en el espacio de unos cuantos días u horas. En una de sus obras, narra la experiencia de una persona que fue justificada, santificada por completo, y llamada a predicar el evangelio en tres días.[102]

Los contemporáneos de Febe Palmer levantaron serias preguntas respecto a esta nueva metodología, aunque la principal objeción tenía que ver con el testimonio del Espíritu. Palmer advertía que asegurar que uno tenía el testimonio, antes de que pudiera estar seguro de que Dios aceptaba el sacrificio, era hacerlo "un asunto de cono-cimiento, lo cual, desde luego, no requeriría fe". Sin embargo, sus críticos llamaron la atención al peligro de la presunción involucrada en una profesión que no estuviera acompañada del testimonio del Espíritu tanto interiormente como en función del fruto ético. Tal vez, el problema más serio con la interpretación de Palmer era la de-finición de la santificación en términos ceremoniales, lo cual la abría a muchos peligros prácticos.[103]

A la luz de las numerosas distinciones que hemos hecho durante esta discusión, podría ser útil agrupar algunos componentes por me-dio de un análisis del lenguaje "santificacionista". Podemos hacerlo con una taxonomía de términos, usando una versión simplificada de la filosofía lingüística contemporánea. Es decir, trataremos de identi-ficar qué "contextos lingüísticos" están involucrados en el uso de los diversos términos que se emplean comúnmente para aludir a la expe-riencia de la entera santificación. (Aquí estamos usando la expresión "contextos lingüísticos" para referirnos a lo que Ludwig Wittgenstein llamó "juegos de lenguaje", que no tiene nada que ver con jugar jue-gos con palabras, sino sencillamente con reconocer que los mismos términos pueden tener connotaciones diferentes cuando son emplea-dos en diferentes escenarios; por ejemplo, el término "parada" puede tener el significado de, entre otros, la acción de parar o detenerse, una suspensión o pausa, especialmente en la música, o el lugar en que se detienen los vehículos destinados a transportes públicos y donde esperan los pasajeros). Hay por lo menos cuatro categorías diferentes de términos que se pueden identificar. Clasificar algunos términos como "ceremoniales" implica que este es el contexto lingüístico del cual surgieron originalmente. Esto no elimina la posibilidad de pue-dan usarse con un sentido adaptado a fin de que funcionen en otros contextos lingüísticos. Está claro que esto es lo que Ezequiel, el sacer-dote, estaba haciendo cuando habló de que Dios estaba "limpiando" a su pueblo "de la idolatría", que es un concepto ético que conserva visos ceremoniales de la idea de contaminación. La contaminación (lo contrario a la pureza) es un término ceremonial que también puede ser usado en un sentido completamente metafórico. Noso-tros usaremos el término "dinámico" para referirnos a los vocablos que identifican la santificación en función del Agente Divino que la efectúa en la persona, y "estructural" para referirnos a los términos que hablan de la estructura de la experiencia sin atención particular al contenido.

ESTRUCTURAL	CEREMONIAL	ÉTICO	DINÁMICO
Segunda Bendición	Limpieza	Amor Perfecto	Bautismo con el Espíritu Santo
Segunda Obra de Gracia	Pureza de Corazón	"el sentir que hubo también en Cristo Jesús" "ser renovados a la imagen de Dios" Perfección Cristiana	

Una simple mirada a esta taxonomía hace obvio que Wesley usó casi exclusivamente la terminología ética. Si bien él no menospreció en sentido alguno la obra del Espíritu, ni evitó la idea de la limpieza del pecado, sin duda entendió que el lenguaje pneumatológico siempre se encontraba en necesidad de definiciones, mientras que el lenguaje ético, especialmente cuando era informado por conceptos cristológicos, se definía por sí mismo. Daniel Steele demuestra haber estado al tanto del cuidado que Wesley tuvo con la terminología tanto en cuanto a los hechos históricos como a la percepción teológica, ya que, al contestarle a alguien que le había preguntado sobre el particular, Steele dijo que había contado 26 términos utilizados por Wesley para referirse a la experiencia de la santificación.

> Pero "el bautismo de (o con) el Espíritu", y "la plenitud del Espíritu", no son frases que él usa, probablemente porque hay una plenitud emocional de naturaleza temporal que no baja a las raíces mismas de la naturaleza moral.[104]

Además, siendo que el lenguaje ceremonial no encierra necesariamente contenido ético alguno, está constantemente en necesidad de cualificaciones y en peligro de volverse algo menos que ético debido a su orientación "no empírica". Wesley constantemente reinterpretó el lenguaje ceremonial en términos éticos.[105] La conclusión de todo esto es que la mejor manera posible de hablar de la entera santificación en la comprensión wesleyana sería usando términos cristológicos.

Sin embargo, comenzando con John Fletcher y Joseph Benson, los sucesores de Wesley empezaron a hacer un mayor uso del lenguaje pneumatológico. Con todo, aunque Wesley aparentemente no se sentía tranquilo con esto, no consideró que la enseñanza de Fletcher fuese una contradicción de la suya.[106]

Por el otro lado, el lenguaje ceremonial pareció volverse el tipo más prominente usado por Adam Clarke y sus sucesores en el movimiento de santidad norteamericano, lo que trajo como resultado que esta enseñanza tomara un carácter muy diferente del que había tenido con Wesley. W. M. Greathouse dice esto de Clarke: "La obra del Espíritu santificador abarca nuestra salvación total, pero su tema intencionado siempre es la purificación del corazón. Este es el punto del cual Clarke nunca se aleja".[107] Fue la preocupación casi total de Clarke con este contexto lingüístico lo que llevó a la siguiente muy repetida cita de su obra *Christian Theology* (Teología Cristiana):

> En ninguna parte de las Escrituras se nos dirige a buscar la santidad *gradatim*. Hemos de acudir a Dios para una purificación completa e instantánea de todo pecado, tanto como lo hacemos para un perdón instantáneo. Ni el perdón *seriatim,* ni la purificación *gradatim* existen en la Biblia.[108]

El Crecimiento en la Gracia

El lenguaje, como ya hemos visto, puede hechizar. Hay pocas áreas en las que esto ha sido más obvio que en las discusiones teológicas acerca del crecimiento o madurez espiritual. El crecimiento, cuando se aplica a la vida espiritual, es una metáfora tomada del campo de la biología. Cuando no se reconoce su carácter metafórico, pero de todos modos se usa como una analogía para el crecimiento espiritual, resulta en la aplicación de todo un juego de imágenes inapropiadas al respecto. El crecimiento natural es sencillamente el resultado de factores puramente naturales, no volitivos, y no involucra verdadero cambio. Los paradigmas del campo del desarrollo personal son, pues, mucho más apropiados para dilucidar la idea del crecimiento.

El resultado de aplicar explicaciones no personales a la vida personal es, no sólo es algo menos que útil en manera práctica alguna, sino que también da lugar a lo que Mildred Bangs Wynkoop llama una "brecha de credibilidad".[109] Con esto ella se refiere a la brecha que se crea entre la doctrina y la vida, la cual al fin de cuentas causa escepticismo en cuanto a lo realmente práctico del análisis teológico.

Además, tal como observamos en la sección anterior, cuando la santificación es interpretada exclusivamente en términos de conceptos ceremoniales (pureza, limpieza), se vuelve sumamente difícil hablar de un verdadero desarrollo, lo que resulta en que las discusiones que se lleven a cabo en este contexto, sin reconocer el carácter metafórico del lenguaje, no proveerán una teoría verdaderamente viable del crecimiento espiritual, dejando la impresión de que no hay un desarrollo real en la vida cristiana después del momento de la entera santificación. Es sobre esta base que se es capaz de distinguir entre la santificación gradual o progresiva y el crecimiento en la gracia. Pero, en términos de la definición wesleyana de la santificación como un cambio verdadero, el desarrollo auténtico como es característico en las personas, y no en las cosas, satisface los requisitos de la definición.

Luego, lo que proponemos aquí es una versión simplificada del desarrollo personal que, en nuestra opinión, es apropiada como paradigma para entender el proceso del crecimiento en la gracia. El desarrollo que es real incluye (1) la intención, (2) la meta y (3) la ocasión.

Las plantas y los animales crecen normalmente hacia la madurez física mediante el ambiente apropiado. Pero el ambiente por sí solo es insuficiente para producir el crecimiento del espíritu humano. Debe haber la dimensión interior del deseo, del compromiso, o de la intención. Teológicamente, este impulso va a verse impartido mediante la obra del Espíritu Santo, ya sea en el despertamiento o en el arrepentimiento. Hemos observado anteriormente que el despertamiento ocurre cuando la persona es hecha consciente de que hay una discrepancia entre su condición presente y el ideal con que ha sido confrontada. El arrepentimiento es la respuesta humana (hecha posible por la gracia previniente) a este despertamiento, el que, precisamente, incluye los pasos que reflejan la intención de traerse uno mismo a conformarse con ese ideal, y cuyas connotaciones son lo mismo negativas que positivas. Esto es, incluye apartarse de aquello que es inconsistente con el ideal, y volverse a lo que encarna o ejemplifica el ideal, que es el fruto del arrepentimiento. La regeneración, que sigue al arrepentimiento, es definida sicológicamente como la reorientación de toda la estructura de valores personales, lo cual implica que la intencionalidad de uno es redirigida dramáticamente.

Las palabras de Gordon Allport proveen una intuición iluminadora acerca de esta reorientación, desde la perspectiva de un sicólogo:

> Algunas veces sucede que el centro mismo de organización de la personalidad cambia súbitamente y, aparentemente, sin aviso. Algún ímpetu que proceda tal vez de una aflicción, una muerte, una enfermedad, una conversión religiosa, y hasta de algún maestro o libro, puede guiar a una reorientación.[110]

La literatura de santidad frecuentemente ha insistido en que el crecimiento en la gracia se acelera después del momento de la entera santificación. Generalmente, esto se ha explicado mediante el uso de un lenguaje metafórico derivado del campo biológico, y ha llevado la comprensión popular a conclusiones que no pueden hacerse operativas. Sin embargo, es en el punto de la "intención" que la verdad de esta afirmación, en efecto, sale a la luz. Lamentablemente, la experiencia de muchos es un eco de lo que el himno de Robert Robinson advierte acerca del cristiano "propenso al desvarío", o, como Wesley solía decir, con amor mezclado y no puro. Pero, una vez se resuelve este doble ánimo y se expulsan todos los amores menores, de modo que uno verdaderamente ame a Dios con todo su corazón, alma, mente y fuerzas, se habrá logrado la pureza de corazón, la que, como Soren Kierkegaard dijo correctamente, es "desear una sola cosa". Así, es muy natural que alguien cuya intención, deseo o compromiso ajustado al ideal esté enfocado de esa manera, logre efectivamente una conformidad mayor al ideal.

Creyentes indolentes, displicentes, petulantes y satisfechos consigo mismos, terminarán inevitablemente estancados en patrones estáticos de vida. Sólo alguien que, como Pablo, "prosiga a la meta", logrará el desarrollo dinámico que debe caracterizar al cristiano normal. Es instructivo que en el pasaje (Filipenses 3:12-16) en el que Pablo, aunque con cierta reticencia, afirma perfección o madurez (v. 15), la identifique con "extenderse" hacia el logro de la perfección o madurez que abiertamente niega tener.

Pero el más alto grado de intención se vuelve difuso, y pierde su efectividad, cuando está desprovisto de dirección, por lo que se hace necesario una meta o *telos*. La lectura incluso superficial del Nuevo Testamento hace inequívoca la identificación de ese ideal: es el carácter de Cristo. El Señor Jesús es la norma de la madurez espiritual, y de ahí que el apóstol Pablo hable de la adultez de la iglesia en términos de llegar a "la unidad de la fe y del conocimiento del Hijo de Dios, a un varón perfecto, a la medida de la estatura de la plenitud de Cristo" (Efesios 4:13).

Este pasaje sugiere dos ingredientes importantes involucrados en la maduración espiritual, y el contexto más amplio introduce un tercero. Primero, este cuadro de la madurez según el modelo de Cristo es corpóreo en naturaleza. Aquí Pablo está hablando de la iglesia. Si bien el crecimiento es individual, no es individualista, sino que, normativamente, ocurre en el contexto de la comunidad de fe. Esta verdad se manejará más cabalmente en el capítulo sobre la iglesia.

Segundo, hay un elemento de conocimiento que se ha introducido. Es notable la preponderancia de esta idea en el Nuevo Testamento, lo cual es una expresión explícita del elemento de la meta que aquí estamos proponiendo (compárese con 2 Pedro 3:18; Filipenses 1:9, etc.). El conocimiento no es el resultado del crecimiento, sino el prerrequisito del crecimiento. Es "el conocimiento de nuestro Señor y Salvador Jesucristo" lo que le da el contenido a nuestra comprensión, a modo de proveerle dirección. El conocimiento mismo no debe ser equiparado a la madurez, pero sí debe ser visto como un ingrediente indispensable para alcanzarla.

El análisis sicológico tiene la capacidad de identificar los desórdenes de la personalidad en términos de la desviación de lo que constituye lo normal en la condición de persona. Si no existe un cierto concepto de normalidad, sería imposible reconocer las desviaciones ni lograr lo normal en la condición de persona. En el mundo espiritual, los criterios normativos no se derivan del promedio, sino de Aquel que es el único plenamente normal; todos los demás criterios no están a la altura de la humanidad plena.

El tercer elemento en el crecimiento, que es el que se sugiere en el contexto más amplio del pasaje de Efesios, está la siguiente exhortación de Pablo: "Con respecto a la vida que antes llevaban, se les enseñó que debían quitarse el ropaje de la vieja naturaleza, la cual está corrompida por los deseos engañosos; ser renovados en la actitud de su mente; y ponerse el ropaje de la nueva naturaleza, creada a imagen de Dios, en verdadera justicia y santidad" (4:22-24, NVI).

Tal como es usada aquí, la frase "el ropaje de la vieja naturaleza", o "el viejo hombre" en la versión Reina-Valera de 1960 de la Biblia, se refiere a la vida anterior a la regenerada, e incluye tanto la conducta como el estado de ser que yace detrás de la conducta. En todos los tres casos en los que Pablo usa esta metáfora (Romanos 6:6;

Colosenses 3:9; Efesios 4:19-25), cuando son leídos en su contexto, no admiten ningún otro significado lógico.[111] Pablo estaba exhortando a sus lectores a dejar atrás todo lo que pertenecía a su antigua vida, lo mismo en términos de acciones como del ser, y situarse en la vida nueva, la cual recibe su contenido del carácter de Cristo.

La maduración espiritual es negativa y también positiva. Es deshacernos de todo lo que es contrario a la mente de Cristo, pero también es añadir las virtudes definidas por la persona del Salvador. El pasaje que más penetrantemente encarna esta verdad, y que al mismo tiempo señala al Espíritu Santo como la agencia dinámica de este proceso, es 2 Corintios 3:18, "Por tanto, nosotros todos, mirando a cara descubierta como en un espejo la gloria [la imagen] del Señor [en el rostro de Jesucristo], somos transformados de gloria [semejanza] en gloria en la misma imagen, como por el Espíritu del Señor".

Estos dos primeros factores en el crecimiento espiritual pueden ser esclarecidos mediante la observación de lo que A. H. Maslow ha definido como móviles de déficit y de crecimiento. Los móviles de déficit piden una reducción de tensión y la restauración del equilibrio, lo que podría corresponder a la motivación que generalmente podría informar al arrepentimiento, y que conduciría a una ética de obligación. Sin embargo, estar constantemente motivado por el temor o la culpa no conduce a una vida espiritual sana; la persona debe moverse hacia los móviles de crecimiento, que son los que mantienen la tensión (en vez de eliminarla) en favor de las metas distantes y frecuentemente inasequibles. Esta característica de móviles de crecimiento distingue el devenir humano del devenir animal, y el devenir de un adulto del devenir de un infante. Los móviles del crecimiento producen lo que Allport llama "un devenir orientado". El comenta así sobre estos dos tipos de motivación (o intención):

> Al decir móviles de crecimiento nos referimos al asidero que los ideales adquieren en el proceso de desarrollo. Los propósitos a largo alcance, los valores subjetivos, y los sistemas comprensivos de interés, son todos de este orden. ... Decir que una persona lleva a cabo ciertas acciones y se abstiene de otras porque teme el castigo de Dios sería parodiar la experiencia de la mayoría de las personas religiosas, las conciencias de las cuales tienen que ver más con el amor que con el temor. La persona religiosa adopta un rumbo de vida que requiere disciplina, caridad y reverencia, y todo lo experimenta como una alegre obligación. Si encontramos

en la personalidad de alguien el temor al castigo divino como lo único que revalida su recto obrar, podemos estar seguros de que estamos tratando con una conciencia infantil, con un caso de desarrollo atrasado.[112]

El tercer elemento principal que estamos proponiendo como esencial para el crecimiento en la gracia es la ocasión. El verdadero desarrollo no ocurre en un vacío, sino en el encuentro con situaciones que demandan una respuesta a la luz del ideal. Si uno crece en fe, es con relación a la apropiación de las promesas de Dios en casos específicos; si uno crece en amor, ocurre en función de amar a una o a varias personas, y no como el incremento de una cantidad abstracta. La transformación ética real resulta de encuentros que requieren decisiones. Si mi intencionalidad es enérgica, yo decido mi manera de comportarme sobre las bases de la imagen de la clase de persona que yo quiero llegar a ser, y de esa manera yo me vuelvo esa clase de persona en un sentido verdadero; el ideal se vuelve más y más actualizado. En la interacción entre la gracia divina y la disciplina y el esfuerzo humanos, la interrelación entre esos ingredientes básicos de crecimiento produce una mayor conformidad a la imagen de Dios como se nos refleja en Jesucristo; estamos siendo cambiados de un grado de semejanza a otro.

El Espíritu Santo como Don Escatológico

El último aspecto de la obra del Espíritu Santo que nosotros queremos notar es una enseñanza singularmente paulina. El Espíritu que reside en todos los creyentes les imparte la seguridad de la salvación final, o su resurrección. El Espíritu "que levantó de los muertos a Cristo Jesús vivificará también vuestros cuerpos mortales por su Espíritu que mora en vosotros" (Romanos 8:11). Nótese una vez más la estrecha correlación entre Cristo Jesús y el Espíritu. La toma de conciencia de que el poder del Espíritu es poder de resurrección se deriva del conocimiento de que fue ese mismo poder el que levantó a Cristo Jesús de la tumba. Esta es una razón adicional para llamar al Espíritu el Espíritu de Cristo.

Llevando todavía más lejos esta intuición, Pablo habla del Espíritu como "las primicias", o "la garantía" (NVI), o "el anticipo" (DHH) de la resurrección final (Romanos 8:23; 2 Corintios 1:22; 5:5; Efesios

1:13-14). Aquí tenemos otra expresión del tema fundamental de la teología del Nuevo Testamento: la tensión entre la escatología realizada y la escatología futurista. El futuro ha irrumpido en el presente, pero todavía no ha sido actualizado plenamente, ya que espera a la consumación final.

La resurrección de Cristo fue más que un evento aislado en el que un individuo venció a la muerte; fue la muerte del antiguo eón y el nacimiento del nuevo. Por ende, estar en Cristo o en el Espíritu (los cuales como ya vimos son sinónimos) es estar en la edad venidera y participar en su poder.

G. Eldon Ladd observa atinadamente que "la muerte y la resurrección de Cristo no fueron simples eventos en la historia pasada, sino eventos escatológicos", aunque, cuando este autor intenta restringir estos eventos a un significado exclusivamente objetivo-histórico, pierde de vista una de las enseñanzas fundamentales de Pablo. En sus esfuerzos por demostrar que Pablo no enseña que la vida cristiana incluya la "experiencia subjetiva", Ladd pasa por alto la omnipresente verdad de que, para el Apóstol, hay una apropiación subjetiva de la edad venidera al interior de la propia experiencia de uno. De hecho, el énfasis del Apóstol encierra una dimensión existencial de la experiencia cristiana que, verdaderamente, es santificación ampliamente concebida.[113]

La experiencia presente del Espíritu es de poder de resurrección. Esta es la implicación de la frase de Pablo en Colosenses 2:12, "fuisteis también resucitados con él". James S. Stewart lo describe así:

> La vida que fluye de Cristo al interior del hombre es algo totalmente diferente de cualquier cosa experimentada en el simple plano natural. Es diferente, no sólo en grado, sino también en clase. Es *kainotas zoas,* una nueva calidad de vida, una calidad sobrenatural. Como Pablo lo describe en otro lugar: "Hay una nueva creación" —no sólo una intensificación de poderes ya poseídos, sino el repentino surgimiento de un elemento enteramente nuevo y original— "siempre que un hombre viene a estar en Cristo". Empieza a vivir en la esfera de la vida de postrresurrección de Jesús.[114]

Esto, por último, nos lleva a observar que la salvación final hay que verla en términos de la resurrección. La esperanza futura, dentro del contexto bíblico de la creación, no anticipa una existencia desencarnada. De hecho, esto habría sido menos que satisfactorio para la mente hebrea. La vida futura, para que fuera una esperanza verdadera, abarcaba la plena redención del cuerpo (Romanos 8:23), por la vía de la resurrección de los muertos. En un sermón predicado durante la temporada de Semana Santa, Martín Lutero proclamó esta fe así:

> Si nosotros, en el último día, hemos de levantarnos corporalmente, en nuestra carne y sangre, a la vida eterna, debemos haber tenido una resurrección espiritual previa aquí en la tierra. Las palabras de Pablo en Romanos 8:11 [significan] que Dios, habiéndolos vivificado, justificado y salvado a ustedes espiritualmente, no olvidará el cuerpo, el edificio o tabernáculo del espíritu viviente; siendo que el espíritu ha sido resucitado del pecado y de la muerte en esta vida, el tabernáculo, o el vestido corruptible de carne y sangre, también debe ser resucitado; debe levantarse del polvo de la tierra, puesto que es el lugar de habitación del espíritu salvado y resucitado, para que los dos puedan reunirse para vida eterna.[115]

Capítulo 15

La Santificación: Renovación a la Imagen de Dios

El Nuevo Testamento y Juan Wesley hablan a una voz al proclamar que el gran propósito de la redención es restaurar al ser humano a la imagen de Dios. Este es el "fin de la religión",[1] y la salvación hay que definirla como "la renovación de nuestras almas a la imagen de Dios".[2] El proceso total de la santificación desde que comienza con el nuevo nacimiento, y sigue con la "perfección en amor" en la entera santificación, y el desarrollo progresivo hacia la salvación final, tiene como objetivo la restauración del ser humano a su destino original.[3] Como Harald Lindström observa correctamente, este es "el más amplio uso de la palabra santificación, y también el más propio".[4]

Este modo de entender el significado de la santificación no desapareció de la escena teológica con el cierre del Nuevo Testamento sólo para ser redescubierto por Juan Wesley en el siglo XVIII, sino que fue identificado por todos los intérpretes principales de la vida cristiana a través de todo el tiempo. Ya nuestras breves notas de la historia del pensamiento cristiano sobre la santificación han llamado la atención a su constancia en la enseñanza cristiana clásica sobre la santificación. El asunto primordial no es, pues, si ésta es una manera propia de hablar de la substancia de la santificación, sino más bien (1) cuál es el significado o sentido de la *imago* a la que el ser humano es llamado, y (2) cómo y en qué grado es restaurada.[5]

Desde el principio debemos ser cuidadosos en notar que existe un aspecto positivo y otro negativo de esta gran meta de la salvación. El lado positivo es la infusión del amor, y el negativo es la erradicación del pecado. W. B. Pope insiste que la combinación de estos dos elementos es peculiar a la teología metodista.[6]

Cuando se enfatiza el lado positivo, viene a ser más clara la continuidad de la vida cristiana desde su origen en el nuevo nacimiento hasta la salvación final. Es cuando se enfatiza el lado negativo que el momento instantáneo de la entera santificación llega a ser más obvio, aunque esto no implica que no exista un momento definitivo en ambos movimientos, sino que es más fácil reconocerlo en uno que en el otro. Tanto la naturaleza del pecado que es expulsado, como el apoyo para esta premisa, se notan en estas palabras de Harald Lindström:

> Cuando desde este punto de vista [de la santidad como amor] Wesley compara la fase de la justificación y el nuevo nacimiento con la de la perfecta santificación, la diferencia es sólo una de grado. La clase de vida es la misma en la entera santificación como en el nuevo nacimiento.

> La entera santificación como una etapa distinta, más alta y diferente de aquella del nuevo nacimiento, se ve más claramente cuando nos volvemos a la perfección como liberación del pecado. La entera santificación envuelve un amor incompatible con el pecado. Es un amor sin mezcla con el pecado, un amor puro. La santidad temprana se encontraba mezclada con inclinaciones pecaminosas, que afectaban al alma. Después de la experiencia de la perfecta santificación, sin embargo, no había "mezcla de ningún afecto contrario: todo es paz y armonía, después". [Del Sermón "Sobre la Paciencia".][7]

En la renovación del ser humano a la imagen de Dios, que es la gran meta de Él para el proceso total de la salvación, hay que tomar en consideración ambos lados, el negativo y el positivo. Del lado negativo, consideraremos primero la pregunta del pecado y su posible erradicación del corazón del creyente.

La Eliminación de lo Negativo

Como notamos en el último capítulo en conexión con los contextos lingüísticos de la santificación, el lenguaje puede embrujar al que lo emplea. Esto es igualmente cierto con la terminología del pecado. Como resultado, se ha introducido mucha confusión, y se han propagado inadecuaciones filosóficas y teológicas que han militado en contra de un entendimiento teológico propio y que, además, han contribuido a lo que Mildred Bangs Wynkoop ha llamado la "brecha de credibilidad".

En el capítulo 9 hemos discutido la cuestión del pecado de manera bastante detallada, y ello debe asumirse en nuestras discusiones presentes. Allí hemos demostrado que el pecado debe definirse en términos de la imagen de Dios en el sentido de que es un no dar en el blanco del destino del ser humano, el cual es estar en una relación correcta con Dios. Esto significa que el pecado es una perversión de la existencia humana plena de la persona, lo cual, en esencia, es ausencia de santidad. Como Wynkoop agudamente observa: "La santidad no es la antítesis del pecado (en ese orden), sino que el pecado es la antítesis de la santidad. La santidad es anterior y positiva. No es 'la ausencia del pecado' de la misma manera que el pecado es la ausencia de la santidad".[8]

Entender el pecado como amor defectivo o pervertido provee una base conceptual sólida para el quehacer teológico sobre el *ordo salutis*. En el pecador, el pecado reina (compárese con Romanos 5:21; 6:12), esto es, él o ella le da expresión sin control (excepto por la gracia preveniente en lo interno o por la presión social en lo externo) a su amor mal dirigido o su egocentrismo. Así pues, el pecador está bajo el poder de, o esclavizado por, el pecado, por lo que, en la justificación, la culpa de la manifestación de tal pecado va a ser tratada (absolución, perdón), mientras que, en la regeneración, el poder del pecado va a ser quebrado.

Él quiebra el poder del pecado cancelado;
Al prisionero deja en libertad.
—CARLOS WESLEY

Sin embargo, el ser del pecado va a permanecer en el creyente.[9] Juan Wesley encuentra tres apoyos para la afirmación de que, aunque el pecado ya no reina, permanece en el convertido.

El primer apoyo lo encuentra en la Escritura. Aquí, la lucha entre la carne y el Espíritu es el asunto decisivo. "En realidad, este magno punto, de que hay dos principios contrarios en el creyente —la naturaleza y la gracia, la carne y el Espíritu— transita a lo largo de todas las Epístolas de San Pablo, y a lo largo de toda las Sagradas Escrituras".[10] Esto sugiere que interpretar propiamente el uso que el Apóstol le da al término carne (*sarx*) es crucial para entender la naturaleza del pecado que permanece.[11]

El segundo apoyo se encuentra en la experiencia. Su investigación le llevó a afirmar que la experiencia universal de los creyentes era que no fueron totalmente liberados de todo pecado en la "primera obra de gracia"; aun cuando no pueda ser aparente en las primeras etapas del brillo de una nueva fe, eventualmente surge su presencia.

El tercer apoyo lo encuentra en los credos: los credos históricos de todas las tradiciones mencionan que el pecado permanece en los creyentes. Debemos admitir, sin embargo, que Wesley, en este punto, debió encontrar menos apoyo que lo que él supuso, ya que es la concupiscencia lo que las declaraciones de los credos a menudo identifican como el pecado que permanece. De nuestro estudio anterior de Agustín, hemos aprendido que, si el pecado se interpretara como concupiscencia, entonces permanecería en todos los que son humanos hasta el fin, que es lo que, de hecho, la mayoría de los credos explícitamente afirma.[12] De aquí que, como veremos en las observaciones que siguen, es con la naturaleza del pecado que permanece con lo que la pregunta crítica tiene que ver.

Primero, tenemos que observar que este pecado que permanece no es substantivo en naturaleza, es decir, no es una substancia espiritual. Wesley ha sido acusado, incluso por intérpretes que tienen su simpatía, de ver al pecado de este modo. Edward H. Sugden, en sus notas editoriales del sermón sobre la "Perfección Cristiana", dice que

> tanto él como muchos de sus seguidores han sido llevados a cierta confusión de criterio por la idea de que la mente carnal es algo en el hombre que puede ser removido, como un diente que duele, o como un crecimiento canceroso, o alguna clase de mancha o contaminación que se puede lavar, como una mancha de tinta, o un parche de inmundicia en el cuerpo.[13]

Wynkoop, una seguidora devota del pensamiento de Wesley, también piensa que él cae en esta trampa debido a que "usaba el lenguaje de la doctrina de la Reforma".[14] Sin embargo, a este escritor le parece que juicios como esos no toman adecuadamente en consideración el uso metafórico del lenguaje. Wesley, al igual que el apóstol Pablo, hace uso extenso del lenguaje metafórico sobre el pecado y, si no se reconoce esto, y las figuras del lenguaje se toman literalmente, uno va a recibir la impresión de que el pecado es una cosa, a pesar de que cuando Wesley especifica qué es este pecado que permanece, siempre lo considere una actitud o una disposición "contraria a la mente que estaba en Cristo". Si uno fuese a pedir una definición connotativa del pecado interno, sin lugar a duda sería ésta, pero, como lo veremos después, la connotación aquí no es de naturaleza substantiva.

Segundo, también es inadecuado conceptualizar el pecado en términos de santidad ceremonial, aunque esa sea la implicación actual de la anterior declaración de Sugden según lo citado. Como vimos en el último capítulo con relación al lenguaje "santificacionista", el lenguaje ceremonial también puede generar bastante confusión con la cuestión del pecado. "Limpieza", "pureza", "contaminación" y demás, son términos bíblicos perfectamente apropiados, pero el contexto lingüístico de donde proceden lo que provee consistentemente es una limpieza por medios cúlticos. De ahí que sea posible ver la santificación como que involucre limpieza ceremonial de la impureza como una experiencia interior, trascendental (en el sentido kantiano), pero que no necesariamente implique una transformación ética. Wesley, al igual que con los términos que usa para hablar de la santificación, hace claro que su entendimiento básico del pecado es amor pervertido o imperfecto y, por lo tanto, el lenguaje ceremonial, cuando se use, tiene que reenfocarse de tal manera que encaje en el contexto. Es aquí donde aparece ante la vista la falacia básica, casi universalmente presente en los manejos contemporáneos populares del tema, de empezar con una definición de algún diccionario de la lengua para iluminar un argumento teológico. Derivar del diccionario una definición de los términos de santidad es casi una manera segura de errar la perspectiva bíblica, ya que, por tomar en serio la derivación de los términos, los compiladores de las definiciones de un diccionario invariablemente interpretan el lenguaje de la santificación a partir de su fuente ceremonial original.

Cuando nos tornamos a las descripciones que Wesley hace del pecado en los creyentes, parece inequívoco que involucren actitudes o disposiciones contrarias a la mente que era en Cristo, significando con ello las disposiciones contrarias a los dos grandes mandamientos de amar perfectamente a Dios y al prójimo. Siendo que estos dos mandamientos constituyen la esencia de la santificación perfecta, toda defección de ellos constituye errar la marca, o pecado.

Hay listas representativas de las características carnales que incluyen pasión de venganza, envidia, malicia, ira, temperamento no amable, afecto maligno, orgullo, altivez de espíritu, voluntad propia, amor del mundo, lujuria, idolatría, afecto desordenado, malas sospechas, odio, amargura, resentimiento, deseo de venganza, codicia,

conversaciones carentes de caridad, y mal humor. Cuando se des-
empacan los móviles implícitos en estas diversas características, hay
tres que pueden identificarse como básicos: (1) están los móviles que
contienen soberanía propia con relación a la soberanía divina. Una
vez la persona ha abdicado por completo al trono de su vida, y se ha
despojado de sus derechos, y los ha rendido a Dios, no ocurrirá en
ella una actitud defensiva cuando se invada su "terreno", puesto que
ese terreno ahora es el terreno de Dios. Cuando ese no es el caso, la
actitud defensiva por la persona ser invadida, con frecuencia emerge
en ira, celo o alguna reacción similar. (2) Además, están los motivos
relacionados con la gratificación propia, esto es, la tendencia a satisfacer los apetitos propios de la persona de forma que no traigan gloria
a Dios, tratar a otras personas como cosas, y exaltarse a uno mismo
con un sentido de importancia propia. (3) Por último, están las disposiciones centradas en uno mismo en relación con la otra persona,
tales como la lujuria y el deseo de venganza.

Todo lo que hemos detallado pertenece al significado paulino de
sarx usado en su sentido ético distintivo. En este contexto, la carne
no se refiere al cuerpo, o a los apetitos naturales. Richard Howard
señala que

> nos ayudaría a entender mejor el término *carne* si nos damos
> cuenta de que tiene un fuerte sentido descriptivo, el cual noso-
> tros normalmente asociamos con un adjetivo. Para todo propó-
> sito práctico, se usa como un adjetivo, en un sentido absoluto.
> El objeto que modifica no se declara, sino que es provisto por el
> contexto. Así pues, uno necesita preguntarse primero, ¿la carne
> de qué?

Luego Howard concluye que, "en realidad, cuando un hombre vive
de acuerdo con la carne *[kata sarka]* está viviendo de acuerdo con
sigo mismo".[15] La implicación clara aquí es que, cuando se habla de
"carnal", la referencia es aquellas actitudes, disposiciones o compor-
tamientos que son esencialmente autoautoritativos: uno se está com-
portando de acuerdo con, o sintiendo inclinaciones a comportarse
bajo la soberanía propia.

Ahora bien, las características carnales como la ira o los celos necesitan ser analizados cuidadosamente. Hay una ira carnal que se puede
diferenciar de una ira que en ocasiones se denomina "indignación
justa". La ira que Jesús manifestó hacia los cambistas en el templo
era un celo por el uso propio de la casa de Dios, no una rabieta que

reflejara ausencia de amor. Si la santidad es ser semejantes a Cristo, esto nos ayudará a reconocer que no se trata de un tipo de existencia sin temperamento y blanda, sino de una que puede demostrarse de maneras marcadamente vigorosas. Es cierto, sin embargo, que existen pocas maneras empíricas para distinguir entre los dos tipos de ira, o celos. Siendo que es una distinción que sólo puede conocerse de manera privada, ello probablemente explica la respuesta de Wesley en *Plain Account of Christian Perfection* (La Perfección Cristiana: Una Explicación Exacta) a la pregunta: "¿Qué es prueba razonable? ¿Cómo podemos conocer seguramente que uno es salvo de todo pecado?". Esta es su respuesta: "No podemos conocer infaliblemente uno que sea salvo de esa manera (ni siquiera uno que sea justificado), a menos que le agrade a Dios dotarnos con el milagroso discernimiento de espíritus".[16]

A la luz de toda esta discusión podemos ver que Wynkoop está en lo correcto al definir el pecado como "amor encerrado en un centro falso, el yo", y la santidad como "el amor encerrado en el verdadero centro, Jesucristo nuestro Señor".[17]

Ahora también podemos conocer más claramente qué quiere decir Wesley cuando usa el lenguaje metafórico del "pecado innato", "la semilla del pecado", o "la raíz del pecado". Estas expresiones deben tomarse, no como refiriéndose a algo dentro de uno, sino como nuestra condición de amor desordenado, un amor que está enfocado en Dios, pero incompletamente. Una condición así engendra un sentimiento de impotencia, lo cual es un aspecto del arrepentimiento de los creyentes y que lleva a la conclusión, extraída explícitamente por Wesley, de que este problema sólo puede tratarse con una gracia divina que opere en un golpe decisivo de liberación instantánea. Wesley lo hace claro:

> Aunque velemos y oremos muchísimo, no podemos totalmente limpiar ni nuestros corazones ni nuestras manos. De seguro que no podemos, hasta que le agrade a nuestro Señor hablar a nuestros corazones de nuevo, hablar una segunda vez: "Sé limpio", y sólo entonces la lepra es limpiada. Sólo entonces, la raíz mala, la mente carnal es destruida, y el pecado engendrado ya no subsiste más. Pero si no hay tal segundo cambio, si no hay una liberación instantánea después de la justificación, si no hay nada excepto una obra gradual de Dios (que existe una obra gradual nadie lo niega), entonces tendríamos que conformarnos, tanto como

pudiéramos, a permanecer llenos de pecado hasta la muerte, y si
así es, tendremos que permanecer culpables hasta la muerte, continuamente mereciendo castigo.[18]

La Acentuación de lo Positivo

Ahora nos tornamos al lado positivo de la obra general de la salvación interpretada como la renovación del ser humano a la imagen de
Dios. Esto nos obliga a enfocar la atención en la vida cristiana total
como dándose en continuidad, es decir, en la que las etapas de la vida
cristiana se vuelven un tanto menos conspicuas. Lindström establece
bien este punto:

> ¿Cuál, entonces, desde este punto de vista [la perfección como
> amor perfecto], es la diferencia entre el nuevo nacimiento y la
> santificación perfecta? El amor ya ha sido infundido en el corazón
> del hombre en el nuevo nacimiento. De ahí en adelante hay un
> desarrollo gradual. Se piensa que esto continúa aun después de la
> etapa de la santificación perfecta y hasta el momento mismo de la
> muerte; en realidad, también después de la muerte. Por lo tanto,
> no hay, piensa Wesley, una perfección de grados, i.e., ninguna
> perfección de desarrollo concluido. La distinción entre el nuevo
> nacimiento y la entera santificación parece, por lo tanto, no ser
> nada más que una diferencia de grado en un desarrollo continuo.
> Mas si ese es el caso, ¿cómo pueden ser descritas asimismo como
> etapas distintas en la vida cristiana?[19]

Nuestro propósito en esta sección es enfocarnos en esa visión más
amplia de la totalidad de la intención salvadora de Dios como implementada en el nuevo nacimiento, la entera santificación y la santificación progresiva (crecimiento en gracia). Su comienzo se da en
la aurora de la vida espiritual y continúa —idealmente— en un progreso sin interrupciones a través de la existencia finita total. Por lo
tanto, uno jamás debe hacer la pregunta: "¿En qué punto de la vida
cristiana ocurre esto?", ya que está ocurriendo desde el principio en
adelante.

En nuestra discusión de la idea del pecado en el capítulo 9 hemos
explorado las implicaciones de la imagen de Dios para esta doctrina.
Allí sugeríamos que una exégesis teológica de los pasajes bíblicos relevantes indicaba que la *imago* se podía identificar como una relación
en cuatro partes: con Dios, con otras personas, con la tierra y con
el yo. A su vez, caracterizábamos estas relaciones, en su estado de

integridad, como libertad para Dios, libertad para la otra persona, libertad de la tierra, y libertad del dominio propio. Todas estas relaciones fueron trastornadas por la caída y, por lo tanto, el ser humano está en la necesidad de que sean restauradas por un proceso redentor.

Las cuatro relaciones constituyen lo que la palabra hebrea *shalom* (paz) significa, que es mucho más que ausencia de conflicto, ya que envuelve la armonía de un individuo consigo mismo, con la naturaleza, con el mundo de las personas y, claramente, con Dios. Elmer Martens, al describir hermosamente esta situación del estado de integridad, dice: "Pero en el Edén, como los capítulos iniciales de Génesis lo describen, esa integridad existe. El hombre está a tono con Dios. Adán y Eva no están avergonzados el uno con el otro; viven en armonía consigo mismos y también con los animales. No sólo sus necesidades, sino también sus deseos son completamente satisfechos. Aquí está el estado perfecto".[20]

El término *shalom* es, pues, el que mejor describe el estado edénico, de antes de la caída, pero, aún más, es el que resume todo lo que abarca la meta hacia la cual todos los actos redentores de Dios están dirigidos. Él desea transformar el estado presente fragmentado en sanidad e integración. La santidad es la integración personificada en el hermoso *shalom* del plan de Dios para su pueblo.

Existe obviamente una relación jerárquica entre las cuatro relaciones, con la relación del ser humano con Dios siendo la primaria y determinante. Sin embargo, cada relación es conocida en y con las otras y, por tanto, no se pueden separar artificialmente como cuatro realidades sin relación y diferenciadas. Aun cuando las podamos analizar en serie para propósitos de discusión, habrá necesariamente una interpenetración, o un efecto acumulativo entre ellas.

Cuando el arrepentimiento y la fe han restaurado al ser humano al favor de Dios, su intención es traerlo a ese destino designado que ha sido frustrado hace mucho tiempo por el pecado. Ese destino, estamos señalando, se personifica en la imagen de Dios, la cual no era sólo lo que el humano era, sino también lo que Dios persigue que sea. De esa manera, en el proceso de salvación, Dios acepta al humano tal como es y, en ese momento, lo inicia en el proceso de forjarlo en la clase de persona que pretende que sea. Esto último es el obrar de gracia que se describe en breve con el término santificación.

Pero ¿cuáles son las posibilidades de la gracia a este respecto? Nos hemos dirigido ya a esta pegunta en una discusión anterior cuando hablábamos de las varias maneras en que la santificación se ha concebido en la historia del pensamiento cristiano. Hemos notado que una interpretación principal consideraba la *imago* en términos legales y, así, el proceso de la santificación fue visto en términos de hacer buenas obras, y que estas buenas obras, que constituían la santificación, eran juzgadas de acuerdo con su conformidad a la ley. Pero, cuando las obras del humano redimido se miden así, es decir, por la ley de Dios en su máxima expectación, siempre habrá deficiencia. Como Juan Calvino lo pone:

> No tenemos una sola obra procedente de los santos que, si se juzga en sí misma, no merezca sino vergüenza como su justa retribución. … Porque, siendo que ninguna perfección nos puede asistir mientras estemos vestidos en esta carne, y la ley además anuncia muerte y juicio para todos los que no mantienen una justicia perfecta en las obras, siempre tendrá bases para acusarnos y condenarnos, a menos que, por el contrario, la misericordia de Dios la contrarreste, y por un perdón continuo de los pecados repetidamente nos absuelva.[21]

Las *Instituciones* de Calvino contienen algunos magníficos pasajes que describen el progreso en santificación del creyente que está en la búsqueda de la vida cristiana normal. Considérese esta afirmación:

> Confesamos que, mientras que Dios, a través de la intercesión de la justicia de Cristo, nos reconcilia consigo mismo, y por la libre remisión de pecados nos considera justos, su beneficencia está al mismo tiempo unida con tal misericordia que, a través de su Espíritu Santo, habita en nosotros y, por su poder, los deseos de nuestra carne cada día son más y más mortificados; en realidad, somos santificados, esto es, consagrados al Señor en verdadera pureza de vida, con nuestros corazones formados a la obediencia de la ley.[22]

Sin embargo, Calvino siempre tiene el cuidado de cualificar estas descripciones con el descargo de que uno jamás puede ser santificado por completo sino en muerte. Sólo en ese punto, quedarnos cortos de la ley perfecta de Dios, que es el pecado, será traído a su fin. Juan Wesley está de acuerdo con este juicio cuando está ligado a este contexto. En *La Perfección Cristiana*, en respuesta a la pregunta, "¿Pero no "ofendemos en muchas cosas a todos. . .?", señala que en un sentido lo hacemos, "y lo haremos, más o menos, mientras permanezcamos en el cuerpo".[23]

Sin embargo, Wesley descubrió en la Escritura y en diversas fuentes devocionales otra manera de interpretar la relación del ser humano con Dios aparte de la ley, haciéndolo primero bajo el tutelaje de Jeremy Taylor, Tomás de Kempis y William Law. De ellos aprendió que la esencia de la piedad era interna e intencional. "Pureza de intención" era la frase que usaba para hablar de lo que aprendió de Taylor y que le allanó el camino para reconocer que, aunque alguien jamás puede ser restaurado a la imagen de Dios en sentido legal alguno, o cuando se interpreta en términos de la ley, puede estar perfectamente relacionado con Él en términos del amor. En una palabra, Wesley dio con la verdad de la aseveración de Pablo que el "amor es el cumplimiento de la ley" (Romanos 13:10), y que el amor es una relación de apertura.

Por consiguiente, cuando se le preguntaba qué significaba la perfección cristiana o la entera santificación, siempre respondía: "Es amar a Dios con todo el corazón, alma, mente y fuerzas", y "a nuestro prójimo como a nosotros mismos". Aunque en nuestra condición caída jamás podamos lograr el nivel de acciones perfectas y ser restaurados a la imagen de Dios en su esplendor sin mácula, podemos, por gracia, permanecer en una relación perfecta con Él a través del "poder expulsivo de un nuevo afecto" (Thomas Chalmers). Partiendo de este punto, el humano puede buscar siempre reflejar más perfectamente el carácter de Dios en su carácter y personalidad, hasta que la belleza de Jesús se vea más y más en y a través de su vida.

Lo que estamos sugiriendo es que la imagen de Dios como libertad para Dios es restaurada en esta relación de amor si se entiende como una apertura completa al Padre celestial. Podemos notar brevemente tres consecuencias de esta interpretación.

Primero, implica que la persona se goza en la presencia del Señor. Aunque pudiera ser una analogía débil, un indicio de esta relación de amor se puede ver en el gozo que las personas experimentan al estar en la presencia de otras personas a las que aman mucho; no hay necesidad de que existan torrentes de palabras; con sólo estar ahí es suficiente para satisfacer el sentido profundo de la relación. Esta era posiblemente la idea que Wesley tenía en mente cuando se apropió de la trilogía paulina como la manera estándar de darle contenido a lo que significaba ser enteramente santificado, o perfeccionado en amor: uno está siempre gozoso, ora sin cesar y en todo da gracias (1 Tesalonicenses 5:16-18).

Segundo, amar a Dios implica obediencia total. Como Jesús les dijo a sus discípulos: "Si me amáis, guardad mis mandamientos" (Juan 14:15). Otra analogía, aunque contenga algunas debilidades, puede ayudar a iluminar esta dimensión: la relación ideal entre padre e hijo, aunque involucre factores que no están presentes en la relación divino-humana, comparte algunos paralelos. El padre ideal siempre busca el bien del hijo y, a su vez, el hijo ideal ama y respeta al padre, y tiene la confianza de que sus mandamientos no son caprichosos ni arbitrarios, lo cual puede reflejar la relación propia de amor entre el Creador y la criatura. La relación es iniciada y determinada del lado del Creador, pero cuando se ve claramente que es el amor *agápe* lo que origina la relación del lado de Dios, la respuesta propia del lado humano es el amor. Así lo dice el apóstol Juan: "Nosotros le amamos a él, porque él nos amó primero"; y añade, "Pues este es el amor a Dios, que guardemos sus mandamientos; y sus mandamientos no son gravosos" (1 Juan 4:19; 5:3). A causa del amor, la vida cristiana no es la de un prisionero que sirve cadena perpetua, sino el gozo de un hijo que de manera entusiasta cumple la voluntad de su padre.

Tercero, es completamente claro que el fruto del Espíritu consiste en diversas manifestaciones del amor. El carácter unitario del fruto (el término es singular, no plural) se debe al hecho de que fluye, como la corriente del manantial, de una fuente singular.[24] Gozo, paz, paciencia, benignidad, bondad, fe, mansedumbre y templanza (Gálatas 5:22-23), todos están presentes en el comienzo de la vida cristiana porque el amor está presente desde el principio. Nótese a este respecto la descripción de la conversión hecha por Wesley:

> Hay un gran cambio obrado en nuestras almas cuando nacemos del Espíritu, como el que fue obrado en nuestros cuerpos cuando nacimos de mujer. Hay, en esa hora, un cambio general de la pecaminosidad interna a la santidad interna. El amor a la criatura se cambia al amor al Creador, el amor al mundo al amor a Dios. Los deseos terrenales, el deseo de la carne, el deseo de los ojos y la vanagloria de la vida, son, en ese instante, cambiados, por el grandísimo poder de Dios, a los deseos celestiales. … El orgullo y la altivez ceden a la humildad de corazón, como también la ira, con todas sus pasiones turbulentas y desordenadas, ceden a la calma, la mansedumbre y la gentileza. En una palabra, lo terrenal, lo sensual, la mente endemoniada, da lugar "al sentir que hubo en Cristo Jesús".[25]

Esta radiante descripción no parece permitir espacio para el crecimiento posterior, por no decir nada de la necesidad de una obra de gracia también posterior. Pero, como vimos en una sección anterior de este capítulo, la experiencia de Wesley y su observación de la experiencia de otros revelaba que el primer rosáceo resplandor de la nueva vida en Cristo que sobrecoge al nuevo convertido con su bendición, podía llevarlo erróneamente a pensar que no quedaba pecado, es decir, un amor imperfecto, después de la salvación inicial. Y que, a su tiempo, esa experiencia revelaba la siguiente condición, la cual analizó en el mismo sermón apenas citado:

> Era humilde, pero no enteramente; su humildad estaba mezclada con orgullo; era manso, pero su mansedumbre era con frecuencia interrumpida por la ira, o alguna incómoda y turbulenta pasión. Su amor a Dios con frecuencia era apagado por el amor a alguna criatura, y el amor al prójimo, con las malas sospechas, o con algún pensamiento, si no algún genio, contrario al amor.

Pero, tras el momento de la entera santificación, aseveraba él, el amor de la persona se volvía "no mezclado" (vea el sermón "Sobre la Paciencia"), y era esa característica de que fuera no mezclado que llevó a Wesley a hablar consistentemente de la perfección en términos del primer mandamiento.

No es fácil describir precisamente qué significa este requerimiento bíblico (tanto por Moisés como por Jesús) cuando exige un amor indiviso a Dios. Esto quizá sea una razón de que el pensamiento protestante refleje intranquilidad en cuanto al amor directo a Dios y lo trasponga al amor al prójimo.[26] Hay música cristiana popular que ha reducido el amor a Dios al sentimentalismo, y describe la relación divino-humana con tonos casi sensuales, todo lo cual es indigno del Creador trascendente.

Nosotros sugeriríamos que el concepto de apertura completa es una manera fructífera de conceptualizar la relación restaurada con Dios, la que es resumida por el ideal del amor perfecto. Quizá también hay un sentido en el que esta meta se actualiza cuando el amor de la persona por Dios experimenta una transición del servicio a Dios por los beneficios que derrama (o quizá menos deseable, para evitar las consecuencias de rechazarle), al servicio y el amor a Dios por quién es Él en sí mismo, porque Él solo es digno.

Libertad para el Otro. A continuación, examinaremos la segunda relación que, como hemos sugerido, constituye la *imago De,* la cual se deriva de la primera. En el relato del Génesis, hicimos notar cómo la ausencia de ropa simbolizaba la apertura radical que marcaba la relación de amor entre la primera pareja. También, que la pérdida de esta apertura resultó en que se cubrieran el cuerpo con ropa. Es a lo menos interesante que Gregorio de Nisa, quien ejerciera considerable influencia sobre Juan Wesley, equiparara las pieles (ropas) de Adán y Eva como simbólicas del pecado original.[27]

El análisis de Paul Bassett de los ritos bautismales primitivos y su significado teológico liga este sacramento muy estrechamente con recibir el Espíritu Santo y, por consiguiente, con la santificación. Basset además apunta que la liturgia pre bautismal incluía que el candidato se desvistiera. Aunque él interpreta este acto simbólico como refiriéndose a venir desnudos a esta vida terrenal y dejarla de esa misma manera, lo que representa una renuncia a los bienes de este mundo, también podría interpretarse en conexión con la idea de apertura. Las vestimentas limpias con las que se vestía al bautizado después del bautismo podían, concebiblemente, sugerir una nueva relación, vacía de todo subterfugio, con su compañero creyente a cuyo compañerismo ahora estaba siendo introducido.[28]

Con estas ideas somos introducidos a los aspectos corporativos de la santificación. Desafortunadamente, mucho de la enseñanza en el movimiento moderno de santidad ha sido demasiado individualista en su énfasis, mas, sin embargo, la fe bíblica es irreduciblemente comunitaria. El Antiguo Testamento nos provee un trasfondo sólido para este entendimiento. Los propósitos de los sacrificios dentro del pacto (véase la discusión en el capítulo sobre la expiación) destacan el hecho de que una persona viene a una relación con Dios por ser parte del pueblo de Israel. Uno entra al pacto por llegar a ser parte de la comunidad del pacto. El otro lado de esta verdad se ve en que se identifica la expulsión de la comunidad con la pérdida de la relación salvadora con Dios.

En ocasiones se piensa erróneamente que este sentido de solidaridad en la religión del Antiguo Testamento fue abandonado con el establecimiento del nuevo pacto en Jesucristo. Aunque es verdad que un énfasis mayor sobre la responsabilidad individual y el rendir cuentas fue introducido con los profetas Jeremías y Ezequiel, no es el caso que la solidaridad de las personas dentro del pacto fuera abandonada para favorecer la perspectiva de que la comunidad está compuesta de una colección de individuos separados y sólo externamente relacionados unos con otros. Como un examen rápido de la literatura del Nuevo Testamento revela sin equívocos, más bien el carácter corporativo de la fe hebrea informa la doctrina de la iglesia en el Nuevo Testamento.

Hemos visto esta verdad más plenamente al mirar los beneficios del nuevo pacto en Jesucristo. Aquí tenemos que hablar más sobre el papel del Espíritu Santo. El pueblo del antiguo pacto fue constituido por línea sanguínea, haciéndose una parte del pueblo de Israel, si no por nacimiento, entonces por un bautismo prosélito. El nuevo pueblo de Dios, el nuevo Israel, la iglesia, es constituida por el Espíritu Santo. Una de las verdades centrales que Lucas está buscando presentar en el Libro de los Hechos es que el don del Espíritu crea una nueva realidad, un organismo corporativo que es traído a existencia por la llenura del Espíritu de Cristo. El don del Espíritu no es un don individualista, que se pueda recibir en aislamiento de la comunidad. Es un don personal que crea una conexión orgánica con las otras personas llenas del Espíritu.

Esta verdad ilumina todavía más la importancia del Día de Pentecostés. Primero, la posición tradicional de que este día debe ser identificado como el nacimiento de la iglesia es exegéticamente sólida. Algunos escritores de santidad han sido presionados a abandonar esta posición porque piensan que, de alguna manera, entra en conflicto con su posición de que los discípulos fueron enteramente santificados en esa refulgencia inicial del Espíritu.[29] Pero, no existe tensión entre estas dos posiciones si reconocemos que la obra santificadora del Espíritu tiene esta dimensión corporativa, es decir, que parte del significado de que la santificación es la renovación del ser humano a la imagen de Dios como relación con la otra persona.

Lo que tenemos en el cuadro de Lucas de la iglesia primitiva es el retrato de una iglesia santificada constituida por la llenura del Espíritu Santo. Es más que un grupo de personas santificadas individualmente que gozan de un compañerismo de naturaleza más o menos social, ya que lo que encontramos es un apego de personas llenas del Espíritu en unidad orgánica de amor creada por el "Espíritu creador de comunidad" que habita en ellos. Puede, además, notarse que observamos en esa iglesia el cumplimiento de la oración sumosacerdotal de Jesús por sus seguidores que Dios los santificara para que fueran "uno" (Juan 17:22).

Un estudio de las experiencias de estos cristianos primitivos claramente revelará las dimensiones corpóreas de la obra santificadora del Espíritu realizada en la iglesia como el cuerpo de Cristo. Había una unidad de amor caracterizada por una apertura completa, con todo lo que suponía para las relaciones interpersonales. Esto ayuda a explicar la acuciante importancia del incidente de Ananías y Safira, puesto que representa el primer rompimiento de esa apertura que la santidad debe crear cuando se realiza plenamente en la iglesia como cuerpo de Cristo. Quizá la razón para que este incidente recibiera un trato tan drástico fue que nubló esa apertura con la mentira y el engaño, y disminuyó el poder de la iglesia debido a que manchó su carácter a la semejanza de Cristo. Las palabras de Pedro declarando que Ananías había mentido "al Espíritu Santo" (Hechos 5:3) demuestra qué tan estrechamente conectadas estaban las relaciones verticales y horizontales en la realidad espiritual.

Existen algunas implicaciones de este aspecto de la *imago* cuando es renovada por la obra santificadora del Espíritu. Primero, que la esencia de la santidad en las relaciones personales es la sinceridad. En su oración por la iglesia de Filipos, Pablo oraba que fueran "sinceros e irreprensibles para el día de Cristo" (1:10). Juan Wesley casi estuvo dispuesto a equiparar la entera santificación con la sinceridad, especialmente si se le da la implicación plena del Nuevo Testamento. No es más que sinceridad, dice Wesley, "si quieres decir con esa palabra amor que llena el corazón, que expulsa el orgullo, la ira, el deseo, la voluntad propia; que se regocija siempre, orando sin cesar y en todo dando gracias. Pero dudo que sean muchos los que usan sinceridad en este sentido".[30]

Segundo, la actividad sin inhibiciones del Espíritu Santo dentro de un cuerpo de creyentes cristianos está condicionada por la presencia de la apertura de los unos con los otros. Ahí está la importancia de las palabras de Jesús cuando dijo: "Por tanto, si traes tu ofrenda al altar, y allí te acuerdas de que tu hermano tiene algo contra ti, deja allí tu ofrenda delante del altar, y anda, reconcíliate primero con tu hermano, y entonces ven y presenta tu ofrenda" (Mateo 5:23-24).

Tercero, el amor en relación con el prójimo fuera de la comunidad supone el servicio y buscar su bienestar. Es incorrecta la tensión que en ocasiones se percibe entre la conversión personal y el involucramiento social, puesto que, desde el punto de vista bíblico, las dos no se pueden dicotomizar radicalmente.

Pablo lo expresa de esta manera: "Ninguno busque su propio bien, sino el del otro" (1 Corintios 10:24). Esto suscita la pregunta que el escriba le dirigió a Jesús: "¿Y quién es mi prójimo?" (Lucas 10:29). La respuesta de Jesús tiene ramificaciones de largo alcance. En primer lugar, no le respondió la pregunta directamente, sino que, en su lugar, le contó la parábola del buen samaritano. La parábola en realidad se dirigió a otro asunto, a saber: "¿Quién... parece que fue el prójimo" del hombre en necesidad (v. 36)? Por eso Paul Ramsey dice:

> Esta parábola nos dice algo sobre el amor al prójimo, pero nada del prójimo. Lo que la parábola demanda es que el que pregunta revise por completo su punto de vista, y que vuelva a formular la pregunta que hizo primero de tal manera que requiera de sí mismo la buena vecindad en lugar de requerir algo de su prójimo.[31]

La segunda implicación es que nada en el prójimo cualifica nuestro amor por él. La respuesta de Jesús no define quién es el prójimo porque, si lo hubiera hecho, el amor se limitaría a aquellos que encajan en la definición. Así pues, el amor encuentra prójimos en cada persona sin importar su estatus u otras características que lo distingan, lo que hace que el amor al prójimo tome más el carácter de *agápe* que de *eros*. En una palabra, esta es la clase de amor desinteresado que informa el mandamiento de Jesús en Mateo 5:48: "Sed, pues, vosotros perfectos, como vuestro Padre que está en los cielos es perfecto".

La tercera dimensión de la *imago* involucra ser libertados de la tierra. En su condición original creada, al ser humano se le dio dominio sobre el resto de la realidad creada. Este dominio parece estar directamente relacionado con la sumisión del humano mismo al dominio del Creador. Pero con la rebelión contra Dios, la tierra se rebeló contra el humano y la relación apropiada se perdió; el ser humano dejó de ser libre de la tierra. Agustín provee un análisis penetrante de la condición presente de la humanidad en una dimensión como esa cuando observa que, aunque debemos amar a Dios y usar las cosas, en su lugar tendemos a amar las cosas y usar a Dios.

Podemos ver el alcance de la santificación como restauradora de una relación apropiada con la tierra al explorar la enseñanza del Nuevo Testamento sobre el tópico de las posesiones, las riquezas o el tesoro, todas ellas productos de la tierra. Es sorprendente cuán presente está este tema en la Biblia, especialmente en el Nuevo Testamento. ¿Por qué la Escritura da tanta atención a esta cuestión? Sin duda, el siguiente análisis de Luke T. Johnson nos provee una respuesta: "La manera cómo usamos, nos apropiamos, adquirimos y distribuimos las cosas materiales simboliza y expresa nuestras actitudes y respuestas a nosotros mismos, al mundo que nos rodea, a otra gente y, sobre todo, a Dios".[32] En una palabra, simboliza todas las relaciones de las que hemos estado hablando, ya que todas vienen a centrarse en este asunto por el hecho de que todas están interrelacionadas, como notamos desde el principio.

Jesús habló extensamente sobre el asunto de las posesiones. Un considerable segmento del Sermón del Monte está dedicado al asunto de los "tesoros" (Mateo 6:19-34). El propósito básico de lo que Él dice "prácticamente requiere que nosotros nos liberemos de los afanes que nos atan al mundo".[33] Y si ese es el caso, la dependencia de las riqueza es la antítesis de la fe.

Liberarnos de esta dependencia hace posible la libertad radical para Dios. En un profundo análisis, Luke Johnson demuestra cómo las posesiones se relacionan íntimamente con mi percepción de quién soy yo, y que crear la identidad propia siguiendo una relación con las cosas en lugar de una relación con Dios, no sólo es idolatría, sino también autodestrucción, por razón de que involucra una perversión básica de valores. Dice:

> La verdadera dificultad respecto a las posesiones está en lo que significan para nosotros. El misterio real respecto a las posesiones es cómo se relacionan a nuestro sentido de identidad y valor como seres humanos. El pecado real relacionado a las posesiones tiene que ver con confundir deliberadamente ser con tener.[34]

De diversos pasajes, uno puede posiblemente sacar la conclusión que Jesús condenó la riqueza *per se,* y que defendió la pobreza como algo inherentemente justo. Sin embargo, esto lo hubiera involucrado en algunas contradicciones sugestivas porque, como Rudolf Schnackenburg señala, aceptó ser el invitado de hombres ricos (Lucas 7:36; 14:1), a menudo aceptó la hospitalidad de las hermanas acomodadas de Betania (10:38-41; Juan 11:1ss.; 12:1ss.) y el sostén de mujeres de bienes (Lucas 8:3).[35]

Con todo, Jesús concluyentemente requirió que el joven rico vendiera todas sus posesiones con el fin de heredar el reino de los cielos (Mateo 19:16-27; Marcos 10:17-28). Pero al comentar sobre este incidente, Wesley nota que, "Aquel que ve los corazones de los hombres, vio necesario ordenárselo a éste en un caso peculiar, el del joven rico. Aun así, nunca lo estableció como una regla general, para todos los ricos en las generaciones venideras".[36]

Que pobreza sea equivalente a justicia, como algunos han sugerido que la Biblia enseña, sería extraño en el mejor de los casos. En los pasajes que parecen implicarlo (por ejemplo, la historia del rico y Lázaro en Lucas 16), Schnackenburg pertinentemente explica:

> La forma de esta historia está claramente determinada por los conceptos judíos de retribución. Ciertamente asume, sin cuestionamiento alguno, que los pobres a quienes se dirige también tienen un carácter moral que los capacita para entrar al reino de Dios. Un punto de vista puramente económico, materialista, era extraño al judaísmo: un impío pobre jamás tendría un lugar en el eón futuro meramente por razón de su pobreza. Jesús lo negó todavía más claramente cuando hizo del cumplir la voluntad de Dios la condición para entrar al reino de Dios.[37]

Wesley señala, de forma convincente, que sería dificultoso estar en pobreza total y al mismo tiempo adherirse a la admonición de Pablo de, "No debáis a nadie nada" (Romanos 13:8); tampoco podríamos proveer para las necesidades de los de nuestra casa, siendo el caso que el que no lo haga, dice Pablo, es "peor que un incrédulo" y "ha negado la fe" (1 Timoteo 5:8).[38]

Como resultado de estas observaciones, no podemos sino concluir que no puede ser el poseer propiedades como tal el obstáculo, sino sólo la riqueza que se posee de manera idolátrica. La defensa de la pobreza que hizo Jesús sugeriría que "consideró la pobreza como libertad para Dios, y como una condición para una dedicación indivisa a Dios".[39] A la inversa, Wesley habla de las riquezas como cadenas que atan a los hombres a la tierra.[40]

Para aquellos que han obtenido riquezas sin buscarlas (como era su caso), Wesley defiende una triple práctica para evitar aquella perversión de prioridades que resulta de una preocupación impropia por las riquezas: "Habiendo ganado, en un sentido correcto, todo lo que puedas, y ahorrado todo lo que puedas, da todo lo que puedas, a pesar de la naturaleza, la costumbre y la prudencia del mundo ".[41]

Si alguien tiene el valor de seguir este consejo, demostrará que está ciertamente libre de la tierra, es decir, de las posesiones terrenales.

Libertad del dominio propio. Hemos notado cómo cada una de las otras tres dimensiones de la *imago* están en realidad alimentadas por la relación con el yo, y que se desalinean cuando el ser humano se mete en el papel de soberano de su existencia. En esencia, el pecado es idolatría porque eleva el yo finito y creado a la posición que correctamente le corresponde al Creador. Es por esta razón que la obra de gracia más decisiva en la vida humana tiene que ver con el problema de la soberanía propia. A esto se refiere Wesley cuando habla de la "raíz del pecado" o la "semilla del pecado"; no se está refiriendo a alguna substancia ontológica, sino a la perversión de la autoridad que ocurre cuando el amor a Dios no es la intención controladora del corazón humano.

Renovar al ser humano a la imagen de Dios encierra una relación propia con el yo. Pero no se trata de aniquilar el yo, como ciertas religiones orientales desean; es la sumisión del yo a la autoridad de Dios para que el amor a Dios y al prójimo no sea modificado impropiamente por el interés propio, y que uno no se relacione a la tierra únicamente como un medio de autogratificación.

Esto suscita la pregunta acerca de lo que es un amor apropiado, y el que no lo es. Es una pregunta que ha hecho ejercitar por siglos las mentes de expertos en ética, y de teólogos cristianos, y ha llegado a ser un asunto de discusión popular amplia en el siglo presente.[42]

La relación renovada con el yo que resulta de la obra santificadora del Espíritu es muy parecida a la relación con la tierra. Así como ser dueño de posesiones no es en sí mismo algo que tenga que rechazarse, el problema con el yo tiene que ver con si uno busca o no ser el señor de su propia vida. No implica que uno se odie o que tenga una baja autoimagen. De hecho, la relación apropiada con el yo es el camino a una autoimagen sicológicamente sana.

La autoaceptación es un ingrediente importante en la salud mental. A nuestro modo de ver, el entendimiento del Nuevo Testamento de la justificación por la fe es la base más sólida para una autoaceptación verdadera. Si Dios me acepta "tal como soy", esa es la razón más profunda posible para yo aceptarme a mí mismo.[43]

Bruce Narramore propone ciertos estorbos a la autoaceptación que apoyan esta aseveración. La primera piedra de tropiezo es asumir que "tengo que alcanzar cierto estándar de madurez, de actitud o de logro a fin de ser aceptado".[44] Esa es, precisamente, la actitud que produce una teología de justicia por obras, pero la justificación por la fe rechaza ese acercamiento *en toto,* e insiste que la aceptación de Dios no depende de mi propia valía.

Pero la cuestión del autoamor abarca más que la autoaceptación. Decir con Agustín que el mandamiento de amar a Dios y a nuestro prójimo incluye un mandato a amarnos a nosotros mismos corre el riesgo de elevar a mandamiento lo que los humanos hacen naturalmente, y anda peligrosamente cerca de la definición del pecado en el Nuevo Testamento. Paul Ramsey puede estar en lo correcto cuando declara que "no se puede cometer un error más desastroso que admitir el autoamor al primer piso de la ética cristiana como una parte básica de la obligación cristiana".[45]

Pero ¿es posible purificar el amor por la otra persona de tal manera que todo amor de consideración propia desaparezca? Aparentemente no, y ello parece ser la implicación del mandamiento de Jesús de, "Amarás a tu prójimo como a ti mismo" (Mateo 19:19). Sin embargo, hay una diferencia entre buscar el bien propio de uno como consideración primaria y permitir que el amor de uno por su yo para beneficio propio sea el paradigma para amar al prójimo. Admitimos con toda honestidad que hay un sentido genuino de autorrealización involucrado en la idea de la restauración de la *imago* que estamos proponiendo. Sin embargo, hay un contraste significativo entre buscar de manera directa los fines propios de uno e indirectamente encontrar realización como consecuencia de buscar "primeramente el reino de Dios" (Mateo 6:33), lo cual incluye un amor indiviso a Dios y un amor desinteresado por el prójimo.[46]

La Ética Cristiana

Con demasiada frecuencia, la discusión de la ética cristiana es tratada casi como una añadidura de la teología cristiana; no se le integra a la estructura de la teología. Pero en la teología wesleyana, el énfasis ético está implícito en la estructura total, ya que la santificación, inseparable como es de toda consideración teológica, es ética en su totalidad.[47]

La santificación y, de igual manera, la ética cristiana, son específicamente para el pueblo de Dios. Pero ¿implica esto una limitación de la universalidad? No, en el sentido que esto no se refiere al ideal de Dios para todos los seres humanos; tenemos que reconocer que la Palabra de Dios claramente revela un ideal al cual sólo los dedicados están comprometidos y sólo el santificado busca. En nuestra discusión de la doctrina de la creación hemos elaborado una ética de la creación que es universalmente aplicable a todos los seres humanos en el sentido de que refleja la estructura de la naturaleza humana. Es obligatoria para cada ser humano en el sentido de que violar este criterio ético es violar la naturaleza de uno mismo y, en alguna medida, es autodestructible.

La ética cristiana, cuando se entiende como una extrapolación de la *imago Dei*, es una extensión de la ética de la creación hacia el logro de una personalidad plena. Esto significa que, en su pleno sentido religioso, es una ética que mejora, en lugar de pervertir, la humanidad de la persona. Además, este entendimiento incluye la feliz conclusión de que los ideales de Dios nunca van a ser deshumanizantes o pervertidores de la naturaleza humana; la santidad, como realidad ética, hace a uno más plenamente humano, no menos.

Paul Tillich, en una transformación de categorías utilizadas por Emanuel Kant en su clásico intento ilustracionista de rechazar toda autoridad, nos ha provisto de un discernimiento brillante de esta verdad. Kant sentía que para que la personalidad de alguien se expresara plenamente, las reglas éticas tenían que ser legisladas por la persona misma. Esto era autonomía. Si tales reglas de comportamiento eran impuestas de forma heterónoma (ley legislada por alguien más), ya fuera por otras personas o por Dios, la dignidad que propiamente pertenecía a los seres racionales les era quitada, lo que significa que Kant también rechazaba la ética teónoma (ley legislada por Dios).

Pero Tillich argumenta que el conflicto entre la autonomía y la teonomía que Kant propuso es un malentendido. Siendo que Dios es la "profundidad" del ser propio de uno, la autonomía y la teonomía no pueden estar en conflicto. Más bien, al reconocer las leyes de Dios, uno en realidad afirma su auténtica personalidad. Así, una ética teónoma, aunque no sea autónoma en el sentido kantiano, está diseñada para poner a uno en contacto con su verdadero yo, ya que esta relación ocurre sólo cuando una persona está en contacto con Dios como el fundamento de su ser. Esto, en el contexto de nuestras propuestas sistemáticas, es el significado de las varias relaciones implicadas en el concepto de la *imago*.

Interpretar de esta manera la ética cristiana sugiere que la misma asumirá una forma particular, aunque no es algo que se pueda detallar de manera teórica a partir de la Escritura, sino sólo inferir. Aquí, el modelo conceptual, como otros que la teología toma prestados, se deriva de la filosofía. En el lenguaje de la ética filosófica, es teleológico en naturaleza o estructura, lo que significa que la vida que impone encuentra su validación en la meta *(telos)* que busca lograr.[48] El *telos,* simplemente puesto, es la renovación a la imagen de Dios; o, siendo que el referente de la naturaleza divina en forma humana es Jesucristo, cabe denominarlo semejanza a Cristo. Los parámetros de este *telos* son definidos por las cuatro relaciones bosquejadas en la primera parte de este capítulo y, cuando se toman juntas, abarcan todos los aspectos que cualquier teoría ética atendería. Además, muestra cuán abarcador y adecuado es el tema del amor como categoría ética.

Hay otras dos alternativas para esta estructura que en ocasiones se proponen como paradigmas para la ética cristiana, pero nos proponemos demostrar brevemente que son inadecuadas. El primer acercamiento, generalmente defendido de manera bastante poco sofisticada, se conoce como casuístico. La casuística es el intento de proveer reglas generales que sean aplicables a cada situación concebible.[49]

Esta manera de hacer ética a menudo busca identificar reglas de conducta en la Biblia que luego las aplica, de manera literal, a la vida contemporánea, pero las inconveniencias de este acercamiento son numerosas. Primero, falla en reconocer que, aunque existen muchos mandatos en el Nuevo Testamento que se pueden extraer y usar sin modificación, la mayoría son ocasionales en naturaleza y presuponen una situación histórica que puede o no reproducirse en el mundo moderno. El fracaso en reconocer este carácter condicionado de muchos mandatos bíblicos desemboca en el intento de imponer una regla sobre una situación radicalmente diferente que, de hecho, puede resultar en consecuencias no cristianas o subcristianas.[50]

El segundo problema es que esta manera de hacer ética es extremadamente limitada, puesto que no posee forma de tratar con los asuntos que han surgido en cada nueva situación. El acercamiento apropiado a las exhortaciones bíblicas es buscar desenterrar el principio teológico que las informa. En algunas, se encontrará cerca de la superficie; en otras, podrán estar profundamente enterrados y requerirán una excavación exegética cuidadosa. Estos principios serán, con certeza, universalmente aplicables y, en nuestra opinión, se encontrará que todos ellos se enfocan en una o más de las cuatro relaciones que constituyen la *imago Dei.*

> Otra alternativa argumentada por algunos es que la ética cristiana es fundamentalmente deontológica en forma. Este tipo de ética se centra en la ley, la obligación y el deber. Su modelo clásico en la ética filosófica se encuentra en la obra de Emanuel Kant. La ética

cristiana encaja en este modelo, según se afirma, porque estamos tratando con mandamientos divinos.

Pero, aunque es indiscutible que este elemento deontológico está presente en la ética cristiana, no queda claro que sea su característica definitiva. Responder a esta pregunta suscita las mismas cuestiones debatidas en la Edad Media entre los nominalistas y los voluntaristas. Estos últimos, haciendo primaria la voluntad de Dios, apoyarían una forma deontológica de ética bíblica. Sin embargo, en nuestra discusión de este problema teológico (véase el capítulo 6), hemos visto cómo Wesley rechazó el debate al respecto por considerarlo infructuoso y, para todo efecto práctico, negó la propuesta voluntarista. Según su manera de entender la ley (véase el capítulo 12), Wesley hizo claro que la ley es una réplica de la naturaleza divina. Por lo tanto, si uno puede aseverar legítimamente que la ley es una expresión de la naturaleza divina, no sería en ese sentido arbitraria, sino que tendría propósito. Uno puede preguntar por qué tal ley se propaga, y hay una respuesta más allá del "porque Dios lo dijo". Si el elemento de propósito está presente en la ley, se vuelve teleológico por naturaleza. Y ya hemos visto en nuestra discusión anterior de la ley qué es el *telos* de la ley, lo que encaja perfectamente en esta propuesta respecto a la estructura de la ética cristiana.

Históricamente, el movimiento de santidad ha utilizado estos tres acercamientos, pero los intentos más adecuados de justificar el estilo de vida de santidad son aquellos que han empleado alguna versión del acercamiento teleológico. Considérese, por ejemplo, las implicaciones del consejo ético de Susanna Wesley a sus hijos: "Todo lo que nuble tu razón, adormezca la delicadeza de tu conciencia, obscurezca tu sentido de Dios, o aleje el placer de las cosas espirituales, todo lo que aumente la autoridad de tu cuerpo sobre tu mente, es pecado para ti".[51]

En la formación de sus sociedades, Juan Wesley tenía primordialmente en su mente la definición de la religión como "un hábito dominante y constante del alma, una renovación de nuestras mentes a la imagen de Dios, una recuperación de la semejanza divina, un crecimiento continuo en la conformidad del corazón al modelo de nuestro santísimo Redentor".[52] Cuando Wesley articuló las reglas para estas sociedades, tomó prestado material de *Primitive Christianity* (Cristianismo Primitivo), por William Cave, un estudio de la moral de la iglesia en los primeros siglos. La atracción de Wesley al cristianismo patrístico como el paradigma de una fe sin corrupción hizo natural que deseara adoptar la moral de este período para sí mismo y para su pueblo. Pero la consideración primordial era que las reglas y los métodos que tomó prestados del relato de Cave se vieran como medios prudenciales que se ordenaban con el fin de lograr este "hábito que rige la mente", esta "recuperación completa de la semejanza divina". Siendo que Wesley podía hablar de manera significativa de los medios para la santidad, y lo hizo, esta interpretación está en perfecto acuerdo con su entendimiento teológico.

Ciertamente, Wesley no hubiera sugerido que sus reglas se podían usar como criterios para una evaluación legalista de la relación de la persona con Dios. Más bien, eran empellones continuos hacia una cada vez mayor y perfecta realización de la semejanza divina.[53]

Al buscar justificar los estándares denominacionales para sus miembros, James B. Chapman, como superintendente general, y D. Shelby Corlett, como editor del *Herald of Holiness* (Heraldo de Santidad), expusieron una popular teoría ética de carácter teleológico, aunque sólidamente formulada.[54]

Como superintendente general, Chapman, aunque de forma cohibida, se veía como parado a la mitad del camino entre dos generaciones, como una especie de edificador de puentes, patentizándoles las maneras de los fundadores a la nueva generación de nazarenos. Esto fue particularmente cierto respecto a los estándares de la iglesia, problema del cual habló tanto en artículos como en el "Buzón de Preguntas", una columna para la que escribió esporádicamente desde 1923 hasta 1948.

El concepto de Chapman de la conducta cristiana se erigía sobre una jerarquía de valores, los cuales, si se rechazaban, causaría que todo el edificio se derrumbara. De ahí que la explicara en el contexto de la santidad como entera devoción a Dios y a total compromiso con hacer realidad la perfección de vida. Si alguien no estaba dedicado a ese *telos,* sus argumentos perdían toda su fuerza y persuasión.

La escala de valores de Chapman está explícitamente declarada, y es muy iluminadora para una evaluación de la naturaleza de los principios de conducta. Las primeras cosas deben mantenerse primero, y éstas son ejercicios religiosos como la oración y las obras de misericordia. Segundo en importancia son las actividades intelectuales, incluyendo "la asistencia a clases". El tercer lugar se le da al cuerpo, es decir, cuidar de él para que permanezca saludable. Cuarto es la vida social, donde la prioridad debe darse a los buenos amigos.

Aquí tenemos una ética obvia de autorrealización, el tenor principal de la cual va dirigida a organizar toda la persona alrededor de ciertos principios básicos a fin de lograr sus propósitos más altos y santificados. Chapman veía las reglas de la iglesia como prudentes para prevenir cualquier cosa que militara contra el logro de la meta, y para guiar hacia aquellas actividades que la haría realidad.

D. Shelby Corlett, como editor, pretendía dirigirse a cualquier situación que tuviera relevancia para la conciencia de la iglesia, y quería apoyar la posición de la iglesia y sus líderes en cuanto a cualquier pregunta. Al estudiar lo editoriales de Corlett uno puede percibir apropiadamente el reflejo de las tendencias en la iglesia.

El acercamiento particular de Corlett a la posición ética de la iglesia se puede resumir en la palabra conveniencia, un concepto que basó principalmente en 1 Corintios 6:12: "Todas las cosas me son lícitas, pero no todas convienen". Corlett reconocía que la relación entre la religión y la moral tenía más de una dimensión. Existen, claro está, áreas donde "debe existir una línea rígida de demarcación entre lo blanco de lo correcto y lo negro de lo incorrecto". Hay otras áreas que caen en la categoría de "lo que no edifica".

Esta última categoría lleva a la esfera de los asuntos legítimos que no distinguen a los cristianos de los no cristianos, sino que más bien encierran el asunto de la conciencia personal y la luz que uno tenga, pero que no necesariamente están a la disposición las razones racionales para apoyar convicciones de esta clase, si bien no serían irracionales. El curso de la búsqueda de un cristiano sobre esta base "tiene que considerarse como ocurriendo sólo porque es lo más satisfactorio para su propia conciencia, y para glorificar a Dios en su vida personal". Así pues, estos estándares particulares de conducta no deben imponerse arbitrariamente sobre otros.

Las Reglas Generales de la Iglesia del Nazareno, argumenta Corlett, están basadas sobre este principio. No son medios para identificar a los verdaderos cristianos, sino para detallar lo que, en la opinión de la iglesia, es la clase de vida que "corresponde más a Dios".[55]

Una obvia implicación adicional para interpretar la ética en términos de la *imago* como se ha elaborado aquí es que hay una ética social que le es propia al entendimiento wesleyano. La segunda relación incluye el esfuerzo consagrado de "hacer con otros lo que quieres que hagan contigo" (compárese con Mateo 7:12), algo que trasciende la hermandad, aun cuando ello pudiera ser el enfoque central del ideal de apertura.[56] En la relación del creyente con aquellos que no pertenece a la fe, aquí hay una invitación a hacer esfuerzos para garantizar la justicia, la igualdad y el acceso a una calidad de vida que no milite en contra de la conservación de la personidad, puesto que no sólo se trata de la existencia del cuerpo.

No planteamos haber elaborado aquí una ética cristiana completa, sino haber presentado los contornos básicos de una ética que se derive lógicamente de la estructura y las presuposiciones de esta teología sistemática. Detallar plenamente todas las implicaciones de nuestras observaciones programáticas requeriría un tomo por separado.

CAPÍTULO 16

La Comunión de los Santos

Son pocos los temas que más han suscitado la atención de los teólogos contemporáneos que el de la doctrina de la iglesia, y podemos sugerir por lo menos dos razones que lo expliquen. Primero, está el ambiente ecuménico que domina el pensamiento teológico en general. Como resultado de estar dolorosamente consciente del carácter fragmentado de la cristiandad, y del fracaso del ideal de unidad por el cual oró Jesús en su oración sumosacerdotal (Juan 17), el clero ha buscado solucionar el problema tratando de identificar la naturaleza de la iglesia con la esperanza de proveer una base para la sanidad del cuerpo de Cristo.[1]

La segunda razón es más pragmática. Muchos se han desilusionado con la iglesia institucional pero, incluso los que no han compartido tal pérdida de optimismo, se encuentran perplejos ante el fracaso de la iglesia de manifestar éxito sustancial en su relación con el mundo, ya sea en lo evangelístico como en su influir en la sociedad en favor de la justicia y la rectitud. Así pues, la iglesia ha sido puesta bajo cuidadoso escrutinio en el esfuerzo por diagnosticar la fuente de estas debilidades.[2]

La dificultad principal en formular una doctrina teológica de la iglesia consiste en la intrincada mezcolanza de los factores históricos, sociológicos e institucionales con el factor teológico. Es casi imposible que se hable de la iglesia sin que se invoquen elementos accidentales a la esencia de la "iglesia". Como Juan Wesley dijo: "Una expresión más ambigua que ésta, *la iglesia*, difícilmente se encuentre en nuestro idioma".[3] Luego, nuestro esfuerzo aquí será intentar identificar lo distintivamente teológico, pero al mismo tiempo tomar en consideración los otros elementos sobre los que hay que reflexionar en la situación contemporánea.

Al buscar dirigirnos a este tópico, y para seguir consistentemente nuestro método, tenemos que ver primero el material bíblico. De lo que de ahí se desprende, el lugar para empezar a desarrollar la doctrina de la iglesia es el carácter corpóreo de la fe bíblica, esa idea que hemos encontrado repetidamente presente en nuestras discusiones anteriores. Hemos visto cómo el carácter social de la existencia humana le es autóctono a una criatura hecha a la imagen de Dios. Hemos también argumentado que la estructura de lo humano por lo humano mismo, como lo determina la Palabra de Dios, es su cohumanidad, de lo cual sigue lógicamente que la obra de salvación crearía comunidad como la implementación de esta esencia de lo creado.

Esta verdad se ve claramente en el Antiguo Testamento, donde "salvación" significaba pasar a ser parte del pueblo de Israel. Bajo la antigua dispensación, este es el concepto teológico más cercano que podemos encontrar a lo que el vocabulario cristiano moderno considera "ser salvo". Por el otro lado, estar "perdido" involucraba la expulsión de la comunidad. Lo mismo es cierto en el Nuevo Testamento en los cuadros que se nos presentan de la iglesia primitiva, tanto en Hechos como en las enseñanzas de las epístolas. No había creyentes "independientes". Cuando una persona se convertía en creyente en Cristo, como consecuencia era incorporada a la comunidad a través del rito del bautismo. Como vimos en una discusión anterior, el Espíritu Santo creó esta comunidad. Era aparentemente inconcebible para los creyentes primitivos hablar de salvación en ningún otro término.

David H. C. Read llama la atención a lo extraño de la inclusión en el Credo de los Apóstoles de la frase: "Creo en… la comunión de los santos". En ninguna otra declaración de fe de una organización sería posible encontrar una afirmación similar. Este autor alude a la existencia de una Sociedad de la Tierra Plana, que existe para afirmar la creencia que la tierra es plana, pero que sería muy extraño para sus miembros declarar: "Creo en la Sociedad de la Tierra Plana". Este interesante discernimiento subraya la importancia y centralidad del carácter corporativo de la fe cristiana cuando se entiende a sí misma bíblicamente. Juan Wesley reveló su mentalidad plenamente bíblica cuando dijo: "El cristianismo es esencialmente una religión social, y convertirla en solitaria en realidad es destruirla".[4]

Es importante entender qué significa el "en" en la declaración confesional del Credo de los Apóstoles. Se interpreta mal si creer en la iglesia se entiende en manera alguna como medio para la salvación.

De ninguna manera se sugiere que aparte de Dios exista algo más que sea objeto apropiado de la fe. Es notable que esta afirmación siempre se ponga en el contexto de fe en el Espíritu Santo, por lo que creer en la iglesia lo que en realidad indica es creer en Dios el Espíritu como el congregador del pueblo de Dios.

Otro aspecto importante de la teología bíblica es el concepto de pueblo de Dios. Esto va más allá del punto previo, siendo que comunica la idea de misión. Pueblo de Dios y misión son ideas correlativas e inseparables en la fe bíblica, lo que nos lleva a hablar sobre el concepto de la elección.

La doctrina bíblica de la elección se encuentra definida en el Antiguo Testamento. La comprensión teológica que tuvo expresión en el Antiguo Testamento va a informar la perspectiva de esta doctrina en el Nuevo. Su desarrollo ocurrió en conexión con el escogimiento de Israel como el pueblo de Dios. Aquí tenemos que distinguir entre la interpretación normativa y su difundida perversión popular que es posible detectar en el material bíblico. Por malentender la naturaleza y el propósito de su elección, Israel a menudo pensaba que implicaba su superioridad sobre otros pueblos, y que había de ser el receptor de privilegios nacionales especiales. Esto se vio reforzado por la inferencia falsa de que su escogimiento era irrevocable, y que se le había concedido seguridad incondicional.[5]

La elección de Israel era para responsabilidad más que para privilegio; contemplaba la tarea misionera. Theodorus C. Vriezen declara: "En Israel Dios busca al mundo. Israel es el punto de ataque de Dios al mundo". A la luz de esto Vriezen ofrece la siguiente acertada declaración del significado bíblico de la elección: "La elección significa, primero que nada, que alguien que tiene que hacer una tarea, es llamado y designado para hacerla".[6]

La verdad de la elección en el Antiguo Testamento se da más dramáticamente en Isaías 40—55, donde se relaciona íntimamente a Israel como el siervo de Yahvé.[7] En 43:10, el profeta cita a Dios diciendo: "Vosotros sois mis testigos". La forma en que este testimonio será efectuado es a través del sufrimiento vicario, por medio del cual muchos serán traídos a rectitud. Aquí la elección y la misión están unidas inseparablemente, y la naturaleza de la misión queda especificada.

Las implicaciones teológicas de estos pasajes para el entendimiento que el Nuevo Testamento tiene de la iglesia son de largo alcance, puesto que identifican de antemano la naturaleza del agente que llevará a cabo la tarea de testificar: él ha de personificar la esencia de la servidumbre. Veremos más tarde cómo esta verdad, que originalmente se predicó del pueblo escogido, se encarnó y realizó en la obra de Jesucristo y se transfirió a su pueblo.

Esta correlación de misión y carácter con relación a la elección llega a ser más clara en el Nuevo Testamento. Aquí encontramos una iluminación adicional acerca de la manera en que la función de la iglesia ha de ser implementada. Pablo lo hace claro en la concatenación de los conceptos de elección en Romanos 8:28-29: el propósito final para el cual Dios escoge (predestina y elige) a su pueblo es que sean hechos "conformes a la imagen de su Hijo".

La breve declaración de la doctrina bíblica de la elección que acabamos de hacer nos lleva a inferir que la comprensión escrituraria de la iglesia es funcional. El pueblo de Dios ha sido escogido para llevar a cabo una tarea.

Con este hallazgo preliminar en mente, ahora nos volvemos a las metáforas del Nuevo Testamento de la iglesia a fin de identificar cualquier otra implicación adicional.

Imágenes de la Iglesia en el Nuevo Testamento

Antes de ver algunas de las muchas imágenes que se pueden identificar en el Nuevo Testamento,[8] necesitamos hablar sobre la naturaleza de las metáforas o imágenes en general en cuanto a este asunto.

Existe una doble dificultad como parte del esfuerzo de entender las imágenes de la iglesia. La primera involucra el problema hermenéutico de hacer la transferencia del "horizonte" bíblico al "horizonte" contemporáneo.[9] En el nivel literal, o puramente cognitivo, existe la necesidad de entrar al mundo del pensamiento del Nuevo Testamento con el propósito de evitar imponer los patrones de pensamientos contemporáneos sobre la mentalidad antigua. Casi siempre es una tentación abrumadora forzar la Biblia a que piense como nosotros en lugar de hacer el esfuerzo intelectual hercúleo de pensar como la Biblia. La segunda etapa de la tarea hermenéutica entonces entra en el cuadro, a saber, la de traer la perspectiva de la percepción antigua "de entendimiento" en términos que sean comprensibles a la persona moderna. Este es el problema que Paul Minear llama "la radical discontinuidad entre la mente del Nuevo Testamento y nuestra propia mente".[10]

La segunda dificultad reside en la naturaleza de las imágenes o metáforas. Añadido al problema de distinguir entre los significados literales y figurados, si fuera posible hacerlo, tenemos el problema que presenta la naturaleza de las imágenes. Como el término implica, son el producto de la imaginación, por lo que, una vez más, el asunto hermenéutico entra en juego. Para poder penetrar al mundo de la imaginación del hombre del Nuevo Testamento, tenemos que reconocer primero los "cambios en la estructura de la imaginación" (Paul Minear) que han ocurrido durante los 19 siglos que nos separan. Minear describe así la situación con la que nos enfrentamos:

> Las imágenes de la iglesia raramente son la confección astuta de una persona a fin de que encajen en sus propios propósitos. Han sido producidas con base a un capital común de imágenes preservadas durante una generación por una comunidad viva. Su uso presupone una vida mental compartida. Producidas del subconsciente colectivo, hablan al subconsciente colectivo. En ellas la imaginación de la comunidad se refleja y se nutre. Transferidas a otra comunidad donde el proceso de la imaginación es muy diferente, dejan de hablar con su claridad y poder inicial. La recuperación de esa claridad y poder, por lo tanto, requiere a menudo la conversión de la imaginación comunal.[11]

Además, las imágenes mismas comunican una visión de la realidad que no puede ser totalmente articulada en términos conceptuales. Tienen una dimensión afectiva así como cognitiva.[12] Con respecto a las imágenes de la iglesia en el Nuevo Testamento, M. Robert Mulholland sugiere que aquí lo que tenemos es "iconografía literaria — imágenes verbales que sirven como ventanas a una realidad que es radicalmente diferente de la visión de mundo en donde las palabras generalmente funcionan".[13] En otras palabras, las imágenes se convierten en ventanas verbales a la realidad que comunican una visión ontológica.

Mulholland argumenta además que la participación en la vida de la iglesia, ese compartir del nuevo orden que es establecido por Dios a través de Jesús, y se realiza por la obra del Espíritu Santo en la iglesia, es esencial para percibir la visión simbólicamente trasmitida por los iconos verbales. El análisis de Minear apoya esta declaración cuando dice que las imágenes… no van a surgir con frecuencia del discernimiento agudo o la lengua inteligente de un individuo solo, porque aun el más grande poeta depende de una tradición poética. Muy a menudo, serán la posesión de una comunidad cuyo comercio por siglos con la realidad dada ha producido un repertorio extenso de imágenes eficaces.[14]

Es cierto que la visión de la realidad tiene que ser provocada o precipitada por la experiencia, no obstante, intentaremos identificar a continuación aquellos discernimientos teológicos cognitivos que pueden estar presentes en algunas de las imágenes mayores.

El Nuevo Israel

Aunque no se haya expresado alguna vez exactamente de esta manera, la metáfora más difundida en el Nuevo Testamento para la iglesia es "el nuevo Israel".[15] La implicación aquí es que hay continuidad y también discontinuidad con el "antiguo Israel". Los pasajes centrales que contienen esta diferencia son 1 Pedro 2:9-10: "Mas vosotros sois linaje escogido, real sacerdocio, nación santa, pueblo adquirido por Dios, para que anunciéis las virtudes de aquel que os llamó de las tinieblas a su luz admirable; vosotros que en otro tiempo no erais pueblo, pero que ahora sois pueblo de Dios; que en otro tiempo no habíais alcanzado misericordia, pero ahora habéis alcanzado misericordia"; y Romanos 9:25-26: "Como también en Oseas dice: Llamaré pueblo mío al que no era mi pueblo, y a la no amada, amada. Y en el lugar donde se les dijo: Vosotros no sois pueblo mío, allí serán llamados hijos del Dios viviente".

Estos pasajes, junto a muchos otros, enfatizan lo nuevo del pueblo de Dios en el Nuevo Testamento, aunque en ambos casos es en su relación con el "antiguo" pueblo de Dios. Aquí Paul Minear está correcto en un sentido, y en otro sentido significativamente equivocado, cuando dice que "Pablo no recurrió al concepto de dos Israel, el antiguo y el nuevo, o el falso y el verdadero".[16]

La diferencia entre el "falso y el verdadero" ya aparece en Isaías 56—66. Además, la diferencia entre el antiguo y el nuevo es explícita en la manera en que la iglesia es constituida en contraste con la manera en que Israel fue constituido. Ambos son llamados a la existencia por la actividad de Dios, pero uno está orientado hacia la vida nacional que le provee su enfoque unificador, mientras que la otra existe sin distinción nacionalista y es constituida por el Espíritu

Santo. Lo que provee la continuidad entre ellos es el hecho de que es la elección lo que constituye tanto a Israel como a la iglesia como el pueblo de Dios, lo que además sugiere que la naturaleza de la iglesia se puede inferir del significado de la elección de Israel, como se ha notado en nuestra discusión previa sobre la elección.

Colin Williams señala cómo se quiere establecer claramente la idea de continuidad con la alegoría de Pablo del árbol de olivo en Romanos 11. Pero, aunque es el mismo árbol de olivo, la intervención quirúrgica es tan radical en la extirpación de algunas de las ramas y en el injerto de otras que la discontinuidad también es clara. "Las ramas muertas del antiguo Israel son cortadas del árbol, y el injerto de los gentiles representa, ¡en el menor de los casos!, un cambio mayor en cómo se ve el árbol".[17]

La naturaleza tanto de la continuidad como de la discontinuidad se alza en oposición radical contra la premisa básica de la teología dispensacional de que hay un doble propósito de Dios "expresado en la formación de dos pueblos que mantengan su distinción hasta la eternidad".[18] Pero esa distinción entre Israel y la iglesia, tan ampliamente acogida entre los cristianos conservadores, simplemente no resiste la prueba de la exégesis bíblica (vea el Apéndice 1). Hay un solo pueblo de Dios, cuya continuidad está directamente relacionada con los propósitos redentores de Dios.

La continuidad entre el antiguo pueblo de Dios y el nuevo es teológica, y se origina en la promesa a Abraham. El llamado de Dios a este patriarca incluía la promesa de que "serán benditas en ti todas las familias de la tierra" (Génesis 12:3). Por consiguiente, la misión yace en la raíz del escogimiento inicial de Dios del padre de los fieles.

En el proceso de llevar a cabo esta misión, hubo factores históricos y sociológicos que se entremezclaron. El pueblo de Israel primero asumió la forma de una teocracia, la que con el tiempo se desarrolló en una monarquía, aunque por iniciativa del pueblo en lugar de Dios. El Señor, no obstante, se adaptó a estos desarrollos políticos, los cuales dieron forma a las formulaciones teológicas de la religión de Israel.[19] Temprano en el período de la monarquía, surgió la idea de un templo y, aun cuando esto, como la monarquía misma, tampoco fue idea de Dios, el templo como tal se convirtió en un elemento informativo en el entendimiento teológico de los israelitas.

Desgraciadamente, estos aspectos accidentales de la fe de Israel, aunque sirvieron de influencia formativa en su teología, no pocas veces se tornaron en fines en sí mismos. A través de la mayor parte de su historia, Israel tendería a estar más preocupado con su vida nacional y su éxito político que con el significado teológico de su existencia. Cuando estos dos se unían ilegítimamente, servían para pervertir totalmente el propósito de su elección. La denuncia de Amós del concepto popular del día del Señor (Amós 5:18-27) y los sermones del templo de Jeremías (Jeremías 7 y 26) sirven como testigos patéticos de su perversión. Eventualmente, la institucionalización de los aspectos accidentales de su religión resultó en un factor mayor de la destrucción, primero, del reino del Norte, y luego del reino del Sur y, finalmente, llevó al rechazo de su Mesías, quien retó su institucionalismo centrado en sí mismo con el principio de, "porque todo el que quiera salvar su vida, la perderá; y todo el que pierda su vida por causa de mí, la hallará" (Mateo 16:25). Por rehusar tomar el sendero de la servidumbre, perdieron su lugar tratando de preservarlo.

El mismo patrón general puede observarse dentro del nuevo Israel. Los elementos institucionales de su vida estuvieron histórica y sociológicamente condicionados. Cuando sus estructuras se volvieron un fin en sí mismas, y su preservación llegó a ser la consideración primaria, la verdadera misión se quedó en el trasfondo o desapareció por completo. La historia eclesiástica ofrece abundante evidencia de este triste hecho. Se necesita decir más después sobre este asunto.

Concurrente con la dinámica de la interacción de los factores sociológicos y teológicos está un movimiento de historia redentora que refleja los esfuerzos de Dios para lograr sus propósitos salvadores en el mundo. Al principio, había el sueño de que la nación de Israel pudiera llegar a ser el reino de Dios. A medida que la realización de este ideal se hacía menos y menos posible hubo un cambio de la nación al remanente dentro de la nación. Este cambio ocurrió en el Reino del Norte, con la labor de Elías y Eliseo,[20] y con Isaías de Jerusalén en el Reino del Sur, durante el siglo VIII a.C. Este movimiento se redujo aún más hasta enfocarse en un individuo que llevaría a cabo la misión a la que Israel originalmente había sido llamado. En sentido funcional, Jesús de Nazaret fue Israel (y la iglesia) en una persona. Desde este punto en adelante la perspectiva se amplió de nuevo para incluir a todos los que respondieran al llamado de Dios en Jesucristo. El llamado que les hizo a 12 hombres fue clara señal de que estaba perpetuando al Israel de Dios en una nueva dimensión. El carácter de su ministerio como el Siervo Sufriente tenía la intención de darle carácter al nuevo Israel, el cual continuaría ese ministerio en el mundo. El llamado de la iglesia es, pues, a ser el pueblo siervo de Dios; en el grado en que abandone la implicación de este patrón de autonegación por uno que esté marcado por el egoísmo, cesará también de ser el pueblo de Dios.

La manera en que los escritores del Nuevo Testamento se apropian y emplean el lenguaje que literalmente le pertenece a Israel, demuestra que están pensando acerca de la iglesia en el sentido teológico y no como una entidad sociológica. En la situación polémica de la carta a los Gálatas, Pablo se refiere al "Israel de Dios" (6:16) como aquellos que trascienden la distinción creada por la circuncisión.

El Cuerpo de Cristo

Una metáfora que ha ocupado considerable atención teológica es la referencia paulina a la iglesia como el cuerpo de Cristo. La metáfora se ha entendido de diversas maneras, incluyendo algunas que, en ocasiones, y para todo efecto práctico, pervirtieron la naturaleza de la iglesia.

Una dificultad para la interpretación adecuada de esta imagen de lenguaje es el problema de determinar precisamente qué quiere decir el apóstol Pablo cuando usa el término "cuerpo", ya que puede acarrear varias connotaciones. Otra dificultad involucra un grado de ambigüedad en su uso en cualquier contexto. Puede tener connotaciones corporales, o puede derivar del uso estoico como para referirse al cuerpo político. No obstante, con todo y ambigüedad, parece claro que la metáfora se refiere al hecho de que "el Cristo resucitado reúne a sus discípulos a sí de forma que los llama para continuar la obra de su vida encarnada en la historia. Son su cuerpo para su obra en el mundo".[21] Así pues, como fue con la metáfora examinada anteriormente, también esta es funcional y se relaciona íntimamente con el concepto de misión. Alan Richardson refuerza esta conclusión al decir: "La iglesia es, pues, el medio para la obra de Cristo en el mundo; es sus manos y pies, su boca y voz".[22]

Aquí asimismo yace el significado de la conocida frase de que la iglesia es la "extensión de la encarnación". Claro que esto no se puede referir a la iglesia institucional (Católica Romana o ninguna otra) en alguna especie de forma absolutista. Cristo es la cabeza y la iglesia es el cuerpo, y se encuentra en un proceso constante de completarse (Efesios 4:11-16). Una continuidad inquebrantable de una iglesia institucional con el cuerpo de Cristo es un concepto imposible de asumir. Como Colin Williams lo expresa: "Existe la continuidad de las promesas de Cristo (la Palabra) y la continuidad de los símbolos de su promesa (los Sacramentos), pero la vida de la iglesia como la comunión de los creyentes depende de la renovación constante".[23] En otras palabras, la iglesia es un suceso directamente relacionado con la función de la misión.

Ekklesia

La misma verdad transmitida por las dos imágenes que ya hemos estudiado también está implicada en *ekklesia*, el término central escogido por el Nuevo Testamento para referirse a la nueva comunidad de creyentes llamados a la existencia por el Espíritu Santo a través de Cristo. Es el correlativo del término *qahal* en el Antiguo Testamento, el cual se usa para referirse al pueblo de Israel, quien, como hemos visto, fue llamado a existencia para representar al Señor ante las naciones.

El término griego *ekklesia* originalmente se refería a la asamblea política de las ciudades-estados que era convocada con un propósito particular. Este término, igual que los anteriores, sugiere continuidad directa con el antiguo Israel.[24]

Este análisis coincide con un desarrollo mayor en el pensamiento contemporáneo sobre la iglesia, y es aquel que desea hablar de ella como un "evento". La iglesia sucede en los momentos en que hace realidad el propósito para el cual fue llamada a la existencia. Las palabras de Robert Adolphs representan adecuadamente esta perspectiva:

> Cualquier sistema conceptual... que sea estático en carácter es esencialmente inadecuado. La iglesia debe concebirse primero y principalmente como un evento, y no como una entidad en esencia ya completada y realizada que, por así decirlo, se ha apropiado de todos sus bienes. La iglesia es un evento continuo que está siendo logrado en la historia y por medio de personas. Esto en esencia es la iglesia: un reunirse de personas bajo Cristo como la cabeza (Efesios 1:1-10). Pero no es algo firmado, sellado y entregado por Dios a nosotros; más bien es, para todos aquellos que pertenecen a esa iglesia, una tarea continua.[25]

En este punto podemos definir tentativamente la iglesia como la comunidad de personas llamadas a existencia por Dios con el propósito de llevar a cabo su misión redentora en el mundo. A la luz de las implicaciones más completas de las imágenes de la iglesia en el Nuevo Testamento, pero con su trasfondo en el Antiguo Testamento, podemos hablar de la iglesia como la comunidad salvada y salvadora. R. Newton Flew concluye lo mismo cuando dice: "La iglesia es, en primer lugar, el objeto de la actividad divina y, luego, el órgano o instrumento del propósito salvador de Dios para la humanidad".[26] Esto significa que la iglesia es concebida como poseyendo tanto ser como función.

El aspecto funcional de la iglesia señala su carácter apostólico (vea abajo). Debe ser, en las palabras de H. Berkhof, un "puente-evento". Pero, como señala él, la iglesia que testifica y ministra sólo puede existir en la medida en que es impulsada enérgicamente por el Espíritu.

> Puede dar sólo en la medida en que ella misma recibe. No puede ser el puente entre el Dios que establece el pacto y su mundo a menos que ella misma tenga un pie firme en esa primera ribera. Su primera relación es con su Señor, y esta relación es la fuente inspiracional, el contenido, y también el estándar de su orientación al mundo.[27]

El Reino y la Iglesia

La relación de la iglesia con el reino de Dios es un asunto importante en el desarrollo de la doctrina de la iglesia. En la Edad Media, principiando con Agustín, los dos fueron generalmente equiparados, lo que llevó a un triunfalismo ilegítimo de parte de la iglesia institucional. Sin embargo, aunque ambos están relacionados muy estrechamente, no son sinónimos.

La discusión a continuación presupone el trato anterior del Reino en el capítulo sobre la obra de Cristo, lo cual debe mantenerse en mente. En los evangelios sinópticos, el Reino se entiende esencialmente como el reinado de Dios y, sólo de una manera secundaria o sentido derivado, como un dominio.[28] En ninguna parte del Nuevo Testamento se identifica al Reino con sus súbditos.

El reinado de Dios ha entrado en la historia en la persona de Jesucristo y es, en un sentido, independiente de aquellos que se sujetan a sí mismos a dicho reinado. La iglesia está compuesta de aquellos que aceptan el gobierno de Dios. Como G. Eldon Ladd dice: "El Reino es el gobierno de Dios; la iglesia es una sociedad de individuos".[29]

Bajo la antigua dispensación, Israel era el pueblo del Reino; pero habiendo rehusado el reinado de Dios en Cristo, el Reino les fue quitado y dado a un nuevo pueblo, como ya hemos visto en este capítulo.

La misión de la iglesia es dar testimonio del Reino, y esto implica vivir la vida del Reino. Sin embargo, esto no debe interpretarse como que se esté "edificando el Reino", siendo que el gobierno de Dios ya está establecido, y no está sujeto a la influencia humana. Uno sólo se puede someter a su autoridad. Podemos hablar propiamente de edificar la iglesia si con esto queremos decir buscar llevar a las personas a que reconozcan la soberanía del Rey y compartan la vida del Reino. No obstante, incluso aquí tenemos que reconocer que no se trata de una actividad meramente humana, ya que Jesús dijo, "edificaré mi iglesia" (Mateo 16:18).

Como súbditos del Reino, la iglesia está sujeta a la misma dualidad que hemos descubierto anteriormente como presente en el entendimiento que el Nuevo Testamento tiene del reino de Dios. Existe una actualidad presente, así como una consumación futura. Así pues, podemos hablar de una distinción entre la iglesia empírica y la escatológica, a saber, la iglesia como es ahora y la iglesia como ha de ser. Aunque la iglesia es la personificación empírica de la era que vendrá, todavía vive en la realidad de que la era presente no ha sido consumada y, por lo tanto, mira hacia una perfección que no se ha logrado en el presente. Las excelsas palabras de Pablo sobre la iglesia en Efesios 5:25-27 sólo pueden ser entendidas en términos de esta dimensión dual: "Maridos, amad a vuestras mujeres, así como Cristo amó a la iglesia, y se entregó a sí mismo por ella, para santificarla, habiéndola purificado en el lavamiento del agua por la palabra, a fin de presentársela a sí mismo, una iglesia gloriosa, que no tuviese mancha ni arruga ni cosa semejante, sino que fuese santa y sin mancha". Aquí, el Apóstol habla no sólo de una realidad presente, como Wesley dice en sus *Notes* (Notas) sobre este versículo, sino también de la presentación final. Willard Taylor lo resume de esta manera: "La presentación última tendrá lugar el día final de la aparición de Cristo, pero aun ahora está teniendo lugar con el fin de que los hombres puedan ver su gracia maravillosa".[30]

Esta situación es la que justifica hablar de la iglesia como una "comunidad escatológica". Vive en el medio del tiempo entre los tiempos. Es la recipiente y beneficiaria de todas las promesas de aquella nueva era que constituía la esperanza escatológica del Antiguo Testamento. Es la nueva humanidad visualizada para el tiempo venidero. Al mismo tiempo, vive en anticipación de la consumación del escatón.

Esta última dimensión permite que el lenguaje de "primicias" se aplique a la iglesia. Así como la resurrección de Cristo es las primicias de aquellos que serán resucitados en el último día, así la iglesia es el anticipo del pueblo total que vendrá del oriente y del occidente a sentarse con Abraham, Isaac y Jacob en el banquete mesiánico final (Mateo 8:11).

Reconocer la diferencia entre el Reino y la iglesia provee una alternativa viable a la manera platónicamente inspirada de hablar de la iglesia "visible" e "invisible", una diferencia ampliamente cuestionada hoy. Aunque el Reino es el que llama la iglesia a la existencia, existen personas dentro de la iglesia (un cuerpo visible de personas) que jamás se han sometido al gobierno de Dios ni buscan ejemplificar la vida del Reino. Este problema del carácter mixto de la iglesia como un fenómeno empírico es lo que ha ejercitado las mentes de los teólogos a través de los siglos y, como veremos en la investigación histórica subsecuente, numerosas respuestas se han propuesto al problema.

El Desarrollo Histórico de la Eclesiología

Es posible detectar los inicios de la eclesiología como tarea autoconsciente en el Libro de Hechos; pero, antes de ese punto, sería para nosotros más acertado hablar de "la iglesia en el pensamiento de Jesús".[31] Su autocomprensión, como totalmente articulada, no existió sino hasta más o menos el cuarto siglo.[32] Sin embargo, nos parece fundamental notar brevemente a continuación los aspectos distintivos de la comunidad del pueblo de Cristo que emergieron en el período más temprano, así como los asuntos que estuvieron presentes en las discusiones que dieron como resultado una eclesiología formulada.

Como comparada con Israel, la preocupación central en las comunidades descritas en Hechos involucraba su carácter distintivo. Alex R. G. Deasley dice: "En una medida importante, el resto de Hechos [después de Pentecostés] refiere una lucha con la definición del término *Israel*, en parte dentro, pero en parte también fuera de la iglesia".[33] Al principio parecía tratarse sólo de la consciencia de que había una secta de judíos marcados por la fe de que Jesús de Nazaret era el Mesías prometido. Pero, en etapas claramente discernibles, que Lucas contrasta, se llegó a estar consciente de que los seguidores del Camino constituían un género significativamente diferente de comunidad religiosa. Claro que, como ya hemos visto, los creyentes no abandonaron la idea de que estaban en continuidad con el Israel del antiguo pacto. De acuerdo con J. N. D. Kelly, esta es la presuposición sobre la que la iglesia primitiva incluyó las escrituras hebreas en su canon. Si en realidad hubiera existido una discontinuidad radical, como la teología dispensacional afirma, el resultado lógico habría sido el rechazo de esas escrituras.[34]

Teológicamente, primero hubo la convicción y experiencia que esta comunidad estaba constituida por el Espíritu Santo, y que era el lugar donde moraba el Espíritu. Puede ser verdad que, en un sentido preliminar, la iglesia se encontraba en existencia antes del Pentecostés.[35] Sin embargo, de acuerdo con la comprensión de Lucas, el aspecto distintivo de la iglesia del Nuevo Testamento se volvió realidad después de la refulgencia pentecostal, y, por lo tanto, es a ese momento al que se le pueda llamar propiamente "el nacimiento de la iglesia".[36] Esta verdad es reforzada por el hecho de que, en cada instancia subsecuente al Pentecostés en que el Espíritu se describe como don, el contexto en que se da es comunitario en naturaleza.

Segundo, por circunstancias providenciales (persecución), así como por la dirección del Espíritu (vea Hechos 13:2), los seguidores del Camino llegaron al pleno reconocimiento de que habían sido llamados a ser testigos de la resurrección de Cristo y, así, a toda la obra redentora a la que la resurrección apuntaba. Además, vieron que la extensión de su comisión era mundial.

Durante los años que llevaron hasta el tiempo de Agustín, emergieron dos asuntos principales en la eclesiología: el primero, tenía que ver con la santidad de la iglesia y, el otro, buscaba atender la constitución de la iglesia en términos del clero y el laicado.

El primer asunto surgió de la obvia "distancia moral entre la cristiandad terrenal y el Reino totalmente realizado".[37] Este problema engendró varias controversias a medida que los grupos rigoristas insistían en la perfección espiritual de la iglesia. Primero, estuvieron los montanistas, los que fueron reforzados por la conversión de Tertuliano a su posición. Las persecuciones que se levantaron en el tercer siglo intensificaron el problema, lo que dio ímpetu al surgimiento de la interpretación de la iglesia como un terreno de entrenamiento para pecadores en lugar de una comunidad de santos.

Bajo las presiones de la persecución del emperador Decio, muchos apostataron, pero, más tarde, pasadas las tribulaciones, desearon entrar de nuevo al redil de la iglesia. Hubo extremistas en ambos lados, junto con algunos moderados. Por un lado, estaban los novacionistas, que asumieron la posición de que no había un segundo arrepentimiento, e insistieron en que aquellas congregaciones que admitían de nuevo a los *lapsi* perdían su posición como verdadera iglesia de Cristo. Rigoristas de este tipo estaban parcialmente basados en el malentendido de ciertos pasajes en Hebreos (6:4ss.; 10:26ss.; vea H. Orton Wiley, *Epistle to the Hebrews* [Epístola a los Hebreos], para una exégesis más adecuada).

Por otro lado, estaban los más moderados, como Cipriano, aunque la puerta parecía abrirse demasiado amplia con obispos como Calixto, quien formulaba el criterio de la iglesia como un cuerpo mixto usando la parábola de Jesús de la cizaña y el trigo para apoyar la idea, y haciendo un singular uso del símbolo del arca de Noé. Como el arca, decía Calixto, la iglesia contenía habitantes limpios e inmundos.

Perspectivas como estas dieron lugar, especialmente en el Oriente, a la distinción entre la iglesia visible e invisible como una manera de aceptar la iglesia empírica imperfecta. Ya hemos visto las presuposiciones platónicas detrás de este parecer; J. N. D. Kelly lo atribuye además a fuentes gnósticas.[38]

El otro asunto no deja de estar relacionado con el primero, ya que la pregunta de la santidad de la iglesia tendió a trasladarse del laicado al clero. Siendo que los sacramentos, especialmente el bautismo, eran tomados en serio como medios de gracia, y eran administrados por el clero, había un sentido de urgencia en cuanto a la pureza de este grupo. Los novacionistas en particular pedían un clero santificado "porque, de hecho, implicaban que la iglesia es la congregación de los obispos santificados".[39]

Este desarrollo alcanzó un punto importante en las definiciones de Cipriano, quien declaró que "el obispo está en la iglesia; la iglesia está en el obispo. Y cualquiera que no esté con el obispo, no está en la iglesia". La base para la unidad de la iglesia está en el obispo. Es el obispo quien es la iglesia. "El laicado era complementario a la esencia de la iglesia".[40]

La dicotomía entre el clero y el laicado, con la santidad adscrita al primero, fue formalizada en su estructura teológica por Tomás Aquino. Su interpretación normativa católica prevaleció en la cristiandad hasta la Reforma del siglo XVI.

Paul Bassett resume como sigue los años preagustinianos en la doctrina eclesiológica:

> En los tres siglos que siguieron al primer Pentecostés cristiano, la iglesia, de manera gradual, se había transformado de ser una sociedad de penitentes gozosos que celebraban el perdón y la libertad, a ser un cuerpo de personas altamente estructurado, clericalmente dirigido, que confesaban el mismo dogma.[41]

La plena floración de la doctrina de la iglesia que se había estado dando durante los primeros tres siglos, logró su expresión en Agustín. Los criterios del obispo de Hipona acabaron de remacharse durante la controversia con los donatistas, los cuales eran rigoristas en sus creencias (vea arriba). Así, Agustín le dio forma final a la ecuación de la verdadera iglesia con la iglesia católica de su día al insistir en que no había salvación fuera de esta iglesia, una conclusión que resultó lógicamente de su enseñanza de que la iglesia es el cuerpo místico de Cristo. Igualmente, explicó la naturaleza de la iglesia como un "cuerpo mixto" en términos de la iglesia visible e invisible. No todos los que estaban en la iglesia católica eran parte de la verdadera iglesia, sin embargo, todos los que componían la iglesia invisible estaban dentro de esa institución. "El error de los donatistas…", sentía Agustín, "era hacer una cruda división institucional entre ellos [los verdaderos y los aparentes], mientras que… la intención de Dios era que los dos tipos de hombres existieran lado a lado en este mundo".[42]

Estos puntos de vista también se correlacionaban con la interpretación de Agustín de la iglesia como la habitación del Espíritu. Esta manera de él entenderla tiene sus raíces en el Nuevo Testamento, y había estado siempre presente en las discusiones eclesiológicas hasta su tiempo. Ya en el segundo siglo, Ireneo hablaba de la iglesia como la esfera única del Espíritu, y los que no compartían el Espíritu no estaban en la iglesia; a la inversa, aquél que no estaba en la iglesia no participaba del Espíritu.[43] Tertuliano, de igual manera, antes de sus días como montanista, insistía en lo mismo.

Agustín sostuvo firmemente esta posición contra los donatistas alegando que, aunque eran doctrinalmente ortodoxos, no podían participar del Espíritu porque eran divisionistas, si no herejes; habían roto la túnica sin costura de Cristo. "Aquellos que no aman a Dios ni a su iglesia… están fuera de ella; son extraños al Espíritu Santo".[44] Estas ideas, desarrolladas por los teólogos posteriores, se convirtieron en la base para el parecer de la Iglesia Católica Romana como el solo repositorio de la gracia y, por consiguiente, de la salvación, una perspectiva que todavía dominaba al tiempo de la Reforma Protestante.

La rebelión de Martín Lutero en contra del sistema penitencial del catolicismo romano medieval encerraba una transformación en la eclesiología predominante. Siendo que la base para sus reformas era el redescubrimiento del evangelio, definiría la iglesia en términos del evangelio, y siendo que el evangelio se proclamaba por la predicación y el sacramento, se dio en definir la iglesia como el lugar donde la Palabra se predica correctamente y los sacramentos son correctamente administrados. Así, Lutero vería la iglesia como un suceso. La iglesia era creada por la Palabra, predicada y actuada.[45]

El problema de la incapacidad de la iglesia en términos de perfección moral todavía plagaba a los teólogos de la Reforma. La doctrina de Lutero de *simul justus et peccator* alivió un poco este problema, mientras que Calvino, por su parte, se refugió en hacer una diferencia entre la iglesia visible e invisible. Sin embargo, los anabaptistas, que eran rigoristas protestantes, insistían que el Nuevo Testamento contemplaba una iglesia pura, y argüían que "la pureza moral yacía en el corazón de la santidad que casi todos aceptaban como una marca de la verdadera iglesia". Sobre estas bases, los anabaptistas creían que la iglesia era una "asociación de creyentes solamente, separados del mundo, y quienes se protegen de la infiltración del mundo por medio de una disciplina estricta".[46]

Generalmente hablando, otras variaciones protestantes trabajaron con estos tres elementos de Palabra, sacramento y disciplina, pero con énfasis diferentes.

Y ahora llegamos al siglo XVIII y a Juan Wesley, cuyas perspectivas necesitan atención especial en una obra de esta naturaleza. Como con otros asuntos teológicos, Wesley sólo habló ocasionalmente respecto a asuntos eclesiológicos. De principio a fin, fue un hijo leal a la Iglesia de Inglaterra, y mucho de lo que dijo surgió de las tensiones creadas por la formación de sus sociedades metodistas y la relación de estas con la iglesia establecida.[47] No hay duda de que se podría argumentar que lo que dijo, y cómo lo articuló, fue resultado de su situación peculiar, pero se puede demostrar de manera igualmente viable que lo que enunciaba sobre la iglesia se derivaba de sus convicciones teológicas de largo alcance.

En el curso de su larga vida y ministerio, su manera de entender las cosas obviamente sufrió transformación según lo demandó la situación. Una situación tal va a hacer posible apelar al cuerpo literario de Wesley para el apoyo de eclesiologías divergentes, algo que se ha hecho no sólo con la eclesiología, sino con otras doctrinas también. Lo que nos corresponde es, pues, intentar echar mano del "Wesley total".

Frank Baker dice que los criterios básicos a los que, en ocasiones, Wesley parece dar apoyo son dos en número:

> Uno era el de una institución histórica de obispos y costumbres heredadas, servida por una casta sacerdotal que exponía debidamente la Biblia y administraba los sacramentos de tal manera que se preservara la antigua tradición en nombre de todos los que se hacían miembros por el bautismo. De acuerdo con el otro criterio, la iglesia era una comunión de creyentes que compartían la experiencia apostólica de la presencia viva de Dios, y también el deseo de traer a otros a la misma experiencia personal.[48]

Sin embargo, parece consistente con la mentalidad de Wesley y su acercamiento típico reconocer un eclecticismo creativo que utiliza todos los recursos que están a su disposición. Incorpora lo bueno, y lo no cualificado lo rechaza, y todo lo purga y redirige a la luz de su propia perspectiva teológica, la que, como hemos defendido en esta teología, es la soteriología entendida como que involucra un enfoque dual de justificación y santificación (véase el capítulo 1). Es claro que este mismo enfoque opera también en la eclesiología de Wesley.[49] Así, usando este tema central como prisma, Wesley comprime en un entendimiento balanceado, si bien complejo, la tradición multicolor de la eclesiología que heredó, lo cual le permite dirigirse tanto al ser de la iglesia como a su función, y hacerlo de manera bastante consistente.

Para el tiempo de Wesley, ya habían surgido tres eclesiologías principales. Estaba la perspectiva católica romana, que definía la iglesia en términos de ministerio, y a la que se le puede denominar horizontal. La verdadera iglesia está en la sucesión apostólica, y se encuentra en la tradición que se extiende desde el principio hasta el presente. Este acercamiento enfatiza la santidad objetiva de la iglesia, y una presencia de Cristo que es mantenida en la iglesia a través de los sacramentos.

También estaba la interpretación protestante clásica, que enfatizaba la Palabra y los sacramentos como creadores de la iglesia. A este acercamiento se le puede llamar teología vertical objetiva, ya que destaca la necesidad de que la iglesia sea creada por el evento de la predicación de la Palabra. Los reformadores distinguieron la iglesia de la Reforma de la iglesia de la tradición católica basados en esta interpretación de la iglesia.

En tercer lugar, estaba la posición de la iglesia libre, que se le puede llamar la perspectiva subjetiva vertical. Aquí el énfasis se pone en la experiencia personal y en la santidad de los creyentes como individuos, los que a su vez constituyen la iglesia. Todas las tres eclesiologías encuentran su lugar apropiado en el pensamiento de Wesley.

Wesley también se topó con cuatro énfasis que habían hallado lugar entre los grupos protestantes, aunque con varios grados de importancia. Estos son, brevemente: fe viva, predicación bíblica, sacramentos y disciplina. Generalmente, a uno se le daba prominencia mientras que los otros eran devaluados.

Citas representativas demostrarán que todos lo anterior estuvo presente en el pensamiento de Wesley, pero de una manera equilibrada, lo cual le permitió trascender el desbalance que existía en muchos de sus predecesores protestantes. Así, le dio la aprobación explícita al primer párrafo del artículo de fe anglicano sobre la iglesia que lee:

> La iglesia visible de Cristo es una congregación de hombres fieles, en la cual la Palabra pura de Dios se predica y en la que los sacramentos deben ser debidamente administrados según las ordenanzas de Cristo en todos aquellos aspectos que por necesidad son requisitos para ello.[50]

Al explicar este artículo de fe anglicano, Wesley señala el hecho de que una traducción latina autorizada traduce "hombres fieles" como "una congregación de creyentes", lo cual demuestra que se refiere a hombres revestidos de una fe viva. La "una fe" de la que Pablo habla en Efesios 4:1-6, el texto para su sermón titulado "De la iglesia", es cuidadosamente identificada como la fe "que capacita a cada creyente cristiano verdadero a testificar con San Pablo: 'La vida que ahora vivo, la vivo por fe en el Hijo de Dios, quien me amó, y se entregó a sí mismo por mí'".[51]

Wesley, en sus *Explanatory Notes upon the New Testament* (Notas Explicativas sobre el Nuevo Testamento), describe la iglesia como "una compañía de hombres, llamados por el evangelio, injertados en Cristo por el bautismo, animados por el amor, unidos por toda clase de compañerismo, y disciplinados por la muerte de Ananías y Safira" (notas sobre Hechos 5:11; compárese con Judas 19).

En el texto para su sermón sobre la iglesia, Wesley encuentra en la exhortación a andar "como es digno de la vocación con que fuisteis llamados" (Efesios 4:1) una base para realzar la importancia de una vida disciplinada como esencial para que la iglesia sea la iglesia.

Así pues, los cuatro elementos que estaban presentes con diferentes grados de énfasis en el pensamiento protestante tradicional fueron, en efecto, incorporados por Wesley en sus definiciones. Claro está, no todos son de igual importancia. Parece bastante claro que, si uno ha de destacar uno de estos elementos como la marca más decisiva de la iglesia, sería la de una fe viva.

Esto se verifica aún más por su énfasis en el Espíritu que mora, aunque con diferentes grados de totalidad, en todas las personas que pertenecen a la Iglesia. Luego, la iglesia está compuesta de "todas las personas en el universo que Dios ha llamado del mundo… para ser 'un cuerpo', unidos por 'un Espíritu', teniendo 'una fe, una esperanza, un bautismo; un Dios y Padre de todos, que está sobre todos, a través de todos, y en todos'".[52]

La centralidad de la fe viviente es subrayada aún más por la manera en que Wesley resistió las definiciones exclusivas en favor de las inclusivas. Daniel Berg señala que el que Wesley se rehusara a aprobar el segundo párrafo del credo anglicano sobre la iglesia[53] lo hizo por causa de su espíritu católico. Además, tampoco estuvo dispuesto a identificar la predicación de la Palabra y los sacramentos debidamente administrados como marcas de la iglesia, apartándose así del protestantismo clásico. Sus razones son explícitas:

> No me atrevo a excluir de la iglesia como católica todas aquellas congregaciones donde algunas doctrinas no escriturales, que no pueden afirmarse ser la "palabra pura de Dios", en ocasiones, sí, con frecuencia se predican; ni a todas aquellas congregaciones, donde los sacramentos no son "debidamente administrados". Ciertamente si estas cosas son así, la Iglesia de Roma no es una parte de la Iglesia católica, viendo que ni se predica "la pura palabra de Dios", ni los sacramentos son "debidamente

administrados". Quien sea que tenga "un Espíritu, una esperanza, un Señor, una fe, un Dios y Padre de todos", puedo fácilmente soportar que sostenga opiniones equivocadas, sí, y modos supersticiosos de adoración. Ni tendría, por estas razones, escrúpulos incluso para incluirlos dentro de los lindes de la iglesia católica; ni tendría objeción alguna de recibirlos, si lo desean, como miembros de la Iglesia de Inglaterra.[54]

El comentario de Berg pone este asunto en perspectiva:

> Wesley no es reacio a la Palabra ni al sacramento en sí mismo. Lo que Wesley teme es que las marcas de la iglesia sean aplicadas polémicamente, para romper la unidad de la iglesia. La unidad, para Wesley, es una marca más bíblica de la iglesia que la palabra o el sacramento.[55]

Y, debe añadirse, esta unidad es el producto de la fe viva del creyente, que lo entreteje en un vínculo de amor con todos los otros creyentes. Si la substancia de la fe viviente es el amor, como Wesley a menudo afirma, el resultado será un espíritu católico, ya que el amor hace a un lado las diferencias menores de opinión, los modos de adoración, o las formas de gobierno de la iglesia, como cosas no esenciales, y abraza a todo creyente con las palabras: "Si tu corazón es recto como mi corazón lo es, dame tu mano".[56]

Era la preocupación de Wesley por la unidad de la iglesia lo que, en parte, dio origen a su renuencia a separarse de la Iglesia de Inglaterra, y a la insistencia en que sus metodistas fueran fieles a los medios de gracia provistos por el *establishment* (véase el sermón "Sobre Ir a la Iglesia"). Pero, si la iglesia establecida se ha alejado demasiado de la piedad vital, ¿existe alguna justificación teológica, y no simplemente histórica, para esa renuencia? Es posible sugerir que existe en la doctrina de la gracia preveniente. La iglesia establecida, con sus rituales y ministerio, y su medida de continuidad con la iglesia universal, pasada y presente, proveía la estabilidad que la protege del fraccionamiento del cuerpo de Cristo. También, hay un sentido en el que la santidad objetiva se mantenía en esta conexión, ya que, aunque es cierto que Wesley nunca estuvo contento con la santidad imputada, sí insistió en la santidad impartida como una evidencia verdadera de la iglesia.[57] Las mencionadas configuraciones eclesiales de la iglesia proveían un contexto en donde la gracia preveniente podía funcionar, con la posibilidad de que la iglesia fuera renovada. Separarse de la iglesia removería la posibilidad de que aquellos con fe viva sirvieran como levadura para influenciar el cuerpo mayor.[58]

David L. Cubie propone que la tensión dentro de la doctrina wesleyana de la santidad es la clave para la manera en que Wesley fue capaz de sostener las dos convicciones en equilibrio. Uno puede interpretar la santidad en términos de separación o en términos de amor. La primera se mueve hacia el cisma, mientras que la última busca mantener la hermandad. Cubie argumenta que Wesley en sí fue capaz de sostener ambas sin perder ninguna. Sin embargo, a la vez que Wesley "sostenía una posición de unidad y también de separación, muchos de sus seguidores fueron incapaces de hacerlo". Su conclusión es que "la diferencia entre Wesley y muchos de sus seguidores pudo haber consistido en que fracasaron en incorporar totalmente el amor a la santidad".[59]

Se puede hacer una anotación final acerca de la justificación teológica que Wesley concibió para la inclusión de la disciplina como un rasgo de la iglesia. Incluido en su enfoque soteriológico está el ingrediente de la santificación (vea más adelante y el capítulo 1). Como énfasis esencial, la disciplina implicaría un llamado para que la iglesia sea una comunidad santa.

Paul Bassett señala que una causa principal para los entendimientos eclesiológicos divergentes entre Lutero y Calvino fue que este último abrió espacio para un "tercer uso de la ley" (vea la sección sobre "La Obra Profética de Cristo" en el capítulo 12). Al no encontrar un lugar positivo para la ley en la vida cristiana, Lutero no incluyó la disciplina en su comprensión de la iglesia, mientras que la perspectiva de Calvino le proveyó una doctrina más positiva de santificación y un lugar importante para la disciplina en la iglesia.[60] Wesley aquí estuvo de acuerdo con Calvino y en contra de Lutero y, por lo tanto, consistentemente incluyó este elemento en su eclesiología.

Esta breve discusión se ha enfocado en el complejo entendimiento de Wesley del ser de la iglesia. Pero él también va a percibir la función de la iglesia desde la misma perspectiva soteriológica. Colin Williams afirma que, para Wesley, "la misión es la marca primaria de la iglesia".[61] En una carta, Wesley declara:

> ¿Cuál es el fin de todo orden eclesiástico? ¿No es traer almas del poder de Satanás a Dios, y edificarlas en su temor y amor? El orden, entonces, es valioso en la medida en que responde a estos fines; y si no lo hace, no vale nada.[62]

Así pues, podemos concluir este estudio observando que Wesley, aunque hubo en él aspectos distintivos creados por sus circunstancias peculiares, a la vez que permaneció fiel a sus convicciones teológicas holísticas, parece haber capturado el énfasis central del Nuevo Testamento, el cual ya hemos descubierto en la sección exegética de este capítulo.

Las Marcas de la Iglesia[63]

Desde el principio, se dieron amenazas a la distintividad de la iglesia que había que contrarrestar. Los retos venían tanto desde dentro como desde fuera de la iglesia. A partir de ese entorno se dieron esfuerzos que buscaban identificar las características de la verdadera iglesia, en contraste con las que pretendían serlo. A estas propuestas se les dio el nombre de marcas o notas de la iglesia.[64] Las mismas ya habían sido presentadas informalmente en el Libro de los Hechos pero, a medida se formalizaron, el número se cristalizó en cuatro: unidad, santidad, catolicidad (universalidad) y apostolicidad.

Los reformadores protestantes aceptaron estas notas como creencias, pero fueron más lejos, introduciendo además los elementos de la Palabra correctamente predicada y los sacramentos (reducidos de siete a dos) debidamente administrados.

Ya hemos observado varias de estas marcas, y otras más, como presentes en los relatos bíblicos de la iglesia primitiva, y entre los teólogos de los primeros tres siglos, pero fueron formalmente declaradas por primera vez en el Credo de Constantinopla en 381, donde se enumeraron con los predicados de "una", "santa", "católica" y "apostólica". Estos atributos, que al principio estaban presentes como una realidad, no fue sino sólo gradualmente que llegaron a ser una teoría o declaración dogmática para uso polémico.

Luego, aunque un estudio histórico sea importante, el asunto primario tiene que ver con su significado como una realidad que no tenga relación con el significado formal y orientado hacia la institución que los atributos llegaron a tener. Esto, pues, implica que es apropiado el énfasis de Wesley sobre la fe viva como el elemento crucial en la iglesia. Es la habitación del Espíritu lo que produce las marcas de la iglesia. Vienen desde adentro; no son impuestas desde afuera. No son el resultado de la organización o la administración, sino que son la creación del Espíritu.

A la luz de lo anterior, la mayoría de los teólogos modernos están de acuerdo en que las así llamadas marcas de la iglesia ya no pueden funcionar en un sentido exclusivista. Aunque parece que surgieron con propósitos polémicos, ahora se reconoce que son demasiadas ambiguas para continuar usándose de esa manera. Es por esta razón que los tratamientos contemporáneos tienden a explorarlas a fondo con la seria intención de reinterpretarlas en un ambiente menos polémico, y más consistentemente con una visión de la iglesia que sea un reflejo más exacto del Nuevo Testamento.

Siguiendo este ideario, tenemos que regresar al Nuevo Testamento para identificar qué podrían significar estar marcas interpretadas desde su fuente. Debe entenderse desde el inicio que esto no necesariamente significa seguir el modelo de la iglesia que encontramos en las páginas del Nuevo Testamento, ya que la mayoría de la evidencia apunta a una comunidad menos que perfecta. Aunque pueda ser un pensamiento perturbador, sigue siendo cierto que lo que se produjo fue una sociedad totalmente humana, que, a su vez, reprodujo con una mayor o menor concreción las cualidades del ideal.

Lo que proponemos es, pues, que las marcas de la iglesia fueron producidas por el evangelio como implicaciones del evangelio. Siguiendo este principio protestante, necesitamos captar la conexión entre la fuente y el resultado y, de esta manera, intentar encontrar nuestro rumbo a la esencia de la iglesia. Claro está, siempre debemos estar conscientes de que la preocupación con la esencia de la iglesia puede cegarnos a las realidades de la iglesia empírica y llevarnos a una clase de docetismo. No hay que hacer una escapada hacia las evasiones fáciles que han atrapado muchos esfuerzos en el pasado. De alguna manera, se tiene que encontrar un equilibrio entre el idealismo y el realismo. La iglesia en su realidad concreta no es todo lo que debe ser, pero la falta de conformidad al ideal desnudo no invalida que la iglesia como es no sea la verdadera iglesia. Al intentar enfrentarnos con este dilema, necesitamos seguir nuestra discusión de las notas de la iglesia con la siguiente sección sobre la iglesia como una realidad sociocultural, lo cual nos llevará a algunas conclusiones prácticas respecto a la situación presente.

Unidad

La base objetiva de la unidad de la iglesia se encuentra en su Señor. Como Pablo dice: hay "un Señor, una fe, un bautismo" (Efesios 4:5).

Es inapropiado decir que Cristo fundó la iglesia o que era parte de la iglesia; Él era la iglesia.[65] Todos los que se han identificado por fe con Él están "en él" (Colosenses 2:6-7, 10-11), y comparten la unidad de su persona. Muchas de las imágenes en el Nuevo Testamento comunican esta idea, como sería, por ejemplo, Cristo como la vid, con los pámpanos que permanecen en Él.

La base subjetiva de la unidad de la iglesia es la obra del Espíritu, la cual, a su vez, está arraigada en Cristo. Así, como se cita que James B. Chapman haya dicho: "El Cristo en mí jamás discrepará con el Cristo en ti". Esto es visto en los Hechos, donde la actividad sin impedimento del Espíritu es un corolario de la ausencia de desunión, o de la apertura dentro de la comunidad. El aspecto de *koinonia* de la iglesia es hecho realidad por el Espíritu de Cristo que mora, a través del cual todos reconocen que "Jesús es el Señor" (vea 2 Corintios 13:14; Filipenses 2:1; 1 Corintios 1:9).

Desde el principio, aparecieron fuentes de desunión, por lo que los líderes de la iglesia primitiva lucharían valientemente para mantener el ideal dentro de las congregaciones cristianas tempranas, y entre diferentes congregaciones. Pocos casos fueron tan severos como el de Corinto, pero, incluso en este caso, Pablo no le restó la condición de iglesia a la congregación de Corinto. Antes, reconoció su situación como inaceptable, y los llamó a una renovación y arrepentimiento y corrección a la luz del ideal.

A medida que la unidad de la iglesia se vio amenazada por cismáticos y herejes, otras explicaciones de unidad surgieron en el desarrollo de la eclesiología. Ireneo hizo apelaciones a la unidad de la doctrina apostólica. Más tarde, cuando se volvió aparente que los cismáticos podían sostener doctrinas ortodoxas, la base de la unidad fue puesta en el episcopado. Como Cipriano dijo, la iglesia se funda sobre el obispo; está "unida y mantenida junta por el pegamento de la cohesión mutua de los obispos".[66] Esto resultó finalmente en que se identificó la unidad con un obispo que ocupaba la silla de San Pedro en Roma, y fue así como el movimiento hacia la plena institucionalización se completó.

No será suficiente hablar de las divergencias en la iglesia actual como diversidad, para luego hablar de la unidad en la diversidad. Este es un truismo que deja sin tocar la verdadera situación. Tenemos que enfrentar la realidad, y llamar la iglesia al arrepentimiento, y buscar identificar las fuentes de las fisuras que tanto debilitan el testimonio de la iglesia en el mundo (Juan 17). Al mismo tiempo debemos afirmar, en optimismo y fe, "Creo en la comunión de los santos", y con ello referirnos a la iglesia empírica.

Además, la presencia de división en la iglesia no debería paralizarla, llevándola a evitar la responsabilidad de la misión a la que ha sido llamada. Aunque que no esté satisfecha con el estado presente de las cosas, cada congregación debe seguir adelante con la tarea que tiene frente a ella. Así, en secciones posteriores, notaremos algunas fuentes significativas de división, y señalaremos algunas posibles respuestas al problema.

Catolicidad

La universalidad de la iglesia está arraigada en la obra de Cristo como inclusiva de todas las personas. No es un concepto geográfico, sino uno que alude a la extensión todo abarcadora de la expiación. Pablo lo expresa de manera clara: "Ya no hay judío ni griego; no hay esclavo ni libre; no hay hombre ni mujer, porque todos vosotros sois uno en Cristo Jesús" (Gálatas 3:28).

Esta es la base para la negación del apóstol en Romanos 11:1 que Dios haya rechazado a los judíos. El hecho de que el Reino ha sido quitado de Israel y entregado a la iglesia no es base para antisemitismo alguno. La salvación que Dios ofrece al mundo en su Hijo está también disponible para los judíos, como Pablo lo encontró existencialmente, y la iglesia incluye tanto a judíos como a gentiles. En este sentido, la catolicidad es otro aspecto de la unidad.

Aunque el problema con el término consiste en sus asociaciones históricas, esto no tiene que limitar nuestra visión de su importancia, que, como hemos visto, se deriva directamente del evangelio. Tampoco necesita ser evidenciada por la presencia de la iglesia en todo lugar, sino que más bien es una actitud que puede estar presente en una y en toda localidad específica. De esta manera, no se trata de una marca externa de la iglesia, sino de una realidad interna.

Santidad

Ya hemos dado considerable atención a esta marca, y también hemos señalado los varios intentos históricos de llegar a un acuerdo sobre la obvia falta de santidad en la iglesia empírica. Juan Wesley, como vimos, insistía que la santidad de la iglesia es atribuible por razón de una santidad real, no imputada, un criterio que se puede sostener si se asume, con él, que la fe viva es el atributo crucial de la iglesia. Todos los que tienen tal fe son santos en alguna medida.

Claramente, hay grados de santidad en conexión con el cuerpo de Cristo, así como los hay con los individuos. Si la iglesia está llevando a cabo su misión con algún éxito, no puede ser de otra manera, siendo que los que son añadidos son "niños en Cristo" (1 Corintios 3:1; compárese con 1 Pedro 2:2), y son santos en algún sentido. Luego, habrá idealmente una mezcla de "hijitos, jóvenes y padres" (compárese con 1 Juan 2:12-14), como a Wesley le fascinaba caracterizar las etapas del desarrollo espiritual.

La santidad es tanto una actualidad como un ideal. Esta es la base para que se les llame "santos" a los que integran las comunidades de creyentes en el Nuevo Testamento, y que al mismo tiempo se les exhorte a seguir "hasta que todos lleguemos a la unidad de la fe y del conocimiento del Hijo de Dios, a un varón perfecto, a la medida de la estatura de la plenitud de Cristo" (Efesios 4:13).

Aquí, quizá, la dimensión institucional de la iglesia se entremete en el cuadro tanto o más que en cualquier otra marca. Hay muchos que están conectados con la organización pero que dan poca, si alguna, evidencia de que buscan la santidad, una situación que nos obliga, simplemente, a reconocer que las fronteras de la iglesia no se pueden trazar sinónimamente con las fronteras de la institución.

Por tanto, es con relación a esta marca de la iglesia que la disciplina se convierte en un ingrediente importante cuando se habla de la iglesia. La responsabilidad de la iglesia es mantener la pureza y purgarse a sí misma a fin de buscar un testimonio sin mancha en la medida en que sus vasos terrenales lo hagan posible. Dado el presente estado de la iglesia, cada congregación o conexión de congregaciones tienen el derecho y la responsabilidad de determinar los parámetros de su propio estilo de vida con el fin de implementar su entendimiento de la misión. Es a esta función a la que se le llama apropiadamente "la conciencia de la iglesia".

Al llevar a cabo esta responsabilidad, tanto los mandatos bíblicos como los distintivos culturales tienen que tomarse en consideración. Sólo de esta manera puede la catolicidad convertirse en realidad y el provincialismo cultural ser evitado. Además, todo esto tiene que llevarse a cabo en el contexto del evangelio, con el fin de que la disciplina sea claramente vista como guía de respuesta al don gratuito de

Dios de la gracia salvadora. Es de esta manera que la santidad de la iglesia, como las otras marcas, es derivada del evangelio.

Apostolicidad

Cuando intentamos derivar del evangelio la marca de la apostolicidad de la iglesia, la idea de función surge de inmediato. La tarea de los apóstoles era dar testimonio de la resurrección de Cristo (compárese con Hechos 1:21ss.; 10:41). Claro está, los apóstoles murieron y su oficio no se perpetuó. Intentar establecer la autenticidad de la verdad del evangelio trazando una sucesión apostólica que haya sido pasada en sucesión ininterrumpida desde Pedro, es una tarea históricamente imposible. Tal cosa simplemente no existe. Además, esto sería externo y, como tal, inadecuado.

Por tanto, concluimos que, como Hans Küng señala, la apostolicidad se refiere a toda la iglesia, y no a un oficio dentro de la iglesia.[67] Esta marca está presente en la iglesia cuando, fortalecida por el Espíritu, los miembros del cuerpo profesan el testimonio apostólico al evangelio. La autoridad apostólica no está en la continuidad histórica, o exclusivamente en la verdad apostólica, sino en la verdad del evangelio proclamado en el poder del Espíritu.

Palabra y Sacramento

Cuando las marcas católicas de la iglesia se interpretan de acuerdo al evangelio, se unen inseparablemente con las marcas protestantes. La iglesia vive por el evangelio y, de ahí, la creación, el mantenimiento y la perpetuación de su vida será a través de la Palabra predicada y correctamente ejecutada.

Lo "correctamente ejecutado" es de importancia aquí. No indica los requisitos formales o rituales, sino que implica la naturaleza de la respuesta. Siendo que el evangelio ofrece reconciliación y santificación (vea la discusión de las implicaciones totales de "evangelio" en el capítulo 5), la respuesta apropiada es fe y obediencia, en ese orden. No es el escuchar o el desempeño lo que es crucial, sino la apropiación en fe de los beneficios provistos por Cristo, y el vivir de manera positiva el implícito llamado al discipulado.

En el principio, el énfasis protestante estaba en la prioridad de la Palabra, con el sacramento como una manera de proclamar la Palabra a través del símbolo. De ahí que la predicación fuera el punto focal de la adoración protestante. Esto se reflejaría en una arquitectura distintiva en la que el púlpito (sobre el cual la Biblia debía descansar) se pondría en el centro del edificio, con todas las líneas dirigiéndose hacia él. En tiempos más recientes, muchas iglesias protestantes han modificado este énfasis más temprano por medio de un cambio arquitectónico en el que usan un cancel dividido con el altar en el centro, lo que subraya la prioridad del sacramento y representa un retorno a la perspectiva católica romana. Las iglesias evangélicas, casi universalmente, han retenido la centralidad del púlpito debido a que implica lo central del evangelio. Claro que se les debe advertir contra la negligencia de los sacramentos, ya que son ellos los que ayudan a retener los elementos místicos del evangelio.

Insistir en la prioridad de la predicación tiene implicaciones prácticas. Requiere que el *keryx* o heraldo sea cualificado en términos de habilidades exegéticas, entendimiento teológico, y el compromiso de estudiar la Palabra. El *Manual* nazareno dice del ministro: "Él o ella deben tener sed de conocimiento, especialmente de la Palabra de Dios" (párrafo 401.4 [edición de 1988]).

El sermón se deriva de la Escritura; es una exposición de la Escritura (no una opinión o experiencia personal, aunque, de acuerdo con el cuadrilátero wesleyano, la experiencia sí es apropiada como un elemento verificador); y es una aplicación de ella a la gente de la congregación. Esto implica que los sermones expositivos sean el tipo más apropiado para un servicio de iglesia. Todo lo anterior hace responsable a la congregación, o al grupo organizado de congregaciones, de asegurarse de que las personas que llevan a cabo la función de la predicación manifiesten los dones y las gracias requeridas para la tarea, y de que se les demande una preparación de calidad antes de que las personas asuman las responsabilidades del púlpito.

En el siguiente capítulo se encontrará una discusión más completa de los sacramentos.

La Iglesia como una Realidad Sociocultural

Siendo que la iglesia es una sociedad de seres humanos, es inevitable que tome una forma históricamente condicionada. Pero es importante que no confundamos la esencia de la iglesia con su forma histórica. Con todo, Hans Küng dice:

Ninguna forma de la iglesia, ni siquiera aquella en el Nuevo Testamento, abraza su esencia de manera que sea simplemente parte integrante de ella. Y ninguna forma de la iglesia, ni siquiera la del Nuevo Testamento, refleja la esencia de la iglesia perfecta y exhaustivamente. Sólo cuando distingamos en las formas cambiantes de la iglesia su esencia permanente, aunque no inmutable, veremos un destello de la iglesia real.

Así, la esencia de la iglesia ha de encontrarse siempre en su forma histórica, y la forma histórica siempre tiene que ser entendida a la luz de la esencia, y con referencia a ella.[68]

Esta verdad es la vinculación de la iglesia como una realidad visible, en contraste con una invisible que de alguna manera exista aparte de las personas que la forma.

H. Berkhof comenta que el acercamiento dominante a la doctrina de la iglesia ha sido "*a priori*-dogmático", y que por ello tiende a ser "docético". Pero él va a alentar a que el acercamiento al problema de la iglesia sea sociológico, y dice que, "eventualmente... tendrá que ser incorporado a una eclesiología sistemática".[69] Observamos alguna evidencia que le da validez a lo que aquí se afirma, pero sólo podremos sugerir una o dos de sus implicaciones.

Paul Bassett demuestra cómo incluso en el Libro de Hechos, casi cada componente estructural de la vida de la iglesia se tomó prestado del ambiente que la rodeaba, ya fuera judío o pagano. Pero, al convertirse en una institución en su sentido pleno, dice Basset, "Ya fuera que las formas se tomaran prestadas o no... la iglesia resultó ser esencialmente un contratipo de la sociedad grecorromana".[70]

Algo que esto implica es que todos los movimientos restauracionistas incurren en un error cuando identifican la esencia de la iglesia con sus formas de adoración, o con sus estructuras organizacionales o prácticas. Si lo hacen así, lo que buscan es recuperar la cáscara, cuando el verdadero espíritu de restauración busca recuperar "la simplicidad y poder espiritual manifestados en la iglesia primitiva del Nuevo Testamento" (*Manual de la Iglesia del Nazareno*, edición del 2013-2017, párrafo 19).

A la luz de lo anterior, las palabras de J. Robert Nelson son apropiadas cuando escribe: "En vista de la profunda diferencia entre la sociedad del primer siglo y de la del siglo presente, las formas primitivas difícilmente se pueden considerar como vinculantes para la iglesia de hoy".[71]

La naturaleza funcional de la iglesia toma prioridad sobre la forma de la iglesia y dicta sus características institucionales. En la iglesia primitiva, se adoptaban prácticas que adelantaban la misión, y las que no, eran abandonadas. "La forma era importante sólo si servía a la función".[72] Un caso parece ser la práctica de la propiedad comunal. El mismo principio debe aplicarse a toda organización de la iglesia de hoy. No existe orden revelado de iglesia, ya sea congregacional, episcopal o presbiteriano. El principio del pragmatismo puede aplicarse adecuadamente en esta área: cualquier sistema de organización que trabaje mejor para lograr las metas de la iglesia está en el orden divino en tanto sea consistente con dichas metas.

A través de la historia de la iglesia, los métodos para llevar a cabo la misión han surgido del contexto sociocultural peculiar en el que la iglesia ha llevado a cabo su ministerio. La situación fronteriza del principio en los Estados Unidos, por ejemplo, forjó las campañas evangelísticas, las reuniones campestres y el altar para los penitentes. La forma denominacional norteamericana de la vida de la iglesia, con todas sus debilidades, surgió de una situación en donde no había una iglesia establecida que fuera efectiva. La naturaleza de una denominación es tal que refleja más perfectamente la libertad de una sociedad democrática. Las perspectivas que Wesley tenía de la iglesia ciertamente fueron teñidas por la situación cultural de la iglesia estatal, lo que hizo posible la estructura metodista temprana.

J. B. Chapman, en un brillante artículo titulado, "El Mensaje Incambiable y los Métodos Cambiables", pronunció las siguientes palabras progresivas: "El mensaje esencial del evangelio es el mismo en todas las edades, pero el método de presentarlo requiere adaptación a los tiempos y las condiciones".[73]

Las implicaciones de estas ideas tienen amplias ramificaciones para la iglesia como un cuerpo internacional. Varios contextos culturales legítimamente se reflejarán en la forma que la iglesia tome en ese contexto. Los esfuerzos misioneros deben buscar la contextualización y evitar confundir la aculturación con el evangelismo. No hay lugar para un triunfalismo cultural dentro del cuerpo de Cristo, aun cuando inevitablemente tome formas culturales.

Conclusiones

La masa de literatura sobre la iglesia habla de la dificultad de tratar de manera adecuada con todos los asuntos, especialmente en un ámbito tan breve, por lo que simplemente señalaremos una implicación de todo lo que acabamos de estudiar. La preocupación por la unidad de la cristiandad mundial es digna, y un enorme ideal. Sin embargo, en este punto en la historia, la naturaleza fragmentada de la iglesia con sus divisiones tan profundamente arraigadas convierte esa preocupación en poco más que un sueño utópico. Aunque el esfuerzo no necesita abandonarse, ya que algún progreso puede ser hecho, parecería más sabio enfocarse en aquellas áreas que dieran una mayor promesa de cumplir la visión del Nuevo Testamento del pueblo de Dios.

Nos parece que la congregación local es la mejor ubicación para que la iglesia sea la iglesia. Pragmáticamente hablando, aunque el cuerpo de creyentes en una situación limitada necesita conexiones para atender las responsabilidades mundiales que pesan sobre ellos, es verdaderamente posible que las marcas de la iglesia sean traídas a su expresión máxima en este contexto. He aquí donde la renovación espiritual tiene su más grande impacto.

Si esta observación tiene validez, la importancia del obispo local (pastor) es primordial. Los oficios de conexión son importantes para facilitar el trabajo más amplio de la iglesia, pero se alejan a un paso de distancia de las células vitales que componen el cuerpo de Cristo.

A medida que el Espíritu obra en el grupo, resulta la unidad, y vice versa. La catolicidad puede estar realistamente presente en la medida en que el prejuicio con relación a otros creyentes cristianos desaparece. Si, como hemos argumentado en una sección anterior, la catolicidad es una visión en lugar de un concepto geográfico, puede estar presente cuando la congregación local no conozca barreras de raza o estatus social, sino que abrace a todos los seres humanos como hermanos y trace un círculo alrededor de todos los cristianos en términos de aceptación y, de esa manera, elimine esa actitud exclusivista que es antitética al amor perfecto. Definir las fronteras de la comunión cristiana por el principio de la homogeneidad cultural es un desvío de la verdadera catolicidad.

La manera en que hemos buscado definir tanto la santidad como la apostolicidad, de igual manera hace posible encontrar estas marcas en un grado significativo dentro de un cuerpo de creyentes dado. Cuando estas marcas están presentes, funcionando como consecuencia de la Palabra y el sacramento, uno puede hablar de la iglesia en "este" lugar, y ver la iglesia visible, empírica, en acción, siendo la "comunión de los santos".

CAPÍTULO 17

Los Medios de Gracia

La doctrina de la iglesia no está completa hasta que examinemos los símbolos a través de los cuales el cuerpo de creyentes se apropia de su historia y de la fuente de su vida.[1] A estos símbolos se les designa comúnmente sacramentos, pero la idea de medios de gracia es más amplia que la comprensión tradicional del término sacramento. Las preguntas que se levantan acerca de los medios de gracia han ejercitado la mente de la iglesia desde el principio y, hoy por hoy, están entre los principales asuntos que ocupan las discusiones ecuménicas. Incluso las tradiciones religiosas que rechazan la idea de los sacramentos o los medios siguen empleando vehículos por los cuales, o a través de los cuales, la gracia es mediada, aunque sólo se trate de la presencia silenciosa de otros creyentes o las palabras de un sermón.

Hablar de los medios de gracia requiere que elaboremos ambos términos. Gracia es un término cristiano principal, pero su definición es ambigua. Puede tener varias connotaciones, dependiendo del contexto, no obstante, en el contexto de este capítulo, podemos restringirla a dos significados básicos. Gracia se puede referir a la actitud de Dios, de la que comúnmente se habla como "favor inmerecido". También puede significar la habilitación o el fortalecimiento interno del espíritu de una persona. Estos dos significados no son mutuamente excluyentes y, de hecho, ambos pueden ser legítimamente incluidos en el concepto de medios de gracia.

Bajo la influencia del pensamiento estoico, la gracia como habilitación se concibió desde muy temprano en términos cuasimaterialistas. Pero, en el debate de Agustín con Pelagio, se convirtió en un elemento central como corolario necesario de la incapacidad de la voluntad humana de escoger el bien. Generalmente, se pensaba que se transmitía a través del bautismo. A la altura de la Edad Media, este aspecto de la gracia se interpretaba como que proveía el poder para hacer buenas obras a fin de agradar a Dios, y se concebía normalmente como comunicada de una manera más o menos impersonal y automática.

Fue en reacción a esos desarrollos que Lutero rechazó este significado de la gracia, optando por gracia como la actitud de Dios de perdón hacia el pecador. Para él, "la gracia de Dios significa principalmente, no una energía sobrenatural o cualidad impartida al alma humana, sino el trato misericordioso de Dios mismo, muy personalmente, con los hombres".[2] También, por esta razón, entendió que el supremo medio de gracia era la Palabra de Dios, en lugar de los sacramentos. En conexión con los sacramentos, este criterio diferente de gracia resultó en un concepto diferente de sacramento.

Estrechamente asociado con la interpretación medieval de la gracia, estaba el entendimiento de los medios. En general, como se notó arriba, el concepto era impersonal, con los actos sacramentales funcionando *ex opere operato*. La mediación de la gracia, además, ocurría sólo en, y a través de la iglesia, de acuerdo con la enseñanza oficial. "En contraste, Lutero hace que la existencia misma de la iglesia dependa de la obra de la gracia divina a través de la Palabra y los sacramentos del evangelio, el cual en sí mismo es el poder de Dios para salvación".[3]

En su sermón sobre "Los Medios de Gracia", Juan Wesley reconoció ambos significados de la gracia, aunque el pasaje crucial pone más énfasis sobre la gracia como misericordia.

> "Por gracia sois salvos": Eres salvo de tus pecados, de su culpa y poder mismos; eres restaurado al favor e imagen de Dios, no por ninguna obra, méritos o porque lo merezcas, sino por la libre gracia, la sencilla misericordia de Dios, por los méritos de su bien amado Hijo. Eres así salvo, no por ningún poder, sabiduría o fuerza que esté en ti, o en ninguna otra criatura, sino sencillamente a través de la gracia o el poder del Espíritu Santo, que todo lo obra en todos.[4]

La gracia como misericordia se necesita para tratar con la culpa del pecado, pero la gracia como habilitación se requiere para librar del poder del pecado. También debe notarse que Wesley equiparaba esto último con la obra del Espíritu Santo dentro de la persona. Nosotros hemos descubierto que la comprensión amplia de la expiación contenida en el Nuevo Testamento abarca ambos significados de la gracia (la justificación y la santificación); de ahí que podamos decir que los sacramentos son los medios por los cuales el Espíritu Santo aplica la expiación de Cristo en todas sus ramificaciones.

Al dirigirnos a la idea de los medios, estamos empleando un término cuyo uso tiene una larga historia, sin embargo, la definición de Wesley servirá como adecuada para nuestro propósito de delinear su significado. "Por 'medios de gracia'", decía él, "entiendo las señales externas, palabras o acciones ordenadas por Dios, y designadas para este fin, para que sean los canales ordinarios por los cuales Él transmita a los hombres la gracia preveniente, justificadora o santificadora".[5]

Se han adoptado dos posiciones extremas sobre este tópico. La primera niega por completo los medios, que es la tendencia de los que ponen el énfasis central en la religión experimental o el misticismo. Wesley mismo, al inicio, fue influenciado en esa dirección, pero pronto aprendió los peligros de un acercamiento tal. En 1736, escribió: "Pienso que la roca contra la cual estuve más cerca de sufrir el naufragio de la fe fue la de los escritos de los místicos, término con el cual incluyo a todos, y sólo a aquellos que eliminan cualquiera de los medios de gracia".[6]

En su sermón sobre "La Naturaleza del Entusiasmo" (el término en el siglo XVIII para fanatismo), Wesley identificó cierta clase común de entusiasmo como

> el de los que piensan obtener el fin por el poder inmediato de Dios, sin usar los medios. Si, en realidad, los medios fueran providencialmente retenidos, los tales no caerían bajo esta acusación. Dios puede, y en ocasiones lo hace, en casos de esta naturaleza, ejercer su poder propio inmediato. Pero aquellos que lo esperan cuando tienen los medios, y no los usan, son propiamente entusiastas.[7]

Tanto el compromiso de Wesley con los medios, como la manera amplia en que los entendía, se refleja en el siguiente pasaje suyo citado por Albert Outler:

> Una entrada general al entusiasmo es la que espera el fin sin los medios: esperar conocimiento, por ejemplo, sin escudriñar la Escritura ni consultar a los hijos de Dios, esperar fortaleza espiritual sin oración constante, esperar crecimiento en la gracia sin una vigilancia constante y una profunda examinación propia, esperar toda bendición sin escuchar la Palabra de Dios en cada oportunidad.[8]

En el otro extremo está la manera de hacer de los medios un fin, considerando que tales medios funcionen *ex opere operato*. Esto, cuando se refiere a los sacramentos, se conoce como sacramentalismo. Wesley estuvo tan igualmente preocupado con esta perversión, como lo estuvo con el misticismo o el quietismo. En su sermón sobre "Los Medios de Gracia" hizo esta posición clara:

> Concedemos, de igual manera, que todos los medios externos, los que sean, si se separan del Espíritu de Dios, no benefician en nada; no pueden conducir, en ningún grado, ya sea al conocimiento o al amor de Dios. . . Cualquiera, pues, que se imagina que hay algún poder intrínseco en cualquier medio, el que sea, yerra grandemente, no conociendo las Escrituras ni el poder de Dios. Sabemos que no hay poder inherente en las palabras habladas durante la oración, en la letra de la Escritura leída, de la cual se escucha el sonido, o en el pan y el vino recibidos en la Santa Cena, sino que es Dios solo el dador de toda buena dádiva y el autor de toda gracia, y que todo el poder es de Él, por el cual, a través de cualquiera de éstos, hay alguna bendición entregada a nuestras almas.[9]

Hubo dos medios principales que Wesley pareció identificar como constitutivos de la iglesia: la Palabra pura de Dios predicada, y los sacramentos debidamente administrados.[10] Haberlo hecho así, lo puso directamente en la tradición reformada.

Los Sacramentos[11]

La sección previa ha provisto el suficiente trasfondo para entender la posición mediadora de Wesley sobre los sacramentos, en la cual sigue a la Iglesia de Inglaterra. Un sacramento se define como "una señal externa de una gracia interna, y un medio por el cual recibimos la misma".[12] Ambos significados son esenciales para un verdadero sacramento. En la terminología tradicional, el sacramento incluye *signum* y *res*, la señal y la cosa significada.

Pero aquí, por ofrecerse un doble significado, hay un poco de ambigüedad. La señal del sacramento está a mitad de camino entre la fuente de la gracia, que es la actividad salvadora de Dios como se manifiesta en Jesucristo, y el recipiente de esa gracia. Apunta en ambas direcciones a la misma vez, y sirve como la ocasión para que el comunicante experimente la gracia provista. Esto es, simboliza tanto la fuente objetiva de la gracia, como la realidad subjetiva de esa gracia que se ha vuelto efectiva en el creyente.

Del lado objetivo, el carácter distintivo de un sacramento cristiano es cualitativamente diferente de la idea de un universo sacramental. Ciertamente, es verdad que cualquier objeto finito puede mediar la realidad ontológica del fundamento del ser. Pero, teológicamente, esto sería un testimonio a Dios el Creador, mientras que un sacramento es un testimonio a un *Heilsgeschichte* u obra redentora de Dios en la historia. Esta es la importancia de la insistencia de Wesley en que las ordenanzas son establecidas por Jesucristo en el evangelio, y que el contenido de la "gracia interna" es Jesucristo y sus beneficios.

Las señales son dadas por Dios como una acomodación a nuestra debilidad, y también a nuestra inhabilidad de entender cosas celestiales y espirituales. Pero no son escogidas de un modo arbitrario, sino que llevan una relación analógica con la realidad objetiva significada.[13] Quizá lo que Wesley quiso decir con señales podría expresarse más adecuadamente con el concepto de símbolo, como lo propuso Paul Tillich, algo que hemos discutido anteriormente bajo el tópico del lenguaje religioso. Existen símbolos lingüísticos y no lingüísticos. Estos últimos encerrarían la señal que comprende un sacramento. En esta terminología, el símbolo media, y a la vez comparte, la realidad a la que apunta, teniendo así un carácter sagrado dentro de sí mismo en tanto tenga intención sacramental.[14]

Por el lado subjetivo, el sacramento apunta a la apropiación existencial del evento salvador. Wesley se refiere de diversas maneras a la gracia interna significada por el agua del bautismo, entre las cuales están "los méritos de la muerte de Cristo aplicados", "muerte al pecado" o "lavamiento de la culpa del pecado", y "regeneración" o "el nuevo nacimiento", todas implicando el principio de la santificación. El pan y el vino de la Eucaristía identifican figurativamente el cuerpo y la sangre de Cristo y, así, los beneficios que su muerte provee, lo que incluye gracia previniente, regeneradora y santificadora.

El Bautismo

Los orígenes del bautismo cristiano están oscuramente nublados; el uso litúrgico del agua se puede trazar hasta los tiempos primitivos, pero los antecedentes de la práctica cristiana inicial no son claros. Muchos piensan que encuentra su precedente en el bautismo prosélito judío,[15] aunque hay por lo menos un erudito que ha planteado la seria pregunta de si acaso el bautismo era una costumbre prevalente judía.[16] Quizá, el antecedente más claramente posible sea el bautismo de Juan.

La administración del bautismo por Juan era la señal visible de que el arrepentimiento había ocurrido como una preparación para la nueva era que estaba "cerca". Fue profético en naturaleza al estar enraizado en el pasado por la relación de Juan con los profetas antiguos, y también a las profecías de un derramamiento general del Espíritu en los "últimos días". Estas profecías a menudo eran asociadas con agua (vea Isaías 32:15; Ezequiel 39:29). También era proléptico en naturaleza, es decir, experimentado en anticipación de la realidad que estaba a punto de llegar en el bautismo "con el Espíritu Santo y fuego" (Mateo 3:11; Lucas 3:16). Cullmann arroja luz sobre el asunto como sigue:

> De acuerdo con la predicación del Bautista, este es, pues, el nuevo elemento en el bautismo cristiano. Este nuevo don bautismal del Espíritu Santo, ni es impartido por el bautismo prosélito judío, ni tampoco por el bautismo juanino. Está vinculado con la persona y la obra de Cristo. En el curso de la historia del evangelio, el derramamiento del Espíritu "sobre toda carne" (Hechos 2:17) presupone la resurrección de Cristo, y continúa en el Pentecostés. De ahí que el bautismo cristiano sólo sea posible después de que la iglesia quede constituida como el *locus* del Espíritu Santo.[17]

Cuando Jesús se sometió al bautismo por manos de Juan, hubo un verdadero sentido en el que la nueva era estaba encarnada en su persona, y en que el bautismo de Juan recibía nuevo significado. Mientras que las multitudes eran bautizadas por Juan como un remanente electo en espera del amanecer de la era venidera, Jesús recibía el descenso prometido del Espíritu, y la asociación del agua y el Espíritu que había sido prefigurada en el lenguaje metafórico de los profetas llegaba a ser traducida a la realidad.[18] Así que, es el bautismo de Jesús en particular, antes que el bautismo de Juan en general, el que provee la clave para el uso cristiano distintivo del bautismo con agua.

El bautismo en la iglesia del Nuevo Testamento encierra tres significados: simboliza (1) una identificación con Cristo y su bautismo, (2) la incorporación del creyente en la iglesia, y (3) la recepción del don del Espíritu Santo por el bautizado.

Identificación con Cristo. John Lawson sugiere que "el pasaje teológico principal en el Nuevo Testamento respecto al santo bautismo" es Romanos 6:4.[19] Aquí Pablo habla de ser "sepultados. . . con él para muerte por el bautismo". ¿Cómo estos dos asuntos, muerte y bautismo, se conectan? Lo hacen en el hecho de que, en su bautismo, el creyente comparte el de Cristo, y el significado de este último se transfiere al primero.

Hemos visto en una sección anterior que el bautismo de Jesús fue, de manera central, su inducción a la vocación del Siervo Sufriente que, en un sentido proléptico, cargó la cruz. Fue ciertamente un rito al que se sometió con miras a su muerte. Como Ralph P. Martin lo expresa: "El sendero al Calvario corre desde el río Jordán".[20]

El punto de Pablo es que la persona que dice que uno puede "perseverar en pecado para que la gracia abunde" (compárese con Romanos 6:1), puesto que las buenas obras no contribuyen en nada a la salvación de la persona, no entiende la naturaleza del bautismo cristiano. El bautismo cristiano es realmente una declaración de la intención de "hacer morir" todo lo que en la vida de uno es contrario a la voluntad de Dios, o antitético a la semejanza de Cristo. Simboliza hacer morir la vida antigua y traer a la existencia una nueva vida en Cristo, "resucitados con él" (compárese con v. 4; Colosenses 2:12; 3:1).

Los otros dos significados atribuidos al bautismo en la iglesia primitiva se derivan de este primero como sigue: ser iniciados en la iglesia y la recepción del Espíritu.

Iniciados en la iglesia. La iglesia es el cuerpo de Cristo, por lo cual, estar en Él es ser parte de su cuerpo. Esto significa, además, a la luz del tercer significado (vea abajo), que el bautismo marca la entrega del Espíritu, y que es el Espíritu el que constituye la iglesia.

Como rito iniciador, el bautismo es la contraparte cristiana de la circuncisión, que era la señal de entrada al pacto bajo la antigua dispensación. Wesley emplea este lenguaje de pacto cuando reconoce el paralelo entre los dos actos rituales que hacen a la persona parte del pueblo del pacto. Del bautismo dice: "Es el sacramento iniciador, el cual nos introduce al pacto con Dios".[21]

Wesley hace explícita esta relación como sigue: "Con el bautismo somos admitidos a la iglesia y, por consiguiente, hechos miembros de Cristo, su cabeza [nótese el tema de identificación]. Los judíos eran admitidos a la iglesia por la circuncisión, y así lo son los cristianos por el bautismo".[22] Sin embargo, el lenguaje de pacto no agota el significado de la relación establecida, ya que es legal, mientras que el carácter primario del bautismo es personal, y apunta a la siguiente dimensión.

Esta dimensión adicional es una implicación explícita del bautismo del creyente cuando se interpreta como compartiendo el bautismo de Cristo. Pero en el Jordán sucedió el descenso del Espíritu Santo simbolizado por la paloma, y esto apunta al tercer significado.

La recepción del Espíritu. En varias ocasiones en el Nuevo Testamento, el don del Espíritu acompaña a la administración del rito del bautismo (Hechos 2:38; 10:44-48). Más aún, es significativo que el bautismo cristiano se practique sólo después del Pentecostés, aunque existe una suficiente variedad en el patrón encontrado en las ocasiones en que se registra en Hechos que prohíbe toda formalización del rito. Como Ralph P. Martin correctamente deduce: "No existe un proceso automático o una fórmula mágica que garantice el otorgamiento del Espíritu, o que necesariamente implique que todos los que fueron bautizados en agua recibieran la contraparte espiritual en el don del Espíritu".[23] (Compárese con Hechos 8:12-24; 9:17-18; 19:5-6 para las variaciones en el patrón.)

En tiempos posteriores, como Paul Bassett lo ha demostrado,[24] hubo ritos separados de iniciación cristiana que empezaron a practicarse en conjunción con el don del Espíritu y que hicieron que el bautismo ya no se percibiera como el evento distintivo que marcaba el derramamiento del Espíritu.[25]

Juan Wesley realza en especial este último aspecto del énfasis del Nuevo Testamento en términos del "nuevo nacimiento", o "gracia regeneradora". Siendo que ésta es la obra peculiar del Espíritu, lo que se significa por el rito es la actividad del Espíritu Santo en renovar el espíritu del ser humano. Como Wesley mismo lo expresa: "Expresiones como ser regenerados, nacer de nuevo, nacer de Dios. . . siempre expresan una obra interna del Espíritu, mientras que el bautismo es la señal externa".[26]

Si recordamos que Wesley define un sacramento en términos tanto de señal externa como de gracia interna, estará claro que ambos necesitan estar presentes para que el rito sea eficaz o válido como sacramento. Aunque es cierto que la señal externa no es automática, Wesley insiste en que es el medio ordenado y ordinario de Dios por el cual el nacimiento del Espíritu ocurre y, de ahí, que no deba descartarse apurada o descuidadamente. Que, sin embargo, Wesley no lo hizo esencial se ve en su observación de que ni "siquiera el bautismo", sin decir nada de un modo particular, "es 'necesario para la salvación'. … Si lo fuese, todo cuáquero debe estar condenado, lo cual no puedo creer en manera alguna".[27]

Ahora, se vuelve obvio, por la manera en que Wesley ilumina el entendimiento del Nuevo Testamento, que en el bautismo se abarca tanto la justificación como la santificación. Cullmann argumenta que ambas (descritas como "perdón de pecados" y "trasmisión del Espíritu") estaban en una relación significativa la una con la otra en la perspectiva del bautismo del Nuevo Testamento.[28] Esto último se experimenta en términos del nuevo nacimiento como el principio de la santificación, o el momento inicial de un proceso continuo que es mantenido y perpetuado por los otros medios de gracia, incluyendo la Santa Cena.

El Bautismo Infantil

No existe ninguna referencia precisa a la práctica del bautismo infantil en el Nuevo Testamento.[29] Sin embargo, el ritual aparece considerablemente temprano en la liturgia cristiana, y ya para el tercer siglo había llegado a ser práctica común.[30] Un asunto que haya sido más acaloradamente debatido que este, no se va a encontrar muy a menudo.

Si uno toma la definición de Wesley de un sacramento como que implique una gracia interna mediada por el ritual, parecería que el bautismo infantil está excluido. Sin embargo, inequívocamente, afirma su compromiso con la práctica al proponer que se apoye a partir de "la Escritura, la razón, y la práctica primitiva y universal".[31]

El principal argumento de Wesley parece estar basado en el concepto del pacto. La presuposición básica aquí es la continuidad del pacto "evangélico" hecho con Abraham, y el nuevo pacto en Cristo. Así como los infantes eran circuncidados y de esa manera traídos al pacto con sus beneficios, privilegios y responsabilidades, así el bautismo efectúa el mismo resultado. "Cuando el antiguo sello de la circuncisión fue quitado, éste del bautismo fue añadido en su lugar; nuestro Señor designó una institución positiva para tomar el lugar de la otra".[32]

Wesley incluye todos los beneficios observados arriba como siendo otorgados en el bautismo infantil, incluyendo "el lavamiento de la culpa del pecado original, y el injertarnos en Cristo al hacernos miembros de su iglesia".[33] En una palabra, él realmente creía que un infante "nacía de nuevo" a través del medio de gracia del bautismo.[34]

Wesley rechaza que se objete a esto sobre las bases de que sea necesario estar consciente de la apropiación de la obra de Cristo. Esa fue la posición articulada por Calvino, y manejada por Karl Barth en el tiempo presente, para rechazar vigorosa y consistentemente el bautismo infantil.[35] Pero, en el criterio de Wesley, así como los infantes realmente estaban dentro de la relación de pacto por la circuncisión, así lo están en el bautismo.

Esto se puede interpretar como diciendo que el bautismo es el medio ordinario (un término en el que Wesley insistía) por el cual el infante se apropia de la gracia preveniente, la que sería eficaz, no obstante, aparte del bautismo, en el sentido en que los adultos pueden nacer de nuevo sin la administración del agua. Sin embargo, tal cosa no es el modo ordinario, puesto que el bautismo infantil pone gran responsabilidad sobre los patrocinadores en nutrir la gracia que le es impartida al niño, siendo que la gracia del bautismo se puede perder.[36] Esta tenía que ser la única conclusión a la que el arminianismo de Wesley podía conducirlo, en contraste con la enseñanza católica romana de que el bautismo infantil conlleva una "marca indeleble", o con la doctrina calvinista de la perseverancia. Luego, la educación temprana es un ingrediente importante en la mayordomía de la vida que se le confiere a los padres. Con respecto a la corrupción inherente que Wesley no creía que se remediaba por el bautismo infantil, y en alusión al valor de la educación en este particular, dice:

> La Escritura, la razón y la experiencia juntamente testifican que, en la medida en que la corrupción de la naturaleza es anterior a cualquiera de nuestras instrucciones, debemos tomar todos los desvelos y cuidados con el fin de contrarrestar esta corrupción tan temprano como sea posible. La inclinación de la naturaleza está fijada al mal: la educación está fijada a su corrección. Esto, por la gracia de Dios, es con el fin de que la inclinación a la voluntad propia, el orgullo, la ira, la venganza y el amor al mundo, se torne a la resignación, la humildad, la mansedumbre y el amor de Dios.[37]

A riesgo de una simplificación exagerada *ad hominem,* sugeriríamos que la dificultad que muchos de los sucesores más evangélicos de Wesley han tenido en identificarse con estas enseñanzas sobre el bautismo se deriva, en parte, de un ambiente cultural diferente, el cual ha sido influenciado por varios factores. Mientras que Wesley operaba en el contexto de una iglesia establecida, la situación presente en la mayoría de las áreas del mundo refleja una forma denominacional de estructura eclesiástica que ha perdido el sentido de unidad como consecuencia de su situación fragmentada. Además, está la influencia de la Ilustración, y del individualismo de la frontera norteamericana, que ha exaltado a tal punto al individuo solitario como el *locus* del significado, que las dimensiones comunitarias de la existencia humana parecen irreales. Todo esto ha contribuido ampliamente a la pérdida de la consciencia de la importancia de la iglesia para la edificación de la vida cristiana, una consciencia que Wesley sentía agudamente.

Otra influencia que ha alterado un tanto radicalmente el entendimiento que prevalecía en los días de Wesley respecto a la conversión religiosa ha sido el surgimiento del avivamientismo norteamericano. El énfasis en la experiencia dramática, cargada de emoción, orientada a la voluntad, que resultaba en una transformación marcada y repentina, ha resultado en una desvalorización de los sacramentos. En un ambiente así, realzar la religión sacramental a menudo se ha visto con desaprobación, como siendo menos que genuina. Claro está, no podemos cuestionar la realidad de la conversión radical, pero lo que debe reconocerse es que su forma y expresión son culturalmente influenciadas.

Todo esto suscita la pregunta de si es posible recuperar la comprensión del Nuevo Testamento respecto al bautismo y, en tanto sean bíblicamente válidas, también las perspectivas de Wesley. Como respuesta, primero podemos recordar un principio que hemos enunciado y elaborado en la parte inicial de esta sección en lo que toca a la obra del Espíritu Santo, que es la idea de que el entendimiento le da forma a la experiencia. Vimos este principio apoyado por la obra teológica de John Fletcher, y también por ideas sicológicas contemporáneas. Sobre esta base, parece posible movernos, en ciertas maneras limitadas, hacia una visión del bautismo más cercana al Nuevo Testamento. Con nuestra instrucción y dirección, la gente podría llegar a percatarse de la importancia de experimentar los beneficios de Cristo a través de los sacramentos designados por Dios.

Además, al bautismo infantil se le puede adscribir una validez genuina si se le ve como la inducción del infante a la comunidad del pacto, con el compromiso concomitante de parte de la comunidad de ayudar a guiar al menor "en disciplina y amonestación del Señor"

(Efesios 6:4). Así visto, este bautismo puede, de hecho, militar en contra de la perdida de los niños y las niñas de la iglesia al evitar que la iglesia se convierta en espectadora hasta que el infante experimente una conversión adulta.

Pero, en un sentido más teológico, existe base sólida para el bautismo infantil como un ritual que da testimonio a la realidad de la gracia preveniente. La gracia que fluye de la cruz para todos los humanos, la comunidad la apropia para el infante. No que la gracia no sea eficaz con anterioridad, sino que aquí se enunciaría el medio ordinario por el cual la gracia universal se manifiesta. Aun si el bautismo de adultos se interpretara como un testimonio subsecuente de la gracia interna previamente recibida, el modelo del bautismo infantil todavía sería apropiado, puesto que representaría el testimonio de un ya existente "estar cubierto por la sangre", y de las provisiones del pacto para la salvación.[38]

La Santa Cena[39]

Si el bautismo es el sacramento que inicia a uno en la iglesia, y manifiesta la identificación de uno mismo con Cristo, la Santa Cena es el sacramento que celebra la continuación de esta relación y sirve para perpetuarla. A esta se le conoce con los varios términos de Eucaristía (que significa acción de gracias), Santa Comunión y Santa Cena.

Al igual que el bautismo, la eucaristía no es una mediación vaga e indefinida de lo Divino para con la consciencia humana, sino un medio para traer a presencia los eventos históricos que constituyen el *Heilsgeschichte* de la fe cristiana y reforzar su significado. Se está generalmente de acuerdo con que, en términos de historia, la Santa Cena se deriva de la última cena que Jesús comió con sus discípulos, la que comúnmente se identifica con la comida pascual,[40] lo que la convierte en la contraparte cristiana de la Pascua judía.

El significado de la Cena se deriva de este evento. Jesús identifica el pan y la copa con su propio cuerpo y sangre, y anuncia que, de este modo, está inaugurando el nuevo pacto, con todas las provisiones que el mismo incluye. Así, la Santa Cena es uno de los medios por los cuales los beneficios de la obra de Cristo son mediados a los comunicantes,[41] y, de esa manera, también media la presencia de Cristo mismo. Con estas resumidas observaciones, necesitamos ahora explorar la relación entre "señal" y "significado".

La relación de "señal" y "significado". Hay cuatro interpretaciones clásicas de esta relación: transubstanciación (católica romana), consubstanciación (luterana), presencia espiritual (Calvino/reformada), y memorial (Zuinglio).

En la transubstanciación, una interpretación cuyas raíces pueden trazarse hasta los tiempos más tempranos, las palabras de la institución ("esto es mi cuerpo") se toman literalmente. Sobre esta base, el pensamiento católico romano percibe a todas las interpretaciones protestantes como debilitadoras de la realidad del sacramento, siendo todas rechazadas por el Concilio de Trento.

En la interpretación católica romana, a través de las palabras de consagración del sacerdote, hay un cambio substancial del pan y del vino al cuerpo y sangre de Cristo. La proclamación posee un poder misterioso que efectúa así la transformación de la hostia (pan y vino).

La crudeza de esta interpretación es de alguna manera soslayada cuando se entiende, según el catolicismo romano, que hay una sutileza metafísica en función. Esta doctrina se basa en una distinción entre substancia y atributos, siendo lo último las cualidades empíricas experimentadas, si bien el substrato subyacente trascenderá lo empírico. La enseñanza de la transubstanciación señala, pues, que, mientras que los atributos retienen todas las propiedades del pan y el vino, es la substancia lo que es transformada. La defensa de esta posición se basa en su apelación a la palabra "es", y en la insistencia de que ese "es" es el asunto decisivo en garantizar la "presencia real", la coincidencia de la "señal" y lo "significado".

Wesley, junto con los reformadores protestantes, va a rechazar vigorosamente esta interpretación. Su Artículo 17, tomado de los Treinta y Nueve Artículos de la Iglesia Anglicana, dice: "La transubstanciación, como el cambio de la substancia del pan y del vino en la Santa Cena, no puede probarse por el escrito sagrado; antes, es repugnante a las palabras llanas de la Escritura, ha subvertido la naturaleza de un sacramento, y ha dado ocasión a muchas supersticiones".[42]

En su ensayo titulado "El Papado Considerado Calmadamente", Wesley además contesta a esta doctrina con las siguientes palabras:

> Respondemos: No hay cambio del pan a cuerpo de Cristo que pueda inferirse de sus palabras, "este es mi cuerpo". Porque no dice: "esto es cambiado en mi cuerpo", sino, "este es mi cuerpo," lo cual, si fuera a tomarse literalmente, más bien demostraría que es la substancia del pan lo que es su cuerpo. Pero, que no deben

tomarse literalmente, se muestra en las palabras de San Pablo, quien le llama pan, no sólo antes, sino, de igual manera, después de la consagración. (1 Corintios x.17; xi.26-28). Aquí vemos que, aquello que fue llamado su cuerpo, era pan al mismo tiempo. Y así, de acuerdo con esto, los elementos son designados por los Padres como "las imágenes, los símbolos, la figura, del cuerpo y la sangre de Cristo".[43]

Lutero rechazó la enseñanza romana, pero, por pretender tomar en serio las palabras de la institución, formuló una teoría alternativa de "presencia real" referida como consubstanciación. El reformador rechazó la distinción aristotélica (vía Tomás de Aquino) entre substancia y accidente, y afirmó, aunque su afirmación trascienda la razón, que el cuerpo y la sangre de Cristo están realmente presentes en el pan y el vino. Las propias palabras de Lutero hacen bastante clara su posición sobre este asunto:

> Cuando soy incapaz de entender cómo el pan puede ser el cuerpo de Cristo, yo, personalmente, llevaré cautivo mi entendimiento a la obediencia de Cristo y, aferrándome con mente sencilla a sus palabras, firmemente creeré, no sólo que el cuerpo de Cristo está en el pan, sino que ese pan es el cuerpo de Cristo. … ¿Qué si los filósofos no lo entienden? El Espíritu Santo es más grande que Aristóteles. . . Así pues, lo que es verdad respecto a Cristo, también es verdad respecto al sacramento. No es necesario que la naturaleza humana sea transubstanciada antes de que pueda ser la habitación corporal de lo divino, ni antes que lo divino pueda ser contenido bajo los accidentes de la naturaleza humana. Ambas naturalezas están presentes en su entereza y, así, uno puede apropiadamente decir: "Este hombre es Dios", o "Este Dios es hombre".[44]

Lutero encuentra la justificación para su creencia basado en la doctrina cristológica de la ubicuidad o "comunicación de propiedades". Esto se refleja en las palabras de la cita anterior, "Este hombre es Dios" y "Este Dios es hombre", lo que hace posible hablar ubicuamente del cuerpo y la sangre y el pan y el vino.

Lutero, de esa manera, retiene, como la doctrina de la transubstanciación lo intentaba, una presencia corpórea real del cuerpo de Cristo en el pan, pero dándole una reorientación importante. Para la creencia católica romana, la presencia está objetivamente en el sacramento, confiriendo gracia sobre el comunicante, pero Lutero, al rechazar esa interpretación, sustituye la función del *ex opere operato* con una evangélica. Su definición de un sacramento refleja este cambio, pues lo ve como compuesto de una señal externa y una promesa de Dios. La señal es una proclamación pictórica de la palabra del evangelio, la cual es recibida en fe. Así, la presencia no es automática, sino que es actualizada cuando el comunicante se afirma en las promesas de Dios por la fe.

Aunque Wesley se expresó todavía con mayor fuerza en su rechazo de la transubstanciación, percibió que la consubstanciación no era muy diferente, rechazando cualquier presencia "corporal" o "local" y también la doctrina de la ubicuidad.[45] Esto va a poner a Wesley más cerca de la posición reformada (calvinista), la cual habla de la presencia espiritual.

Las palabras de Alasdair Heron proveen una clave para el motivo que tuvo Calvino en abandonar la arena donde el debate entre Lutero y Roma había tenido lugar:

> La erudición juiciosa, acompañada por un vívido sentido del corazón del asunto, lo liberó tanto de la trampa del literalismo simple como de las tentaciones de un racionalismo superficial, dándole libertad para enfrentar las preguntas de una manera fresca en su pensamiento teológico y práctico.[46]

Calvino rechazó la idea de la "presencia carnal" sobre la base de un rechazo de la "comunicación de propiedades". El cuerpo o naturaleza humana de Cristo está localizado en el cielo y, así, no puede mantenerse que esté corporalmente presente en los elementos del sacramento. Enseñar tal cosa es convertir la humanidad de Jesús en "otra cosa que lo que se testifica de Él en el Nuevo Testamento, a saber, la Palabra de Dios hecha carne en el individuo humano específico Jesucristo, encarnado, crucificado, resucitado y ascendido".[47]

En esencia, para Calvino, el asunto es cómo deben apropiarse las bendiciones que Dios ha puesto a la disposición nuestra por medio de su Hijo, lo cual no es a través de una presencia física en el sacramento, sino por la energía del Espíritu de Dios que está activo en la situación de fe, creando unión con Cristo. Así lo dice Calvino mismo: "Los sacramentos desempeñan debidamente su oficio sólo cuando están acompañados por el Espíritu, el maestro interno, cuya sola energía penetra el corazón, mueve los afectos, y procura el acceso de los sacramentos a nuestras almas". Esto coincide con su definición de sacramento: "Me parece, entonces, una definición sencilla y apropiada decir que es una señal externa por la cual el Señor sella en nuestras consciencias sus promesas de buena voluntad para con nosotros, con el propósito de sostener las debilidades de nuestra fe y nosotros a su vez testificar nuestra piedad hacia él".[48] En una palabra, cuando el sacramento es propiamente recibido, la señal implica la realidad significada al aprehenderse en fe.

Aun así, Borgen argumenta que, mientras que hay afinidades entre Calvino y Wesley, este último no encaja del todo en las formulaciones de Calvino. Calvino, dice Borgen,

> subrayará la importancia de la presencia del cuerpo de Cristo en términos de "poder y fortaleza" mediados a través del Espíritu Santo, mientras que Wesley realzará la presencia de Cristo en su divinidad; de hecho, toda la Trinidad está presente y actuando, otorgándoles a los hombres los beneficios de la encarnación, crucifixión y resurrección. El énfasis está puesto en la unidad en lugar de la diferencia.[49]

Tiene que concederse que una distinción así es demasiado de sutil, pero, como veremos, sigue siendo crítica. Es una vertiente que le permite a Wesley evitar los problemas de interpretar la presencia real en ningún sentido corporal.

Considerablemente diferente de cualquiera de las anteriores perspectivas está la posición atribuida a Ulrico Zuinglio y referida como la teoría memorial. El reformador de Zúrich había "absorbido mucho más el espíritu del saber humanista, y mucho menos el de la piedad medieval y la teología escolástica, que lo que había hecho Lutero",[50] lo que hizo a Zuinglio más radical en su alejamiento de las ideas tradicionales.

Zuinglio prefirió el tema de "en memoria". En contraste con la misa católica romana, que había sido concebida como un "sacrificio", Zuinglio va a sostener que la finalidad de la muerte histórica de Cristo excluye la validez de un sacrificio repetido. Tenía el sentir de que era más apropiado participar en un acto de recordación de ese evento, encontrando apoyo escritural en las palabras de la institución de, "haced esto en memoria de mí" (Lucas 22:19; 1 Corintios 11:24-25). Así pues, el sacramento se convertía en un acontecimiento subjetivo.

Con Zuinglio, el "comer y beber" de la carne y sangre de Cristo sería negado de todo significado realista e interpretado como una función espiritual de la fe. El énfasis de Lutero sobre el "es" de las palabras de la institución sería reemplazado con la idea de "significa". El pan es un símbolo del cuerpo, el vino un símbolo de la sangre, y la actividad entera simboliza nuestra fe en Jesucristo, que fue sacrifica-do por nosotros. Por lo tanto, es un memorial de un evento pasado. En ocasiones, se alude a esta creencia de Zuinglio como la doctrina de la "ausencia real".

En cuanto a Wesley, aunque su vocabulario incluyó el término "memorial", el sacramento no se puede ver como una ceremonia va-cía que sea posible desgastarla por su repetido acaecer.

De todos modos, ahora debe estar claro que las divergencias entre todas estas creencias dependían en gran parte de la interpretación de las palabras de la institución, "este es mi cuerpo". ¿Cómo hace exé-gesis Wesley de este pasaje crucial? Su nota sobre Mateo 26:26, 28 es instructiva:

> *Este* pan *es,* esto es, significa o representa, *mi cuerpo,* de acuerdo con el estilo de los escritores sagrados. Así, Génesis xl.12, "los tres sarmientos son tres días". Así, en Gálatas iv.24, San Pablo, ha-blando de Sara y Agar, dice: "son los dos pactos". Así, en el gran tipo de nuestro Señor, en Éxodo xii.11, Dios dice del cordero pascual: "es la pascua del Señor". Ahora, Cristo, substituyendo la Santa Comunión por la Pascua, sigue el estilo del Antiguo Testa-mento, y usa las mismas expresiones que los judíos acostumbra-ban a usar cuando celebraban la Pascua. . . *Esta es* la señal de *mi sangre,* por la cual el nuevo testamento, o pacto, se confirma.

Por lo tanto, Wesley claramente va a rechazar cualquier clase de interpretación literal de las palabras de la institución, y se va a ir del lado de las ideas reformadas y de Zuinglio en este punto. Va a hablar de recibir "las señales del cuerpo y la sangre de Cristo"[51] en lugar de recibir el "cuerpo y la sangre" de Cristo.

Cuando se le preguntó por qué no se adscribía al sentido literal de las palabras, Wesley respondió: "(1.) Porque es terriblemente absurdo suponer que Cristo hablaba de lo que Él sostenía en aquel momento en sus manos como el cuerpo real y natural. . . (2.) El sentido de, 'este es mi cuerpo', puede explicarse claramente con otras escrituras, donde formas semejantes de lenguaje son empleadas".[52]

Wesley entiende estas "formas semejantes de lenguaje [que] son empleadas" como que se refieren a la función en lugar de la natura-leza del sacramento. En correspondencia con su madre, los criterios de Wesley en este sentido se vuelven claros. Respondiendo a la expli-cación que Wesley le hace a un amigo en cuanto a las ideas que este último tenía sobre los sacramentos, ella escribe:

El joven caballero que mencionas me parece que está en lo correcto respecto a la presencia real de Cristo en el sacramento. Yo misma nunca he entendido por "presencia real" más que lo que él elegantemente ha expresado, que la "naturaleza divina de Cristo está, entonces, eminentemente presente para impartir, por la operación de su Santo Espíritu, los beneficios de su muerte para los dignos recibidores". Y, de seguro, la presencia divina de nuestro Señor, al aplicar así la virtud y los méritos de la gran expiación a cada creyente verdadero, hace del pan consagrado más que una señal del cuerpo de Cristo, siendo que, al hacerlo, recibimos no sólo la señal, sino con ella la cosa significada, ¡todos los beneficios de su encarnación y pasión! Sin embargo, lo que sea que esta institución divina pueda parecerles a otros, para mí está llena de misterio. ¿Quién puede explicar la operación del Santo Espíritu de Dios, o definir la manera de su obrar en el espíritu del hombre, sea cuando ilumina el entendimiento, o mueve y confirma la voluntad, y regula y calma las pasiones, sin perjuicio para la libertad del hombre?

Juan responde a esta carta aproximadamente una semana después:

Una consideración es suficiente para hacerme afirmar el juicio de él y tuyo respecto al santo sacramento, y es que no sería posible permitir que la naturaleza humana de Cristo esté presente en el sacramento, sin permitir ya sea la con- o la transubstanciación. Pero, que su divinidad se una a tal punto con nosotros en ese momento, como Él nunca lo hace sino con dignos creyentes, lo creo firmemente, aunque la manera de esa unión sea un total misterio para mí.[53]

Si bien el lenguaje está ausente, el mismo sentimiento que encontramos en otras creencias cristianas paradójicas se encuentra aquí presente: Wesley afirma el hecho, pero confiesa que la manera escapa a su entendimiento.

Función de la Santa Cena

En un pasaje de Daniel Brevint que Wesley incorporó como suyo, tres aspectos de la Santa Cena como sacramento son claramente presentados:

La Santa Cena fue principalmente ordenada como un sacramento, 1. para representar los sufrimientos de Cristo, que son pasados, y de ahí que sea un memorial; 2. para expresar los primeros frutos de estos sufrimientos en gracias presentes, lo cual la hace un medio; y 3. para asegurarnos de la gloria venidera, lo cual la convierte en promesa infalible.[54]

La Expiación Recordada. A este aspecto, como Zuinglio observó, se le da validez por las palabras de Jesús al instituir el sacramento diciendo, "Haced esto en memoria de mí". Pero Wesley fue más allá del nivel de simple memoria y lo interpretó como abarcando un "drama dinámico de adoración en el que tanto el creyente como el Espíritu Santo están activamente involucrados".[55]

Esto hace al sacramento un verdadero acto de adoración en que el adorador entra vicariamente a los sufrimientos de Cristo, llevándolo a cobrar consciencia del amor de Dios, que es la fuente de todo y que, al mismo tiempo, lo hace una realidad presente. Como Agustín dijo: "Este sacramento, debidamente recibido, hace la cosa que representa como realmente presente para nuestro uso, como si fuera hecho de nuevo".[56]

Mucha de la teología eucarística de Wesley está contenida en los himnos, el siguiente de los cuales conlleva el tema que estamos tratando [traducción libre]:

> *Príncipe de vida, por los pecadores muerto,*
> *Concédenos comunión contigo;*
> *Débilmente participamos de tu dolor,*
> *Y compartimos tu mortal agonía;*
> *Danos ahora el poder terrible,*
> *Trae de nuevo la hora de tu muerte.*
> *Sin duda ahora la oración escucha:*
> *¡La fe presenta al Crucificado!*
> *He aquí el Cordero herido aparece,*
> *Traspasados sus pies, sus manos, su costado,*
> *Cuelga nuestra esperanza en aquel árbol,*
> *Cuelga, y ¡sangra por mí hasta la muerte!*

Esta manera de entender la Santa Cena está sólidamente fundamentada en la manera en que el Antiguo Testamento entiende un sacramento. La recordación no era una mera recolección mental, sino la restauración de una situación pasada que por el momento había desaparecido. Recordar es hacer presente y actual. Esta era la base para celebrar la festividad pascual, la cual, de acuerdo con Éxodo 12:14, fue instituida "en memoria". Esto significa que cada participante, al recordar la liberación de Egipto, se hacía consciente de que él era en sí mismo el objeto de la acción redentora, sin importar cuántos años se encontraba alejado del evento histórico. Cuando es un asunto de historia redentora, el pasado es contemporáneo.[57]

La Expiación Aplicada. La Santa Cena como "memorial", según lo entendía Wesley, prepara el corazón del adorador para la segunda función del sacramento, a saber, transmitir lo que muestra. El sacramento se puede convertir en el instrumento por el cual los beneficios de Cristo son otorgados al humano de acuerdo con sus necesidades.

Para Wesley, el término "comunión" va más allá de un incierto sentido místico de confraternidad; lo entiende en su sentido activo de "comunicar". En su sermón sobre "Los Medios de Gracia" dice:

> Y que esto es también un medio ordinario y declarado de recibir la gracia de Dios, es evidente de aquellas palabras del Apóstol que se incluyen en el capítulo precedente: "La copa de bendición que bendecimos, ¿no es la comunión", o comunicación, "de la sangre de Cristo? El pan que partimos, ¿no es la comunión del cuerpo de Cristo?" (1 Corintios x.16). ¿No son el comer de ese pan y el beber de esa copa los medios externos, visibles, por los cuales Dios comunica a nuestras almas toda la gracia espiritual, la justicia, y la paz, y el gozo en el Espíritu Santo, que fueron comprados por el cuerpo de Cristo una vez roto, y la sangre de Cristo una vez derramada por nosotros?[58]

Aquí parece estar el corazón de la teología de Wesley sobre la eucaristía. Él no profesa explicar el misterio, sino reconocer el testimonio de la experiencia. No hay ni una presencia estática ni una comunicación automática, sino la apropiación de los beneficios de la obra expiatoria de Cristo, tanto en su aspecto terminado como en su aspecto continuo. Sobre esto último, es aplicable la nota de Wesley sobre Hebreos 7:25: "Murió una vez; intercede perpetuamente"; y sobre 1 Tesalonicenses 1:10: "Nos redimió una vez; nos libra continuamente; y, a todos los que creen, los librará de la ira, de la venganza eterna, que entonces vendrá sobre los impíos".

En este marco, la Santa Cena tiene un posible doble significado. (1) Puede funcionar como una ordenanza de conversión. Wesley rechazó la "inmovilidad" que se rehúsa a participar de los medios de gracia hasta que se tenga la plenitud de la fe. Antes, los medios son avenidas para esta fe. Las siguientes palabras de su *Journal* [Diario] lo hacen claro:

> ¿Qué se debe inferir de este innegable hecho, que uno que no tenía fe la recibió en la Santa Cena? Bien: (1) que hay medios de

gracia, esto es, ordenanzas externas por las cuales la gracia interna de Dios es ordinariamente transmitida al hombre, y con lo cual la fe que trae salvación es impartida a los que antes no la tenían; (2) que uno de estos medios es la Santa Cena; y (3) que el que no tiene esta fe debe esperarla en el uso tanto de este como de los otros medios que Dios ha ordenado.[59]

Además, (2) la asistencia a las ordenanzas es un vehículo para el crecimiento continuo en santidad del que Wesley habla con mucha frecuencia. La salvación no es una experiencia de una vez por todas, sino una relación dinámica que necesita cultivo momento a momento. La Santa Cena es una ordenanza de conversión tanto como de confirmación. Así, funciona en términos de las ramas principales de la gracia de Dios, las cuales operan dentro del enfoque soteriológico de la teología wesleyana: gracia preveniente, justificadora y santificadora, "por cuanto enfatizan el otorgamiento dinámico y continuo de la gracia de Dios en todas sus ramas, y señalan a la 'cosa significada' en lugar de a la señal externa".[60]

La eucaristía es tanto una ayuda para la fe como un medio para la santidad. En relación con esto último, las palabras de Wesley sobre una persona despertada forman un resumen perfecto:

> Y mientras era profundamente sensible a la verdad de esa palabra, "Sin mí nada podéis hacer", y, por consiguiente, de la necesidad que tenía de ser regado por Dios a cada momento, así continuaba diariamente en todas las ordenanzas de Dios, los canales establecidos de su gracia para el hombre: "en la doctrina de los Apóstoles", o enseñanza, recibiendo ese alimento del alma con toda prontitud de corazón; en "el partimiento del pan", que ha encontrado que es la comunión del cuerpo de Cristo; y "en las oraciones" y alabanzas ofrecidas por la gran congregación. Y así, diariamente "crecía en gracia", aumentaba en fortaleza, en el conocimiento y amor de Dios.[61]

Ahora bien, interpretar la Santa Comunión como comunicación no invalida la idea de comunión. De hecho, la comunión con Cristo es un aspecto esencial del sacramento. Pero, más allá de esto, involucra también una comunión entre los miembros de la iglesia. Aunque el don de la salvación simbolizado por los elementos se da a cada persona individualmente, esto no significa un individualismo aislado. Las palabras del ritual trazan esta característica: "No nos olvidemos de que somos uno, en una misma mesa con el Señor" (*Manual de la Iglesia del Nazareno*, párrafo 802).

Esta unidad o unicidad se extiende tanto en el espacio como en el tiempo. Incluye a los creyentes de todas las comuniones y de cada época. No es demasiado difícil reconocer la unidad con Abraham, Isaac, Jacob y Pablo implicada en la imagen de la vid y los pámpanos, pero es mucho más difícil experimentar el significado unificador de la eucaristía en nuestro propio tiempo y mundo. Con todo, esto es lo que la celebración del sacramento nos llama hacer.

El siguiente párrafo de Gustaf Aulén presenta las implicaciones prominentes de esta verdad bíblica:

> La Santa Cena es, por tanto, el sacramento de la unidad cristiana, aun cuando las diferencias en teorías y prácticas hayan causado divisiones dentro de la iglesia. La unidad está presente porque la Santa Cena es comunión con Cristo. No importa cómo los hombres piensen, hablen y actúen, la Santa Cena permanece como el sacramento del compañerismo y la unidad cristiana. Pero este carácter de la Santa Cena encierra al mismo tiempo la más urgente obligación de la iglesia de manifestar esta unidad en su vida.[62]

Promesa de la Gloria Venidera. Este es el tercer aspecto de la Santa Cena, y revela que el sacramento tiene un pasado, un presente y, ahora, una dimensión futura.[63] Este aspecto también queda validado por la versión paulina de las palabras de la institución: "Así pues, todas las veces que comiereis este pan y bebiereis esta copa, la muerte del Señor anunciáis hasta que él venga" (1 Corintios 11:26).

Así como el sacramento apunta al fundamento (lo señala) de nuestra aceptación con Dios y nos asegura de nuestra relación personal, también garantiza nuestro título de herencia con los santos. Es la promesa de nuestra esperanza en los cielos.

La eucaristía es un evento proléptico, que se come en anticipación de la fiesta escatológica, la cena de las bodas del Cordero. Un himno de Wesley subraya esta verdad [traducción libre]:

> *¿Y no tomará lo comprado por Él,*
> *Quién murió para a todos hacernos suyos,*
> *Y un espíritu consigo mismo hacernos,*
> *Carne de su carne, hueso de sus huesos?*
> *Lo hará, responden nuestros corazones, lo hará;*
> *Nos ha dado ya aquí un anticipo,*

Y nos pide que en la colina lo encontremos,
Y patrocinemos la fiesta de bodas en el cielo.

Tanto el bautismo como la Santa Cena son descritos como un "compromiso" de que Dios cumplirá su promesa.[64] Sin embargo, en el contexto arminiano de Wesley, esto tiene que verse como un contrato de pacto que encierra un resultado sinergista. Existe la posibilidad de caer de la gracia, pero el sacramento es el compromiso de Dios de que cumplirá su palabra. Es un sello del pacto, el cual marca su autenticidad. "El bautismo es un sello de entrada, como era la circuncisión antes. La Santa Cena, por el otro lado, es un sello de confirmación".[65]

La Santa Cena como Sacrificio

Hemos visto la manera en que la eucaristía, como sacramento, tiene una triple función. Es un "memorial", un "medio de gracia", y una "promesa del cielo". Pero, en las fuentes que Wesley apropia como suyas, también se describe como un sacrificio.

Esto inmediatamente suscita el espectro de la misa que, en la teología católica romana, se entiende como un sacrificio real, idéntico al que fue ofrecido por Jesucristo en el Calvario. Esta comprensión fue enérgicamente rechazada por Lutero porque negaba implícitamente lo final de la obra de Cristo, y porque añadía otros prerrequisitos a la salvación más allá de la fe sola. No hay duda de que Wesley también rechazó incondicionalmente esta perspectiva del sacrificio, y por las mismas razones. En su nota sobre Hebreos 10:15, indica que el autor está "describiendo el nuevo pacto como ratificado de forma completa, con todas las bendiciones aseguradas para nosotros por la ofrenda de Cristo, lo que hace cualquier otro sacrificio expiatorio, y cualquier repetición del suyo, totalmente innecesario". Sólo el sacrificio una vez por todas de Cristo puede quitar el pecado. ¿Qué se quiere decir, entonces, con que Wesley veía la Cena como un sacrificio?

En nuestra discusión de la obra sacerdotal de Cristo, hemos visto que, según la teología wesleyana, hay un doble significado. Está el aspecto completo personificado en la cruz histórica, y está el aspecto continuo, o sin terminar, representado por el papel intercesor de Cristo a la diestra del Padre. En este sentido, la obra expiatoria de Cristo es continua y en curso. Hay un sentido en el que, a través de esta obra, el gran Sumo Sacerdote continuamente se presenta a sí mismo como sacrificio al Padre, aunque no como una repetición, sino como simbolizando la eficacia en curso de la expiación. Un himno wesleyano encarna esta verdad [traducción libre]:

> *Él muere, ahora por nosotros muere,*
> *En ese sacrificio todo suficiente.*
> *Y subsiste eterno como el Cordero,*
> *A la misma vez en todo tiempo y lugar,*
> *Y a todos por igual coextiende,*
> *Su siempre inconclusa y salvadora virtud.*

Lo que aquí se encierra no es un "ofrecer" los elementos de pan y vino, sino un "anunciar" la muerte de Cristo, lo cual ocurre en la participación actual de los elementos al comer y beber. Wesley refleja esta creencia en las siguientes palabras del sermón sobre "Los Medios de Gracia":

> "Así, pues, todas las veces que comiereis este pan, y bebiereis esta copa, la muerte del Señor anunciáis hasta que él venga" (1 Corintios xi.26): y tú, abiertamente, exhibirás lo mismo, con estas señales visibles, delante de Dios, de los ángeles, y de los hombres; manifestarás tu recuerdo solemne de su muerte, hasta que Él venga en las nubes del cielo.[66]

Las palabras que siguen, las cuales Wesley apropia de Brevint, hacen muy lúcida la relación entre la expiación final y su significado continuo:

> Sin embargo, este sacrificio, que por una oblación real no habría de ofrecerse más que una sola vez, es, por una conmemoración devota y agradecida, ofrecido cada día. Esto es lo que el Apóstol llama, anunciar la muerte del Señor; anunciarla delante de los ojos de Dios, lo mismo que delante de los ojos de los hombres.[67]

Lo que se quiere anunciar es la oblación del Hijo como la base de nuestra aceptación continua con Dios. El comer y beber introducen al comunicante a los sufrimientos de Cristo, capacitándolo para compartir las gracias que se ofrecen al ser humano a través de su sacrificio expiatorio, incluyendo el compartir el acceso al trono de Dios. Así pues, la Cena como sacrificio está estrechamente asociada con su función como medio de gracia.

Este entendimiento subraya la eficacia presente de la expiación y, de esa manera, refleja el énfasis repetido de Wesley sobre la importancia de una relación sostenida, de momento a momento con Dios basada en la gracia presente, que, claro, fluye del sacrificio expiatorio de Cristo en la cruz. Es un sacrificio poderoso en el "ahora" de la existencia de la persona. Hay, pues, una diferencia decisiva entre el sacrificio de Cristo como que procure salvación, y el sacrificio intercesor continuo como fundamento y fuente de la expiación aplicada y apropiada por las personas aquí y ahora.

A diferencia del punto de vista católico romano, donde el sacerdote ofrece el sacrificio expiatorio a Dios en la eucaristía, para Wesley es Cristo quien se ofrece a sí mismo. Como dicen las palabras de Brevint: "Nuestro Señor, por ese sacrificio eterno de sí mismo, se ofrece por nosotros, de una manera peculiar, en la Santa Comunión ".[68]

Todo esto se nutre de las ricas imágenes del Antiguo Testamento. Así como Aarón, en identificación con Israel, llevaba al pueblo consigo a la presencia de Dios, así lo hace el gran Aarón, el Sumo Sacerdote eterno. "Y qué consuelo es para nosotros, en todas las ocasiones que nos dirigimos a Dios, que el gran Sumo Sacerdote de nuestra profesión tenga los nombres de todo su Israel sobre su pecho, delante del Señor, como un memorial, presentándolos a Dios".[69]

En nuestra discusión del sacrificio en la sección sobre la obra sacerdotal de Cristo, hemos notado cómo poner las manos sobre la cabeza de la víctima sacrificial, cuando se entiende correctamente, simbolizaba la ofrenda que el adorador hacía de sí mismo a Dios. Aquí, la doctrina wesleyana de la santificación entra específicamente en el cuadro. Al referirse a su propia experiencia en su libro *A Plain Account* (La Perfección Cristiana), dice:

> Instantáneamente resolví dedicar toda mi vida a Dios, todos mis pensamientos, y palabras, y acciones; estando totalmente convencido, no hubo nada a medias, sino que cada parte de mi vida (no sólo algunas) tenía que ser, o un sacrificio a Dios, o uno a mí mismo, lo que hubiera sido, en efecto, sacrificarla al diablo.[70]

Este fue el inicio de la búsqueda de la santidad en Wesley. La misma verdad se encarna en su sermón sobre la "Perfección Cristiana":

> Fueron "santificados por completo". . . "amaban al Señor su Dios con todo su corazón, y mente, y alma, y fuerzas"; . . . continuamente "presentaban" sus almas y cuerpos "en sacrificio vivo, santo, agradable a Dios"; como consecuencia, "se regocijaban siempre, oraban sin cesar, y en todas las cosas daban gracias". Y esto, y no otra cosa, es lo que creemos que es la verdadera santificación escritural.[71]

Hemos demostrado anteriormente que el contenido positivo de la santificación es amor a Dios y a las personas; el otro lado es sacrificarse a uno mismo, morir al pecado, ser crucificado con Cristo. Ambos lados se mantienen en relación correlativa el uno con el otro, como lo positivo y lo negativo. A medida que uno crece en gracia, más y más muere al pecado. El amor es impartido por medio del sacramento en su función como medio de gracia, habilitando al creyente a presentarse a sí mismo a Dios. Y así, como lo hemos notado al principio de este capítulo, son entrelazadas, a través de la teología sacramental de Wesley, la gracia como misericordia y la gracia como habilitación.

Existe, entonces, un doble carácter de la Cena como sacrificio. Simboliza a Cristo presentándose a sí mismo delante de Dios, y a nosotros con Él (nótese el tema de la representación), y es la iglesia presentando el sacrificio de Cristo aquí abajo como memorial de la muerte salvadora por la cual vivimos.

Su Cuerpo desgarrado y roto
Él a Dios presenta;
En ese preciado memorial muestra
Las tribus escogidas de Israel como anticipo:
Todos nuestros nombres el Padre sabe,
En el pecho de nuestro Aarón los lee.
Él lee, mientras que aquí abajo
Presentamos la muerte de nuestro Salvador;
Haz como Jesús nos ordenó que hiciéramos,
Simboliza su carne y su sangre;
Él en memorial muestra,
El Cordero a Dios ofrece.
¡SOLI DEO GLORIA!

Apéndices

Escatología Especulativa

En el cuerpo de esta obra hemos advertido que, virtualmente, toda doctrina tiene una faceta escatológica. Esto refleja un hecho que ha sido descubierto por estudios más recientes en el sentido de que la escatología no es un incómodo anexo a la obra teológica, sino que se halla en la trama y urdimbre del mensaje bíblico. El lector cuidadoso habrá notado, sin embargo, que, en ninguna de nuestras discusiones, hemos ido más allá de la afirmación de fe en esta dimensión, sino que más bien hemos ejercido, tímidamente, una gran reserva. Es demasiado fácil rebasar los linderos de "lo que está escrito", y entrar en el ámbito de la especulación. La increíble curiosidad de la mente humana casi irresistiblemente nos empuja en esa dirección. Sin embargo, en una teología wesleyana, al examinar peguntas especulativas, es inapropiado ir más allá de las cuestiones que tienen implicaciones soteriológicas. Además, escribir una teología sistemática en el contexto de la Iglesia del Nazareno, como lo está haciendo este autor, dicta la misma reserva. El artículo de fe nuestro que habla acerca de los asuntos escatológicos pertinentes se niega a aventurar más allá de las afirmaciones centrales de la realidad escatológica. Históricamente, la Iglesia del Nazareno se ha negado a comprometer a sus miembros con una opinión particular sobre este asunto, y es por esa razón que hemos decidido abordar este tópico en un apéndice que subraye su estatus como secundario para los asuntos soteriológicos, y como subordinado a los asuntos esenciales de la fe bíblica. Nada en esta área puede ser hecho prueba de ortodoxia. Juan Wesley plantea personalmente el asunto en una carta a Christopher Hopper:

> Mi amado hermano, no dije nada, ni más ni menos, en la iglesia de Bradford, respecto al fin del mundo, ni en lo concerniente a mi propia opinión, sino lo que sigue: Que Bengelius había ofrecido como su opinión, no que el mundo terminaría en ese momento, sino que el reino milenario de Cristo comenzaría en el año 1836. No tengo opinión alguna sobre el tema; no puedo determinar

absolutamente nada al respecto. Estos cálculos están muy por encima de mí; me son ocultos. Sólo tengo una cosa que hacer: salvar mi alma y la de los que me escuchan.[1]

Las etapas iniciales del movimiento de santidad también compartieron esta misma clase de determinación a fin de evitar tópicos secundarios que crearan divisiones. A. M. Hills, en el prefacio de su capítulo sobre "Escatología", sostiene: "La doctrina del milenio ha sido una verdadera 'perturbadora en Israel'".[2] La Asociación Nacional de Santidad, al final del siglo [XIX], "proscribió a quienes hicieron... del premilenarismo... su 'pasatiempo'", y "por años... había prohibido la discusión de temas 'divisivos', como la sanidad divina o la Segunda Venida, en sus plataformas de reuniones campestres o en sus columnas de la revista *Christian Witness* (Testimonio Cristiano)".[3]

Todo lo que perseguimos, pues, en este apéndice es: explorar algunas cuestiones relacionadas con la escatología que se han convertido en preocupación principal de los cristianos conservadores contemporáneos; estudiar la historia de la escatología especulativa para poner de realce la futilidad última del dogmatismo en lo concerniente a tales asuntos; y llamar la atención a las presuposiciones poco wesleyanas de los esquemas escatológicos prevalecientes entre los evangélicos de hoy, de modo que, como wesleyanos, podamos al menos evitar posiciones que se contradigan a sí mismas, incluso en nuestras especulaciones acerca del futuro.

La Interpretación de la Escritura Escatológica

En nuestra discusión acerca de la autoridad bíblica hemos argumentado que lo crucial no es la teoría de una persona respecto a la Escritura, sino más bien cómo la interpreta. Este mismo principio es todavía más cierto, si fuera posible, cuando se aplica a pasajes bíblicos que se refieren al fin del tiempo. Y es que, en una palabra, la cuestión de la hermenéutica es fundamental para el estudio de la escatología. Incluso Hal Lindsey, el "sumo sacerdote" de la profecía popular contemporánea, está de acuerdo con esto, puesto que reconoce que "la verdadera cuestión entre los puntos de vista amilenaristas y premilenaristas es si la profecía debería interpretarse literal o alegóricamente".[4] Pero con esta afirmación todavía hay un problema, y es que simplifica demasiado las opciones, ya que las dos formas de interpretación mencionadas no son exhaustivas y, de hecho, puede que ni siquiera incluyan las más importantes.

En nuestra extensa investigación acerca de la relación entre los Testamentos en nuestra búsqueda de una clave para el mejor método de interpretación bíblica, hemos descubierto además que las pretensiones de cumplimiento en el Nuevo Testamento demostraban, de una manera concluyente, que la mayoría de los pasajes proféticos no podía tomarse literalmente, ya que, de lo contrario, las pretensiones de cumplimiento hubieran estado desprovistas de validez. De igual manera, hemos descubierto que la iglesia ha insistido a una voz y desde el principio que, si el Antiguo Testamento se hubiera tomado literalmente, no hubiera podido ser incluido en la Biblia cristiana; no hubiera sido un libro cristiano. Ésta es la razón de por qué los intérpretes bíblicos desde el segundo siglo en adelante han buscado una hermenéutica más adecuada. William J. Danton expresa de una manera clara la importancia de esta posición:

> Los profetas del Antiguo Testamento no poseían una especie de fotografía mental del futuro cuando advertían a sus oyentes acerca del juicio venidero de Dios y de su salvación. Si este hubiera sido el caso, entonces, vez tras vez, hubieran podido ser culpables de falsedad... Las profecías que se pronuncian en nombre de Dios se cumplen a la manera de Dios; Él no está atado a la letra de las palabras del profeta. Es el evento mismo el que revela el significado de la palabra.

Este mismo punto aplica cuando es transferido al Nuevo Testamento: "El evento que todavía se halla oculto, revelará el pleno significado de las palabras del Nuevo Testamento".[5] Esto implica que "cumplimiento" es una categoría *a posteriori* extremadamente compleja y rica, y que se ve empobrecida cuando se interpreta en términos de cierta clase de relación rígida entre la predicción y el cumplimiento. Jesús mismo expandió "cumplimiento" más allá de esto en su conversación con los desesperados discípulos del camino a Emaús, como se recoge en Lucas 24. Ahí, el Resucitado hizo notar cómo se habló de Él en la Ley, en los Profetas y en los Salmos (los Escritos), incluyendo con ello todo el canon del Antiguo Testamento en su plenitud triple.

Por lo tanto, "cumplimiento" realmente comunica la idea de "cabalidad", con un significado más profundo que la idea original. Implica echar vino nuevo en odres viejos que a menudo revientan, esto es, trascienden por mucho el significado literal original. Uno no puede decir de antemano qué contorno preciso asumirá el cumplimiento.

Agustín enunció, hace mucho tiempo, esta comprensión de la escatología. En cuanto al asunto del futuro, estableció el siguiente principio como que era expresado en la Palabra de Dios: "Todas estas cosas, creemos, se cumplirán; pero cómo, o en qué orden, el entendimiento humano no nos lo puede enseñar perfectamente, sino sólo la experiencia de los eventos mismos" (*City of God* [La Ciudad de Dios] 20.30). El mismo Agustín, al hablar de los pronunciamientos escatológicos de Pablo en 2 Tesalonicenses 2:1-11, dice: "Por qué son llamadas señales y milagros engañosos, es más factible que lo sepamos cuándo el tiempo de por sí llegue" (ibid., 19). Y respecto a la resurrección final, observa que "la manera en que esto suceda, ahora sólo podemos débilmente conjeturarla; lo entenderemos sólo cuando suceda" (ibid., 20).

En su nota sobre Mateo 2:17-18, que insinúa que el asesinato de los niños de parte de Herodes fue el cumplimiento de Jeremías 31:15 (donde se alude al llanto de Raquel en su tumba por los judíos deportados en cautividad babilónica, y que no tiene relación literal con el incidente de la atrocidad de Herodes), Wesley dice: "Un pasaje de la Escritura, sea profético, histórico o poético, se cumple en el lenguaje del Nuevo Testamento cuando sucede un evento al cual se puede acomodar con gran propiedad". Esta posición reconoce claramente el carácter *a posteriori* de la categoría de "cumplimiento".

H. Orton Wiley apoya sustancialmente esta misma posición cuando habla de lo que él llama "la ley de la reserva profética": "Se nos ha dado lo suficiente en las Escrituras para que la iglesia sea provista de una gloriosa esperanza; pero los eventos jamás se podrán desenmarañar hasta que la profecía suceda en la historia y los veamos manifestados claramente en sus relaciones históricas" (*CT* 3:307).

Estos principios hermenéuticos se desprenden de la naturaleza de los pasajes escatológicos de la Escritura. Cuando se prevé el futuro, incluyendo las anticipaciones del final de los tiempos, la predicción siempre se va a hallar firmemente arraigada en el presente histórico. Esto es cierto aun de los escritos apocalípticos que buscan conscientemente predecir la consumación de la historia.[6] No estamos leyendo historia escrita de antemano en formato de reportaje, como si el escritor (o el que habla) fuera un testigo ocular de tiempos y eventos no relacionados con su propio día. Más bien, el escritor está proyectando el fin como la culminación de eventos en los cuales tanto él como su audiencia están completamente inmersos. No importa cuán enigmáticas puedan ser sus referencias, un conocimiento completo de su tiempo puede identificarlas como que se derivan de la experiencia histórica.

Así, por ejemplo, el autor del libro de Daniel describe al gran anti-Dios en términos de Antíoco IV (Epífanes), aunque lo haga de manera velada, mientras que el autor de Apocalipsis describe al anticristo en términos de Nerón. Cuando el fin no se materializó como ellos lo describieron, las descripciones pasaron al repertorio de la profecía como realidades todavía por cumplirse, convirtiéndose en paradigmas para el actual fin del mundo. A esto se debe que siempre sea fútil tomar estas descripciones como si fueran relatos que se reportan, y tratar de utilizarlos para identificar con anticipación y de manera precisa lo que predijeron en términos de personas o países actuales, o cualquiera otra cosa. En otras palabras, puede haber muchos cumplimientos penúltimos que sean anticulminantes para el cumplimiento final.

C.E.B. Cranfield expresa de manera clásica esta posición en sus comentarios sobre las predicciones de Jesús acerca de la caída de Jerusalén de Marcos 13. Cranfield sugiere que, desde el punto de vista de Jesús, lo histórico y lo escatológico están entremezclados, y que el evento escatológico final se ve a través de la "transparencia" de lo histórico inmediato. Esta manera de ver el futuro expresa la perspectiva de que "en las crisis de la historia se prefigura lo escatológico. Los juicios divinos en la historia son, por así decirlo, ensayos del juicio final, y las encarnaciones sucesivas del anticristo son anticipos de la final concentración suprema de las rebeliones del mal antes del fin".[7]

Pablo tenía ciertas cosas bien definidas que decir acerca del fin en sus cartas más tempranas, especialmente en 2 Tesalonicenses. Resulta interesante que identifique tres cosas que deberían suceder antes de que venga el fin (una gran apostasía, la remoción de una fuerza coercitiva, y la aparición del anticristo), ninguna de las cuales todavía ha ocurrido, a pesar de las alegaciones de algunos de que ya no hay profecías que no se hayan cumplido. La siguiente declaración de Gunther Bornkamm acerca de las enseñanzas escatológicas de Pablo es pertinente, y demuestra cómo incluso las enseñanzas más explícitas del Apóstol no proveen una base para el conocimiento del fin siguiendo el formato de un reportaje:

El lenguaje y los conceptos de la apocalíptica influyeron profundamente en la teología paulina al igual que en la iglesia primitiva, pero en ambos casos fueron cambiados radicalmente. Las especulaciones, los panoramas y los conceptos apocalípticos se suprimen o se rechazan expresamente (1 Tesalonicenses 5:1ss.) y, como regla general, aparecen de manera fragmentada y sin coherencia. Fundamentalmente, lo más nuevo de la escatología de Pablo es su percepción de que la venida, la muerte en la cruz y la resurrección de Jesús constituyen el punto de inflexión en la historia.[8]

El argumento más decisivo contra la posibilidad de determinar un cumplimiento *a priori* lo constituyen las palabras del mismo Jesús. En Marcos 13:32 y Mateo 24:36, Jesús declaró que nadie sabía el día ni la hora de su retorno, ni siquiera el Hijo. Alguien ha observado que esta declaración de Jesús ha sido ignorada más que ninguna otra. Muchos todavía persisten en la búsqueda de la identidad de lo que ellos llaman "señales de los tiempos". Pero debería advertirse que esta frase se utiliza sólo una vez en la Biblia (Mateo 16:3), y no hace referencia a algo que esté por suceder, sino a algo que ya ha acontecido, a saber, que el reino ha entrado en la historia en la persona de Jesucristo.[9]

Un ensayo excelente sobre la hermenéutica de la escatológica bíblica es el del prominente teólogo católico Karl Rahner.[10] En el revelador escrito de Rahner, se plantean una serie de tesis. Resumiremos las cinco tesis cruciales con las cuales, percibo yo, los eruditos bíblicos y teológicos protestantes estarán de acuerdo (excepto, por supuesto, aquellos comprometidos con las presuposiciones de la teología dispensacional, que notaremos más adelante).

La presuposición subyacente de Rahner es que, siendo que las afirmaciones acerca del *éscata* tienen que ver con una realidad considerablemente diferente a la de otros objetos del conocimiento, es necesario una manera especial de conocer y, por tanto, una hermenéutica especial de interpretación. No es simplemente que la visión de mundo del periodo bíblico sea diferente de la de hoy, de modo que uno sólo necesite correlacionarlas, sino que estamos tratando con una situación única. Las siguientes tesis pretenden, pues, lidiar con la necesidad de explicar cómo deberían interpretarse estas afirmaciones únicas.

Tesis 1. La comprensión cristiana de la fe y su expresión debe contener una escatología que realmente guarde relación con el futuro, es decir, con lo que está aún por venir, con un sentido muy ordinario y empírico del término "tiempo". Esto afirma lo que a veces se ha llamado escatología realista, la cual rechaza explícitamente perspectivas existenciales como la que defendía Rudolf Bultmann. De acuerdo con la interpretación de Bultmann, el significado de la escatología se transforma de las "cosas postreras" a las "cosas últimas", refiriéndose al momento presente en el que se toma una decisión como el determinante de la existencia del ser humano. De ahí que el libro de Bultmann titulado *The Presence of Eternity* (La Presencia de la Eternidad) proponga remover toda dimensión de tiempo de las afirmaciones escatológicas.

Tesis 2. La comprensión cristiana de Dios afirma que su omnisciencia incluye el conocimiento de los eventos futuros, y el corolario de que, siendo que son eventos humanos, no excluyen, en principio, la posibilidad de que sean comunicados de manera comprensible. Esta tesis plantea la pregunta que mencionamos en una discusión anterior, a saber, que la presciencia de Dios debe implicar una relación paradójica entre la verdad de esa presciencia y la verdad de la libertad humana, una relación paradójica que trasciende la capacidad humana de formular una explicación racional sin evitar perder una verdad o la otra. Lo que Rahner está afirmando es que uno no puede establecer como principio *a priori* que el futuro es incognoscible. Sin embargo, al hacerlo, este teólogo deja abiertas la naturaleza y las limitaciones de este conocimiento potencial. Debemos hablar, no acerca de lo que Dios puede hacer, sino acerca de lo que Él de hecho hace. Es de esto último que deben derivarse los principios hermenéuticos.

Tesis 3. La esfera de las aseveraciones escatológicas y, de ahí, de su hermenéutica está constituida de la unidad dialéctica de dos declaraciones limitantes. La primera dice: "Es cierto, a partir de la Escritura, que Dios no ha revelado al hombre el día del fin". Esto implica que las afirmaciones escatológicas genuinas traen el *éscata* al presente sin perder el carácter de misterio que les es esencial. Las palabras de Rahner son adecuadas para decir esto de manera simple:

> Por tanto, se puede decir que dondequiera que tengamos una predicción que presente sus contenidos como el reporte anticipado del evento futuro de parte de un espectador, un reporte de un evento en la historia humana que por sí mismo excluya el carácter de misterio absoluto y, por ello, prive al evento escatológico de su escondimiento, ahí, entonces, está en acción una falsa

apocalíptica, o una afirmación escatológica genuina se ha malentendido como una pieza de apocalíptica debido a su estilo y forma apocalíptica. Por lo tanto, lo que nos corresponde es investigar cómo es posible que una afirmación pueda traer el futuro al presente de una manera tal que retenga un carácter marcadamente específico de escondimiento cuando esa afirmación venga con amenaza o promesa a nuestra existencia.

La segunda declaración limitante o definitoria en la esfera de las afirmaciones escatológicas es la historicidad esencial del ser humano: vive desde el pasado y hacia el futuro, y ambas cosas le son reales. Esto conduce a la siguiente tesis.

Tesis 4. El conocimiento del futuro será conocimiento de la futuridad del presente, ya que, de otra manera, su cumplimiento seguiría siendo extraño e ininteligible. Puesto de una manera más teológica sería:

> El fin que trae al individuo, a la humanidad y al mundo en general a su cierre es, precisamente, el completamiento del comienzo que se dio con Cristo (resucitado), y no es más que esto. Esta consumación final, como el fin de toda la historia, no se deriva de otro evento que aún esté por venir: el comienzo, el cual es Cristo, es la única y adecuada ley del final y, por tanto, el cumplimiento lleva en todas las cosas los rasgos de este comienzo.

Aunque Rahner no discute este punto, es esta verdad la que hace inválida la afirmación de que el Libro de Apocalipsis sea un escrito apocalíptico. Es cierto que comparte ciertas características literarias con el género apocalíptico, pero, teológicamente, se aleja del mismo. Lo apocalíptico vive a partir del fin, pero, como se describe en su capítulo 4, el movimiento hacia el fin descrito simbólicamente en el Libro de Apocalipsis incluye la consumación de una victoria que ya se había ganado en el punto medio de la historia. Sólo el Cordero inmolado podía abrir el libro de los siete sellos que inaugurará el proceso del juicio del mundo.

Tesis 5. Basados en las tesis previas, especialmente en la doble declaración de la tesis número 3, "Podemos al menos suponer que el conocimiento que tiene el hombre del futuro que todavía está por venir, incluso su conocimiento revelado, está confinado a tales posibilidades como se puedan derivar de la lectura de su presente experiencia escatológica". "La escatología no es una previsualización de los eventos que ocurrirán después (esa era la perspectiva básica de la falsa apocalíptica en contraste con la profecía genuina). ... La escatología mira adelante al cumplimiento definitivo de una existencia que ya está en una situación escatológica". Como declaración sumaria, Rahner dice que "extrapolar del presente al futuro es escatología, interpolar del futuro al presente es apocalíptica".

Esta última tesis ha sido presentada de manera muy simple en un artículo popularmente escrito por J. R. McQuilkin y titulado, "Esto sé yo".[11] Después de atravesar un profundo valle de duda, llegó a una posición radicalmente diferente a su aproximación anterior, y lo describe así: "Había comenzado a indagar sobre el futuro y a intentar escribir la historia por adelantado con gran detalle, como cualquier buen estudiante o maestro de profecía". Pero McQuilkin llegó a ver que lo que la Biblia nos dice acerca de la profecía "no es para el uso que comúnmente se hace de ella". Después de un estudio completo de los pasajes proféticos en el Nuevo Testamento, llegó a la conclusión de que "el estudio de la profecía bíblica debe ser, entonces, principalmente para dos propósitos: el estudio de la profecía cumplida para confirmar nuestra fe, y el estudio de la profecía no cumplida para influir en nuestra conducta".

En Busca del Milenio

Se podría afirmar que la categoría escatológica central es el reino de Dios. La manera en que uno concibe el Reino determina en gran medida su perspectiva de la escatología. Otto Weber declara que "el Reino de Dios se halla en el centro de toda expectación cristiana y abarca en detalle todo lo que debe decirse acerca de ella".[12]

Si el Reino se concibe exclusivamente como una realidad presente, el resultado será una "escatología realizada" (C. H. Dodd). Si se concibe exclusivamente como futuro, resultará en una "escatología consistente" (J. Weiss). Como hemos advertido en el cuerpo de esta obra, la perspectiva más adecuada es ver el Reino tanto presente como futuro. Aun cuando el reino de Dios ha entrado en la historia de una manera única en la persona de Jesucristo, su consumación aguarda una intervención futura. El concepto de milenio se desarrolla normalmente como resultado de la teología del Reino y, así, se convierte en una cuestión central en la escatología especulativa. Esto justifica que tracemos a continuación con cierto detalle el desarrollo del milenarismo como una enseñanza especulativa.

El Milenarismo en el Segundo Siglo

Parece que, desde el principio, había un doble énfasis en la doctrina cristiana de las últimas cosas: a la vez que se subrayaba lo real y completo de la salvación presente, también se les señalaba a los creyentes ciertos eventos escatológicos localizados en el futuro. Así pues, la esperanza cristiana, como la presentaban los escritores bíblicos, era un estar consciente de la bendición en el aquí y el ahora, en este tiempo, y también de la bendición venidera; el cierre final se concebía de manera realista, como una serie de eventos que Dios llevaría a cabo en el plano de la historia. Este doble énfasis se podía diluir en cualquiera de las dos direcciones.

Había cuatro momentos principales en la expectación escatológica de la teología cristiana primitiva del segundo siglo: el retorno de Cristo (conocido como la parusía), la resurrección, el juicio, y el fin catastrófico del presente orden mundial. Hubo, sin embargo, varios desarrollos durante el curso del siglo.

Contra los ataques de los críticos judíos, los apologistas sostenían que la profecía del Antiguo Testamento anticipaba una doble venida de Cristo. Insistían en que, además de su venida en humillación en la encarnación, Cristo vendría de nuevo en gloria con las huestes angelicales cuando los muertos, tanto justos como injustos, fueran resucitados (compárese con *First Apology* [Primera Apología] por Justino Mártir, 50-52).

Con el paso del tiempo, se dio el surgimiento de una comprensión esquematizada de la historia, muy semejante al apocalipticismo, que afirmaba aportar una clave para el tiempo de la parusía. "Bernabé" pensaba que el relato de la creación aportaba esa clave. Los seis días de la creación representaban 6,000 años (basado en las palabras de 2 Pedro 3:8). Este tiempo ya casi había expirado. Cuando se expresa que Dios descansó en el día séptimo, el significado era que Cristo aparecería al inicio del séptimo milenio para destronar a las personas que no se sujetaran a la ley, para juzgar al impío, y para transformar el sol, la luna y las estrellas (compárese con *Letters* [Cartas], 15).

Fue de este entorno que surgieron las enseñanzas milenarias del segundo siglo. El milenarismo o quilianismo es la doctrina de dos resurrecciones, derivada de Apocalipsis 20. La primera, la de los muertos justos, que sucederá en el tiempo de la segunda venida de Cristo; y la segunda, la de los justos y los malvados al fin del mundo. Entre estas dos resurrecciones habrá de haber un reino personal y corporal de Cristo por mil años que tomará lugar sobre una tierra renovada.

William Barclay sostiene que esta doctrina prevalecía especialmente en aquellas partes de la iglesia que habían recibido su cristianismo de fuentes judías, y que ésta es la clave para su origen, es decir, ciertas creencias judías acerca de la era mesiánica que le eran comunes a la época después del año 100 a.C. Antes de esta fecha, la creencia general era que el Reino sería eterno cuando fuera establecido. Desde el 100 a.C. en adelante, sin embargo, se dio un cambio producido por un creciente pesimismo acerca del mundo. Surgió el concepto de que el Mesías tendría un reino limitado sobre esta tierra, y que después del reino del Mesías vendría la consumación final. El punto de Barclay es que ésta es la fuente del pasaje del milenio en Apocalipsis 20, y la base para su interpretación surgida en el segundo siglo.[13] Esto indicaría que era de la misma clase que las expectativas terrenales judías.

El milenarismo apareció primero en el sistema de Cerinto, el gnóstico contemporáneo y opositor de Juan, y a quien éste atacó en su Primera Epístola. Entre los padres apostólicos, el milenarismo apareció sólo en los escritos de Bernabé, El Pastor de Hermas y Papías, aunque este último lo enseñó de forma crasa. William Burt Pope aduce que esta enseñanza no era la fe aceptada de la iglesia, como se evidencia por su ausencia en los credos.[14] El periodo entre los años 150 y 250 se considera la era floreciente del milenarismo.

Este postulado se volvió tan corriente en la última mitad del segundo siglo que Justino Mártir declaró que era la creencia de todos excepto de los gnósticos (Diálogo con Trifón, capítulos 80-81). Ireneo habla de buenos católicos que se le oponían, pero la diferencia entre los dos grupos parece haber sido de tipo hermenéutico, toda vez que aquellos que lo adoptaron seguían la interpretación literal de las profecías del Antiguo Testamento y a menudo le aplicaban una exégesis marcadamente sensual. Eusebio aduce de un obispo que enseñaba "un milenio de lujos corporales en la tierra".[15] Los eruditos de la Escuela de Alejandría (véase el Apéndice 2), los cuales se inclinaban a la exégesis alegórica, tal como Clemente y Orígenes, rechazaron la idea sensual como indigna.

La Reconstrucción de Agustín

Fue Agustín quien efectuaría un cambio en esta situación y ofrecería la alternativa que se convertiría en la posición clásica de la iglesia principal desde entonces hasta ahora.

Agustín, primero, repudió todos los esfuerzos para establecer una fecha para el fin del mundo y vincular el advenimiento de ese evento con desarrollos concretos y con incidentes históricos definitivos. Ya se habían hecho varios de estos intentos. Uno era enumerar las persecuciones. Esta teoría obtuvo su pauta de las diez plagas de Egipto, tomando el evento del mar Rojo como el tipo de la persecución final o décima primera, en la cual el anticristo perseguiría a la iglesia y, finalmente, perecería. Agustín dice: "No creo que las persecuciones fueran señaladas proféticamente a la luz de lo que se hizo en Egipto, no importa con cuánto adorno e ingenio, aquellos que así lo piensan, parezca que pudieran haber comparado las dos en detalle, no por el Espíritu profético, sino mediante la conjetura de la mente humana, que a veces da con la verdad y a veces es engañosa". Además, hay dificultad en determinar qué persecuciones deberían incluirse entre las diez, y todos los esfuerzos en la especificación de cuáles contar no toma en cuenta todas las persecuciones, lo que vale decir que un esquema semejante no se ajusta a la historia (*City of God* 18.52). Es asombroso cómo se repite la historia, siendo el caso, por ejemplo, la manera en que los maestros de la profecía pretenden ajustar la historia a un patrón séptuple para equipararlas a las siete iglesias de Apocalipsis, que, según ellos, representa a las siete eras que conducen al fin. El problema con todo esto es que la historia de la iglesia no se ajusta a ninguno de los patrones propuesto.

Se había hecho un segundo y más persuasivo intento, basado en la idea de que habría una serie de monarquías, tras lo cual vendría el fin del mundo. La fuente judía para esta idea puede hallarse en el Libro de Daniel, donde las imágenes y visiones de Daniel describen una cuarta monarquía destronada y remplazada por el reino de Dios (la piedra excavada de la montaña). Una creencia similar prevaleció también en otras culturas. Existía una creencia generalizada de que Roma era la cuarta y última de estas monarquías, y que cuando cayera, sobrevendría el fin del mundo. Por esto hubo gran consternación cuando cayó Roma ante el ejército visigodo bajo el mando del rey Alarico en 410.

En respuesta a los que pretendían determinar la fecha exacta del fin del mundo y vincularla con desenvolvimientos concretos y eventos históricos tales como "la caída de Roma", Agustín expresó que una exigencia así era impropia, señalando que Cristo mismo les dijo a sus discípulos: "No os toca a vosotros saber los tiempos o las sazones, que el Padre puso en su sola potestad" (Hechos 1:7). "En vano, entonces", continuó diciendo Agustín, "intentamos computar definitivamente los años que le restan a este mundo, cuando podemos escuchar de la boca de la Verdad que no nos toca a nosotros saberlo" (*City of God* [La Ciudad de Dios] 18.53).

Aquí hay que notar, no obstante, y con suficiente extrañeza, que Agustín parece haber aceptado el concepto de siete milenios basado en los siete días de la creación, aun cuando modificara radicalmente el concepto del milenio, como veremos enseguida.

La segunda principal reconstrucción de la escatología de parte de Agustín se dio en su reinterpretación del milenarismo o quilianismo en forma espiritual, lo que incluía también una reinterpretación del reino de Dios como espiritual y presente en lugar de terrenal y futuro. El *locus* clásico para esta transformación se halla en el Libro 20 de *City of God* [La Ciudad de Dios].

El punto de arranque de Agustín se da en el rechazo de un milenarismo "carnal". La idea de mil años literales, dice él, no sería tan cuestionable si se considerara que el gozo de los santos en ese "Sabbat" fuera espiritual, y resultante de la presencia de Dios. Agustín admite que sostuvo una vez el criterio carnal, sin embargo, ahora va a proponer una comprensión significativamente diferente de los "mil años" (Apocalipsis 20:2-7).

La entrada a esta perspectiva es su interpretación de la "primera resurrección" a la que hace referencia Apocalipsis 20:5-6. Esta resurrección corresponde al alma, alega Agustín, y no al cuerpo. Las almas de los seres humanos están "muertas en sus delitos y pecados" (Efesios 2:1), y necesitadas de vida; así, en la primera resurrección, son renovadas en una resurrección espiritual. "Al igual que hay dos regeneraciones… una de acuerdo con la fe, y que tiene lugar en la vida presente por medio del bautismo, la otra de acuerdo con la carne, y que se completará en su incorrupción e inmortalidad por medio del gran y final juicio, así también hay dos resurrecciones". La primera es espiritual y la segunda es del cuerpo.

Esta perspectiva abre la puerta a su interpretación de Apocalipsis 20:1-10. A la luz del hecho de que la Escritura utiliza la idea de "mil" simbólicamente en otros lugares, no existe razón para sospechar que no se utilice así en este lugar. Por lo tanto, el autor de Apocalipsis "usó los mil años como equivalentes a la duración completa de este mundo, utilizando el número de perfección para marcar la plenitud del tiempo". Siguiendo esta espiritualización del texto, lanzar al maligno al abismo se interpreta como que signifique que es restringido al corazón de los malvados, "cuyos corazones son insondablemente profundos en su maldad contra la iglesia de Dios; pero no que el maligno no estuviera allí antes, sino que se dice que es arrojado en ese lugar debido a que, cuando se le impide dañar a los creyentes, toma posesión más completa de los impíos".

Es en este punto donde Agustín va a aportar su definición del Reino como equivalente a la iglesia, y donde, durante el milenio (la era de toda la iglesia), los santos reinan con Cristo. Dice él: "Por lo tanto, la iglesia aun ahora es el reino de Cristo y el reino de los cielos. De conformidad con esto, incluso ahora sus santos reinan con Él, aunque distinto a cómo lo harán en el futuro".

La liberación del maligno después de esta era presente es para su destrucción final, ya sea "atado" o "suelto". Contrario a sus propios principios, Agustín creía que durante este periodo en que el maligno estaría liberado, habría de haber un periodo de tres años y medio de intensa persecución que precedería al "reino eterno de los santos".

Como dice G. Eldon Ladd, "La doctrina de la Ciudad de Dios de Agustín desvaneció del ámbito de la teología dogmática católica las interpretaciones milenarias del reino".[16] Durante toda la Edad Media, esta identificación de la iglesia con el Reino impidió la especulación acerca del milenio. Los reformadores protestantes no alteraron radicalmente esta idea, ya que identificaron el Reino con la "iglesia invisible", el reino de Dios en los corazones de los creyentes y, de ahí, una realidad presente.

El Milenarismo Moderno

El periodo moderno de la especulación acerca del milenio aparentemente se inició con la obra de Johann Albrecht Bengel (1687-1752). Bengel ha sido llamado el "padre del premilenarismo moderno" debido a su predicción de la parusía en 1836 (véase la referencia en una carta de Wesley citada anteriormente).

Hubo tres tipos generales de milenarismo surgidos en el siglo XVIII: (1) la perspectiva premilenarista del tipo adventista, cuya característica distintiva es que la iglesia está completa en la Segunda Venida. (2) La perspectiva premilenarista del tipo Keswick, representada por A. Seiss. El aspecto distintivo de este criterio es que la iglesia está incompleta en el tiempo de la Segunda Venida, esto es, la obra de salvación continúa durante el milenio. Este criterio parece ser un precursor del dispensacionalismo contemporáneo. (3) También ha surgido el postmilenarismo, que ha sido una extensión del agustinianismo. La persona asociada con el origen de esta perspectiva ha sido Daniel Whitby (1638-1726). En su teoría, la predicación del evangelio introducirá la Era Dorada, la cual será seguida por la Segunda Venida. Esta enseñanza está de acuerdo con la primera en el sentido de que la iglesia está completa en la Segunda Venida.

Muchos de los primeros líderes del movimiento de santidad de los siglos XIX y XX se suscribieron a esta tercera posición. A. M. Hills fue un proponente abierto, como aparentemente lo fue P. F. Bresee. Daniel Steele fue un fuerte defensor de esta perspectiva. Había considerable optimismo de que la predicación de la santidad convertiría a las "ciudades de los Estados Unidos de América en un jardín del Señor". El cambio de clima causado por la Gran Depresión y las dos guerras mundiales, lo cual resultó en el desvanecimiento del liberalismo, tornó asimismo las simpatías de los conservadores del postmilenarismo al premilenarismo. Prácticamente, todos aquellos que creían de alguna manera en el milenarismo optaron por alguna versión del premilenarismo.

El Talón de Aquiles del Milenarismo

No fue sino hasta los siglos XVII y XVIII que "el punto débil" del milenarismo comenzó a ponerse al descubierto. Dicho de manera simple, ¿cómo explica uno el surgimiento de los malvados que son engañados y convocados por el maligno al final del reino de Cristo de los mil años?

Durante el siglo XVII, varias soluciones ilusorias fueron propuestas. Nathanael Homes, en una obra titulada *Revelation Revealed* (1653) (Apocalipsis Revelado [1653]), propuso que aquellos que sobrevivieran a la conflagración (destrucción de la tierra por fuego) serían hechos como Adán, incluyendo el ser susceptibles a la caída; al realizar este potencial, se convertirían en los engañados. Thomas

Burnet (*Sacred Theory of the Earth*, 1681 [La Teoría Sagrada de la Tierra, 1681]) ofreció la solución más extravagante posible. En sus propias palabras:

> Parece probable que habrá una doble raza de humanos en la tierra futura, muy diferente una de la otra. ... Una nacida del cielo, hijos de Dios y de la resurrección, quienes son los verdaderos santos y herederos del milenio; los otros nacidos de la tierra, hijos de la tierra, generados del limo de la tierra y del calor del sol, como las criaturas brutas eran al principio. Esta segunda progenie, o generación de hombres, en la tierra futura, yo entiendo que son representadas con estos nombres prestados y ficticios de Gog y Magog. (Citado por Wiley, *CT* 3:275.)

Otra opinión era que Gog y Magog (los malvados) estarían integrados por los malvados resucitados que serían levantados para propósitos de este juicio.

En los tiempos actuales, un pequeño folleto de Arthur H. Lewis titulado *The Dark Side of the Millennium* (El Lado Oscuro del Milenio), ha renovado el ataque de que esta cuestión es realmente la debilidad que invalida todos los intentos de interpretar Apocalipsis 20:1-10 como que implique un reino de Cristo terrenal y físico. A diferencia del milenarismo del siglo XVII, los proponentes modernos describen este periodo de gobierno terrenal como una sociedad que contiene una mezcla de santos y pecadores. Esta perspectiva evita la necesidad de las extrañas explicaciones que este movimiento había requerido, y ofrece una explicación relativamente fácil para el surgimiento de Gog y Magog, toda vez que son los malvados que ya están viviendo quienes responden al engaño de Satanás. Lewis, operando dentro de las presuposiciones de la hermenéutica que produce la especulación milenaria en primer lugar, procede a poner en duda la idea prevaleciente de que el milenio sea la era venidera. Lewis arguye que un análisis de los así llamados textos del Reino, tanto en el Antiguo como en el Nuevo Testamento, revela que no hay apoyo alguno para la idea de una sociedad mixta en el milenio. Por cierto, la idea de la sociedad mixta tiene ciertas implicaciones interesantes, al menos una de ellas siendo que el mundo es un campo armado en el que sólo los cristianos portan armas a fin de vigilar a los demás y mantenerlos a raya con la "vara de hierro". Esto es una implicación extraña, por no decir otra cosa.

La posición a la cual Lewis siente que uno es llevado por la evidencia exegética es la del *amilenarismo* tradicional. Pero éste es un término equívoco, dice él, toda vez que implica un no milenio, por lo que va a preferir la frase *milenio del día actual*, la cual conlleva la idea de que hay un milenio real que se extiende desde la primera venida de Cristo hasta su segunda venida. De esta manera, insiste él, se retiene el significado literal. Por supuesto, Lewis en lo que se ha enfrascado es en una contienda semántica, ya que su criterio lo que define es precisamente lo que el amilenarismo clásico enseñaba y enseña. Lo que uno encuentra en este noble esfuerzo de Lewis es un intento de enfrentarse a lo inadecuado de una teoría sin rechazar las presuposiciones que informan la teoría. La única manera legítima de evitar las conclusiones insatisfactorias de tal teorización es abandonando el punto de partida y buscando un método exegético más adecuado, como el que se contempla en la primera sección de este apéndice.

De todos modos, al menos debemos tener en mente las palabras de J. B. Chapman, quien, en su presentación de la posición premilenarista dijo: "El milenarismo no se puede considerar la "piedra de toque" de la ortodoxia, como se hablaría verazmente acerca de la deidad de Cristo y de la regeneración espiritual".[17]

La Escatología Dispensacional[18]

Durante el siglo XIX, surgió un sistema de teología conocido como dispensacionalismo, y que incluía una escatología completamente nueva con numerosas y extrañas características.[19] Por alguna razón, ha llegado a calar muy hondo entre los cristianos conservadores, especialmente en sus bases, tanto que ha asumido el estatus de ortodoxia entre amplios grupos lo mismo de laicos que de ministros. Sin embargo, no hay ningún erudito wesleyano conocido por este escritor que se suscriba a ese sistema. Antes, existe literatura escrita por eruditos wesleyanos que habla explícitamente en su contra,[20] aun cuando el dispensacionalismo continúe enquistado. Por esta razón, el tema requiere cierta atención especial en una obra comprometida con la teología wesleyana dado que todas las presuposiciones básicas que informan el dispensacionalismo son antitéticas a la teología wesleyana y también a la exégesis bíblica sólida.

El elemento clave en este sistema de escatología, y el que es el aspecto más público de su enseñanza, puede que sea la idea del Reino.[21] Aquí el dispensacionalismo hace una distinción entre el reino de Dios, que expresa la autoridad de Dios sobre todo el universo, y el reino de los cielos, que alude al gobierno divino cuando se considera como limitado o terrenal.[22] Este último se entiende como reino judío, y que es físico o terrenal. Es este reino el que Jesús ofreció a los judíos, no un reino espiritual, sino una restauración real del trono de David.

Cuando los judíos rechazaron el reino, su establecimiento se tuvo que posponer hasta una época futura, toda vez que las profecías del Antiguo Testamento debían cumplirse literalmente. Durante el periodo intermedio del reino que fue pospuesto, existe la era de la iglesia, la cual no es la intención del Reino de Dios, sino una situación de "segundo orden".

Al final de la era de la iglesia, los creyentes cristianos serán arrebatados del mundo a la manera de un rapto secreto para que Dios pueda retomar su intención original de establecer un reino terrenal judío. Después que suceda este rapto, sigue un periodo de tribulación de siete años, el "tiempo de angustia para Jacob" (Jeremías 30:7). Luego viene el reino milenario en el cual se cumplirán literalmente las profecías del Antiguo Testamento respecto a la era dorada.

Nosotros, por nuestra parte, reconocemos que la idea del rapto es un concepto bíblico. Cuando Pablo dice en 1 Tesalonicenses 4:17, "Luego nosotros los que vivimos, los que hayamos quedado, *seremos arrebatados* juntamente con ellos en las nubes para recibir al Señor en el aire" (se añaden las cursivas), está expresando esta idea. La traducción de la Vulgata de "arrebatados" utiliza el término latín *rapio*, de donde se deriva el término rapto. Pero la idea de un rapto secreto es otro asunto, e incluso los dispensacionalistas cuidadosos admiten que es una presuposición traída a la Escritura, y no una que se deriva de la exégesis.[23]

La idea de un rapto secreto se originó en el siglo XIX (1830) como resultado de una visión de una adolescente escocesa llamada Margaret MacDonald.[24] De este auspicioso inicio, el rapto se convirtió en la enseñanza estándar de J. N. Darby y de los Hermanos Plymouth, y de ahí alcanzó a ser una doctrina muy ampliamente conocida.

Charles C. Ryrie, un principal portavoz contemporáneo de este sistema teológico, ha identificado tres premisas que constituyen el *sine qua non* del dispensacionalismo: (1) un dispensacionalista mantiene como distintos a Israel y a la iglesia. (2) Esta distinción entre Israel y la iglesia nace de un sistema de hermenéutica usualmente llamado de interpretación literal. Por tanto, el segundo aspecto del *sine qua non* del dispensacionalismo la cuestión de la simple hermenéutica. (3) Un tercer aspecto tiene que ver con el propósito subyacente de Dios en el mundo, que es más amplio que la salvación, vale decir, la gloria de Dios.[25]

De esta breve y parcial investigación podemos detectar el siguiente número de fallas teológicas básicas que llevan al tipo ilusorio de esquema escatológico en cuestión.

Primero, está basado en un criterio calvinista del pacto con Israel que es incondicional, y que no puede ser quebrantado. Esto lleva a que la diferenciación entre Israel y la iglesia sea eterna, y que sea demasiado crucial para el patrón de los eventos de los tiempos del fin que incluye la salvación de los judíos y la restauración a su tierra, y la reedificación del Templo.

Pero para nosotros todo esto pasa completamente por alto las enseñanzas de los profetas del octavo siglo en adelante, y también las declaraciones bien definidas del Nuevo Testamento de que estas diferencias son abolidas en Cristo, y la manera en que estas profecías nacionalistas se ven como siendo cumplidas. Hablar acerca de la salvación de un pueblo como un todo significa hacer una presuposición afín con el calvinismo, una presuposición que ignora la libertad humana y favorece el determinismo. Porque ¿qué seguridad tiene uno de que la respuesta de los judíos en un segundo adviento de Cristo sea de alguna manera diferente a la del primer adviento? El que se plantee esta pregunta en ningún sentido de la palabra debe tomarse como antisemitismo, sino más bien como un reconocimiento de que Pablo afirmó explícitamente en Romanos 9—11 que los judíos serán salvos sobre las mismas bases que las demás personas, sin distinción, y sin relación con el origen nacional.

Segundo, el dispensacionalismo adopta y perpetúa el concepto popular del Reino que ocupó la mente de las bases populares del Israel del Antiguo Testamento, y que los profetas del octavo siglo y sus sucesores trataron resueltamente de demoler, aunque, se podría añadir, con muy poco éxito (véase el Libro de Jonás). En los primeros siglos, el cristianismo sostuvo un creciente debate con el judaísmo con respecto a si era el Israel espiritual (la iglesia) o el Israel físico (los judíos) el que se hallaba en la línea de sucesión de Moisés y los profetas. En aquellas circunstancias habría significado rendirse sin batallar decir, como lo hace el dispensacionalismo contemporáneo, que la iglesia era un paréntesis en los planes de Dios para Israel.

Tercero, el dispensacionalismo adopta una hermenéutica que la iglesia cristiana ha rechazado desde el principio, y es que la iglesia cristiana insiste en que dispensacionalismo invalida el Antiguo Testamento como libro cristiano. Claro que, esto sería inmaterial para los dispensacionalistas, siendo que su punto de vista es (con Marción del segundo siglo, Rudolf Bultmann del siglo XX, y todos los gnósticos entre ellos) que el Antiguo Testamento no es un libro cristiano, sino que habla de aquellas promesas a los judíos que se cumplirán literal y físicamente. Pero, Donald Bloesch, está ciertamente en lo correcto cuando dice que tal perspectiva es "completamente insostenible a la luz de que el Nuevo Testamento identifica a la iglesia como el verdadero Israel".[26]

Cuarto, el dispensacionalismo asume que la iglesia está condenada al fracaso desde el principio, y que, en vez de que la era de la iglesia culmine con un grito de gloria, lo hará con lamentación. Y que este fracaso implica que su obra evangelística está equivocada, siendo que, por el designio de Dios, no puede tener éxito. Lewis Sperry Chafer, un teólogo sistemático temprano del movimiento dispensacionalista, dijo: "Muchas tareas emprendidas por los cristianos no se asumirían si se conociera mejor el programa de Dios y sus aspectos futuros. Él no ha dado comisión alguna de convertir al mundo, y las empresas basadas en esa clase de idealismo no tienen su autoridad".[27] Sobre este punto, L. L. Loetscher dice: "Es principalmente por su inusual filosofía de la historia que el dispensacionalismo separa tan herméticamente la iglesia del mundo".[28]

A la luz de todo lo anterior, no es de sorprender que los eruditos cristianos hayan hecho juicios severos y negativos contra todo este sistema. Hablando del sistema del dispensacionalismo como se encuentra personificado en las notas de la famosa e influyente Biblia de Scofield, John Bowman dice: "Esas notas representan quizá la herejía más peligrosa que se pueda hallar actualmente dentro de los círculos cristianos".[29]

James Barr, en crítica mordaz, expresa el aprecio por la creatividad del dispensacionalismo considerándolo como un "logro extraordinario de la fantasía de un mitólogo". Luego añade:

> Pero lo que sea que se pueda decir de su creatividad, cuando se considera como una declaración de verdad teológica cristiana...

difícilmente se puede dudar que la doctrina dispensacional sea herética, y que debe considerarse como tal, si el término "herejía" ha de tener algún significado. Si el dispensacionalismo no es herejía; entonces nada es herejía.[30]

La lección última de toda esta discusión es que la escatología especulativa sólo puede crear divisiones en el cuerpo de Cristo. La realidad de la segunda venida de Cristo, la consumación del Reino y la morada eterna de los santos, son hermosas verdades de la fe, firmemente fundamentadas en la Palabra de Dios; pero el verdadero significado de estas doctrinas queda anulado cuando se convierten en el objeto de una teorización que busca entrometerse en misterios que trascienden nuestro presente estado de conocimiento, o que, de igual manera, busca construir sistemas que describen la historia por adelantado.

Indudablemente que uno es libre de involucrarse en una especulación que sea consistente con sus compromisos teológicos y con la mejor exégesis bíblica gramático-histórica, pero ello jamás debería convertirse en el tipo de especulación que desvíe de la predicación del evangelio de que Dios ya ha obtenido decisivamente la victoria contra el pecado y Satanás en la presente era, al punto de que pueda librar de todo pecado aquí y ahora. Tampoco puede volverse el tipo de especulación que alimente una curiosidad mórbida que deje de hacer de las realidades escatológicas un incentivo para la santidad, o que sea tan dogmático en tales asuntos especulativos que termine amenazando la unidad de la iglesia.

APÉNDICE 2

Hermenéutica

El presente estudio bíblico, histórico y sistemático de la hermenéutica ofrece el trasfondo y la justificación para nuestra afirmación de que una hermenéutica teológica es la manera apropiada de llegar a términos con la autoridad bíblica, y de que, además, es el paso indispensable en el proceso exegético.

La hipótesis sobre la cual estamos procediendo es que el uso que hace el Nuevo Testamento del Antiguo Testamento provee la máxima clave productiva para una teoría hermenéutica adecuada. Así pues, nos estamos enfocando en esta hipótesis para la investigación que sigue con la intención de extrapolar de la evidencia una hermenéutica general.

A la luz de esta tesis, estamos sugiriendo que la mejor aproximación al asunto es comenzar con la pregunta central del Nuevo Testamento, a saber, "¿Quién es Jesús?" Los eventos de su muerte y resurrección generaron esta pregunta en sus seguidores. Eran eventos que habían llevado a su clímax una serie de sucesos que eran contrarios a todas sus expectativas preconcebidas; ahora se les hacía necesario iniciar un proceso de reorientación teológica. Al responder a esa pregunta, los primeros seguidores de Jesús, que eran principalmente de trasfondo judío, buscaron respuesta en sus Escrituras, esto es, en el Antiguo Testamento.

Así, las Escrituras fueron colocadas inmediatamente en el corazón de la fe del Nuevo Testamento, y la manera en que la iglesia primitiva entendió su significado se hallaría personificada en el kerigma o proclamación de su mensaje. De acuerdo con C. H. Dodd, quien ha hecho un trabajo definitivo al poder aislar esta declaración central acerca de lo que Dios había hecho a través de su Hijo, el kerigma es el punto donde debería comenzarse el estudio de la fe de la iglesia del Nuevo Testamento.

A partir de los sermones del Libro de Hechos y de la predicación de Pablo, Dodd ha descubierto varios ingredientes que aparecen consistentemente y que, de esa manera, forman el kerigma. Un elemento esencial de este mensaje fue la aseveración de que todo lo que había ocurrido fue "conforme a las Escrituras". Compárense, por ejemplo, las palabras de Pedro en Hechos 3:24, "Y todos los profetas desde Samuel en adelante, cuantos han hablado, también han anunciado estos días", con Romanos 1:1-2, "...el evangelio de Dios, que él había prometido antes por sus profetas en las santas Escrituras". En una palabra: "la muerte y la resurrección de Cristo constituyen el cumplimiento crucial de la profecía".[1]

Pero ¿dónde se originó esta convicción? Recientemente, los críticos modernos de la escuela de estudio bíblico conocida como crítica de las formas (*formgeschichte*) han propuesto que los evangelios fueron producto de la teologización de la iglesia primitiva para fines de su propia situación (*sitz im leben*). El Jesús a quien vemos enmarcado en los evangelios es una construcción de esa teologización para expresar su propia autocomprensión cristiana, lo cual, según la crítica de las formas, sugiere un gran problema de falta de confiabilidad histórica. Pero, sin que tomemos el tiempo para referirnos a las numerosas críticas de que ha sido objeto esta escuela, simplemente tomaremos partido con aquellos eruditos que sostienen que "Jesús mismo, para los primeros cristianos, no sólo fue la fuente de sus convicciones básicas, sino el paradigma en su interpretación del Antiguo Testamento".[2] Esta posición toma a los evangelios como históricamente confiables, y la palabra puesta en labios de Jesús como verdaderamente representativa de su verdadera enseñanza, aun cuando no fuera un reporte taquigráfico. Luego, el punto de partida para nuestro estudio debe ser las enseñanzas de Jesús.

Es instructivo observar que la apelación de Jesús a la Escritura (Antiguo Testamento) se da a menudo ante una clase de ceguera espiritual que es incapaz de interpretar correctamente la evidencia a la vista, y que las referencias son casi exclusivamente sobre su pasión. Estas dos cuestiones están integralmente relacionadas.

Los discípulos de Jesús, al igual que la mayoría de los judíos de su época, habían leído los pasajes mesiánicos de los profetas siguiendo una vena de pensamiento nacionalista. Fue casi inevitable que esto sucediera si los textos estrictamente mesiánicos se tomaban como aislados del esquema total de la predicación profética, ya que describían, de hecho, un rey davídico que gobernaría sobre un reino restaurado.[3] Por consiguiente, cuando el curso de la vida de Jesús comenzó a tomar el perfil del Siervo Sufriente del Señor (compárese con Isaías 42:1-7; 49:1-6; 50:4-9; 52:13-53:12), los discípulos se mostraron desconcertados. Su incapacidad para comprender el significado de lo que estaba sucediendo se expresa vívidamente en Mateo 16:21-23 (compárese con Marcos 8:31-33). Jesús llegó al tiempo de crisis en su ministerio cuando, después de un exaltado entusiasmo de la multitud por un reinado nacional impulsado por la alimentación de los 5,000,[4] rechazó los deseos de la multitud de un Mesías político, ofreciéndoles sus beneficios espirituales en el discurso del Pan de Vida (Juan 6). En esta coyuntura, el gran número de sus seguidores se había desvanecido, por lo que se volvió a los más cercanos en un intento de preparar sus mentes para las pruebas que habrían de seguir. Ahora habló abiertamente: "...le era necesario ir a Jerusalén y padecer... y ser muerto, y resucitar al tercer día" (Mateo 16:21). En las reconvenciones de Pedro, Jesús escuchó la misma voz que había escuchado en el desierto, una que había tratado de desviarlo de su vocación escogida por Dios, y de ahí que respondiera de la misma manera: "Quítate de delante de mí, Satanás" (v. 23). La incapacidad de entendimiento demostrada por Pedro simboliza la ceguera respecto a la verdadera misión de Jesús, la cual continuaría como un velo sobre la mente de todos sus discípulos hasta que la resurrección arrojara una nueva luz sobre sus entendimientos (compárese con Juan 2:22).

Es a la luz de este telón de fondo que Jesús buscó apelar a las Escrituras para que se verificara que el curso que realmente había seguido era el verdadero. Quizá podamos considerar Lucas 24:25-27 como el pasaje fundamental. Los dos que viajaban a Emaús estaban desconsolados debido a su expectativa no realizada. Patéticamente, le dicen al "extraño": "Pero nosotros esperábamos que él era el que había de redimir a Israel" (v. 21). Ahora, infieren ellos, sus esperanzas no se habían colmado y, por lo tanto, seguían vacías.[5]

La ceguera de ellos sin embargo se disipó cuando Jesús, "comenzando desde Moisés, y siguiendo por todos los profetas, les declaraba en todas las Escrituras lo que de él decían" (v. 27). El mismo patrón se repite más adelante en este capítulo, durante el encuentro de Jesús con un grupo de discípulos reunidos. Les recuerda específicamente sus enseñanzas mientras estaba "aún" con ellos, y luego hace referencia a las Escrituras en términos de la triple división del canon hebreo, la Ley, los Profetas y los Salmos (Escritos), como que todas se estaban cumpliendo en Él (v. 44). El resultado: "Entonces les abrió el entendimiento, para que comprendiesen las Escrituras" (v. 45).

En la última cena, en anticipación de su inminente traición y muerte, Jesús habla de que las Escrituras se están cumpliendo (Mateo 26:24) y, de nuevo, en la escena misma de su traición en el huerto, reprende el intento de Pedro de defenderlo y le dice: "¿Pero cómo entonces se cumplirían las Escrituras, de que es necesario que así se haga?" (Mateo 26:54; compárese con v. 56). Incluso su referencia al Salmo 118:22-23 es en conexión con la parábola del rechazo, la que necesariamente tiene en la mira su pasión (compárese con Mateo 21:42 y Marcos 12:10-11).

El cuarto evangelio contiene numerosas referencias a las Escrituras como siendo testimonio del origen divino de Jesús, pero son referencias que siguen manteniendo el mismo patrón que se ha notado en los pasajes sinópticos. Aquí, sin embargo, en ciertos casos, es la ceguera de los judíos por su incredulidad lo que les impide reconocer a Jesús por lo que es. Esta situación queda ejemplificada en Juan 5:39-40, NVI: "Ustedes estudian con diligencia las Escrituras porque piensan que en ellas hallan la vida eterna. ¡Y son ellas las que dan testimonio en mi favor! Sin embargo, ustedes no quieren venir a mí para tener esa vida" (nótese el indicativo, "Ustedes estudian", que es mejor traducción que el imperativo "Escudriñad" de la Reina-Valera 1960). El material de estos relatos puede haberse estructurado para lograr el propósito del escritor del cuarto evangelio, pero ciertamente está "fundamentado en los propios argumentos de Jesús".[6]

Debemos recalcar, y más tarde elaborar, la idea de que todos estos pasajes se enfocan en los aspectos sufrientes de la obra de Jesús. Si se hubiera dado un cumplimiento literal de la profecía en términos de la exégesis contemporánea (a Jesús), no hubiera habido problema. Pero la ceguera respecto a la verdadera intención de la Escritura que prevalecía tanto entre los amigos como entre los enemigos implica de manera más bien concluyente que se requería una reorientación en la manera de entenderla. La reorientación, no obstante, era algo que no podía ocurrir con una mejor traducción, sino sólo tomando una posición totalmente diferente cuando se buscara el sentido en el cual este drama era el despliegue del propósito redentor de Dios.

Hacia este punto es precisamente que Pablo está encaminándose en su contraste entre el antiguo pacto y el nuevo en 2 Corintios 3. Al igual que el velo que escondía del pueblo la gloria que se estaba desvaneciendo del rostro de Moisés en el tiempo cuando se dio la ley, todavía permanece un velo en el rostro (mente) de los hebreos que leen su escritura en la sinagoga, "porque hasta el día de hoy, cuando leen el antiguo pacto, les queda el mismo velo no descubierto, el cual por Cristo es quitado. Y aun hasta el día de hoy, cuando se lee a Moisés, el velo está puesto sobre el corazón de ellos. Pero cuando se conviertan al Señor, el velo se quitará" (2 Corintios 3:14-16). En el lenguaje técnico moderno, Cristo se convierte en una "nueva hermenéutica" en cuyos términos los cristianos deben leer su Antiguo Testamento.

Una reorientación de la exégesis como esa es la que caracterizó a los predicadores del Nuevo Testamento y, a su luz, declararon inequívocamente que la obra de Dios en Cristo se llevó a cabo "conforme a las Escrituras".

Ahora bien, lo próximo que nos toca elaborar es la implicación de que la apelación de Jesús a las Escrituras fue casi exclusivamente con relación a su pasión. La importancia de esta verdad descansa en la necesidad que Jesús tenía de mostrar, ante la expectativa popular, que era precisamente esta faceta de su ministerio la que constituía el cumplimiento de la Escritura. Las siguientes páginas tienen la intención de delinear en forma de bosquejo de qué manera el propio ministerio de Jesús conscientemente integró esta reinterpretación.

Sin entrar en detalles, toda vez que éste es uno de los temas más analizados en los estudios del Nuevo Testamento, para empezar, simplemente deberíamos notar que las expectativas populares de un redentor venidero (se le llamara Mesías o con algún otro título) era principalmente nacionalista o militarista. La vida personal de Jesús evitó conscientemente estas connotaciones y asumió más bien la vocación del Siervo del Señor, que es una figura que aparece en la segunda parte del Libro de Isaías. John Bright ha escrito clásicamente lo siguiente sobre el Siervo en Isaías:

> Allí se pone ante nosotros la figura más extraña, una figura casi sin ancestro ni progenie en Israel, una figura tan agobiada por el escarnio que ni Israel ni nosotros sabemos qué hacer con él, el Siervo Sufriente de Yahvé. Es quizá apropiado decir que hasta aquí, con todo y la nobleza de sus conceptos, el profeta no ha propuesto nada esencialmente nuevo... Pero, el Siervo Sufriente va a ser algo completamente único.[7]

La erudición moderna está bastante de acuerdo en que, "La figura del siervo le da unidad a todo lo que Jesús dijo e hizo desde el momento de su bautismo hasta el momento de su muerte en la cruz".[8] A la luz de esto, procedamos, pues, al análisis de su ministerio.

Bautismo y tentación. El bautismo de Jesús se ha explicado de muchas y diferentes maneras. Sin embargo, el significado principal debe derivarse del rol que desempeñó en la pauta de todo su ministerio. Partiendo de esta perspectiva, queremos verlo como el servicio de ordenación en el cual fue iniciado en el oficio del Siervo. Las palabras que procedieron del cielo, como se registran en Marcos 1:11, son: "Tú eres mi Hijo amado; en ti tengo complacencia". Estas palabras son una combinación de dos pasajes del Antiguo Testamento (Salmos 2:7 e Isaías 42:1), que juntos constituyen la fórmula de ordenación del Mesías Siervo.

Más tarde en su ministerio, Jesús hizo referencia a su obra en términos de un bautismo: "De un bautismo tengo que ser bautizado; y ¡cómo me angustio hasta que se cumpla!" (Lucas 12:50). Obviamente, está aludiendo a su pasión, y el uso del símbolo del bautismo apoya todavía más la interpretación de que su bautismo por medio de Juan fue un evento proléptico que anticipó la cruz. En este contexto, la tentación de Jesús en el desierto se vuelve una parte integral de su aceptación de la vocación de Siervo. Cada tentación, en su propia y particular manera, fue un intento de desviar a Jesús de la función que había aceptado, o a la cual había sido designado en el Jordán.[9]

Alimentación de los 5,000 y la transfiguración. Ya hemos indicado que el momento decisivo del ministerio de Jesús fue la alimentación de los 5,000 y el discurso sobre el pan de vida. Ahora podemos ver aún más claramente de qué manera este evento involucró un conflicto entre la misión a la que había sido ordenado y las esperanzas populares. Es significativo que hayan dos eventos íntimamente relacionados que sigan muy de cerca a esta crisis. Habiéndose tornado a sus discípulos inmediatos, los retira del escenario de sus obras portentosas a un lugar aislado en el campo, cerca de Cesárea de Filipos. Aquí pone a prueba las conclusiones a las que ellos han llegado y encuentra que creen que es el Mesías (Cristo) (Mateo 16:13-20). En este momento su tarea se convierte en un intento de relacionar la fe de ellos con una comprensión apropiada de su mesianismo en términos del Siervo Sufriente.

Aquí entra en escena el segundo de estos dos eventos: la transfiguración. Jesús, transformado ante Pedro, Santiago y Juan, aparece con Moisés y Elías. El primero representa la Ley y el último los profetas. La escena completa simboliza la verdad de que tanto la Ley como los profetas aprueban este cambio inesperado de eventos que rodea la esperanza mesiánica. Pedro, en un vistazo retrospectivo de esta experiencia desde una perspectiva posterior, anuncia así el significado para sus vidas: "Y nosotros oímos esta voz enviada del cielo, cuando estábamos con él en el monte santo. Tenemos también la palabra profética más segura" (2 Pedro 1:18-19a). La voz que había ordenado a Jesús para esta misión ahora estaba expresando adicionalmente la aprobación de sus acciones y enseñanzas, y el encuentro espiritual de la transfiguración les aseguró a los discípulos la sanción divina.

En una palabra, como bien lo expresa John Bright, "Cristo asumió y se atribuyó los conceptos del mesianismo. Pero a todos los transfundió (y transformó) con el concepto del sufrimiento".[10] Así pues, con esta comprensión, podemos ver en términos generales el significado de la afirmación, no sólo de parte de Jesús sino de la iglesia primitiva, de que Él era el cumplimiento de esta profecía.

Sin embargo, el problema para los primeros cristianos era: "Si Jesús cumplió esa profecía (del Siervo), ¿fue como Cristo (Mesías) que sufrió?" Los oponentes del cristianismo negaron que ese fuera el caso y, por tanto, los teólogos cristianos de entonces tuvieron que montar una apología escrituraria para este postulado central de la fe, esto es, que el Mesías debía sufrir. Así, tuvieron "probablemente que depender del uso de Isaías 53 para este propósito, aunque en realidad los vínculos verbales sean pocos".[11]

Barnabas Lindars sugiere que pudieron hallarse presentes tres etapas de desarrollo en el material bíblico, las cuales demuestran interés teológico a tres niveles. Existía primero el interés teológico principal "de formular una doctrina de la expiación", esto es, explicar la obra de Jesús como un "dar su vida en rescate por muchos" (Marcos 10:45). De esta manera, los cristianos primitivos se respondieron a sí mismos la pregunta del propósito de la muerte de Jesús. Luego, en segundo lugar, "está la cuestión apologética de la pasión con relación al mesianismo teórico", donde defienden su posición contra la crítica que negaba a Jesús el título de Mesías con base en su muerte, es decir, el enigma que acabamos de explorar. Es en conexión con estos dos primeros objetivos que Isaías 53 se torna central, aunque la naturaleza de la apelación de los primeros cristianos a esta escritura sigue siendo única. Como lo expresa F. F. Bruce:

> No es tanto un asunto de cita directa o de ecos verbales de los Cánticos del Siervo (más particularmente del cuarto) entre las palabras de Jesús: es más el hecho de que su concepción de la misión de su vida, coronada con el sufrimiento y la muerte, sea anticipada más claramente que cualquiera de las otras en el Antiguo Testamento.[12]

Sin embargo, los escritores del Nuevo Testamento van más allá de esta hermenéutica generalizada y especifican, en numerosas ocasiones, dónde ocurren cumplimientos específicos. Lindars lo advierte así: "Existe una tendencia a utilizar la profecía con propósitos subsidiarios".[13] Es decir, que hay aspectos definitivos del evento-Cristo que también han sido en cierta forma predichos por pasajes definibles de la Escritura, al igual que por el tenor general de algunos grandes pasajes. Pero, es aquí donde se plantean algunos de los problemas más difíciles para explicar cómo utilizó el Nuevo Testamento las escrituras del Antiguo Testamento.

Este procedimiento de uso es considerablemente prominente, por ejemplo, en el Evangelio de Mateo, un escrito que aparentemente tuvo su origen en una de las ramas judeocristianas de habla griega de la iglesia primitiva y, por esto, dicta que el escritor muestre una estrecha relación recíproca de Jesús con los escritos sagrados de los judíos. Esto explica por qué Mateo hace énfasis de manera persistente en la nota del cumplimiento. La fórmula característica que reaparece unas 10 veces es, "para que se cumplan".[14]

Hay un número de citas del Antiguo Testamento que han sido aparentemente arrancadas de sus contextos originales y aplicadas de una manera completamente ajena a su origen histórico. Veamos unos pocos ejemplos como cuestión de énfasis.

Mateo 1:23 es una cita de la traducción de la Septuaginta de Isaías 7:14.[15] En la situación de su contexto original, se está tratando con el intento de Isaías de convencer al rey Acaz para que no pida ayuda a Asiria contra la coalición de Siria e Israel. Este versículo es una amenaza a Acaz, ante su negativa, de que, si persiste en su escogido curso de acción, resultará en destrucción, y muy pronto. De hecho, la destrucción acontecerá antes de que un niño, ya concebido, alcance la edad del destete. Aun cuando fuera verdad que ésta es una profecía mesiánica,[16] como George Adam Smith sostiene de manera persuasiva, la misma identifica a un niño nacido en ese tiempo y, por tanto, tiene una referencia histórica específica que nadie que tenga algún sentido del significado del lenguaje puede posiblemente negar. En este punto de nuestra discusión, no haremos el esfuerzo de explicar cómo se puede resolver este problema. Aquí sólo estamos indicando la necesidad de llegar a término con el problema y la forma que adquiere.

La segunda cita (2:15) se toma de Oseas 11:1. Mateo aplica estas palabras a la huida de José y María a Egipto para escapar de la espada de Herodes. En Oseas, sin embargo, la referencia es a la acción de Dios en la liberación de Israel de la esclavitud de Egipto en el tiempo del éxodo.

En el caso de la matanza de los niños de parte de Herodes, Mateo 2:17-18 cita a Jeremías 31:15 como que se cumple de alguna manera en estos eventos trágicos. Sin embargo, el pasaje de Jeremías está describiendo poéticamente a Raquel en su tumba cerca de Ramá mientras llora por la deportación de los israelitas al exilio en Babilonia.

Las líneas de correspondencia se apartan aún más en el cuarto ejemplo (2:23), donde hay incluso ausencia de coincidencia verbal. La base de comparación parece ser la similitud de la palabra hebrea para rama (*netzer*) con el substantivo nazareno. Sin embargo, el original en Isaías 11:1, es claramente un pasaje mesiánico de primer orden.

Aunque no todos los casos que utiliza Mateo crean problemas cruciales de interpretación, la mayoría tiene necesidad de alguna justificación para su aplicación no literal. El problema se ve en su forma más radical cuando uno toma en cuenta la posible aproximación a estos pasajes representada por Rudolf Bultmann. Después de analizar muchos de los pasajes del Nuevo Testamento donde se afirma que hay un cumplimiento de la profecía, los cuales incluyen los que ya hemos examinado, Bultmann recalca: "Hablar de esta clase de profecía y cumplimiento se ha vuelto imposible en una era en la que se concibe el Antiguo Testamento como un documento histórico y se interpreta de acuerdo con el método de las ciencias históricas".[17]

Ahora bien, si, de hecho, el reclamo del Nuevo Testamento no está basado principalmente en cierta clase de "cumplimiento literal de la palabra", o no es el caso que se haya cumplido una predicción del tipo que hace de los eventos una especie de "teatro de títeres prearreglado" (C. H. Dodd), ¿cómo hemos de considerar ese reclamo? Este

es el asunto que constituye en este momento nuestra principal preocupación, aunque después podamos ver que tiene ramificaciones en
las áreas de la inspiración y autoridad de la Escritura.

Nos proponemos, pues, discutir a continuación este asunto indicando, primero, la historia del "argumento a partir de la profecía",
con atención especial a los siglos II, XVI y XVIII. Será significativo
ver la manera en que el surgimiento de la crítica histórica afectó la
manera en que se manejaba el problema, y la forma de las soluciones
que se ofrecieron. Finalmente, haremos el intento de presentar las
mejores soluciones contemporáneas, al igual que propondremos la
nuestra.

La Apología a Partir de la Profecía

En esta sección nos proponemos investigar las diferentes formas
en que la iglesia ha intentado ofrecer una interpretación del Antiguo
Testamento con relación a la fe cristiana. Esto implicará enfocarnos
en los siglos II, XVI y XVIII, como lo anotamos en el párrafo anterior. El primero y el último de estos periodos cruciales son considerados como siglos "apologéticos" de la teología cristiana. La Reforma
Protestante ocurrió durante el siglo XVI, y es un evento decisivo para
la historia de la hermenéutica. El propósito de nuestra aproximación
histórica es mostrar cómo luchó la iglesia con el problema expuesto
en la sección previa, y cómo se topó con varios callejones sin salida
hermenéuticos. Esto debe preparar el escenario para las sugerencias
positivas de la siguiente sección de este apéndice. Uno de los grandes
valores del estudio de la tradición seguramente es que nos permite
saber cuáles pozos ya se han secado.

El Siglo II

Al fijarnos en el siglo II, hay dos cosas que deberían tenerse en mente para evaluar apropiadamente el trabajo exegético de los cristianos
de ese tiempo. Primero, como es de conocimiento común, cuando
uno pasa de los escritos canónicos a disertaciones de las personas
conocidas como los padres apostólicos,[18] es como pasar de un cuarto
brillantemente iluminado a las sombras del ocaso. La valoración que
les hace F. W. Farrar es válida: "Su gloria es en su mayoría la gloria, no
del intelecto, sino de la justicia y la fe".[19] Una valoración como esta
sirve al propósito doble de resaltar el carácter inspirado de los documentos del Nuevo Testamento y, a la vez, llamar nuestra atención a lo

inadecuadamente competentes que eran los padres apostólicos como maestros del método hermenéutico, aun cuando, de otra manera, fueran grandes hombres.

La segunda característica, una que a menudo se pasa por alto, tiene que ver con las fuentes de los padres apostólicos. Su Biblia era el Antiguo Testamento traducido al griego (la Septuaginta), pero lo que es particularmente importante fue que no tuvieron acceso al Nuevo Testamento, y por buenas razones: todavía no se había compilado. Muchos creen, de manera equivocada, que hubo repentinamente un Nuevo Testamento completo que cayó desde el cielo en vestido de gala inmediatamente después de terminarse la así llamada era de los apóstoles. De hecho, el Nuevo Testamento no sólo necesitó un periodo de tiempo para componerse, sino que la finalización del canon no sucedió sino hasta el cuarto siglo.[20] Aunque tuvieron acceso a algunos de los documentos del Nuevo Testamento, muchos de los padres mostraron conocimiento sólo de un número limitado de nuestra presente lista.[21]

Al menos un detalle importante del punto anterior, y uno que es primordial, es que no tenían ejemplos desarrollados de la hermenéutica del Nuevo Testamento como se practicaba en los escritos canónicos y, por lo mismo, no tuvieron más opción que emplear los métodos exegéticos que prevalecían en el mundo de ese tiempo. Utilizaron métodos de interpretación que eran, "en gran parte, los de las escuelas judías", incluso una tradición judía de exégesis alegórica que se había desarrollado en Alejandría, Egipto, y que fue clásicamente representada por Filón de Alejandría.[22]

El hecho de vivir, como lo hizo Filón, en el ambiente cosmopolita de Alejandría, le permitió tratar de tender un puente sobre el abismo que existía entre su propia herencia judía y la filosofía helenística que floreció en ese gran centro intelectual. Al llevar a cabo tal tarea, Filón intentó mostrar que las percepciones de la filosofía griega ya habían estado presentes en los escritos de Moisés. Demostró esta aserción por medio de la exégesis alegórica del texto del Antiguo Testamento. Esto implicó, no sólo remover del texto bíblico cualquier elemento que pareciera repugnante a la mente helenística, interpretándolo como que simbolizaba una verdad más profunda, sino que, en lo positivo, atribuir ideas filosóficas a Moisés. De esa forma, Filón buscó significados tras el sentido literal, este último no siendo sino "la puerta de entrada o punto de partida para el verdadero significado que ha de buscarse en un nivel más profundo".[23]

Los padres apostólicos leyeron a Cristo y a la iglesia en todo el Antiguo Testamento, mayormente utilizando el mismo método alegórico de Filón. Farrar lo resume así:

> La alegoría ya era un método familiar entre los judíos, y al igual que los de Alejandría lo habían adoptado con el fin de hallar en Moisés una anticipación de la filosofía griega, así también los padres apostólicos, antes de la plena formación del canon del Nuevo Testamento, fueron guiados a la alegoría a fin de hacer del Antiguo Testamento un testimonio inmediato de la verdad cristiana.[24]

Sin embargo, el problema que enfrentaron estos primeros cristianos al utilizar el Antiguo Testamento como su libro fuente de escritos sagrados, era que sus documentos eran judíos en naturaleza y, "como era a los judíos que claramente se les habían hecho sus promesas, muchos cristianos poco informados no podían entender cómo relacionarse con él".[25] Una manera de aproximación era tomar las Escrituras literalmente, como lo hacían los ebionitas, y mantener así la validez eterna del moseísmo.[26] La otra aproximación, adoptada por Marción, consistió en el rechazo completo del Antiguo Testamento como no digno de la fe cristiana. Sin embargo, la tradición cristiana preponderante insistió en la unidad de la fe hebrea cristiana, procurando hacer uso de la Biblia judía para sus propósitos.

Entre los padres apostólicos, la *Epístola de Bernabé* es un ejemplo notable de esta lucha por cristianizar el Antiguo Testamento. El autor de esta *Epístola* sostiene que el pacto con Israel fue quebrantado para siempre cuando el pueblo se volvió a los ídolos y Moisés arrojó las tablas de piedra, destrozándolas. "Su pacto fue quebrantado", dice este autor, "para que el pacto de Jesús, el Amado, fuera sellado en nuestros corazones por la esperanza que da la fe en Él".[27]

El autor también sugiere que parte del Antiguo Testamento hace referencia a Israel y parte a "nosotros", con lo cual quiere decir la iglesia del Nuevo Testamento.[28] Sin embargo, no propone ningún principio por el cual se puedan distinguir estos dos significados.[29] En conjunto, su aproximación básica es alegorizar con base en una demanda de percepción especial (gnosis) que el autor llama un "don innato de enseñanza".[30] Farrar observa: "El único atisbo manifiesto de un principio exegético consiste en hallar a través de todo el Antiguo Testamento algo que se pueda referir a Cristo o al cristianismo".[31]

Como en toda alegorización, el sentido literal e histórico del texto desempeña un rol relativamente menor, lo cual les cede el lugar a las verdades espirituales. De acuerdo con J. N. D. Kelly, Bernabé sentía que "el error fatal de los judíos era el permitirse ser engañados por el sentido literal de la Escritura".[32]

El argumento en favor de la validez del cristianismo sobre las bases de la profecía alcanza su pináculo con Justino Mártir, cuyos escritos eran principalmente de carácter apologético. Justino tenía dos públicos en vista: las autoridades civiles y los judíos. Sus dos *Apologías* están dirigidas a los primeros, en tanto que su *Diálogo con Trifón* tiene a los segundos en mente. El objetivo del *Diálogo* era mostrar, a partir de la profecía hebrea, que el cristianismo, conforme al propósito de Dios, había tomado el lugar del judaísmo, y que los judíos, al igual que los gentiles, podían ser salvos sólo si se convertían en cristianos.[33] No obstante, incluso en su *Primera Apología*, dirigida a la comunidad secular, Justino basa parcialmente su tesis en una apelación a la profecía, un argumento que ocupa cerca de una tercera parte del tratado. Su intención no fue principalmente establecer la inspiración del Antiguo Testamento, sino más bien demostrar que Jesús, su obra, y su iglesia habían sido anunciadas anticipadamente en ciertos escritos y, por consiguiente, deberían tener origen divino. Con todo, el principal uso de la profecía se da naturalmente en su apelación al público religioso (judío).

Al igual que Bernabé, Justino sostiene que el Antiguo Testamento se había escrito principalmente para los cristianos, y defendió su posición con el copioso uso de alegorías desmedidas. De esa manera, y en palabras de Farrar, "siguiendo los pasos de los rabinos, niega los hechos históricos más simples".[34] También, al igual que Bernabé, su exégesis es esotérica, vale decir, el resultado de la gnosis derivada de la gracia espiritual. Justino incluso sustenta su interpretación alegórica llamando la atención a los absurdos que resultan de una exégesis estrictamente literal.[35]

Un ejemplo casi increíble de la aplicación del método alegórico aparece en los capítulos 89-90 del *Diálogo con Trifón*. Trifón admite que los judíos anticipaban la venida de Cristo, pero insiste en que Justino le pruebe que Cristo tenía que sufrir en la cruz, una muerte que lo pondría bajo maldición, de acuerdo con Deuteronomio 21:23. Justino responde que "Moisés fue el primero en dar a conocer esta aparente maldición de Cristo por medio de los actos simbólicos que realizó". Justino se refiere, como cualquier persona con lucidez debería ver claramente, al incidente durante la batalla de Israel contra los amalecitas, cuando Moisés extendió sus manos en la figura de la cruz. "En verdad", dice Justino, "no fue porque Moisés oró que su pueblo obtuvo la victoria, sino porque, debido a que el nombre de Jesús estaba en el frente de batalla, Moisés formó la señal de la cruz".

Ireneo fue un teólogo mucho más bíblico que Justino, pero su hermenéutica aún deja mucho que desear. Para nuestro propósito, sólo necesitamos notar un comentario de Kelly en el cual cita a Ireneo diciendo que, en efecto, "la profecía, por su misma naturaleza, era oscura y enigmática", y que "apuntaba divinamente a los eventos que sólo podrían ser delineados con precisión después de su realización histórica".[36] Una introspección como esta de Ireneo es de proporciones desmedidas. (Véase el Apéndice 1.)

A fines del segundo siglo, o a inicios del tercero, Orígenes, el primer verdadero exégeta bíblico, le proveyó una fórmula científica a la hermenéutica alegórica.[37] Los "tres niveles de significado" que Orígenes detectó en la Escritura[38] serían establecidos en la iglesia como la posición estándar hasta la Reforma. Orígenes también afirmaba que el Antiguo Testamento era un libro de profecía cumplida en Cristo, pero señalaba de manera reveladora cómo tanto los judíos como los herejes habían sido privados del verdadero entendimiento del Antiguo Testamento debido a que lo tomaban literalmente. Otra percepción reveladora de Orígenes relacionada con el asunto en discusión es que el modo de conocimiento de los profetas era diferente al de los apóstoles, ya que aquellos contemplaron los misterios de la encarnación antes de su cumplimiento.[39]

Basados en esta muy somera discusión, podemos adelantar varias observaciones acerca de la hermenéutica de los padres del segundo siglo. Primero, y de manera muy importante, ellos jamás vacilaron en afirmar la continuidad entre el Antiguo Testamento y el nuevo movimiento que se originó con Jesús de Nazaret. Ellos afirmaron ser los sucesores de Israel en los propósitos de Dios, y que el nuevo pacto había reemplazado al antiguo en una relación de unidad orgánica. La premisa teológica que dio validez a estas afirmaciones fue la unidad de Dios y, de ahí, la continuidad de los dos Testamentos, o, como dice Kelly, que "estaban basados en el hecho, observado por Teófilo de Antioquía... de que tanto los profetas como los evangelistas fueron inspirados por uno y el mismo Espíritu".[40]

Hay que añadir, además, que fue sólo tras considerable interpretación que los padres apostólicos pudieron pensar de "un cumplimiento literal de la profecía". La práctica de ellos fue tal como para indicar que era mejor caracterizarla en términos de que "las profecías se cumplían literalmente cuando se interpretaban alegóricamente". Y siendo que ya hemos notado su repetido énfasis en los defectos de una lectura literal del Antiguo Testamento, su más obvia respuesta a este problema fue la hermenéutica alegórica.

La alegoría es algo difícil de definir con precisión, pero la característica genérica que aparece presente en todos los casos es una indiferencia a la historia. Es

> siempre ahistórica y usualmente antihistórica. Se aproxima a las Escrituras, no con el propósito de dicernir en ellas un esquema de revelación histórica, sino más bien como una fuente de palabras absolutamente normativas que se puedan acomodar a cualquier requerimiento presente.[41]

El corolario de esta perspectiva no histórica del texto es una visión mecánica de inspiración que puede no darle consideración seria al factor de la autoría humana de la Escritura. "Para los alegóricos, la personalidad humana por medio de la cual se entregaba supuestamente la palabra, se volvía una cifra anónima, relevante sólo como herramienta empleada por el dador del oráculo divino".[42] El significado de esta postura es que el método exegético requerido para la comprensión del texto es completamente subjetivo, "renunciando, como lo hace, a todo acceso a la mente a través de la cual pasaban las palabras de la Escritura, y en las cuales era formulada".[43] Hay que decir, pues, que, aunque podamos admirar la preocupación de los alegóricos de hacer que los textos antiguos fueran contemporáneos, con todo, deberíamos deplorar su menosprecio del sentido literal e histórico del texto sagrado.

Ahora bien, incluso en este temprano periodo, hubo oposición a la exégesis alegórica, y esto se hizo prominente en la escuela de Antioquía de Siria. En esta escuela, en contraste con la escuela de Alejandría, se ponía de relieve la interpretación literal, siendo que sus principales representantes estaban "unidos en la creencia de que la alegoría era un instrumento desconfiable, más aún, ilegítimo, para interpretar la Escritura".[44]

Esta reacción tuvo como resultado una drástica limitación del elemento estrictamente profético del Antiguo Testamento. El siguiente análisis de la posición de Teodoro de Mopsuestia, ofrecido por Kelly, es instructivo.

> Por ejemplo, Teodoro se negó a reconocer como mesiánicos en sentido directo textos tradicionalmente aceptados como Oseas 11:1s; Miqueas 4:1-3; 5:1s; Hageo 2:9; Zacarías 11:12-14; 12:10; Malaquías 1:11; 4:5s. Los mismos no se conformaban a su riguroso criterio, y el contexto proveía (pensaba él) una explicación histórica plenamente satisfactoria. De manera similar, Teodoro redujo a cuatro el número de salmos que consideraba que eran directamente proféticos de la encarnación y de la iglesia (2; 8; 45; 110). En el caso de los demás salmos (esto es, 21; 2; 69; 22), fuera que otros escritores apostólicos o él mismo los hubieran aplicado al Salvador, él explicaba que se prestaban para este uso, no porque predijeran algo, sino porque el salmista había estado en un predicamento espiritual análogo. Con todo, Teodoro estuvo dispuesto a conceder que algunos salmos (por ejemplo, 16; 55; 89) y profecías (por ejemplo, Joel 2:28s; Amós 9:11; Zacarías 9:9; Malaquías 3:1), aunque no eran mesiánicos si se tomaban literalmente, se podrían interpretar legítimamente como tales en la medida en que eran tipos que alcanzaron su verdadero cumplimiento en la revelación cristiana.[45]

Lo que se acaba de citar introduce otro patrón de hermenéutica que en los tiempos modernos ha recibido considerable énfasis, a saber, el tipológico. Muchos eruditos contemporáneos insisten en que estos padres apostólicos estaban utilizando una hermenéutica así, si no en lugar de la alegórica, al menos además de ella.[46] No obstante, diferiremos la discusión de la aproximación tipológica a una sección posterior donde deberemos darle una mayor y seria consideración. Pero, mientras tanto, nos parece que nuestro propósito de demostrar los problemas hermenéuticos del segundo siglo para la corroboración de las afirmaciones proféticas ha sido alcanzado.

El Siglo XVI

La Reforma del siglo XVI aportó dos significativos desarrollos en el uso cristiano del Antiguo Testamento. El primero tuvo que ver con el canon. La lista judía de los escritos autorizados había sido finalizada en el Concilio de Jamnia de alrededor del año 90 d.C. Sin embargo, la iglesia cristiana de Occidente había continuado aceptando algunos otros escritos, conocidos como los apócrifos, como parte del canon del Antiguo Testamento. Martín Lutero y el resto de los reformadores pusieron en duda estos escritos, en parte debido a que ciertas doctrinas romanas estaban basadas en ellos y, por lo tanto, los rechazaron como no canónicos, esto es, como no autoritativos para la doctrina.

El Concilio Católico Romano de Trento (1545-1563) hizo conocer que la mayor parte de los apócrifos era canónica, y declaró anatema a todos los que negaran su estatus, pero el cristianismo protestante continuó afirmando su aceptación del canon judío de los 24 libros (39 en la Biblia hispana). De esa manera, cuando un teólogo protestante hacía referencia a las escrituras del antiguo pacto, operaba en un campo más estrecho que los teólogos romanos.[47]

Pero, lo más importante para nuestro estudio son las aportaciones hermenéuticas de Martín Lutero. Primero, porque rechazó vehementemente el método alegórico de los padres apostólicos. "Las alegorías de Orígenes no valen la pena por tanta suciedad", y, "Las alegorías son especulaciones vacías y, por así decirlo, la escoria de las Santas Escrituras", son citas que representan la reacción típica de Lutero. Que el reformador estuviera consciente de los excesos a los que este método podía conducir se ve en su famosa analogía de que la alegoría es una especie de bella prostituta que luce especialmente seductora ante los hombres ociosos.[48] No obstante, una consideración más moderada de Lutero conteniendo una evaluación más positiva va a venir de sus disertaciones sobre Isaías (1527-1530):

> Uno debería pensar cuantiosamente, y de manera grandiosa, sobre la historia, pero poco sobre la alegoría. Se debería utilizar la alegoría como una flor, porque ilustra el sermón más bien que lo fortalece... La alegoría no establece doctrina, pero, como el color, algo le puede añadir.

Lutero también repudió el cuádruple significado de la Escritura que, para su tiempo, ya había llegado a ser la premisa exegética aceptada: (1) el literal; (2) el alegórico; (3) el tropológico o de sentido moral; y (4) el sentido analógico o escatológico. En contraste con este múltiple significado, Lutero declara que "sólo el sentido literal de la Escritura es la esencia completa de la fe y de la teología cristiana", y luego apunta, "He observado que todas las herejías y errores han surgido, no de las propias y diáfanas declaraciones de la Escritura, sino cuando se ignora lo diáfano de la declaración y los hombres siguen los argumentos escolásticos de sus propios cerebros".[49]

Esta posición constituye el corolario de su premisa básica de que cada persona es su propio sacerdote y, por tanto, puede leer la Biblia por sí misma, sin la necesidad de elaborados "trucos de monos", como los llamaba. La Escritura, insistía él, ha de ser entendida por todos, y los creyentes comunes debían tener acceso a ella y ser capaces de recibir la Palabra a través de ella.[50]

El énfasis de Lutero sobre el sentido literal, que él prefería llamar sentido gramatical, implicaba más que una sencilla "interpretación histórico-fáctica". Lo entendía como "sentido literal, profético", lo cual parece indicar que, aunque el sentido literal ha de tomarse seriamente, su significado ha de ser mediado por el sentido "espiritual". Las implicaciones de esto se observan en la siguiente declaración de E. C. Blackman:

> En oposición al escolasticismo, Lutero abandonó la noción de que la Escritura tiene un múltiple sentido. Con todo, no rechazó completamente el significado espiritual ni el método alegórico. Lo que hizo, con un énfasis realmente nuevo, fue relacionar los sentidos literal y espiritual de manera mucho más íntima el uno con el otro.[51]

A lo que se oponía realmente Lutero en la alegorización escolástica era a que se leyera el dogma de la iglesia en la Escritura por medio de ese método exegético. Por eso propuso un principio mediante el cual la alegoría se podía controlar, y que implicaba un criterio objetivo que se podía aplicar para evitar el subjetivismo desenfrenado. Pero Lutero vio claramente que, si uno se adhiere estrictamente a la interpretación histórica-gramatical, sería muy difícil considerar el Antiguo Testamento como escrituras cristianas. Así, como procedente de este complejo de problemas, Lutero introdujo la "analogía de la fe", una frase que se encuentra en Romanos 12:6 (griego: *analogia*), con lo cual simplemente quería indicar que toda la Biblia, incluyendo al Antiguo Testamento, ha de interpretarse por medio de la analogía de la fe salvífica en Cristo.[52]

Esencialmente, se trata de un juicio y hermenéutica teológicos. Encierra el descubrimiento, dentro de la misma Escritura, de los principios o verdades por medio de los cuales todo el canon puede interpretarse. Es realmente más que comparar texto con texto. De ahí que, la manera de Lutero aplicarlo es realmente, como señala Farrar, sea la regla de la analogía de la Escritura en lugar de la analogía de la fe.[53] Es, incluso, en su mejor expresión, algo más que interpretar los pasajes oscuros por medio de los claros, si bien hay que incluirlo.

Juan Wesley no es una figura de la Reforma, pero su explicación de esta regla es de gran ayuda:

> San Pedro lo expresa "como los oráculos de Dios", de acuerdo con el tenor general de ellos, de acuerdo con el gran esquema de la doctrina que se entregó en ellos, concerniente al pecado original, la justificación por la fe y la salvación presente e interior. Existe una hermosa analogía entre todos éstos, y una conexión estrecha e íntima entre los principales líderes, de esa fe "que ha sido una vez dada a los santos". Por lo tanto, en cada artículo concerniente al cual haya alguna pregunta, debe determinarse por esta regla; toda escritura dudosa debe ser interpretada de acuerdo con las grandes verdades que recorren su totalidad. (Nota sobre Romanos 12:6.)

Para Lutero, el propósito entero de la Escritura es revelar a Cristo. Ese es el significado de su fórmula, *Christus regnum Scriptura* (Cristo es Rey de la Escritura). Por consiguiente, a Cristo se le puede hallar en cualquier parte de la Escritura, y cualquier interpretación, incluso la alegórica, es legítima si es cristológica; otra alegorización es ilegítima.

El análisis de Alan Richardson resume tanto el propósito como la principal debilidad de esta nueva aproximación:

> Lutero sostenía sin duda que, al proveer una categoría bíblica y plenamente cristiana de interpretación para la dilucidación de los significados espirituales en el registro histórico, estaba terminando con toda subjetividad e ilusión en la exégesis teológica de la Biblia. Tenemos aquí una nítida ilustración de la naturaleza paradójica de todas las categorías de interpretación, las cuales, aunque parecen ofrecer una manera verdaderamente válida u objetiva de ver las cosas desde el punto de vista de aquellos que las ven a través de ellas, a otras personas que hacen uso de otras categorías les parecen considerablemente subjetivas y arbitrarias. Así pues, se objeta a menudo que el método de interpretación bíblica y de exégesis de Lutero es completamente subjetivo, porque estaba basado en su propia experiencia intensa de salvación y justificación.[54]

Para nosotros, el verdadero significado de la contribución de Lutero es su tesis de que debe haber una norma hermenéutica según la cual se lea toda la Escritura. Determinar cuál debe ser esa norma será la tarea de la teología bíblica.

El Siglo XVIII

La situación apologética del siglo XVIII trajo consigo diversos perfiles de las eras anteriores. El principal oponente de la religión revelada en ese periodo fue la religión natural. Era la edad del racionalismo, y su principal premisa consistía en que nada había de aceptarse como válido si no se conformaba a los cánones de la razón, lo cual eliminaba de la religión todos sus elementos sobrenaturales, incluyendo la revelación, especialmente si afirmaba una verdad que fuera más allá de la razón. La religión natural, en una palabra, "significa simplemente los postulados religiosos justificados por la razón, y que se hallan en las religiones en sentido general".[55] Mucha gente de la iglesia se suscribía a esta posición, pero hubo una forma específica de religión natural, el deísmo, que se declaró en oposición abierta al cristianismo.

Contra estos ataques, los apologistas cristianos brindaron apoyo objetivo a la fe en la forma de milagros y profecía. Se dio un aumento de actividad en la controversia, lo que una vez más resaltaba el problema del cumplimiento literal de la profecía que hemos observado en cada uno de los periodos que hemos analizado. En 1722, William Whiston publicó un libro en el que defendía el valor patente de la profecía del Antiguo Testamento para probar el mesianismo de Jesús y el origen divino del cristianismo. Whiston, sin embargo, observó en ciertos casos una falta de correspondencia entre la profecía y el cumplimiento que se alegaba. Como su solución al problema acusó a los judíos de corromper intencionalmente el texto del Antiguo Testamento, por lo que se dio a la tarea de intentar restaurar el verdadero texto original. Esta era la misma táctica que había sido empleada anteriormente por Justino Mártir. El libro de Whiston se titulaba, *An Essay Toward Restoring the True Text of the Old Testament, and for Vindicating the Citations Made Thence in the New Testament* (Un ensayo dirigido a la restauración del verdadero texto del Antiguo Testamento y de ahí la vindicación de las citas hechas en el Nuevo Testamento).

La obra de Whiston provocó una respuesta de parte de Anthony Collins en dos diferentes trabajos que daban la apariencia de apoyo, pero que en realidad estaban diseñados para destruir el argumento basado en la profecía. En su *Discourse on the Grounds and Reasons of the Christian Religion* (Conversación sobre las Bases y las Razones para la Religión Cristiana), publicado en 1724, sostenía que la prueba individual más decisiva del cristianismo es la profética. Sin embargo, procedió a señalar que la "falta de correspondencia entre la profecía y el cumplimiento que Whiston había advertido en ciertos casos, es verdad para todos los casos cuando las profecías son *interpretadas literalmente*" y, por lo tanto, la restauración que Whiston había propuesto no abordaba adecuadamente el problema.[56] Collins escribió:

> Parece, por tanto, ser algo máximamente destructivo para el cristianismo suponer que la argumentación típica o alegórica es en todo respecto débil y fanática, y que los apóstoles siempre arguyeron a partir del asunto de las profecías y de la manera de razonar utilizada en las escuelas, puesto que es marcadamente aparente que todo el evangelio está basado en todo respecto en el tipo y la alegoría, que los apóstoles, en su mayoría, si no en todos los casos, razonaron típica y alegóricamente, y que si se supone que los apóstoles razonaron siempre conforme a las reglas utilizadas en las escuelas, y que sus escritos fueron expuestos a las pruebas de estas reglas, los libros del Antiguo y Nuevo Testamentos se encuentran en un estado irreconciliable, y son incapaces de resolver las dificultades contra el cristianismo. Cualquiera que se llame cristiano, dice el doctor Allix, debería tener cuidado con la manera en que niega la fuerza y autoridad del método de interpretación tradicional, el cual ha sido recibido antiguamente en la iglesia judía.[57]

Como se puede ver, aquí Collins niega que el cumplimiento de la profecía se pudiera considerar legítimamente como literal o histórico en sentido alguno; más bien se debía entender de una manera alegórica. Como A. C. McGiffert comenta: "El libro significó un ataque demasiado de severo a la evidencia de la profecía, ya que el método alegórico no se podía haber tomado seriamente, y no era la intención que lo fuera".[58] En una obra posterior (1727) titulada *The Scheme of Literal Prophecy Considered* (El Esquema de la Profecía Literal Considerado), Collins abiertamente atacó la apelación a la profecía.

El debate evidentemente alentó un difundido interés. Collins mismo hace referencia a más de 30 réplicas a su primera obra. Una de las réplicas más vigorosas fue la de Thomas Sherlock (1678-1761) en *The Use and Intent of Prophecy in the Several Ages of the World* (1725) (El Uso y la Intención de la Profecía en las Varias Edades del Mundo [1725]). Sherlock hizo una importante modificación en la forma en que se había expresado el argumento. Era más bien fácil encontrar debilidades en el argumento profético, como Collins lo había hecho, si se interpretaba con el significado de que "todas las profecías antiguas han señalado y caracterizado expresamente a Cristo Jesús". Para Sherlock, más bien debería plantearse como sigue: "Todos los avisos que Dios les dio a los patriarcas acerca de su salvación propuesta las responde perfectamente la venida de Cristo". Como comenta correctamente Carpenter: "La distinción es sutil pero no menos importante".[59] Si Juan Wesley fue influenciado o no por las declaraciones de Sherlock es imposible afirmarlo, aunque, en efecto, propugnó la misma posición, y lo hizo durante este mismo periodo. En sus notas sobre Mateo 2:17-18, al comentar la frase, "Entonces se cumplió", Wesley dice que "un pasaje de la Escritura, ya sea profético, histórico o poético, se cumple en el lenguaje del Nuevo Testamento cuando un evento, al suceder, se le puede acomodar con gran propiedad".

Una vez más, se vuelve obvio que una lectura literal de la Escritura en este contexto conduce a un callejón sin salida. La otra opción viable hubiera parecido ser la alegoría, aunque con sus muchas debilidades.

Pero, como veremos, había un desarrollo en marcha en este siglo que, con el tiempo, conduciría a una manera más fructífera de considerar estos asuntos, y que estaba mucho más de acuerdo con los hechos en el caso, y con el verdadero punto de vista bíblico. Hasta aquí el énfasis se había puesto en el cumplimiento literal de las palabras de la Escritura, y esto inevitablemente conducía a la alegoría. La nueva comprensión sugeriría que la Biblia se enfoca en los eventos en lugar de las palabras, y que lo que está en juego es el cumplimiento de la historia. La persona que parece ser el padre de este desarrollo fue el renombrado erudito bíblico Johann Albrecht Bengel, el tutor de Juan Wesley en exégesis bíblica.[60] Esta nueva comprensión ha sido tan revolucionaria, tan pertinente a los hechos como los encontramos en la Escritura, y tan influyente en la hermenéutica contemporánea, que tenemos que dedicar la siguiente sección al desarrollo de sus ideas.

El Surgimiento de la Perspectiva Histórica

La crítica básica de la exégesis alegórica que ya hemos advertido es su desatención a la historia. Pero, si se observan las presuposiciones subyacentes en su surgimiento, la aproximación alegórica se podrá entender e, incluso, apreciar mejor. Como dice James N. S. Alexander: "Los alegóricos a menudo tienen los más honestos y honorables motivos, incluso cuando, como frecuentemente lo hacen, producen y deducen sólo tonterías".[61]

La alegoría, originalmente, surgió por la convicción de que ciertos documentos antiguos eran inspirados, y que, por lo tanto, tenían pertinencia para el presente. Pero, por ser escritos que estaban condicionados por las situaciones de su origen, eran susceptibles del rechazo crítico a menos que fueran reinterpretados. Y así, se le pidió a la alegoría que encontrara significados ocultos, subyacentes a la letra, que fueran aplicables a la situación presente.[62] Otra premisa que estaba detrás del impulso a alegorizar era la idea de la inspiración literal: si las palabras mismas de la Escritura eran dictadas divinamente, todas deberían tener significado.

Ahora bien, aunque esas inquietudes eran de apreciarse, hay que expresar una palabra de desaprobación respecto a la alegorización, y por las razones que se encuentran implícitas en la presente discusión. Leer ideas contemporáneas de manera indiscriminada en los escritos antiguos significa cometer lo que Peter Berger gráficamente llama "el ultraje de los materiales históricos".[63]

Incluso en la iglesia primitiva, no tardo en descubrirse que la alegoría era una herramienta tan efectiva en las manos de los herejes como en las manos de los ortodoxos. Por tanto, los primeros padres de la iglesia, principalmente Ireneo y Tertuliano, iban a requerir que la Escritura se interpretara en términos de la "regla de fe", esto es, la enseñanza autoritativa de la fe católica. En realidad, fue a partir del dilema que planteaban los problemas de la interpretación bíblica que surgiría la enseñanza romana concerniente a la prioridad de la iglesia sobre la Escritura.

Además de este interés práctico que se acaba de observar, apareció también en aquella época una objeción hermenéutica al método alegórico. Esta oposición se centraba en la escuela teológica de Antioquía, y por hombres como Diodoro, Juan Crisóstomo y, especialmente, Teodoro de Mopsuestia, los cuales no son ampliamente conocidos hoy, pero sí hicieron aportaciones significativas y útiles para el problema de la hermenéutica. Teodoro, quien es el más puro ejemplo de la exégesis no alegórica, insistía en tratar el texto del Antiguo Testamento de forma que no negara su validez histórica.

El Antiguo Testamento ha de leerse principalmente como el relato de los actos bondadosos de Dios personificados en la historia de Israel. Y la importancia definitiva de esa historia es que fue diseñada de acuerdo con los propósitos de Dios de proporcionar un escenario para los actos supremamente bondadosos de Dios en Cristo, por medio de los cuales la nueva era se realizó como la salvación de Dios que estaba disponible universalmente".[64]

Teodoro, en armonía con sus principios de destacar la exégesis literal e histórica, rompió de forma marcadamente radical con la tradición eclesiástica en el punto de la interpretación del Antiguo Testamento. "No leyó el Nuevo Testamento en el Antiguo. No halló al Antiguo Testamento impregnado de las predicciones de Cristo ni de la iglesia como lo hizo Orígenes, por ejemplo, o Agustín".[65] Sostuvo que su perspectiva le aseguraba a la profecía una base histórica, y encumbró la economía cristiana como la que convirtió en un hecho sobrio la más elevada imaginería de las Escrituras antiguas.[66]

La escuela de Alejandría había defendido, en parte, el uso de la alegoría apelando a la práctica paulina, particularmente según Gálatas 4:21-31. Aunque el Apóstol ciertamente utilizó la palabra *allegoreo* en el pasaje ("en sentido figurado", v. 24, NVI), los de Antioquía insistían en que había una diferencia significativa entre lo que Pablo hizo y lo que los alejandrinos hacían. "El Apóstol cree en la realidad de los eventos que describe, y los utiliza como ejemplos. Los alejandrinos, por su lado, despojan de su realidad la totalidad del registro bíblico".[67] El principio adecuado de interpretación, decían los de Antioquía, era la *theoria* (teoría) en lugar de la *allegoria* (alegoría), con lo cual indicaban un sentido de la Escritura más elevado o profundo que el significado literal o histórico, aunque firmemente basado en la letra.[68]

De esta forma, como dice Gilbert, "La exégesis al fin ha bajado de las nubes y ha puesto los pies firmemente en la tierra. Por primera vez, se da aquí un esfuerzo enteramente serio y determinado de hallar lo que los autores sagrados quisieron decir".[69] Sin embargo, desafortunadamente, el método tradicional antiguo de la alegorización pronto volvió a subyugar este nuevo y prometedor desarrollo, y la memoria de la iglesia terminó perdiéndolo.

Con todo, la alegoría, a pesar de su amplio y continuo uso en la iglesia como medio para establecer algún sentido de unidad entre el Antiguo Testamento y el Nuevo Testamento, sigue siendo completamente inadecuada como principio exegético sólido. James D. Smart ha puesto el último clavo en el ataúd de la alegoría cuando dice:

> La alegoría es un medio para descubrir significados que no están realmente presentes. Por tanto, si el evangelio cristiano no puede encontrarse en el Antiguo Testamento sin la alegoría, esto equivale a confesar que no está allí, sino que ha de insertarse desde afuera.[70]

Pero, como hemos observado en la sección anterior, no sería sino hasta el siglo XVIII que se daría un verdadero avance en readquirir la perspectiva histórica. Este avance se daría parcialmente gracias a la influencia de J. A. Bengel.[71] La persona que tomó las sugerencias de Bengel y las desarrolló, y quien primero utilizó el término *Heilsgeschichte*, que ahora es moneda común en la erudición contemporánea, fue J. C. K. von Hofmann.

Ya Bengel había indicado en su prefacio al *Gnomon* que la tarea principal del comentario era recuperar la situación histórica del texto, para luego dejar que el texto le hablara al lector a partir de la situación como lo hizo al lector original, el cual no había requerido acopio de auxilios de comentario alguno. El texto, en la situación de los primeros lectores, era autoevidente, o les era aparente. Con esta percepción de Bengel se personificaba la sugerencia que comenzaría a florecer con la obra de Hofmann.

Hofmann es una de esas figuras que ha sido enterrada en la historia, y quien no llegó a ser debidamente conocido ni por sus contemporáneos ni por eruditos subsecuentes. Una de las principales razones para esto fue su posición como pensador: estaba a mitad de camino entre el racionalismo, por un lado, y la extrema ortodoxia por el otro, lo que hizo que se le considerara con suspicacia por ambos lados.

La contribución distintiva de Hofmann fue su concepto de la "historia santa": sostenía que había una unidad orgánica en las Escrituras, con una "intrínseca conexión entre la profecía y la historia". Esto significaba que debería haber una conexión orgánica entre la esfera en la que se hizo la profecía y las circunstancias de su cumplimiento. Hofmann se separaba así significativamente de los puntos de vista tradicionales, los cuales ponían el énfasis en las palabras de la profecía como oráculos, con relevancia contemporánea meramente incidental. Por el contrario, Hofmann procuró hallar profecía "principalmente en los eventos históricos, y sólo secundariamente en las palabras interpretativas de los profetas".

Fue así cómo, al igual que Bengel antes que él, Hofmann "abandonó completamente la noción de la inspiración mecánica". Si la revelación se da principalmente en eventos, y a éstos se les entiende de modo dinámico, la necesidad de la alegorización queda obviada. Cada etapa de la historia bíblica lleva dentro de sí el germen de un futuro desarrollo y, por lo tanto, apunta más allá de sí misma a la subsecuente etapa del propósito de Dios y, en última instancia, a su cumplimiento en la primera y segunda venida de Jesucristo.[72] Más que del cumplimiento de las palabras, se está hablando del cumplimiento de los eventos. La siguiente crítica de Rudolf Bultmann sirve al propósito de establecer las verdaderas implicaciones de la tesis de Hofmann en este sentido:

> Como es natural, esto es algo considerablemente diferente de cuando, según la perspectiva tradicional, la profecía se vuelve comprensible a partir de su cumplimiento en la llegada repentina de la luz de un significado secreto de palabras que, en su contexto, habían significado originalmente algo bastante diferente.[73]

El análisis de Christian Preus ofrece este sumario esclarecedor:

> En el desarrollo de (su) tesis, Hofmann muestra cómo los eventos clave de la historia del Antiguo Testamento encajan de manera vital en el proceso de la historia santa y, al mismo tiempo, debido a su carácter incompleto, presagian un completo cumplimiento en el futuro. Un examen de la historia del Antiguo Testamento, sobre esta base, revela la necesidad intrínseca de la profecía en la obra de la redención, y restaura la profecía y el cumplimiento al lugar central que gozaban en la iglesia apostólica. Fue la primera vez en la historia de la interpretación bíblica que una perspectiva orgánica de la historia se aplicó de manera sistemática a los problemas de exégesis.[74]

La obra de Hofmann se halla en contraste con otras dos interpretaciones de su tiempo, ninguna de las cuales toma seriamente la historia. A la derecha estaba la obra de Ernst Wilhelm Hengstenberg (1802-1869), un teólogo luterano alemán marcadamente conservador; a la izquierda estaba la explicación de Friedrich Schleiermacher (1768-1834), el padre de la teología moderna (liberal) y maestro de Hofmann.

Schleiermacher operaba bajo la influencia del idealismo filosófico, que tendía a subrayar la realidad de un ámbito no histórico de ideas (los universales) en el cual residen los absolutos y, correspondientemente, la relativa irrealidad del ámbito histórico (los particulares) en el cual prevalece la contingencia. Utilizando estas distinciones, Schleiermacher distingue dos clases de predicciones proféticas. Una es la "predicción especial", la cual se refiere a los eventos individuales y, por lo tanto, es "hipotética" o contingente. El otro tipo de profecía es una "exposición de lo universal", el cual posee valor absoluto. Las predicciones mesiánicas forman parte de esta última categoría básica, las cuales tienen, no sólo una dimensión accidental, sino también esencial. La primera categoría es la cáscara, mientras que esta última es la semilla. "Las afirmaciones individuales, más o menos, no son otra cosa sino una vestimenta externa, por lo que a menudo permanece incierto si este punto es el que realmente pertenece o no a la predicción en sí". La pretensión de Jesús de ser el cumplimiento de la profecía tiene, entonces, un significado doble: es el "fin" de la profecía del primer tipo por medio de su perfecta predicción del fin de las instituciones judías existentes, y el "fin" del segundo tipo en el sentido de que "la profecía esencial ahora se ha cumplido completamente".[75] Hay que decir que esta perspectiva de Schleiermacher ha ejercido una enorme influencia.

Hengstenberg, en el polo teológicamente opuesto al de Schleiermacher, desarrolló una tesis similar. Distinguía entre las "verdades generales" que constituían la principal preocupación de los profetas, y las particulares accidentales utilizadas "para que la gloria de la idea misma se acentuara".[76] Pero, más que convertir a Cristo en la meta de la historia del Antiguo Testamento, Hengstenberg tendió a convertirlo en el contenido del Antiguo Testamento, haciéndolo al extremo no histórico, y obligando a que se recurriera a la interpretación alegórica.

Uno de los principales logros del desarrollo representado por Hofmann es su reconocimiento del contexto histórico del material bíblico. Con Hofmann, los profetas son reconocidos como personas cuya principal función era la de proclamar la Palabra de Dios a su propia época, más que videntes que describían eventos futuros que no tenían relación con su propio día. Prácticamente toda la erudición moderna está de acuerdo con los autores de *Exploring the Old Testament* (Explorando el Antiguo Testamento) cuando dicen:

El término profeta se deriva de la palabra griega *profétes*, que significa "alguien que habla en nombre de otro". ... El concepto moderno de profeta como "alguien que predice" o "pronostica el futuro" está basado en el hecho de que los profetas antiguos ocasionalmente predijeron eventos futuros por inspiración divina. Pero esto representaba sólo un aspecto de su ministerio. Su principal función fue transmitir antes que predecir.[77]

Incluso las predicciones ocasionales a las que se hace referencia en lo que acabamos de citar se relacionaban integralmente con el propio público del profeta, ya que de lo que hablaba el profeta era del futuro de ese público. Asimismo, sus predicciones eran casi invariablemente de naturaleza moral y, por lo tanto, circunstanciales. Puesto de otra manera, el cumplimiento del juicio o la bendición predicha, según fuera el caso, dependería de la respuesta moral del pueblo. Por tanto, predecir el futuro a fin de poner un sesgo determinista sobre el curso de la historia no estaba realmente involucrado en la profecía. Gurdon C. Oxtoby habla de este fenómeno como "predicción condicional".[78]

Desafortunadamente, dentro del amplio laicado cristiano, por lo general ha dominado el anterior concepto inexacto del profeta bíblico como vidente.[79] Esto, unido al desbordamiento de literatura dispensacionalista basada mayormente sobre la premisa no histórica, ha suministrado un efectivo baluarte contra la comprensión apropiada de la posición bíblica.

La Tipología

Como resultado de esta nueva comprensión histórica de las Escrituras, los eruditos de la hermenéutica han comenzado a hablar acerca de un nuevo método de interpretación denominado tipología. Aunque el empleo de los tipos en la exégesis no es nuevo, esta particular aproximación sí lo es. La antigua tipología, así denominada, es igual de no histórica como la alegoría, de la cual sólo es una especie.[80] La correspondencia que la antigua tipología buscaba establecer, no era tanto una relación entre el pasado y el futuro, el presagio y el cumplimiento, sino entre lo terrenal y lo celestial, la sombra y la realidad.[81]

Sin entrar en detalles, la diferencia entre la alegoría y la nueva tipología estriba en que, en la primera, se trata al texto como un mero símbolo de verdades espirituales. En la alegoría, el sentido literal, histórico, si es que se considera, desempeña un rol relativamente menor.[82] La nueva tipología, en cambio, toma como su principio guía la idea de que los eventos y personajes del Antiguo Testamento fueron tipos de los eventos y personajes del Nuevo Testamento, es decir, que los prefiguraron y anticiparon. Los defensores de la nueva tipología toman la historia seriamente.[83]

Esta nueva tipología, distinta también a la tipología no histórica antigua, surgió como respuesta al aparecimiento de una generalizada preocupación moderna por la unidad de la Biblia. El surgimiento de la crítica histórica, con su énfasis en el carácter histórico y, por tanto, en la diversidad de los varios documentos bíblicos, había debilitado las antiguas perspectivas de la unidad de las Escrituras basadas en la alegoría y en la tipología no histórica. Pero, como Lampe y Wlllcombe afirman, con el renovado énfasis en la continuidad de las Escrituras como un todo, "La tipología ha encontrado de nuevo su propia justificación".[84]

La nueva tipología está firmemente cimentada en la perspectiva profética de la historia. En pocas palabras, esta perspectiva encierra la convicción profética de que Dios tiene el control de la historia, y que obra su voluntad especialmente en relación con la historia del pueblo escogido. La inspiración dada a los profetas les daba la comprensión del significado interno de los sucesos en la vida de las personas para que fueran capaces de interpretar los eventos y declarar sus resultados. Tales pronunciamientos proféticos, por supuesto, tenían una dimensión escatológica, pero estaban esencialmente relacionados con su propio tiempo.

Luego, vista a través de la visión profética, la historia bíblica cae dentro de un patrón, o ritmo recurrente, que hace que los eventos anteriores ya interpretados se conviertan en un tipo de eventos posteriores, y las fuerzas que estaban operando en los primeros lleguen a una especie de culminación en los últimos, ya así se dé una relación analógica entre los dos, pudiéndose de esa manera referir a los eventos segundos como cumplimiento de los eventos típicos anteriores.

Cuando esta perspectiva se aplica al Nuevo Testamento, la situación parece ser que una relación tal sólo se ve entre ciertos eventos del Antiguo Testamento y los que constituyen el evangelio. Como lo expresa Alan Richardson:

> El cumplimiento de la profecía se ve, entonces, como que encierra más que el cumplimiento de palabras y predicciones; encierra el cumplimiento de la historia, la validación de la comprensión

profética de la historia en los eventos que el Nuevo Testamento registra e interpreta para nosotros.[85]

Este cumplimiento incluye un hacer explícito lo que era implícito en el patrón de los eventos históricos anteriores. Existe una correspondencia real en los eventos históricos que han sido consecuencia del ritmo recurrente de la actividad divina.

Debería advertirse en esta conexión que los neotipologistas son cuidadosos en negar que su interpretación implique una perspectiva cíclica de la historia. Una comprensión así era la que prevalecía en el antiguo mundo griego y oriental, al igual que en la cultura cananea que Israel enfrentó en Palestina. Al contrario, la perspectiva bíblica de la historia es lineal en naturaleza, y no permite la repetición cósmica de los eventos.[86] De acuerdo con la perspectiva de la historia como ciclos cósmicos, todos los eventos volverán a ocurrir en un ciclo continuamente repetitivo, de modo que el evento actual sea recreado. Gerhard von Rad sugiere, sobre estas bases, que debemos ver las ideas básicas de la tipología menos en esa noción de repetición que en la de correspondencia. "En un caso, lo terrenal logra su legitimidad a través de su correspondencia con lo celestial, en el otro, la relación de correspondencia es una de tipo: el evento primigenio es un tipo del evento final".[87]

Por consiguiente, como concluyen Lampe y Woollcombe, la tipología está

cimentada en una perspectiva particular de la historia que los escritores del Nuevo Testamento sin duda sostuvieron, y que los cristianos, para quienes la Biblia es autoritativa, difícilmente pueden repudiar. Dentro de esta perspectiva, un tipo se puede denominar, en el lenguaje de los padres de la iglesia, un "misterio", pero es un "misterio" en el sentido normal de la palabra en el Nuevo Testamento. Es un secreto en el consejo de Dios que está siendo dado a conocer en Cristo, un elemento en el propósito oculto de Dios que se ha hecho manifiesto en su cumplimiento.[88]

Los neotipologistas encuentran esta clase de actividad interpretativa ya existente en el Antiguo Testamento, con profetas que miraban hacia delante a un futuro en el que habría una repetición o recapitulación de previos eventos significativos de la historia sagrada. Por ejemplo, Isaías y Amós hablan del retorno de un paraíso (Isaías 11:6-8; Amós 9:13). Oseas espera una repetición del periodo del desierto (Oseas 2:16-20); Isaías busca en Jerusalén un retorno del antiguo reino de David (Isaías 1:21-26); y a menudo se percibe en varios profetas el anhelo de un nuevo éxodo. "Es el patrón de la acción divina el que los profetas disciernen, más que la repetición del evento histórico externo; para el profeta individual, como para el pensamiento israelita como un todo, la acción divina se indica en los actuales eventos de la historia".[89]

Pero los tipos son provistos más que por eventos aislados; el Antiguo Testamento en su totalidad exhibe el patrón de la salvación divina en los temas repetitivos de muerte y resurrección, aniquilación (o al menos peligro y desastre) seguido de restauración. Este patrón anticipa tipológicamente la salvación que se alcanzó por medio de la venida del Mesías de Dios de quien los profetas habían hablado. En palabras de Alan Richardson, "Los profetas fueron capaces de discernir el significado interno de los eventos de sus propios días al punto de aprehender, aunque fuese escasamente, el mismo patrón del proceso de salvación en la historia".[90]

Esta perspectiva tipológica tiene mucho de loable. La seriedad con la que toma la historia, en contraste con la alegoría, es sólida. De hecho, nos proporciona enormes percepciones concerniente a la interpretación contemporánea de los escritos escatológicos, incluyendo el no pocas veces abusado Libro de Apocalipsis.

Al igual que las demás profecías de la Biblia, Apocalipsis es un libro que también se cimienta firmemente en los eventos de su propio día. El Apóstol, mediante la clarividencia del Espíritu, es capaz de penetrar en el significado cósmico de estos eventos, y ver que existen fuerzas en acción que, en última instancia, precipitarán la consumación de su presente era. La intensidad de la interacción de estas fuerzas le da al Apóstol un sentido tal de urgencia que hace que perciba el conflicto del final de la era como que esté a las puertas. El conflicto, los eventos catastróficos, y lo que resulta de ello, todo es descrito en lenguaje simbólico que tiene referencia a las propias circunstancias del escritor y a la de sus lectores. Y si ese es el caso, es imposible utilizar Apocalipsis para hallar en forma alguna un modelo de eventos futuros de especificación detallada, aunque sí es posible proyectar una relación analógica entre la acción de Dios en las diferentes crisis de la última parte del primer siglo, y el destino final de la historia del mundo, cuando los propósitos de Dios al fin se cumplan completamente.[91]

Una situación así hace posible la identificación de todas las eras con el día final, algo que los predicadores proféticos de hoy hacen sin falta. La misma estructura de fuerzas, entendidas analógicamente, están presentes en cada era con varios grados de intensidad y, por lo mismo, son reconocibles. La tragedia está en que estos profetas contemporáneos de los últimos días hacen identificaciones positivas y, por consiguiente, se desacreditan a sí mismos (y frecuentemente al mensaje bíblico) a medida que la historia sigue su rumbo y fracasan sus identificaciones.

Pero retornemos a nuestra principal pregunta: ¿es la tipología, como aquí la estamos reinterpretando, un suficiente principio hermenéutico, o tiene también imperfecciones que requieren corrección? Lampe y Woollcombe, dos de los principales exponentes de la tipología, parecen estar mostrando cierta inquietud al respecto cuando se preguntan si una aproximación como esta se puede emplear legítimamente en una era "poscrítica". Se preguntan si se puede descubrir algún criterio para establecer una distinción entre la tipología legítima y exegéticamente justificable, por un lado y, por el otro, el ejercicio injustificado de la ingenuidad privada e incontrolada.

El método tipológico, en realidad, es susceptible de varias críticas. La tipología de Lampe y Woollcombe ha sido criticada por su teoría de que hay un "ritmo repetitivo en la historia pasada". Esto sugiere un ritmo impersonal en los eventos mismos y, por lo tanto, que se puedan interpretar como algo poco menos que el logos de Heráclito. James D. Smart correctamente sostiene que es mucho mejor hablar acerca de la fidelidad de Dios manifestada en la dirección personal de la historia. Dice:

> Es esto lo que produce un patrón de correspondencia a través de todo el Antiguo Testamento. El relato del éxodo se volvió a contar en cada nueva era para recordarles a los israelitas que su Dios es un Dios que libra a su pueblo de manera maravillosa y a pesar de todos los obstáculos, y para crear la expectación de una nueva liberación... Por tanto, la correspondencia entre los eventos del pasado y los eventos anticipados del futuro no es un presagio místico del futuro, sino simplemente una expresión de la confianza del profeta de que la fidelidad de Dios a su propia naturaleza debe ser vindicada en los eventos de la historia, ya que Él es el Señor del mundo y de su historia.[92]

Esta crítica de Smart contiene un elemento de argucia, pero, ciertamente, llama la atención a una perspectiva más dinámica de la historia que a la vez retiene el énfasis bíblico en la actividad personal de Dios en la historia de su pueblo. Verdaderamente, la interacción de Dios e Israel puede reflejar ciertos patrones basados en la naturaleza de Dios más que en las fuerzas ciegas de la naturaleza, y los cuales se repiten vez tras vez y encuentran su máxima expresión en el evento-Cristo y en las influencias que fluyen de ese evento.

En base a su manera de entenderla, Smart criticó además toda la aproximación tipológica como demasiado artificial. Smart realmente parece estar diciendo que los defensores de la tipología no toman el concepto bíblico de cumplimiento lo suficientemente en serio, sino que más bien están planteando su método como un artificio hermenéutico por el cual los cristianos primitivos descubrían paralelos entre su nueva fe y el Antiguo Testamento y así derivar cierta autoridad de las Escrituras judías. Contrario a los neotipologistas, "el cumplimiento significa la consumación en Él (Cristo) de la obra de Dios a la que el Antiguo Testamento da testimonio". Cuando Jesús habló del nuevo pacto en relación con la Pascua, añade Smart,

> no estaba preocupado con la interpretación de los antiguos o de establecer paralelos, sino con el establecimiento de una nueva relación entre Dios y el hombre en la cual todas las esperanzas de aquellos que habían servido a Dios antes de Él se cumplirían gozosamente. Es suficiente reconocer, por tanto, que la obra salvífica de Cristo durante su vida, y en su iglesia, es la consumación de una redención que comenzó en el Antiguo Testamento.[93]

Es verdad que la nueva tipología toma muy en serio el contexto histórico del tipo en la Escritura, pero también parece añadir el significado tipológico al histórico. Nosotros ya hemos señalado que, si se recuerda que el significado histórico de cualquier texto se determina por su contexto, y que el contexto no se halla necesariamente limitado a la situación inmediata, se podrá ver que el contexto total de la escritura del Antiguo Testamento necesario para establecer su significado histórico pleno ha de incluir la vida, la muerte y la resurrección de Jesucristo, y también el nacimiento de la iglesia. De esta manera, leer un texto del Antiguo Testamento a la luz del Nuevo Testamento es verlo en su pleno contexto histórico. "No hay significado histórico ni tipológico, sino sólo diferentes niveles de un significado que es tanto histórico como teológico".[94]

Con el trasfondo provisto con toda la discusión anterior, podemos ahora proponer lo que nosotros creemos ser un adecuado principio hermenéutico por medio del cual hacer justicia a las afirmaciones del Nuevo Testamento, y también proporcionarnos un método adecuado y macizo de interpretación de la fuente bíblica a fin de hacer uso legítimo de ella en la tarea de hacer teología.

Hacia una Hermenéutica Teológica

Nuestro estudio ha revelado la necesidad de una adecuada hermenéutica si es que uno ha de manejar la pregunta de la relación entre los Testamentos de forma que no se sabotee la fe cristiana. Hemos observado el continuo rechazo de parte de la iglesia a la lectura literalista del Antiguo Testamento, ya que una lectura así producirá inevitablemente ese indeseable resultado.[95] Como hemos visto, se han hecho varios intentos de ofrecer metodologías alternativas, unas patentemente inadecuadas, y otras con fuerzas y debilidades entremezcladas. En esta sección nos proponemos presentar un principio hermenéutico que, creemos, representa válidamente el punto de vista bíblico, y ofrece una solución a las principales dificultades que se anidan en el tema que hemos estado discutiendo. El nuestro es un principio hermenéutico que, además, demuestra la naturaleza de la autoridad bíblica para la obra teológica.

El principal problema hermenéutico que hemos encontrado surge de la falta ocasional de correspondencia entre el uso que hace el Nuevo Testamento de ciertas escrituras del Antiguo Testamento que, supuestamente, se habían cumplido en Cristo, y el significado original de esas escrituras. Este es un problema que no se puede ignorar. Uno de los intentos acreditados para manejar este problema fue la proposición de Rendel Harris titulada "Testimonies" ("Testimonios").

El estudio de Harris insistía en que los cristianos primitivos utilizaban colecciones de textos que se habían compilado en manuales, una proposición que gozó de considerable popularidad por muchos años. Sin embargo, jamás se encontró evidencia alguna que apoyara la idea, es decir, no había sobrevivido testimonio alguno tales manuales, si es que alguna vez existieron. Con el tiempo, los eruditos, en términos generales, abandonaron la propuesta, hasta que se dio el descubrimiento de los Rollos del Mar Muerto. Con ese descubrimiento se revivió el interés en la teoría de Harris, puesto que se halló que testificales como los que él propuso fueron en realidad utilizados por los judíos de aquel tiempo.

Comentando sobre los descubrimientos de estos rollos en Qumrán, J. N. Allegro dice:

> Puede haber poca duda de que tengamos en estos documentos un grupo de testimonios del tipo propuesto no hace mucho por Burkitt, Rendel Harris y otros, de que hayan existido en la iglesia primitiva. Nuestra colección tiene el interés agregado de incluir dos testimonios utilizados por los cristianos primitivos respecto a Jesús. Además, el primer testimonio citado tiene una importancia particular por el hecho de que demuestra el tipo de cita compuesta bien representada en el Nuevo Testamento.[96]

Pero aun cuando la propuesta de Harris se acepte como válida, no tenemos una solución genuina al problema, sino simplemente una manera de empujarlo un paso más atrás, siendo que puede explicar la manera en que los apologistas bíblicos encontraban sus textos, pero sin explicar las bases sobre las que fueron incluidos en los manuales de testimonios en primer lugar. Por supuesto, si existiera meramente una conexión verbal entre el texto del Antiguo Testamento y su supuesto cumplimiento en el Nuevo Testamento, esta solución sería satisfactoria, pero no satisfaciente.[97]

Una respuesta mucho más razonable y aceptable ha sido la de C. H. Dodd. De hecho, la tesis de Dodd está erigida sobre las propuestas de Harris, y es una extensión de ellas, y habla precisamente del problema que hemos planteado.

A través de un análisis de las escrituras del Antiguo Testamento utilizadas por los escritores del Nuevo Testamento, Dodd descubrió que había ciertas secciones del Antiguo Testamento ("Testimonios") que fueron empleadas al menos por dos diferentes escritores. Este uso de parte de diferentes escritores indicaba, afirma Dodd, una tradición precanónica de la cual cada uno sustrajo. La tradición no era escrita, como ha sugerido Harris, sino de naturaleza oral.

Vale la pena citar el resumen que Dodd mismo hace de sus hallazgos, y la manera en que se relacionan con el método hermenéutico de los escritores cristianos primitivos:

> El método incluía, primero, la selección de ciertas secciones extensas de las escrituras del Antiguo Testamento, especialmente de Isaías, Jeremías y de ciertos profetas menores, y de los Salmos. Se entendía que estas secciones eran completas, y se citaban

versículos u oraciones particulares de ellas, más como indicadores de todo el contexto que como si constituyeran testimonios en y por sí mismos. Al mismo tiempo, oraciones desprendidas de otras partes del Antiguo Testamento se podían aducir como que ilustraban o aclaraban el significado de la sección principal bajo consideración. Pero, en los pasajes fundamentales, es el contexto total el que se tiene a la vista y constituye la base del argumento.[98]

Cada una de estas unidades de la Escritura representaba un patrón particular de pensamiento, o una trama, aunque puedan estarse refiriendo a varias y diversas situaciones. Este patrón es, que la victoria de Dios llega a través del sufrimiento o el juicio, y les es subsecuente. Toda vez que los profetas aplicaron esta idea consistentemente a Israel y no al Mesías, provocó un marcado impacto descubrir que el Mesías, también, debería seguir este patrón al llevar a cabo su obra.

Ciertos pasajes específicos que tenían este patrón se convirtieron en referencias estándares para los predicadores cristianos primitivos.[99] Dentro de estos extensos pasajes, había declaraciones individuales que tenían significado especial debido a que había una impresionante correspondencia literal entre ellos y los eventos vinculados con la vida de Cristo.[100] El hecho de que su contexto señalara en una dirección diferente literalmente, no era importante debido a que eran versículos simplemente representativos de un patrón de pensamiento que era directa y literalmente aplicable a Jesús y a su iglesia. Así pues, el cumplimiento no era ni literal ni mecánico, ni tampoco alegórico, sino teológico, esto es, la teología que enseñaban los profetas (y las otras divisiones del canon hebreo) se había cumplido en Cristo.

Podemos encontrar esta hermenéutica teológica en acción, con dimensiones añadidas, a través de todo el Antiguo Testamento. Isaías de Jerusalén analizó la situación del pueblo de su amada Judá, y vio que su manera de vivir sólo podría acarrear el juicio de Dios. Declaró, pues, el resultado en 7:17-20: "Jehová hará venir sobre ti, sobre tu pueblo y sobre la casa de tu padre, días cuales nunca vinieron desde el día en que Efraín se apartó de Judá, esto es, al rey de Asiria. Acontecerá que aquel día silbará Jehová a la mosca que está en el fin de los ríos de Egipto, y a la abeja que está en la tierra de Asiria; y vendrán y acamparán todos en los valles desiertos, y en las cavernas de las piedras, y en todos los zarzales, y en todas las matas. En aquel día el Señor raerá con navaja alquilada, con los que habitan al otro lado del río, esto es, con el rey de Asiria, cabeza y pelo de los pies, y aun la barba también quitará".

Nótese que el juicio inminente se ve como que está en manos del entonces dominante imperio mundial: Asiria. Años más tarde, cuando vino realmente el fin de Judá, no fue Asiria, sino Babilonia, la que resultó ser el instrumento de Dios. ¿Invalidó esto en alguna manera la proclamación de Isaías? ¡Ciertamente no! Isaías estaba proclamando una visión teológica que estaba cimentada en su comprensión de la naturaleza de Dios y del pecado humano, y el cumplimiento teológico que se dio, aunque difirió en ciertos detalles de las propias especificaciones de Isaías, siempre fue un cumplimiento verdadero de sus palabras.

Además, cada evento-revelación se convertía en una fuente de interpretación teológica o reinterpretación de eventos previos al punto de que se dijera que el evento previo se había cumplido en el último. J. A. Bewer, hace algunos años, llamó la atención a este hecho al declarar que un corolario de la "revelación progresiva" es la "interpretación progresiva":

> El registro permaneció, como fue escrito, aun después de que la revelación había progresado, pero las mismas palabras se leyeron y entendieron de una manera nueva. La penetración más profunda en la verdad concedida a través de una más elevada revelación vio mucho más de lo que los autores originales y sus primeros oyentes o lectores habían visto.[101]

La más clara ilustración de esta tesis es la interpretación de las narrativas patriarcales a la luz del éxodo. Es completamente obvio que las vidas de los patriarcas fueron escritas desde la perspectiva de la gran liberación y, por tanto, sus experiencias son presentadas como preparatorias para ese evento. Sus trayectorias se cumplieron en el éxodo.

Por medio de la analogía, el evento-Cristo se convirtió en el punto de enfoque a la luz del cual se vieron y reinterpretaron los primeros eventos y sus interpretaciones. Lo que sucedió no fue una falsificación, sino más bien una nueva comprensión derivada del evento-revelador cristiano por el cual la esperanza mesiánica se reinterpretó. De igual manera, el Israel del antiguo pacto se reinterpretó radicalmente por el nuevo Israel del nuevo pacto. Lo que salió a la luz fue que no era simplemente el mensaje de Dios, como el universalismo del Antiguo Testamento lo había concebido, el que estaba siendo transmitido por los judíos a los no israelitas, sino el mensaje de que el verdadero Israel se componía tanto de gentiles como de judíos, sin que estos últimos tuvieran prioridad alguna.

Así, la utilización de esa clase de comprensión nos proporciona una hermenéutica teológica con la cual podemos decir que la teología del Antiguo Testamento se cumple en la teología del Nuevo Testamento. No es sencillamente la teología de los profetas, sino la de todo el canon hebreo.

Si se asume la visión por la que estamos abogando, y se pone de relieve la dimensión teológica, hacemos que la totalidad del Antiguo Testamento sea autoritativa para la predicación cristiana,[102] y que provea los fundamentos para entender la afirmación central de la iglesia primitiva de que el acto de Dios en Cristo fue "conforme a las Escrituras". Además, cuando se extrapola nuestra posición a un principio general aplicable a toda la Biblia, como se ha sugerido al principio de este apéndice, entonces tenemos un criterio por el cual identificar el elemento autoritativo y cognoscitivo en la Escritura: el teológico.

Notas

Nota del Editor: A menos que se indique lo contrario, los números de páginas en estas notas bibliográficas corresponden a los libros y otros materiales publicados originalmente en inglés. Si se sabe que alguna obra se ha publicado en español, se ha llamado la atención del lector al respecto, ya sea dentro del texto mismo de la obra de Dunning o aquí en las "Notas".

Prefacio

1. "Right Now Counts Forever", en *The Necessity of Systematic Theology,* ed. John Jefferson Davis (Grand Rapids: Baker Book House, 1980), 16-17.
2. *Confessions of a Conservative Evangelical* (Filadelfia: Westminster Press, 1974), 62.
3. *Dogmatics in Outline,* td. G. T. Thomson (Londres: SCM Press, 1960), 11.
4. (Kansas City: Beacon Hill Press, 1940-43), 1:3. Puesto que habrá una interacción constante con las declaraciones de H. Orton Wiley en el presente volumen, en vez de hacerlo mediante notas bibliográficas al final del libro, anotaremos en el texto mismo nuestras referencias a él y a su *Christian Theology* mediante el uso de la abreviatura *TC,* la cual equivale a *Teología Cristiana,* el título de la obra en español. Estas citas de Wiley están en palabras del traductor de *Gracia, Fe y Santidad,* por lo que no necesariamente corresponden a la traducción oficial al español, ni a su paginación. La obra completa de Wiley en español ha sido publicada en tres tomos por la Casa Nazarena de Publicaciones.
5. Un estudio cuidadoso de *Called unto Holiness,* por Timothy Smith, tomo 1 (Kansas City: Nazarene Publishing House, 1962), documentará cuidadosamente las características distintivas de varias tradiciones dentro de la Iglesia del Nazareno. (Este libro está publicado en español, s.f., por la Casa Nazarena de Publicaciones, con el nombre de *La Historia de los Nazarenos: los Años formativos.)*
6. 12 de agosto de 1964, 11-12.
7. *Explanatory Notes upon the New Testament* (Londres: Epworth Press, 1954), sobre Romanos 12:6; *The Works of John Wesley,* tercera edición, 14 volúmenes. (Londres: Wesleyan Methodist Book Room, 1872; reimpresión, Kansas City: Beacon Hill Press de Kansas City, 1978), 6:509; 7:284, 313; et al.
8. W.T. Jones, *Kant and the 19th Century* (Nueva York: Harcourt Brace Jovanovich, 1975), III.
9. *A History of Western Philosophy* (Nueva York: Simon y Schuster, un Libro Clarion, 1967), 202.

10. *The 20th Century to Wittgenstein and Sartre* (Nueva York: Harcourt Brace Jovanavich, 1975), 46.

11. Ibid., 113.

12. Véase Richard Rorty, "Relation, Internal and External", en *Encyclopedia of Philosophy*, ed. Paul Edwards (Nueva York: Macmillan Co. and Free Press, 1967), vols. 7—8.

13. *Imaging God* (Grand Rapids: Wm. B. Eerdmans Publishing Co., 1966), 99.

14. Carta personal, 2 de octubre de 1986. Tengo una deuda con W. T. Purkiser por su ayuda y apoyo para forjar esta comprensión de mi modelo teológico.

15. Véase Richard S. Taylor, *Exploring Christian Holiness*, vol. 3, *The Theological Formulation* (Kansas City: Beacon Hill Press de Kansas City, 1985). El uso adaptado de este término en ese volumen me fue explicado por el autor en una conversación privada. (Hay versión en castellano con el título de *Explorando la Santidad Cristiana*, tomo 3, por la Casa Nazarena de Publicaciones.)

Capítulo 1

1. Este escritor asume que la teología es una empresa dialogística que debe llevarse a cabo en el contexto de la iglesia. No es una disciplina autónoma que permita que el teólogo haga su trabajo independiente de la comunidad de la fe; ni tampoco es heterónoma en el sentido de que ciertos teólogos o eclesiásticos autorizados impongan sus ideas sobre esa comunidad. Cualquier consenso oficial debe ser el resultado de este proceso dialogístico si ha de tener viabilidad.

2. *Introduction to Theology* (New York: Seabury Press, 1967), xii.

3. Hay una evidencia fuerte en apoyo de la idea de que es imposible pensar sin palabras. Gordon Kaufman, *Systematic Theology* (Nueva York: Charles Scribner's Sons, 1968), sugiere que todo el aprendizaje es un estudio de vocabulario: "Principia con palabras y significados que en algún sentido nosotros conocemos y entendemos; se desarrolla a través de procesos en los cuales aprendemos a criticar aquellos significados que habíamos dado por sentado, y a través de los cuales se han ampliado y profundizado conforme exploramos niveles y profundidades que no habíamos comprendido previamente; sigue creciendo conforme nosotros llegamos a relacionar estas nociones sencillas y más primitivas a palabras y significados nuevos y más complejos que no habíamos conocido antes". 3-4.

4. Esto tiene implicaciones significativas acerca de la naturaleza de nuestro conocimiento de Dios, las cuales serán exploradas en la Parte II de esta obra.

5. Cf. Juan Calvino, *Institutes of the Christian Religion,* trad. Henry Beveridge (Londres: James Clarke y Co., 1949), vol. I, sec. 1, art. 1 (de aquí en adelante I.1.1.). (Hay versión en castellano de esta obra.)

6. Cf. Hechos 2:24; 3:15; 10:40; Romanos 4:25; 10:9; Efesios 1:20. Si bien hay otras maneras de decirlo, el énfasis en que la resurrección es la actividad de Dios es siempre central y claro.

7. W. T. Purkiser, Richard S. Taylor y Willard H. Taylor, en *God, Man, and Salvation* (Kansas City: Beacon Hill Press de Kansas City, 1977), afirman: "El debate entre 'la ciencia' y 'la Biblia' frecuentemente pierde de vista el hecho de que el interés en las Escrituras es teológico, no cosmológico". 60. (Esta obra ha sido publicada en español por la Casa Nazarena de Publicaciones con el título de *Dios, Hombre y Salvación*.)

8. John Hick ha propuesto una verificación escatológica de naturaleza cuasi-empírica, pero esto no altera la situación en lo que toca a la verificación presente.

9. Esto no significa que las declaraciones teológicas carezcan de sentido, o que no haya posibilidad de desacuerdo en asuntos religiosos. Hasta A. J. Ayer, en su obra *Language, Truth, and Logic* (Nueva York: Dover Publications, s.f.), da lugar a la posibilidad de esto, dadas ciertas condiciones —véase más abajo acerca de "La Norma de la Teología Sistemática".

10. Al hablar acerca de la visión de Pablo en el camino de Damasco, I. Howard Marshall hizo una distinción entre las dimensiones históricas y teológicas de la narración. Lo primero es "en principio susceptible al estudio histórico", pero "no es posible probar mediante métodos históricos el que esta visión fue en efecto lo que él dice que fue, o sea una verdadera aparición del Señor Jesús". Marshall concluye, sin embargo, que "si pudiera ser demostrado históricamente que Pablo nunca hizo el viaje del que se trata y nunca vio visión de clase alguna, entonces la pregunta teológica quedaría automáticamente contestada en forma negativa. Pablo no vio al Señor resucitado". *Biblical Inspiration* (Grand Rapids: Wm. B. Eerdmands Publishing Co., 1982), 58-59.

11. Cf. Rudolf Bultmann, et al. *Kerygma and Myth,* ed. Hans Werner Bartsch (Nueva York: Harper and Bros., Publishers, 1961), 41-42.

12. El término fundamentalismo es multifacético y, por lo tanto, puede tener una denotación bastante amplia. En este uso del término, y en los subsecuentes, nos estamos refiriendo generalmente al movimiento histórico que surgió a fines del siglo XIX y a principios del XX (y que es representado en la época contemporánea por algunos eruditos evangélicos), y específicamente a ese aspecto de dicho movimiento que es informado por las presuposiciones filosóficas del realismo escocés (filosofía de sentido común) tal como es desarrollado por Thomas Reid y promovido por la "teología de Princeton". Por ende, no estamos sugiriendo ninguna connotación negativa acerca de lo que este movimiento llamó elementos fundamentales y con los cuales se comprometió. Cuando menos las primeras formulaciones de estos elementos fundamentales serían generalmente aceptables a los wesleyanos, aunque no todas las elaboraciones calvinistas de ellos estarían en consistencia con el pensamiento wesleyano. Los resúmenes que Jack Rogers y Donald K. McKim hacen nos darán un repaso breve de este aspecto filosófico del

fundamentalismo "Thomas Reid fundó una escuela de filosofía escocesa de sentido común que buscó contestar a Hume al mismo tiempo que se mantenía solamente empírica en su método. Reid asumió un sencillo realismo aristoteliano y aceptó como normativo el cándido método de Bacon de inducción científica. Reid adujo que la mente directamente encuentra objetos en la naturaleza. La seguridad, para él, de que así es la produce un juicio intuitivo de la mente. El realismo escocés dominó la filosofía académica enseñada en las universidades de Estados Unidos durante los primeros 50 años de su existencia. Fue traída a Princeton por John Witherspoon en1768 cuando él ocupó la presidencia del colegio de Nueva Jersey. El realismo escocés de Witherspoon puso el cimiento para las teorías de interpretación bíblica que se desarrollaron a fines del siglo XIX y a principios del XX en el Seminario de Princeton". *The Authority and Interpretation of the Bible* (San Francisco: Harper and Row, 1979), 248. Véase también a George M. Mardsen, *Fundamentalism and American Culture* (Nueva York: Oxford University Press, 1980), especialmente el cap. 13; Ernest R. Sandeen, *The Roots of Fundamentalism* (Chicago: University of Chicago Press, 1970), cap. 5; S. A. Grave, "Reid, Thomas", en *Encyclopedia of Philosophy,* vol. 7, ed. Paul Edwards (Nueva York: MacMillan Co. and Free Press, 1967); idem, *The Scottish Philosophy of Common Sense* (Oxford: Clarendon Press, 1960).

13. Nosotros intentamos usarla en un sentido más moderno, en vez de la manera en la que ha sido usada en el pasado, como un prolegómeno a la teología, o sea, como la prueba de las aseveraciones de la teología a la luz de un criterio filosófico.

14. "Philosophy of Religion", en *Encyclopedia of Religion,* ed. Vergilius Ferm (Nueva York: Philosophical Library, 1945).

15. Edward T. Ramsdell, *The Christian Perspective* (Nueva York: Abingdon-Cokesbury Press, 1950), ha explorado la idea del "punto de vista" que está presente en cada disciplina y demuestra que no está ausente de ninguna; y, lo que es más, que las diferencias "entre nosotros como hombres racionales son diferencias en lo que creemos que es crucialmente importante". 19. Langdon B. Gilkey añade: "Inescapablemente, toda filosofía, secular o cristiana, tiene una fuente 'existencial'. Toda investigación filosófica debe hacer ciertas suposiciones antes de que pueda siquiera empezarse. Primero que todo, el investigador debe asumir al principio que ciertas clases de experiencias son indicios válidos en cuanto a la realidad, cualquiera que sea, que él está tratando de entender; de otra manera su mente no tiene material significativo sobre el cual pueda trabajar". *Maker of Heaven and Earth* (Garden City, N.Y.: Doubleday and Co., 1954), 134.

16. En su discusión, que es excelente en todos los demás respectos, ésta parece ser una debilidad grave de la caracterización que Tillich hace de la filosofía como algo distinto de la teología. Él define la filosofía como el no estar comprometido con perspectiva particular alguna. *Systematic Theology,* 3 vols. en uno (Chicago: University of Chicago Press,

1967), 1:22 y sigs. Cf. la crítica de George F. Thomas a lo anterior: "Pero Tillich evade el asunto de la relación entre la filosofía y la teología cuando asevera que el filósofo busca la verdad sólo en 'la totalidad de la realidad', 'el logos universal del ser', y nunca la busca en lugar particular alguno. Y es que no hay nada que prevenga que un filósofo encuentre la llave a la naturaleza de la realidad en una manifestación concreta, en una parte particular de la realidad. Lo que es más, cada filósofo creador debe tomar como su punto de partida algún aspecto o parte de la realidad, que, en su opinión, le provea el indicio hacia una comprensión de la realidad en su totalidad. Él principia con una 'visión de la realidad' en la cual esta parte o aspecto parece como dominante, para luego trabajar su filosofía bajo la guía de esa visión". "The Method and Structure of Tillich's Theology", en *The Theology of Paul Tillich,* ed. Charles W. Kegley y Robert W. Bretall (Nueva York: Macmillan Co., 1964), 101.

17. Un cristiano que también es un filósofo podría ofrecer argumentos filosóficos para apoyar su compromiso intelectual con la fe cristiana; sin embargo, éstos nunca son las únicas razones por las cuales él es cristiano, si es que las mismas entraron en cuestión en forma alguna. La biografía espiritual de muy pocos cristianos reflejaría una conversión intelectual como la dinámica primaria de la experiencia religiosa. Más bien, una reorientación de toda la persona alrededor de un nuevo foco para la vida es, por lo general, si no universalmente, el resultado de que ese reenfoque sea eficaz para todas las dimensiones de existencia; uno encuentra el poder transformador interno del evangelio dándole significado y propósito a la vida en cada relación. Esta es la intención de la idea de "integridad existencial". El uso del término *existencial* en este trabajo intenta connotar las ideas de lo personal, interno, íntegro y transformador de vida en una manera mucho más profunda que la que el término *experimental* sugiere (*experimental* en su uso en Estados Unidos se aleja completamente del significado, aunque su uso en Inglaterra se acerca mucho). No involucra en sentido alguno un compromiso con versión alguna particular del existencialismo como una filosofía, ni con la parodia de varios existencialismos que hacen del término el sinónimo de un mero subjetivismo. En el sentido en el cual lo estamos usando, todos los maestros religiosos desde Jesús y Pablo hasta Juan Wesley, al igual que todos los que están comprometidos a algo más que una religión externa, pueden ser clasificados como existencialistas. Al discutir "el carácter redentor del conocimiento de Dios", los autores de *Dios, Hombre y Salvación* afirman el argumento de William L. Bradley de que el conocimiento religioso se basa "no en los primeros principios ni sobre la percepción sensorial" sino que es "personal en naturaleza", y resultando en "la clase de información que uno recibe de otra persona". (Véase mi propia discusión de la naturaleza del conocimiento personal a continuación). Esta clase de conocimiento, siguen ellos elaborando, "no puede ser probado como uno prueba una hipótesis científica o un hecho de la historia reciente. Pero no es necesariamente contrario a otras

formas de conocimiento. Muchas veces coincide con el análisis lógico y la investigación científica. Sin embargo, *su verificación básica* yace en el encuentro mismo. *Esto es conocimiento existencial.* Viene en los efectos únicos de un encuentro con otro en los dolores mismos de la propia existencia de uno". 210-11, cursivas añadidas.

18. La función de la filosofía en la empresa teológica será discutida más cabalmente en el capítulo 3.

19. *A Christian: What It Means to Be One*, ed. rev. (Kansas City: Beacon Hill Press de Kansas City, 1967), 7, 11, 15.

20. "Sermon on the Trinity", *Works* 6:199 [las *Obras* de Wesley, incluyendo sus sermones, ya han sido publicadas en español]. A fin de apreciar adecuadamente el énfasis de Wesley (en este párrafo), hay que tener presente las circunstancias históricas a las que él se estaba dirigiendo. Durante el siglo XVIII había dos posiciones extremas acerca de cómo es validada la verdad cristiana. Por un lado, estaba el deísmo, y en el otro extremo del espectro el "entusiasmo". El deísmo desarrolló la "religión racional", que afirmaba que la razón era completamente adecuada para captar toda la verdad, de modo que no había necesidad alguna para la revelación, y el otro lado de ello era que no podía permitirse verdad alguna que no se sujetara al culto de lo razonable. El "entusiasmo" (que es lo que hoy llamaríamos fanatismo) negaba la necesidad de que hubiese revelación externa, puesto que toda la verdad era dada internamente por la "luz interior". La ortodoxia se erguía entre ambas, negando el entusiasmo y afirmando en oposición al deísmo que Dios ha dado una revelación objetiva de proposiciones verdaderas, y que la verdadera religión consiste en afirmar estas verdades. Por ende, la ortodoxia era realmente cónsona con el deísmo al ser racionalista. Wesley rechazó las tres opciones prevalentes en su siglo e insistió en que la verdadera religión era interna, pero no aparte de una revelación objetiva que se halla en las Escrituras. Hay un calificativo adicional que debe hacerse. En lo que toca a las doctrinas fundamentales (la Trinidad, la divinidad de Cristo, la expiación, et al.) Wesley hizo una distinción entre el hecho y la explicación. Insistió en el hecho pero admitió que la explicación completa lo evadía. Tal como John Deschner dice acerca de su cristología: "El hecho de que Wesley estaba dispuesto a pensar y a dejar pensar no se extiende hasta 'los hechos' de la Trinidad, o la divinidad de Cristo, o la expiación". *Wesley's Christology: An Interpretation* (Dallas: Southern Methodist University Press, 1960), 14.

21. *Confessions,* 60.

22. Por ejemplo, Gordon Allport, *Becoming* (New Haven, Conn.: Yale University Press, 1955). "Hay una diversidad sin fin entre (las personas religiosas) en cuanto al grado en el cual la religión desempeña una parte en sus vidas, y en las formas y madurez relativa de su perspectiva religiosa. No podría ser de otra manera, pues el llegar a ser religioso es influenciado por nuestro temperamento y entrenamiento, y está sujeto a estancarse tanto como a crecer". 96.

23. Cf. Gerhard Ebeling, "The Meaning of Biblical Theology", en *Word and Faith* (Filadelfia: Fortress Press, 1963), 81-86.

24. Una obra alemana por Wolfgang Jacob Christmann en 1629.

25. *Preface to Old Testament Theology* (Nueva York: Seabury Press, 1963), 59.

26. La posición que estoy defendiendo es la que encontró su expresión definitiva en el artículo de Krister Stendahl intitulado "Biblical Theology", en *Interpreter's Dictionary of the Bible,* ed. George Buttrick (Nueva York: Abingdon Press, 1962), 1:418-32, y en "Method in the Study of Biblical Theology", en *The Bible in Modern Scholarship,* ed. J. Philip Hyatt (Nashville: Abingdon Press, 1965). Esta posición también es aceptada por George Eldon Ladd, *A Theology of the New Testament* (Grand Rapids: Wm. B. Eerdmans Publishing Co., 1974), y John Bright, *The Authority of the Old Testament* (Grand Rapids: Baker Book House, Twin Books, 1975), 114-15. En armonía con estos eruditos yo afirmaría que la teología bíblica es esencialmente descriptiva, "una disciplina inductiva, descriptiva, sintética en aproximación, la cual sobre la base de un estudio gramático-histórico del texto bíblico trata de enunciar en sus propios términos y en su unidad estructural la teología expresada en la Biblia" (Bright). Una discusión cabal de las diversas opciones y una crítica de este método pueden verse en Gerhard Hasel, *Old Testament: Basic Issues in Current Debate* (Grand Rapids: Wm. B. Eerdmans Publishing Co., 1972).

27. Kaufman, *Systematic Theology,* II.

28. John Line, "Systematic Theology", en *Encyclopedia of Religion,* ed. Vergilius Ferm (Nueva York: Philosophical Library, 1945).

29. Al trazar el giro que los sucesores teológicos de Juan Wesley hicieron del pensamiento de éste en dirección al liberalismo, Robert Chiles escribe: "La pérdida de la verdad teológica a través de la distorsión intencional o la deserción deliberada es comparativamente rara; no refleja que los que la causaron hayan sido obtusos intelectualmente o perversos espiritualmente tanto como el esfuerzo comprometido del teólogo de hablar un lenguaje significativo para su día, a fin de realzar el impacto de la tradición espiritual a partir de la cual él trabaja". *Theological Transition in American Methodism: 1790-1925* (Nueva York: Abingdon Press, 1965), 13.

30. Esta perversión siempre ocurre cuando alguna expresión históricamente condicionada de la fe cristiana es cristalizada, y postulada como la declaración final, como en el caso de la manera en la que el fundamentalismo se obsesionó con la ortodoxia protestante del siglo XVII, o como cuando cualquier teólogo del movimiento de santidad santifica las fórmulas del siglo XIX. En estos casos caen víctimas de la situación descrita por Alexander Schweitzer: "Antes los padres confesaban su fe; hoy muchos cristianos están interesados sólo en creer sus confesiones". Citado en Helmut Thielicke, *The Evangelical Faith* (Grand Rapids: Wm. B. Eerdmans Publishing Co., 1974), 1:54.

31. Ibid.
32. Ibid., 26-27.
33. Purkiser, Taylor y Taylor, *God, Man, and Salvation,* 19, 18. Hay una versión en castellano de esta obra con el título de *Dios, Hombre y Salvación.*
34. *The Faith of the Christian Church,* td. Eric H. Wahlstrom (Filadelfia: Fortress Press, 1960), 6.
35. Paul Tillich, en *Biblical Religion and the Search for Ultimate Reality* (Chicago: University of Chicago Press, 1963), demuestra cómo el carácter personalista de la fe bíblica conduce hacia una explicación ontológica.
36. Esto presupone parcialmente una comprensión de la filosofía tal como la sugerida por la definición de Matthew Arnold: "La filosofía es un intento de ver la vida de forma constante, y de verla en su totalidad". Citada por Abraham Kaplan, en *In Pursuit of Wisdom* (Beverly Hills, California: Glencoe Press, 1977), 16.
37. Concluyendo una discusión sobre la pregunta, "¿Qué implica la idea de la creación?", Gilkey escribe en *Maker of Heaven and Earth:* "Aunque [la doctrina de la creación] no se propone directamente contestar preguntas metafísicas, sin embargo no puede evitar el entrar en la arena metafísica. Como hemos observado, si Dios es el Creador de todo, y si nuestra vida finita depende para su existencia en su poder y voluntad, entonces esta afirmación incluye una respuesta indirecta a dos preguntas metafísicas: ¿Qué significa ser, y cuál es la realidad última a través de la cual las cosas son? Por ende, la idea de la creación inevitablemente desafía concepciones metafísicas de la realidad que son antitéticas a su propia intención primaria, e inevitablemente genera un punto particular de vista acerca de la naturaleza y acerca de la existencia histórica, que puede llegar a ser sistematizado en una 'filosofía cristiana'. Aunque la idea de la creación es directamente 'acerca' de Dios y su relación al significado y destino de la vida del hombre, indirectamente es 'acerca' de las preguntas metafísicas de la realidad y su naturaleza". 42. En una de las mejores secciones de su *Christian Theology* [existe una versión en español titulada *Teología Cristiana*], Wiley defiende la misma posición. Después de demostrar la necesidad de que la teología desarrolle ambas, las concepciones filosófica y religiosa de Dios, Wiley señala la confluencia de ambas en la siguiente declaración: "La concepción cristiana de Dios es una convicción de que la Personalidad última de la religión y el Absoluto de la filosofía encuentran su más alta expresión en Jesucristo; y de que en su Persona y obra tenemos la intuición más profunda posible acerca de la naturaleza y el propósito de Dios". 1:221.
38. Cf. A. C. McGiffert, hijo, *The God of the Early Christians* (Nueva York: Charles Scribner's Sons, 1924), 100 ss., para una descripción detallada de las luchas en este proceso.
39. Aquí vemos una ilustración de la conexión orgánica entre lo ontológico y lo soteriológico.

40. H. Cunliffe-Jones, en *The Authority of the Biblical Revelation* (Londres: James Clarke and Co., 1945), 52, señala que, considerada aparte del Antiguo Testamento, la historia de Jesucristo es mucho más fácilmente asimilada a una filosofía no-cristiana.

41. *Systematic Theology,* ix.

42. *Systematic Theology* 1:159.

43. *Faith of the Christian Church,* 6-7.

44. Véase cap. 4, re "Revelación y Transcendencia", donde se discutirá la naturaleza precisa y la necesidad de la paradoja.

45. *Letters of the Reverend John Wesley,* ed. John Telford, 8 vols. (Londres: Epworth Press, 1931), 5:364. Cf. John Allan Knight, "The Theology of John Fletcher" (disertación doctoral, Vanderbilt University, 1966).

46. Estoy endeudado con Paul Tillich por esta discusión de racionalidad. Cf. *Systematic Theology* 1:53, 59.

47. Ibid., 47. La dependencia en Tillich en este capítulo es formal y no material. Él no sólo provee lo que posiblemente sea la enunciación más clara entre las fuentes contemporáneas acerca de qué constituye una teología sistemática, sino que también él la encarna en una manera superior en su sistema arquitectónico. Esto, sin embargo, no supone que se acepte el contenido de su trabajo.

48. La obra principal de Atanasio, *De Incarnatione Verbi* (La encarnación del Verbo de Dios) (Londres: Religious Tract Society, s.f.), es una expresión clásica de la teoría de redención que surgió de esta situación.

49. Cf. Hasel, *Old Testament Theology,* cap. 4, para una discusión de la búsqueda por eruditos contemporáneos, del centro para una teología del Antiguo Testamento.

50. *Evangelical Faith* 1:29.

51. *What Is Theology?* (Nueva York: Oxford University Press, 1976), 5-6.

52. *The Heritage of Biblical Faith* (St. Louis: Bethany Press, 1964), 280-81.

53. Estas expresiones deben ser entendidas como fórmulas abreviadas de justificación/santificación por la gracia a través de la fe. La fe, como Lutero abogó repetidas veces, no es una "buena obra" que amerite la salvación, sino el solo hecho de aceptar la oferta misericordiosa, o de gracia, de Dios de reconciliar y limpiar. Hay una discusión considerable entre los eruditos wesleyanos acerca del significado de la justificación. Nosotros hemos optado por retener el término en este punto porque ha sido un término considerablemente céntrico en la discusión soteriológica durante la historia del pensamiento cristiano, y las citas que usamos de Juan Wesley en apoyo usan también este lenguaje. Sin embargo, más tarde postularemos que la metáfora primordial en el pensamiento bíblico para describir la relación restaurada entre Dios y el hombre es "reconciliación", y que todas las demás metáforas (incluyendo justificación) deben ser interpretadas a esa luz, sin permitir que guíen las discusiones soteriológicas hacia categorías no personales, tal como la justificación tiende a hacer con sus connotaciones legales. El estudiante que quiera analizar críticamente esta norma propuesta debería leerla y

examinarla a la luz de esta discusión subsecuente, que aparece en el cap. 12, sobre la expiación.

54. Albert Outler, en un ensayo sobre "El Lugar de Wesley en la Tradición Cristiana", leído en la celebración de la inauguración de la publicación de la Oxford Edition de *The Works of John Wesley* (1974), coincide sustancialmente con esta consideración. Ve el genio de Wesley como consistiendo en mantener juntos "la fe sola" y "el vivir santamente" a la vez que resistió cualquier polarización hacia una o el otro. Dice: "Es en términos de su éxito y fracaso en este intento… que podemos hablar del lugar de Wesley en la tradición cristiana". 16. Estos dos dan énfasis a una *via media* entre la cristiandad occidental (latina) y la cristiandad oriental (griega), pues la primera recalca "imágenes y metáforas forenses de las cortes de ley (romana y medieval)", mientras que la segunda ha estado "fascinada por visiones de una 'participación en Dios' ontológica". Por algún tiempo yo he opinado que Wesley no ha sido interpretado adecuadamente por muchos de sus seguidores, en parte porque ellos lo han considerado como si estuviese exclusivamente en la tradición latina y han ignorado la influencia del cristianismo oriental sobre su pensamiento. Esto debería haber sido obvio cuando recordamos que él, como un buen anglicano, estaba muy interesado en los padres patrísticos (griegos).

En otro ensayo, presentado en la misma reunión, Michael M. Hurley recalcó el significado teológico del concepto de Wesley de la gracia preveniente. En este punto también ha sido mi parecer que esta categoría teológica es la clave para descubrir cómo muchas doctrinas y consideraciones metodológicas se verían desde una perspectiva distintivamente wesleyana. *The Place of Wesley in the Christian Tradition,* ed. Kenneth E. Rowe (Metuchen, N.J.: Scarecrow Press, 1976).

55. Véase Mildred Bangs Wynkoop, *The Foundations of Wesleyan-Arminian Theology* (Kansas City: Beacon Hill Press de Kansas City, 1967).

56. *The Rediscovery of John Wesley* (Nueva York: Henry Holt and Co., 1935).

57. La intención de esta visualización es reflejar una relación normativa, no necesariamente histórica; pero William Ragsdale Cannon, en *The Theology of John Wesley* (Nueva York: Abingdon Press, 1946), interpreta la doctrina de justificación de Wesley en esta misma relación a la santificación, y Wesley mismo refleja la relación equilibrada con las siguientes palabras de su sermón "On God's Vineyard" (*Works* 7:205): "Es, por lo tanto, una gran bendición dada a estas personas, que así como no piensan ni hablan de la justificación de forma tal que exceda a la santificación, asimismo tampoco piensan o hablan de la santificación de tal modo que exceda a la justificación. Tienen cuidado de mantener a cada una en su propio lugar, dando igual énfasis a la una y a la otra. Saben que Dios las ha unido y no le toca al hombre separarlas. Por lo tanto, mantienen, con igual celo y diligencia, la doctrina de justificación gratuita, cabal y presente, por un lado, y la de la entera santificación tanto

de corazón como de vida, por el otro; siendo tan tenaces de la santidad interior como cualquier místico, y de la exterior como cualquier fariseo".

58. Generalmente se acepta la crítica de que la mayoría de los así llamados padres apostólicos (Clemente de Roma, *Didache, El Pastor de Hermas, la Epístola de Bernabé*) son moralistas o legalistas en su comprensión de la vida cristiana, y que acentúan la nueva religión como una ley nueva. Una lectura cuidadosa de estos antiguos documentos revela que este es un análisis correcto, y que lo es porque la doctrina de la justificación por la fe está notablemente ausente de sus escritos. Su énfasis en la vida santa sería correcto si fuese ubicado en el contexto de la justificación. Clemente lucha con una tensión entre la justificación y la santificación, pero los otros han capitulado casi completamente ante la comprensión moralista de la fe cristiana.

59. No todos los sistemas teológicos concuerdan con esto. Por ejemplo, el dispensacionalismo pone la salvación a un lado, como algo secundario, y declara que "la gloria de Dios" es lo más importante. Cf. Charles C. Ryrie, *Dispensationalism Today* (Chicago: Moody Press, 1965).

60. Así lo dice John A. Knight, "Fletcher", 189 n. 43.

61. Ibid.,. 178. La doctrina es descrita epistemológicamente en función del propio lenguaje que Fletcher usa de "dispensaciones".

62. *Wesley's Christology,* 116.

63. Ibid., 92; Lycurgus M. Starkey, Jr., *The Work of the Holy Spirit* (Nashville: Abingdon Press, 1962), 41; Charles Allen Rogers, "The Concept of Prevenient Grace in the Theology of John Wesley" (disertación doctoral, Duke University, 1967). Véase también *Wesley's Works* 6:223; 7:18 ss., 373-374; 8:277-278; *Standard Sermons,* ed. Edward H. Sugden, 2 vols. (Londres: Epworth Press, 1961; de aquí en adelante abreviado como <u>StS</u>), 1:118; 2:43, 445. Deschner arguye que la cristología es la presuposición de la teología de Wesley y comenta: "La convicción del autor es que un examen explícito de la gran presuposición de Wesley puede guiar a la clarificación y hasta la corrección de la predicación en la tradición wesleyana del día presente".

64. P. 111.

65. *Confessions,* 59.

66. Si "fe" es mal interpretada como algo intelectual en vez de existencial en este punto, esta discusión no tendrá sentido alguno. Pero con ese término nosotros estamos aludiendo al significado bíblico primordial, el confiar en una persona, más que el creer una proposición.

67. *Church Dogmatics,* ed. G. W. Bromiley y T. F. Torrance (Edimburgo: T. and T. Clark, 1957), vol. 4, parte 1, p. xi (de aquí en adelante 4.1.xi).

68. *TC* 1:54. Debe sin embargo notarse, para ser honestos, que la comprensión que Hodge tenía de la teología y la Biblia es antitética a la comprensión de la teología desarrollada en este capítulo.

Capítulo 2

1. Es digno de notarse que las religiones que derivan su comprensión de Dios de la naturaleza presentan un criterio radicalmente diferente de la idea bíblica de Dios, v.g., los cananitas. Acerca del Salmo 19, que es un salmo clásico de la creación, Bernhard Anderson escribe: "Es importante notar aquí que el Salmista no dice que Dios es revelado en la naturaleza; más bien, que los cielos son testigos de su gloria". *Creation Versus Chaos* (Nueva York: Association Press, 1967), 90.

2. Cf. W.T. Purkiser, ed., *Exploring Our Christian Faith* ed. rev. (Kansas City: Beacon Hill Press of Kansas City, 1978), 54. (Hay versión en castellano con el título de *Explorando Nuestra Fe Cristiana,* y publicada por la Casa Nazarena de Publicaciones.)

3. Entre los que han cuestionado este consenso están James Barr, *Old and New in Interpretation* (Nueva York: Harper and Row Publishers, 1966); Langdon B. Gilkey, "Cosmology, Ontology and the Travail of Biblical Language", *Journal of Religion,* julio de 1961, 194-205.

4. Tillich, *Systematic Theology* 1:35.

5. John Miley, cuya obra *Systematic Theology* fue por muchos años el texto oficial del curso de estudio para ministros en la Iglesia del Nazareno, hace el siguiente comentario sobre este argumento: "Si nosotros quisiéramos demostrar la inspiración de las Escrituras basándonos en sus propias declaraciones, y después, que son una revelación divina porque son inspiradas, nuestro argumento se movería en un círculo, y por ende no traería resultado lógico alguno. Tal cosa es una falacia muy común, y que resulta más dañina que benéfica para la verdad" (Nueva York: Eaton and Mains, 1894), 2:487.

6. Véase W. Ralph Thompson, "Facing Objections Raised Against Biblical Inerrancy", *Wesleyan Theological Journal* 3, núm. 1 (primavera 1968):21-29.

7. Este argumento se originó en el siglo XIX, con la teología de Princeton formulada por A. A. Hodge y B. B. Warfield. "Fue Hodge quien primero formalizó el concepto de que los autógrafos fuesen la base de la infalibilidad de las Escrituras". R. Larry Shelton, "John Wesley's Approach to Scripture in Historical Perspective", *Wesleyan Theological Journal* 16, núm. 1 (primavera 1981): 38. Véase también las notas a pie de página de Shelton.

8. *The Journal of John Wesley, A.M.,* ed. Nehemiah Curnock, 8 vols. (Londres: Epworth Press, 1949), 6:117. Acerca de esta declaración y otras similares, Shelton dice: "Estas clases de expresiones se relacionan primordialmente a sus tendencias de inspiración del tipo que resulta del que las palabras hayan sido dictadas verbalmente, y no son usadas para establecer una base inerrante para la autoridad. Su epistemología es diferente de la de los fundamentalistas que basan la autoridad bíblica sobre lo que asumen acerca de la naturaleza del texto externo de los autógrafos". "John Wesley's Approach", 38.

9. 2 vols. (Pasadena, Calif.: C. J. Kinne, 1931), 1:134.

10. "Three Views of Biblical Authority", en *Biblical Authority,* ed. Jack Rogers (Waco, Texas: Word Books, Publisher, 1977), 65-66. Bruce Vawter recalca el mismo punto, haciendo una distinción importante: "La crítica textual no le había revelado a la iglesia que ya no tenía la palabra. Lo que le había revelado era que la iglesia no siempre podía estar segura de la pureza verbal del texto a través del cual poseía la palabra. Esto es lo que fue, o debería haber sido, fatal para cualquier teoría de inspiración estrictamente verbal.... Si Dios de veras hubiera 'dictado' un texto — por más literalmente que haya sido tomado tal antropomorfismo— entonces es seguro que el texto y su exactitud verbal —y no sencillamente la palabra mediada en esa forma— hubiera sido el objetivo de continua preocupación". *Biblical Inspiration* (Filadelfia: Westminster Press, 1972), 65.

11. *Institutes* 1.8.1.

12. "John Wesley's Approach", 37.

13. Citado en Marshall, *Biblical Inspiration,* 46-47.

14. (Kansas City: Casa Nazarena de Publicaciones, 1985), 96.

15. *Philosophical Fragments,* trad. David F. Swenson (Oxford y Nueva York: Oxford University Press, 1936), 87.

16. John A. Knight, "Fletcher", 8.

17. Vawter, *Biblical Inspiration,* 8-13, ha hecho un análisis cuidadoso de la evidencia bíblica y concluye que "aquí tenemos que ver con un sincretismo lingüístico. Aunque ambas la LXX y el Nuevo Testamento hicieron un estudiado esfuerzo por evitar el uso del lenguaje de la experiencia mántica (convulsiones extáticas) al referirse a la peculiar tradición profética judeo-cristiana, no fue posible evitarlo completamente, puesto que era el único lenguaje disponible". 9. John Burnaby, *Is the Bible Inspired?* (Londres: Duckworth and Co., 1949), analiza la comprensión bíblica de la naturaleza de Dios como amor y lo distintivo del hombre como persona tanto para en ambos casos demostrar lo inapropiado de usar el modelo de "poseído por el Espíritu" para explicar el fenómeno de la "inspiración", y sugiere un modelo basado en esta relación divino-humana: "La influencia del Espíritu Santo sobre el alma del hombre es... correctamente entendida mediante la analogía con la influencia de una persona sobre una persona. Bajo tal influencia el alma es constreñida, pero constreñida voluntariamente. Conforme se rinde a la influencia del Espíritu, al mismo tiempo es traída a la unidad de la vida personal en sí misma, y acercada a una unión con el mundo de Dios de las personas y con Dios mismo... Pero permanece, intacto durante todo el proceso, la distinción y la diferencia entre Creador y criatura". 80. Cf. también Alan Richardson, *The Bible in the Age of Science* (Filadelfia: Westminster Press, 1961), 75.

18. *Notes.* Sobre la frase "palabras de vida" en Hechos 7:38, Wesley da esta explicación: "Las palabras son llamadas vivientes porque 'toda la palabra de Dios', aplicada por su Espíritu, es 'viva y poderosa' (Hebreos

4:12, NVI)". Paul Bassett dice acerca de este tema: "Wesley duda que 'la letra de la Escritura' tenga valor aparte de las operaciones del Espíritu" ("The Holiness Movement and the Protestant Principle", *Wesleyan Theological Journal* 18, núm. 1 [Primavera, 1983]: 14). Cierto número de eruditos bíblicos muy reputados concuerdan con esta interpretación: Alan Richardson, en *Bible in Science,* escribe: "El texto griego sugiere que Dios ha respirado en las palabras 'muertas' de las Escrituras del Antiguo Testamento el aliento de vida, así como una vez Él respiró sobre la nariz del hombre y éste se volvió un ser viviente. La traducción AV tiene detrás de ella una larga historia de interpretaciones erróneas, puesto que las nociones alejandrinas y paganas de la inspiración, que la veían algo así como un *afflatus* divino, se habían introducido en la iglesia desde los días de Justino Mártir en la mitad del siglo segundo. Partiendo de estas concepciones equivocadas nos ha librado el surgimiento de la crítica histórica moderna en el siglo diecinueve", 75. Véase también *idem, Christian Apologetics* (Nueva York: Harper and Bros. Publishers, 1944), 202-5; R. P. C. Hanson, *Allegory and Event* (Richmond, Va.: John Knox Press, 1959), cap. 7. I. Howard Marshall propone que el énfasis total del pasaje se relaciona a los propósitos para los cuales Dios lo inspiró, y por ende se relaciona "a lo adecuado que es para lo que Dios intenta que haga", *Biblical Inspiration,* 53. Concuerdan con esto Perry B. Yoder, *Toward Understanding the Bible* (Newton, Kans.: Faith and Life Press, 1978), 69-70; Paul J. Achtemeier, *The Inspiration of Scripture* (Filadelfia: Westminster Press, 1980), 107-8.

19. Marshall expresa reticencia en cuanto al uso de esta analogía, basado en sus dudas de que realmente arroje luz sobre el asunto: "Las diferencias entre la encarnación de la Palabra eterna en la persona de Jesús y la composición divina de la Escritura a través de autores humanos son tan considerables que tal vez no sea sabio enganchar una doctrina de la Escritura en conclusiones derivadas de cierta analogía". *Biblical Inspiration,* 44-45. Nosotros no estamos llegando a conclusiones aquí, sino simplemente ilustrando similaridades mediante la analogía.

20. Wiley dice: "Las explicaciones racionalistas dan demasiado énfasis al elemento humano, en tanto que las teorías que recalcan lo sobrenatural hacen poca cosa de tal elemento, manteniendo que los escritores sagrados estuvieron poseídos por el Espíritu Santo a tal grado que se volvieron instrumentos pasivos antes que agentes activos", y luego propone su "teoría dinámica", la cual, dice él, es "una teoría mediadora que es presentada como un esfuerzo de explicar y preservar en la debida armonía, ambos factores, el divino y el humano, en la inspiración de las Escrituras". *TC* 1:173, 176. Wiley además mantiene que esta teoría equilibrada ha sido la más generalmente aceptada en la iglesia. Cf. 173- 77.

Orígenes, el primer erudito bíblico, afirmaba que la Biblia era armoniosa de principio a fin y sobrenaturalmente perfecta en todo particular, pero al mismo tiempo estaba consciente del carácter humano de la Escritura.

Cf. F.W. Farrar. *History of Interpretation* (Grand Rapids: Baker Book House, 1961), 190.

Agustín sostenía el mismo equilibrio en una forma algo curiosa y que revelaba cierta inclinación hacia la dirección sobrenaturalista. En su opinión, la Escritura era una unidad divina. No habría de permitirse la existencia de ninguna discordancia, de ninguna clase. Pero Agustín tenía varias maneras de manejar aparentes faltas de armonía. Él aducía con frecuencia que el manuscrito tenía faltas, que la traducción estaba errónea, o que el lector no había entendido correctamente. Cuando ninguna de estas explicaciones parecía apropiada, Agustín algunas veces concluía que el Espíritu Santo había "permitido" que uno de los autores de la Escritura compusiera algo que variaba en alguna forma de lo que otro autor bíblico había escrito. De modo que, para Agustín, las variaciones tenían el propósito de despertar nuestro apetito espiritual de comprensión. Pero las lecturas que variaban no eran un problema final para Agustín, porque la verdad de la Escritura residía finalmente en el pensamiento de los escritores bíblicos y no en sus palabras individuales. Comentó el asunto así: "En las palabras de cualquier hombre, aquello que debemos considerar muy estrechamente es el pensamiento que el escritor quiso expresar, y del cual las palabras deben ser un instrumento; y, además, que no debemos suponer que alguien está haciendo una declaración incorrecta, si por alguna razón expresa con diferentes palabras lo que la persona en realidad quiso decir y cuyas palabras él no logró reproducir literalmente". Citado en A.D.R. Polman, *The Word of God According to St. Augustine* (Grand Rapids: Wm. B. Eerdmans Publishing Co., 1961), 49. Cf. también Vawter, *Biblical Inspiration,* 38-39.

21. Cf. Alan Richardson, *Bible in Science,* cap. 2.

22. *TC* 1:173-74. Wiley ofrece tres refutaciones sólidas a esta posición: "[1.] niega la inspiración de personas y afirma sólo la inspiración de los escritos; ... [2.] no está de acuerdo con todos los factores; ... [3.] discrepa con la manera conocida en la cual Dios obra en el alma humana". 174-75.

23. *Bible in Science,* 68. Aquí no se afirma que la posición de Wiley sea igual a la de Sanday, sino que sencillamente apuntamos al aparente momento histórico en el cual se hace un avance significativo en el intento de desembrollar el problema de la inspiración.

24. Véase Claus Westermann, *Blessing in the Bible and the Church* (Filadelfia: Fortress Press, 1978).

25. Habiendo dicho esto, todavía tenemos que admitir que el abigarrado carácter del material bíblico, como se ha observado en el texto, hace que mucho de ello se resista a esta clase de modelo.

26. Hanson, *Allegory and Event,* cap. 7 sobre "Inspiración", que muestra que así es en el caso de Orígenes.

27. Purkiser, Taylor y Taylor, *God, Man, and Salvation,* 204. (Disponible en español de la Casa Nazarena de Publicaciones con el título de *Dios, Hombre y Salvación.*)

28. *John Wesley's Theology Today* (Nueva York: Abingdon Press, 1960), 25.
29. Robert K. Johnson, *Evangelicals at an Impasse* (Atlanta: John Knox Press, 1979).
30. *Authority,* 26.
31. Ibid., 10.
32. En el Apéndice 2 se incluye un repaso extenso de este asunto. Allí, el material bíblico es analizado cuidadosamente, y los períodos históricos críticos son explorados para ver cómo el asunto es manejado por la Biblia tanto como por la tradición. La discusión que sigue en el texto es edificada sobre los hallazgos en esa investigación.
33. *Out of the Depths* (Filadelfia: Westminster Press, 1983), 40.

Capítulo 3

1. La comprensión de la revelación como histórica, lo que está implícito en esta discusión, tiene profundas implicaciones en el asunto del canon. Si la prueba de canonicidad es el asunto de inspiración exclusivamente, uno no puede a priori excluir la posibilidad de que haya otros escritos inspirados adicionales. Además, si la fe bíblica estuvo compuesta por enseñanzas abstractas, atemporales, acerca de Dios, el hombre y la ética, tal cosa también carecería de razón alguna por la cual, en principio, el canon jamás deba ser cerrado. "Pero la teología de la Biblia no consiste en enseñanzas abstractas y atemporales. Más bien, tiene que ver con eventos, con la interpretación de eventos, y el significado de la vida en el contexto de eventos: los eventos de una historia específica en la cual, se declara, Dios actuó para la redención del hombre. ... El canon, por lo tanto, debe ser cerrado: nunca puede haber un testimonio primario de esta historia otra vez". Bright, *Old Testament,* 159.
2. J. N. D. Kelly, *Early Christian Doctrines* (San Francisco: Harper and Row, Publishers, 1978), 39. Nótese la implicación de esta declaración para la necesidad de una buena hermenéutica.
3. Ibid., 49.
4. Tillich, *Systematic Theology,* 1:52.
5. Hendrikus Berkhof, *The Christian Faith,* trad. Sierd Woudstra (Grand Rapids: Wm. B. Eerdmans Publishing Co., 1980), 98.
6. Wesley declara sin titubeos que los concilios de la iglesia no sólo "pueden errar", sino que "han errado". *Journal* 1:275 (13 de septiembre de 1733); o *Works* 1:41.
7. *Systematic Theology* 1:36.
8. Aulén, *Faith of the Christian Church,* 69.
9. *Systematic Theology* 1:38.
10. El siguiente capítulo incluye una discusión de la razón desde una perspectiva diferente con relación a la revelación. En esta sección sencillamente se analiza el uso de la capacidad del hombre de razonar en el desarrollo de una teología.
11. *Letters* 5:364.
12. *Works* 8:13.

13. John E. Smith, *The Analogy of Experience* (Nueva York: Harper and Row, Publishers, 1973), 8.

14. Citado ibid., 9.

15. *John Wesley's Theology Today,* 32.

16. *TC* 1:49. Es interesante que Wiley no cumple con este principio, sino que procede a usar la filosofía en maneras más substantivas. Es inevitable que esto ocurra.

17. Cf. Tillich, *Ultimate Reality.*

18. Esta es una de las razones por las cuales el trabajo de la teología nunca se completa. El teólogo está constantemente en busca de formas más adecuadas de expresión; y con creciente precisión de pensamiento y de expresión en lo que toca a asuntos relacionados con la teología, echa mano de la nueva terminología y categorías para satisfacer más adecuadamente su papel de clarificar el lenguaje de la fe acerca de Dios.

19. Al comentar sobre este peligro de distorsión que ha llevado a algunos a tratar de rechazar completamente el uso de la filosofía, Anthony C. Thiselton, *The Two Horizons* (Grand Rapids: Wm. B. Eerdmans Publishing Co., 1980), dice: "Muchas de las críticas típicas que se aducen por ejemplo contra Bultmann, resultan ser no argumentos en contra de su uso de la filosofía, sino argumentos en contra del uso de una filosofía en particular, tal como la de Heidegger o el neokantianismo". 9.

20. Aulén implícitamente reconoce este punto en un comentario que hace acerca del Credo de Calcedonia: "El significado de la fórmula no debe ser buscado en la terminología usada, tal como el antiguo concepto de substancia, etc., sino más bien en su rechazo de los dos extremos". *Faith of the Christian Church,* 74.

21. John Dillenberger y Claude Welch, *Protestant Christianity* (Nueva York: Charles Scribner's Sons, 1954), 74.

22. John Smith, *Analogy,* 33.

23. *John Wesley's Theology Today,* 33.

24. *Systematic Theology* 1:42.

25. G. Ernest Wright y Reginald H. Fuller, *The Book of the Acts of God* (Garden City, N.Y.: Doubleday and Co., Anchor Books, 1960), 9, dicen que son cinco. Purkiser y los demás, *Explorando Nuestra Fe Cristiana,* identifican siete.

26. Esto no es propuesto como una explicación completa de la naturaleza de las Escrituras.

27. Tillich, *Systematic Theology* 1:102.

28. *La perfección cristiana: una clara explicación de la perfección cristiana como la creyó y enseñó el reverendo Juan Wesley del año 1725 al año 1777* (Kansas City: Casa Nazarena de Publicaciones, 1979), 60.

29. John Smith, *Analogy,* 27.

30. El siguiente capítulo tiene una discusión más completa de este asunto.

31. Rob L. Staples, "Sanctification and Selfhood", *Wesleyan Theological Journal 7,* núm. 1 (primavera 1972): 3-16.

32. p. 37.

33. Dillenberger and Welch, *Protestant Christianity*, 58 ss.
34. *Work of the Holy Spirit*, 90.

Capítulo 4

1. Cf. William Adams Brown, *Christian Theology in Outline* (Edimburgo: T. and T. Clark, 1912); y William Newton Clarke, *An Outline of Christian Theology* (Nueva York: Charles Scribner's Sons, 1922). Clarke escribe: "La teología es precedida por la religión, como la botánica lo es por la vida de las plantas. La religión es la realidad, cuyo estudio es la teología... El cristianismo es una religión... que apela a los mismos elementos en la naturaleza humana que las otras, pero que lo hace con una plenitud de verdad y poder peculiar a sí misma". 3.

2. Esto refleja un modo especial de trascendencia. John Murray expresa sucintamente el punto: "Todo el conocimiento de las personas es por revelación. Mi conocimiento de usted no depende meramente de lo que yo haga, sino de lo que usted haga; y si usted se niega a revelárseme a sí mismo, no puedo conocerlo, por mucho que quiera hacerlo. Si en sus relaciones conmigo, usted escoge continuamente 'representar una dramaturgia' o 'desempeñar un papel', se está escondiendo de mí. Yo jamás puedo llegar a conocerlo tal como usted de veras es. En este caso, generalizaciones hechas a partir de hechos observados me llevarán a conclusiones erróneas ... un ser que pueda pretender ser lo que no es, pensar lo que no piensa, y sentir lo que no siente, no puede ser conocido por generalizaciones derivadas de su conducta observada, sino sólo en el grado en que se revele genuinamente a sí mismo". *Persons in Relation* (Londres: Faber and Faber, 1961), 169.

3. Hablando de este punto, Juan Calvino dice: "Vana, por lo tanto, es la luz que se nos brinda en la formación de este mundo para ilustrar la gloria de su Autor, la cual, aunque sus rayos se difundan completamente a nuestro derredor, es insuficiente para conducirnos en el camino correcto. Es cierto que algunas chispas se encienden, pero se apagan antes de que puedan emitir grado alguno de luz. Así, el Apóstol... dice: 'Por la fe entendemos haber sido constituido el universo por la palabra de Dios'; lo cual sugiere que la Deidad invisible fue representada por tales objetos visibles, empero que no tenemos ojos para discernirla, a menos que sean iluminados por la fe mediante una revelación interna de Dios". *Institutes* 1.5.14.

4. El término "apropiado" es usado en el mismo sentido técnico en que es definido por John Mac Murray con relación a la filosofía: "Lo apropiado de cierta filosofía depende de su alcance, de hasta qué grado tiene éxito en mantener juntos los diversos aspectos de la experiencia humana". *The Self as Agent* (Londres: Faber and Faber, 1966), 39.

5. La obra de H. D. McDonald, *Theories of Revelation: A Historical Study 1700-1960* (Grand Rapids: Baker Book House, 1979) es una fuente extraordinariamente valiosa para el aspecto histórico de este estudio.

6. Downing concluye que el término "revelación" es demasiado intelectualista para reflejar aquello de lo que el mensaje bíblico trata. Sin duda tiene razón si uno interpreta la doctrina de la revelación en ciertas maneras, pero no si uno adapta el término a la perspectiva bíblica. James Barr hace la misma sugerencia, pero su aproximación muestra además la debilidad de hacer estudios bíblicos por medio del análisis de palabras. Ambos eruditos expresan críticas en términos de definir "revelación" como "el hacer claro" (sin obscuridad o ambigüedad) algo que previamente no ha sido conocido. En cuanto al primer asunto, Downing aporta los siguientes poderosos puntos: (1) el material bíblico no aspira a tal claridad, y (2) si hubiese habido una revelación sin ambigüedad, no habría una multiplicidad de sus diversas comprensiones, como obviamente existen. *Has Christianity a Revelation?* (Filadelfia: Westminster Press, 1964). Barr emite casi la misma crítica al decir: "El hecho de que tantas teologías diversas hayan estado de acuerdo en asignarle un lugar central a la revelación tal vez haya sido un factor que ha causado que la debilidad intrínseca del concepto de la revelación siga siendo obscuro". *Old and New,* 87. En cuanto a la segunda crítica, este mismo escritor señala que "en la Biblia, aparte de algunas concesiones limitadas, no hay etapa en la cual Dios no sea conocido". *Ibid.,* 89. Alega adicionalmente que es en esencia este problema lo que ha causado algo así como un *impasse* entre "teologías de revelación" y exégesis bíblica. 90-94.

El valor de estas críticas no es que conduzcan, como los dos críticos han sugerido, a abandonar el concepto de la revelación. Ya hemos visto que sus conclusiones se basan en una definición previamente aceptada del término que se deriva de consideraciones semánticas. Más bien, sus críticas deberían señalar a una comprensión más adecuada, o sea, bíblicamente basada, y a la que se haya llegado inductivamente, de lo que significa que Dios se haya mostrado al ser humano.

7. *Has Christianity a Revelation?* 13.

8. Cf. Barr, *Old and New,* 84. John McIntyre, *The Christian Doctrine of History* (Grand Rapids: Wm. B. Eerdmans Publishing Co., 1957), 2-3. James Barr, "Revelation", en *Hastings Dictionary of the Bible,* ed. James Hastings. Edición revisada por Frederick C. Grant and H.H. Rowley (Nueva York: Charles Scribner's Sons, 1963).

9. McDonald, *Theories of Revelation.*

10. *The Glory of God and the Transfiguration of Christ* (Londres: Longmans, Green, and Co., 1949), 12. Cf. también G. Horton Davies, "Glory" en *Interpreter's Dictionary of the Bible,* ed. George A. Buttrick, 4 tomos. Nueva York: Abingdon Press, 1962), t. 2; S. Aalen, "Glory, Honor", en *The New International Dictionary of the New Testament Theology,* ed. Colin Brown, trad. de *Theologisches Begriffslexikon zum Neuen Testament,* 3 tomos. (Grand Rapids: Zondervan Publishing House, 1975), t. 2; Walter Betteridge, "Glory", en *International Standard Bible Encyclopedia,* ed. James Orr et al., 6 tomos (Grand Rapids: Wm. B. Eerdmans

Publishing Co., 1949), t. 2; Gerhard von Rad, "Doxa", en *Theological Dictionary of the New Testament,* ed. Gerhard Kittel, trad. y ed. Geoffrey W. Bromiley, 10 tomos (Grand Rapids: Wm. B. Eerdmans Publishing Co., 1964), t. 2.

11. *Glory of God,* 13.

12. En una conferencia en el Trevecca Nazarene College, alrededor de 1947.

13. Este estar velado de Dios tal como es en sí mismo no contradice la declaración que leemos en Éxodo 24:10, de que "vieron al Dios de Israel". Todo lo que vieron fue "un embaldosado de zafiro" que estaba "debajo de sus pies". Asimismo, todo lo que Isaías vio fue la falda de las túnicas regias que llenaban la vasta corte del templo (Isaías 6:1). Cf. J. Philip Hyatt, *Exodus,* en *The New Century Bible,* Antiguo Testamento ed. Ronald E. Clements (Grand Rapids: Wm. B. Eerdmans Publishing Co., 1971); R. Alan Cole, *Exodus,* en *The Tyndale Old Testament Commentary* (Downers Grove, Ill.: InterVarsity Press, 1973); Samuel Raphael Hirsch, *The Pentateuch* (Londres: L. Honig and Sons, 1967); George A. Knight, *Theology as Narration* (Grand Rapids: Wm. B. Eerdmans Publishing Co., 1976).

14. *An Introduction to the Theology of the New Testament* (Nueva York: Harper and Bros., Publishers, 1959), 65 ss. Cf. también el artículo de L.H. Brockington, "Presence", en *Theological Word Book of the Bible,* ed. Alan Richardson (Nueva York: Macmillan Co., 1950).

15. Frederick Copleston, *A History of Philosophy* (Garden City, N.Y.: Doubleday and Co., Image Books, 1962), t. I, parte 2, 196.

16. Cf. Whilhem Windelband, *A History of Philosophy,* 2 tomos, Torchbook ed. (Nueva York: Harper and Bros., Publishers, 1958), t. I.

17. Ibid., 237.

18. Ibid., 239.

19. *Diálogo con Trifo,* cap. 127.

20. *Apología* 2.5.

21. *Stromateis,* cap. 12.

22. *Against Heresies* 3.24.1.

23. *Apology,* 17. Debería recordarse que Tertuliano, probablemente bajo la influencia del estoicismo, postuló que Dios es corpóreo en naturaleza, que tiene un cuerpo. Negar así la espiritualidad de Dios reduciría la distancia entre Dios y la comprensión humana.

24. McGiffert, *God of the Early Christians,* 122.

25. Los dos aspectos del Logos fueron interpretados por algunos de los padres de la iglesia como dos etapas en la "vida" del Logos. Esto tiene un significado de mucho alcance para la cristología, un aspecto de este tema que estudiaremos más de cerca en una sección posterior de la teología.

26. *Against Heresies* 4.12.4.

27. Wiley adopta esta conclusión para sí, afirmando que "Dios... nos puede ser conocido sólo a través de una revelación de sí mismo". *TC* 1:218.

28. La categoría de Lutero del "Dios escondido" ha sido interpretada de diversas maneras en la teología después de él. Ha sido relacionada a la doctrina de la predestinación y al voluntarismo escolástico que dio énfasis a la voluntad arbitraria de Dios. Para un análisis cuidadoso de la historia de la interpretación de Lutero sobre este particular, véase la obra de John Dillenberg, *God Hidden and Revealed* (Filadelfia: Muhlenberg Press, 1953). La posición adoptada en nuestra exposición generalmente concuerda con la que Dillenberger apoyó.

29. Citado en Paul Althaus, *The Theology of Martin Luther,* trad. por Robert C. Schultz (Filadelfia: Fortress Press, 1966), 20.

30. Ibid., 21.

31. *Faith of the Christian Church,* 41.

32. Citado en Dillenberger, *God Hidden and Revealed,* 148.

33. Comentario sobre Ezequiel 3:4.

34. Citado en Wilhelm Niesel, *The Theology of Calvin,* trad. Harold Knight (Filadelfia: Westminster Press, 1956), 116.

35. *Institutes* 1.2.2.

36. Dillenberger, *God, Hidden and Revealed,* xvii.

37. Citado en Edward Farley, *The Transcendence of God* (Filadelfia: Westminster Press, 1960), 17.

38. *The Rise of Modern Religious Ideas* (Nueva York: Macmillan Co., 1915), 214.

39. Alasdair I. C. Heron, *A Century of Protestant Theology* (Filadelfia: Westminster Press, 1980), 50.

40. Usando la expresión "el Insondable", Aulén elucida el punto de esta manera: "Es importante notar de qué manera Dios aparece como el Insondable. No significa sencillamente que haya ciertos límites con la revelación, y que másallá de esos límites exista un territorio escondido que irá disminuyendo cada díamás en el grado en el que la revelación aumente. Ni tampoco significa meramente que bajo estas circunstancias terrenas quedarán algunas preguntas que no puedan ser contestadas y dilemas que no puedan ser resueltos; que la fe cristiana no pueda volverse una visión racional del mundo para la cual el gobierno divino del mundo sería transparentemente claro. Significa, más bien, que la naturaleza de la revelación divina se le aparece a la fe como un misterio impenetrable; un 'misterio manifestado' (Romanos 16:25-26), el cual sigue siendo todavía un misterio. Puesto que el centro mismo de esta revelación es el amor divino que se da a sí mismo a fin de establecer comunión con los pecadores, es ese amor en sí el que parece inescrutable e impenetrable. La fe contempla al Dios revelado como el Insondable, el Dios 'escondido'". *Faith of the Christian Church,* 41-42.

41. Otto se refiere a lo numinoso como lo no racional, con lo cual quiere decir que, aunque es no conceptual, no es incognoscible.

42. *Systematic Theology* 1:109.

43. *Theological Investigations* (Baltimore: Helicon Press, 1966), 4:330.

44. Gilkey, *Maker of Heaven and Earth,* 93.

45. *Summa Contra Gentiles* 1:4.

46. Cf. Gilkey, *Maker of Heaven and Earth,* 275-76. Estoy endeudado con esta fuente por los conceptos básicos acerca de la paradoja y la ilustración que aquí he incluido.

47. *God Was in Christ* (Londres: Faber and Faber, 1961), 108-9.

48. *Maker of Heaven and Earth,* 276-77.

49. Nótese que en tiempos recientes se ha hecho uso en el mundo erudito del término "mito". Ha habido mucha controversia acerca de su significado entre los diversos eruditos que lo han usado con diferentes sentidos. Puesto que el término comunica sesgos discordantes que son interpretados por muchas personas como algo carente de realidad, lo más sabio es evitar el uso de esa palabra, ya que en su uso más correcto no sugiere ninguna dimensión del problema que no haya sido cubierta por el lenguaje menos gráfico que estamos empleando. Tal vez la mejor definición operacional del término para pensadores contemporáneos sea "una manera de hablar acerca del Dios que trasciende la historia en los términos dramáticos de un agente activo en la historia".

50. *Dogmatics in Outline,* 43.

51. Como resultado de la crítica de que el lenguaje simbólico sería imposible a menos que hubiera como mínimo una declaración no simbólica, Paul Tillich concede que hay una, la cual identifica como: "Dios es el ser mismo". "Reply to Interpretation and Criticism", en *The Theology of Paul Tillich,* ed. por Charles Kegley y Robert W. Bretall (Nueva York: Macmillan Co., 1964.

52. "The Meaning and Justification of Religious Belief", en *Religious Experience and Truth,* ed. Sidney Hook (Nueva York: New York University Press, 1961), 6.

53. Ibid., 20.

54. Otto A. Piper, "Knowledge", en *Interpreter's Dictionary of the Bible,* ed. George A. Buttrick, 4 tomos (Nueva York: Abingdon Press, 1962), vol. 3.

55. E. D. Schmiltz, "Knowledge", en *The New International Dictionary of New Testament Theology,* ed. Colin Brown, trad. de *Theologisches Begriffslexikon zum Neuen Testament,* 3 tomos (Grand Rapids: Zondervan Publishing House, 1975), vol. 3.

56. Piper, "Knowledge".

57. Schmitz, "Knowledge".

58. *Theology,* 40-41.

59. Cf. Eric Frank, *Philosophical Understanding and Religious Truth* (Londres: Oxford University Press, 1963), 100: "Las matemáticas tienen verdad cognitiva en el sentido más alto posible. Aquí nuestros pensamientos literalmente corresponden a sus objetos, puesto que los producimos al pensarlos. Pero las matemáticas no tienen verdad existencial porque sus objetos no se refieren a nada más allá de sí mismos. Por otro lado, las ideas de la imaginación religiosa no pretenden ser literalmente adecuadas a su objeto. Sin embargo, tienen definitivamente verdad

existencial porque expresan de manera única la determinación total del hombre por un Ser más allá de sí mismo".

60. Véase Alan Richardson, *Creeds in the Making* (Londres: Macmillan and Co., 1969), 39.

61. *Personal Knowledge* (Chicago: University of Chicago Press, 1962).

62. *Revelation and Reason,* trad. Olive Wyon (Filadelfia: Westminster Press, 1946); y *Truth as Encounter* (Filadelfia: Westminster Press, 1964).

63. *Nature, Man, and God* (Londres: Macmillan and Co., 1935), 322.

64. *The Idea of Revelation in Recent Thought* (Nueva York: Columbia University Press, 1965), 39.

65. *Christianity and Paradox* (Nueva York: Pegasus Press, 1968), 36.

66. Huston Smith, *The Religions of Man* (Nueva York: Harper and Row, Publishers, 1965), 145, 149-50.

67. *Persons in Relation,* 170.

68. *Countours of a World View* (Grand Rapids: Wm. B. Eerdmans Publishing Co., 1983), 148.

69. Cf. Macmurray, *Self as Agent;* y Stuart Hampshire, *Thought and Action* (Nueva York: Viking Press, 1960).

70. *Nature, Man, and God,* conferencia 3.

71. *God, Man, and Salvation,* 46, (Disponible en español de la Casa Nazarena de Publicaciones con el título de *Dios, Hombre y Salvación.*)

72. *Faith of the Christian Church,* 22-23.

73. Williams, *John Wesley's Theology Today,* 31.

74. Robert Cushman, "Faith and Reason", en *A Companion to the Study of St. Agustine,* ed. por Roy W. Battenhouse (Nueva York: Oxford University Press, 1956), 304.

75. *Confessions,* trad. de *Basic Writings of St. Augustine,* ed. por Whitney J. Oates, 2 vols. (Nueva York: Random House Publishers, 1948), libro 7, cap. 21 (de aquí en adelante 7.21).

76. Ibid. 7.17.

77. *Institutes* 1.6.1.

78. Ibid.

79. Comentario sobre Juan 1:5.

80. Edward A. Dowey, Jr., *The Knowledge of God in Calvin's Theology* (Nueva York: Columbia University Press, s.f.), 179.

81. *The Essence of Christianity,* trad. George Eliot, Torchbooks/Cloister Library (Nueva York: Harper and Bros., Publishers, 1957), 13.

82. David Elton Trueblood, *Philosophy of Religion* (Nueva York: Harper and Bros., Publishers, 1957), 179.

83. Ibid., 188.

Capítulo 5

1. Cf. *Euthyphro,* de Platón, para un primer desarrollo del concepto de esencia en una obra filosófica. Ahí se ve como sinónimo de una definición connotativa (geno y diferencia), cuya invención se le acredita a Sócrates.

2. *A Kierkegaard Anthology*, ed. Robert Bretall (Nueva York: Modern Library, 1946), 155.
3. *Confessions*, 10.12.
4. Ibid., 10.
5. Ibid.
6. *Soliloquies* 1.12.
7. Cushman, "Faith and Reason", 295.
8. *Confessions* 10.17.
9. Ibid., 18.
10. Ibid., 19.
11. Ibid., 20.
12. Ibid., 23.
13. Cf. Cushman, "Faith and Reason", 299-303.
14. Ibid., 305.
15. *Confessions* 7.17.
16. Ibid., 18. Nótese el significado de esta declaración para la necesidad de que Dios se vuelva inmanente dentro de la historia como un prerrequisito para un conocimiento salvador de Él.
17. "Faith and Reason", 307.
18. Ibid., 309.
19. No parece ser necesario para nuestros fines aquí elaborar la relación que esto tiene con su idea de la predestinación.
20. *Medieval Thought* (Chicago: Quadrangle Books, 1959), 214.
21. *Summa Theologica*, parte I, preg. 1, art. 1 (de aquí en adelante 1.1.1).
22. *Confessions* 10.6.
23. *Summa Theologica* 1.1.1.
24. Cf. G. C. Berkouwer, *Man: The Image of God* (Grand Rapids: Wm. B. Eerdmans Publishing Co., 1962). En el capítulo 2, Berkouwer explora los amplios intentos de parte de los teólogos reformados y otros para distinguir entre los aspectos más amplios (o extensivos) y los más estrechos de la *imago*.
25. Paul Ramsey, *Basic Christian Ethics* (Nueva York: Charles Scribner's Sons, 1950), 260.
26. Ibid.
27. Hay una ambivalencia en Lutero, puesto que algunas veces arguyó en favor de ambas cosas: por una pérdida total de la *justitia originalis* y, por lo tanto, de la *imago*, pero también por la supervivencia de la "reminiscencia" de la *imago*.
28. Emil Brunner and Karl Barth, *Natural Theology*, ed. John Baillie (Londres: Geofrey Bles, Centenary Press, 1946). El resumen del debate que se da a continuación es tomado de este libro.
29. Emil Brunner, *The Christian Doctrine of Creation and Redemption*, trad. Olive Wyon (Filadelfia: Westminster Press, 1952), 55-61.
30. John Baillie, *Our Knowledge of God* (Nueva York: Charles Scribner's Sons, 1959), 20.

31. Berkouwer, *Man,* 56.
32. Paul Ramsey, *Christian Ethics,* 252.
33. Berkouwer, *Man,* 59-60.
34. Véase en el Prefacio la explicación del significado filosófico y teológico del concepto relacional. Véase Hall, *Imaging God,* cap. 3, para una discusión iluminadora de los dos modelos de la imagen de Dios que son paralelos exactos de nuestra discusión, y con la misma conclusión.
35. *Christian Ethics,* 255.
36. *Calvin's Doctrine of Man* (Londres: Lutterworth Press, 1952), 35-82.
37. *Creation and Redemption,* 59.
38. 3.2.43-50, 54-55. Brunner, en su *Dogmatics,* se regocija de que Barth haya ahora cambiado y admita este concepto estructural de la *imago;* así, el asunto de la controversia original ha quedado resuelto, pero del lado de Brunner. *Creation and Redemption,* 44-45.
39. *Church Dogmatics* 3.1.195. En nuestra discusión del pecado exploraremos más profundamente las implicaciones de esta importante sugerencia.
40. *Works* 6:512.
41. *StS* 2:43.
42. *Wesley's Christology,* 100.
43. *Church Dogmatics* 3.1.96. Véase también su discusión ibid., 194-95.
44. *Knowledge of God,* 42-43.
45. Citado de la obra de Brunner intitulada *God and Man.* Véase la de John Baillie, *Knowledge of God,* 42.
46. *Church Dogmatics* 3.2.220 ss.
47. Cf. T. L. Kantonen, *The Theology of Evangelism* (Filadelfia: Muhlenberg Press, 1954), 37, quien dice: "Si la esencia de la naturaleza humana fuese el pecado, entonces el hombre sería insalvable, puesto que Dios no salva el pecado. Lo cierto es que el hombre pecaminoso no es salvo, pero es salvable". Donald G. Bloesch, usando las categorías "Esencial/existencial", afirma decisivamente la bondad del hombre sobre la misma base. *Essentials of Evangelical Theology,* 2 tomos (San Francisco: Harper and Row, Publishers, 1978), 1:95.
48. *Is the Bible Inspired?* 82.
49. Kantonen, *Evangelism,* 37.
50. John A. Knight comenta sobre este punto: "A través de la doctrina de la gracia preveniente, asumiendo que el hombre la empleara debidamente, a Wesley se le hizo posible sostener el carácter absoluto de las afirmaciones de Cristo y de la iglesia, y también la validez del conocimiento no cristiano". "Fletcher", 117. Stephen Winward, en su comentario del pasaje universalizador de Malaquías 1:11, dice: "La verdad de que los hombres puedan estar adorando 'al único Dios verdadero', incluso cuando no conozcan su nombre... no debe considerarse como una contradicción de la verdad complementaria de que la adoración es aceptable a Dios únicamente por medio de Jesucristo. Y es que, 'todo

lo noble en los sistemas no cristianos de pensamiento, o de conducta, o de adoración, es la obra de Cristo sobre ellos y dentro de ellos' (Wm. Temple, *Reading in St. John's Gospel*, 10) y la adoración de los hombres, ofrecida ya sea antes de Cristo o después de Cristo, le es aceptable a Dios sólo en vista del sacrificio de Cristo el Salvador del mundo". *A Guide to the Prophets* (Atlanta: John Knox Press, 1976), 223.

51. Es bien conocido que el mismo Juan Wesley se apegaba a la epistemología empírica de John Locke y que, en esta vena, les daba cierta credibilidad a los argumentos para la existencia de Dios. Lo que estamos sugiriendo aquí es que un apego así es inconsistente con la propia perspectiva teológica del señor Wesley, aunque no lo culpemos, pero que tampoco deberíamos seguirle adulonamente en esa epistemología que es contraria a todo el tenor de su enseñanza teológica. La manera en la que Wesley evita la conclusión insatisfactoria de su epistemología lockeana es proponiendo un segundo juego de sentidos, aunque, claro, ello también es un escape en exceso insatisfactorio.

52. Citado en John Baillie, *Knowledge of God*, 177.

53. *Statement and Inference*, ed. A. S. L. Farqharson, 2 vols. (Oxford: Clarendon Press, 1969), 2:857.

54. Ibid., 853.

55. Esta fue la problemática triple de la filosofía moderna en su principio. Cf. el trabajo de Descartes y Kant.

56. Wilson, *Statement and Inference* 2:851. H. H. Farmer, *The World and God* (Londres: Fontana Library, 1963), argumenta así en favor del conocimiento personal inmediato: "No puede haber duda de que la consciencia tiene, en la experiencia actual, lo que Tennant llama 'inmediatez psíquica', lo cual equivale a decir que, en el momento que ocurre, no es el resultado de un proceso de construcción o inferencia mental; más bien, tiene una certidumbre intuitiva e intrínseca que ni requiere, ni admite, verificación alguna que no sea su propia autoevidencia". 21 ss.

57. Wilson, *Statement and Inference* 2:856.

58. Ibid., 858. John Fletcher explícitamente adopta esta posición al explicar la tarea del "pastor iluminado" con relación a su doctrina de las dispensaciones: "Él predica la dispensación del Hijo a aquellos que, como Sócrates y Platón, están anhelando un Instructor Divino, así como a aquellos que, como Simeón, Nicodemo y Cornelio, están esperando la consolación de Israel. Él les guía, ya sea desde la ley de Moisés, o desde la ley de la naturaleza, al evangelio de Cristo". *The Works of John Fletcher*, 4 vols. (Salem, Ohio: Schmul Publishers, 1974), 3:177.

59. La descripción clásica (filosófica) de eros que se vuelve el paradigma para su uso teológico se encuentra en el *Simposio* de Platón. En una oda al amor (eros), Sócrates lo describe como el hijo de la pobreza o necesidad, y de la abundancia o el recurso. Por ende, está a la mitad del camino entre tener y no tener, y anhela la plenitud por su parentesco con la abundancia. Como resultado de su pobreza, experimenta la necesidad, y se realiza o es feliz cuando se une a su padre, el recurso. Aquí

debe notarse la pauta de estar consciente de una carencia debido a estar ya en posesión de algo.

60. Wesley define la conciencia como "aquella facultad por la cual estamos inmediatamente al tanto de nuestros propios pensamientos, palabras y acciones, y de su mérito o falta de ello, de que son buenos o malos y, consecuentemente, de si merecen alabanza o censura". *Works* 7:186 ss. Cf. Harald Lindstrom, *Wesley and Sanctification: A Study in the Doctrine of Salvation* (Wilmore, Ky.: Francis Asbury Publishing Co., s.f.), 48-49.

61. Esto es para distinguir la conciencia como función de la razón, de la razón técnica o "razonamiento". Cf. Tillich, *Systematic Theology*, vol. I, para un análisis de estos dos tipos de razón.

62. *Works* 7:195.

63. Fletcher, *Works* 3:170-79. Richard S. Taylor enuncia la misma perspectiva en un ensayo titulado "Una Teología de Misiones", donde dice: "Si sucediera que un indígena de América del Sur, o un hotentote africano o cualquier otra persona respondiera a esta agitación interior de su conciencia, y en sincero arrepentimiento buscara a Dios y su bondad, y continuara en esta actitud mental hasta su muerte, sería salvo. De esa forma, se habría embarcado en la búsqueda de aquella santidad 'sin la cual nadie verá al Señor' (Hebreos 12:14), aunque fuese ignorante de dónde encontrarla. Puesto que creemos que la misericordia de Dios, a través de la obra expiatoria de Cristo, provee para la salvación de los infantes, y también regenera a los creyentes que no han recibido todavía luz acerca de la entera santificación, no es irrazonable concederle la misma misericordia al pagano arrepentido". *Ministering to the Millions* (Kansas City: Nazarene Publishing House, 1971), 30. Véase la discusión adicional de Taylor en *Exploring Christian Holiness* 3:121-122 [Esta obra ha sido publicada en español por la Casa Nazarena de Publicaciones, y titulada *Explorando la Santidad Cristiana]*.

64. Por "teología de la historia" se quiere decir una interpretación, desde la perspectiva cristiana, de las eras precristiana y no cristiana, y de individuos de la historia del mundo.

65. "Fletcher," 170-74.

66. *Works* 3:176-77.

67. *Commentary on Galatians,* 318-19. Citado en *A Compend of Luther's Theology,* ed. Hugh T. Kerr (Filadelfia: Westminster Press, 1974), 24.

68. *The Meaning of Revelation* (Nueva York: Macmillan Co., 1962), 43.

69. Del "Preface to the New Testament", citado en *Compend,* 9.

70. Ibid.

71. De su *Treatise on Christian Liberty,* citado en *Compend,* 11.

72. John Bright, *The Kingdom of God* (Nueva York: Abingdon Press, 1953), 28-29. Walter Brueggemann, *Tradition for Crisis: A Study in Hosea* (Atlanta: John Knox Press, 1968), al discutir lo que él llama las tradiciones históricas y legales, dice: "Las tradiciones históricas dan testimonio de la gracia de Yahvé hacia Israel, y las tradiciones legales manifiestan las demandas de Yahvé sobre Israel. Es esta interrelación

saludable y dinámica entre la tradición histórica y la legal, entre la misericordia de Dios y sus demandas, lo que forma el centro de la fe de Israel en cada circunstancia. La delicada relación de la misericordia de Dios y de las demandas de Dios es la más problemática para la comunidad de fe. Sin la primera, la comunidad se paraliza en el moralismo y el legalismo ... Sin la segunda, la comunidad se vuelve indolente e indisciplinada". 21.

73. Cf. Purkiser, *Exploring Our Christian Faith,* 54-56. (Esta obra ha sido publicada en español por la Casa Nazarena de Publicaciones con el título de *Explorando Nuestra Fe Cristiana.)*

74. *The Apostolic Preaching* (Nueva York: Harper and Bros., Publishers, 1962).

75. El que Dodd, en su trabajo inicial, haya interpretado este kerigma en términos de "escatología hecha realidad", no invalida la substancia de la predicación. Dodd tan solo interpretó erróneamente su propia evidencia. En otra obra, en *Gospel and Law* (Nueva York: Columbia University Press, 1951), este autor reflejó un criterio diferente, como lo indican las siguientes palabras: "A la luz de los hechos, la iglesia aceptó una revisión de sus primeras expectativas. El resultado de todo esto fue una cierta tensión que puede discernirse casi en todas las partes del Nuevo Testamento: el Reino de Dios vendrá; ha venido: Cristo ha venido; Cristo vendrá". 28.

76. Cf. Ladd, *Theology;* y Herman N. Ridderbos, *Paul: An Outline of His Theology,* trad. John Richard de Witt (Grand Rapids: Wm. B. Eerdmans Publishing Co., 1975).

77. Esto es, substancialmente, el punto que presenta Alan Richardson: "La revelación bíblica fue recibida originalmente de manera existencial, y debe ser recibida en cada era subsecuente de la iglesia también de manera existencial, es decir, por quienes están ellos mismos tratando de encontrar y enseñar la voluntad de Dios en la situación histórica actual que los enfrenta en su propio día. Esta es la manera en la que el conocimiento cristiano de Dios se vuelve realidad, en el siglo primero o en el siglo veinte". *Apologetics,* 152. Muchos intérpretes que reconocen que la revelación a través de eventos también requiere un intérprete, tienden a explicarlo en una dirección intelectualista, dándole énfasis a la iluminación de la mente del intérprete. Lo que estamos sugiriendo no excluye la mente, pero incluye más. Reconocer un evento histórico como un acto de Dios, debe ser (1) salvador en naturaleza y (2) experimentado como tal por el participante-observador. Sólo de esta manera ocurre en grado alguno la revelación (toda revelación es salvadora). Esta correlación estrecha entre salvación y revelación está de acuerdo con la orientación básica de la fe bíblica. Nótese la discusión de revelación y conocimiento en el capítulo anterior.

78. Esta misma interpretación del trabajo teológico es postulada por Laurence W. Wood en *Pentecostal Grace* (Wilmore, Ky.: Francis Asbury Publishing Co., 1980), 26: "Hay una estructura ontológica implícita en

las categorías funcionales de la Escritura. Sin esta ontología implicada no habría manera alguna de hacer teología —ni cristología, ni soteriología, ni eclesiología, ni escatología. En este respecto, uno puede definir la reflexión teológica como un hacer explícito la estructura que está implicada en la experiencia bíblica de Dios".

79. *Nature, Man, and God*, 317.

80. *Apologetics*, 134.

Capítulo 6

1. *The Meaning of God* (Nashville: Abingdon-Cokesbury Press, 1925), 6-7.

2. Cf. Alan Richardson, *Creeds in the Making*.

3. Pero véase *Church Dogmatics* 2.1.3 13-14, donde Barth dice: "Es precisamente lo absoluto de Dios entendido de forma propia aquello que puede significar no sólo su libertad de trascender todo lo que es que no sea Él mismo, sino también su libertad de ser inmanente dentro de ella, y con tal profundidad de inmanencia como sencillamente no existe en el compañerismo entre otros seres". Sin embargo, debe advertirse que esta es una inmanencia de comunión, pero no "dentro de la fábrica de la historia".

4. God and Secularity, vol. 3 of New Directions in Theology Today (Filadelfia: Westminster Press, 1967), 41.

5. *Reality and Evangelical Theology* (Filadelfia: Westminster Press, 1982), 22.

6. *The Problem of War in the Old Testament* (Grand Rapids: Wm. B. Eerdmans Publishing Co., 1978), 39.

7. A. Boyce Gibson, "The Two Ideas of God", *Philosophy of Religion*, ed. John E. Smith (Nueva York: Macmillan Co., 1965), 61-68.

8. Ladd, *Theology*, 47.

9. *The Theology of the Old Testament* (Nueva York: Abingdon Press, 1949), 24-25. "Estrictamente hablando, la Biblia no presenta una doctrina de Dios sino una manera de pensar acerca de Dios .... De hecho, [los escritores] no estaban interesados en explorar la naturaleza de Dios. La sola idea de tratar de describir lo que Dios es en sí mismo les habría parecido impío (Dt. 29:29). Todo lo que sus declaraciones implican en cuanto a la naturaleza esencial de Dios —y, no se dude de ello, es algo muy grande— es que la capacidad para las relaciones personales con el hombre está incluida en la naturaleza de la Deidad". Millar Burrows, *Outline of Biblical Theology* (Filadelfia: Westminster Press, 1956), 63.

10. *The Distinctive Ideas of the Old Testament* (Londres: Epworth Press, 1944), 48.

11. Baab, *Theology*, 37.

12. G. E. Wright, *The Old Testament Against Its Environment* (Chicago: Henry Regnery Co., 1950), 38.

13. *Confessions* 1:4.

14. *The Word of Truth: A Summary of Christian Doctrine Based on Biblical Revelation* (Grand Rapids: Wm. B. Eerdmans Publishing Co., 1981), 104.

15. William A. Spurrier, *Guide to the Christian Faith* (Nueva York: Charles Scribner' Sons, 1952), 91.

16. En sus *Notes* sobre 1 Juan 4:8, Wesley escribe que el amor de Dios es "su atributo predilecto, reinante, el atributo que derrama una gloria afable sobre todas sus otras perfecciones".

17. *Essentials of Evangelical Theology* 1:2-3.

18. *The Epistle of Paul to the Romans* (Londres: Colliers, 1959), 47-50.

19. *Theology*, 407.

20. Aulén, *Faith of the Christian Church*, 104.

21. Gilkey, *Maker of Heaven and Earth*, 89.

22. Aulén, *Faith of the Christian Church*, 105.

23. Macquarrie, *God and Secularity*, 111.

24. Compárese con la discusión de G. E. Ladd sobre esta cualificación en relación con la justificación, *Theology*, 445.

25. Wiley, *TC* 1:218.

26. *He Who Lets Us Be* (Nueva York: Seabury Press, 1975), 4.

27. StS 2:50.

28. J. Glenn Gould, *The Precious Blood of Jesus Christ* (Kansas City: Beacon Hill Press, 1959), 71.

29. *TC* 1:324. Cf. también 367: "Nosotros podríamos con perfecta propiedad, decir, por lo tanto, que la naturaleza de Dios consiste en amor santo, pero en esta declaración ni identificamos ni confundimos los términos".

30. Cf. Macquarrie, *God and the Secularity*, 118-19.

31. *Faith of the Christian Church*, 104.

32. H. Orton Wiley y Paul T. Culbertson, *Introduction to Christian Theology* (Kansas City: Beacon Hill Press, 1946), 89. (Hay versión en castellano de este libro con el título de *Introducción a la Teología Cristiana*.)

33. *The Christian Understanding of God* (Westport, Conn.; Greenwood Press, 1979), 99.

34. *Dogmatics in Outline*, 49.

35. *Faith of the Christian Church*, 123.

36. *Christian Understanding of God*, 101; cf. MacGregor, *He Who Lets Us Be*. La propia teología de Ferré tiende a traicionar este principio puesto que ve a Dios, como amor, venciendo finalmente toda rebelión humana, o sea, otorgando salvación universal.

37. Aulén, *Faith of the Christian Church*, 127.

38. Anselmo, en el siglo XI, presentó esta objeción a la idea de adscribirle poder crudo a Dios. *Cur Deus Homo*, I.xii.

39. Cf. un buen desarrollo de este punto en *God, Man, and Salvation*, 155. (Este libro está disponible en español de la Casa Nazarena de Publicaciones con el título de *Dios, Hombre y Salvación*.)

40. *Systematic Theology* 1:244. Véase nuestra discusión sobre del significado de esta comprensión de Dios para la doctrina de la revelación, en el capítulo 4.

41. *World and God,* 9.

42. Ladd, *Theology,* 265.

43. Ibid., 268.

44. Norman H. Snaith, "Righteousness", en *A Theological Word Book of the Bible,* ed. Alan Richardson (Nueva York: Macmillan Co., 1950).

45. Ibid.

46. Preface to Latin Writings, de *Martin Luther* (selecciones), ed. John Dillenberger (Garden City, N.Y.: Doubleday and Co., 1961).

47. *God and Secularity,* 127.

48. En una conferencia en Trevecca Nazarene College, alrededor de 1947.

Capítulo 7

1. Véase Norman Pittenger, *The Divine Triunity* (Filadelfia: United Church Press, 1977), 97-99.

2. Cf. Purkiser, Taylor y Taylor, *God, Man, and Salvation,* 239 ss. (hay versión en español con el título de *Dios, Hombre y Salvación,* por la Casa Nazarena de Publicaciones); Edmund J. Fortman, *The Triune God* (Filadelfia: Westminster Press, 1972), 3-33. Las palabras de Bernard Lonergan son atinadas aquí: "Demasiados estudiantes han sido de manera errónea guiados a creer que, por alguna clase de intuición misteriosa, pueden ver de un golpe en la Escritura algo que fue emergiendo originalmente sólo con el paso del tiempo y con gran trabajo; algo que muchos resistieron y muchos negaron; algo que requirió grandes mentes para ser captado, y algo que sólo gradualmente recibió la aceptación de la iglesia". Citado por Conn O'Donovan en el prefacio del traductor de Bernard Lonergan, *The Way to Nicea* (Filadelfia: Westminster Press, 1976), xi.

3. Bernard Lonergan traza un contraste breve pero iluminador entre el material bíblico y las formulaciones doctrinales que emergieron después: "El desarrollo dogmático contiene dos elementos distintos, que son también dos clases de transición. La primera de estas transiciones es de un género literario a otro: las escrituras son dirigidas a toda la persona, en tanto que los concilios intentan sólo iluminar el intelecto. La segunda transición tiene que ver con el orden de la verdad: en donde la escritura presenta una multitud de verdades, una declaración conciliar expresa una sola verdad, la cual se relaciona con las muchas verdades de la escritura como una especie de principio o cimiento". *Way to Nicea,* 1-2.

4. J. S. Whale escribe: "Uno no puede escapar de alguna... formulación trinitaria si toma en serio el testimonio del Nuevo Testamento". *Christian Doctrine* (Londres: Cambridge University Press, 1960), 91.

5. Cf. Fortman, *Triune God*, para un repaso completo y detallado de la historia de la discusión doctrinal trinitaria desde el principio hasta el siglo XX.

6. Cf. *Dynamics of Faith* (Nueva York: Harper and Row, Publishers, 1957), 29.

7. Cf. Tillich, *Ultimate Reality.*

8. *On the Trinity* 5.9.10.

9. *Christian Doctrine,* 91.

10. "Debe tenerse presente que la construcción de la doctrina de la Trinidad en su forma teológica no resultó principalmente a partir de una consideración de las tres Personas, cuanto de una creencia en la deidad del Hijo". *TC* 1:407.

11. Kelly, *Doctrines,* 263; Whale, *Christian Doctrine,* 110.

12. Whale, *Christian Doctrine,* 101-10.

13. Kelly, *Doctrines,* 87.

14. Whale, *Christian Doctrine,* 108; véase la nota 13, arriba.

15. Fortman, *Triune God,* 61.

16. Kelly, *Doctrines,* 129-31.

17. Fortman, *Triune God,* 58-59; Kelly, *Doctrines,* 134.

18. Kelly, *Doctrines,* 122.

19. "La noción de que Dios el Padre pueda sufrir es incompatible con cualquier teología cristiana que esté profundamente arraigada en un sistema metafísico desarrollado en la tradición platónica; pero aparte de un elemento en esa tradición, no parecería haber objeción particular alguna a ella. Los que se acercan a la Biblia como la garantía de la ortodoxia deben notar que Dios es llamado Padre no sólo porque es Creador, sino también porque las características de un buen padre humano lo simbolizan aptamente". MacGregor, *He Who Lets Us Be,* 51.

20. Las controversias subsecuentes, tanto políticas como teológicas, así como el rechazo reiterado de los dos concilios posteriores mencionados aquí indican que el Credo de Nicea no fue un "acuerdo", excepto en principio.

21. J. N. D. Kelly arguye que lo que preocupaba a los primeros adopcionistas había sido influenciado más por "el racionalismo filosófico del momento" que por el interés en "rescatar el dogma de la Biblia de que Dios es uno". Por ende, tenemos que insertar el término monoteísta entre comillas para indicar un sentido adaptado. El resultado no es afectado por el ambiente del cual emanó la preocupación. *Doctrines,* 115-16.

22. Richardson, *Creeds in the Making,* 47. Cf. nuestra discusión sobre la naturaleza de Dios como amor, en el cap. 6.

23. Kelly, *Doctrines,* 95-101; Fortman, *Triune God,* 44-51.

24. Cf. nuestra discusión de la manera en la que los apologistas veían a Dios, y la función del Logos con relación al asunto de la revelación divina en el cap. 4.

25. Hay algunas ambigüedades en Justino que han resultado en diferencias de opinión en cuanto al grado de subordinación. J. N. D. Kelly toma

la posición de que no fue crítica, basado en su creencia de que Justino
enseñaba una generación eterna del Hijo. Esto es debatible, y Fortman
probablemente esté en lo correcto al decir: "¿Era Justino entonces un
subordinacionista? No era un subordinacionista en el pleno sentido
arriano del término, puesto que consideraba al Logos-Hijo no como
una cosa hecha, una criatura, sino como Dios nacido del Padre. Pero
si, como es muy probable, el Logos para él no era una persona divina
desde la eternidad, sino que sólo se volvió tal cuando fue generado
como Hijo de Dios poco antes de la creación a fin de ser el instrumento
de creación y revelación del Padre, entonces y en este grado el Logos-
-Hijo fue subordinado a Dios en ambas áreas, la de su persona, que no
era eterna, y la de su oficio, que fue instrumental". *Triune God,* 46.

26. Citado en Fortman, *Triune God,* 55. Esto también señala hacia un
énfasis claro sobre una Trinidad esencial o inmanente, y no sólo como
manifestada en la "economía". "Esta es una de las contribuciones más
importantes a la teología griega y emana directamente de su creencia en
la generación eterna del Hijo". Ibid., 58.

27. Ibid., 68. Cf. *TC* 1:413-14. Cf. Kelly, *Doctrines,* 130: "Uno sin embargo debe tener cuidado en no atribuirle a Orígenes doctrina alguna de
consubstancialidad entre el Padre y el Hijo. ... Orígenes siempre representa la unión de Padre e Hijo, ... como una unión de amor, voluntad
y acción".

28. Alan Richardson, *Creeds in the Making,* 52.

29. Arrio veía a Dios como absolutamente transcendente, incluyendo la
atemporalidad, y esto impidió que su fórmula dijera: "Hubo un tiempo
en que él no fue", porque el tiempo sólo empezó con la creación. Es
suficientemente obvio que, en el sentido lógico, esto se autorrefuta,
pero para ser exactos en cuanto a lo histórico, la posición de Arrio debe
ser presentada fielmente. Cf. la cita que Wiley hace de Arrio, *TC* 1:415:
"antes del tiempo".

30. *Christian Doctrine,* 105.

31. Alan Richardson, *Creeds in the Making,* 54.

32. Véase el tratado clásico de Atanasio, *De Incarnatione,* para una discusión extensa y entusiasta de la encarnación, desde la perspectiva de esta
"teoría realista de la redención".

33. Citado en Fortman, *Triune God,* 73.

34. "El Undécimo Concilio de Toledo, España, declaró que 'debe creerse
que Dios el Padre no haya generado ni por voluntad ni por necesidad".
Ibid.

35. Kelly, *Doctrines,* 109.

36. Ibid., 233-37.

37. *Way to Nicea,* 88-89. Wiley da su interpretación de que el significado
"no es sólo genéricamente... sino numéricamente" la misma substancia.
Cf. *TC* 1:423-25.

38. *Creeds in the Making,* 57-58.

39. Fortman, *Triune God,* 81; Kelly, *Doctrines,* 264; William G. Rusch, ed. y trad., *The Trinitarian Controversy* (Filadelfia: Fortress Press, 1980), 24.

40. Citado en Fortman, *Triune God,* 80-81.

41. *Doctrines,* 263.

42. Cf. Ibid., 266-67.

43. Ibid., 272-73.

44. Citado ibid., 276.

45. *Works* 6:200.

46. *The Philosophy of the Church Fathers* (Cambridge: Harvard University Press, 1964), 1:334. Esta fuente contiene un análisis muy completo de los términos usados en los debates.

47. *Faith of the Christian Church,* 227.

48. Si el estudiante ha dominado el material que se ha cubierto hasta este punto en el capítulo, debería ya tener un suficiente marco de referencia para leer con comprensión razonable la mayoría de las discusiones contemporáneas de los asuntos trinitarios.

49. *The Doctrine of the Trinity* (Nueva York: Abingdon Press, 1958), 95. Compare nuestra discusión sobre la paradoja en el cap. 1. Se aplica perfectamente en este caso. Esto no implica la aceptación de las conclusiones de Richardson en su iluminador libro.

50. Kelly, *Doctrines,* 104-12.

51. Cf. Fortman, *Triune God,* 239-42; Aulén, *Faith of the Christian Church,* 229. Estoy endeudado con las investigaciones de Craig Keen en favor de una evaluación más positiva de las preocupaciones trinitarias de Lutero que lo que permiten las fuentes arriba citadas.

52. Cf. Kaufman, *Systematic Theology,* 100-02; Aulén, *Faith of the Christian Church,* 225-30.

53. Cyril Richardson, *Doctrine of the Trinity,* contiene un análisis sostenido y cuidadoso de las diversas formas de construcción trinitaria, y demuestra que todas tienen cuando menos algunas dimensiones de esta dicotomía Absoluto-Relación, que sirve como un principio de diferenciación dentro de la Deidad. MacGregor, *He Who Lets Us Be,* discute el asunto argumentando su incongruencia con la afirmación bíblica básica de que "Dios es amor".

54. *Church Dogmatics* 1.1; véase Bloesch, *Esssentials of Evangelical Theology* 1:35, quien sigue a Barth explícitamente.

55. *He Who Lets Us Be,* 52.

56. *Reality and Evangelical Theology,* 24. Véase este principio de revelación divina como derivado de la naturaleza de Dios como revelada y el equilibrio implicado entre inmanencia y transcendencia en el cap. 6 sobre la doctrina de Dios.

57. *Systematic Theology* 3:288.

58. Ibid., 289; también John Macquarrie, *Principles of Christian Theology* (Nueva York: Charles Scribner's Sons, 1966), 174-85.

59. Macquarrie, *Principles,* 175; Aulén, *Faith of the Christian Church,* 229.

60. Works 6:205.

61. J. S. Whale cita una descripción de Sydney Cave: "En la impensable piedad de la iglesia, las 'personas' de la Deidad han sido distinguidas a tal grado que es posible leer en una revista de avivamiento de oraciones en favor de un niño enfermo ofrecidas en vano a Dios el Padre, y a Dios el Hijo, aunque, cuando fueron ofrecidas a Dios el Espíritu Santo, el niño inmediatamente fue sanado". *Christian Doctrine*, 113.

62. *Faith of the Christian Church*, 228.

Capítulo 8

1. "Cuando oímos del fíat divino de la creación, como en Génesis, tendemos a pensar en el Padre; si hay un efectivo llevarse a cabo del fíat, pensamos en el Hijo, el *Logos* creador; y cuando escuchamos de la renovación de la tierra, pensamos en el Espíritu de Dios, el Señor y Dador de la vida ...Si el pericorético (de *perichoresis,* que significa saturación interior de las 'personas'] es tomado seriamente, como yo creo con vehemencia que debería serlo, ¿qué pueden significar tales distinciones? Si las obras de la Trinidad *ad extra* son indivisibles, lo que se declara de una *persona,* de una *hypostasis,* debe seguramente ser el predicado de todas". MacGregor, *He Who Lets Us Be,* 50-51.

2. Véase Aulén, *Faith of the Christian Church,* 156-57: "Ha sido muy común confundir las afirmaciones de la fe acerca de la creación con las teorías cosmológicas, o interpretar estas afirmaciones como una teoría del origen del universo. ... Aun si una teoría tal de los orígenes pudiese ser demostrada teóricamente, lo cual es imposible, toda esta concepción es completamente insignificante para la fe, puesto que no tiene carácter religioso".

3. Véase Arthur F. Holmes, *The Idea of a Christian College* (Grand Rapids: Wm. B. Eerdmans Publishing Co., 1975).

4. *Maker of Heaven and Earth,* 15. Arthur Holmes, al desarrollar las consideraciones necesarias para una cosmovisión, dice: "El tema Dios-creación diferencia así el teísmo cristiano de otras cosmovisiones, y es crucial para el pensar cristianamente sobre cualquier otra cosa". *Contours,* 58.

5. El estudiante haría bien en revisar el Apéndice 2, puesto que provee la infraestructura metodológica para este ejercicio. Puede servir como un ejemplo de la "exégesis teológica" propuesta formalmente en esta discusión. Gerhard von Rad dice de esta unidad de la Escritura: "¡Estas frases no pueden ser fácilmente sobreinterpretadas en el sentido teológico! Lo que es más, a nosotros nos parece que el mayor peligro es que el expositor se quede corto en lo que toca a descubrir el concentrado contenido doctrinal". *Genesis* (Filadelfia: Westminster Press, 1961), 46.

6. *God, Man, and Salvation,* 56. (Este libró se ha publicado en español bajo los auspicios de la Casa Nazarena de Publicaciones, con el nombre de *Dios, Hombre y Salvación.*)

7. *Creation and Redemption,* 39-40.

8. *TC* 1:449 ss.

9. Esto es sólo uno de los muchos usos del término mito en la teología contemporánea. Para un estudio breve de otras maneras de interpretarlo, véase Eric Dinler, "Myth", en *Handbook of Christian Theology*, ed. Marvin Halverson y Arthur A. Cohen, Meridian Books (Cleveland: Word Publishing Co., 1958), 238-243; Van A. Harvey, "Myth", en *A Handbook of Theological Terms* (Nueva York: Macmillan Co., 1964), 155-156.

10. *Dogmatics in Outline,* 51.

11. Whale, *Christian Doctrine,* 13, 30.

12. Tillich, *Systematic Theology* 1:252-253.

13. Este documento fue descubierto en 1872 por George Smith en unas tabletas de barro que contenían narraciones de la creación y del diluvio, desde el punto de vista religioso de los babilonios.

14. "Genesis and the Babylonian Inscriptions", en *A Commentary on the Holy Bible,* ed. J. R. Dummelow (Nueva York: Macmillan Co., 1936), xxxii.

15. Véase Bernhard W. Anderson, Creation versus Chaos; Alexander Heidel, The Babylonian Genesis (Chicago: University of Chicago Press, 1951).

16. Wiley ofrece un argumento extenso en favor de que el "día" no sea interpretado literalmente. Esta posición sin duda es el resultado de esfuerzos hechos para reconciliar la cosmología primitiva con la ciencia moderna. Resulta muy interesante notar que Wright y Fuller asumen la posición de que la intención original del escritor era siete días de 24 horas. Esto, dicen ellos, reforzaría con mayor potencia el punto teológico acerca del *Sabbat. Acts of God,* 50.

17. Esto no significa, desde luego, que las personas solteras están condenadas a vivir vidas carentes de realización. Obviamente hay excepciones a la regla del matrimonio, pero la Escritura parece sugerir que ello es por una dispensación especial (1 Co. 7:7-9). Uno también debería tener muy presente que la intrusión del pecado al mundo creado trajo una torcedura a la situación natural en numerosas maneras, pero no destruyó la naturaleza humana esencial, la cual es estructurada por el acto creador y mantenida por la gracia preveniente.

18. "En lo que toca al matrimonio, repetimos, la visión religiosa de que es una institución ordenada por Dios ha sido mayormente rebasada por la perspectiva contractual de que el matrimonio es un arreglo enteramente humano, un convenio o conveniencia social, algo que nosotros hemos diseñado y podemos revisar, y que sólo un contrato legal liga a la pareja al matrimonio. Como Paul Ramsey indica, esto tiene un significado profundo acerca del sexo, el aborto, la adopción, la esterilización, y cosas por el estilo, pues si un matrimonio es sencillamente un contrato convencional, y si el contrato no especifica nada acerca de estos asuntos, entonces el matrimonio no tiene implicaciones éticas para absolutamente ninguna de ellas". Holmes, *Contours,* 29.

19. Véase Bright, *Old Testament*, donde el autor argumenta que todas las aproximaciones al Antiguo Testamento que empiezan con el Nuevo terminan inevitablemente con una explicación no satisfactoria de la Biblia hebrea. La única solución al dilema es principiar con el Antiguo Testamento mismo, y luego proceder al Nuevo para amplificación, o, como él mismo dice, volver la palabra a.C. en una palabra d.C.

20. *Creation and Redemption*, 13.

21. *God, Man, and Salvation*, 57. Von Rad está de acuerdo con esta interpretación: "Es correcto decir que el verbo *bara*, 'crear', contiene ambas ideas: obrar completamente sin esfuerzo alguno y *creatio ex nihilo*". *Genesis*, 47.

22. Brunner escribe: "La formulación explícita de la idea de *creatio ex nihilo* aparece por primera vez en la literatura judía, en el segundo libro de los Macabeos". *Creation and Redemption*, 11. El uso cristiano más temprano parece ser el de Teófilo de Antioquía. Cf. Jaroslav Pelikan, *The Emergence of the Catholic Tradition* (Chicago: University of Chicago Press, 1973), 36.

23. Cf. A. E. Taylor, *Plato: The Man and His Work* (Cleveland and New York: World Publishing Co., 1964), 456-457.

24. Cf. Leon Morris, *Apocalyptic* (Grand Rapids: Wm. B. Eerdmans Publishing Co., 1972). Una ilustración fascinante de esto se halla en 1 Crónicas 21:1, donde esta historia postexílica le atribuye a Satanás haber influido sobre David para levantar un censo, en tanto que la narración más antigua en 2 Samuel 24:1 la atribuye al Señor. William Robinson comenta que "esta es una pieza clara de evidencia, en los libros canónicos, de ese desarrollo teológico radical que ocurrió en Israel entre el retorno del Exilio y la ascendencia del cristianismo". *The Devil and God* (Nashville: Abingdon- Cokesbury Press, 1945), 56. Los libros tardíos del Antiguo Testamento hablan acerca de Satán, pero no es descrito en ellos en la misma manera siniestra como en el Nuevo Testamento. Debería notarse con mucho cuidado que la apocalíptica es un fenómeno complejo. En la medida en que la literatura canónica manifieste características apocalípticas, no es jamás dualista.

25. P. 67.

26. Basando su teología en la filosofía monística y panteísta de Espinoza, la comprensión explícita de Schleiermacher de esta dependencia no es cabalmente cristiana, y definitivamente no es la consecuencia de la doctrina bíblica de la creación.

27. Agustín, *On Marriage and Concupiscence*, cap. 48.

28. Gilkey, *Maker of Heaven and Earth*, 60.

29. Citado de los Upanishads por Gilkey, ibid., 75 n. 8.

30. *Nature, Man and God*, 478.

31. Gilkey, *Maker of Heaven and Earth*, 65.

32. Véase Norman Young, *Creator, Creation, and Faith* (Filadelfia: Westminster Press, 1976), 40.

33. *Maker of Heaven and Earth*, 72.

34. *Faith of the Christian Church*, 157.
35. *Maker of Heaven and Earth*, 153.
36. Véase su ensayo "Existentialism is a Humanism". Muchas personas equivocadamente identifican el existencialismo exclusivamente con esta clase de existencialismo ateísta. Pero hay otras versiones más positivas, como por ejemplo la de Kierkegaard.
37. Véase Bernhard W. Anderson, *Creation Versus Chaos*, 26-33.
38. "Que no nos atrevamos, digo, a creer esto. Pues Cristo murió una vez por nuestros pecados y, al levantarse de la muerte, ya no muere más". *City of God*, libro 12, cap. 13; de aquí en adelante, 12.13.
39. Ibid.
40. Norman Young, *Creation, Creator and Faith*, 38.
41. Tomás de Aquino aseveró que Dios permite el mal para un bien mayor, y la historia del pensamiento cristiano incluye una tradición que sostiene que Dios intenta, por medio del sufrimiento, inyectar fe y carácter en nuestras vidas. Véase Aquino, *Summa Theologica* 1.48-49; John Hick, *Evil and the God of Love* (Nueva York: Harper and Row, Publishers, 1966).
42. MacGregor, *He Who Lets Us Be*, 146.
43. Richard S. Taylor aboga por una versión modificada de esta escuela en *Exploring Christian Holiness* 3:20 ss. (La Casa Nazarena de Publicaciones ofrece la versión en español bajo el título de *Explorando la Santidad Cristiana*.)
44. Algunos han sugerido que Dios podría otorgar verdadera libertad y al mismo tiempo eliminar la posibilidad de pecar, pero esto parece un juego de palabras. H. H. Farmer dice: "El hecho de la maldad, desde cierto punto de vista, no constituye un problema para la mente religiosa, o lo que es más, para la humanidad en general. La maldad está ligada con el hecho de la libertad, sin la cual nada en la naturaleza de una relación verdaderamente personal se podría imaginar. Cualesquiera que sean los problemas que el problema de la libertad suscite para la filosofía, no suscita ninguno para la vida práctica, y mucho menos para el hombre religioso en la medida en que esté consciente de sí mismo como subsistiendo en una relación viviente con Dios". *World and God*, 94.
45. Ibid., 90.
46. Hay una cantidad vasta de literatura sobre el tema, principiando con el trabajo pionero de Herman Gunkel, *Creation and Chaos*, publicado en 1895. Véase la bibliografía masiva en Bernhard W. Anderson, *Creation versus Chaos*.
47. *Genesis*, 48-49
48. *Creator, Creation, and Faith*, 73-74.
49. *Devil and God*, 82-83.
50. Ibid., 81.
51. *World and God*, 89.
52. *He Who Lets Us Be*, 19.
53. *Devil and God*, 116.

54. *Miracles* (Nueva York: Macmillan Co., 1947), 7.

55. Tal cosa era procedimiento normal para las teologías premodernas. Sin embargo, el hacerlo, con frecuencia llevó a la falacia lógica de petición de principio si el argumento tomaba el giro de usar el milagro para autenticar la revelación y luego abogar que los relatos de los milagros eran válidos porque eran inspirados. Es interesante que Juan Wesley, quien vivió cuando esta clase de apelaciones estaban en su apogeo, se negó a compartir esa apologética al rechazar explícitamente la idea de que los milagros sirvieran para probar afirmaciones teológicas básicas, ya que dichas afirmaciones se autenticaban por sí mismas. Véase "The Principles of a Methodist Farther Explained", en *Works* 8:467-68.

56. Esta es la definición con la cual C. S. Lewis inicia su apología de los milagros. *Miracles,* 10.

57. Esta declaración se hace en conocimiento pleno del hecho de que hay muchos milagreros, charlatanes religiosos que se aprovechan de los ingenuos y hacen mucho daño, al mismo tiempo que, sin duda y como beneficio secundario, hagan algo de bien.

58. *City of God* 21:8.

59. Friedrich Schleiermacher, *On Religion: Speeches to Its Cultured Despisers,* trad. John Oman (Nueva York: Harper and Row, Publishers, 1958), 88.

60. *Apologetics,* 165.

61. *Systematic Theology,* 307.

62. *World and God,* 116.

63. *The Practice of Prayer* (Westwood, N.J.: Fleming H. Revell Co., 1960), 11.

64. *World and God,* 127-28.

65. Citado en MacGregor, *He Who Lets Us Be,* 158.

66. *Christian Faith,* 493.

67. *Faith of the Christian Church,* 356-57.

68. En su comentario sobre Marcos 9:29, Ralph Earle escribe: "Este pasaje es uno de varios en el Nuevo Testamento donde los mejores y más antiguos manuscritos griegos no contienen referencia alguna al ayuno. Ejemplos de ello son el paralelo en Mateo 17:21, así como Hechos 10:30 y 1 Corintios 7:5. Parece evidente que el creciente énfasis sobre el ascetismo en la iglesia primitiva llevó a la interpolación de 'ayuno' en los diversos sitios donde no existía en el texto griego original". *The Gospel of Mark,* en *The Evangelical Commentary* (Grand Rapids: Zondervan Publishing House, 1957).

69. Hendrikus Berkhof, *Christian Faith,* 493.

70. Bernhard W. Anderson, *Creation Versus Chaos,* 132.

71. Ludwig Kohler, *Old Testament Theology,* trad. A. S. Todd (Filadelfia: Westminster Press, 1953), 71.

72. *Theology of the Old Testament* (Nueva York: Harper and Row, Publishers, 1958), 142.

73. *Creation Versus Chaos,* 143.

74. R. B. Y. Scott, *Proverbs, Ecclesiastes,* vol. 18 en The Anchor Bible, ed. William Foxwell Albright y David Noel Freedman (Garden City, NY: Doubleday and Co., 1965), xvii.

Capítulo 9

1. *God, Man, and Salvation,* 87, 120. Purkiser también sugiere que la manera del Antiguo Testamento de entender el pecado es viéndolo como una "distorsión", y que "la evidencia se inclina en la dirección de categorías privativas, *relacionales* y dinámicas" (cursivas añadidas), 86.

2. Un vívido ejemplo de ambas cosas, lo inadecuado del intento de erigir una doctrina del pecado sobre estudios lingüísticos de las palabras involucradas y el fracaso de considerar el contexto es el de C. Ryder Smith, en *The Bible Doctrine of Sin* (Londres: Epworth Press, 1953). El resultado de su intento es un tratamiento muy inadecuado que termina definiendo el pecado como desobedecer a Dios. Esto es enteramente apropiado como concepto del pacto, pero, como Smith demuestra en su propio desarrollo lógico, guía inevitablemente a una negación del concepto del pecado original o pecaminosidad como una categoría viable.

3. Dodd, *Romans.*

4. *Faith of the Christian Church,* 236-37.

5. Cf. Barth, *Church Dogmatics* 3.1.192.

6. *Creation and Fall* (Nueva York: Macmillan Co., 1967), 37.

7. Citado por David Cairns, *The Image of God in Man* (Nueva York: Philosophical Library, fotocopiado en 1978), 91.

8. Cairns observa correctamente sobre este punto que "es el elemento personal en esta situación y no lo sexual lo que es distintivo". *Image of God,* 175.

9. Lo que se intenta al decir esto no es dar apoyo a las teorías de "la Trinidad social", tal como fueron propuestas por ciertos eruditos británicos como Leonard Hodgson. Estas teorías, sin embargo, apuntan en efecto a una verdad fundamental acerca de Dios.

10. Véase en la obra de Cairns, *Image of God,* 93-99, una crítica de esta manera de Agustín de identificar la imagen de Dios.

11. Karl Barth afirma que el hombre es a la imagen de Dios porque su relación a la mujer es como el encararse armonioso entre las personas de la Trinidad.

12. Cairns, *Image of God,* 23.

13. (Londres: Epworth Press, 1951).

14. *Image of God,* 23.

15. *The Instructor,* libro 3, cap. 2.

16. Cf. E. J. Bicknell, *The Christian Idea of Sin and Original Sin* (Nueva York: Longmans, Green and Co., 1923), ix.

17. *Faith of the Christian Church,* 232.

18. *Systematic Theology* 2:31 ss. La filosofía clásica, especialmente Platón y Plotino, también equipararon el estar-en-el-tiempo con la

pecaminosidad o separación de la Fuente del Ser. De ahí que el tiempo sea parte vital del predicamento del ser humano en estas teorías. Agustín se apropió de mucho de la interpretación de Plotino, y por ello se le ha entendido, aunque erróneamente, como que se aferra a una idea ontológica del pecado. Empero, Agustín usó la doctrina cristiana de la creación para modificar el esquema neoplatónico de emanación, y así hizo del tiempo la buena creación de Dios. El que el hombre esté-en-el-tiempo es relacionado no a su pecaminosidad sino a su separación de Dios en términos de rebelión y amor pervertido. De aquí que la unión con Dios, para Agustín, no era pérdida de historicidad sino una relación de amor que retiene la temporalidad del hombre, la cual es la única marca de su finitud. Cf. Hans Urs von Balthasar, *A Theological Anthropology* (Nueva York: Sheed and Ward, 1967), cap. 1.

19. Un significado de que el pensamiento cristiano identifique a la serpiente con Satanás es demostrar que "el pecado existía en el universo antes de su origen en el hombre" (Wiley) y que, por lo tanto, "no sigue inevitablemente de la situación en la cual el hombre se encuentra" (Niebuhr).

20. En el mundo antiguo, la serpiente también es un símbolo estándar del tiempo que no tiene fin debido a la idea de que cuando cambia de piel cada año, renueva su vida. Algunos calendarios que exhiben una idea cíclica de la historia tienen un calendario redondo alrededor del cual hay una serpiente con su cola en la boca.

21. *Faith of the Christian Church*, 237.

22. Sermón sobre "La Justificación por la Fe", StS 1:123-24.

23. *The Nature and Destiny of Man*, 2 vols. (Londres: Nisbet and Co., 1946), vol. 1.

24. Libro 12, cap. 13.

25. *Theology*, 405.

26. *Nature and Destiny of Man*, 1:242-55.

27. *Nature and Destiny of Man* 1:247. Debería señalarse aquí que Niebuhr interpreta a Agustín clásicamente al tratar de demostrar que su idea del pecado como concupiscencia es derivada de su idea del pecado como orgullo, y que por lo tanto están orgánicamente conectadas.

28. Citado por E. F. Kevan, "Genesis", en *New Bible Commentary*, ed. F. Davidson, 2a. ed. (Grand Rapids: Wm. B. Eerdmans Publishing Co., 1960).

29. *Creation and Fall*, 38.

30. *Contours*, 113.

31. Véase Robert E. Webber, *The Secular Saint* (Grand Rapids: Zondervan Publishing House, 1974), cap. 3.

32. *Essentials of Evangelical Theology* 1:91. En lo que toca a la declaración original de Calvino, véase *Institutes* 2.3.3.

33. *Man in Revolt: A Christian Anthropology*, trad. Olive Wyon (Nueva York: Charles Scribner's Sons, 1939), 96.

34. *Essentials of Evangelical Theology*, 1:95.

35. El bautismo de infantes no tiene necesariamente que ser interpretado de esta manera, como lo mostraremos después en nuestra discusión de los sacramentos.

36. Tanto Calvino como Lutero niegan la posibilidad de la libertad del pecado en esta vida, pero ambos están demasiado arraigados sanamente en la Escritura como para atribuirle esto a que el cuerpo sea malo. Más bien, ellos sencillamente no comparten el "optimismo de la gracia" que informó la confianza de Wesley en la posibilidad del triunfo de la gracia sobre el pecado en esta existencia. Ellos dos afirmarían que todos los humanos tienen que pecar, pero el wesleyano se pondría muy nervioso si tuviera que ir más allá de decir que todos los humanos en efecto pecan.

37. Aulén, *Faith of the Christian Church,* 239.

38. Ibid., 247.

Capítulo 10

1. *Wesley's Christology,* 5. Dreschner también sugiere en su introducción que ciertas "definiciones en las formulaciones teológicas de Wesley, como sería la teoría de satisfacción penal de la expiación puede mejor ser modificada o alterada "sobre bases cristológicas". 4.

2. *Jesus—God and Man,* trad. Lewis L. Wilkins y Duane A. Priebe (Filadelfia: Westminster Press, 1977).

3. *Works* 6:204.

4. *Notes* sobre 1 Juan 2:22. Colin Williams comenta sobre este punto: "No puede haber duda de que Wesley aceptó las formulaciones cristológicas ortodoxas, pero siempre su interés residió en el significado salvador de Cristo. Demostró un desagrado constante hacia las especulaciones metafísicas. Desviar a las personas hacia una discusión de las sutilezas doctrinales podría producir fácilmente un espíritu polemista, y, mientras que un conocimiento verdaderamente viviente de Cristo produce dependencia creciente en Él y fomenta un espíritu de amor, los argumentos especulativos acerca de su persona sólo pueden resultar en división y amargura (Cf. *Letters* 4:159).
"Sin embargo, donde el verdadero y viviente conocimiento de Cristo se encontraba de hecho en riesgo, Wesley estaba listo a seguir las precisiones de las formulaciones doctrinales". *John Wesley's Theology Today,* 91-92.

5. Aulen, *Faith of the Christian Church,* 185.

6. *Systematic Theology,* 168.

7. *Faith of the Christian Church,* 189.

8. *De Incarnatione,* cap. 14.

9. *StS* 2:45-47.

10. John Deschner presenta el argumento de que el que Wesley adoptara la teoría de satisfacción penal crea una base para su comprensión de la necesidad de la encarnación, de modo que "la justicia y el amor de Dios son armonizados en la substitución penal de Cristo en la cruz por

el pecado del hombre". *Wesley's Christology,* 19. Sin embargo, Deschner señala que esto crea una tensión dentro del pensamiento de Wesley, y que le es difícil relacionar esto con su enseñanza sobre la santificación. Esto es sólo un aspecto de lo que Deschner llama "una dualidad" en la teología de Wesley, "un lado moralista" que emana de su comprensión previa a Aldersgate, y "un lado evangélico que emana de su conversión, el cual, aquí se asevera, trabaja para convertir su teología, pero con sólo una transformación parcial de su forma". 77. A mí me parece que Deschner está correcto en su análisis tanto como en su declaración de que el lado evangélico "gobierna la intención de su teología". Ibid. Esta tensión apunta, como lo observaremos después, a la incompatibilidad de una teoría de la satisfacción de la expiación con una doctrina viable de la santificación, y por ende muestra cómo el uso no crítico que Wesley hizo de categorías de la satisfacción al referirse a la obra de Cristo (tales como "mérito") son inconsistentes con los compromisos mayores de su teología y deben por lo tanto ser rechazados en un desarrollo sistemático de la teología wesleyana.

11. *Image of God,* 108-109.
12. *Two Ancient Christologies* (Londres: SPCK, 1954).
13. Este es uno de los temas más controvertidos en el campo de estudios del Nuevo Testamento. Es imposible cubrir la vasta cantidad de material que ha sido producido sobre el tópico. En consecuencia, sencillamente enunciaremos algunos de los temas y conclusiones mayores, que, en la opinión de este escritor, quien no es un erudito técnico del Nuevo Testamento, son razonablemente sanos. Sin duda, muchas si no todas las posiciones tomadas aquí parecerán increíblemente cándidas cuando menos a algunos especialistas. Pero nosotros, daremos por sentado la confiabilidad de los documentos del Nuevo Testamento, y que los evangelios reproducen fielmente la persona y enseñanzas de Jesús en substancia, y no tanto una fe posterior de los cristianos primitivos que ya había pasado a través de un proceso de desarrollo evolutivo. Las teorías sobre todos estos asuntos son una verdadera maraña de diversos puntos de vista e interpretaciones. Cuando uno trata de abrirse paso a través de este embrollo se encuentra con una tarea mayor. Los estudiantes no técnicos del Nuevo Testamento nos vemos frecuentemente tentados a pensar que, para los eruditos técnicos, la necesidad de producir alguna nueva interpretación es mayor que la búsqueda de la verdad. Al leer la sección en el Apéndice 2 que tiene que ver con lo esquemático del ministerio de Jesús, se puede entresacar un repaso de los datos básicos que atañen a los asuntos de la cristología del Nuevo Testamento. La discusión presente descansa, por razones utilitarias, en unos relativamente pocos y principales estudios escogidos entre muchos más, pero también porque esos trabajos generan la confianza del escritor tanto por su erudición como por su compromiso con la autoridad y veracidad de la Escritura.

14. Véase Richard Longenecker, *The Christology of Early Jewish Christianity* (Naperville, Ill.: Alec R. Allenson, 1970).

15. *The Servant-Messiah* (Grand Rapids: Baker Book House, 1977), 23 ss.

16. *He That Cometh* (Nueva York: Abingdon Press, s.f.), 281.

17. William Barclay arguye que este concepto de un reinado provisional, que se levantó en el primer siglo a.C., fue la fuente de la idea de un reino interino de mil años de Cristo (el milenio) que se encuentra en el enigmático capítulo 20 de Apocalipsis. *Daily Study Bible: The Revelation of John,* 2 vols. (Filadelfia: Westminster Press, 1960), vol. 2.

18. *Christology,* 66.

19. Ibid., 73 ss.

20. H. H. Rowley, *The Meaning of Sacrifice in the Old Testament* (The John Rylands Library Bulletin, vol. 33, núm. 1 [septiembre 1950], cita algunos escritores que objetan a esta declaración, pero añade: "No hay evidencia sólida que proceda de una fecha precristiana que pueda ser aducida en apoyo de su posición, y la evidencia del Nuevo Testamento está firmemente contra ello. Y, es que los evangelios muestran que, siempre que nuestro Señor habló de su misión en términos de sufrimiento, los discípulos quedaban completamente desconcertados y no lograban entender lo que Él quería decir. Por ende, la mayoría de los eruditos apoyan la idea (que es) expresada... arriba". 103-4, n. 4.

21. *The Intention of Jesus* (Filadelfia: Westminster Press, 1943), 72, 82. Este pasaje en el texto es un resumen de la tesis de Bowman, la cual es desarrollada a través de su libro. Una implicación adicional de estas ideas para la teología del Nuevo Testamento es que la iglesia primitiva debería ser propiamente interpretada como el cumplimiento del concepto del remanente del Antiguo Testamento.

22. *Christology,* 82 ss.

23. Citado ibid., 87.

24. *Theology,* 147-48.

25. Ibid., 150.

26. *Christology,* 96-97.

27. R. V. Sellers, *The Council of Chalcedon* (Londres: SPCK, 1961), xi.

28. Hugh Ross Mackintosh, *The Doctrine of the Person of Christ* (Nueva York: Charles Scribner's Sons, 1915), 130.

29. Ibid., 131.

30. Ibid., 130-31.

31. *Doctrines,* 292.

32. Ibid., 304.

33. Es un hecho fascinante que estas dos antiguas tradiciones hayan sido representadas en la historia teológica de la Iglesia del Nazareno. Dos teólogos principales durante los primeros 50 años de historia nazarena fueron H. Orton Wiley y Stephen S. White. Cada uno enseñó en diferentes universidades y cada uno ejerció influencia considerable sobre sus estudiantes. Wiley claramente se alineó con la tradición de Alejandría. Asumió la posición básicamente tomada por Apolinario, y arguyó

en pro de la imposibilidad de que Jesús pudiera pecar: "El pecado es un asunto de la persona, y puesto que Cristo era el Logos preexistente, la Segunda Persona de la adorable Trinidad, como tal era no solo libre del pecado sino de la posibilidad del pecado". *TC* 2:177. Esta posición fue el resultado de su interpretación de la unión cristológica: "La unión de las naturalezas divina y humana en Cristo es una unión personal —o sea, que la unión yace en su posesión necesaria de un Ego común o Ser interior, el del Logos eterno". 180. Una consciencia de esta tendencia también haría que uno estuviera alerta a la influencia consistente del temperamento alejandrino sobre Wiley en su afición de alegorizar la Escritura. (Véase su libro de sermones, *God Has the Answer* [Kansas City: Beacon Hill Press, 1956].

Por el otro lado, Stephen S. White, plantó sus pies sólidamente en el suelo antioqueno. Él (quien no fue un autor muy publicado), en su pequeño y popular libro *Essential Christian Beliefs* (Kansas City: Beacon Hill Press, s.f.), le dio un énfasis central a la limitación de Cristo a la humanidad cabal. En cuanto al asunto de la tentación escribió: "Jesucristo como el Encarnado, enfrentó la tentación como los seres humanos la enfrentan, con la excepción de que no hubo pecado en su naturaleza humana. Eso hizo posible que fuera tentado en todo, tal como nosotros lo somos. ¿Podía el Dios-hombre haber pecado? Claro que podía. O fue así, o la tentación fue una farsa. No puede haber tentación genuina donde no haya posibilidad de pecar. ... En el mundo de los actos morales no hay no debes ni no puedes; sólo hay lo hago o no lo hago". 48. El que esto escribe recuerda —y ahora entiende más de ello— el haberse sentado en la clase de teología de White en el Seminario Teológico Nazareno y haber oído a los estudiantes de Wiley (quien enseñaba en la Universidad de Pasadena) debatir con el maestro acerca del asunto de la posibilidad de que Jesús hubiera cedido a la tentación. Era una repetición del debate de la iglesia primitiva.

34. Alan Richardson dice acerca de Cirilo que "no es una figura que uno amaría; sus móviles al atacar a Nestorio no superan la sospecha ya que quería exaltar la sede de Alejandría a expensas de su gran rival en el Oriente, Constantinopla. Cirilo deseaba hacerse "el papa" de las iglesias del Oriente. Tampoco sus métodos estaban libres de reproche. Pero era un teólogo astuto y capaz, y jugó un papel importante en la formulación de la doctrina cristológica de la iglesia". *Creeds in the Making*, 74-75.

35. Cf. Donald M. Baillie, *God Was in Christ*, 91, nota 1, para una bibliografía. Había un verdadero problema de terminología involucrado en el debate entre los dos sectores de la iglesia. Cuando Nestorio hablaba de naturaleza *(physis)*, él la entendía como "el carácter concreto de una cosa". De esta manera él quería connotar, no que cada naturaleza era una entidad realmente subsistente, sino que era objetivamente real. Cirilo, su oponente, hablaba del Dios-hombre como que tenía una naturaleza producida por una unión hipostática. Esto le sugería a Nestorio

que se estaban confundiendo las dos naturalezas, y lo deploró. Sin embargo, la manera en la que Nestorio lo expresó le sugería a Cirilo la idea de dos personas artificialmente ligadas de manera conjunta, puesto que para él el término naturaleza significaba "un individuo concreto, o existente independiente". En este sentido naturaleza se aproximaba a hipóstasis, pero sin ser concretamente sinónimo de ella.

36. Ibid., 86.

37. Citado ibid., 92.

38. Alan Richardson, *Creeds in the Making,* 78. De acuerdo con J. L. Neve, *History of Christian Thought,* 2 vols. (Filadelfia: Muhlenberg Press, 1946), 1:134, Cirilo en realidad evitó esta posición sólo en palabras. Neve describe la posición de Cirilo de la manera siguiente: "Sólo antes de la unión, e *in abstracto* podemos hablar de dos naturalezas; después de la encarnación e *in concreto* sólo podemos hablar de una naturaleza divino-humana [teantrópica]".

39. Reinhold Seeburg, *Textbook of the History of Doctrines,* trad. Charles E. Hay, 2 vols. en 1 (Grand Rapids: Baker Book House, 1964), 1:270.

40. Nuestra traducción al español está basada en la traducción al inglés por Albert C. Outler, tomada de *Creeds of the Churches,* ed. John H. Leith, ed. rev. (Atlanta: John Knox Press, 1977). Por nuestra parte, hemos indicado de la manera siguiente las enseñanzas específicas excluidas: [A]antiapolinaria; [B]antiarriana; [C]antieutiquiana; [D]antinestoriana.

41. Véase A. N. S. Lane, "Christology Beyond Chalcedon", en *Christ the Lord,* ed. H. H. Rowdon (Downers Grove, Ill.: InterVarsity Press, 1982).

42. Véase la n. 7 arriba.

43. *God Was in Christ,* 108.

44. Ibid., 109.

Capítulo 11

1. George Croft Cell, *Rediscovery of John Wesley,* 297.

2. *Letters* 6:197-98.

3. "El Señor Nuestra Justicia" ha sido sugerido como una excepción posible a este hecho ampliamente reconocido. Pero este sermón no maneja realmente el asunto de la expiación tanto como el de la justicia impartida e imputada, que es un tema estrechamente relacionado.

4. Refiriéndose a algo que Lord Huntingdon había dicho acerca de la expiación, Wesley escribió: "Es cierto que no puedo comprenderla más que lo que puede su señoría; tal vez hasta pudiera decir que lo que la entienden los ángeles de Dios, que lo que la entiende la comprensión más alta creada. La razón de uno se queda aquí rápidamente anonadada; si intentamos explayarnos en este campo, encontramos que 'no hay fin' en 'los perdidos y enmarañados laberintos', pero la pregunta, la única pregunta conmigo, y no considero nada más, es qué dice la Escritura". *Letters,* 2:297.

5. *John Wesley's Theology Today,* 76, n. 8. Ernest Rattenbury observa que "cuando la doctrina tradicional, la cual (los Wesley) heredaron y creyeron, fue desafiada, se negaron a especular y se apoyaron en el hecho de la expiación y su experiencia personal de los beneficios. Este hecho fue dinámico y céntrico en toda su predicación. Fue suficiente en su apelación evangélica". *The Evangelical Doctrines of Charles Wesley's Hymns* (Londres: Epworth Press, 1941), 206.

6. Véase John Rutherford Renshaw, "La Expiación en la Teología de Juan y Carlos Wesley" (disertación doctoral, Boston University, 1965).

7. Cf. la discusión por Lindström, *Wesley and Sanctification,* 60 ss.

8. *Journal* 7:422.

9. Renshaw, "Atonement", 69-70.

10. *Guide to the Christian Faith,* 155.

11. Un análisis más cabal, muy adecuado y con mucha intuición se puede encontrar en Gould, *Precious Blood of Christ.* Véase también Wiley, *TC,* tomo 2.

12. Ireneo enuncia otra posición que parece ser más central a su propia teología y que congenia muy bien con el pensamiento de Wesley. Nos referimos a su teoría de recapitulación, la cual notaremos más adelante.

13. *Precious Blood of Christ,* 34.

14. Williams, *John Wesley's Theology Today,* 87.

15. Renshaw, "Atonement", 21.

16. *Institutes,* libro 2, caps. 12—27.

17. La influencia de Grocio sobre la primera teología metodista fue profunda, empero su doctrina no fue recibida sin ser criticada, ni mucho menos. Véase, p.ej. Richard Watson, *Theological Institutes* (Nueva York: Lane and Tippett, 1848), 2:87-148; William Pope, *A Compendium of Christian Theology,* 3 tomos (Londres: Wesleyan Conference Office, 1880), 2:313.

18. Colin Williams trata de argumentar que la teoría de la influencia moral se vuelve parte de la teología de Wesley con relación a su descripción de la vida cristiana, pero el que esto escribe siente que Williams no prueba su caso suficientemente. Cf. *John Wesley's Theology Today,* 77-82.

19. Tomás de Aquino arguye en favor del término, pero no tiene un papel decisivo en su teología. *Summa Theologica* 14.111.3.

20. Véase Arthur Skevington Wood, "The Contribution of John Wesley to the Theology of Grace", en *Grace Unlimited,* ed. Clark H. Pinnock (Mineápolis: Bethany Fellowship, 1975).

21. Cf. Chiles, *American Methodism,* donde a los liberales entre los sucesores de Wesley que se alejaron de él se les llama el movimiento "de la gracia libre a la elección libre".

22. *Forgiveness and Reconciliation* (Nueva York: Macmillan Co., 1960), 27.

23. Ridderbos, *Paul,* 182ss. Este autor titubea en subordinar una de estas metáforas a la otra, sino que sugiere que "aquí estamos tratando con dos conceptos que vienen de dos esferas diferentes de pensamiento y de vida".

24. *Reconciliation* (Atlanta: John Knox Press, 1981).

25. *Theology*, 455. W. D. Davies, *Paul and Rabbinic Judaism* (Filadelfia: Fortress Press, 1980), está de acuerdo en que la justificación no debería ser hecha la quintaesencia del pensamiento de Pablo. Más bien, la esencia de su pensamiento está "en su consciencia de que con la venida de Cristo la Edad Venidera se había vuelto un hecho presente, la prueba de lo cual era la venida del Espíritu; yace en esas concepciones de estar bajo el juicio y la misericordia de una Torá Nueva, Cristo, de morir y de resucitar con ese mismo Cristo, de participar en un Nuevo Éxodo en Él, y de así ser incorporados en un nuevo Israel, la comunidad del Espíritu". 221-24.

26. Alan Richardson, *Theology*, 216.

27. Véase H. Ray Dunning, *General Epistles,* Nuevo Testamento, tomo 15 en *Search the Scriptures* (Kansas City: Nazarene Publishing House, 1960).

28. *Theology*, 220

29. "Righteousness".

30. Vincent Taylor, *Forgiveness and Reconciliation,* 55 ss. Véase también Willard H. Taylor, "Justification", en *Beacon Dictionary of Theology,* ed. Richard S. Taylor (Kansas City: Beacon Hill Press of Kansas City, 1983).

31. "Justification by Faith", *Works* 5:53-64.

32. *Theology*, 439 ss. Bernhard W. Anderson, al discutir "la justicia" en los salmos, provee la misma interpretación dada por Ladd. Dice: "Al enfrentar el asunto debemos desligarnos de todas las nociones de justicia que hayamos heredado de nuestra cultura, que mayormente ha estado bajo la influencia griega y romana. Normalmente damos por sentado que una persona 'justa' es aquella que se conforma a cierta norma legal o moral. La tal persona es tenida como justa de acuerdo con la ley". La idea de justicia ilustrada por Abraham en Génesis 15:1-6 es diferente. "La justicia que le fue contada era la de estar en una relación correcta con Dios, tal como se demostró en su confianza en la promesa de Dios aun cuando no había evidencia que la apoyara –¡ninguna excepto los millares de estrellas en el firmamento!". *Out of the Depths,* 100-101.

33. Véase Ladd, *Theology*, cap. 27; y Ridderbos, *Paul,* 44 ss.

34. Ridderbos, *Paul,* 164.

35. Véase J. E. McFadyen, "Zechariah", en *Abingdon Bible Commentary,* ed. F.C. Eiselen (Nueva York: Abingdon-Cokesbury Press, 1929).

36. "Zechariah", en *New Bible Commentary,* ed. F. Davidson (Grand Rapids: Wm. B. Eerdmans Publishing Co., 1960).

37. Véase W. T. Purkiser, *Exploring Christian Holiness,* vol. 1, *The Biblical Foundations* (Kansas City: Beacon Hill Press of Kansas City, 1983), 188-89. Hay versión en castellano de esta obra publicada por la Casa Nazarena de Publicaciones con el título de *Explorando la Santidad Cristiana, Tomo 1: Los Fundamentos Teológicos.*

38. *StS* 2:240.

39. *Church Dogmatics* 4.2.500.

40. Cf. E. C. Blackman, "Sanctification", en Interpreter's Dictionary of the Bible, vol. 4, ed. George A. Buttrick, 4 vols. (Nueva York: Abingdon Press, 1962).

41. *The Doctrine of Our Redemption* (Nueva York: Abingdon-Cokesbury Press, 1953), 41 ss.

42. Véase Francis M. Young, *Sacrifice and the Death of Christ* (Filadelfia: Westminster Press, 1975), 3 ss., para una interpretación similar de la relación entre experiencia y dogma.

43. P. 473 de la obra en inglés; traducción libre. La versión en español con el mismo nombre, *Dios, Hombre y Salvación* está disponible en la Casa Nazarena de Publicaciones.

44. Véase Joachim Jeremías, *The Eucharistic Words of Jesus* (Filadelfia: Fortress Press, 1966).

45. John James Davis, *Moses and the Gods of Egypt* (Grand Rapids: Baker Book House, 1971).

46. *Theology*, 231.

47. Véase Vincent Taylor, *Jesus and His Sacrifice* (Londres: Macmillan and Co., 1937), 131; W. D. Davies, *Paul*, 250.

48. *Was Christ Death a Sacrifice?* (Edimburgo: Oliver and Boyd, 1961), 7.

49. *Paul*, 235.

50. Cf. Francis Young, *Sacrifice*.

51. Véase Vincent Taylor, *Atonement in New Testament Teaching* (Londres: Epworth Press, 1963); W. D. Davies, *Paul*.

52. *Interpreting the Atonement* (Grand Rapids: Wm. B. Eerdmans Publishing Co., 1966), 23. Markus Barth hace la perceptiva sugerencia de que "es de hecho y prácticamente debido al 'levantamiento del velo' logrado por el Nuevo Testamento que se puede vislumbrar lo que distingue las declaraciones del Antiguo Testamento acerca del sacrificio de los otros sacrificios [paganos]. 2 Corintios 3:7-18 demuestra que la revelación de Jesús el Señor por el Espíritu es presuposición, legitimación y mandato de 'leer a Moisés', diferente de lo que la ignorancia, la negligencia y la repudiación de Jesucristo podría sugerir. Sólo a la luz de lo 'que ahora es revelado' se puede decir que 'la ley y los profetas' dan testimonio de la justicia de Dios que es manifestada en 'la sangre del Mesías Jesús' (Ro. 3:21-26). El leer y tratar la Biblia como si nunca hubiese habido un Gólgota, un día de Resurrección, o un 'abrir del entendimiento para comprender las Escrituras' (Lc. 24:45, 25-27) obrado por el Cristo resucitado, es algo imposible, absurdo, ilógico para Pablo, y Mateo, y para los autores de Primera de Pedro y Hebreos. Por lo tanto, un intérprete del Nuevo Testamento tiene que seguir la lógica de los libros del Nuevo Testamento en vez de imponer un esquema extraño sobre ellos". *Was Christ's Death a Sacrifice?* 47, n. 1.

53. Markus Barth, *Was Christ's Death a Sacrifice?* 7; W. D. Davies, *Paul*, 230 ss.

54. *Interpreting the Atonement*, 38. H. H. Rowley también llama la atención a la transformación de la idea de sacrificio que ocurre aquí: "Es la idea de un sacrificio que transciende el sacrificio de animales, y en el que en vez de un animal sin tacha, uno que es sin mancha moral es inmolado. Lo que es más, la víctima, a pesar de que es cruelmente maltratada e inmolada por otros, se entrega voluntariamente a ellos". *Meaning of Sacrifice*, 106.

55. Véase Markus Barth, *Was Christ's Death a Sacrifice?* y W. D. Davies, *Paul*, 253 ss; G. B. Gray, *Sacrifice in the Old Testament* (Nueva York: Katav Publishing House, 1971), 397.

56. Véase Leon Morris, *The Apostolic Preaching of the Cross* (Grand Rapids: Wm. B. Eerdmans Publishing Co., 1972), 60 ss.

57. *Paul*, 252.

58. *Theology*, 224.

59. *Interpreting the Atonement*, 28; cf. también 23-30.

60. *God's Design* (Grand Rapids: Baker Book House, 1981), 73.

61. Rowley, *Meaning of Sacrifice*, 98-101.

62. Cf. Jacob Milgrom, "Sacrifice", en *Interpreter's Dictionary of the Bible*, volumen suplemental, ed. Keith Crim (Nashville: Abingdon, 1976); Victor P. Hamilton, "Recent Studies in Leviticus and Their Contribution to a Further Understanding of Wesleyan Theology", in *A Spectrum of Thought*, ed. Michael Peterson (Wilmore, Ky.: Asbury Publishing Co., 1982).

63. Culpepper también interpreta que el animal expiatorio tenía que ver con los pecados deliberados. *Interpreting the Atonement*, 25-26.

64. "A Covenant Concept of Atonement", *Wesleyan Theological Journal* 19, núm. 1 (primavera, 1984).

Capítulo 12

1. *Works* 10:332, 333.

2. *Christus Victor*, trad. al inglés por A. G. Hebert (Nueva York: Macmillan Co., 1961), 92.

3. *Precious Blood of Christ*, 75.

4. Ibid., 70.

5. *Christus Victor*, 87 ss., 146.

6. En el Antiguo Testamento, con la excepción de Eliseo (1 Reyes 19:16), los profetas normalmente no eran ungidos, lo que ha llevado a algunos a poner en tela de duda esta estructura triple. Sin embargo, parece factible pensar que los profetas fueron ungidos por el Espíritu de Dios para llevar a cabo su función. Alan Richardson nos llama la atención al hecho de que la figura-profeta isaíanica, pese a ser un caso especial o ideal, se describe como siendo ungida. *Theology*, 179, n. 1.

7. John Deschner piensa que el oficio sacerdotal es el de significado máximo para Wesley, así que lo pone al fin en su análisis. *Wesley's Christology*.

8. *StS* 2:316.

9. Lutero y Calvino difieren en este punto. Lutero sólo reconoce dos usos de la ley. Su primera función es despertar al pecador a una consciencia de su necesidad o aplastar la complacencia del fariseo que se justifica a sí mismo, mientras que su segundo uso es civil: mantener en sujeción a la persona desordenada. Pero Lutero no encuentra lugar alguno para la ley (un tercer uso) en la vida cristiana, como lo hace Calvino y, por consiguiente, Lutero tiene una doctrina mucho menos adecuada de la santificación que Calvino, cuya idea se aproxima considerablemente a la de Wesley en muchas maneras. Tillich describe como sigue, y de manera gráfica, la consecuencia práctica de esta diferencia: "En el luteranismo, el énfasis puesto en el elemento paradójico en la experiencia del nuevo ser fue tan predominante que la santificación no se pudo interpretar en términos de una línea que se moviera hacia arriba, hacia la perfección. En vez, fue vista como un sube-y-baja de éxtasis y de ansiedad, de ser asido por *agápe* y retrocedido con fuerza hacia la alienación y la ambigüedad. ... La consecuencia de que, en el luteranismo, la valorización calvinista y evangelística de la disciplina estuviera ausente, fue que el ideal de la santificación progresiva se tomara menos seriamente, y que fuera reemplazado por un gran énfasis en el carácter paradójico de la vida cristiana". *Systematic Theology* 3:230-31.

10. *StS* 2:54. Esto llama la atención al entendimiento común que Wesley tenía de la fe, el cual es tomado de Hebreos 11:1, de que es "la certeza de lo que se espera, la convicción de lo que no se ve". Lo que Dios requiere es una promesa "cubierta", y lo que Dios ha prometido, eso hará, así que la fe es las arras, el pago inicial de la promesa cumplida. Es un principio básico con Wesley que lo que Dios requiere, también lo proveerá. Este principio se vuelve una de las piedras de cimiento en su optimismo de gracia acerca de la entera santificación.

11. Ibid., 55.

12. Carta a un corresponsal desconocido, fechada 20 de diciembre de 1751.

13. G. B. Gray, "Sacrifice", en *A Theological Word Book of the Bible,* ed. Alan Richardson (Nueva York: Macmillan Co., 1950).

14. *Wesley's Christology,* 151.

15. "Atonement", 86-87.

16. *Wesley's Christology,* 176.

17. *Atonement in New Testament Teaching,* 57.

18. Al decir esto no quiero sugerir que uno pueda encontrar una declaración teológica formal en Pablo sobre este particular, sino más bien que esta es una manera fundamental en la que percibe la obra de santificación implícita en la expiación, y cómo la elabora. Esta es la manera en la que Pablo maneja un asunto crítico que se suscita cuando uno empieza a pensar acerca de la tarea reconciliadora de Dios. Las palabras de Vincent Taylor reflejan el carácter de los escritos de Pablo sobre esta cuestión: "El interés supremo de San Pablo no está en la fundamentación de la expiación, sino en el problema ético y religioso de la rectitud

explicado con exactitud mediante la convicción cristiana de que los hombres pecaminosos pueden ser recibidos en compañerismo permanente por un Dios santo y justo. Profundo pensador como es, Pablo no es el teólogo de constructos ansioso de edificar una teoría comprehensiva del significado de la muerte de Cristo". Ibid., 65.

19. Debería tenerse presente que un pacto normalmente es establecido con un sacrificio. Aquí estamos trabajando con el tema del sacrificio en su función de establecimiento de pacto.

20. *Meaning of Sacrifice,* 88.

21. *Jesus and His Sacrifice,* 48.

22. *Man in Community* (Grand Rapids: Wm. B. Eerdmans Publishing Co., 1964), 165-66.

23. *Gospel of Mark,* nota sobre 1:9.

24. *Jesus Christ and His Cross* (Filadelfia: Westminster Press, 1953), 27-28.

25. *Jesus and His Sacrifice,* 161. Esta cita es mencionada con marcada aprobación, por Dale Moody, *Words of Truth,* 372. Esta interpretación se presenta en contra de una interpretación que ve una burda relación substituidora en la cual Cristo, en efecto, se vuelve culpable al sufrir la pena por el pecado del hombre y, de esa manera, se vuelve "el pecador más grande de todos". Es esta relación representativa lo que proveería la explicación correcta para la difícil frase de Pablo en 2 Corintios 5:21, "Al que no conoció pecado, por nosotros lo hizo pecado".

26. Véase *Works* 9:332, 333; *StS* 1:118; *Notes* sobre 1 Corintios 15:47. Wesley ve esto como que se relaciona a la dimensión racial de la expiación.

27. *God, Man, and Salvation,* 385 (La Casa Nazarena de Publicaciones suple la versión en español con el nombre de *Dios, Hombre y Salvación.*). Si bien hay una pequeña ambigüedad en su tratamiento del tema, que tal vez se deba en parte al uso que hacen de una fuente calvinista (Morris, *Apostolic Preaching*), y en parte al hecho de que el trabajo es el resultado de un comité, el peso del énfasis claramente recae sobre el carácter representativo de la obra vicaria de Cristo, más bien que sobre la interpretación penal substituidora del concepto de vicariedad. Este último, como ya hemos visto, debe ser rechazado por el teólogo wesleyano. Por ello he seguido lo que yo percibo como el énfasis central, pasando por alto los comentarios divergentes y periféricos.

28. Pp. 385-87. Vincent Taylor comenta que "el significado de la muerte de Cristo como vicario en la comprensión de Pablo está en su frase 'por nosotros'. En todos los casos excepto uno, usa la preposición *huper,* queriendo decir 'a nombre de'. En 1 Tesalonicenses 5:10 (que es la excepción aludida), Pablo usa *peri* 'por motivo de', que no es significativamente diferente a *huper.* En ningún lugar usa *anti,* 'en lugar de'. De esto podemos seguramente inferir que Pablo no vio la muerte de Cristo como la de un substituto. El elemento supuestamente substituidor en su pensamiento más bien ha de discernirse en su enseñanza acerca de la

obra representativa de Cristo". *Atonement in New Testament Teaching,* 59.

29. *Compendium* 2:269-70. Wiley, *TC* 2:246. Nos deja perplejos en sumo grado que en un tratamiento posterior de "La Expiación Vicaria", Wiley defina "sufrimiento o castigo vicario" como "aquello que es padecido por una persona en vez de otra". 282 ss. No sólo el título de la sección se contradice a si mismo cuando se afirma esa definición, sino que también es una contradicción de su propio rechazo anterior de la teoría de la satisfacción penal, y de la aparente adopción de la reinterpretación que los teólogos wesleyanos (metodistas) hicieron de esa posición a la luz de su inconsistencia con las presuposiciones arminianas.

30. El oficio de rey también encarna una actividad representativa como se verá a continuación.

31. De *Doctrine of the Creeds,* 233, citado en Culpepper, *Interpreting the Atonement,* 151.

32. *Interpreting the Atonement,* 153.

33. Donald M. Baillie, *God Was in Christ,* 177-79. La misma interpretación es presentada en *God, Man, and Salvation.*

34. *Plain Account,* 53-54. (Hay versión en castellano de la Casa Nazarena de Publicaciones bajo el título de *Perfección Cristiana*).

35. *Forgiveness and Reconciliation,* 73.

36. *Charles Wesley's Hymns,* 188-203.

37. *Theology,* 205.

38. *Charles Wesley's Hymns,* 201-2.

39. *Christus Victor.*

40. *Theology,* 374.

41. "Sanctification and the *Christus Victor* Motif in Wesleyan Theology", Wesleyan Theological Journal 7, núm. 1 (primavera 1972):47-59.

42. *Kingdom of God.*

43. Ladd, *Theology,* 63; Richardson, *Theology,* 84-85.

44. Los teólogos dispensacionalistas han intentado hacer una distinción entre el reino de los cielos y el reino de Dios. Pero una comparación de los pasajes de los Sinópticos, así como estar al tanto de la situación histórica, hace imposible esta distinción. El reino de los cielos es sencillamente una frase idiomática judía que se usaba para evitar el uso del nombre de Dios, el que se consideraba demasiado sagrado como para que pasara por los labios de uno. Sin duda, en ciertos contextos judíos, Jesús usó el término para evitar que se formaran barreras innecesarias. Mateo, quien escribe para los judíos, hace un uso prominente de la frase por las mismas razones.

45. Ladd, *Theology,* 65.

46. Anthony A. Hoekema, *The Bible and the Future* (Grand Rapids: Wm. B. Eerdmans Publishing Co., 1979).

47. *Theology,* 69.

48. Tillich, *Systematic Theology* 1:282.

49. *Theology,* 77.

50. *Theology,* 205.
51. Ibid., 307. El mismo significado dual acompaña la idea de "perdido" en el Nuevo Testamento. Los seres humanos, lejos de Dios, están perdidos ahora, y lo estarán escatológicamente.
52. Ibid., 308.
53. "Hell", en *A Theological Word Book of the Bible,* ed. Alan Richardson (Nueva York: Macmillan Co., 1950).
54. *Theology* 1:282.
55. Ibid., 74, 196.

Capítulo 13

1. *The Promise of the Spirit* (Filadelfia: Westminster Press, 1960), 11.
2. Es interesante que Donald G. Bloesch, en su obra de dos tomos titulada *Essentials of Evangelical Theology,* no tiene ni un capítulo ni una sección sobre el Espíritu Santo. Dale Moody, en su masiva obra *Word of Truth,* tampoco incluye una sección especial sobre el Espíritu, aunque en el curso del libro uno encuentre varias referencias dispersas. Sin embargo, Moody ha escrito una monografía sobre el asunto. Gustaf Aulén, en su de otra manera excelente teología sistemática escrita desde el punto de vista luterano (*The Faith of the Christian Church*), tiene muy poco que decir directamente acerca del Espíritu, y casi nada sobre la experiencia cristiana, excepto en lo que toca a la experiencia corporal de la iglesia. Esto es una tendencia común entre eruditos no wesleyanos.
3. Véase Rufus M. Jones, "Mysticism" (Introductory)", en Encyclopedia of Religion and Ethics, ed. James Hastings, 13 volúmenes (Nueva York: Charles Scribner's Sons, 1917).
4. Huston Smith, *Religions of Man,* 140-53.
5. Rufus M. Jones, "Mysticism" (Christian, NT), en *Encyclopedia of Religion and Ethics,* ed. James Hastings, 13 volúmenes (Nueva York: Charles Scribner's Sons, 1917).
6. *Critique of Pure Reason,* trad. [del alemán] por Norman Kemp Smith (Nueva York: St. Martin's Press, 1965), 41. [Hay versión en castellano.]
7. (Apollo, Pa.: West Publishing Co., s.f.), 7.
8. David Hill, *Greek Words and Hebrew Meanings* (Cambridge: Cambridge University Press, 1967), 205-6.
9. Walther Eichrodt, *Theology of the Old Testament* 3 vols. (Filadelfia: Westminster Press, 1961), 1:310 ss., discute la función de la danza sagrada en este fenómeno.
10. Charles D. Isbell, "The Origins of Prophetic Frenzy and Ecstatic Utterances in the Old Testament World", Wesleyan Theological Journal II (Primavera, 1976): 62 ss.
11. *Theology,* 292.
12. *Promises of the Spirit,* 14.
13. Encontramos un detallado contraste entre los profetas extáticos y los profetas literarios en la obra de Abraham J. Heschel, *The Prophets*

(Nueva York: Harper and Row, Publishers, 1962), 2:131-46. Cf. también Isbell, "Origins".

14. *Kingdom of God,* 31 ss.

15. Hill, *Greek Words,* 211.

16. Véase ibid., 213; George S. Hendry, The Holy Spirit in Christian Theology (Filadelfia: Westminster Press, 1965), 18.

17. Ya hemos dicho suficiente sobre este asunto, así que aquí no necesitamos desarrollar más la tesis de que estas dos figuras no son identificadas ni en el Antiguo Testamento ni en el judaísmo después del Antiguo Testamento, sino que sólo se funden en la persona de Jesucristo.

18. Cf. W. D. Davies, *Paul,* 215.

19. Hill, *Greek Words,* 227.

20. Ibid., 232-33.

21. Ibid., 240.

22. *Theology,* 175-76.

23. Hill, *Greek Words,* 242 n. 4.

24. Cf. Dale Moody, *Spirit of the Living God* (Filadelfia: Westminster Press, 1968), 34-37; Hill, *Greek Words,* 244-47.

25. Cf. J. E. Yates, The Spirit and the Kingdom (Londres: Epworth Press, 1963).

26. *New Testament Theology: The Proclamation of Jesus,* trad. John Bowden (Nueva York: Charles Scribner's Sons, 1971), 44.

27. Citado en Hill, *Greek Words,* 246.

28. Véase Willard Taylor, "The Baptism with the Holy Spirit: Promise of Grace or Judgement?" Wesleyan Theological Journal 12 (Primavera 1977): 23.

29. Moody, *Spirit of the Living God,* 54.

30. Hill, *Greek Words,* 255.

31. Moody, *Spirit of the Living God,* 39.

32. Una lectura variante del texto de la versión de Lucas del Padrenuestro (11:2) reza así: "Que el Espíritu Santo venga sobre nosotros y nos limpie", en vez de "venga tu reino".

33. Inicialmente estoy endeudado con Dale Moody, *Spirit of the Living God,* por llamarme la atención a esta estructura.

34. Véase Ladd, *Theology.*

35. Moody argumenta que es Jesús quien da el Espíritu, pero esa interpretación no concuerda con su misma estructura propuesta, y también erosiona la distinción entre experiencia de Jesús del Espíritu y la de sus seguidores.

36. Moody, *Spirit of the Living God,* 159.

37. *Greek Words,* 288-89.

38. *Theology,* 291.

39. *The Gospel According to John 1—12,* vol. 29 del *Anchor Bible,* ed. William Foxwell Albright and David Noel Freedman (Garden City, N.Y.: Doubleday and Co., 1966).

40. *Promise of the Spirit,* 32.

41. *The Way to Power and Poise* (Nueva York: Abingdon-Cokesbury Press, 1949), 42, 47, 55.
42. Henry Barclay Swete, *The Holy Spirit in the New Testament* (Grand Rapids: Baker Book House, 1964), 148.
43. Citado por W. T. Purkiser, de fuente desconocida.
44. Theology, 112-24.
45. Hill, *Greek Words,* 287.
46. *Theology,* 289.
47. Ibid.
48. J. H. E. Hull, *The Holy Spirit in the Acts of the Apostles* (Cleveland: World Publishing Co., 1968), 12.
49. Ibid.; W. F. Lofthouse, "The Holy Spirit in the Acts and the Fourth Gospel", *Expository Times* 52, núm. 9 (1940-41); 334 ss.; G. W. H. Lampe, "The Holy Spirit in the Writings of St. Luke", en *Studies in the Gospels,* ed. D. E. Nineham (Oxford: Blackwell, 1955); H. B. Swete, *Holy Spirit;* Frederick Dale Bruner, *A Theology of the Holy Spirit* (Grand Rapids: Wm. B. Eerdmans Publishing Co., 1970); James D. G. Dunn, *Baptism in the Holy Spirit* (Filadelfia: Westminster Press, 1970).
50. Gordon D. Fee y Douglas Stuart, *How to Read the Bible for All Its Worth* (Grand Rapids: Zondervan Publishing House, 1982), señala la diversidad de interpretaciones que ocurre cuando las personas se aproximan al texto de Hechos con expectativas y/o intereses diferentes, 88-89.
51. Fee y Stuart presentan una panorámica estructural del libro que demuestra cómo cada segmento mayor de la historia es presentado deliberadamente para reforzar la manera en la cual este movimiento universalizador se desarrolla en etapas. Ibid., 90-91.
52. *Acts, New Testament* vol. 5, en *Search the Scriptures* (Kansas City: Beacon Hill Press, 1954), 6.
53. *How to Read the Bible,* 92.
54. *Holy Spirit in Acts,* 68.
55. "Entire Sanctification and the Baptism with the Holy Spirit: Perspectives on the Biblical View of the Relationship", *Wesleyan Theological Journal* 14, núm. 1 (primavera 1979): 27 ss.
56. "Holy Spirit."
57. Juan Wesley, siguiendo a "Macario el Egipcio", enseñó que uno de los prerrequisitos para la realidad de la plenitud santificadora del Espíritu era comprender ambas, la necesidad y la provisión. Véase Paul M. Bassett y William M. Greathouse, *Exploring Christian Holiness,* vol. 2, *The Historical Development* (Kansas City: Beacon Hill Press de Kansas City, 1985).
58. "Entire Sanctification", 39. Cf. Bassett y Greathouse, *Exploring Christian Holiness,* vol. 2, para ver cómo el bautismo, como fue entendido y predicado en la iglesia primitiva, llevó las mismas múltiples connotaciones.
59. *The Holy Spirit* (Filadelfia: Westminster Press, 1983), 44.
60. *A Man in Christ* (Nueva York: Harper and Row, Publishers, s.f.), 308.

61. Véase E. Earle Ellis, "Christ and Spirit in I Corinthians", in *Christ and Spirit in the New Testament,* ed. Barnabas Lindars y Stephen S. Smalley (Cambridge: Cambridge University Press, 1973).

62. Stewart, *Man in Christ,* 310.

63. *The Gospel According to Paul* (Filadelfia: Westminster Press, 1966), 35-36. Véase también James Denney, "2 Corinthians", en *Expositor's Bible,* ed. W. Robertson Nicoll, 25 vols. (Nueva York: A. C. Armstrong and Sons, 1903), 134.

64. *Paul,* 215.

65. Para mí, los asuntos involucrados aquí fueron aclarados en gran manera por David John Lull, *The Spirit in Galatia* (Chico, Calif.: Scholar's Press, 1980).

66. Para un sugestivo estudio exegético de 1 Corintios 14 que muestra cómo Pablo trata de eliminar la práctica de la glosolalia mediante la demostración de la superioridad del don de profecía sobre el don de lenguas, véase Charles D. Isbell, "Glossolalia y Prophetelalaia", *Wesleyan Theological Journal* 10 (Primavera de 1975): 15 ss.

67. Para una discusión devocional del fruto desde esta perspectiva, véase la obra del autor *Fruit of the Spirit* (Kansas City: Beacon Hill Press of Kansas City, 1983).

68. *Romans,* 140.

Capítulo 14

1. "The Gift of the Spirit", *Westminster Theological Journal* 13, núm. 1 (noviembre de 1950): 2, 6.

2. Véase Hill, *Greek Words,* 213.

3. Aquí aludimos a la inspiración de la Escritura. Juan Wesley usó el término inspiración para referirse al ministerio general del Espíritu Santo en la vida cristiana. Véase Starkey, *Work of the Holy Spirit,* 17.

4. El término proceso es usado aquí no con la intención de connotar la idea de que la salvación es un proceso de modo que se niegue que hay momentos decisivos, sino para incluir todo el rango de los fenómenos incluidos bajo el término genérico salvación.

5. Véase Purkiser, Taylor, y Taylor, *God, Man, and Salvation,* 430. (Hay versión en castellano, *Dios, Hombre y Salvación,* publicada por la Casa Nazarena de Publicaciones.)

6. "Despertamiento" es un término usado en la teología para denotar aquella operación del Espíritu Santo por la cual las mentes de los hombres son vivificadas y traídas a estar conscientes de su condición perdida". (*TC* 2:341).

7. Decimos esto asumiendo que nos estamos refiriendo a un despertamiento que tiene la salvación como su meta. Hay en la tradición calvinista el reconocimiento de un fenómeno conocido como "fe temporal", que se da entre los que no son elegidos, pero que no conduce a la salvación final. Esto no puede llamarse despertamiento en el sentido wesleyano, o aun calvinista. Calvino tiene un iluminador párrafo que refleja

claramente su posición: "Empero esta primera función de la ley es ejercida también en los reprobados. Porque, aunque ellos no proceden tan adelante con los hijos de Dios como para ser renovados y florecer otra vez en el hombre interior después de la humillación de su carne, sino que quedan mudos por el primer terror, yaciendo en desesperación, no obstante, el hecho de que sus conciencias sean asediadas por tales olas sirve para que salga a relucir la equidad del juicio divino. Pues los reprobados siempre desean por voluntad propia evadir el juicio de Dios. Ahora, aunque ese juicio todavía no ha sido revelado, tan dirigidos están por el testimonio de la ley y de la conciencia, que denuncian en sí mismos lo que han merecido." *Institutes* 2.7.9. Un estudio completo del fenómeno de la "fe temporal" desde la perspectiva calvinista se halla en R. T. Kendall, *Calvin and the English Calvinism to 1649* (Oxford: Oxford University Press, 1979).

8. *Letters* 6:239.

9. *Works* 6:512.

10. Sermón "On Conscience", *Works* 7:187.

11. Ibid.

12. "Conscience", en *The Philosophy of Sin* (Londres: Simpkins and Marshall, 1949), 61.

13. Barnabas Lindars declara que "Juan ha sacrificado claridad para ganar un equilibrio artificial de cláusulas". *The Gospel of John,* en *The New Century Bible Commentary,* New Testament ed. Matthew Black (Grand Rapids: Wm. B. Eerdmans Publishing Co., 1981), 500.

14. *The Gospel According to John* (Grand Rapids: Wm. B. Eerdmans Publishing Co., 1967).

15. Véase la n. 12, arriba.

16. Alan Richardson, "Repent", en *A Theological Word Book of the Bible,* ed. Alan Richardson (Nueva York: Macmillan Co., 1950).

17. *Christian Faith,* 429. Esto no significa que estamos completamente de acuerdo con toda la manera de Berkhof de entender el arrepentimiento.

18. Ibid., 430.

19. Ibid., 431.

20. *Institutes* 3.3.1. Los calvinistas contemporáneos todavía insisten en este orden. Véase G. C. Berkouwer, Sin (Grand Rapids: Wm. B. Eerdmans Publishing Co., 1971), cap. 7. Donald G. Bloesch, *Essential of Evangelical Theology* 1:97, escribe: "No nos arrepentiremos verdaderamente ni abandonaremos nuestros pecados sino hasta que nuestros corazones sean regenerados por el Espíritu Santo al oír el mensaje del evangelio."

21. *StS* 1:155, 212.

22. Cf. ibid. 2:361-97.

23. Ibid., 451-52.

24. Cf. la discusión de este punto por Colin Williams, en la que es muy sagaz y demuestra cómo Wesley estaba tratando de evitar ambos cuernos del dilema. Williams razona que el arrepentimiento es "fe preliminar", el cual es una respuesta a la gracia preveniente, y lo compara con

la famosa categoría de Wesley de "la fe de un siervo", en tanto que "la fe justificadora" es "la fe de un hijo". Williams llega a esta conclusión: "Su creciente énfasis sobre los frutos dignos de arrepentimiento no hizo nada para alterar su doctrina de la justificación por la fe solamente, pues estos frutos son el fruto de fe de arrepentimiento y el don de la gracia de Dios; y lejos de hacernos dignos en sentido moral alguno para recibir la fe justificadora, son sencillamente la señal de que estamos listos a permitir que Dios continúe su obra dentro de nosotros." *John Wesley's Theology Today,* 61-66.

25. Citado en Albert Outler, ed., *John Wesley* (Nueva York: Oxford University Press, 1980), 128.
26. Véase ibid. "Y por lo tanto San Pablo no declara cosa alguna en favor del hombre tocante a su justificación sino sólo una fe verdadera y viviente, la cual es ella misma *el don de Dios."* 125, las cursivas son del autor.
27. Ibid., 127.
28. *StS* 1:119; 2:227, 445-46.
29. *A New History of Methodism* (Londres: Hodder and Stoughton, 1909), 19.
30. *StS* 2:343-44.
31. Ibid. 1:208; 2:345.
32. Journal 1:475-76.
33. Howard Watkin-Jones, *The Holy Spirit from Arminius to Wesley* (Londres: Epworth Press,1929), 305.
34. Ibid., 313.
35. Watkin-Jones dice: "En el sistema metodista, la doctrina del testimonio del Espíritu se deriva naturalmente de la doctrina de la salvación por la fe". 319.
36. *Journal* 1:151.
37. Ibid., 475-76.
38. *StS* 2:350
39. *Theology of John Wesley,* 74.
40. *Journal* 1:470-71.
41. *The Doctrine of Assurance* (Londres: Epworth Press, 1952), 59.
42. *StS* 1:211-16.
43. Lindström, *Wesley and Sanctification,* 115.
44. *StS* 1:208.
45. Ibid., 211-15.
46. *Letters* 1:255. [Nota del editor en español: Wesley puede estarse refiriendo a Hebreos 10:22: "...acerquémonos con corazón sincero, en plena certidumbre de fe, purificados los corazones de mala conciencia, y lavados los cuerpos con agua pura".]
47. A. S. Yates, *Doctrine of Assurance,* 61, 133-334.
48. Bloesch, *Essentials of Evangelical Theology,* 1:236.
49. *Letters* 5:359.
50. *Works* 7:199.

51. *Letters* 5:235.
52. *History of Methodism,* 34.
53. *StS* 1:299-300.
54. Ibid. 2:231.
55. *The Christian Faith* (Nueva York: Eaton and Mains, 1905), 365.
56. *Theology,* 31.
57. *StS* 1:283.
58. *Christian Faith,* 367.
59. *The Biblical Doctrine of Regeneration,* trad. O. R. Johnston (Downers Grove, Ill.: InterVarsity Press, 1978).
60. Ibid., 30.
61. *Works* 11:375; 12:239.
62. *StS* 2:285-94.
63. Ibid., 234.
64. Ibid., 240.
65. *Works* 6:488.
66. John L. Peters, *Christian Perfection and American Methodism* (Nueva York: Abingdon Press,1956), 150 ss.
67. Las referencias se encuentran en Richard S. Taylor, *Leading Wesleyan Thinkers,* vol. 3 de *Great Holiness Classics,* ed. A. F. Harper (Kansas City: Beacon Hill Press of Kansas City, 1985), 25, 308, 309.
68. "Initial Salvation and Its Concomitants", en *The Word and the Doctrine: Studies in Contemporary Wesleyan-Arminian Theology,* comp. Kenneth E. Geiger (Kansas City: Beacon Hill Press of Kansas City, 1965), 208-9.
69. *Compendium* 3:89.
70. *Elements of Divinity* (Nueva York: Abingdon-Cokesbury Press, 1924), 460 ss.
71. *Christian Purity* (Nueva York: Eaton and Mains, 1897), 56-57.
72. Ibid., 109. Esto bien podría pasar por un resumen del sermón de Wesley intitulado "On Patience", secc. 10, *Works* 6:488-90.
73. J. A. Wood, *Perfect Love* (Chicago: Christian Witness Co., 1880), 17.
74. Citado en Wiley, *TC* 2:471. Wiley refleja la misma ambigüedad que vimos en Wood al insistir en que la regeneración debe ser definida como "la comunicación de vida por el Espíritu, a un alma muerta en transgresiones y pecados", y después se niega a identificar la regeneración con la santificación inicial, estando dispuesto sólo a conceder que la última es concomitancia de la primera. 407, 413. Esto, sin embargo, está en tensión con otras declaraciones, tales como: "La regeneración, como hemos visto, es la impartición de una vida que es santa en su naturaleza." 446, y véase también 423. Wiley dice también de la regeneración que es "un cambio ético". 426. Esto, en terminología wesleyana, es precisamente de lo que trata la santificación. La clave de esta tensión interior tal vez resida en el hecho de que él parece identificar la santificación, no con el cambio ético, sino con la purificación, la cual es una metáfora ceremonial que no conoce grados. Tendremos ocasión

de hablar de este problema con la terminología de la santidad en una sección posterior.

75. Richard S. Taylor, *Exploring Christian Holiness* 3:139-41; cf. también A. Elwood Sanner, "Initial Sanctification", en B*eacon Dictionary of Theology,* ed. Richard S. Taylor (Kansas City: Beacon Hill Press de Kansas City, 1983).

76. Véase la obra del autor, *Fruit of the Spirit,* para una demostración de cómo esto puede ser desarrollado.

77. La literatura sobre este tema es inmensa y hay asuntos exegéticos y sicológicos que han sido explorados *ad infinitum.* Pero, ya que esta obra es una teología sistemática y no una monografía sobre la santificación, si bien ésta juega un papel principal, no podemos esperar tratar con todas las ramificaciones de las cuestiones relacionadas a la doctrina de la entera santificación. La persona tendría que referirse a las muchas obras sobre el tema para encontrar muchos otros asuntos explorados en ellas que no se mencionan aquí, o que se mencionan sólo pasajeramente.

78. *StS* 2:156.

79. *Wesley and Sanctification,* 43.

80. Lo que intento hacer con el material siguiente es un análisis sistemático de ideas basado en las investigaciones de Paul Bassett, cuyo trabajo en el tomo 2 de *Exploring Christian Holiness* es un esfuerzo pionero, el único trabajo de su tipo que existe, que yo sepa. Bassett busca trazar la historia de la idea de la entera santificación a diferencia de la "perfección cristiana" como un ideal. El estudiante serio puede evitar la artificialidad que mis propias inferencias pudieran sugerir si lee la obra de Bassett al mismo tiempo que lee esta sección.

81. Ibid., 50.

82. Libro 4, cap. 18.

83. Desde el principio, a Wesley le impresionó mucho el cuadro que Clemente pinta del cristiano perfecto (*Journal* 5:197) pero, en 1774, critica la "apatía" del ideal de Clemente y dice: "No admiro esa descripción como lo hice anteriormente." *Works* 12:297-98. Si mi interpretación tiene validez alguna, Wesley entonces no tenía que haber sido desilusionado, sino que habría encontrado un fuerte apoyo para sus propias percepciones.

84. *On the Spirit and the Letter,* cap. 5.

85. Ibid., cap. 13.

86. Ibid., cap. 14.

87. Bassett, *Exploring Christian Holiness* 2:137-38 [hay versión en castellano].

88. Hay que tener presente que todo esto es con vistas a la justificación y, por ende, pierde su verdadero significado evangélico.

89. *Institutes* 2.7.13. Estos pasajes pueden ser erróneamente interpretados como que sugieren que el cuerpo, como una substancia material, es malo en sí mismo. Paul Bassett nos ofrece razones por las cuales esta

posición no puede serle atribuida a Calvino. *Exploring Christian Holiness,* vol. 2.

90. *Institutes* 2.7.5.

91. P. 43. [Disponible en español de la Casa Nazarena de Publicaciones.]

92. Ibid., 9-10.

93. Ibid., 11, 28, 41, 12, 17, 29. Ver también el sermón sobre "Sin in Believers" [El pecado en los creyentes].

94. *StS* 2:448, 457; Peters, *American Methodism,* 59.

95. Es posible hablar de grados de santidad en la comprensión de Wesley. Sólo la santidad ceremonial elimina esta idea. Sin embargo, la santidad ceremonial no involucra un verdadero cambio y, por lo tanto, no cabe en la definición genérica que Wesley da de la santificación como transformación moral.

96. Véase el sermón "The Repentance of Believers", en *StS* 2:379 ss. (Hay versión en castellano.)

97. *Plain Account,* 42. (Hay versión en castellano.)

98. Ibid., 62.

99. P. 50.

100. Richard Wheatley, *The Life and Letters of Mrs. Phoebe Palmer* (Nueva York: Palmer and Hughes, 1884), 532.

101. Ibid., 536-37.

102. Ibid., 531. Véase el análisis por W. M. Greathouse en Bassett y Greathouse, *Exploring Christian Holiness* 2:299 ss., para las mismas conclusiones.

103. Véase H. Ray Dunning, "Sanctification: Ceremony or Ethics?" *Preacher's Magazine* 55, núm. 1(septiembre, octubre, noviembre, 1979). Mildred Bangs Wynkoop hace una crítica devastadora de esta metodología propuesta: "No hay nada en la Biblia que sostenga el significado que se le da hoy. En un intento de clarificar un concepto teológico, la señora Febe Palmer, una de las luces más brillantes en los principios de la historia de santidad en Norteamérica, forjó, sin darse cuenta, un cliché que ha confundido a buscadores sinceros de Dios desde ese entonces. Definitivamente ella no tiene la culpa, pero nosotros sí, por hacer una teología 'bíblica' (?) basados en una frase que fue útil en una situación especial". *A Theology of Love: The Dynamics of Wesleyanism* (Kansas City: Beacon Hill Press of Kansas City, 1972), 189. (Hay versión en castellano de la Casa Nazarena de Publicaciones.)

104. *Steele's Answers* (Chicago: Christian Witness Co., 1912), 130-31.

105. Cf. Wynkoop, *Theology of Love,* 252-53. La totalidad del capítulo 13 de esta obra trata con el asunto, especialmente la terminología de limpieza, la cual se volvió la palabra de moda para el movimiento de santidad del siglo XIX. Véase lo que decimos abajo, y nótese el uso casi exclusivo que Wiley hace de este lenguaje en su capítulo sobre la entera santificación. *TC,* vol. 2.

106. Véase Bassett y Greathouse, *Exploring Christian Holiness* 2:240.

107. Ibid., 247.

108. (Nueva York: T. Mason and G. Lane, 1840), 207-8.

109. *Theology of Love,* cap. 3.

110. *Becoming,* 87.

111. Cf. J. Kenneth Grider, "The Meaning of 'old man'," *Nazarene Preacher,* February 1972, 15 ss. para una exégesis cuidadosa, y en la opinión de este escritor, irrefutable de estos pasajes, la cual aboga por esta interpretación.

112. *Becoming,* 68, 72-73,

113. *Theology,* cap. 34.

114. *Man in Christ,* 193.

115. *Compend,* 239.

Capítulo 15

1. *StS* 2:223-24.

2. *Works* 8:47.

3. Vea *StS* 2:445ss.; *Works* 6:509.

4. *Wesley and Sanctification,* 123.

5. Estamos aquí deliberadamente poniendo en reversa una corriente en la literatura popular de santidad del siglo XIX al dar consideración primaria a la substancia en lugar de la estructura de la santificación. Para elaboraciones de la distinción entre estas dos y el significado de su relación, vea Staples: "Sanctification and Selfhood", 3ss.; Wynkoop, *Theology of Love,* caps. 15 y 16. Su lenguaje es "la substancia" y "la circunstancia", que ella declara es de Wesley.

6. *Compendium* 3:97.

7. *Wesley and Sanctification,* 142.

8. *Theology of Love,* 152. (Existe la versión en español con el título de *Una Teología del Amor,* por Casa Nazarena de Publicaciones.)

9. Sermón "Sobre el Pecado de los Creyentes", *StS* 2:373.

10. Ibid., 367.

11. Vea a Dennis F. Kinlaw, "Sin in Believers: The Biblical Evidence," en *The Word and the Doctrine,* comp. Kenneth E. Geiger (Kansas City: Beacon Hill Press, 1965), 119ss., para una discusión esclarecedora de las fuentes bíblicas del pecado en los creyentes.

12. Vea a Harry E. Jessop, *Foundations of Doctrine* (Chicago: Chicago Evangelistic Institute, 1944), 14-15.

13. *StS* 2:148.

14. *Theology of Love,* 153. (Hay versión en castellano con el título de *Una Teología del Amor,* que publica la Casa Nazarena de Publicaciones.)

15. Richard E. Howard, *Newness of Life: A Study in the Thought of Paul* (Kansas City: Beacon Hill Press of Kansas City, 1975), 29, 33. John A. Knight se refiere al pecado "original" como "una condición falsa de egocentrismo". *In His Likeness* (Kansas City: Beacon Hill Press of Kansas City, 1976), 64. Merne A. Harris y Richard S. Taylor igualmente se refieren a ello como "un corazón duro de amor propio idólatra plantado profundamente en el yo como una falla racial heredada. Podemos

llamarlo una predisposición hacia la idolatría —con el yo como el dios sustituto. … La amenaza suprema es Dios; por tanto, Él es el Objeto, aun cuando sea más o menos subconsciente, de la aversión suprema. Pablo dice que esencialmente esta naturaleza es 'enemistad contra Dios, porque no se sujeta a la ley de Dios, ni tampoco puede' [Romanos 8:7]. Pero su enemistad se debe a su idolatría propia —su mente carnal— un *phroneo*, o disposición, que está colocada en el yo y sus intereses". "The Dual Nature of Sin," en *The Word and the Doctrine*, comp. Kenneth E. Geiger (Kansas City: Beacon Hill Press, 1965), 108. El comentario de Howard sobre la característica adjetival de la carne subraya el hecho que la carnalidad no es una palabra bíblica. Esta palabra es un nombre, pero se usa siempre adjetivamente para referirse a personas, comportamiento, o disposiciones. Así pues, uno sólo debe hablar de disposición carnal, no de "carnalidad" como si fuera algo dentro de nosotros.

16. P. 57.
17. *Theology of Love*, 158.
18. Sermón "El Arrepentimiento de los Creyentes", en *StS* 2:390-91. En referencia a esta cita, Wesley se hubiera sentido consternado que muchos de sus sucesores de los siglos XIX y XX negaran, como en efecto lo hicieron, que había una obra gradual de santificación.
19. *Wesley and Sanctification*, 141.
20. *God's Design*, 28.
21. *Institutes* 3.14.10.
22. Ibid., 9.
23. P. 82.
24. Vea Wesley's *Notes*, Gálatas 5:22.
25. *Works* 6:488.
26. Vea Gene Outka, *Agape: An Ethical Analysis* (New Haven, Conn.: Yale University Press, 1972), 8 n. 2.
27. R. S. Brightman, "Gregory of Nyssa and John Wesley in Theological Dialogue on the Christian Life" (Ph. D. diss., Boston University, 1969).
28. *Exploring Christian Holiness* 2:41ss.
29. Vea a Charles W. Carter, *The Person and Ministry of the Holy Spirit* (Grand Rapids: Baker Book House, 1974), 20.
30. *Plain Account*, 84.
31. *Christian Ethics*, 93.
32. *Sharing Possessions* (Philadelphia: Fortress Press, 1981), 40.
33. Rudolf Schnackenburg, *The Moral Teaching of the New Testament* (New York: Seabury Press, 1965), 99.
34. Vea n. 32 arriba.
35. *Moral Teaching*, 125.
36. *Works* 5:370.
37. *Moral Teaching*, 128-29.
38. *Works* 5:366-67.
39. Schnackenburg, *Moral Teaching*, 126-27.

40. *Works*, 5:370.

41. Ibid. 7:9.

42. Vea a Oliver O'Donovan, *The Problem of Self-love in St. Augustine* (New Haven, Conn.: Yale University Press, 1980); Outka, *Agape*, cap. 2; Bruce Narramore, *You're Someone Special* (Grand Rapids: Zondervan Publishing House, 1978); Robert H. Schuller, *Self-esteem* (Waco, Tex.: Word Publishing Co., 1982); Paul Ramsey, *Christian Ethics*, 295-306; George F. Thomas, *Christian Ethics and Moral Philosophy* (New York: Charles Scribner's Sons, 1955), 55-58. Una sensible crítica por parte de un evangelista se encuentra en Richard E. Howards, "Egocentric Evangelism," *Wesleyan Theological Journal* 21, no. 1 (Spring 1986).

43. En una discusión iluminadora, Donald M. Baillie demuestra cómo la negación de la idea del pecado y el fracaso en reconocer la realidad del perdón divino no le deja al hombre moderno manera de tratar con sus fracasos morales, mientras que la creencia en tales verdades le provee una base sicológica sólida para tratar con ellos. Resume su punto así: "He estado tratando de demostrarle al hombre 'moderno', en sus propios términos, que la consciencia del pecado contra Dios, y del perdón divino, en lugar de ser algo mórbido o impráctico, es el secreto último de la vida íntegra, y le es mucho más propicio que el substituto moralista correspondiente a una era secular". *God Was in Christ*, 160-67.

44. *You're Someone Special*, 85-86.

45. *Christian Ethics*, 101.

46. George F. Thomas, *Christian Ethics*, señala que "tenemos que distinguir entre el amor al yo y el amor del bien. En el primero, el interés del yo se centra en sí mismo; su deseo es tener satisfechas sus necesidades y aferrarse a su vida individual tanto como sea posible. En el último, el yo busca trascenderse por dedicarse al reino de Dios como el bien supremo, y está preparado a abandonarlo todo, incluso su vida, para ese fin.

"Esto explica cómo es posible que una persona esté preocupada por el reino de Dios sin amarse a sí mismo. ... El principio de la 'vida en la carne' es amor del yo que persigue la satisfacción de sus propios deseos; el principio de la vida 'en el Espíritu' es amor a Dios y amor al prójimo que lleva a la trascendencia del yo". 57.

47. Esto explica por qué hemos sido tan insistentes en las discusiones anteriores sobre el carácter ético total de la santificación en contraste con la interpretación ceremonial.

48. La crítica que a menudo se ha dirigido en contra de la ética teleológica en el sentido de que propone que "el fin justifica los medios" es superficial y poco crítica. El sugerir que esta crítica invalida tal acercamiento a la teoría ética es ignorar por completo las implicaciones del *telos*. La falacia de tal ataque se puede ver al sugerir que se contradice a sí misma. Si, hipotéticamente, proponemos que el *telos* de una teoría ética es la honestidad, es ridículo sugerir que el principio teleológico permita el comportamiento deshonesto como medio para la honestidad como fin.

De la misma manera, si la semejanza a Cristo es el *telos* de la ética cristiana, lograr esa meta excluirá todo comportamiento no ético y definirá muy cuidadosamente los medios útiles para lograr el ideal. Esto es mucho más demandante que un acercamiento que propague reglas como salvaguardas contra la inmoralidad, ya que las reglas siempre admiten lagunas. El acercamiento teleológico no admite ninguna.

49. Este término también ha sido usado para referirse a cualquier aplicación de un principio general ético para casos específicos. Toda discusión ética práctica es casuística en este sentido, pero lo estamos usando en el sentido más clásico, como se define en el texto.

50. Vea la discusión en la *República* de Platón entre Sócrates y Céfalo, donde Céfalo propone una definición simplista de la vida buena. Sócrates demuestra que seguir esta definición en todos los casos puede llevar a un acto moralmente malo y, por tanto, invalida la bondad. Teológicamente, un caso en cuestión es la preocupación de algunos cristianos conservadores con la prohibición de Pablo en 1 Corintios 14:34 de que las mujeres hablen en la iglesia: toman una situación condicionada históricamente e intentan hacerla aplicable universalmente, chocando así contra principios más centrales en el Nuevo Testamento.

51. Vea H. Ray Dunning, "Nazarene Ethics as Seen in a Historical, Theological, and Sociological Context" (Ph. D. diss., Vanderbilt University, 1969). Vea cap. 4.

52. Vea Peters, *American Methodism*, 65.

53. Vea H. Ray Dunning, "Ethics in a Wesleyan Context," *Wesleyan Theological Journal* 5, no. 1 (Spring 1970): 3ss.

54. Estos hombres sirvieron durante un periodo en que la Iglesia del Nazareno estaba pasando por una transición en términos de la llegada de nuevos miembros a la iglesia sin trasfondo eclesiástico, y también del surgimiento de una clase ministerial de segunda generación que tenían dudas sobre la validez de las Reglas Generales de la iglesia. Vea Dunning, "Nazarene Ethics".

55. Estas discusiones de Chapman y Corlett son materialmente tomadas de Dunning, "Nazarene Ethics".

56. Vea a Ladd, *Theology*, 280-81.

Capítulo 16

1. Vea a Colin Williams, *The Church*, vol. 4 en *New Directions in Theology Today* (Philadelphia: Westminster Press, 1968); idem, *John Wesley's Theology Today*, cap. sobre la iglesia; Paul Minear, ed., *The Nature of the Unity We Seek*, Reporte Oficial de la Conferencia Norteamericana sobre la Fe y el Orden (St. Louis: Bethany Press, 1958); Stephen Charles Neill, *The Church and Christian Union* (New York: Oxford University Press, 1968). Estas preocupaciones están claramente reflejadas en las palabras del teólogo contemporáneo católico romano Hans Küng, *The Church* (New York: Sheed and Ward, 1967): "Los esfuerzos ecuménicos emanan, no de una actitud de indiferencia, aunque mucho pudiera

encajar en nuestra época moderna, pero de una nueva consciencia del deseo de Dios que todos fuéramos uno". Xii. Esto no es para sugerir que el denominacionalismo no pueda tener algún valor, como nuestras discusiones más tarde demostrarán.

2. Vea la serie de obras de Howard Snyder, todas publicadas por InterVarsity Press de Downers Grove, Ill.: *The Community of the King* (1977); *The Problem of Wineskins* (1975); *The Radical Wesley and Patterns for Church Renewal* (1980); y *Liberating the Church* (1983); Frank R. Tillapaugh, *The Church Unleashed* (Ventura, Calif.: Regal Books, 1982); D. Elton Trueblood, *The Incendiary Fellowship* (New York: Harper and Row, Publishers, 1967); Langdon B. Gilkey, *How the Church Can Minister to the World Without Losing Itself* (New York: Harper and Row, Publishers, 1964).

3. "Of the Church", en *Works*, 6:392.

4. *The Christian Faith* (Nashville: Abingdon Press, 1956), 133. Vea *StS* I:381-82.

5. Theodorus C. Vriezen nota sobre este punto que, "desafortunadamente, algunos teólogos cristianos, sin importar qué tan fuerte combaten los peligros de una idea equivocada de ser electo en la iglesia, ¡no se puedan refrenar aún ahora, como consecuencia de un romanticismo religioso, de respaldar a los judíos en esta tentación! En particular, el establecimiento del Estado de Israel ha elevado este peligro". *An Outline of Old Testament Theology* (Wageningen, Holland: H. Veenman and Zonen, 1958), 76, n. 2.

6. Ibid., 76, 167.

7. George A. F. Knight, *Servant Theology: A Commentary on the Book of Isaiah 40-55*, en *International Theological Commentary*, ed. George A. F. Knight and Frederich Carlson Holmgren (Nashville: Abingdon Press, 1965; rev. ed., Grand Rapids: Wm. B. Eerdmans Publishing Co., 1984).

8. Paul Minear, *Images of the Church in the New Testament* (Philadelphia: Westminster Press, 1960), ha identificado 97 imágenes mayores y menores dentro del Nuevo Testamento que aluden a la iglesia.

9. Thiselton, *Two Horizons*.

10. *Images*, 17.

11. Ibid.

12. Vea a M. Robert Mulholland, Jr. "The Church in the Epistles", en *The Church*, ed. Melvin E. Dieter and Daniel N. Berg (Anderson, Ind.: Warner Press, 1984), para una discusión de estos aspectos con la aseveración de que la teología wesleyana posee una dinámica que es peculiarmente adaptada para asumir esta doble dimensión.

13. Ibid., 93.

14. *Images*, 23. Las palabras de Mulholland son iluminadoras: "Los iconos son simplemente lentes cognitivos de la experiencia humana a través de los cuales vemos de manera oscura la realidad profunda de ese nuevo

orden de ser que de forma continua irrumpe en la historia como la iglesia". "Church in the Epistles", 103.

15. En el importante estudio de Paul Minear de las numerosas imágenes de lenguaje de la iglesia en el Nuevo Testamento, aunque no menciona exactamente la nomenclatura del Nuevo Israel (lo que usa es el término Israel), hay una preponderancia de las imágenes principales que se va a explicar en términos de esta idea. Más abajo interaccionaremos con una de sus tesis siguiendo esta línea de pensamiento.

16. Ibid., 72.

17. *The Church*, 59.

18. Daniel P. Fuller, "The Hermeneutics of Dispensationalism" (Th. D. diss., Northern Baptist Theological Seminary, 1957), 25, citada en Hans K. LaRondelle, *The Israel of God in Prophecy* (Berrien Springs, Mich.: Andrews University Press, 1983), 10.

19. Toda la "teología davídica", incluyendo la esperanza mesiánica, sólo podía brotar del contexto monárquico, por lo cual, este aspecto de la escatología hebrea fue específicamente alimentado por el surgimiento del reino y la transformación de la teocracia a la monarquía. La teología wesleyana está particularmente adaptada para tratar con la naturaleza de la interacción divino-humana que esta verdad implica.

20. Vea H. L. Ellison, *The Prophets of Israel* (Grand Rapids: Wm. B. Eerdmans Publishing Co., 1969).

21. Williams, *The Church*, 62.

22. *Theology*, 256.

23. *The Church*, 62.

24. J. Robert Nelson, *The Realm of Redemption* (Londres: Epworth Press, 1957), 6ss. Joseph E. Coleson, "Covenant Community in the Old Testament", en *The Church*, ed. Melvin E. Dieter and Daniel N. Berg (Anderson, Ind.: Warner Press, 1984), junto con otros, llama la atención al hecho de que estos términos conllevan el significado teológico que derivamos de ellos sólo cuando el contexto lo pide. No son términos técnicos en el sentido más estricto.

25. Citado en Williams, *The Church*, 22-23. Los autores de *God, Man, and Salvation* también interpretan la iglesia como evento, pero la definen como connotando la "profunda consciencia de la presencia del Señor que posee el pueblo salvado en cualquier tiempo dado". Aunque la idea de misión se introduce, no es hecha central como lo hacen las interpretaciones contemporáneas. Vea 562-63. (Hay versión en español con el título de *Dios, Hombre y Salvación*, publicada por la Casa Nazarena de Publicaciones.)

26. *Jesus and His Church*, 2nd ed. (Londres: Epworth Press, 1943), 24.

27. *Christian Faith*, 412-14.

28. Ladd, *Theology*, 63-64; Flew, *Jesus and His Church*, 20-21.

29. *Theology*, 111. Küng también rechaza que se identifiquen la iglesia y el Reino, por lo que va a declarar, de manera equilibrada, y con lo cual concordamos, lo siguiente: "El mensaje de Jesús. . . no permite la

identificación de la iglesia y el reinado de Dios, pero tampoco la disociación entre ellos". *The Church*, 94; vea 88-104.

30. "Ephesians", en *Beacon Bible Commentary*, ed. A. F. Harper, 10 vols. (Kansas City: Beacon Hill Press, 1965): 9:244. (Existe versión en español bajo el sello de la Casa Nazarena de Publicaciones.)

31. Flew, *Jesus and His Church*; Joseph B. Clower, Jr., *The Church in the Thought of Jesus* (Richmond, Va.: John Knox Press, 1959).

32. Paul Bassett, "Western Ecclesiology to About 1700: Part I", en *The Church*, ed., Melvin E. Dieter and Daniel N. Berg (Anderson, Ind.: Warner Press, 1984), 128; Kelly, *Doctrines*, 190.

33. "The Church in the Book of Acts", en *The Church*, ed. Melvin E. Dieter and Daniel N. Berg (Anderson, Ind.: Warner Press, 1984), 70.

34. *Doctrines*, 190.

35. Vea K. N. Giles, "The Church in the Gospel of Luke", *Scottish Journal of Theology* 34 (1981): 121-46.

36. Vea a Deasley, "Church in Acts", 58.

37. Bassett, "Western Ecclesiology: Part I", 128.

38. *Doctrines*, 201-2.

39. Bassett, "Western Ecclesiology: Part I", 140.

40. Ibid., 141.

41. Ibid., 144.

42. Kelly, *Doctrines*, 416. Todas estas distinciones son puestas en entredicho por la doctrina de la predestinación y elección de Agustín, aunque nunca hizo esfuerzo alguno de reconciliar las perspectivas antitéticas de la iglesia que resultaron.

43. Vea Ibid., 192.

44. Bassett, "Western Ecclesiology: Part I", 148.

45. Para una comparación brillantemente hecha de Lutero y Calvino, vea Paul Bassett, "Western Ecclesiology to About 1700: Part 2", 210ss.

46. Ibid., 215, 217.

47. Williams, *John Wesley's Theology Today*, apéndice, 207ss.

48. *John Wesley and the Church of England* (Nashville: Abingdon Press, 1970), 137.

49. Clarence Bence, "Salvation and the Church", en *The Church*, ed. Melvin E. Dieter and Daniel N. Berg (Anderson, Ind.: Warner Press, 1984), ha demostrado decisivamente que éste es el caso. Dice: "El aspecto más sorprendente y siempre relevante de la eclesiología de Wesley es su enfoque soteriológico, un énfasis que forjó casi cada aspecto de su pensamiento y acción". 299.

50. Citado en Daniel N. Berg, "The Marks of the Church in the Theology of John Wesley", en *The Church*, ed. Melvin E. Dieter and Daniel N. Berg (Anderson, Ind.: Warner Press, 1984), 321. El segundo párrafo del Artículo de Fe XIX del credo anglicano es una exclusión de ciertos grupos. Wesley se abstuvo de la exclusión de estos otros grupos, como notaremos más cuidadosamente abajo.

51. *Works*, 6:395.

52. Ibid., 395-96.
53. Este párrafo lee: "De igual modo que la Iglesia de Jerusalén, Alejandría y Antioquía han errado, así también la Iglesia de Roma, no sólo en su vida y procedimientos de celebración de ceremonias sino también en materia de fe".
54. *Works* 6:397.
55. "Marks of the Church", 323.
56. Vea 2 Reyes 10:15, el texto para el sermón "Catholic Spirit" en *Works* 5:492-504.
57. Wesley rechaza la interpretación de Agustín de la santidad de la iglesia como imputada de la cabeza, que es Cristo, y en su lugar ofrece lo que él le llama "la razón más breve y clara que se puede dar" de por qué la iglesia puede llamarse santa: "La iglesia es llamada santa porque es santa, porque cada miembro en ella es santo, aunque en grados diferentes, como Aquél que los llamó es santo". *Works* 6:400.
58. Colin Williams piensa que Wesley va a reconciliar las dos visiones de la iglesia (lo que él llama la visión de lo "multitudinario" y la visión de lo "reunido") que están creando tensión en su pensamiento gracias al concepto de *ecclesiolae in ecclesia* (la pequeña iglesia dentro de la iglesia), la cual se compone de "grupos pequeños y voluntarios de creyentes que viven bajo la Palabra, y buscan bajo la vida de la disciplina ser levadura de santidad dentro de 'la gran congregación' de los bautizados". *John Wesley's Theology Today*, 149.
59. "Separation or Unity", en *The Church*, ed. Melvin E. Dieter and Daniel N. Berg (Anderson, Ind.: Warner Press, 1984), 344ss. Las mismas dos tendencias se pueden notar en el movimiento temprano de santidad en los Estados Unidos. Vea Timothy L. Smith, *Called unto Holiness*, vol. 1.
60. "Western Ecclesiology: Part 2", 211ss.
61. *Wesley's Theology Today*, 209.
62. Citado en Bence, "Salvation and the Church", 304.
63. Se puede encontrar una discusión significativa y contemporánea de este tópico en las siguientes fuentes: Küng, *The Church*; G. C. Berkouwer, *The Church*, trad. James E. Davison (Grand Rapids: Wm, B. Eerdmans Publishing Co., 1976); Jürgen Moltmann, *The Church in the Power of the Spirit*, trad. Margaret Kohl (New York: Harper and Row, Publishers, 1977); Emil Brunner, *The Christian Doctrine of the Church, Faith, and the Consummation*, trad. David Cairns (Philadelphia: Westminster Press, 1962). Numerosos discernimientos de estos autores han sido incorporados en la discusión que sigue, aunque sin referencias específicas.
64. H. Orton Wiley, aparentemente reflejando una discusión entre los apologistas católicos y protestantes de una época anterior, plantea una diferencia entre atributos y notas, lo primero siendo las características de la iglesia como se expresan en la Escritura, y lo último siendo atributos transformados en pruebas a través de las cuales se supone que la

iglesia verdadera deba conocerse. Esta era la posición que los católicos presentaban en contra de la perspectiva protestante. *CT* 3:111; vea a Berkouwer, *The Church*, 13ss. Sin embargo, no encuentro reconocimiento de tal distinción en las discusiones contemporáneas.

65. Vea *God, Man, and Salvation*, 563-64 (hay versión en castellano por la Casa Nazarena de Publicaciones con el título de *Dios, Hombre y Salvación*); Alan Richardson, *Theology*, 310.

66. Kelly, *Doctrines*, 204-5.

67. *The Church*, 355.

68. Ibid., 6.

69. *Christian Faith*, 344.

70. "Western Ecclesiology: Part I", 129-33.

71. *Realm of Redemption*, 2.

72. Bassett, "Western Ecclesiology: Part I", 129.

73. *Herald of Holiness*, 24 de mayo de 1976, 9.

Capítulo 17

1. Esta declaración asume lo que será justificado en la discusión posterior. Pide una especificidad con respecto a los medios de gracia que es mucho más estrecha que una experiencia no específica de lo divino.

2. Phillip S. Watson, *The Concept of Grace* (Philadelphia: Muhlenberg Press, 1959), 81.

3. Ibid., 95.

4. *Works* 5:189.

5. Ibid., 187.

6. Citado en Ole E. Borgen, *John Wesley on the Sacraments: A Theological Study* (Zurich: Publishing House of the United Methodist Church, 1972), 99.

7. *Works* 5:475.

8. *John Wesley*, 300.

9. *Works*, 5:188.

10. Vea Borgen, *Wesley on Sacraments*, 95-96.

11. No es la tarea de la teología sistemática discutir el método de administrar los sacramentos; esa es la tarea de la teología práctica, la cual debe edificar sobre la obra de la teología sistemática y buscar hacer operable los sacramentos a fin de que, de la manera más efectiva, implementen el entendimiento teológico. Así pues, el modo del bautismo o el método de servir la Santa Comunión no son ateológicos, sino que deben estar informados por una interpretación teológica propia.

12. *StS* 1:242.

13. Vea Borgen, *Wesley on Sacraments*, 52; Wesley, *Works* 1o:188; 7:148.

14. Si esto se toma en serio, se torna una pregunta importante cómo deshacerse de los elementos que sobran después de un servicio de Comunión.

15. Oscar Cullmann, *Baptism in the New Testament* (Londres: SCM Press, 1950), 9.

16. G. R. Beasley-Murray, *Baptism in the New Testament* (Grand Rapids: Wm. B. Eerdmans Publishing Co., 1974), 18ss.

17. Cullmann, *Baptism*, 10.

18. G. W. H. Lampe, *The Seal of the Spirit* (Londres: SCM Press, 1951), 34-35.

19. *Introduction to Christian Doctrine* (Wilmore, Ky.: Francis Asbury Publishing Co., 1980), 166; Ralph P. Martin, *Worship in the Early Church* (Grand Rapids: Wm. B. Eerdmans Publishing Co., 1974) está de acuerdo, añadiendo a ello Col. 2:12 y diciendo: "Ambos textos establecen firmemente la trascendencia sacramental dentro del contexto de la muerte y resurrección". 107.

20. *Worship*, 92.

21. *Works* 10:188. Cf. también 191, 192, 193, 194-95.

22. Ibid., 191.

23. *Worship*, 99-100.

24. *Exploring Christian Holiness*, vol. 2.

25. Así también Kelly, *Doctrines, 207.

26. *Letters* 4:38; *StS* 1:300, 303. Borgen resume la posición de Wesley claramente: "El único fundamento sobre el cual cualquier medio de gracia obtiene alguna importancia es aquel donde Dios está activamente obrando en y a través de los medios que Él ha ordenado". *Wesley on Sacraments*, 134.

27. *Letters* 3:36; vea *StS* 2:242.

28. *Baptism*, 13-15.

29. Nelson, *Realm of Redemption*, dice: "Que el Nuevo Testamento no diga nada explícitamente sobre bautizar niños pequeños es indiscutible". Cullmann argumenta, sin embargo, que esto no es decisivo, ya que hay todavía menos evidencia de que los hijos de padres cristianos que crecieron hasta la adultez alguna vez fueran bautizados. *Baptism*. Wesley argumenta en una vena similar, casi curiosamente, que, si no se hubiera hecho ninguna referencia en el Nuevo Testamento a que las mujeres eran bautizadas, el mismo razonamiento concluiría que se rehúse el rito a las mujeres. *Works* 10:196-97.

30. Kelly, *Doctrines*, 207.

31. *Works,* 10:193.

32. Ibid., 194.

33. Ibid., 198.

34. Vea *StS* 2:238, donde Wesley dice: "No es una objeción de ningún peso contra esto el que no podamos comprender cómo la obra se lleva a cabo en los infantes, porque tampoco podemos comprender cómo se obra en una persona de años maduros".

35. Cullmann, *Baptism*, 23ss.

36. Vea "Serious Thoughts Concerning Godfathers and Godmothers", en *Works* 10:506-9.

37. *Works* 13:476.

38. El artículo de fe sobre el bautismo en el presente *Manual de la Iglesia del Nazareno*, aunque no explícitamente reconciliado como para que tenga consistencia interna, permite esta interpretación, como lo hace el doble ritual respecto a la "dedicación" o el "bautismo" de infantes.

39. Como en ninguna otra parte de esta obra, aquí principalmente estamos buscando proveer una presentación justa de los criterios de Juan Wesley como un estudio más o menos histórico. Este parece ser el mejor acercamiento, a lo menos como un punto de partida, para el desarrollo de una teología eucarística desde la perspectiva wesleyana, una tarea a la cual no somos capaces en este momento de dar el tiempo y la energía. Estamos dependiendo considerablemente del trabajo de Borgen, *Wesley on the Sacraments*. Frank Baker, uno de los principales eruditos wesleyanos contemporáneos, si no el principal, recomienda esta obra como que ha sobrepasado a las otras en esta área. "Unfolding John Wesley", *Quarterly Review* 1, no. 1 (otoño de 1980). Hay un punto principal que necesita notarse, y el que se refleja en Albert Outler cuando declara que "en el área de la teología sacramental propiamente hablando, Wesley estaba preparado simplemente para tomar prestado de su padre, de su hermano Carlos, de Daniel Brevint y de otros". *John Wesley*, 307. Borgen hace uso extenso de la fuente de Brevint, que era un tratado titulado *The Christian Sacrament and Sacrifice*, el cual Wesley incluyó como prefacio a sus *Hymns on the Lord's Supper*, y argumenta que es una expresión de los propios criterios de Wesley. La afirmación principal de Borgen es que el legado sacramental de Wesley ha sido en gran parte reemplazado con una preferencia por la Palabra y la regeneración no bautismal. Las obras sobre la materia, argumenta, en términos generales (1) han fracasado en tomar en cuenta a Wesley como un todo, (2) han tendido a usarlo para apoyar ideas preconcebidas, o (3) no han entendido suficientemente la importancia del entendimiento de Wesley del *ordo salutis* para su teología sacramental.

40. Entre los eruditos bíblicos, hay un importante debate sobre este asunto. La cronología de los cuatro evangelios no se puede armonizar fácilmente y, por tanto, existe un problema serio respecto a si en realidad fue o no la comida pascual (vea Jeremias, *Eucharistic Words of Jesus*, et al.). En general, sin embargo, todavía se acepta que hay una relación típica entre la Pascua y la Santa Cena. Vea la declaración de Pablo en 1 Co. 5:7.

41. Wesley dijo: "Demostré ampliamente: (1) Que la Santa Cena fue ordenada por Dios para ser un medio de conceder a los hombres la gracia preveniente lo mismo que justificadora o santificadora, de acuerdo con sus varias necesidades". *Journal* 2:361.

42. Citado en Borgen, *Wesley on Sacraments*, 58.

43. *Works* 10:151.

44. Citado en Alasdair I. C. Heron, *Table and Tradition* (Philadelphia: Westminster Press, 1983), 111-12.

45. Ibid., 124.

46. Ibid., 126.

47. *Institutes* 4.14.9.

48. Ibid., 1.

49. Borgen, *Wesley on Sacraments*, 67-68.

50. Heron, *Table and Tradition*, 115.

51. *Works* 7:147.

52. Ibid., 9:278.

53. Citado en Borgen, *Wesley on Sacraments*, 63.

54. Citado ibid., 86.

55. Ibid., 88.

56. Encontrado en la fuente de Brevint, citado por Borgen, *Wesley on Sacraments*, 89-90.

57. Vea Oscar Cullmann y F. J. Leenhardt, *Essays on the Lord's Supper*, trans. J. G. Davies (Atlanta: John Knox Press, 1972), 61-62; también William M. Greathouse and H. Ray Dunning, *Introduction to Wesleyan Theology* (Kansas City: Beacon Hill Press of Kansas City, 1982), 109-10.

58. *StS* 1:252-53.

59. Vol. 2, p. 315.

60. Borgen, *Wesley on Sacraments*, 198.

61. *StS* 1:97.

62. *Faith of the Christian Church*, 352.

63. Para un desarrollo completo de la dimensión escatológica de la eucaristía a la luz de recientes desarrollos tocante a la escatología en la teología bíblica y sistemática, vea Geoffrey Wainwright, *Eucharist and Eschatology* (New York: Oxford University Press, 1981).

64. Vea *Works* 10:188.

65. Borgen, *Wesley on Sacraments*, 220.

66. *StS* 1:251-52.

67. Citado en Borgen, *Wesley on Sacraments*, 241.

68. Citado ibid., 266.

69. Las *Notes on the Old Testament* de Wesley sobre Éxodo 28:15.

70. *Works* 11:366.

71. Ibid., 6:526.

Apéndice 1

1. *Works* 12:319.

2. *Fundamental Christian Theology* 2:239.

3. Timothy L. Smith, *Called unto Holiness* 1:35, 127.

4. *The Late Great Planet Earth*, Grand Rapids, Zondervan Publishing House, 1970.

5. *Aspects of New Testament Eschatology*, University of Western Australia Press, Perth, Australia, 1968, 3.

6. Véase la discusión de la característica de la pseudonimia en relación con los escritos apocalípticos, en Leon Morris, *Apocaliptic*.

7. "St. Mark 13" *Scottish Journal of Theology* 6 (1953): 297-330. Véase también Ladd, *Theology*, 198-199.

8. *Paul*, traducido por D.M.G. Stalker (New York: Harper and Row, Publishers, 1971), 119.

9. Véase a Anthony A. Hoekema, *Bible and the Future*, cap. 11, para una excelente discusión sobre este punto.

10. "The Hermeneutics of Eschatological Assertions", en *Theological Investigations* 4:323-346.

11. *Action*, Nov. 1, 1956, 3ss.

12. *Foundations of Dogmatics*, traducido por Darrel L. Gruder (Grand Rapids: William B. Eerdmans Publishing Compárese., 1983, 2:675.

13. *Revelation of John* 2:238ss.

14. *Compendium* 3:396.

15. Citado en Barclay, *Revelation of John* 2:243

16. *Crucial Questions About the Kingdom of God* (Grand Rapids: Wm. B. Eerdmans Publishing Co., 1952), 24-25.

17. Citado en Hills, *Fundamental Christian Theology*, 2:340.

18. Los estudios analíticos del dispensacionalismo son casi innumerables. Es impresionante, sin embargo, la oleada de autores que una vez propugnaron sus enseñanzas, pero que a través de un cuidadoso estudio lo han encontrado falaz. Hay estudios sólidos que rechazan sus premisas básicas, incluyendo a George Eldon Ladd, *The Blessed Hope* (Grand Rapids: Wm. B. Eerdmans Publishing Co., 1956) y muchas otras de sus obras subsecuentes; Clarence Bass, *The Backgrounds to Dispensationalism* (Grand Rapids: Wm. B. Eerdmans Publishing Co., 1960); George L. Murray, *Millennial Studies* (Grand Rapids: Baker Book House, 1948); se incluyen críticas sólidas en Hoekema, *Bible and the Future*; véase también H. Ray Dunning, *"Biblical Interpretation and Wesleyan Theology"*, *Wesleyan Theological Journal* 9 (primavera de 1974).

19. Véase Ray Dunning, "Dispensacionalismo", *Diccionario Teológico Beacon*, red. Richard S. Taylor (Kansas City: Casa Nazarena de Publicaciones 1995).

20. Purkiser, *Exploring Our Christian Faith,* 424-25. (Existe versión en castellano publicada por la Casa Nazarena de Publicaciones con el título de *Explorando Nuestra Fe Cristiana.)*

21. Siendo que la nuestra es una teología sistemática, uno puede realmente comenzar en cualquier punto, pero hemos escogido éste debido a su relación con la escatología.

22. No existe absolutamente ninguna justificación exegética para esta diferenciación. Los pasajes paralelos en los evangelios sinópticos donde aparece el lenguaje del Reino muestran que son utilizados como sinónimos. Mateo, que escribe para un contexto judío, evita el uso del nombre divino, ya que, si lo hace, a menudo ofendería a los judíos sensibles.

23. Véase a Walter Scott, *Exposition of the Revelation of Jesus Christ* (London: Pickering and Inglis, n.d.), 117

24. David McPherson, *The Great Rapture of Jesus Christ* (Fletcher, NC: New Puritan Library (1983), 47*ss*, véase también Ladd, *Blessed Hope*.
25. *Dispensationalism Today*.
26. *Essentials of Evangelical Theology*, 2:195.
27. *Systematic Theology* (Dallas: Dallas Seminary Press, 1947-48), 4:261.
28. Fuente desconocida.
29. "Dispensacionalism", *Interpretation* 10, (abril de 1956). Es interesante que esta observación se encuentre en una serie titulada La Biblia y las Religiones Modernas.
30. *Fundamentalism* (Filadelfia: Westminster Press, 1978), 195, 196.

Apéndice 2

1. C. H. Dodd, *Apostolic Preaching*; idem, *According to the Scripture* (Nueva York: Charles Scribner's Sons, 1963).
2. Longenecker, *Christology*, 9. D. M. Baillie, *God Was en Christ*, capítulos 1-2; Alan Richardson, *Theology*, 125; Dodd, *According to the Scripture*; Bright, *Kingdom of God*, 209.
3. Durante el periodo intertestamentario, se dio una intensificación de la expectación mesiánica y el Mesías llegó a considerarse más y más como una figura militar y política. Cf. D. S. Russell, *Between the Testaments* (Filadelfia: Muhlenberg Press, 1960).
4. Éste es el único milagro registrado en todos los cuatro evangelios, lo que muestra su rol fundamental en la carrera de Jesús.
5. Deberá advertirse cuidadosamente el significado de los términos "vacío" y "colmado" en relación con "esperanza".
6. Raymond E. Brown, *Gospel According to John 1-12*, 228.
7. *Kingdom of God*, 146.
8. Wright and Fuller, *Acts of God, 277*.
9. Cf. James S. Stewart, *The life and Teaching of Jesus Christ* (Nueva York: Abingdon Press, n.d.), 40-45.
10. *Kingdom of God*, 207.
11. Barnabas Lindars, *New Testament Apologetics* (Londres: SCM Press, 1961), 81.
12. *New Testament Development of Old Testament Themes* (Grand Rapids: Wm. B. Eerdmans Publishing Co., 1968), 30. Cf. también Lindars, *Apologetics*, 77: "Aunque las citas actuales de este famoso capítulo no son especialmente numerosas en el Nuevo Testamento, las alusiones al mismo están tan profundamente alojadas en la obra de todos los principales escritores que no hay duda de que pertenecen al pensamiento tempranísimo de la iglesia primitiva".
13. Aunque pueda haber base para cuestionar este triple desarrollo histórico, al menos llama la atención a varios tipos de usos de la Escritura en los materiales del Nuevo Testamento.
14. Se han hecho numerosos estudios de estas citas partiendo de diferentes perspectivas. Una aproximación popular explora el problema del texto de las cuales se derivan, sea el Texto Masorético, la Septuaginta o

cualquier otro, ya que hay ciertos problemas de correlación verbal. Cf Krister Stendahl, *The School of St. Matthew* (Filadelfia: Fortress Press, 1968); Robert Horton Gundry, *The use of the Old Testament in St. Matthew's Gospel* (Leiden, Netherlands: E. J. Brill, 1967).

15. Para una discusión conservadora sólida e informada del significado del término "virgen" en las traducciones, véase el *Beacon Bible Commentary*, vol. 4 (Kansas City: Beacon Hill Press of Kansas City, 1966), 57, nota de W. T. Purkiser. (Hay versión castellana de este comentario, publicado por la Casa Nazarena de Publicaciones.)

16. *Expositor's Bible*, 25 vols. (Nueva York: A. C. Armstrong and Son, 1903), 115-18.

17. "Prophesy and Fulfillment," *Essays on Old Testament Hermeneutics*, ed. Claus Westermann (Richmond, Va.: John Knox Press, 1963), 52.

18. Clemente de Roma, Ignacio, *La Didajé, Epístola de Bernabé, Pastor de Hermas, Carta a Diógenes* y Policarpo.

19. *History,* 164.

20. El paso final parece haber sido tomado con la carta de Pascua de Atanasio en el 367 d.C. Cf. E. J. Goodspeed, "Canon", en *Encyclopedia of religion*, ed. Vergillus Ferm (Nueva York: Biblioteca de Filosofía, 1945).

21. Farrar, *History*, 17ss.

22. Ibid., 164-165; Sydney G. Sowers, *The Hermeneutics of Philo and Hebrews* (Zurich: Eva-Verlag, 1965), 18.

23. E. C. Blackman, *Biblical Interpretation* (Filadelfia: Westminster Press, 1957), 83.

24. *History*, 166-67.

25. "Introducción", en *The Apostolic Fathers*, vol. 1 de *The Fathers of the Church*, ed. Ludwig Schoff, 72 vols. (Washington, D. C.: Catholic University of America Press, 1962), 188. Se ha afirmado que "la verdadera batalla del segundo siglo se centró alrededor de la posición del Antiguo Testamento". F. C. Burkett, *Church and Gnosis*, citado en Kelly, *Doctrines*, 68.

26. Farrar, *History,* 164. Los ebionitas eran cristianos judíos, conocidos principalmente por su cristología, que negaban la deidad esencial de Jesús sobre la base de sus presuposiciones judías. Cf. Kelly, *Doctrines,* 139-40. Su posición sobre la validez eterna del *moseísmo* basada en una interpretación literal es virtualmente idéntica al dispensacionalismo contemporáneo (ver Apéndice I).

27. 5.2.

28. Ibid.

29. Existe cierta afinidad aquí con la hermenéutica del dispensacionalismo "que divide la palabra" (2 Tim 2:15), excepto que el dispensacionalismo la aplica al Nuevo Testamento, mientras que Bernabé estaba hablando del Antiguo Testamento.

30. *Epistle of Barnabas* 9.17.

31. *History*, 168.

32. Kelly, *Doctrines*, 661.

33. A. C. McGiffert, Jr., *History of Christian Thought*, 2 vols. (Nueva York: Charles Scribner's Sons, 1950), 1:97.

34. *History*, 173.

35. *Dialogue with Trypho*, 112.

36. *Doctrines*, 68.

37. Blackman, *Interpretation*, 95.

38. El sentido histórico o literal, el sentido moral, y el sentido místico o espiritual.

39. Kelly, *Doctrines*, 69.

40. Ibid.

41. Vawter, *Biblical Inspiration*, 32.

42. Ibid.

43. Ibid.

44. Kelly, *Doctrines*, 76; Blackman, *Interpretation*, 103-106; las figuras representativas aquí fueron Crisóstomo, Diodoro y Teodoro de Mopsuestia.

45. Kelly, *Doctrines*, 77-78. Cr. también con Blackman, *Interpretation*, 103.

46. Jean Danielou, *Origen* (Nueva York: Sheed and Ward, 1955); Hanson, *Allegory and Event*; G. W. H. Lampe y K. S. Woollcombe, *Essays on Typology* (Naperville, Ill.: Alec R. Allenson, 1957).

47. Gerald A. Laure, *Old Testament Life and Literature* (Boston: Allyn and Bacon, 1968).

48. Cita de Farrar, *History*, 328.

49. Heinrich Bornkamm, *Luther and the Old Testament*, traducido por Erich W. y Ruth C. Gritsch (Filadelfia: Fortress Press, 1969), 89; Farrar, *History*, 327ss; Blackman, *Interpretation*, 118- 119; Alan Richardson, *Apologetics*, 183-184.

50. Cf Blackman, *Interpretation*, 118. Farrar comenta: "No hubo nada que fuera más difícil para Lutero mantener con inquebrantable fidelidad que este derecho irrevocable al juicio privado, ya que fue dolorosamente puesto a prueba por los excesos de la opinión individual". *History*, 330.

51. *Interpretation*, 120.

52. Alan Richardson, *Apologetics*, 184.

53. *History*, 337.

54. *Apologetics*, 184-185.

55. Dillenberger and Welch, *Protestant Christianity*, 128. Cf. también con Edward Carpenter, "Bible in Eighteenth Century" ("La Biblia en el Siglo XVIII"), en *The Church's Use of the Bible*, ed. por D. E. Nineham (Londres: SPCK, 1963).

56. A. C. McGiffert, Jr., *Protestant Thought Before Kant*, (Londres: Duckworth and Co., 1919), 216-17; las cursivas son añadidas.

57. Citado por Carpenter, "Bible in Eighteenth Century," ("La Biblia en el Siglo XIII"), 107-8.

58. *Protestant Thought*, 217.

59. Carpenter, "Bible in Eighteenth Century".

60. Otto A. Piper, "Heilsgeschichte", en *Encyclopedia of Religion*, ed. Vergillus Ferm (Nueva York: Biblioteca de Filosofía, 1945), 330.

61. "The interpretation of Scripture in the Ante-Nicene Period", *Interpretation* 12 (1958): 272ss.

62. Sowers, *Hermeneutics*, 11-14.

63. *A Rumor of Angels* (Garden City N. Y.: Doubleday and Co., 1970). 83.

64. M. F. Wiles, "Theodore of Mopsuestia", en *Cambridge History of the Bible*, ed. P. R. Ackroyd and C. F. Evans (Cambridge: Cambridge University Press, 1970), 1:508. Cf. G. H. Gilbert, *Interpretation of the Bible* (Nueva York: Macmillan Co., 1908), 132-45, quien dice: "En Teodoro no he hallado ningún caso de alegorización", 138.

65. Gilbert, *Interpretation*, 138. Gilbert dice que este punto "marca su afinidad con la exégesis científica moderna" y, además, que "su posición se aproximaba a la de Jesús, aunque aparentemente sin su conocimiento del hecho".

66. James D. Smart, *The Interpretation of Scripture* (Filadelfia: Westminster Press, 1961); citado por Swete, *Dictionary of 270 Christian Biography*.

67. Citado por Alexander, "Interpretation", 276.

68. Ibid.

69. *Interpretation*, 135.

70. *Interpretation*, 132.

71. Se debería tener en mente, para los propósitos subyacentes de este estudio, que Wesley virtualmente tradujo el *Gnomon* de Bengel, integrándolo en el prefacio de sus *Notes*, párrafo 7.

72. Otto A. Piper, "J. C. K. von Hofmann", *Encyclopedia of Religion*, ed. Vergillus Ferm (Nueva York: Biblioteca Filosófica, 1945).

73. "Prophecy and Fulfillment", 56. La crítica de Bultmann que sigue a esta cita es tan superficial como para ser absurda.

74. "The Contemporary Relevance of von Hofmann's Hermeneutical Principles", *Interpretation* 4 (1950): 311ss.

75. *The Christian Faith* (Edinburgh: T. And T. Clark 1960), par. 103-3, 446-48.

76. Brevard Childs, "Prophecy and Fulfillment", *Interpretation* 12 (1958): 260-261.

77. W. T. Purkiser, ed., *Exploring the Old Testament* (Kansas City: Beacon Hill Press, 1955), 287-88. (Disponible en español por la Casa Nazarena de Publicaciones con el título de *Explorando el Antiguo Testamento*.)

78. *Prediction and Fulfillment in the Bible* (Filadelfia: Westminster Press, 1966), 77-78.

79. Cf. Lampe and Woollcombe, *Typology*, 9-14.

80. Nótese, por ejemplo, la tipología alegórica practicada en las notas de la Biblia de Scofield. Scofield define el tipo como "una ilustración divinamente propuesta de cierta verdad". Cf. las notas sobre Génesis 1:16, donde "la lumbrera mayor", que significa el sol, es declarada como tipo de Cristo. Este es un ejemplo notable de la crítica que por lo regular se

le hace al dispensacionalismo de que literaliza la profecía y alegoriza la historia.

81. Lampa y Woollcombe, "Reasonablenes of Typology", en *Typology*, 33: "A esta clase de tipología pertenece la supuesta correspondencia que fue popular en la Iglesia de los Padres entre el Cordón Escarlata de Rahab en Jericó, que sirvió como una señal de salvación y de la sangre de Cristo, el signo de la salvación de la humanidad. Aquí el paralelo entre el tipo y su cumplimiento supuesto es claramente irreal y artificial".

82. La base de la exégesis alegórica es una "concepción de la Escritura como un solo y vasto volumen de oráculos y enigmas, un enorme libro de acertijos secretos para los cuales el lector ha de hallar claves". Lampe y Woollcombe, *Tipology*, 31.

83. Kelly, *Dotrines*, 70-71.

84. *Tipology*, 18; Alan Richardson, *Apologetics*, 192. Para un breve resumen de algunos de los factores que estimularon este renovado interés en la unidad de la Biblia, cf. Smart, *Interpretation*, cap. 3.

85. *Apologetics*, 188.

86. A este escritor le parece que Eclesiastés es una apología de la perspectiva bíblica de la historia contra la perspectiva cíclica basada en los ciclos de la naturaleza con su pesimismo amortiguante acerca de la vida humana.

87. "Typology", en *Essays on Old Testament Hermeneutics*, ed. Claus Westermann (Richmond, Va.: John Knox Press, 1963), 20.

88. *Typology*, 29.

89. Ibid., 26-27; cf. von Rad, "Tipology", 19-20.

90. *Apologetics*, 190-91; cf. Lampe y Woollcombe, *Tipology*, 27-28.

91. Cf. Alan Richardson, *Apologetics*, 199. Esta perspectiva se desarrolla sólidamente en Hoekema, *Bible and the Future*.

92. *Interpretation*, 102.

93. Ibid., 112.

94. Ibid., 117.

95. Cf. una declaración de Thomas Woolston, uno de los contemporáneos de Juan Wesley, quien se involucró en el debate durante los años del 1700. En la conclusión de su argumento dice: "No puedo sino pensar de lo que se ha dicho, que hay suficiente motivo para ir en busca del sentido alegórico y espiritual de la Ley y los profetas, haciendo a un lado nuestras interpretaciones literales, las cuales constituyeron la muerte de aquellos testigos de Cristo; porque, no sólo san Pablo dijo que la letra mata, sino que los antiguos padres a menudo nos advertían contra el sentido literal de las Escrituras, no fuera que fuéramos su muerte". *The Old Apology for the Truth of the Christian Religion, Against the Jew and Gentiles Revived* (Londres: John Torbuck, 1723), 302-82.

96. Citado en E. f. Osborn, *Word and History* (Melbourne, Australia: Jonker Printing Pty., 1971), 8.

97. Uno podría ver el paralelo de esta clase de relación en la mayoría de las referencias del margen central de las Biblias contemporáneas, y de las

así llamadas Biblias de referencias cruzadas, que están ampliamente basadas en la correspondencia verbal en vez del contenido o de la relación
contextual.

98. *According to the Scripture*, 126.

99. Este fenómeno también podría explicar la vaguedad que muestran algunos escritores bíblicos cuando se refieren a los pasajes que citan. Cf,
por ejemplo, Hebreos 2:6.

100. En lo propuesta de Dodd, esto explica el uso de Jeremías 31:15 en
Mateo 2:17-18, un problema que ya ha hemos observado. Este versículo procede de un contexto más amplio (Jeremías 31:10-34), que manifiesta la trama que se había cumplido, en este caso, por el nuevo Israel.

101. "Progressive Interpretation", *Anglican Theological Review* 24 (1942):
89. Esta referencia no implica una aceptación tácita de la revelación
progresiva, ya que esa posición tiene algunas dificultades serias en ella.
Si la revelación progresiva se interpreta como que implique que las
secciones tempranas de la Escritura son preliminares y preparatorias
y, por tanto, retienen sólo valor histórico cuando son suplantadas por
una revelación "más elevada", esto significa convertir partes de la Biblia
en sólo de interés de antigüedades y privarla de toda autoridad real.
Nosotros estamos proponiendo una posición en este apéndice que da
autoridad a toda la Biblia, y es una visión mucho más conservadora que
la de la revelación progresiva como se definió anteriormente. Sin embargo, nuestra posición no deja de reconocer la superioridad, es decir, el
carácter de cumplimiento, de la revelación de Cristo.

102. Esta es la tesis de *Authority of the Old Testament*, la gran obra de John
Bright sobre la cual ha dependido enormemente toda nuestra discusión.